W0315636

Liebe Schülerin, lieber Schüler,

Liebe Schülerin, lieber Schüler,

nun liegt der fünfte Band von „Geschichte und Geschehen“ vor Ihnen. Was erwartet Sie in diesem Schuljahr? Sie machen sich mit „Geschichte und Geschehen“ auf die Suche nach den historischen Wurzeln Europas. Ein spannender Streifzug durch die europäische Geschichte liegt vor Ihnen.

Er führt zunächst in die Mythologie, denn Europas Gründungssage, die Entführung der schönen Prinzessin Europa durch Zeus, spielt in der griechischen Götterwelt. Dem antiken Griechenland verdankt Europa viel: Dort wurden erstmals in der Weltgeschichte demokratische Mitbestimmungsformen praktiziert – auch wenn das nicht die Art von Demokratie war, die wir heute kennen. Von den Griechen hat Europa neben der Demokratie auch die Philosophie gelernt. Die Spurensuche führt dann weiter nach Rom – einem Weltreich, das größer war als die heutige EU. Unter römischer Herrschaft entwickelte sich das Christentum zur Staatsreligion und breitete sich im römischen Herrschaftsbereich aus. Auch unser heutiges Rechtssystem geht auf das römische Recht zurück.

Karl der Große wird oft als „Vater Europas“ bezeichnet, weil sich aus seinem christlichen Frankenreich später Europa entwickelte. Er gründete überall in seinem Reich Klöster und förderte ihre kulturellen Aktivitäten: So verdanken wir mittelalterlichen Mönchen die Überlieferung des antiken Wissens, weil sie Werke antiker Autoren abschrieben. Doch nicht nur die Klöster, sondern auch die mittelalterlichen Städte standen im Zentrum der europäischen Geschichte: Dort strebten die Menschen nach Mitbestimmung – der Aufstieg des europäischen Bürgertums begann.

Möglicherweise hat erstmals die – teilweise gewaltsame – Begegnung mit anderen Kulturen, etwa während der Kreuzzüge oder im Zuge der überseeischen Expansion, eine Art von „Europabewusstein“ hervorgerufen. Austausch, Handel und Mobilität gab es in der europäischen Geschichte zu allen Zeiten. Die Epoche der Aufklärung bildet schließlich den Schlusspunkt auf der Suche nach den geschichtlichen Wurzeln Europas. Alle Staatsverfassungen heutiger europäischer Staaten gehen auf Errungenschaften der Aufklärung wie Gewaltenteilung und Volkssouveränität zurück.

Was macht Europa aus? Was ist typisch europäisch? Gibt es gemeinsame europäische Werte? Wo endet Europa? „Geschichte und Geschehen“ will Ihnen im Laufe dieses Schuljahres dabei helfen, diese Fragen für sich persönlich – mit Hilfe Ihres historischen Wissens – zu beantworten.

Natürlich werden Sie auch in diesem Band wieder mit Methoden arbeiten, die Ihnen das Lernen erleichtern. Sie erhalten Anregungen zum Üben, Wiederholen und selbstständigen Weiterarbeiten.

Viel Spaß beim Entdecken einer ereignisreichen und spannenden Zeit wünschen Ihnen die Autorinnen und Autoren

Inhaltsverzeichnis

Rom: Weltreich – Machtstaat – Rechtsraum 60

Das christliche Frankenreich – die Wiege Europas 96

Europa im Aufbruch – Hoch- und Spätmittelalter 136

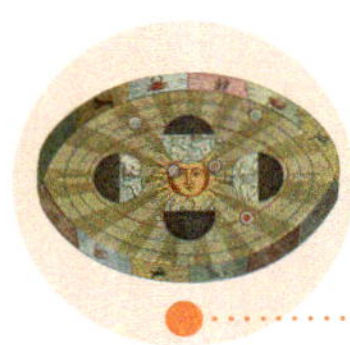

Licht und Schattenseiten der europäischen Modernisierung – die Frühe Neuzeit 196

Die Aufklärung – the Enlightenment – les Lumières

Liebe Schülerin, lieber Schüler,

„Geschichte und Geschehen" stellt zahlreiche unterschiedliche Materialien bereit, die Ihnen interessante Einblicke in die Geschichte gewähren und Ihnen zugleich ermöglichen, sich ein eigenes Bild von Geschichte zu machen sowie selbstständig Urteile zu bilden. Die Autorinnen und Autoren haben das Material auf vielfältige Weise für Sie aufbereitet und zusammengestellt. Verschiedenartige Seiten und Elemente verweisen auf unterschiedliche Zugänge und Methoden, mit denen Sie sich die Geschichte erschließen und ihre Kenntnisse anwenden können. Damit Sie sich jederzeit gut zurechtfinden und der Überblick nie verloren geht, erfolgt hier eine kurze Einführung in das Buch und eine Erläuterung der verschiedenen Elemente.

Dieses Buch umfasst sieben Themeneinheiten. Jede beginnt mit zwei besonders gestalteten Seiten, den Auftaktdoppelseiten (ADS). Bilder, Karten, Texte oder Grafiken sollen den Spannungsbogen eines Themas aufzeigen und nicht zuletzt Interesse wecken. Die Auswahl der Materialien gibt Ihnen auch schon einen Hinweis, was in den noch folgenden Kapiteln behandelt wird.

Jede Themeneinheit ist in Kapitel eingeteilt. Einige Kapitel beginnen mit einer Zeittafel. Hier finden Sie die wichtigsten Daten auf einen Blick. Geschichte hat ja etwas mit Zeit zu tun. Deshalb braucht man auch Daten, um zu wissen, was vorher und was nachher war und wie geschichtliche Ereignisse miteinander zusammenhängen.
Verfassertexte informieren zusammenhängend über geschichtliche Sachverhalte und werden am Rand durch Marginalien gegliedert. Diese Texte wurden von verschiedenen Schulbuchautoren – meist Lehrerinnen und Lehrern – geschrieben, deswegen kann auch der Stil unterschiedlich sein. Daran können Sie auch erkennen, wie verschieden Geschichte dargestellt werden kann. Historische Grundbegriffe sind in einem Kasten extra erklärt.

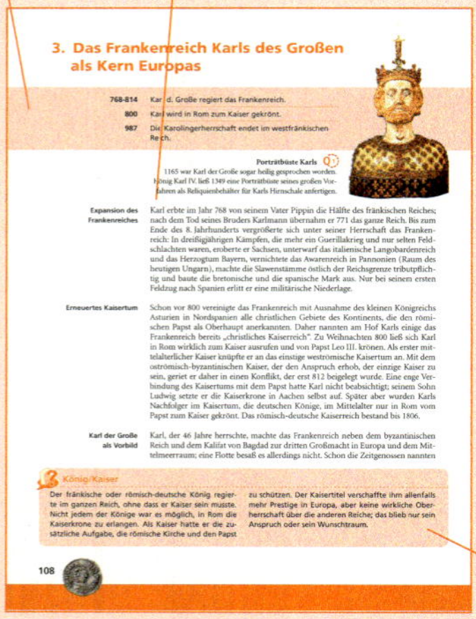

Die Autorinnen und Autoren haben für Sie unterschiedliche Materialien zusammengestellt. Mit einem Q sind Quellen (z. B. Texte und Abbildungen) gekennzeichnet, die uns unmittelbar aus der Vergangenheit überliefert sind bzw. bei denen Menschen aus längst vergangenen Zeiten selbst zu Wort kommen. Ein D steht für Darstellungen (z. B. Texte, Karten, Schaubilder), die von heute lebenden Historikern oder von den Autorinnen und Autoren dieses Buches stammen. Zur besseren Orientierung sind die Quellen und Darstellungen in jedem Kapitel durchnummeriert.

Wenn eine Seite die Überschrift „Gewusst wie“ trägt und oben durch einen breiten farbigen Balken gekennzeichnet ist, wissen Sie sofort, hier wird eine Methode vorgestellt. Auf diesen Seiten wird gezeigt, wie Sie an ein bestimmtes Material (Texte, Schaubilder, Karten, Karikaturen usw.) herangehen, um ihm Informationen zu entlocken. Natürlich können Sie diese Methode gleich anwenden und selbst probieren.

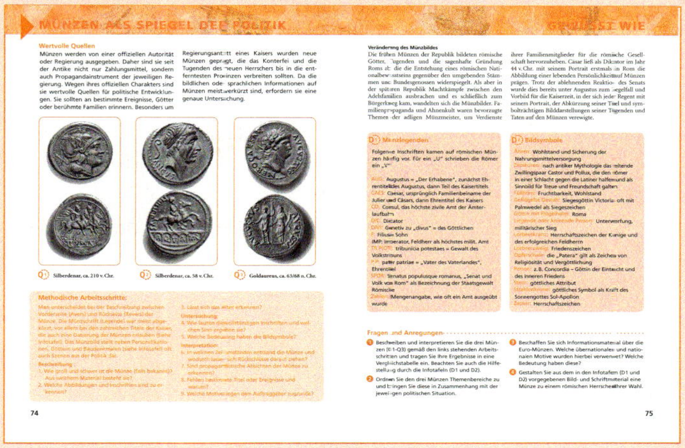

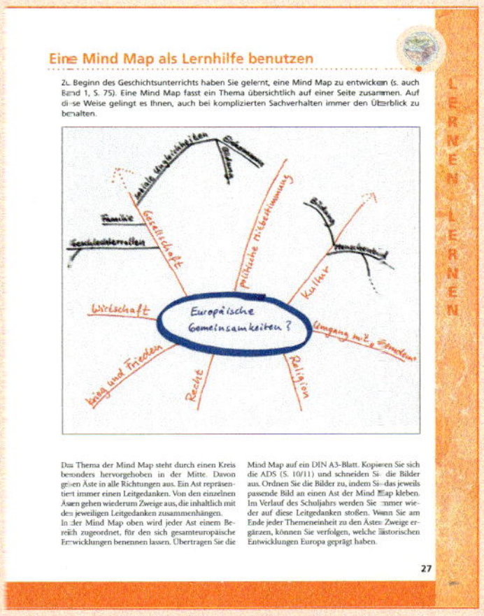

Ebenfalls einen breiten Farbbalken am oberen Seitenrand haben die Werkstattseiten. Dort können Sie, von den Autoren angeleitet, interessante Themen zur Vergangenheit selbst erkunden und erklären. Es bietet sich häufig an, dass Sie die Aufgaben in kleinen Gruppen bearbeiten und lösen.

Jede Themeneinheit endet mit einer Seite, die mit „Lernen lernen“ überschrieben ist. Hier bekommen Sie Tipps, wie Sie erfolgreich historisches Wissen anwenden und sich einprägen können.

Kleine Symbole sollen Ihnen helfen, sich in dem Buch leichter zurechtzufinden:

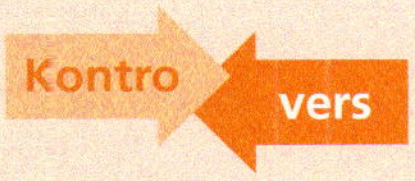

Über historische Sachverhalte gibt es immer auch voneinander abweichende Auffassungen. Dies kommt besonders in Texten zum Ausdruck, die mit „Kontrovers“ gekennzeichnet sind.

Besondere historische Grundbegriffe sind in einem Kasten erklärt. Sie finden sie auch, indem Sie am Ende des Buches im Verzeichnis der Personen, Sachen und Begriffe nachschlagen. Dort sind sie durch fette Buchstaben besonders hervorgehoben.

Das Buch bietet Ihnen Literaturtipps sowie Ideen und Anleitungen für kleine Projekte an.

Zusätzlich gibt es Empfehlungen für die Nutzung des Internets. Auf der Website http://www.klett.de/gug haben wir weitere Angebote für Sie aufbereitet. Geben Sie dazu im Feld „Extra-Link“ die Nummer 411050-0000 ein.

DAS EUROPÄISCHE EXPERIMENT

Europa lebt von seiner Vielfalt. Es ist aber heute auf Einheit angewiesen, um politisch handeln zu können. Dieses Buch geht der Frage nach, ob sich in der Geschichte Europas Gemeinsamkeiten finden lassen, die für die Gegenwart und Zukunft Europas von Bedeutung sind. Die Bilder auf dieser Seite verweisen auf unterschiedliche Bereiche menschlichen Handelns. Überlegen Sie, inwieweit es sich um typisch europäische Entwicklungen handelte.

„Die Bäuerin in der Fron"
Anonymer Kuperstich, koloriert, Paris 1789.

Jacob Fugger mit Buchhalter
Kolorierte Miniatur, um 1520.

Schlacht bei Crécy 1346
im Hundertjährigen Krieg, Buchmalerei.

Justitia
Standbild in Frankfurt/M.

Der Ballhausschwur 1789
Federzeichnung, 1791.

Albrecht Dürer
Selbstb ldnis, 1498.

EUROPÄISCHE GEMEINSAMKEITEN?

Die Landung des Kolumbus, 1492
Kolorierter Kupferstich, 1594.

Christusmonogramm
Ausschnitt eines Grabsteins, 4. Jahrhundert.

Braucht Europa einen Mythos?

Die Bezeichnung „Europa" taucht zum ersten Mal in der griechischen Mythologie auf. Europa ist der Name der phönizischen Königstochter, die vom Göttervater Zeus geraubt wird. Zeus verwandelte sich in einen Stier, entführte sie auf seinem Rücken nach Kreta und vereinigte sich dort mit ihr. Einer ihrer gemeinsamen drei Söhne war Minos, der sagenhafte König von Kreta.

Viele Völker und Staaten berichten in mythischen Erzählungen von ihrer Gründung, um den tieferen Sinn ihrer Gemeinschaft auszudrücken. Gehören Mythen einer „mythischen" Vergangenheit an oder brauchen wir auch heute noch Mythen? Braucht Europa einen Mythos, um seine Einheit zu begründen und zu festigen?

Q1 Europa auf dem Stier
Fresko aus Pompeji.

Europa Q2
Kupferstich, 1588. Der antike Europa-Mythos war im Mittelalter bekannt und wurde seit der Renaissance häufig dargestellt.

Mythos

Ein Mythos (griech.: „Wort", Erzählung, Sage, Fabel) ist eine Erzählung von Göttern, Heldengestalten und Dämonen aus der Urzeit der Völker. In den Mythen werden „letzte Fragen" der Menschen angesprochen und verbindlich gedeutet (beantwortet): Woher komme ich, wohin gehe ich? Wie ist mein Volk, meine Kultur oder die staatliche und gesellschaftliche Ordnung, in der ich lebe, entstanden?
Der Mythos bietet eine verbindliche Deutung der Welt und der menschlichen Existenz. In sehr dramatischen und personifizierenden Erzählungen wird dabei den Menschen erklärt, dass die gegenwärtige Realität bereits in der Vergangenheit begründet ist. Weit verbreitet sind vor allem die Gründungsmythen. Sie sollen den einzelnen politischen oder religiösen Gruppen ein Gefühl der Einheit und der Gemeinsamkeit vermitteln. In fast allen Kulturen lassen sich Mythen finden, die meisten stammen aus der Frühzeit. Aber auch unsere moderne Zeit kennt Mythen. Die „neuen Mythen" sind eine Antwort auf die Herausforderungen, die die moderne, schwer durchschaubare Welt an den Einzelnen stellt. Bieten sie doch Sinnorientierung und Stabilisierung für die verunsicherten Menschen und verhelfen zu einer Gruppenidentität.

Q3 „Europa nimmt zu“
Karikatur zur EU-Erweiterung, 2004.

Q4 „Sie kennen den Vater des Wirtschaftswunders ...“
Werbekampagne der privaten Banken Ende der 1990er Jahre.

Q5 Auf der Suche nach europäischen Mythen

Kulturstaatsministerin Christina Weiss zur Ausstellungseröffnung „Mythen der Nationen“, 2. Oktober 2004:

Eine Ahnung davon, wie trostlos ein mythenfreies Europa wäre, geben uns ja die Euro-Scheine mit ihren seltsam abstrakt gestalteten Brücken. Aus lauter Angst davor, mit der Erinnerung an irgendwelche konkreten Personen und Ereignisse vielleicht gegen den Konsens zu verstoßen, hat man das Bild eines menschenleeren Europas voller Bauten im sterilen Disney-Historismus entworfen. Derjenige, der diese Scheine entwarf, oder, besser noch: das Komitee, das ihn dazu nötigte, hätte sich mehr Gedanken darüber machen sollen, aus welchem Stoff eigentlich die Mythen sind. Denn die Mythen haben natürlich eine materielle Seite, vor allem dann, wenn sie sich in Bildern manifestieren. Zwar sind auch Denkmäler und Gemälde Bestandteil der Bilder, die hier zu sehen sind. Doch Stein ist offenbar ein zweitrangiges Mythen-Material. Oft genug ist der Stoff, aus dem der Mythos ist, tatsächlich Stoff im engsten Sinne des Wortes: Fahnenstoff und Uniformstoff. Wir begegnen dem bei den hier untersuchten Bildlegenden ständig wieder: Fahnen, die sich unter einem sonnigen Himmel blähen, erzählen vom Sieg: Wie etwa im berühmten Foto vom Hissen der roten Fahne auf dem Reichstag 1945. Gesenkte und zerrissene Fahnen erzählen von der Niederlage: Wie die Nazi-Flaggen, die auf der Siegesparade in Moskau präsentiert werden. Uniformen, die auf Bildern Zivilisten gegenübergestellt werden, können von Befreiung oder Unterdrückung erzählen. Denn wenn der Betrachter erst einmal die Stoffe identifiziert hat, reichen ganz einfache und elementare Bildzutaten – je nachdem, ob die Zivilisten jubeln oder trauern. So geht es weiter mit den Stoffen des Mythos: Die Kombination von Zivilkleidung und Waffen erzählt Partisanenmythen und Resistancegeschichten. Zerrissene Kleider oder Häftlingskleidung beschreiben die Abgebildeten als Opfer. [...] Ich habe danach gefragt, wie wohl die Mythen des vereinigten Europa aussehen könnten. Mein ganz persönliches Zukunftsbild geht von jenen Beobachtungen aus, die ich auf den Bildern im Begleitbuch gemacht habe. Bei allem zur Schau gestellten Optimismus erinnern die Stoffe doch an ein Europa der Kriege, der Unterdrückung, des Nationalhasses, des Völkermords, der Lager und der Zerrissenheit. Wünschenswert wäre also ihre Abwesenheit auf den mythischen Bildern des Neuen. Man muss ja nicht gleich bei der menschenleeren Abstraktion der Euro-Scheine enden. Aber ein Europa ohne Uniformen, ohne Fahnen, ohne Häftlingskleidung, in dem auch niemand in Lumpen herumläuft – das wäre doch ein leuchtender Mythos für die Zukunft.

Zit. nach: www.dhm.de/ausstellungen/mythen-der-nationen/eroeffnung.htm#weiss, 6. November 2006.

D1 **Europäische Mythen**

Q6 Ein Mythendefizit in Europa

Der Historiker Wolfgang Schmale, 1997:

Und schon wieder drängt sich eine Frage auf: Warum kommt unter den populären Mythen, die, um es kurz zu machen, vom VW-Käfer bis zu Bismarck reichen, kein Europa-Mythos vor? Was waren das für gesellige, warmherzige, mitmenschliche Zeiten, als wir uns zu elft in den Käfer zwängten, was waren das für Zeiten, als die Banane aus der Sicht der Niederungen hinter antifaschistischen Schutzwällen wie der Mythos vom Paradies leuchtete, was waren das für Zeiten, als starke Männer und Überväter wie Bismarck wußten, wo's lang ging und alles richtig machten! Aber Europa! Wer will schon mit der mythischen Europa kuscheln? Das verspricht nichts. [...] Was passiert gegenwärtig und was passiert nicht gegenwärtig? Folgendes passiert: Der Mythos *Nation*, die nationalen Mythen leben auch in Europa weiter. Viele andere Mythen leben oder entstehen. Folgendes passiert nicht: Der Mythos *Europa* ist tot, er lebt nicht, niemand scheint Bedarf danach zu haben. Dies ist sonderbar, obwohl uns Europa tagtäglich betrifft, etwas abverlangt, ja, bei genauem Hinsehen, unsere politische Denkrichtung organisiert. Hinter diesem Defizit steckt etwas, über das nachzudenken sich lohnt.

W. Schmale, Scheitert Europa an seinem Mythendefizit? Bochum 1997, S. 12 ff.

Q7 Hermann befreit Germania
Radierung von Karl Russ, 1813.

Q8 Hermannsdenkmal
im Teutoburger Wald. Beschreiben Sie die Architektur des Denkmals Q8 und diskutieren Sie, warum das Denkmal derart gestaltet wurde.

D2 Der Hermannmythos

1515	Veröffentlichung der Annalen des Tacitus: Tacitus spricht von Arminius (Hermann) als dem „Befreier Germaniens" von den Römern.
1808	Aus einem Schulbuch: „Diesem Siege dankt Deutschland seine Freiheit, und wir, dass wir Deutsche sind, und dass noch Deutsch auf der Welt gesprochen wird."
1818	Das 1808 verfasste Drama von Heinrich v. Kleist „Die Hermannschlacht" erscheint und wird als Aufruf zur nationalen Erhebung aufgefasst.
1848	Eine Gedenkmünze mit der Abbildung Hermanns anlässlich der Eröffnung des Frankfurter Paulskirchenparlaments trägt die Inschrift: „Die Eintracht führte das Volk zum Sieg/die Zwietracht den Sieger zum Tode."
1875	Kaiser Wilhelm weiht das Hermannsdenkmal im Teutoburger Wald ein. Die Denkmalsinschrift lautet: „Deutsche Einigkeit, meine Stärke, meine Stärke, Deutschlands Macht."

Fragen und Anregungen

1. Erläutern Sie die Darstellungen der „Europa auf dem Stier" (Q1 – Q4).
2. Beschreiben Sie die Elemente von Q7. Berücksichtigen Sie bei Ihrer Deutung auch die Zeitumstände, in der die Radierung entstand (D2).
3. Zeigen Sie, welche Werte im Laufe der Zeit der Hermannschlacht zugeordnet werden (D2).
4. Wählen Sie einen der europäischen Mythen (D1) aus und erklären Sie mit Hilfe des Internets, welcher Zusammenhang zwischen dem Mythos und der jeweiligen Landesgeschichte besteht.
5. Arbeiten Sie die Position der Autoren in Q5 und Q6 heraus und diskutieren Sie davon ausgehend die Notwendigkeit eines „Mythos' für Europa".

1. Vom „Schlachtfeld Europa“ zur Europäischen Union

Europäische Geschichte – Gemeinsamkeiten und Gegensätze

Europa hat viele Gesichter. Seine Geschichte ist eine Geschichte der Gemeinsamkeiten, die sich von der griechischen Hochkultur über die 1 000-jährige Geschichte des Mittelalters bis hin zur Neuzeit und in unserer Gegenwart in unterschiedlicher Ausprägung verfolgen lassen. Dazu einige Beispiele:

- Die Antwort auf die Frage, wer und wie viele mitbestimmen dürfen, hat sich in Europa anders als in vielen anderen Teilen der Welt entwickelt. Immer wieder errangen neue Schichten die Möglichkeit, sich an der Herrschaft zu beteiligen.
- Das Rechtssystem aller europäischen Staaten und der Europäischen Union beruht auf den Fundamenten des römischen Rechts.
- Die Universitäten in Krakau, Heidelberg, Paris oder Valencia ähneln sich nicht nur äußerlich: Wissenschaft und Bildung, Kunst und Literatur berühren sich über die Grenzen der einzelnen Länder Europas hinaus, viele geistige Bewegungen wurden von Europäern verschiedener Herkunft getragen.
- „Europa“ war zeitweilig gleichbedeutend mit der „lateinischen Christenheit“. Auch wenn in Europa immer auch Menschen anderen Glaubens lebten, hat das Christentum Alltag und Kultur der Europäer entscheidend geprägt.

Doch diese Gemeinsamkeiten bewirkten nicht, dass die einzelnen europäischen Länder und Völker in Einklang miteinander lebten. Die Geschichte Europas ist nicht nur eine Abfolge kultureller Glanzlichter, die Kultur Europas war – wie die vieler anderer Teile der Welt – auch eine kriegerische Kultur. Eine Blutspur des Krieges lässt sich bis in die Anfänge der europäischen Geschichte zurückverfolgen. Die Kette der Kriege gegen außereuropäische Gegner, aber vor allem der innereuropäischen Kriege riss nie ab. Bis zur Mitte des letzten Jahrhunderts gab es kaum Zeiten, in denen irgendwo in Europa kein Krieg stattfand.

Der Dreißigjährige Krieg (1618 – 1648) mit seinen verheerenden Folgen für die Zivilbevölkerung hinterließ im Gedächtnis der Menschen lange Zeit tiefe Spuren. In Württemberg zum Beispiel überlebte nur die Hälfte der Einwohnerschaft das furchtbare Gemetzel. Wie dieser Krieg wurden die beiden Weltkriege (1914 – 1918 und 1939 – 1945) des 20. Jahrhunderts, die als totale Kriege alles bisher Bekannte überboten, als wahre Jahrhundertkatastrophen empfunden.

Q1 „Zerstörung des Dorfes“
Radierung des Lothringers Jacques Callot (1592 – 1635) aus der Serie „Die großen Schrecken des Krieges“, 1633.

Seit dem 15. Jahrhundert griffen europäische Mächte nach Übersee aus und gründeten in Amerika, Asien und Afrika Kolonialreiche. Die eroberten Länder wurden dabei nicht nur einer fremden politischen Herrschaft unterworfen und wirtschaftlich ausgebeutet. Die Europäer versuchten auch, in den neuen Kolonien ihre Kultur durchzusetzen. Die Verbreitung europäischer Macht und Kultur, die „Europäisierung der Erde", fand ihren Höhepunkt im Imperialismus des späten 19. Jahrhundert, als einige europäische Staaten große Teile der nichteuropäischen Welt in ihre Abhängigkeit bringen konnten. In ihrer imperialistischen Politik trennten diese Staaten zwar ihre konkurrierenden Interessen, es vereinte sie aber das Gefühl, anders und überlegen zu sein als die unterworfenen Völker, von denen sie sich scharf abgrenzten.

Europäisierung der Erde

Seit dem Mittelalter gab es immer wieder Ansätze einer Zusammenarbeit der Völker und Staaten Europas. In Zeiten der gemeinsamen Bedrohung schlossen sie sich zur Abwehr eines äußeren Feindes zusammen, so z. B. 1683 in der Schlacht bei Wien gegen die Türken. Doch sobald die Gefahr gebannt war, brachen die alten Konflikte schnell wieder auf. Seit der Französischen Revolution von 1789 hatte die Politik der alten und neuen Nationalstaaten zu immer größeren Konflikten geführt. Die Überhöhung der eigenen Nation und die Geringschätzung der Nachbarvölker haben zur Entstehung beider Weltkriege beigetragen. Das Vertrauen in die nationale Staatlichkeit war deshalb nach dem Zweiten Weltkrieg gesunken. Eine tiefe Sehnsucht nach Frieden und das Versagen der bisherigen, nur der eigenen Nation verpflichteten Politik ließ den Ruf nach anderen Lösungen laut werden.

Zur Einigung gezwungen

Aus diesen historischen Erfahrungen heraus setzte sich in der zweiten Hälfte des 20. Jahrhunderts in der Politik der europäischen Staaten ein neues Modell durch, das ohne Vorbild in der europäischen Geschichte ist: Bisher hatte einzelstaatliche Politik das Ziel, die jeweiligen nationalen Interessen durchzusetzen – Gewalt war dabei ein legitimes Mittel. Nun verzichteten einzelne europäische Staaten zum ersten Mal auf eigene staatliche Rechte und übertrugen sie auf eine überstaatliche europäische Institution. Beschleunigt wurde diese Entwicklung vom aufkommenden Ost-West-Gegensatz und der Teilung Europas in einen West- und einen Ostblock. Die westeuropäischen Staaten waren angesichts der realen oder vermeintlichen Bedrohung aus dem Osten bereit, sich enger zusammenzuschließen. Darüber hinaus hatten beide Kriege das internationale politische Gewicht der europäischen Staaten in der Welt gemindert. Vor allem die beiden Supermächte USA und Sowjetunion bestimmten fortan die Weltpolitik. Nur ein einiges (West-)Europa konnte noch eine Chance haben, neben diesen beiden Mächten politischen Einfluss auf globaler Ebene auszuüben.

Q2 **„Moment!"**
Karikatur von Burkhard Mohr, aus „Das Parlament" vom 19./26. August 2002.

Am 25. März 1957 unterzeichneten die Regierungschefs von Frankreich, Deutschland, Italien und den Beneluxländern die Römischen Verträge, die Gründungsurkunde der Europäischen Wirtschaftsgemeinschaft (EWG). Von dieser Gründung ging in der Folgezeit eine wahre Sogwirkung aus. Heute gehören nach der so genannten Osterweiterung 25 Staaten der Europäischen Union an. Der Beitritt Rumäniens und Bulgariens ist beschlossen, die meisten Balkanstaaten haben ihre Beitrittswünsche angemeldet. Die Türkei hat seit 1973 einen Antrag auf Aufnahme in die Europäische Gemeinschaft gestellt.

Magnet Europa

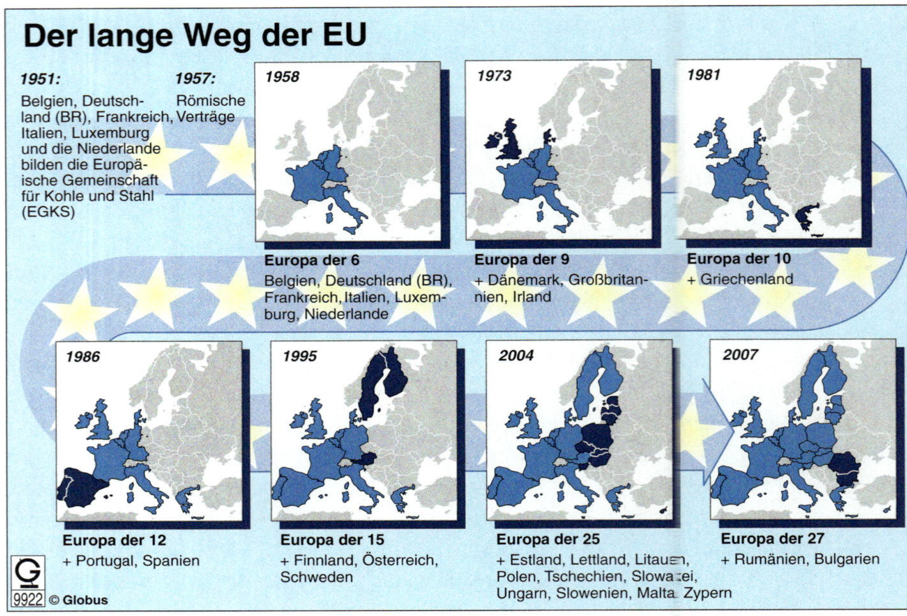

Der Ausbau der Europäischen Union D1

Das Experiment der europäischen Integration scheint somit gelungen zu sein. Die Bilanz der Europäischen Union ist beeindruckend: Friede als Normalzustand im Gebiet der EU, europäische Zusammenarbeit in der Wirtschaft mit freiem Handelsaustausch, einheitliche Währung zwischen vielen Staaten, Bildungsmobilität, Anfänge eines europäischen Rechtssystems, Annäherung der Europäer, offene Grenzen, freier Reiseverkehr und kultureller Austausch.

Schwieriger Weg zur Einigung

Das „Schlachtfeld Europa“ ist zum ersten Mal in der Geschichte Europas befriedet, nach dem Zusammenbruch des Ostblocks ist die Spaltung Europas überwunden. Doch der Weg zur heutigen EU war auch von vielerlei Rückschlägen gekennzeichnet, die in nationaler Konkurrenz ihre Ursache haben. Es zeigte sich, dass sich Jahrhunderte alte nationale Traditionen sich nicht in kurzer Zeit überwinden lassen. Beispielsweise sperrte sich Frankreich in den 1960er Jahren unter Präsident de Gaulle gegen die Aufnahme Englands in die EU. Bei den Westeuropäern rief die Osterweiterung der EU Befürchtungen hervor, da sie das Macht- und Wohlstandsgefälle innerhalb der EU verstärkte. Angesichts der vielfältigen Einzelinteressen der Mitgliedsländer ist es für die gemeinsamen politischen Organe immer wieder schwierig, Kompromisse zu finden.

Herausforderungen der Zukunft

Eine große Herausforderung der nächsten Jahre ist der Aufnahmeantrag der Türkei. In der Debatte mischen sich wirtschaftliche und strategische mit historischen, geographischen und kulturellen Argumenten. Es scheint, als habe der Beitrittswunsch der Türkei die Frage nach der europäischen Identität neu aufgeworfen: Was macht „Europa“ aus, gibt es überhaupt das „gemeinsame Haus Europa“? Können die Europäer auf eine gemeinsame Geschichte zurückblicken? Der Blick in die Geschichte kann den Europäern bei der Selbstvergewisserung helfen, dabei werden sie allerdings immer auch mit Entwicklungen konfrontiert werden, die nicht in das Bild einer freundlichen und harmonischen Völkerfamilie passen. Und inwieweit historische Argumente den Ausschlag für oder gegen die Beitrittsgesuche der Türkei oder etwa der Balkanstaaten geben sollten, muss sorgfältig erwogen werden.

„... würd ich sagen, probier's mit 'nem Striptease!"

Q3 „Kein Schwein"
Karikatur von Horst Haitzinger, 9. Juni 2004.

D2 Kriege in Europa

1618–1648	Dreißigjähriger Krieg: Kaiser Karl V. gegen Dänemark, Schweden, Frankreich u.a.
1652–1667	Englisch-holländischer Seekriege: England gegen die Niederlande
1688–1697	Pfälzischer Erbfolgekrieg: Frankreich gegen die Pfalz
1701–1714	Spanischer Erbfolgekrieg: Frankreich gegen England, Vereinigte Niederlande, Österreich, Preußen, Hannover, Portugal, Savoyen
1740–1780	Österreichischer Erbfolgekrieg: Österreich gegen Preußen, England, Russland, Portugal, Neapel, Schweden
1756–1763	Siebenjähriger Krieg: Preußen gegen Österreich, Russland, Frankreich, Schweden
1756–1763	Kolonialkrieg in Nordamerika: England gegen Frankreich
1792–1807	Revolutionskriege: Frankreich gegen Österreich, Preußen, England, Russland, Portugal, Neapel, Schweden

Fragen und Anregungen

1. Informieren Sie sich mit Hilfe einer Internet-Recherche über weitere Kriege in Europa bis 1945 und vervollständigen Sie D2.
2. Berechnen und vergleichen sie die Anzahl der Jahre, in denen in Europa Kriege geführt wurden und in denen Frieden herrschte (D2).
3. Diskutieren Sie die These, ein wichtiges Merkmal Europas sei seine kriegerische Kultur (VT, D2).
4. Erarbeiten Sie mit Hilfe der Karte D1, in welchen Phasen die Erweiterung der EU seit 1957 verlief und in welchem Ausmaß die EU sich dabei vergrößerte (Fläche, Einwohnerzahl).
5. Informieren Sie sich mit Hilfe des Internets über die wirtschaftliche Leistungsfähigkeit der alten und der 2004 und 2007 neu hinzugekommenen EU-Länder.
6. Erschließen Sie die Aussage der Karikatur Q2 und bringen sie diese Aussage in Verbindung mit den in Frage 4 und 5 gewonnenen Erkenntnissen.
7. Deuten Sie die Karikatur Q3: Auf welche Situation wird Bezug genommen? Welcher Zusammenhang ergibt sich mit den vorhergehenden Materialien? Welches Problem wirft sich für ein künftiges Europa auf?

2. Wo liegt Europa?

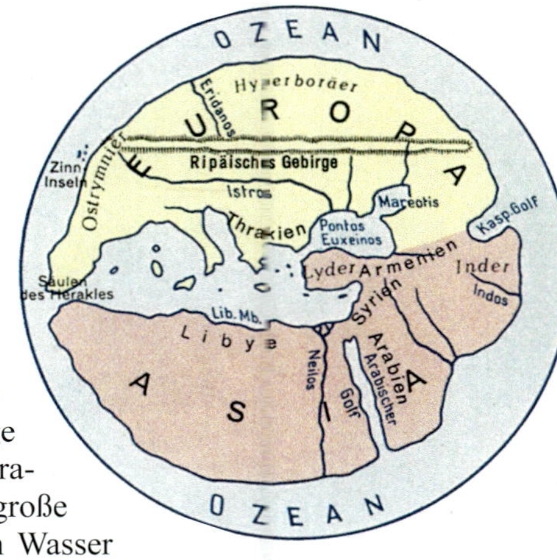

Karte des Hekataios (heutige Nachzeichnung), um 500 v. Chr. D1

Ein Vorgebirge Asiens

Wo liegt Europa und wo hört es auf? Bei der Debatte über die Erweiterung der EU wird immer wieder versucht, natürliche oder historisch gewachsene Grenzen des Kontinents zu definieren. Können also Geographie und Geschichte in dieser Frage eindeutige Antworten geben? Die Geographie versteht unter einem Kontinent eine große zusammenhängende Landmasse, die von Wasser ganz oder fast ganz umschlossen wird. Europa wird im Norden, Westen und Süden von Meeren begrenzt, hier sind die Grenzen eindeutig. Doch nach Osten sind die Horizonte offen, Europa und Asien gehen ineinander über. Europa ist also aus geographischer Sicht kein Kontinent, sondern nur „ein kleines Vorgebirge des asiatischen Kontinents", wie es der französische Schriftsteller Paul Valéry 1919 formulierte. Ob man den Don, den Ural oder den Bosporus zu europäischen Grenzen erklärt, immer wird man die Festlegung nur historisch oder kulturell begründen – und auch bestreiten – können.

Europa in der Antike

Der Blick zurück zeigt, dass der geographische Begriff „Europa" in Antike und Mittelalter sich wandelte und jeweils auch eine kulturelle Bedeutung trug. Seit dem 6. Jahrhundert verwendeten die Griechen den Namen der phönizischen Prinzessin Europa aus der Mythologie als geographischen Begriff und grenzten ihn von Asien und Libyen (Afrika) ab. Nach den Perserkriegen benutzten die griechischen Geschichtsschreiber die Begriffe Europa und Asien aber nicht nur für zwei verschiedene Kontinente, sondern auch für zwei gegensätzliche Kulturen: Europa stand für Freiheit und politische Selbstbestimmung, Asien für Despotie und Knechtschaft.

Der Gegensatz zwischen Europa und Asien spielte in der Römerzeit keine Rolle mehr, der Begriff „Europa" verlor an Bedeutung.

Im Mittelalter übernahm man den geographischen Europabegriff der Antike. Wo die Ostgrenze lag, darüber gab es keine genauen Vorstellungen. Wenn sich Gelehrte dazu äußerten, ließen sie – wie ihre antiken Vorgänger – Europa am Don enden.

D2 **Europa** mit den politischen Grenzen von heute

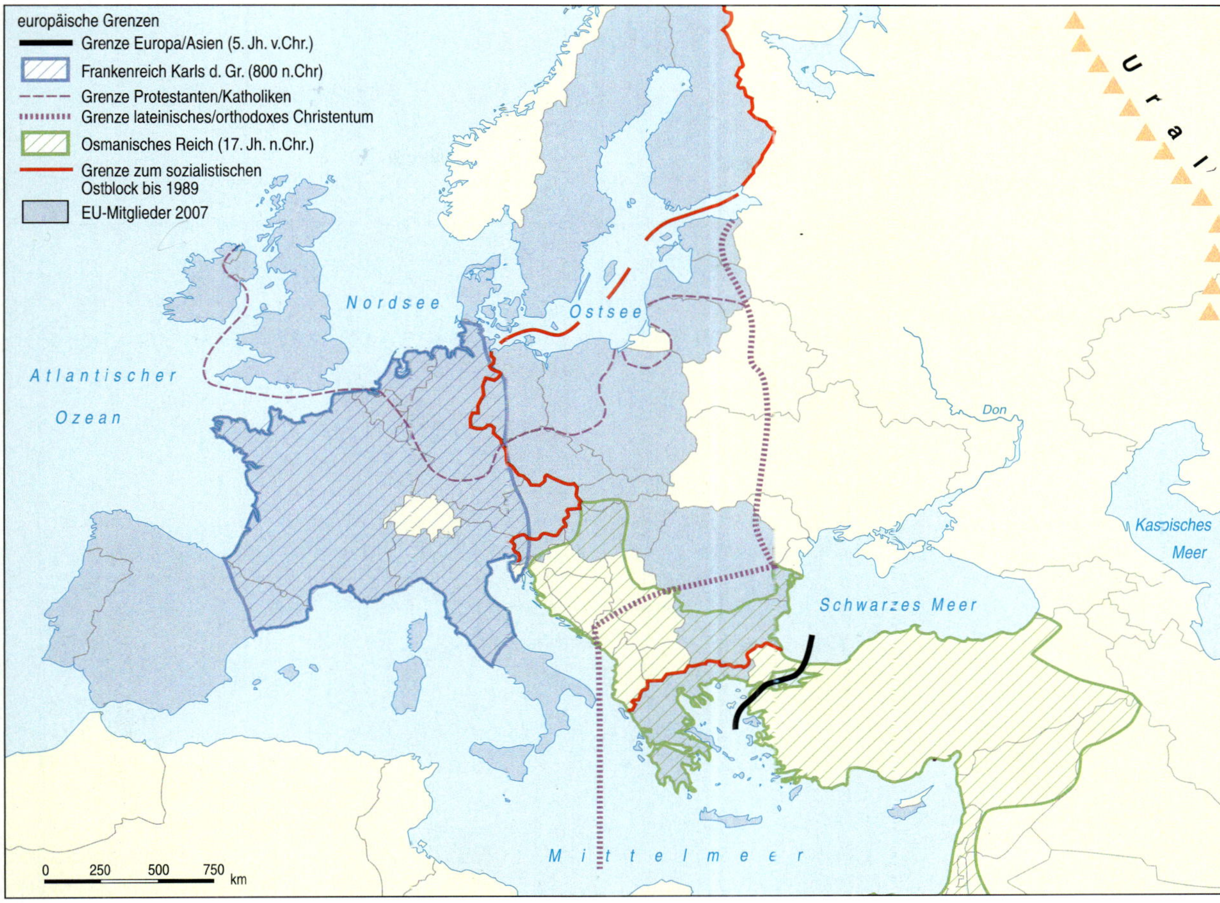

D3 Europa mit äußeren und inneren Grenzen

Europa im Mittelalter

Im frühen Mittelalter erhielt der Begriff Europa noch eine andere Prägung. Der Begriff Europa wurde auf das christliche Frankenreich bezogen, das sich von Byzanz und vom islamischen Orient abgrenzte. Der Gegensatz zu Asien schwang also auch jetzt wieder mit. Europa hatte sich nach Nordwesten verlagert und wurde mit dem römisch-katholischen Teil des Kontinents gleichgesetzt. Zu diesem Europa gehörten weder die byzantinischen Gebiete wie der Balkan noch das islamische Spanien oder gar die heidnischen Völker im Norden und Osten. Nach dem Zerfall des Frankenreiches verlor diese Vorstellung von Europa an Anziehungskraft, ging aber nicht ganz verloren. Länder, die östlich des ehemaligen Frankenreiches lagen und erst im 10. und 11. Jahrhundert missioniert wurden wie Polen oder Ungarn, fühlten sich als Teil der europäischen Völkerfamilie.

Fragen und Anregungen

1. Zeichnen Sie mit unterschiedlichen Farben das gegenwärtige Europa und Ihr eigenes „Wunscheuropa" in eine Kopie von D2 ein. Nennen Sie Ihre Kriterien für die Erstellung Ihres „Wunscheuropa".
2. Nennen Sie die Kriterien, nach denen die abgebildeten Grenzen innerhalb Europas gezogen wurden (D3).
3. Vergleichen Sie diese Grenzziehungen mit Ihren Vorstellungen (Frage 1).

3. Einheit und Vielfalt Europas – Grundlage einer europäischen Identität?

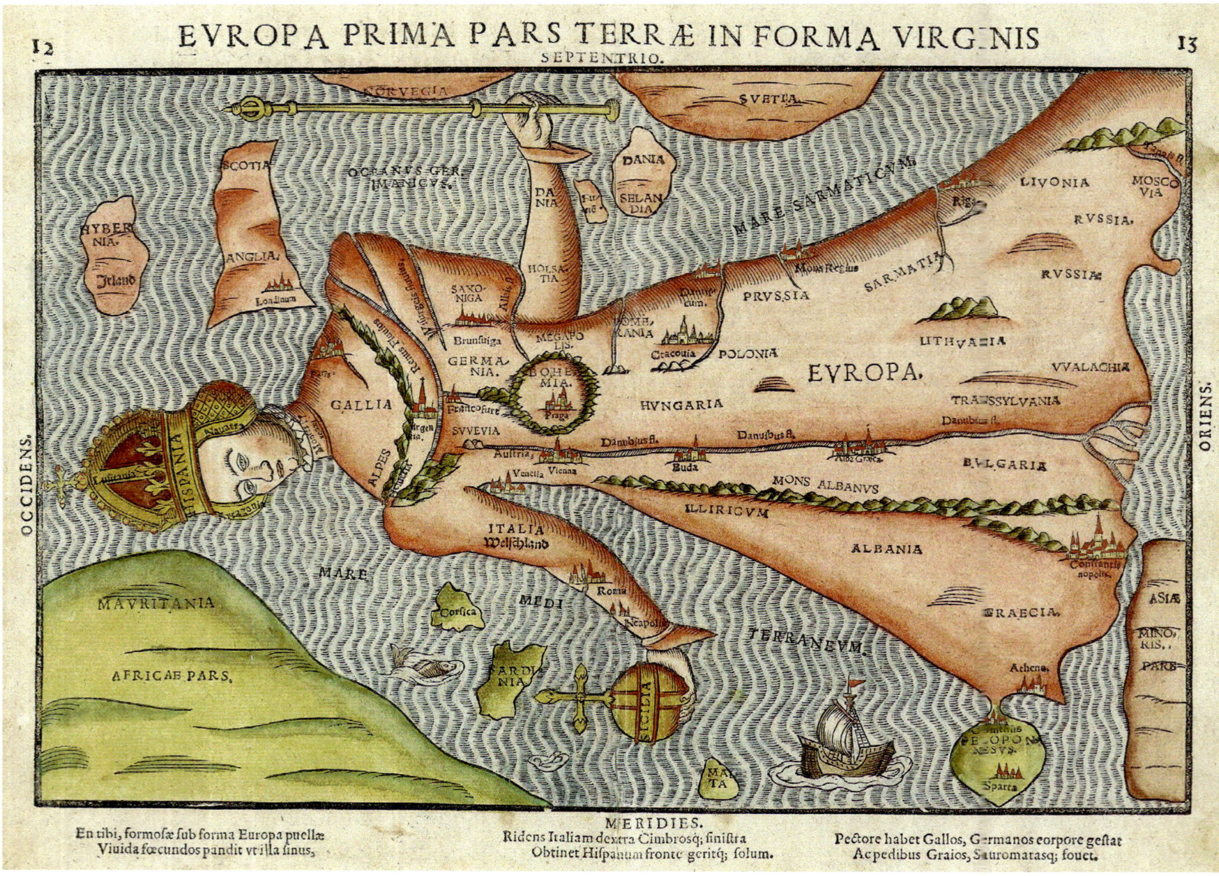

Q1 **„Europakarte mit der Darstellung des Kontinents als Reichskönigin"**
Kolorierter Holzschnitt, Deutschland 1588.

Die „Idee Europa" in der Neuzeit

Die Vorstellung, in Europa zu leben und mit diesem Kulturkreis verbunden zu sein, erhielt wieder zu Beginn der Neuzeit Auftrieb. So beklagte sich Enea Silvio Piccolomini, der spätere Papst Pius II., nach der Eroberung Konstantinopels 1454 auf dem Reichstag zu Frankfurt bitter darüber, dass „wir in Europa, also in unserem Vaterland, in unserem eigenen Haus" geschlagen wurden. Den Verlust von Konstantinopel bezeichnete er dabei als „die größte Schande". Dieses Europabewusstsein ist fortan immer gegenwärtig. Mitte der 1980er Jahre griff der sowjetische Partei- und Regierungschef Michail Gorbatschow das Bild vom „gemeinsamen Haus Europa" wieder auf: „Doch nur zusammen, gemeinschaftlich (...) können die Europäer ihr Haus bewahren, es vor Feuersbrunst und anderen Katastrophen schützen, es besser und sicherer machen, und es in einwandfreiem Zustand halten." Der tschechische Bürgerrechtler und Präsident Václav Havel sprach nach dem Zusammenbruch des Ostblocks von der Heimkehr der osteuropäischen Länder nach Europa.

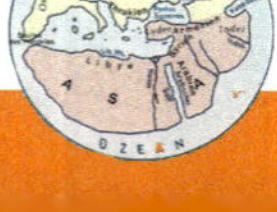

Die EU – das „bürokratische Ungeheuer in Brüssel"

Zwischen dem „Traum von Europa", der in der Geschichte Europas als Idee immer wieder auftaucht, und der Praxis der EU in Brüssel besteht im Bewusstsein der Europäer jedoch eine tiefe Kluft. Mit Europa verbinden sich Vorstellungen von einem anonymen bürokratischen Apparat, der durch immer neue Verwaltungsvorschriften alles zu normieren versucht. Die EU wird vielfach als politisches und wirtschaftliches Zweckbündnis, als Konzernzentrale und nicht als Land seiner Bürger empfunden. Die Herzen der Europäer schlagen eher in ihren Regionen und Nationen, sie identifizieren sich wenig mit dem „bürokratischen Ungeheuer in Brüssel". Deshalb bleibt zu fragen: Kann die EU ohne die innere Verbundenheit mit ihren Bürgern die schwierigen Probleme der Gegenwart und der Zukunft meistern? Besteht nicht die Notwendigkeit einer europäischen Identität, die den Bürgern den Sinn des großen europäischen Projekts vermittelt? Wie aber soll ein solches Europabewusstsein oder gar eine Identifikation mit Europa entstehen? Was hat die europäische Geschichte damit zu tun?

Europäische Identität erfinden?

Die europäischen Nationalstaaten, die sich seit der Französischen Revolution in Europa bildeten, standen bei ihrer Gründung häufig vor demselben Problem wie die Europäische Union heute: Es mangelte an innerer Einheit, die Menschen identifizierten sich nicht unbedingt mit dem neuen Nationalstaat, sondern mit ihren Regionen, Städten oder Dörfern. Das Nationalbewusstsein war nicht in allen gesellschaftlichen Schichten von vornherein da, die Nation musste „erfunden" werden. Künstler, Literaten, Komponisten, Vereine wie die Sänger und Turner und Institutionen wie Schule und Militär verschrieben sich der Aufgabe, ein einheitliches Nationalbewusstsein zu schaffen, das alle auf eine gemeinsame Idee verpflichtete. Politische Feste, militärische Paraden und Aufmärsche wurden inszeniert, nationale Gedenktage ins Leben gerufen.

Ein besonderer Beitrag bei der Schaffung einer nationalen Identität wurde von der Geschichte erwartetet: Eine große Vergangenheit war Quelle und Maßstab für eine große Gegenwart und Zukunft. Die eigene Geschichte wurde entsprechend idealisiert und als Rechtfertigung für die gegenwärtige Politik benutzt – mit zweifelhaftem Erfolg. Im Taumel eines übersteigerten Nationalismus seit dem 19. Jahrhundert wurden Minderheiten und Andersdenkende ausgegrenzt und andere Nationen herabgestuft, was schließlich zu den blutigen Weltkriegen des 20. Jahrhunderts führte.

Ein solches Modell, das auf der Durchsetzung einer einheitlichen Kultur und Gesinnung beruht, hält die Mehrheit heute daher für untauglich, ein europäisches Bewusstsein zu fördern. Nur die Akzeptanz der Vielfalt Europas und ein kritischer Umgang mit der eigenen Geschichte scheinen die Grundlagen für eine europäische Identität legen zu können.

Identität

Die Menschen benötigen Gewissheit über sich selbst, um sich in der Welt zurechtzufinden. Dazu verhilft ihnen auch ihre Identität. Identität bezeichnet den unverwechselbaren Kern eines einzelnen Menschen („Ich-Identität") oder einer Gruppe von Menschen („Wir-Identität").

Das Selbstverständnis einer Einzelperson oder einer Gruppe bildet sich in einem langen Prozess heraus, wobei man mit anderen übereinstimmt oder sich von ihnen abgrenzt. Dabei spielt die Lebenserfahrung des Einzelnen und die geschichtliche Erinnerung der Gruppe eine wichtige Rolle.

Besonders wirkungsvoll hat in den beiden letzten 200 Jahren die Idee der Nation Menschen weltweit zusammengefasst, indem sie ihnen ein historisch begründetes Zusammengehörigkeitsgefühl vermittelt hat.

Namen.	Spanier.	Frantzoß.	Wälisch.	Teutscher.	Engerländer.	Schwödt.	Poläck.	Unger.	Muskawith.	Tirk oder Griech
Sitten,	Hochmüttig,	Leichtsinig	Hinderhaltig,	Offenherzig,	Wohlgestalt,	Starck und Groß	Bäurisch,	Untreu.	boßhafft,	Wie das Abrilweter,
Natur Und Eigenschaft	Wunderbarlich	Goldseelig Und gesprächig	Eifersichtig,	Ganz Gut,	Lieb-reich,	Graus-sam,	Hochwilder,	Aller Grausamist	Gut Ungerisch	Ein Lung Teufel
Verstand,	Klug und Weiß	Firsichtig,	scharffsinig,	Wizig,	Ammuthig,	Hartnäkig,	Gering Achtent,	Hochwenig.	Gar Nichts	Oben Auß,
Anzeigung deren Eigenschaften	Mänlich,	Kindisch,	Wie jederwill,	Über Allmit,	Weiblich,	Unerkendlich,	Mittlmässig,	Bluthbegirig	Unentlich grob	Zärt-lich,
Wissenschaft.	schrifftgelehrt,	In Kriegssachen	In Geistlichen Rechte	In Weltlichen Rechte	Welt Weis,	In Freuen Künsten	In Unterschidlichen Sprachen	In Lateinischer Sprach	In Krichischer Sprach	Ein falscher Politicus,
Tracht Der Klaidung	Ehrbaar,	Unbeständig,	Ehrsam,	Macht alles Nach	auf Französische art	Von Löder,	Lang Röckig,	Viel Färbig	Mit böltzen,	Auf Weiber Art,
Untugent,	Hoffärtig,	Betrügerisch,	Geilsichtig,	Verschwenderisch	Unruhig,	Aber Glauberisch	Praller,	Veräther,	Gar Verätherisch	Noch Verätherisch
Lieben,	Ehrlob und Rum	Den Krieg,	Das Gold,	Den Trunck,	Die Wohllust,	Köstliche Speisen	Den Adl,	Die Aufruhr,	Den Brügl,	Selbsteigne Lieb
Krankheiten,	An Verstopfung	An Eigner,	An bösser seüch	An bodogrä,	An der schwindsucht	An der Wassersucht	An den Durchbruch	An der freis,	An Keichen,	An Schwachheit
Ihr Land,	Ist fruchtbaar	Wohlgearbeith	Ergözlich Und Wohllistig	Gut,	Fruchtbaar,	Bergig,	Waldich,	Frucht Und golt Reich	Voller Eiß,	Ein Liebreiches
Kriegs Tugente	Groß Müthig,	Arglistig,	Firsichtig,	Uniberwindlich	Ein See Held,	Unverzackt,	Ungestimt,	Aufriererisch	Miesamb,	Gar faul,
Gottesdienst,	Der aller beste	Gut	Etwas besser,	Noch Andächtiger	Veränderlich Wie der Mond	Eifrig in Glauben	Glaubt Allerley	Unmüessig,	Ein Abtriniger,	Ewen ein solcher
Erkennen für Ihren Herrn	Einen Monarchen	Einen König,	Einen Bäterärch	Einen Käiser,	balt den balt jene	Freüe Herrschaft	Einen Erwelden	Einen Unbeliebign	Einen Freiwiligen	Ein Thiran
Haben Überfluß	An Früchten,	An Waren,	An Wein,	An Getraid,	An Vich Weid,	An Ertz Gruben	An Böltzwerch	In Allen,	An Immen,	An zart Und weichen sach
Die Zeit Vertreiben,	Mit Spillen,	Mit betrügen	Mit schwätzen	Mit Trincken,	Mit Arbeiten,	Mit Essen,	Mit zancken,	Mit Miessigehen	Mit schlaffen,	Mit Kränkeln
Vergleichung Mit denen Thiren	Ein Elöfanthen	Ein Fuchsen,	Einen Luchsen,	Einen Löben,	Einen Pferd,	Einen Ochsen,	Einen Bern,	Einen Wolffen,	Einen Esel,	Einer Katz,
Ihr Leben Ende.	In Böth.	In Krieg,	In Kloster,	In Wein,	In Wasser.	Auf der Erd,	Im stall,	beym säwel,	In schnee,	In betrug.

Q2 „Kurze Beschreibung der in Europa befindlichen Völker und ihre Eigenschaften"
Völkertafel, Österreich, um 1725.

Q3 Athen, Rom, Jerusalem

Einleitung zu einer Vorlesungsreihe in Bonn, 1996/97:

„Es wächst zusammen, was zusammen gehört": Die Worte, mit denen die deutsche Wiedervereinigung begrüßt wurde, lassen sich mit gleichem Recht von der europäischen Einigung sagen. Nur reicht Europas Einheit viele Jahrhunderte weiter zurück. Ihre Wurzeln liegen am Mittelmeer, die geistigen in Griechenland, die politischen in Italien, die religiösen in Israel. Drei Städte stehen dafür: Athen, Rom, Jerusalem. Sich dieser gemeinsamen Vergangenheit zu erinnern, kann mithelfen, die Schwierigkeiten der europäischen Einigung zu überwinden.

Klappentext aus: Klaus Rosen (Hg.), Das Mittelmeer – die Wiege der europäischen Kultur, Bonn 1998.

Q4 Archipel Europa

Julian Nida-Rümelin, Professor für Philosophie an der Universität München, war 2004/05 Kulturstaatsminister im Kabinett Schröder:

Europa ist älter als jeder europäische Nationalstaat. Auch wenn die Grenzen Europas immer fließend waren und immer wieder neu bestimmt wurden […], so gibt es doch kulturelle Gemeinsamkeiten, die über alle Differenzen hinweg so etwas wie eine kulturelle Identität Europas ausmachen. […]
Die Spaltungen und Selbstzerstörungen Europas haben die Spuren einer gemeinsamen kulturellen Identität jedoch nicht völlig vernichtet. Da ist zum einen die Gemeinsamkeit der europäischen Ursprünge in der griechischen Klassik mit ihrer Verbindung von freier

Kultur und wissenschaftlicher Rationalität. Da ist die römische Rechts- und Staatstradition, die über die Jahrhunderte bis in die Gegenwart an Prägekraft nicht eingebüßt hat. Aber auch die christliche Religiosität hat zur kulturellen Identität Europas wesentlich beigetragen. Schließlich Humanismus und Aufklärung, die in der Moderne die kulturellen Voraussetzungen für Demokratie, autonome Wissenschaft und gesellschaftliche Fortschritt legten. Seit der frühen Neuzeit entwickelte sich eine europäische Bildungs- und Wissenschaftslandschaft, die vielfältig vernetzt zum Ferment der kulturellen Identität Europas wurde.

Europa hat die kulturelle Gestalt eines Archipels, einer Inselgruppe [...]. Europa lebt von seiner Vielfalt, von seinen Gegensätzen, von der Konkurrenz regionaler und nationaler Identitäten. Aber das Europa der Zukunft wird, wie das Europa der Vergangenheit darüber hinaus überwölbende kulturelle Gemeinsamkeiten benötigen, um eine europäische Bürgerschaft, wie sie der Maastricht-Vertrag vorsieht, mit Inhalt zu füllen. Die Bürger Europas sind nicht lediglich Wirtschaftsobjekte, sondern kulturell bestimmte Individuen, die über die Loyalität zu ihrer Heimat und ihrem Staat auch eine Loyalität zu diesem Europa entwickeln müssen, die über bloße wirtschaftliche Interessen hinausgeht.

Julian Nida-Rümelin, Europäische Kultur – Identität und Differenz, aus: www.bpb.de/themen/WCRD85.html, 25. April 2004.

Q5 „Fünfzehner mit Steuermann"
Karikatur von Gerhard Mester, 2001.

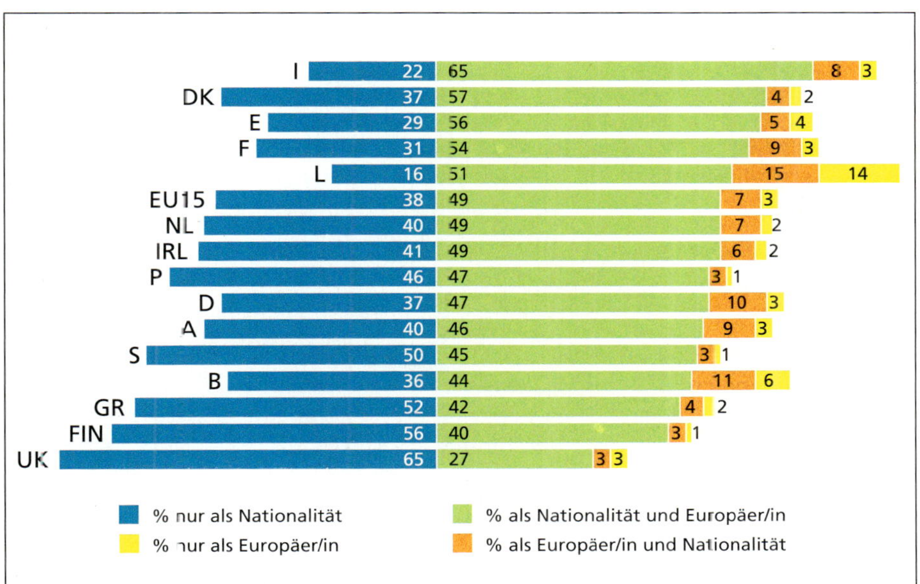

D1 Nationale und europäische Identität
Ergebnisse einer Umfrage im Oktober/November 2002.

Quelle: Eurobarometer 58, © Europäische Gemeinschaft 2003

Q6 „Die große historische Scheidelinie"

Der amerikanische Politikwissenschaftler Samuel Huntington, 1998:

Während des Kalten Krieges hat Europa als ein Ganzes gar nicht existiert. Mit dem Zusammenbruch des Kommunismus erwies es sich jedoch als notwendig, die Frage zu stellen und nach deren Antwort zu suchen: Was ist Europa? Europas Grenzen im Norden, Westen und Süden werden durch große Gewässer gezogen, von denen das südliche klar unterscheidbare Kulturen trennt. Aber wo endet Europa im Osten? Wer soll als Europäer und damit als potentielles Mitglied der Europäischen Union, der NATO und vergleichbarer Organisationen gelten? Die zwingendste und gründlichste Antwort auf diese Fragen liefert die große historische Scheidelinie, die seit Jahrhunderten westlich-christliche Völker von muslimischen und orthodoxen Völkern trennt. Die Identifikation Europas mit der westlichen Christenheit liefert ein klares Kriterium für die Zulassung neuer Mitglieder zu westlichen Organisationen.

Samuel Huntington, Kampf der Kulturen. Die Neugestaltung der Weltpolitik im 21. Jahrhundert, 6. Auflage, München 1998, S. 251–255.

Q7 „Die Unvollendete"

Zwei schwedische Journalisten in einem Leitartikel der Süddeutschen Zeitung, 2006:

Doch was ist ein Europäer? [...] Die Fixierung auf die Identität führt schnell ins Sortieren und Abgrenzen, zu Fremdenfeindlichkeit. Dieses Denken, das immer noch vorherrscht, gehört ins neunzehnte Jahrhundert. Würde das Projekt Europa diese Denkrichtung zurück in die Zeit der entstehenden Nationalstaaten beibehalten, wären auf Dauer politischer Zerfall, Egoismus und Schwäche die Folge. Demselben Denken entspringt der umgekehrte Wunsch, das Modell des Nationalismus auf ganz Europa zu übertragen. Die Europäische Union zielt nicht auf eine Staatsbildung, obwohl sie über die entsprechenden Symbole aus der Vergangenheit verfügt, über Fahne, Präsidenten, Parlamente und Beethovens Neunte Symphonie. Nur ein paar verstreute Enthusiasten und eine bedeutend größere Schar von Gegnern des Projekts phantasieren von einem solchen Superstaat. Jeder Vergleich zwischen der Europäischen Union und der Entstehung eines Nationalstaats muss in die Irre führen. Europa hat keine Seele, kein Herz, keine feste Form. Es lässt sich nicht auf Geographie fixieren, ebenso wenig wie der Europäer sich durch Religion oder Sprache definieren lässt – ja wohl nicht einmal die Kultur taugt für einen solchen Zweck. Europa besteht ausschließlich aus größeren oder kleineren Minoritäten, und Europa kann bis auf weiteres nicht mehr anbieten als eine sehr verfeinerte Form der Zusammenarbeit mit überstaatlichen Zügen. Nicht mehr und nicht weniger. [...]

Anstatt Utopien zu züchten, müssen die Europäer lernen, mit ihrer Union als etwas Unvollendetem, als einem Provisorium zu leben. Mit einem Provisorium, das man nicht allzu hohen Erwartungen unterwirft. Wir müssen uns mit Lösungen zufrieden geben, die nur die zweitbesten sein können. Bestenfalls – und auch nur, wenn wir dafür die Geduld aufbringen.

Rolf Gustavsson, Richard Swartz, Die Unvollendete. Braucht Europa einen Mythos? in: Süddeutsche Zeitung, 12. Januar 2006, S. 11.

Fragen und Anregungen

1. Erarbeiten Sie mit Hilfe von D1, inwieweit sich eine europäische „Wir-Identität" feststellen lässt (s. auch Kasten „Identität").
2. Erläutern Sie die Gründe für die Unterschiede im Verhältnis nationale/europäische Identität bei den Bürgern der 15 EU-Staaten (D1).
3. Angenommen, Sie hätten an der Umfrage teilgenommen (D1). Wie würden Sie Ihre eigene Entscheidung begründen?
4. Diskutieren Sie, welche Probleme für ein künftiges Europa durch eine doppelte Identität aufgeworfen werden.
5. Nennen Sie die Länder (Q2), die zu Europa gezählt werden, und beschreiben Sie die Eigenheiten, die den jeweiligen Bewohnern zugeordnet werden. Überlegen Sie, ob einige der Vorurteile heute noch existieren oder ob andere an ihre Stelle getreten sind.
6. Beschreiben Sie Q1 und zeigen Sie, welche Rückschlüsse die Darstellung auf das Europabewusstsein ihrer Zeit erlaubt.
7. Beschreiben Sie die Karikatur (Q5) und zeigen Sie, auf welches Problem der europäischen Einigung hier hingewiesen wird.
8. Prüfen Sie, inwieweit die Texte Q3 und Q4 eine Antwort auf dieses Problem sein könnten.
9. Vergleichen Sie die Argumentation der beiden Autoren von Q6 und Q7.

Eine Mindmap als Lernhilfe benutzen

Zu Beginn des Geschichtsunterrichts haben Sie gelernt, eine Mindmap zu entwickeln (s. auch Band 1, S. 75). Eine Mindmap fasst ein Thema übersichtlich auf einer Seite zusammen. Auf diese Weise gelingt es Ihnen, auch bei komplizierten Sachverhalten immer den Überblick zu behalten.

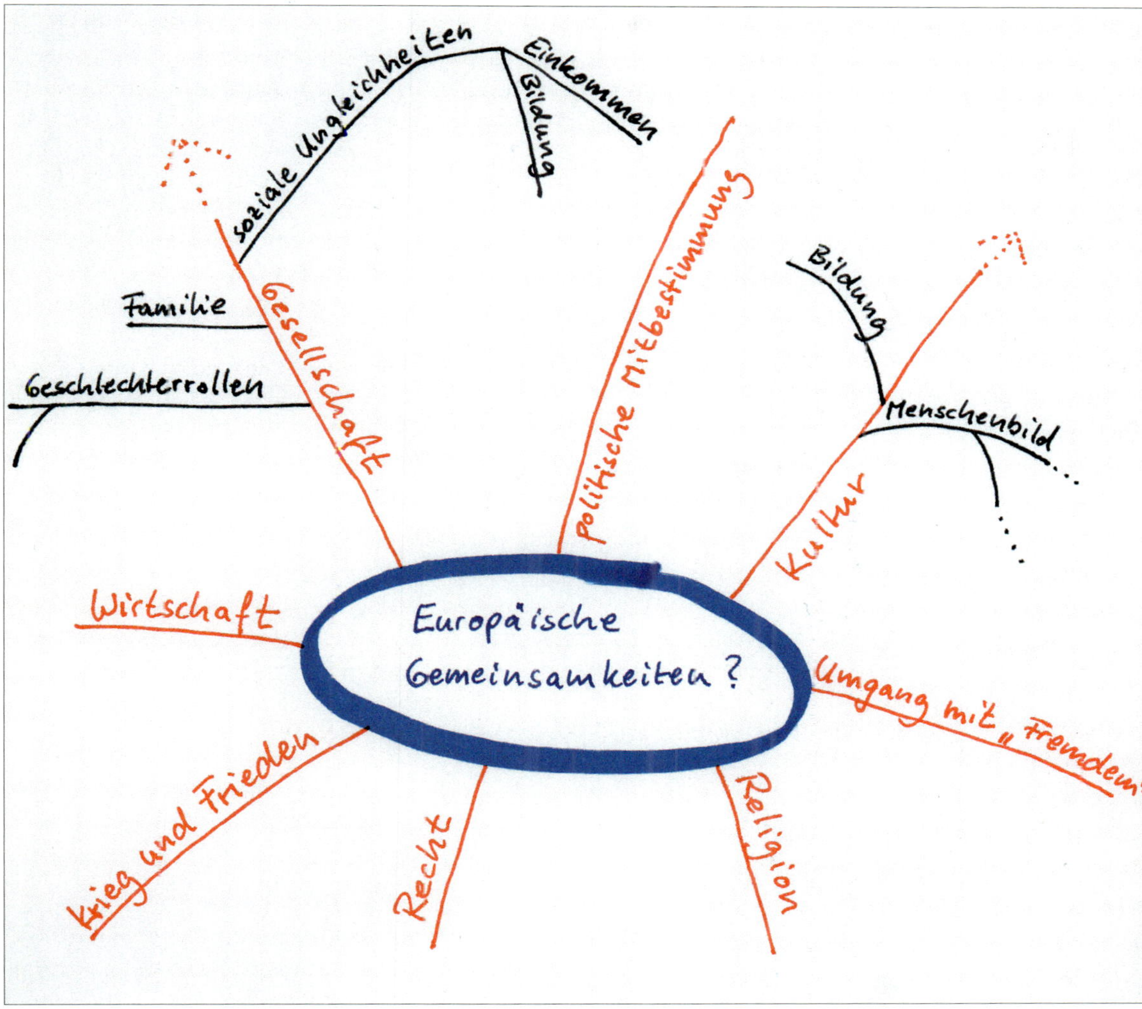

Das Thema der Mindmap steht durch einen Kreis besonders hervorgehoben in der Mitte. Davon gehen Äste in alle Richtungen aus. Ein Ast repräsentiert immer einen Leitgedanken. Von den einzelnen Ästen gehen wiederum Zweige aus, die inhaltlich mit den jeweiligen Leitgedanken zusammenhängen.
In der Mindmap oben wird jeder Ast einem Bereich zugeordnet, für den sich gesamteuropäische Entwicklungen benennen lassen. Übertragen Sie die Mindmap auf ein DIN A3-Blatt. Kopieren Sie sich die ADS (S. 10/11) und schneiden Sie die Bilder aus. Ordnen Sie die Bilder zu, indem Sie das jeweils passende Bild an einen Ast der Mindmap kleben. Im Verlauf des Schuljahres werden Sie immer wieder auf diese Leitgedanken stoßen. Wenn Sie am Ende jeder Themeneinheit zu den Ästen Zweige ergänzen, können Sie verfolgen, welche historischen Entwicklungen Europa geprägt haben.

AUF DEN SPUREN EUROPAS – DAS ANTIKE GRIECHENLAND

1972 gab sich die Europäische Union eine Hymne: Der Europarat entschied sich für die erste Strophe von Friedrich Schillers „An die Freude“ (1785), vertont von Ludwig van Beethoven in seiner Neunten Symphonie (1824). Der Text spielt auf die griechische Götterwelt an: Der „Götterfunke“, die „Freude“, haben ihren Ursprung in „Elysium“, auf der Insel der Seligen, wo die Lieblinge der Götter wohnen. Suchen Sie nach Gründen, warum sich die EU in die Tradition des antiken Griechenlands stellt.

Griechische Euro-Münze
1-Euro-Stück: Eule von Athen.

Melodie: Ludwig van Beethoven (1770–1827)
Text: Friedrich Schiller (1759–1805)

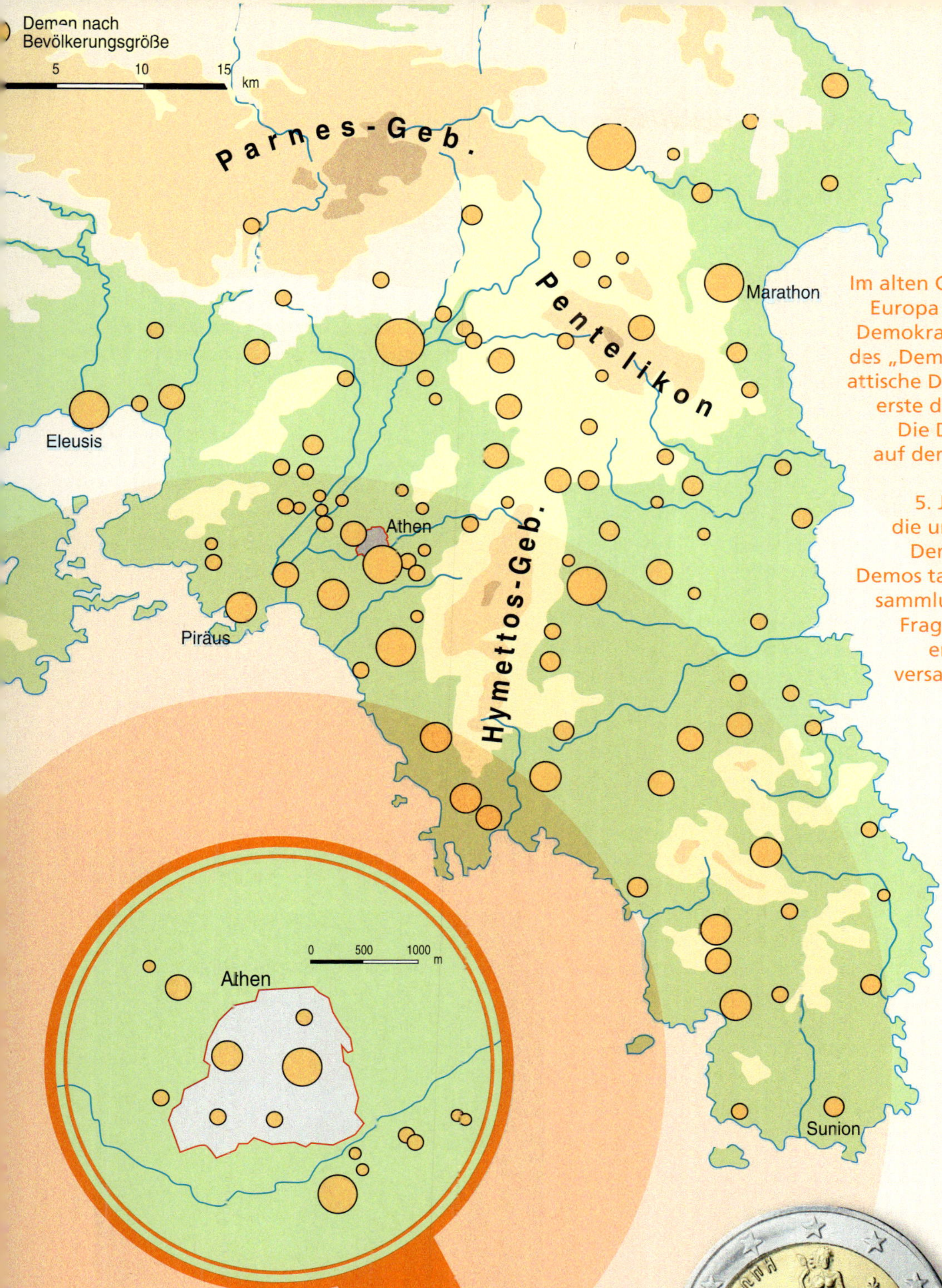

Demen Attikas

Im alten Griechenland sucht Europa die Ursprünge der Demokratie, der Herrschaft des „Demos", des Volks. Die attische Demokratie war die erste der Weltgeschichte. Die Demen Attikas, die auf der Karte verzeichnet sind, bildeten im 5. Jahrhundert v. Chr. die unterste Einheit der Demokratie. In jedem Demos tagte eine Volksversammlung. Über zentrale Fragen für ganz Attika entschied die Volksversammlung in Athen.

Griechische Euro-Münze

2-Euro-Stück: Europa und der Stier.

1. Warum griechische Geschichte heute?

Griechische Kunst als Ideal

Die meisten Menschen in Europa wissen es: Die Wiege der Demokratie stand im alten Griechenland. Aber nicht die Frage nach den Ursprüngen der Demokratie lenkte gegen Ende des 18. Jahrhunderts das Interesse europäischer Gebildeter auf die griechische Antike, sondern die Bewunderung griechischer Kunst. So residierte in Neapel als englischer Botschafter Sir Hamilton, ein leidenschaftlicher Sammler antiker Kunstschätze. Er organisierte umfangreiche Ausgrabungen. Seine Frau, die als eine der schönsten Europas galt, präsentierte sich an Gesellschaftsabenden den von antiker Kunst begeisterten Gästen oftmals als Standbild in griechischen Gewändern, gern als Nymphe.

In Neapel war in jener Epoche auch der deutsche Archäologe Johann Joachim Winckelmann aufgetaucht, der die systematische Erforschung antiker Kunstwerke vorantrieb. Als Merkmal griechischer Statuen nannte er „edle Einfalt und stille Größe“ – eine Kennzeichnung, die berühmt wurde. Und im damaligen Deutschland suchten „klassische“ Dichter ihre Stoffe und Vorbilder in einem idealisierten Bild vom antiken Griechenland: Klopstock, Wieland, Goethe, Schiller, Hölderlin.

Europäische Identität und griechische Demokratie

Im 19. Jahrhundert wurde auf dem humanistischen Gymnasium in Deutschland das Schulfach Griechisch eingeführt, das zusammen mit Latein den Schülern umfassende klassische Bildung vermitteln sollte. Die politische Geschichte der alten Griechen und damit die Demokratie standen nicht im Mittelpunkt. Auch in Frankreich hatten die Revolutionäre von 1789 ihre Vorbilder nicht in Athen, sondern in der römischen Republik gefunden. Das Interesse an der griechischen Demokratie ist also ziemlich jung. Heute wird es wachgehalten durch die Suche der demokratischen europäischen Staaten nach einer gemeinsamen historischen Wurzel. Dabei geht es um eine relativ kurze Epoche: Die griechische Demokratie entstand in Athen im 5. Jahrhundert v. Chr. und verschwand 322 v. Chr., als Athen unter makedonische Vorherrschaft geriet. Eine direkte Verbindungslinie hin zur modernen Demokratie gibt es also nicht – und dennoch ist es sinnvoll, sich mit der ersten Demokratie der Weltgeschichte zu beschäftigen. Gibt es mehr Übereinstimmungen mit der modernen Demokratie oder mehr Unterschiede zu ihr? Können moderne Demokratien von der ältesten Demokratie etwas lernen?

Q1 **Herkules im Garten der Hesperiden**
Wedgwood-Vase, gestaltet von Flaxman, 1785.

Q2 **Titelblatt „Der Spiegel“,**
27. November 2006.

Q3 Abbildung aus einem französischen Bilderbuch von 1912

D1 Antikenbegeisterung des aufstrebenden Bürgertums

Der Archäologe und Journalist Michael Siebler, 2005:

Für den Siegeszug der Vasenbilder in die Salons des europäischen Adels und die Wohnräume des gebildeten Bürgertums [...] ist der Anteil kaum zu unterschätzen, den der [...] Fabrikant Josiah Wedgwood (1730 bis 1795) daran hatte. [...] Dieser begann in seiner Fabrik „Etruria" mit der Produktion von Keramiken nach Hamilton'schen Vorbildern [...]. Wedgwood-Keramik wurde zum Qualitätsmaßstab und Vorbild für zahlreiche andere Manufakturen [...]. Die Antike erwachte in den Kabinetten und Salons förmlich zu neuem Leben, sei es im Potsdamer Stadtschloss, in englischen Herrenhäusern oder in großbürgerlichen Wohnungen. Gleichsam auf Schritt und Tritt begegnete man Darstellungen aus dem Mythos, der Religion oder dem Alltag. Es ließ sich trefflich bei einer Tasse Tee oder Kaffee über die auf den Geschirren dargestellten Szenen diskutieren. Gerade das aufstrebende Bürgertum fand in der gleichsam wieder gewonnenen Antike ein eigenes Betätigungsfeld, gelang ihm mit der Aneignung antiken Bildungsgutes doch so etwas wie eine Standesdurchsetzung gegenüber dem Adel. Hatte man sich an den Fürstenhöfen früher der Anmut, Heiterkeit, Illusion und Zerstreuung verschrieben, so suchte der Bürger von Welt jetzt Bedeutung, Ernst, historische Wahrheit – und eben Bildung.

M. Siebler, Ein Füllhorn an Anregungen. Bei ihm war die europäische Welt zu Gast, um zu bewundern: William Hamiltons Sammlung antiker Vasen veränderte den Lauf der Kunstgeschichte, in: Frankfurter Allgemeine Zeitung, 16. Juli 2005, S. 39.

Q4 Industrielle Nachahmung antiker Kunst

Goethe äußert sich dazu um 1800:

Kluge Fabrikanten [...] haben [...] die aufkeimende Neigung des Publikums [für antike Töpferware] durch eine scheinbare Befriedigung [...] zugrunde gerichtet. So tragen die Engländer mit ihrer modern-antiken Topfware, mit ihrer schwarz-, rot- und bunten Kunst ein ungeheueres Geld aus allen Ländern und wenn man es recht genau besieht, hat man meist nicht mehr [...] davon als von einem andern unschuldigen Porzellangefäß [...] oder ein paar besonderen Schnallen.

J. W. v. Goethe, Schriften zur Kunst, hg. v. Christian Beutler, Zürich/Stuttgart 1954, S. 126 f.

D2 Die griechische Demokratie als Ausnahme und Neuheit

Der Historiker Christian Meier, 1995:

Das griechische Gemeinwesen der Freien und Gleichen, die Herrschaft der Regierten, die freie Verfügung über die politische Ordnung und alles, was damit zusammenhängt, war etwas völlig Neues in der Weltgeschichte. In Asien, Afrika und Amerika haben sich vor und nach den Griechen, auch außerhalb des Bereichs ihrer Nachwirkung, hohe Kulturen gebildet, die der griechischen zum Teil in vieler Hinsicht überlegen waren. Aber immer waren sie monarchisch organisiert, hatten sie einen umfangreichen Herrschaftsapparat. Neben den Königen besaßen höchstens Adlige, Priester und hohe Beamte Einfluss, und nirgends hatten mittlere und untere Schichten mitzubestimmen [...]. Allein bei den Griechen tritt Demokratie an die Stelle monarchischer und aristokratischer Herrschaft [...]. Die Griechen bildeten also die Ausnahme von der Regel. Irgendetwas ist bei ihnen entscheidend anders gelaufen.

C. Meier, Entstehung und Besonderheit der griechischen Demokratie, in: K. H. Kinzl (Hg.), Demokratia. Der Weg zur Demokratie bei den Griechen, Darmstadt 1995, S. 254 f.

Q5 Wahre Bildung hier, Barbarei dort

Im Deutschen Kaiserreich (1871–1918) veröffentlichten Höhere Schulen jedes Schuljahr ein „Programm", in dem neben allgemeinen Informationen auch pädagogische und wissenschaftliche Abhandlungen und Reden abgedruckt wurden:

Wie anders [als zu den Nationen der Gegenwart] stehen wir zu den klassischen Völkern des Altertums! Wir finden bei ihnen eine jugendfrische […] Kultur. […]

Und was für eine Literatur ist in diesen Sprachen niedergelegt! Hier aber sei sogleich bemerkt, dass die Literatur der Römer fast durchgängig von der griechischen abhängig […] [ist]. Die griechische Literatur ist original, volkstümlich, urwüchsig, wurzelecht; die römische ist abgeleitet, gelehrt, künstlich, ein importiertes Pfropfreis […].

Vollends aber haben die Griechen in der Kunst, namentlich in der Skulptur […] das Vollendetste geschaffen, das den Spätergekommenen nur eine Ährenlese ließ […]. Das rege politische Leben der Griechen […] findet seine Abspiegelung in einer reifen Staatsberedsamkeit […]. Von den Griechen ist endlich auch alle Wissenschaft ausgegangen […].

Burckhardt[1] hat gesagt: „Alle Kenntnisnahme der Welt spinnt an dem Gewebe weiter, welches die Griechen begonnen haben. Wir sehen mit den Augen der Griechen und sprechen mit ihren Ausdrücken. Nun ist es aber die Pflicht des Gebildeten, das Bild von der stetigen Weiterentwicklung in sich so vollständig als möglich zu ergänzen. Das unterscheidet ihn […] von dem Barbaren […]." Schlagender könnte nicht bezeichnet werden, warum das humanistische Gymnasium auf das Griechische als die unentbehrliche Grundlage aller wahren Bildung ein solches Gewicht legt.

[1] berühmter deutsch-schweizerischer Kulturhistoriker, 1818–1897

Zit. nach: Programm des Eberhard-Ludwigs-Gymnasiums in Stuttgart zum Schlusse des Schuljahrs 1903–1904, Stuttgart 1904, S. 26–28.

Q6 Über die Reform der deutschen Rechtschreibung

Aus einem Leserbrief an die Frankfurter Allgemeine Zeitung, 2005:

Ist es im Gegensatz zu angelsächsischen Kindern von deutschen Schülern zuviel verlangt, sich der griechischen Wurzeln im Begriff „Telephon" („tele" = fern, fernhin, „phonein" = rufen) bewusst zu sein? Kulturvölker wie etwa Franzosen, Briten und mit ihnen sogar die Amerikaner schreiben „phone" mit größter Selbstverständlichkeit. Und was soll der „Geograf"? Was hat der Erdkundler mit einer Adelsstufe gemein? Ist es denn den Vereinfachern entgangen, dass sie […] das Ziel zur Hälfte verfehlten, indem sie in den aus Griechisch und Deutsch zusammengestückelten Zwittern griechische Partikel stehen ließen: „Ge(o)" als griechisches Wort für „Erde"; im „Paragrafen" „para" = neben, an, vorbei; beim „Demografen" „demos" = „Volk". Unbehelligt blieb bisher die Physik. Wenn das „Ph" dort nicht stört, warum denn in Wörtern wie Demographie, Paragraph, Phantasie?

Frankfurter Allgemeine Zeitung, 4. November 2005, S. 11.

Fragen und Anregungen

1. Informieren Sie sich im Internet über Achilles und die Herkules-Sage. Klären Sie, welche Szenen dargestellt werden (Q1, Q3).
2. Beschreiben und erklären Sie die Antikenbegeisterung des Bürgertums im 18. und 19. Jahrhundert (D1).
3. Arbeiten Sie heraus, worin der Redner die Bedeutung des Griechisch-Unterrichts um 1900 sieht (Q5), und setzen Sie sich in einem Leserbrief mit dem Begriff des „Gebildeten" auseinander, den der Redner entwickelt.
4. In den vergangenen Jahren hat das Interesse am Erlernen der alten Sprachen sprunghaft zugenommen. Stellen Sie mögliche Gründe für diese Entwicklung zusammen.
5. Erörtern Sie das Für und Wider der Auffassung in Q6.
6. Klären Sie den Begriff „Hochkultur" (vgl. D2, Zeile 7), informieren Sie sich über eine Hochkultur aus einem anderen Erdteil, und stellen Sie diese in der Klasse vor.
7. „Der Spiegel" ist eine der auflagenstärksten und einflussreichsten Zeitschriften der Bundesrepublik. Beschreiben Sie die Titelseite und überlegen Sie, welche Wirkung sich die „Spiegel"-Redaktion von diesem historischen Thema in unserer Gegenwart verspricht (Q2).

2. Polis und Oikos – wie lebten die Griechen?

Die Polis

Die Demokratie hat sich im Rahmen der Poleis entwickelt. Diese Form des Stadtstaats hat sich in Griechenland seit dem 8. Jahrhundert v. Chr. neben einigen Stammstaaten ausgebildet. „Staat“ war die Polis, weil sie über ein „Staatsvolk“, eine „Staatsgewalt“ und ein „Staatsgebiet“ verfügte. „Stadt“ war sie als Siedlung mit städtischem Kern und wegen ihrer Überschaubarkeit nach Fläche und Bewohnerzahl. Als „Stadtstaat“ war die Polis autonom. Es gab keinen griechischen Gesamtstaat, wohl aber ein starkes Gefühl griechischer Zusammengehörigkeit – eine „Identität“, die sich auf den gemeinsamen Glauben an die olympischen Götter, die eigene Sprache und Schrift und die schroffe Abgrenzung von Nichtgriechen, den „Barbaren“, gründete.
Die Poleis sind aus bäuerlichen Ansiedlungen hervorgegangen. Zur Regelung gemeinsamer Probleme, wie der Schlichtung von Streit, trafen sich die einzelnen Hausherren – also nur Männer – auf der Agora, dem Marktplatz. Hier liegen die Ursprünge der Volksversammlung der späteren Demokratie. Daneben bildeten die mächtigen Grundbesitzer einen Adelsrat, in Athen war das der Areopag, der die Geschicke der Polis lenkte. Zugezogene bildeten eine eigene Bevölkerungsgruppe, die „Metöken“. Sie hatten kein Bürgerrecht und durften keinen Grundbesitz erwerben, waren daher oft als Händler tätig. Sklaven galten nicht als Personen, sondern als Sachen.

Der Oikos

Das tägliche Leben der Griechen spielte sich im Oikos ab, dem Haus. Der Begriff, auf den unser heutiger Ausdruck „Ökonomie“ zurückgeht, meinte außer dem Haus auch den zugehörigen Besitz, Grund und Boden, Gegenstände, Werkzeuge, Tiere, und ebenso Personen: die Familienmitglieder, Knechte, Mägde und gegebenenfalls auch Sklaven. Der ursprünglich rein landwirtschaftliche Oikos war im Idealfall autark. Produziert wurde für den eigenen Bedarf. Das änderte sich mit fortschreitender Arbeitsteilung. In den größeren Poleis war der Oikos in Nah- und Fernmärkte eingebunden. Im Rahmen dieser Verhältnisse, die während der griechischen Antike im Großen und Ganzen gleich blieben, entwickelte sich in Athen vom Ende des 6. Jahrhunderts an die erste Demokratie der Weltgeschichte.

Naturraum und Staatenbildung D1
12. bis 5. Jh. v. Chr.

Q1 Aristoteles über die Sklaverei

Jeder Staat setzt sich [...] aus Häusern zusammen. Ein vollständiges Haus aber besteht aus Sklaven und Freien. [...] Weil nun der Besitz ein Teil des Hauses ist, so ist auch die Erwerbskunst ein Teil der Hausverwaltung, denn ohne das Notwendige ist sowohl das Leben unmöglich als auch das gute Leben. Wie es aber wohl für bestimmte Künste notwendig ist, dass dafür eigene Werkzeuge vorhanden sind, so trifft das auch beim Hausverwalter zu. Von den Werkzeugen sind nun die einen belebt, die anderen unbelebt [...]. Auf diese Weise ist auch das Besitztum ein Werkzeug im Hinblick auf das Leben, [...] und der Sklave ist eben ein solches Besitztum [...]. Doch der Sklave ist nicht nur Sklave des Herrn, sondern er gehört jenem überhaupt an. Wer nämlich von Natur aus nicht sich selbst gehört, sondern als Mensch eben einem anderen, der ist von Natur aus ein Sklave [...].

Ob es aber einen Menschen gibt, der von Natur aus solcher Art ist, [...] darüber muss man [...] Überlegungen anstellen [...].

Das Lebewesen besteht zunächst einmal aus Seele und Körper, davon ist von Natur aus das eine das Herrschende, das andere aber das Beherrschte [...], die Seele übt über den Körper eine Herrenherrschaft aus [...]. Ferner [...] ist die Beziehung des Männlichen zum Weiblichen von Natur aus so, dass [...] das eine das Herrschende und das andere das Beherrschte [ist], [...].

Alle die freilich, die so weit voneinander entfernt sind wie die Seele vom Körper und der Mensch vom wilden Tier – in dieser Situation befinden sich alle, deren Arbeit im Umgang mit dem Körper besteht, und das ist dann auch die von ihnen am besten geleistete Arbeit – alle diese sind von Natur aus Sklaven [...]. Es ist nämlich von Natur aus ein Sklave, der einem anderen gehören kann – deshalb gehört er ja auch einem anderen –, und der nur so weit Anteil an der Vernunft hat, als er sie wahrnimmt, ohne aber über sie zu verfügen. [...] Beide [...] leisten im Hinblick auf das, was für den Körper notwendig ist, Hilfe, die Sklaven ebenso wie die zahmen Tiere.

Aristoteles, Politik. Schriften zur Staatstheorie, übers. und hg. von F. F. Schwarz, Stuttgart 1989, S.80–84.

D2 Die Sklaverei in Griechenland

Aus einem Lexikon, 1974:

Eine nur mäßig entwickelte Landwirtschaft mit relativ gleichmäßiger Verteilung der Nutzungsflächen bietet keine ausreichende Grundlage für die Existenz zahlreicher Sklaven. Erst die zunehmende Differenzierung der Besitzverhältnisse erlaubt es den Wohlhabenden, weniger Vermögende, in Schuldknechtschaft Geratene oder versklavte Kriegsgefangene in größerer Zahl für sich arbeiten zu lassen. Deshalb war die S. in der frühgriechischen Gesellschaft nur schwach entwickelt. Allerdings waren manche Stämme im Zug der Landnahme dazu übergegangen, die einheimische Bevölkerung zu unterjochen ([...] z. B. Heloten in Sparta), ohne dass diese im juristischen Sinne des Wortes voll und ganz versklavt worden wäre. In Gebieten wie Attika [...] stellten vor allem die Schuldknechte das Hauptkontingent der Sklaven. Der bei fortschreitender Differenzierung der Besitzverhältnisse wachsende Bedarf an Sklaven wurde vornehmlich aus der Einfuhr von Menschen aus dem Schwarzmeergebiet, Kleinasien und Vorderasien sowie durch Verwendung von Kriegsgefangenen gedeckt. Im Übrigen versklavten die Griechen auch ihre eigenen Landsleute, obwohl manchmal Einwände gegen diese Praxis erhoben wurden. Der Aufschwung von Handel und Gewerbe ermöglichte es manchen Städten (z. B. Athen, Korinth), große Mengen von Sklaven zu beschäftigen. In solchen Städten mag sich der Anteil der Sklaven an der Gesamtbevölkerung auf ein Drittel belaufen haben.

C.D. Kernig (Hg.), Marxismus im Systemvergleich. Geschichte, Bd. 4, Frankfurt/New York 1974, S.190.

Fragen und Anregungen

1. Untersuchen Sie, welche geographischen Bedingungen die Entstehung von „kleinen" Poleis begünstigten (D1). Im Gegensatz zu den anderen Poleis verfügen Athen und Sparta über besonders große Staatsgebiete. Suchen Sie nach Gründen für die ungewöhnliche Größe der Poleis Athen und Sparta.
2. Erörtern Sie, ob sich die Sklaverei mit der historischen Einschätzung Athens durch Christian Meier in Übereinstimmung bringen lässt (Kapitel 1, D2).
3. Erläutern Sie, eventuell mit Hilfe einer Skizze, die Darlegungen des Aristoteles und nehmen Sie Stellung (Q1).
4. Vergleichen Sie die Rechtfertigung der Sklaverei (Q1) in der griechischen Antike mit der Darstellung in D2.

3. Eine konfliktreiche Welt im Wandel

ca. 800–500 v. Chr.	Archaische Zeit
750 v. Chr.	Beginn der griechischen Kolonisation
7. Jahrhundert v. Chr.	Aufkommen der Hoplitenphalanx

Kampf zwischen Hektor und Achill Q1
Gefäß, um 500 v. Chr.

Von adligen Einzelkämpfern …

Während der Olympischen Spiele sollte, so verkündete alle vier Jahre ein Herold, zwischen den Griechen Frieden herrschen. Offenbar war dies nicht der Normalzustand. Schon in den archaischen Zeiten, von denen wir durch den Dichter Homer wissen, schlossen sich Aristokraten gerne zu Kriegszügen zusammen – wie etwa Odysseus, als er mit seinen Gefährten von Ithaka nach Troja zog. Mit den Poleis hatten solche Aktionen wenig zu tun, jeder Adlige kämpfte für sich selbst: um zu siegen, berühmt zu werden in ganz Hellas, aber auch um zu rauben. Mancher gewann dabei auswärtige Stützpunkte und Gastfreundschaften. Die ganze griechische Geschichte hindurch konnten sich Aristokraten auf solche Verbindungen verlassen. Hatte ein Adliger in seiner Polis ernsthafte Probleme, fand er bei Freunden oder auf eigenen auswärtigen Besitzungen Unterschlupf.

… zur Hoplitenphalanx

Die aristokratischen Einzelkämpfer mit ihren Streitwagen verloren an Bedeutung, als sich durch die schwere Bewaffnung von Fußsoldaten (Hopliten) die Kriegstechnik änderte. Die Hopliten kämpften in einer geschlossenen Formation, der Phalanx. Kriege zwischen den Poleis waren zahlreich, die Poleis wurden Kriegergesellschaften. Die Hopliten rüsteten sich auf eigene Kosten aus, und man benötigte möglichst viele Kämpfer. Der Einsatz der Bürger als Hopliten begünstigte ihre politischen Teilhabechancen am Regiment der Adligen. In Athen stand am Ende dieser Entwicklung die Demokratie.

Konflikte im Innern der Poleis

Nicht nur zwischen den Poleis, sondern auch in ihrem Innern ging es oft nicht friedlich zu. Es wechselten bürgerkriegsartige Zustände mit Phasen des Ausgleichs. Zur Zeit der Adelsherrschaft rivalisierten die Aristokraten auch innerhalb der Stadtstaaten ständig um Ruhm, Ehre, Ansehen. Das konnte einer Polis zugute kommen, wenn Adlige für die Stadt in den Krieg zogen oder andere Aufgaben freiwillig übernahmen. Das galt auch, nachdem sich solche Aufgaben zu Ämtern verfestigt hatten. Bei deren Besetzung wechselten sich die Aristokraten ab, die Amtszeit war auf ein Jahr begrenzt. Die Adligen achteten sehr darauf, dass sich bei keinem Konkurrenten zu viel Macht ansammelte. Unter diesen Bedingungen konnte sich kein Königtum entwickeln

Kluft zwischen Großgrundbesitzern und Kleinbauern

Eine wesentliche Ursache von Unruhe in den Poleis war die Verteilung von Armut und Reichtum. Als die Bevölkerung im 8. bis 6. Jahrhundert stark zunahm, trieb die Armut in vielen Poleis kleine Bauern bis zur Schuldsklaverei in völlige Abhängigkeit von Großgrundbesitzern. Das Problem wurde durch die so genannte Griechische Kolonisation entschärft, als die griechischen Poleis um das ganze Mittelmeer herum und bis zum Schwarzen Meer Tochterstädte als Kolonien gründeten. Trotzdem gefährdete die soziale Ungleichheit weiterhin den Frieden in vielen Poleis.

D1 Hektors Tod

Aus der Ilias, dem homerischen Epos über den Trojanischen Krieg:

Tapfer ging [Hektor] Achill entgegen und sprach: „Lass uns kämpfen, Achill. Mögen die Götter entscheiden, wer von uns beiden der bessere ist. Aber zuvor wollen wir schwören, den Leib des andern zu schonen. Ich jedenfalls, wenn ich siege, geb dich den Griechen zurück." Doch Achill wandte sich ab, sein Auge war dunkel, und ein Schatten lag ihm über der Stirn. „Nicht gibt es Eide zwischen den Menschen und Löwen", sagte er böse, „keine Verträge schließen die Lämmer und Wölfe. Kein Schwur verpflichte Achill und Hektor. Tiere und Menschen sinnen einander Verderben. Tu also das deine, ich werde das meinige tun!" So rief er und warf mit mächtigem Schwung die sausende Lanze. Aber Hektor duckte sich tief, und der Speer flog über ihn weg. Doch Athene raffte ihn auf und gab ihn Achilleus zurück. Als auch Hektor seinen Gegner verfehlte, stand er ohnmächtig da und sah, dass der Grieche, wie durch ein Wunder, die Lanze wieder in den Händen hielt. Da schrie er laut auf und rief Deiphobos um Hilfe; aber sein Bruder war nicht mehr zu sehen.

Nun wusste der Troer (= Trojaner), dass er allein war und niemand ihm half. „Wehe", rief er mit klagender Stimme, „wie hat mich Athene getäuscht! Nah ist mein Tod, denn Apollon hat sich zur Seite gewandt, und Zeus verweigert die Antwort. Doch ich will tapfer sein, damit die Menschen sich meiner erinnern." Mutig ergriff er sein Schwert und stürmte Achilleus entgegen; aber der Grieche deckte den Leib mit dem mächtigen Schild; dann schwang er selber die Lanze und traf den Feind an der verwundbarsten Stelle, zwischen dem Schlüsselbein und der Schulter.

Hektor sank nieder zur Erde, und ganz vergeblich bat er um fromme Bestattung; denn er fürchtete sich, von den Hunden und Vögeln zerbissen zu werden. Doch Achilleus' Herz war aus Stein. Nur von ferne hörte er die Stimme des sterbenden Troers und die Verkündung des eigenen Tods, dann durchbohrte er dem Gefallenen Ferse und Knöchel, zog einen Riemen hindurch, befestigte ihn an der Deichsel des Wagens, riss Hektor die Rüstung vom Leibe, schwang seine Peitsche, fuhr an und wirbelte den Toten durch den Staub, so dass die Locken dunkel wurden und das Haupt den Sand durchschleifte. Gellend schrieen die Troer um Hilfe, aber kein Gott erbarmte sich ihrer. Vergebens raufte die Mutter ihr Haar und zerriss den glänzenden Schleier, vergebens stöhnte der Vater, nur mit Mühe konnten die Diener ihn hindern, sich von den Mauern zu stürzen, um dem toten Kind näher zu sein und den Frevler zu strafen.

Zit. nach: Ilias und Odyssee, nacherzählt von Walter Jens, Ravensburg 1971, S. 43 f.

Q2 Kämpfende Hoplitenphalanx
Griechische Kanne, um 650 v. Chr.

D2 Die Hoplitenphalanx

Der Historiker Jochen Bleicken, 1988:

Die Kampfweise in der Schlacht war in ihrer Struktur einfach und für alle griechischen Städte gleich. Die beiden gegnerischen Phalangen unterschieden sich im Prinzip lediglich durch ihre Tiefe, die normalerweise 8 Mann [...] betrug, und durch ihre Länge voneinander, was beides wiederum vor allem von der Stärke des Aufgebots abhing. Die Strategie einer Schlacht erschöpfte sich in dem gleichzeitigen Gegeneinanderrennen der Schlachtreihen, und angesichts der gleichen Ausrüstung und Kampfweise wurde der Kampf durch die größere Tapferkeit, Geschicklichkeit, Erfahrung und Ausdauer entschieden. [...] So endete die Schlacht [nach dem Zurückdrängen der gegnerischen Schlachtreihe] mit dem Aufstellen des Siegeszeichens [tropaion – vgl. dt. die Trophäe] auf dem Kampfplatz und der unter einem Waffenstillstand vollzogenen Beisetzung der Gefallenen.

J. Bleicken, Die athenische Demokratie, 2. Aufl., Paderborn u. a. 1988, S. 106.

Q3 „Leonidas“, griechischer Panzer

480 v. Chr. versuchte König Leonidas mit 300 Spartanern und einigen Tausend Verbündeten trotz Unterzahl an den Thermopylen die Perser am Marsch nach Mittelgriechenland zu hindern. Zum Scheitern trug angeblich ein Verräter bei, der die Perser in den Rücken der Spartaner führte. Die moderne Forschung hingegen führt die Niederlage eher auf einen Fehler des Leonidas zurück. 479 v. Chr. stellte man an den Thermopylen eine Tafel zur Erinnerung an Leonidas auf, deren Inschrift Schiller so übersetzte: „Wanderer, kommst Du nach Sparta, verkündige dorten, du habest Uns hier liegen gesehen, wie das Gesetz es befahl.“

Q4 Nachrichten aus dem Peloponnesischen Krieg

In diesem Krieg (431–404 v. Chr.) standen sich Athen und Sparta mit ihren Verbündeten gegenüber, dem Attischen Seebund und dem Peloponnesischen Bund. Ursache war die Rivalität der beiden griechischen Großmächte. Athen verlor den Krieg. Aus den Berichten des Thukydides:

In diesem selben Sommer vertrieben die Athener auch die Agineten aus Aigina mitsamt ihren Weibern und Kindern, zur Strafe, weil sie an diesem Krieg hauptsächlich schuld wären. [73]

Im selben Winter begingen die Athener nach der Sitte der Väter das öffentliche Begräbnis der ersten in diesem Krieg Gefallenen. Dabei werden die Gebeine der Gebliebenen drei Tage vorher auf einem errichteten Gerüst aufgestellt, und jeder bringt dem Seinen Spenden dar […]. Wenn dann die Beisetzung ist, führen sie auf Wagen zypressene Schreine hinaus […], darin sind die Gebeine […]. Ein Lager wird mitgetragen, bereitet für die Vermissten […]. Das Geleite gibt jeder, der will […]. Dann setzen sie sie in dem öffentlichen Grab bei, das in der schönsten Vorstadt liegt […]. Wenn sie es dann mit Erde zugeschüttet haben, spricht ein von der Stadt gewählter, durch Geist und Ansehen hervorragender Mann auf die Toten eine Lobrede [76].

[…] am Anfang des Krieges hatten die Spartaner ziemlich alle, die sie auf dem Meer ergriffen, als Feinde umgebracht, sowohl die Kampfgenossen der Athener als auch die Parteilosen.

[…] nahmen (die Athener) Argos im Sturm, verkauften die Amprakioten als Sklaven […]. [91]

[…] angelangt beim bottischen Spartalos vernichteten (die Athener) das Korn […]. [96]

[Ein Boioter beklagt sich bei den Athenern]: Es sei allgemeine Sitte, bei gegenseitigen Einfällen die Heiligtümer des Landes nicht anzutasten, die Athener aber hätten das Delion [ein Heiligtum] befestigt, wohnten darin […]; ja das Wasser, das ihnen selbst unberührbar galt außer für die Opfer zur Handwaschung, zögen die Athener hoch zu ihrem Gebrauch. [195]

Das übrige Heer […] plünderte die Leichen […].

[Über das Vorgehen der Thraker unter dem Befehl des Atheners Demosthenes gegen die Stadt Mykalessos]: Die Thraker brachen ein, zerstörten Häuser und Heiligtümer und mordeten die Menschen, sie schonten nicht das Alter und die Jugend; alles und jedes, was ihnen begegnete, Kinder und Frauen machten sie nieder, ja dazu noch das Zugvieh […] die Thraker sind ja alle, solange sie keine Angst haben, mordlustig wie nur irgendein Barbarenvolk […]. Sie brachen auch in eine Knabenschule ein, die dort die größte war, und eben waren die Knaben hereingekommen, und hieben alle nieder […]. [315]

Thukydides, Geschichte des Peloponnesischen Krieges, übers. von G. P. Landmann, Franfurt/M., 1965.

Fragen und Anregungen

1. Stellen Sie die Regeln zusammen, die beim Aufeinandertreffen zweier adliger Einzelkämpfer offenbar galten (D1). Zeigen Sie, gegen welche Regeln verstoßen wurde (D1, Q1).
2. Informieren Sie sich im Internet über die Vorgeschichte und beurteilen Sie von da aus das Verhalten des Achilleus (D1).
3. Informieren Sie sich im Internet über Leonidas und die Schlacht bei den Thermopylen und nehmen Sie dann Stellung zu Q3.
4. Nach der deutschen Niederlage in der Schlacht um Stalingrad Anfang 1943 haben führende Nationalsozialisten, indem sie „Sparta“ durch „Deutschland“ ersetzten, dieses Schiller-Zitat verwendet (Q3). Nehmen Sie dazu Stellung.
5. Schreiben Sie für ein Schülerlexikon einen Artikel über die Entwicklung der Kriegführung im antiken Griechenland (D1, D2, Q1, Q4).

4. Politischer Wandel in Athen – auf dem Weg zur Isonomie

594 v. Chr.	Reformen Solons in Athen
561–510 v. Chr.	Der Adlige Peisistratos errichtet eine Alleinherrschaft (Tyrannis).
508 v. Chr.	Unter Kleisthenes werden die Bürger an der Politik beteiligt.
490–479 v. Chr.	In den Perserkriegen besiegen die Griechen das riesige Perserreich.

Ostrakon aus Athen, 5. Jahrhundert v. Chr. Q1

Durch das Scherbengericht, in Athen 508/07 v. Chr. eingeführt, konnte ein Bürger mit Stimmenmehrheit von der Volksversammlung für zehn Jahre aus der Polis gewiesen werden. Sein Name wurde auf Scherben (Ostraka) geschrieben. Bürgerrecht und Vermögen gingen dem Verbannten nicht verloren.

Solons Reformen in Athen

Da Athen keine Kolonien gründete, mussten die Großgrundbesitzer das Problem der Verarmung der Kleinbauern in Attika selbst lösen. Sie wählten Solon, einen hoch angesehenen Aristokraten, zum Archon (d.h. zum höchsten Amtsträger) und beauftragten ihn damit, die Verhältnisse neu zu ordnen.

Solon schaffte die Schuldsklaverei ab und teilte die Bevölkerung nach Steueraufkommen in vier Klassen ein: Die unterste Klasse (jährliches Einkommen 100 Scheffel Getreide) bildeten die Theten, die sich keine Hoplitenausrüstung leisten konnten und deshalb im Krieg als Hilfstruppen eingesetzt wurden, dann kamen die Zeugiten (200 Scheffel), die als Hopliten kämpften, und schließlich die beiden

D1 **Die griechische Kolonisation**
750 – 550 v. Chr.

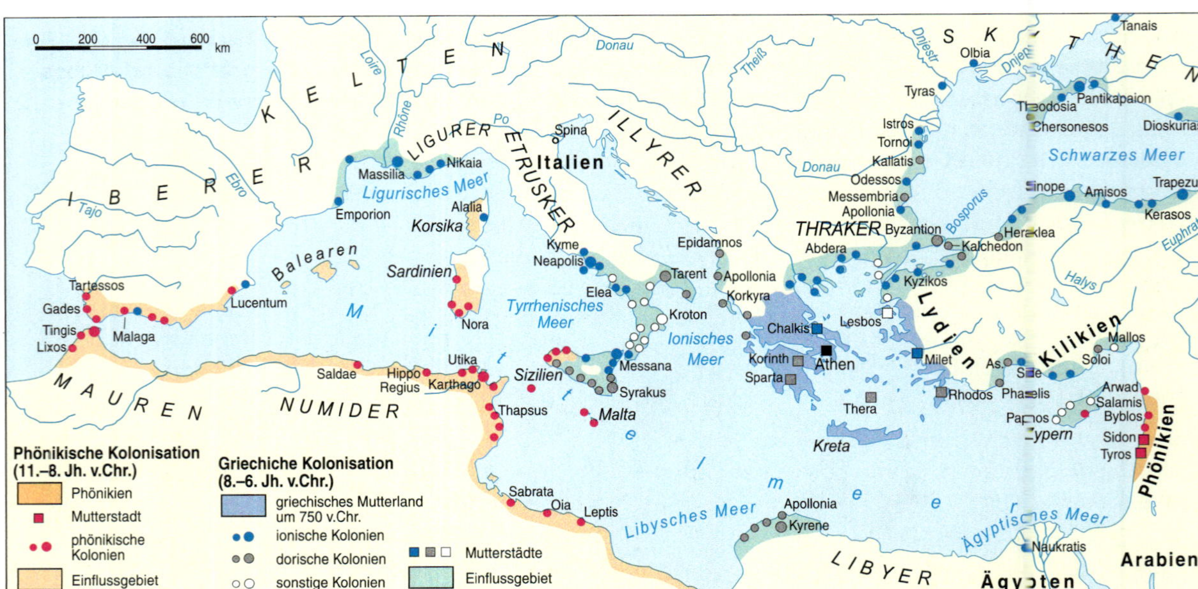

oberen Klassen der Ritter (300 Scheffel) sowie der „Fünfhundertscheffler“, die zusammen die Reitertruppen bildeten. Diese Schichten erhielten abgestufte politische Rechte. Zur Volksversammlung waren alle zugelassen, aber nur die Fünfhundertscheffler durften zu Archonten gewählt werden. Der Zugang zum Areopag war auf die ersten beiden Steuergruppen beschränkt. Solon bewirkte auch die Einrichtung eines mehrköpfigen Volksgerichts für schwere Straftaten wie Tötungsdelikte. So sollten Blutrache, Willkür und Selbstjustiz, vielleicht auch Rache an Einzelrichtern, zurückgedrängt werden. Den ersten Schritt zu einer öffentlichen Ordnung hatte 624 v. Chr. schon Drakon getan, als er Gesetzestafeln aufstellen ließ.

Die Tyrannis des Peisistratos

Allerdings schwelten die Probleme der Ungleichheit zwischen Arm und Reich und der Rivalität zwischen den Aristokraten auch nach Solons Reformen weiter. Wie in vielen der damaligen Poleis schaltete auch in Athen ein einzelner Adliger, Peisistratos, mit Hilfe seiner Gefolgschaft und wohl auch vieler Armer, seine adligen Rivalen aus und herrschte als Tyrann allein. Wenn sie ihre Versprechungen hielten, waren Tyrannen bei den ärmeren Leuten beliebt, so auch Peisistratos in Athen. Das Ende der athenischen Tyrannis, die die Söhne des Peisistratos weiter praktiziert hatten, entsprang daher auch keiner Volksbewegung, sondern einem Streit zwischen adligen Rivalen. Erst in späteren demokratischen Zeiten geriet die Tyrannis in Verruf.

Die Reformen des Kleisthenes: Herstellung von Isonomie

Der adlige Reformer Kleisthenes, der nun zum Zuge kam, wollte die Rivalität zwischen den Aristokraten für immer entschärfen und eine Tyrannis künftig unmöglich machen. Er wertete die Rolle des Volkes, des Demos auf, um den Machtspielraum des Adels zu begrenzen. In der Volksversammlung mussten die Adligen nun bei Abstimmungen jeweils Mehrheiten gewinnen. Das Volk wurde zum Schiedsrichter zwischen den rivalisierenden Adligen, eine scharfe Waffe wurde dabei das Scherbengericht. Aber trotz ihrer Einbuße an Macht blieben den Adligen weiterhin Reichtum und Ansehen. Jedoch hatten die Bürger auch als Hopliten Selbstbewusstsein gewonnen, was die Aufwertung der Volksversammlung widerspiegelte (s. o.). War das nun schon Demokratie? Gegenüber dem, was sich einige Jahrzehnte später entwickelte, sicher noch nicht. Aber zwischen den attischen Bürgern herrschte politische Gleichheit (Isonomie).

Die Rückwirkung der Perserkriege auf Athens innere Entwicklung

Die Isonomie wurde gefestigt und entwickelte sich weiter zur Demokratie durch ein Schlüsselereignis der griechischen Geschichte: die Perserkriege. In ihnen behaupteten sich die Griechen gegen das riesige Perserreich. Großen Anteil am Sieg hatten die Athener, und unter ihnen die besitzlosen Theten, die niederste Schicht in Solons Ordnung. Die Theten ruderten 480 v. Chr. in der entscheidenden Seeschlacht bei Salamis die siegreichen Schiffe. Und die Bedeutung der Theten nahm nach den Perserkriegen weiter zu: Sie stellten den Kern der Besatzungen der attischen Flotte im Attisch-Delischen Seebund, den Athen mit anderen Poleis gegen die Perser schloss. In diesem Bund kam Athen die unumstrittene Führung zu, so dass es neben Sparta zur zweiten griechischen Großmacht wurde. Weil es auf ihre militärische Leistung ankam, wuchs parallel dazu auch die politische Bedeutung der Theten in Athen.

Isonomie

Isonomie ist zunächst als Gegenbegriff zur Tyrannis gebraucht worden. Gemeint war damit vor allem die Gleichberechtigung aller Bürger, ihre Beteiligung an der Politik durch Beratung und Abstimmung in der Volksversammlung. Isonomie war in manchen Poleis, so in Athen, eine Vorstufe zur Demokratie. Mit Blick auf diese Entwicklung sind die Begriffe Isonomie und Demokratie oft bedeutungsgleich verwendet worden.

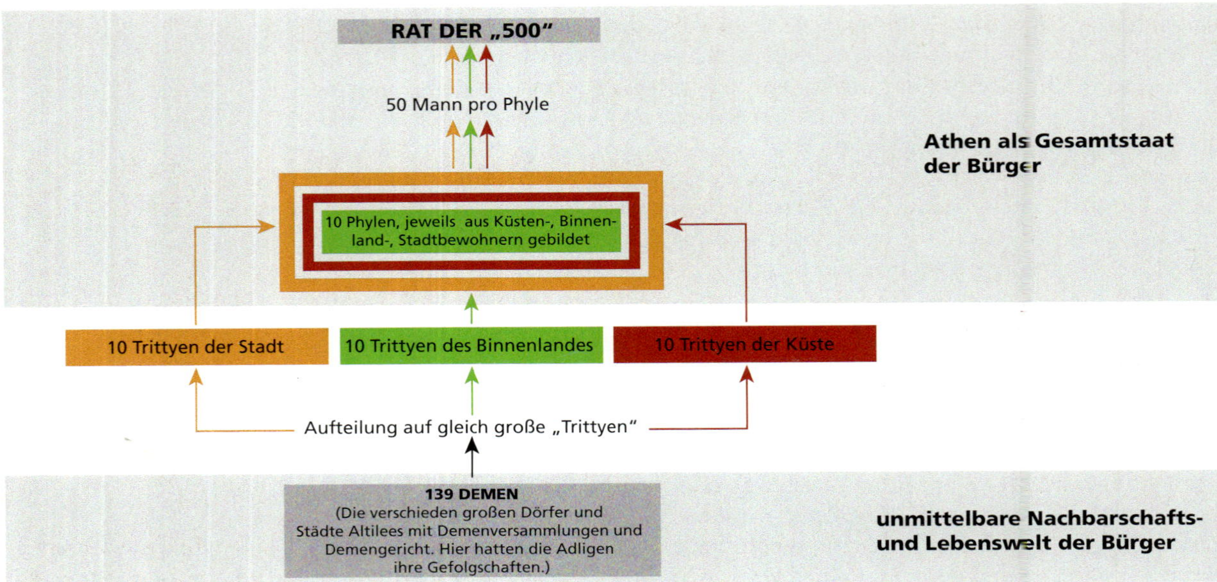

D2 Die politische Neuordnung des Kleisthenes
Kleisthenes ordnete die Bürger nach ihrem Wohnsitz erblich einem festen Demos zu. Die Zugehörigkeit zu einem Demos konnte sich durch Adoption in eine neue Familie ändern. Die Angehörigen des Demos wurden in einer Liste geführt, in einer zweiten Liste die in einem Demos nur ansässigen, ihm jedoch nicht erblich angehörenden Bürger. An der Spitze eines Demos stand ein Demarch, der die Demenversammlungen einberief. „Trittys" bedeutet „Drittel". Zu jeder der Trittien zählten ungefähr gleich viele Bürger, aber eine unterschiedliche Zahl von Demen, da diese ja verschieden groß waren (s. Karte ADS).

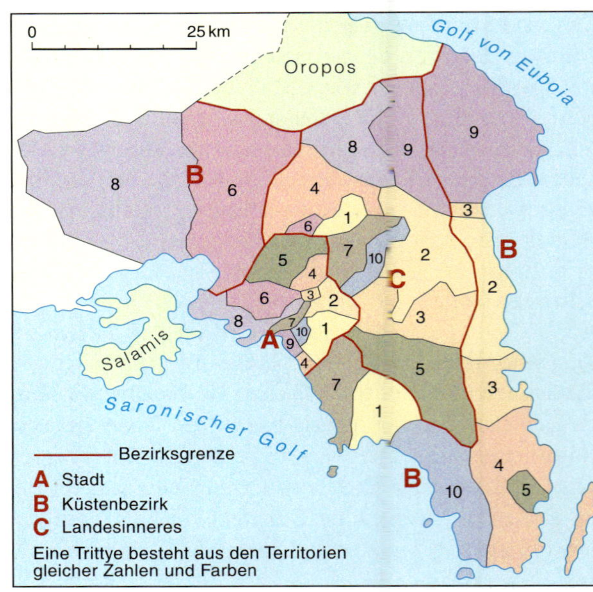

Die Phylenordnung in Attika D3
Die Phylen waren ursprünglich wohl hauptsächlich nach Verwandtschaft zusammengesetzte Abteilungen. In ihnen dominierten die Angehörigen der ersten beiden Klassen, weil die Vertreter der unteren Klassen direkt von ihnen abhängig waren. Kleisthenes zerschlug durch seine Reform die alten Abhängigkeitsverhältnisse und teilte die Bürgerschaft nach rein geographischen Gesichtspunkten ein.

Fragen und Anregungen

1. Beschreiben Sie die Ergebnisse der griechischen Kolonisation (D1).
2. Untersuchen Sie, warum Athen weniger als andere Poleis auf die Gründung von Kolonien angewiesen war (VT, D1, VT Kapitel 2).
3. Arbeiten Sie heraus, auf welche Weise die Reformen des Kleisthenes die politische Herrschaft des Adels geschwächt, die Einrichtung einer Tyrannis behindert und zur Einführung der Isonomie beigetragen haben (Q1, D2, D3).
4. Stellen Sie Regeln und Bestimmungen zusammen, die in der Bundesrepublik Deutschland die Einrichtung einer Diktatur verhindern sollen. Vergleichen Sie Ihre Ergebnisse mit den Maßnahmen des Kleisthenes.

5. Die Entstehung und Ausgestaltung der attischen Demokratie

462/461 v. Chr. Beginn der Demokratie in Athen

Die Erfahrung von Gleichheit

Lag ein wichtiger Grund für die Entstehung der Isonomie in Athen in dem Einsatz der Bürger als Hopliten, so hing nun auch die Demokratisierung Athens mit der militärischen Rolle der Theten als Ruderer zusammen. In beiden Fällen war Gleichheit nicht nur ein Schlagwort, sondern wurde zwischen den Bürgern im Kampf hautnah erlebt. Jeder Hoplit war darauf angewiesen, vom Schild seines Nachbarn gedeckt zu werden, und die Theten saßen gemeinsam in den Kriegsschiffen, mit denen sie erfolgreich andere Schiffe rammten oder untergingen.

Ein Aristokrat erweitert die Rechte der Volksversammlung

Dennoch ging die Demokratisierung nicht vom Volk selbst aus. Vielmehr nahm 462/61 v. Chr. der aristokratische Politiker Ephialtes dem Areopag die Aufsicht über die Beamten und gab sie dem Volk. Darin kann man den Beginn der Demokratie in Athen sehen.
Den Hintergrund bildete ein außenpolitisches Problem. Der Areopag trat für gutes Einvernehmen mit Sparta ein. Politiker wie Ephialtes wollten hingegen die attische Macht in Griechenland ausbauen. Die Adligen waren in dieser Frage also gespalten. Das Volk jedoch war auf Expansionskurs. Es zog aus der Seebundherrschaft große Vorteile. Wie verlockend das attische Bürgerrecht geworden war, zeigt ein Gesetz von 451/50. In ihm wurde verschärfend festgelegt, dass Bürger nur war, wer nicht nur von Vater-, sondern auch von Mutterseite aus einer athenischen Familie stammte. Die demokratischen Athener wollten mit ihrer Machtstellung unter sich bleiben.

Die Volksversammlung als Zentrum der Demokratie

Das Machtzentrum verlagerte sich nun in die Volksversammlung. Vierzig Versammlungen im Jahr waren vorgeschrieben, aus aktuellen Anlässen konnten weitere einberufen werden. Teilnahmeberechtigt waren alle männlichen Bürger. Tatsächlich aber waren niemals alle gleichzeitig anwesend. Dafür sorgten schon die Entfernungen in Attika. Ein Bürger etwa aus Marathon hätte wegen der Teilnahme an einer Volksversammlung in Athen übernachten müssen. Besonders Bauern, aber auch Handwerker und eigentlich alle, die von ihrer Hände Arbeit lebten, konnten wegen des Verdienstausfalls nicht regelmäßig die Versammlungen besuchen. So genügte es, dass die Pnyx, der Versammlungsplatz, nur 6000 Teilnehmern Platz bot.
Grundsätzlich war die Volksversammlung für alles zuständig. Jeder Teilnehmer hatte Antrags- und Rederecht. Tatsächlich war es aber ein begrenzter Kreis von vielleicht 30 bis 50 Männern, die als Redner hervortraten. Für zehn Versammlungen im Jahr waren feste Tagesordnungspunkte vorgesehen, eine Art Checkliste zur Überprüfung des Zustandes der Stadt: Hatten die Beamten ihre Aufgaben gut erfüllt? Gab es genügend Getreidevorräte? Wie stand es um die militärischen Dinge? Sollte jemand wegen politischer Verbrechen – das heißt: wegen Verstößen gegen die Grundsätze der Demokratie – angeklagt werden?
Abgestimmt wurde offen durch Heben der Hand, für die einzelnen Bezirke der unübersichtlichen Versammlung gab es Stimmenzähler. In Fällen, die private Belange einzelner Bürger berührten, wurde geheim mit Steinen abgestimmt, die in

D1 **Die Agora, der Marktplatz in Athen**
Die Rekonstruktionszeichnung zeigt, wie die Agora um 400 v. Chr. vermutlich ausgesehen hat.

verschiedene Urnen gelegt wurden. Alle Volksbeschlüsse wurden aufgezeichnet und aufbewahrt. Die Athener unterschieden zwischen Gesetzesbeschlüssen allgemeinen Charakters und Volksbeschlüssen, die besondere Situationen betrafen.

Der Rat als Organ der Demokratie

Der jährlich neu zusammengesetzte Rat der 500, die „boulé", war das zweite zentrale Organ der Demokratie. In ihm waren alle Landesteile vertreten, nämlich jeweils 50 Angehörige der zehn Phylen (vgl. Schaubild S. 40). Die Mitglieder, die über dreißig Jahre alt sein mussten, wurden aus freiwilligen Kandidaten ausgelost. Vor Antritt ihrer Tätigkeit wurden sie vom vorherigen Rat auf ihre Eignung überprüft, z. B. im Hinblick auf ihren Lebenswandel.
An etwa 300 Tagen des Jahres, Festtage ausgenommen, trat der Rat im „bouleutérion", dem Rathaus an der Agora, zusammen. Er bildete für jeweils ein Zehntel des Jahres geschäftsführende Ausschüsse aus je 50 Mitgliedern, den „Prytanen", die sich in einem besonderen Gebäude, der „Tholos" an der Agora, aufhielten und dort auch aßen. Sie hatten durchgehend anwesend zu sein, ein Drittel von ihnen sogar nachts. Die Prytanen konnten also jederzeit von Ratsuchenden auch auswärtigen Gesandten, aufgesucht werden.
Der Rat schlug der Volksversammlung die Tagesordnung vor und unterbreitete ihr Beschlussvorlagen zur Abstimmung oder Debatte, wenn eine solche gewünscht wurde. In der Obhut des Rats befanden sich die Kasse der Stadt und das Archiv mit den Volksbeschlüssen. Außerdem überwachte der Rat die Tätigkeit der Beamten.

Das Volksgericht als Organ der Demokratie

Das dritte Zentrum der Demokratie waren die Volksgerichte. Ein besonderes Justizwesen gab es nicht. Das Volk urteilte selbst auf Grund der von der Volksversammlung beschlossenen Gesetze. 6000 erloste Richter wurden auf mehrere Gerichtshöfe verteilt, die für verschiedene Streitgegenstände, z. B. Straftaten, zuständig waren. Zu Beginn der Prozesse hörten sich die Richter die Parteien an, die auch vortragen mussten, gegen welche geltenden Gesetze ihrer Ansicht nach verstoßen worden war. Dann wurde geheim abgestimmt. Für die Vollziehung des Urteils hatte der Geschädigte möglichst selbst zu sorgen. Wichtig war, dass jeder Bürger Klage in Angelegenheiten erheben konnte, die das Wohl der Polis insgesamt betrafen.

Die Diäten

Damit auch Ärmere ohne Nachteile in Rat und Gerichten tätig sein konnten, gab es für sie Tagegelder, Diäten, die das Existenzminimum absicherten. Solche Zahlungen wurden später auch auf die Teilnahme an der Volksversammlung und an öffentlichen Festen ausgeweitet.

Die Demokratie und ihre Amtsträger

Die nötigen staatlichen Tätigkeiten wurden nicht von einer festen Berufsbeamtenschaft, sondern so weit wie möglich vom Volk selbst versehen. Aus Interessenten wurde ausgelost, wer ein Amt übernehmen durfte. Er wurde vereidigt und am Ende seiner Amtszeit hatte er Rechenschaft über die Verwendung anvertrauter Gelder und – auf Antrag aus dem Volk – über seine Amtsführung abzulegen. Er erhielt kein Gehalt, sondern nur einen Ausgleich für Unkosten. Der Geschäftsbereich der einzelnen Ämter war so klein, dass es etwa 700 von ihnen gab. Eine Rangfolge von Ämtern existierte nicht. Ämter durften grundsätzlich nur ein Jahr lang und nur einmal bekleidet werden, niemals jedoch mehr als ein Amt gleichzeitig. Fast alle Beamten hatten Kollegen aus anderen Phylen.
Eine Sonderrolle spielten Ämter, in denen es auf Fachkenntnisse ankam wie etwa bei der Beaufsichtigung des Schiffsbaus. Solche Beamten wurden gewählt, ebenso hohe Finanzbeamte. Diese mussten eigenes Vermögen nachweisen – damit sie, sollten sie Geld unterschlagen haben, den Schaden begleichen konnten. Die zehn Strategen, die das militärische Kommando führten, wurden aus den zehn Phylen gewählt. Sie mussten über Grundbesitz in Attika verfügen. Ihnen drohte eine Klage, wenn sie eine Schlacht verloren.

Q1 Vorbild Antike
Ausschnitt aus der Fassade des Reichstagsgebäudes in Berlin.

Volksvertretung heute Q2
Der Plenarsaal des Deutschen Bundestages.
Beschreiben Sie das Zentrum des antiken Athen (D1) und vergleichen Sie es mit den Regierungsvierteln moderner Demokratien, z. B. dem von Berlin.

Q3 Wie die Richter ausgelost wurden

Für einen Teil des überaus komplizierten Verfahrens zur Auslosung der Richter hatte man im 4. Jahrhundert v. Chr. Automaten konstruiert (vgl. Q4 und D3). Aristoteles beschreibt ihren Gebrauch so:

Zehn Kästen […] tragen jeweils einen Buchstaben. Wenn die [zuvor ausgelosten] Richter ihr Namenstäfelchen in den Kasten gelegt haben, auf dem derselbe Buchstabe steht wie auf ihrem Täfelchen, schüttelt der Gehilfe die Kästen, und der [Beamte] zieht aus jedem Kasten ein Täfelchen heraus. Wessen Täfelchen gezogen wird, der […] steckt die Namenstäfelchen aus seinem Kasten in diejenige senkrechte Reihe von Schlitzen ein, über der derselbe Buchstabe steht wie auf dem Kasten. […] Jeder Losautomat hat fünf Reihen von Schlitzen, […] es werden so viele weiße Würfel hineingeworfen, wie man Richter auslosen muss, und zwar ein Würfel für fünf Namenstäfelchen; die schwarzen werden nach dem gleichen Prinzip hineingeworfen. Wenn der [Beamte] die Würfel herausnimmt, ruft der Herold die Ausgelosten auf.

Diese wurden dann auf die verschiedenen Gerichtshöfe verteilt, die für verschiedene Prozesse an dem betreffenden Tag zuständig waren.

Aristoteles, Der Staat der Athener, übers. und hg. von Martin Dreher, Stuttgart 1993, S. 98.

Q4 Fragment einer Losmaschine aus Athen

D2 Was im demokratischen Athen alles ausgelost wurde

- die Beamtenstellen (aus einem Gefäß mit schwarzen und weißen Bohnen)
- die Richter
- die Besetzung der einzelnen Gerichtshöfe
- die Sitzordnung des Rats
- die Reihenfolge, in der die zehn Prytanien die Geschäfte führten
- das den Ratsausschüssen vorsitzende Gremium
- dessen täglich wechselnder Vorsteher
- vor jeder Volksversammlung deren Vorsitzender aus den Vorstehern des Rates
- die Kandidaten der Phylen für das Archontat
- die Archonten

Zusammenstellung des Verfassers

PROJEKT

Wie funktionierte eine Losmaschine?

Der Apparat ist nur für fünf Phylen nachgebaut worden, es gab jedoch in Wirklichkeit zehn (s. Schaubild S. 40). Teilen Sie sich in fünf Gruppen zu „Phylenangehörigen" auf. Jede Phyle erhält eine Schachtel mit Marken, auf denen die Namen der Phylenmitglieder stehen. Aus jeder Schachtel wird eine Marke gezogen. Der so Ausgeloste steckt alle Marken seiner Phyle in die senkrechte Reihe, die für seine Phyle mit einem Buchstaben gekennzeichnet ist.

Der Trichter wird nun mit schwarzen und weißen Kugeln gefüllt. Kommt unten eine weiße Kugel zum Vorschein, werden alle Angehörigen der obersten waagerechten Reihe Richter. Eine schwarze Kugel bedeutet Ablehnung. So werden alle waagerechten Reihen von oben nach unten abgelehnt oder angenommen.

D3 Schüler bedienen eine selbst gebaute Losmaschine nach attischem Vorbild

D4 Vom Losen in der Antike

Aus einem Geschichtslexikon, 2002:

Des Loses bediente sich in früher Zeit u.a. die Religion, und zwar beim Losorakel, das weit verbreitet war: Mit Hilfe von manchmal beschriebenen Stäbchen oder Steinchen, die gezogen oder geworfen wurden, ließ sich der Wille der Gottheit feststellen: Aus ihm wiederum konnte jeder Einzelne „sein Los“ ableiten. Das Orakel von Delphi benutzte diese Form der Wahrsagerei schon sehr früh, noch bevor die inspirierende Kraft der Pythia hinzukam [...]. Später wurde auch mittels Würfeln oder Buchstaben gelost. – Auch in der politischen Entscheidungsfindung spielte das Los eine große Rolle: In Athen wurde der Rat der 500 von Kleisthenes durch das Los bestimmt [...]. In Rom spielte das Losverfahren bei der Auswahl der Amtsträger zwar keine Rolle; dennoch wurden zahlreiche Fragen des politischen Lebens durch das Los entschieden. – Die berühmten vestalischen Priesterinnen wurden aus den Kandidatinnen gelost. – Die christliche Kirche bezeichnet ihre Amtsträger [...] mit dem griechischen Wort kléros als durch das Los Gewählte [...].

Stefan Link, Wörterbuch der Antike, Stuttgart 2002, S 538.

D5 Eine Politische Revolution?

Der Historiker Christian Meier, 1993:

Es hat nicht nur die Neolithische und die Industrielle Revolution, nicht nur die Gründung der frühen Hochkulturen mit ihren Großreichen, sondern insbesondere auch die Politische Revolution der Griechen stattgefunden. Sofern man als Revolutionen einmal nur die langgestreckten unter den welthistorisch entscheidenden Umwälzungsprozessen annimmt.

C. Meier, Athen. Ein Neubeginn der Weltgeschichte, Berlin 1993, S. 108.

Q5 Anforderungen an die Beamten

Aristoteles schildert, wie Beamte durch den Rat geprüft wurden, bevor sie ihr Amt antreten durften:

Sie fragen bei der Prüfung zuerst: „Wer ist dein Vater, welcher der Demen gehört er an, und wer ist der Vater deines Vaters? Und wer ist deine Mutter, wer der Vater deiner Mutter und welcher der Demen gehört er an?“ Danach fragen sie, ob der Kandidat einen Altar des Apollon Patros und einen des Zeus Herkeios habe [beide sind traditionelle Familiengötter] und wo diese Altäre seien; dann, ob er Familiengräber habe und wo sie lägen; sodann ob er seine Eltern gut behandle, seine Steuern bezahle und die Feldzüge mitgemacht habe. Nachdem er danach gefragt hat, sagt [der Vorsitzende des Prüfungsgremiums aus dem Rat]: „Rufe für diese Angaben deine Zeugen auf!“ Nachdem der Kandidat einen Zeugen aufgeboten hat, fragt der Vorsitzende: „Will jemand gegen diesen Mann klagen?“ Und wenn ein Kläger da ist, lässt der Vorsitzende Klage und Verteidigung zu und lässt dann abstimmen, im Rat durch Handzeichen, im Gericht durch Stimmsteine. Wenn aber niemand Klage erheben will, lässt er sofort abstimmen. [...] Sind die Kandidaten auf diese Weise geprüft, gehen sie zu dem Stein, auf dem das Opferfleisch liegt. [...] Auf diesen Stein treten die Amtsträger und schwören, ihr Amt gerecht und gemäß den Gesetzen auszuüben, keine Geschenke auf Grund ihres Amtes anzunehmen und, falls sie doch etwas annähmen, ein goldenes Standbild zu weihen. Nach dem Schwur gehen sie von da aus zur Akropolis und legen dort noch einmal den gleichen Eid ab, und danach treten sie ihr Amt an.

Aristoteles, Der Staat der Athener, übers. und hg. von Martin Dreher, Stuttgart 1993, S. 38.

Fragen und Anregungen

1. Stellen Sie die athenische Demokratie der freien Bürger in Form eines Schaubilds dar (VT).
2. Arbeiten Sie aus dem Text D4 heraus, in welchen Sachzusammenhängen in der Antike gelost wurde. Nennen Sie Beispiele, wo Losen heute eine Rolle spielt.
3. Erklären Sie den Sinn der einzelnen Bestimmungen in D2.
4. Ordnen Sie das Foto D3 in den Vorgang der Richterbestellung ein (Q3, Q4, Projektkasten).
5. Analysieren Sie den Sinn der Beamtenprüfung und ihrer einzelnen Fragen (Q5). Vergleichen Sie diese mit dem Amtseid eines Beamten in der Bundesrepublik Deutschland.
6. Stellen Sie Übereinstimmungen und Unterschiede zwischen der attischen Demokratie und der Demokratie in der Bundesrepublik zusammen und erörtern Sie, ob der Vergleich moderner Demokratien mit der attischen sinnvoll ist.
7. Nehmen Sie Stellung zu der Aussage des Historikers Christian Meier (D5).

6. Warum bewährte sich die attische Demokratie?

478–404 v. Chr. Attischer Seebund

Kleinräumigkeit des demokratischen Alltags

Man hat oft gesagt, eine direkte Demokratie wie die athenische könne es nur in sehr kleinen Staatswesen geben, in denen jeder jeden kenne. Warum aber bewährte sich die direkte Demokratie im großen Attika?
Zunächst ist festzuhalten, dass sich ein beträchtlicher Teil des politischen Lebens durchaus in überschaubaren Verhältnissen abspielte, nämlich zwischen guten Bekannten in den Demen (vgl. Schaubild, S. 40). Auf deren Versammlungen und durch die Übernahme von Ämtern auf dieser Ebene sammelten die Bürger Erfahrung für ihre Tätigkeit im Gesamtstaat als Beamte, Ratsmitglieder, Richter oder auch nur Teilnehmer an der Volksversammlung.

Kultgemeinschaft mit stabilem Gesellschaftsaufbau

Außerdem hatte auch in der großen Polis Athen die Bevölkerung viele Gemeinsamkeiten. So war die Religion keine private, sondern eine öffentliche Angelegenheit. Als Kultgemeinschaft umfasste die Polis neben den Bürgern alle Bewohner Attikas. Die großen kultischen Feste, an denen die ganze Stadt teilnahm, waren die Panathenäen zu Ehren der Stadtgöttin Athene und die Dionysien für den Gott Dionysos. Wie eng politischer und kultischer Bereich zusammenhingen, zeigt sich auch daran, dass alle Volks- und Ratsversammlungen von einem Amtsträger mit einem Opfer eröffnet wurden. Des Weiteren war der Aufbau der Gesellschaft Mitte des 5. Jahrhunderts v. Chr. in Athen nicht strittig. Von etwa 45 000 Bürgern waren gemäß Solons Einteilung (vgl. S. 20) vielleicht 20 000 Theten, die sich nicht stark von den Zeugiten über ihnen unterschieden. Diese beiden Gruppen kleiner und mittlerer Existenzen, die unterhalb der Funfhundertscheffler und Ritter die klare Mehrheit stellten, waren mit ihren politischen Rechten gegenüber dem Rest der Einwohner Athens privilegiert. Die zahlreichen Metöken dachten offenbar nicht daran, als Gruppe das Bürgerrecht zu fordern. Die Sklaven stellten keine Bedrohung dar.

Athens Machtstellung als Hauptthema der Politik

Vor allem aber war das Thema der attischen Politik in erster Linie die Machtstellung Athens. Nie ging es wie heute um Themen wie „Bildung" oder „Sozialpolitik". Die Macht Athens brachte allen Gesellschaftsschichten Vorteile, während anderswo die Gegensätze von Arm und Reich aufeinanderprallten. Erschien der Volksversammlung ein Vorschlag gut für die Macht Athens, wurde er angenommen. Zwar lebte die Masse der Bürger nicht direkt von den Abgaben der Seebundsmitglieder, aber die Wirtschaftskraft der Stadt wurde zugunsten vieler, auch zum Vorteil der Metöken, angeregt: Schiffe mussten gebaut und unterhalten werden, die Akropolis wurde aufwändig erweitert. Die Demokratie Athens war bezeichnenderweise nur nach militärischen Niederlagen gefährdet: 411 und 404 v. Chr.

Das „Volk" als Aufsteiger und die Rolle der alten Aristokraten

Zur Zufriedenheit trug schließlich auch bei, dass die Ärmeren die Demokratie als Aufstieg in die Welt der Aristokraten erlebten. Freiheit bedeutete für das Volk das Recht, an jenen politischen Entscheidungen mitzuwirken, die bis zu den Reformen des Kleisthenes die Aristokraten allein getroffen hatten. Deren Familien waren angesehen wie in vordemokratischen Zeiten. Fast alle führenden Politiker im Athen des 5. Jahrhunderts gehörten der Oberschicht an: Miltiades, Themistokles, Kimon, Nikias, Kleon, Alkibiades. Die reichen Bürger rüsteten nach wie vor Kriegsschiffe aus oder finanzierten die Aufführung von Theaterstücken.

Q1 Büste des Perikles

Der mächtigste Politiker im Athen des 5. Jahrhunderts war Perikles (ca. 495–429 v. Chr.). Er wurde immer wieder zum Strategen gewählt und sorgte für den Glanz der Stadt durch den Ausbau der Akropolis. Vertrug sich seine herausgehobene Stellung noch mit den Grundsätzen der Demokratie? – so hat schon der zeitgenössische Historiker Thukydides gefragt und schrieb, dass zu Perikles' Zeiten in Athen nur scheinbar die Demokratie, in Wirklichkeit jedoch ein Einzelner geherrscht habe. Aber auch Perikles brauchte für seine politischen Pläne in der Volksversammlung Mehrheiten, und er hatte Konkurrenten.

Q2 „Wir lieben das Schöne und bleiben schlicht"

Rede des Perikles auf die ersten Gefallenen im Peloponnesischen Krieg, 431 v. Chr.:

Die Verfassung, die wir haben, richtet sich nach keinen fremden Gesetzen; viel eher sind wir für sonst jemand ein Vorbild als von andern abhängig. Mit Namen heißt sie, weil der Staat nicht auf wenige, sondern auf eine größere Zahl gestellt ist, Volksherrschaft. Es haben aber nach dem Gesetz an dem, was den Einzelnen angeht, alle gleichen Teil, und der Geltung nach hat […] den Vorzug, wer sich irgendwie Ansehen erworben hat […] nach seinem Verdienst; und ebenso wird keiner aus Armut, wenn er für die Stadt etwas leisten könnte, durch die Unscheinbarkeit seines Namens verhindert. Sondern frei leben wir miteinander im Staat und im gegenseitigen Geltenlassen des alltäglichen Treibens […]. Bei so viel Nachsicht im Umgang von Mensch zu Mensch erlauben wir uns doch im Staat, schon aus Furcht, keine Rechtsverletzung im Gehorsam gegen die jährlichen Beamten und gegen die Gesetze, vornehmlich die, welche zu Nutz und Frommen der Verfolgten bestehen, und gegen die ungeschriebenen, die nach allgemeinem Urteil Schande bringen. […] Es kommt wegen der Größe der Stadt aus aller Welt alles zu uns herein. So können wir von uns sagen, wir ernten zu grad so vertrautem Genuss wie die Güter, die hier gedeihen, auch die der übrigen Menschen […].

Wir lieben das Schöne und bleiben schlicht, wir lieben den Geist und werden nicht schlaff: Reichtum dient bei uns dem Augenblick der Tat, nicht der Großsprecherei, und seine Armut einzugestehen ist nie verächtlich, verächtlicher, sie nicht tätig zu überwinden. Wir vereinigen in uns die Sorge um unser Haus zugleich und unsere Stadt, und den verschiedenen Tätigkeiten zugewandt, ist doch auch in staatlichen Dingen keiner ohne Urteil. Denn einzig bei uns heißt einer, der daran gar keinen Teil nimmt, nicht ein stiller Bürger, sondern ein schlechter, und nur wir entscheiden in den Staatsgeschäften selber und denken sie doch richtig durch. Denn wir sehen nicht im Wort eine Gefahr fürs Tun, wohl aber darin, sich nicht durch Reden zuerst zu belehren, ehe man zur nötigen Tat schreitet […].

Zusammenfassend sage ich, dass unsre Stadt insgesamt die Schule von Hellas sei […]. Dass dies nicht Prunk mit Worten für den Augenblick ist, sondern die Wahrheit der Dinge, das zeigt gerade die Macht unsres Staates […].

Für eine solche Stadt also sind die Männer hier, nicht bereit, auf ihren Besitz zu verzichten, in edlem Kampf gefallen.

Thukydides, Geschichte des Peloponnesischen Krieges, übers. und hg. von G. P. Landmann, Frankfurt/M. 1965, S. 77 f.

D1 Rekonstruktion der Athena Parthenos

Die Statue war 12 Meter hoch und stand – weithin sichtbar – im Pantheon-Tempel auf der Akropolis.

Bündnisse in Griechenland D2 nach 477 v. Chr.

Q3 Die Pest in Athen

Thukydides über die Pestepidemie um 429 v. Chr.:

Zu all dieser Not kam noch als größte Drangsal das Zusammenziehen von den Feldern in die Stadt, zumal für die Neugekommenen. Denn ohne Häuser, in stickigen Hütten wohnend in der Reife des Jahres, erlagen sie der Seuche ohne jede Ordnung: Die Leichen lagen übereinander, sterbend wälzten sie sich auf den Straßen und halbtot um alle Brunnen, lechzend nach Wasser. Die Heiligtümer, in denen sie sich eingerichtet hatten, lagen voller Leichen […]; denn die Menschen, völlig überwältigt vom Leid, wurden gleichgültig gegen Heiliges und Erlaubtes ohne Unterschied. Alle Bräuche verwirrten sich […], jeder begrub, wie er konnte. Viele vergaßen alle Scham bei der Beisetzung […]: Die legten ihren Leichnam auf einen fremden Scheiterhaufen und zündeten ihn schnell an, bevor sie wiederkamen, die ihn geschichtet […]. Überhaupt kam in der Stadt die Sittenlosigkeit erst mit dieser Seuche richtig auf. Denn mancher wagte jetzt leichter seinem Gelüst zu folgen, das er bisher unterdrückte, da man […] die Reichen, plötzlich Sterbenden, tauschen sah mit den früher Besitzlosen, […] so dass sie sich im Recht fühlten, rasch jedem Genuss zu frönen und zu schwelgen, da Leib und Geld ja nur für den einen Tag seien. […] Da war keine Schranke mehr, nicht Gottesfurcht, nicht Menschengesetz.

Thukydides, Geschichte des Peloponnesischen Krieges, übers. und hg. von G. P. Landmann, Frankfurt/M. 1965, S. 82–84.

D3 Der Seebund und die Polis Athen

Der Historiker Jochen Bleicken schreibt in einer Untersuchung:

Die Athener benutzten die aus ihrem Seebund eingehenden Matrikelbeiträge […] nicht nur zur Anschaffung von Kriegsgerät und zur Finanzierung von kriegerischen Unternehmungen, sondern auch zur Deckung inneren Bedarfs […]. So wäre der großzügige Ausbau des Diätenwesens […] nicht so schnell in Gang gekommen und hätte der Ausbau der Akropolis weder so schnell noch so aufwendig unternommen werden können. […] Das gesamte Rüstungswesen und die Feldzüge wurden über die [Bundes]kasse abgerechnet […]. Noch viel höher war der indirekte Nutzen, der den Athenern aus ihrer Herrschaft zufloss. Zum einen kam der Soldatensold zum weitaus größten Teil den Athenern zugute. Vor allem aber profitierten die Handwerker, Händler und Arbeiter in Athen von den umfangreichen Rüstungsmaßnahmen, insbesondere von dem Flottenbau, aber auch von dem Bau des übrigen Kriegsgeräts, der Werften, Schiffshäuser […].
Gerade vielen ärmeren Athener gab die Seeherrschaft noch einen weiteren Gewinn. Seit der Mitte des 5. Jahrhunderts ging Athen nämlich dazu über, einen Teil des Bodens von Bündnern, die abgefallen und wieder […] zurückgeführt worden waren, einzuziehen und an Athener zu verteilen.

J. Bleicken, Die athenische Demokratie, 2. Auflage, Paderborn u. a. 1988, S. 282 f.

Q4 Ein politischer Klassiker: der „Melier-Dialog"

Die Stadt Melos auf der gleichnamigen Insel blieb, obwohl von Sparta gegründet, im Peloponnesischen Krieg neutral. 416 v. Chr. wollten die Athener Melos auf ihre Seite zwingen. Sie belagerten die Stadt, schickten aber zunächst zum Verhandeln Gesandte zu den Meliern. Thukydides berichtet:

Die Melier: Eure Milde, dass wir in Ruhe einander überzeugen sollen, anerkennen wir gern, aber das kriegerische Wesen, womit ihr schon auftretet, nicht erst droht, widerspricht dem sichtlich. […]

Die Athener: Wenn ihr allerdings in dieser Zusammenkunft Vermutungen über den Ausgang abwägen wollt oder sonst etwas, statt aus der jetzigen Lage heraus, wie ihr sie seht, über die Erhaltung eurer Stadt zu beraten, so hören wir lieber auf; wenn aber dies, so wollen wir reden.

Die Melier: […] Freilich geht es in der gegenwärtigen Versammlung um unsere Erhaltung; und die Verhandlung soll in der Form, die ihr vorschlagt, stattfinden.

Die Athener: Wir allerdings gedenken unsererseits nicht mit schönen Worten – etwa als Besieger der Perser seien wir zur Herrschaft berechtigt […] – endlose und unglaubhafte Reden euch vorzutragen, noch dürft ihr meinen, uns zu überreden, wenn ihr sagt, […] ihr hättet uns nichts zuleide getan; sondern das Mögliche sucht zu erreichen nach unser beider wahren Gedanken, da ihr so gut wisst wie wir, dass im menschlichen Verhältnis Recht gilt bei Gleichheit der Kräfte, doch das Mögliche der Überlegene durchsetzt, der Schwache hinnimmt.

Die Melier: Unseres Bedünkens wäre es aber doch nützlich (so muss es wohl heißen, wenn … nach euerm Gebot statt vom Recht nur vom Vorteil die Rede sein darf) […], dass, wer je in Gefahr ist, immer noch hoffen darf, […] Gehör zu finden zu seinem Gewinn. Und dies gilt nicht minder auch zu euern Gunsten: denn stürztet ihr je […]

Folgendermaßen beendet Thukydides seinen Bericht über den Untergang von Melos: [Nach der Belagerung] ergab sich Melos auf Gnade oder Ungnade. Die Athener richteten alle erwachsenen Melier hin, soweit sie in ihre Hand fielen, die Frauen und Kinder verkauften sie in die Sklaverei. Den Ort gründeten sie selber neu, indem sie später 500 attische Bürger dort ansiedelten.

Thukydides, Geschichte des Peloponnesischen Krieges, übers. und hg. von G. P. Landmann, Frankfurt/M. 1965, S. 249–255.

KLICK INS INTERNET

www.klett.de/extra

Unter dem Extra-Link mit der Nummer 411050-0000 finden Sie in der Rubrik „Die griechischen Wurzeln Europas" nützliche Seiten zum antiken Griechenland. Tauchen Sie ein in die griechische Sagenwelt, besuchen Sie die Olympischen Spiele oder machen Sie einen virtuellen Rundgang durch die Akropolis.

Fragen und Anregungen

1. Beschreiben und charakterisieren Sie das Erscheinungsbild der Athena Parthenos und klären Sie, welche Funktion der Statue und ihrer Umgebung im öffentlichen Leben der Stadt Athen und nach außen zukam (D1).
2. Arbeiten Sie heraus, welches Bild des Lebens in Athen Perikles hier zeichnet und welche Regelungen der attischen Demokratie er direkt anspricht (Q2). Berücksichtigen Sie Anlass und Zeitumstände der Rede.
3. Diskutieren Sie, ob sich das in Q3 gegebene Bild Athens mit dem der Perikles-Rede (Q2) vereinbaren lässt.
4. Nehmen Sie Stellung zu dem Dialog und setzen Sie ihn fort (Q4).
5. Erläutern Sie die wirtschaftlichen Auswirkungen, die Jochen Bleicken zufolge die Seebundherrschaft Athens auf die attische Demokratie hatte (D3), und erörtern Sie, wie wichtig für die Stabilität von Demokratien die wirtschaftliche Lage der Mehrheit der Bürger ist. Stützen Sie Ihre Argumente mit Beispielen aus Geschichte und Gegenwart.
6. Erarbeiten Sie eine abschließende Beurteilung der athenischen Demokratie für eine Diskussion in Ihrer Lerngruppe.

7. Nachdenken über Politik und Geschichte

ca. 485–425 v. Chr.	Herodot
ca. 455–nach 400 v. Chr.	Thukydides
428–348 v. Chr.	Platon
384–328 v. Chr.	Aristoteles

Logik und Dialektik Q1
Die griechischen Philosophen Aristoteles und Platon, Relief um 1437/38.

Was ist der beste Staat?

In der Antike schätzte man kurze, zugespitzte Aussprüche. Die Frage nach dem „besten Staat“ sollen einige der „sieben Weisen“ Griechenlands, Denker und Staatsmänner, so beantwortet haben:

- „Der, in dem die nichtbetroffenen Bürger einen Verbrecher nicht weniger verfolgen und bestrafen als derjenige, gegen den er sich vergangen hat“ (Solon).
- „In dem alle das Gesetz wie einen Tyrannen fürchten“ (Bias).
- „Derjenige Staat, in dem es weder allzu Reiche noch allzu Arme gibt“ (Thales).
- „In dem man, während alles andere gleich eingeschätzt wird, den Vorrang nach der Tüchtigkeit bemisst und die Zurücksetzung nach der Schlechtigkeit“ (Anarchasis).
- „Wo die Bürger den Tadel mehr fürchten als das Gesetz“ (Kleobulos).

Die Antworten sind unterschiedlich, aber gemeinsam ist diesen „Weisen“ die Sorge um das friedliche Zusammenleben in einem Staat – wie allen Griechen, deren Gedanken über Politik wir kennen.

Die verschiedenen Staatsverfassungen

Um Staatswesen beschreiben, untersuchen, vergleichen und beurteilen zu können, entwickelten die Griechen viele der heute noch üblichen Begriffe. Sie erfanden nicht nur die Demokratie, sondern auch ihren Namen. Die Reihenfolge, in der die neuen Begriffe in den Quellen auftauchen, entspricht der historischen Entwicklung insbesondere Athens: Zuerst die Tyrannis, dann die Isonomie, darauf die Demokratie, schließlich – ihr entgegengesetzt – die Oligarchie („Herrschaft der Wenigen“). Den Peloponnesischen Krieg sahen die Athener als Kampf aufrichtiger Demokraten gegen finstere Oligarchen an.
Zur Tyrannei, die seit dem Sieg der Demokratie in Athen Feindbild war, trat als neutrale Bezeichnung die Monarchie, zur Oligarchie die positiv wertende Bezeichnung Aristokratie („Herrschaft der Besten“) und, negativ besetzt, Timokratie („Herrschaft der Reichen“). Zur Demokratie gesellte sich der stark abwertende Begriff Ochlokratie: „Herrschaft des Pöbels“.

Man suchte nach Gesetzmäßigkeiten: Schlug eine Verfassung nach einiger Zeit notwendig in eine andere um, z. B. die Demokratie in Ochlokratie, die Monarchie in Tyrannis? Wenn ja: warum? Gab es vielleicht eine feste, immer wiederkehrende Abfolge der Verfassungen? Und: Welche Verfassung war die beste?

Platon und Aristoteles über den Staat

Zwei Positionen schälten sich heraus, für welche die Philosophen Platon und Aristoteles stehen. Platon vertrat die Utopie. Er beschrieb einen idealen Staat, in dem die Philosophen herrschen sollten, weil sie nach seiner Meinung die höchste Einsicht besaßen und nie eigene Interessen verfolgten. Aristoteles hingegen ging von der Erfahrung aus, schaute sich die gegenwärtigen und früheren Verfassungen an und zog hieraus Schlüsse. Eine seiner grundlegenden, heute noch oft zitierten Erkenntnisse lautet: Der Mensch ist von Natur aus ein geselliges, staatenbildendes Wesen, ein „zoon politikon".
Außerdem teilte Aristoteles als Erster systematisch Verfassungen nach der Frage „Wer herrscht?" ein, und Gesellschaftsschichten unterschied er nach Vermögensverhältnissen. Daraus erklärt sich seine Unterscheidung zwischen Demokratie und Oligarchie: „man darf (...) die Demokratie nicht, wie jetzt einige tun, einfach danach bestimmen, dass die Menge entscheidet", sondern sie „besteht (...) nur dort, wo die Freien und Unbemittelten in der Mehrheit sind und regieren, eine Oligarchie dort, wo es die Minderheit der Reichen und Vornehmen tut".

Urteile über die Demokratie

Wie Platon sprach sich auch Aristoteles gegen die Demokratie aus, die insgesamt bei den griechischen Denkern kaum Freunde hatte. Das liegt wohl daran, dass sie alle Angehörige einer Bildungselite waren und sich so von der Masse ihrer Zeitgenossen abhoben. Die Demokratie war für sie im Übrigen eine rein griechische Angelegenheit. Auch wer für sie eintrat, meinte damit nicht, dass sie überall auf der Welt und für alle Menschen gelten müsse. So stand für Aristoteles fest, dass die Sklaverei naturgegeben sei. Barbaren, also alle Nichthellenen, seien zu Sklaven geboren. Daher bedauerte er, dass Griechen im Krieg von anderen Griechen versklavt wurden.

Herodot – der „Vater der Geschichtsschreibung"

Zwei bedeutende Historiker gab es im antiken Griechenland. Der eine, Herodot von Halikarnassos, gilt als der „Vater der Geschichtsschreibung". Er reiste viel, beschrieb die Staatswesen, die er vorfand, und stellte einige für die Geschichtsschreibung grundlegende Überlegungen an. Die Geschichte war seiner Meinung nach dauerndem Wandel unterworfen: „Von den Staaten, welche in alter Zeit groß waren, sind viele klein geworden, die aber zu meiner Zeit groß waren, die waren früher klein." Er suchte nach den Hintergründen solcher Wendepunkte. So erklärte er den Sieg der Griechen über das Perserreich mit dem freiheitlichen Leben besonders in Athen, das den Bürgern gegen das despotische Perserreich besonderen Kampfgeist verliehen habe.

Thukydides – „Klassiker" der Geschichtsschreibung

Auch Thukydides arbeitet in seiner „Geschichte des Peloponnesischen Krieges" Strukturen heraus, die seiner Ansicht nach immer gelten, „solange die Natur des Menschen dieselbe sein wird." Das ist für ihn das Streben nach Freiheit und Herrschaft, sei es aus Angst, Eigennutz oder Ehrgeiz. Daher geht es in der Geschichte um Macht. Eine vorhandene Machtrivalität wie die im 5. Jahrhundert v. Chr. zwischen Athen und Sparta drängt zum Kriege. Insofern ist sie „Ursache" eines Krieges, nicht ein zufälliger „Anlass" – eine Unterscheidung, die Thukydides in die Geschichtswissenschaft eingeführt hat. Im Konkurrenzkampf der griechischen Mächte hielt er diejenige Polis für die stärkste, die über die stabilste Verfassung verfügte – nämlich Sparta – und deren Bürger über „Besonnenheit" als wichtigste politische Tugend verfügten.

Q2 Welche Verfassung ist die beste?

Teil 1

Drei adlige Perser, Angehörige einer Gruppe von Verschwörern, unterhalten sich nach einem geglückten Aufstand gegen einen Alleinherrscher über die nun zu schaffende neue Verfassung des Reiches. Davon berichtet Herodot:

„Ich halte dafür, dass nicht wieder ein Einziger über uns König werden soll. […] Wie kann die Alleinherrschaft etwas Rechtes sein, da ihr gestattet ist, ohne Verantwortung zu tun, was sie will? Auch wenn man den Edelsten zu dieser Stellung erhebt, wird er seiner früheren Gesinnung untreu werden. Das Gute, das er genießt, zeugt Überhebung, und Neid ist dem Menschen schon angeboren. Wer aber diese zwei hat, hat alle Schlechtigkeit beisammen. Er begeht viele Verbrechen: einige, übersättigt, aus Selbstüberhebung, andere wieder aus Neid. […] Die Herrschaft des Volkes aber hat vor allem schon durch ihren Namen – Gleichberechtigung aller – den Vorzug; zweitens aber tut sie nichts von all dem, was ein Alleinherrscher tut. Sie bestimmt die Regierung durch Los, und diese Regierung ist verantwortlich; alle Beschlüsse werden vor die Volksversammlung gebracht. […]"

Das also war die Meinung, die Otanes aussprach. Megabyzos dagegen riet zur Oligarchie und sagte:

„[…] Es gibt nichts Unverständigeres und Hochmütigeres als die blinde Masse. Wie unerträglich, dass wir die Selbstüberhebung der Tyrannen mit der Selbstüberhebung des zügellosen Volkes vertauschen sollen! Jener weiß doch wenigstens, was er tut; aber das Volk weiß es nicht. […] Ohne Sinn und Verstand, wie ein Strom im Frühling, stürzt es sich in die Staatslenkung. […] Wir sollten vielmehr einem Ausschuss des höchsten Adels die Regierung übertragen. Zu diesen Männern gehören wir ja selber. Es ist doch klar, dass von den Adligen die edelsten Entschlüsse ausgehen."

Das war die Meinung, die Megabyzos aussprach. Als Dritter sagte Dareios seine Meinung und sprach:

„Was Megabyzos gegen die Masse gesagt hat, billige ich, nicht aber, was er über die Oligarchie sagt. Drei Verfassungen sind möglich; nehmen wir sie alle in ihrer höchsten Vollendung an, stellen wir uns also die vollkommenste Demokratie, die vollkommenste Oligarchie und die vollkommenste Monarchie vor, so verdient die Letztere, behaupte ich, bei weitem den Vorzug. Es gibt nichts Besseres, als wenn der Beste regiert. Er wird untadelig für ein Volk sorgen […]. In der Oligarchie, wo viele sich um das Allgemeinwohl verdient machen wollen, pflegt es zu heftigen Privatfehden zu kommen. Jeder will der Erste sein und seine Meinung durchsetzen; so verfeinden sie sich aufs Ärgste miteinander, Unruhen entstehen, und in den Unruhen kommt es zu Mordtaten. Das pflegt dann wieder zur Monarchie zu führen, und man sieht daraus, dass sie doch die beste Verfassung ist. Herrscht dagegen das Volk, so kann es nicht ausbleiben, dass Schlechtigkeit und Gemeinheit sich einstellen. Drängt sich aber die Schlechtigkeit in die Sorge um die Allgemeinheit, so kommt es zwar nicht zu Fehden unter diesen Schlechten, aber umgekehrt zu festen Verbrüderungen. Sie verschwören sich gleichsam, um den Staat auszubeuten. Das dauert so lange, bis ein Führer des Volks ihrem Treiben ein Ende macht. Und dafür preist ihn natürlich das Volk, und der Gepriesene wird Alleinherrscher! So zeigt sich auch hier wieder, dass die Monarchie die beste Verfassung ist […]."

Teil 2

Die Mehrheit der Verschwörer einigte sich auf die Errichtung einer Monarchie, einzig Otanes zog sich aus der Bewerbung um den Königsthron zurück unter der Bedingung, dass er keinem der anderen untertänig werden müsse. Er blieb laut Herodot tatsächlich unabhängig. Die anderen mussten sich nun über die Art der Königswahl einigen. Zunächst sicherten sie sich für die Zukunft zu,

dass sie ohne Anmeldung in den Königspalast gehen dürften, falls der König nicht gerade bei seinem Weibe schliefe, ferner dass der König seine Gattin nur aus dem Kreise der Verschworenen wählen dürfe. Über die Königswahl selber beschlossen sie: Sie wollten vor das Stadttor reiten, und wessen Pferd nach Aufgang der Sonne zuerst wiehere, der sollte König werden.

Der spätere König Dareios ließ sich von seinem Stallmeister beraten. Dank dessen Rat endete die Geschichte folgendermaßen:

Sobald die Nacht hereinbrach, führte [der Stallmeister] eine Stute, die der Hengst des Dareios am meisten liebte, vor das Tor, band sie fest und führte den Hengst zu ihr. Mehrmals ließ er ihn ganz nahe herankommen, und endlich ließ er ihn die Stute besteigen.

Als der Morgen dämmerte, stiegen alle sechs der Verabredung gemäß zu Pferde. Sobald sie aber vor das Tor geritten kamen und an die Stelle kamen, wo in der Nacht die Stute angebunden gewesen war, da lief Dareios' Hengst heran und wieherte. Und während noch das Ross wieherte, wurde am heiteren Himmel ein Blitz sichtbar, und man hörte den Donner […]. Die anderen sprangen von ihren Rossen und huldigten dem Dareios.

Herodot, Historien, hg. von H. W. Haussig, Stuttgart, 1959, S. 218–222. Übersetzer: August Hornefer.

Q3 Die Schule von Athen

Wandbild im Vatikan, 1510/11 von Raffael. Das Bild entstand im Zeitalter der Renaissance (s. S. 220 ff.) und idealisiert die griechischen Denker. Im Bildzentrum stehen Aristoteles und Platon im Gespräch. Sie schreiten durch eine Wandelhalle, wie man sich das bei griechischen Gelehrten vorstellte. Rechts neben Aristoteles sind seine Anhänger zu sehen, links neben Platon die Vertreter der platonischen Schule. Die Personen im Einzelnen: 1. Pythagoras (Mathematiker), 2. Heraklit (Philosoph, im Bild verkörpert durch den Renaissance-Künstler Michelangelo), 3. Xenophon (Historiker), 4. Sokrates, 5. Platon (verkörpert durch den Universalgelehrten Leonardo da Vinci), 6. Aristoteles, 7. Diogenes (Philosoph), 8. Raffael, 9. Euklid (Mathematiker, verkörpert durch den Renaissance-Baumeister Bramante), 10. Ptolemäus (Astronom).

Fragen und Anregungen

1. Stellen Sie, eventuell in einer Tabelle, die ausgetauschten Argumente einander gegenüber, und ergänzen Sie diese mit eigenen Überlegungen (Q2, Teil 1).
2. Arbeiten Sie heraus, in welchem Lichte die Diskussion in Teil 1 erscheint, wenn man den Fortgang der Geschichte berücksichtigt (Q2, Teil 2).
3. Sir Winston Churchill soll gesagt haben: „Die Demokratie ist die schlechteste aller Staatsformen, ausgenommen alle anderen.“ Setzen Sie sich mit dieser Aussage auseinander, indem Sie Q2 als Argumentationshilfe heranziehen.
4. Untersuchen Sie, ob es in der Demokratie der Bundesrepublik oligarchische Züge gibt (Q2).
5. Zeigen Sie, welche Bedeutung dem Gewitter aus heiterem Himmel in dieser Darstellung zukommt, und nennen Sie weitere historische Vorgänge, die von Vorzeichen begleitet oder angekündigt worden sein sollen (Q2).
6. Informieren Sie sich in einem Lexikon über die Bedeutung der Begriffe „Logik“ und „Dialektik“ (Q1).
7. Überlegen Sie, warum Raffael Platon mit dem Finger zum Himmel und Aristoteles zur Erde zeigen lässt (VT, Q3).

8. Griechische Kunst, Bildung und Wissenschaft

7. Jahrhundert v. Chr.	Die griechische Schrift entsteht.
6. Jahrhundert v. Chr.	Die Naturphilosophen suchen rationale Erklärungen für die Beschaffenheit der Welt.
seit dem 5. Jahrhundert v. Chr.	Die Sophisten treten als Wanderlehrer auf.
ca. 470–399 v. Chr.	Sokrates: Er gilt als geistiger Vater aller bedeutenden Richtungen der griechischen Philosophie.

Griechische Wurzeln der modernen „Hochkultur"

Viele Athener, besonders die Stadtbewohner, konnten lesen und schreiben, auch wenn Reden, Hören und Sehen noch wichtiger waren: Theaterstücke wandten sich an Auge und Ohr, und die öffentliche Rede war, z. B. auf der Volksversammlung, das wichtigste Medium der Meinungsbildung. Gut bezahlte Privatlehrer unterrichteten Redekunst. Sie stand die ganze Antike hindurch in höchstem Ansehen und wurde in der Renaissance zu neuem Leben erweckt. Sehr viel von dem, was heute „Kultur", jedenfalls „Hochkultur" in Abgrenzung zur „Popkultur", ausmacht, entstammt der griechischen Antike. Dass griechische Theaterstücke noch aktuell sind, kann man Theater- und Fernsehprogrammen nicht nur in Europa entnehmen. In den Parks unserer Städte stehen Statuen nach griechischen Vorbildern. Die Gattungen der europäischen Literatur, das Drama, das Epos (Ilias und Odyssee) und die Lyrik gehen auf die Griechen zurück.

Griechische Philosophie: „Vom Mythos zum Logos"

Als die folgenreichste Hinterlassenschaft der Griechen gilt ihre Philosophie. Sie wurde Basis aller modernen Wissenschaft, sowohl der natur- wie der geisteswissenschaftlichen Disziplinen. Für das griechische Denken wurde die Formel „Vom Mythos zum Logos" geprägt. Die Welt wurde nicht mehr mit mythischen Götter-, Helden- und Schöpfungserzählungen zu deuten versucht, sondern durch logisches Nachdenken. Was sich nicht mit elementaren Erfahrungen und widerspruchsfreien Argumenten erklären ließ, galt nicht mehr viel. „Logos" bedeutete Sprache, vor allem Begriffe, Argumente und deren „logischen" Zusammenhang. Jede Aussage sollte von möglichst hoher Allgemeingültigkeit sein.

Naturphilosophen und Sophisten

Am Anfang standen die so genannten Naturphilosophen, die das erklären wollten, was „ist". Für den einen war der Urstoff, aus dem alles bestand und aus dem die anderen Elemente hervorgehen, das Wasser, für den anderen die Luft, für den dritten das Feuer. Ein Vierter sprach von kleinsten Teilen, aus denen die Materie bestehen sollte: den Atomen. Pythagoras nahm an, dass die Welt nach Zahlenverhältnissen geordnet sei und nur diese erkannt werden könnten. Er fand so die Grundintervalle der Musik (Oktave, Quinte, Quarte).

Die auf die Naturphilosophen folgenden Denker wandten sich mehr dem Menschen zu und schlugen dabei zwei Richtungen ein. Die Sophisten gelangten zu relativierenden Antworten. So lehrte einer von ihnen, dass Moral und Recht nicht auf der Natur beruhten, sondern je nach Übereinkunft überall verschieden seien. Und sie betonten gegenüber den Inhalten die Methoden, vor allem das Argumentieren. Einer von ihnen wies nach, dass man „alles" schlüssig darlegen könne. Als Lehrer der Rhetorik waren sie daher sehr gesucht.

Q1 Ägyptischer Beamter
Ägyptische Statue,
2250 v. Chr.

Q2 Kleobis
Statue des griechischen Bildhauers Polymedes von Argos,
um 590 v. Chr.

Q3 Hermes mit dem jungen Dionysos
Statue des griechischen Bildhauers Praxiteles, etwa 340 v. Chr.

Sokrates

Von den Sophisten distanzierten sich solche Denker, die weiterhin ernsthaft nach der „Wahrheit“ fragten und Relativierungen für verwerflich hielten, auch wenn sie zu dem Ergebnis kamen: „Ich weiß, dass ich nichts weiß“. Sokrates, der dies gesagt haben soll, fragte dennoch weiter, wollte wissen und lehren, wie der Mensch leben solle. Weil er damit viele Zeitgenossen, besonders junge Leute, auch in religiöse Zweifel stürzte, wurde er angeklagt und zum Tode verurteilt. Dies zeigt, dass der alte Glaube an Götter und Mythen noch ziemlich stabil war und geschützt werden sollte. Die Kultur der Bildungseliten hat, wie auch heute in vielen Gesellschaften, die breite Masse der Bevölkerung nur teilweise erreicht.

Athen als antikes Kunst-, Bildungs- und Wissenschaftszentrum

Dass Athen im 5. Jahrhundert v. Chr. zum Zentrum nicht nur der Philosophie, sondern des gesamten griechischen Kulturlebens wurde, ist kein Zufall. Die politische und wirtschaftliche Bedeutung dieser Metropole zog eine künstlerische und wissenschaftliche Elite an. Hier gab es interessante Gesprächspartner, Aufträge und Wertschätzung durch ein sachverständiges Publikum. Die ganze Antike hindurch, auch unter römischer Herrschaft, blieb Athen eine Stadt der Wissenschaft und Bildung. Die hier von Sokrates’ Schüler Platon gegründete Akademie, eine Philosophenschule, aus der Aristoteles hervorging, existierte mit Unterbrechungen bis 529 n.Chr. Dann ließ sie der christliche oströmische Kaiser Justinian als eine nicht mehr zeitgemäße heidnische Stätte schließen. Der heute noch gebräuchliche Begriff „Akademie“ geht auf die Akademie Platons zurück.

DER FALL SOKRATES

Barbarischer Justizterror gegen einen Intellektuellen?

Sokrates, der wohl bekannteste Philosoph der Antike, wurde im Jahr 399 zum Tode verurteilt. Als Philosoph betätigte er sich vorzugsweise in der Öffentlichkeit. Er wurde auf Grund eines noch nicht lange bestehenden Gesetzes angeklagt, die Jugend verführt und neue Götter eingeführt zu haben. Er verteidigte sich, wurde jedoch mit 281 gegen 201 Stimmen zum Tode verurteilt. Die ihm gebotene Gelegenheit zu fliehen nahm er nicht wahr, sondern ließ sich freiwillig den Schierlingsbecher reichen – „Schierling" ist ein giftiges, tödlich wirkendes Kraut.

D1 Der Philosoph Sokrates

Einige der wenigen aus seinem Leben bekannten Tatsachen:

Im Peloponnesischen Krieg nahm er an drei Feldzügen teil. Als Mitglied des Rats setzt er sich im Arginusenprozess mutig für die dann zum Tode verurteilten Feldherren ein. Sie waren angeklagt worden, weil sie nach einem Seesieg der Athener bei den Arginusen (406 v. Chr.) angeblich die Rettung eigener Schiffbrüchiger versäumt hatten – ein, wie sich zu spät herausstellte, unhaltbarer Vorwurf. 304/303 stand Sokrates einigen Mitgliedern der Oligarchie nahe, die vorübergehend die Demokratie in Athen abgeschafft hatte.

Q4 Sokrates
Büste, ohne Jahr.

Q5 Der Eid der erlosten Volksrichter

Ich will meine Stimme abgeben gemäß den Gesetzen und Beschlüssen der Volksversammlung von Athen und des Rates der Fünfhundert, in den Fällen aber, für welche es keine Gesetze gibt, nach der gerechtesten Einsicht, ohne Bevorzugung und Feindschaft. Ich will den Kläger und den Beklagten auf gleiche Weise anhören und mein Urteil einzig nach dem Gegenstand der Klage fällen. Das schwöre ich bei Zeus, bei Apollon, bei Demeter. Viel Segen werde mir zuteil, wenn ich meinen Eid halte, Verderben treffe mich und meine Familie, wenn ich meineidig werde.

Zit. nach: J. Bleicken, Die athenische Demokratie, 2. Aufl., Paderborn 1988, S. 175.

Q6 Dem Gesetz ist zu gehorchen

Platon (427–347 v. Chr.) hat einen ausführlichen Dialog zwischen Kriton und Sokrates überliefert, in dem Sokrates seinen Entschluss begründet, das Todesurteil zu akzeptieren. Daraus einige Stellen:

Sokrates: Auf keine Weise also soll man Unrecht tun?
Kriton: Nein freilich.
Sokrates: Also auch nicht der, dem Unrecht geschehen ist, darf wieder Unrecht tun, wie die meisten glauben, wenn man doch auf keine Weise Unrecht tun darf?
Kriton: Man darf es wohl nicht, Sokrates. […]
Sokrates: Erwäge es denn so: Wenn, indem wir von hier davonlaufen wollten, […] die Gesetze kämen und […] uns in den Weg tretend, fragten „Sage nur, Sokrates, was hast du im Sinne zu tun? Ist es nicht so, dass du durch diese Tat […] uns, den Gesetzen, und also dem ganzen Staat den Untergang zu bereiten gedenkst […]? Oder dünkt es dich möglich, dass jener Staat noch bestehe und nicht in gänzliche Zerrüttung gerate, in welchem die abgetanen [abgeschlossenen] Rechtssachen keine Kraft haben, sondern von Einzelmännern können ungültig gemacht und umgestoßen werden?" Was sollen wir hierauf […] sagen, Kriton? „Ja, die Stadt hat uns Unrecht getan und die Klage nicht recht gerichtet?" Wollen wir dies sagen, oder was sonst?
Kriton: Dies, beim Zeus!

Platon, Apologie, Kriton, Euthyphron, Phaidon, in der Übertragung von Fr. Schleiermacher, München 1962, S. 59–61.

D2 Die Suche nach Schuldigen

Der Historiker Jochen Bleicken zum Sokrates-Prozess:

In den ersten Jahren des Peloponnesischen Kriegs setzte ein gewisser Diopeithes […] in der Volksversammlung ein Gesetz durch, dass jeder, der nicht an die Götter glaube oder von überirdischen Dingen handele, mit einer Strafklage bedroht werden könne. […] Ein […] Opfer des Gesetzes wurde Sokrates […]. Sein Prozess und Tod sind oft als Musterbeispiel für die Engherzigkeit, ja für die Unterdrückung der Rede- und Gedankenfreiheit im demokratischen Athen angeführt worden […]. Indessen […] [wurden] die bitteren

Q7 Tod des Sokrates
Gemälde von Jacques-Louis David, Öl auf Leinwand (130 x 197 cm), 1787.

Konsequenzen der Anklage gegen Sokrates [...] von den Athenern wohl gar nicht beabsichtigt, [...] vielmehr von Sokrates provoziert [...] Diopeithes stellte seinen Antrag in den ersten Jahren des Peloponnesischen Krieges, sehr wahrscheinlich in der schweren Zeit der Pest [...] und der Prozess des Sokrates war noch überschattet von der Niederlage in ebendiesem Krieg und von dem politischen Umsturz 404/403. In solchen Zeiten suchen die Menschen nach den Ursachen des Unglücks und nach Schuldigen [...]. In dieser Situation boten sich die Schuldigen wie von selbst an: Die Philosophen bzw., wie man damals sagte, die Sophisten waren die Übeltäter, die mit der Infragestellung alles Überkommenen, mit ihrer Kritik an der Existenz von Göttern [...] überall Zulauf und insbesondere unter den vornehmen jungen Leuten begeisterte Anhänger [...] fanden. Die Götter und die elterliche Erziehung im Sinne der alten Traditionen und darunter auch der demokratischen Lebensanschauung schienen in Frage gestellt. Der Übermut und die Freizügigkeit der jungen Leute hatten bereits im Jahre 415, als vor der Ausfahrt der Flotte nach Sizilien nachts viele Hermesstatuen mutwillig beschädigt [...] worden waren, viele Athener erschreckt [...]. Das Urteil über Sokrates war kein Akt des geistigen Terrors [...], die Hinrichtung war eine von Sokrates selbst mitverschuldete Panne [...].

J. Bleicken, Die athenische Demokratie, 2. Auflage, Paderborn 1988, S. 252–254.

Fragen und Anregungen

1. Stellen Sie die Argumentation des Sokrates in eigenen Worten dar (Q6).
2. Beurteilen Sie die Darlegungen des Sokrates (Q6). Beachten Sie dabei den Eid der Volksrichter (Q5).
3. Stellen Sie – auch mit Hilfe des VT auf S. 42 – die Regeln für ein Gerichtsverfahren in Athen zusammen.
4. Erörtern Sie, ob problematische Urteile wie das im Arginusenprozess (D1) oder das gegen Sokrates mit Mängeln des Rechtswesens und des politischen Systems in Athen zu tun hatten.
5. Stellen Sie die Argumente zusammen, mit denen der Historiker Jochen Bleicken die Verurteilung des Sokrates zu „entschuldigen" versucht (D2).
6. Halten Sie Bleickens Urteil für gerechtfertigt (D2, Q5, Q6)?
7. Klären Sie, in welchen Formen der Prozess gegen Sokrates nach den Regeln der Bundesrepublik hätte geführt werden müssen.

D3 Ägyptische und griechische Kunst

Der Kunsthistoriker E. H. Gombrich schrieb um 1950:

Das Wesentliche ist, dass die ägyptische Kunst sich nicht danach richtet, was der Künstler in irgendeinem bestimmten Augenblick sehen konnte. Es kam darauf an, dass er wusste, was zu einer bestimmten Person oder Szene gehörte. Er baute seine Darstellung aus den Formen auf, die er gelernt hatte […].

Die Ägypter gründeten ihre Kunst auf Wissen; die Griechen begannen, ihre Augen aufzumachen. Sobald diese Revolution einmal begonnen hatte, gab es kein Halten mehr.

E. H. Gombrich, Die Geschichte der Kunst, deutschsprachige 16. Aufl., London 1996, S. 62, 78.

Q8 Was griechische Denker so alles gesagt und gedacht haben sollen

a) Der Syllogismus, die Grundform logischer Argumentation [nach Aristoteles]:

Zwei Vordersätze, die zwei Urteile enthalten [Prämissen], ergeben ein drittes in einem Schlusssatz [Konklusion]:

Alle Menschen sind sterblich.
Sokrates ist ein Mensch.
Sokrates ist sterblich.

b) Der Satz des Thales:

Im Halbkreis beträgt jeder Peripheriewinkel über dem Durchmesser 90°.

c) Heraklit:

Alles fließt.
Man kann nicht zweimal in denselben Fluss steigen.
Einer zählt für mich so viel wie zehntausend, wenn er der Beste ist.

d) Thukydides:

Man darf nicht glauben, dass ein Mensch sich vom andern groß unterscheide.

e) Gorgias:

Die Natur hat es eingerichtet, dass das Stärkere vom Schwächeren nicht behindert wird, sondern das Schwächere vom Stärkeren beherrscht und gelenkt wird.

f) Diogenes zog sich als Aussteiger aus der Gesellschaft zum Leben in eine Tonne zurück. Eines Tages wurde er am helllichten Tag mit einer Laterne in einer Menschenmenge gesehen und gefragt, was das solle. Er sagte:

Ich suche einen Menschen.

Alexander der Große suchte Diogenes in seiner Tonne auf und bot ihm an, ihm einen Wunsch zu erfüllen. Diogenes antwortete:

Gehe mir aus der Sonne!

g) Protagoras:

Der Mensch ist das Maß aller Dinge, der seienden, dass sie sind, der nichtseienden, dass sie nicht sind.
Über die Götter kann ich nichts wissen, weder dass sie sind noch dass sie nicht sind, noch wie ihre Gestalt ist.

h) Xenophanes:

Wenn die Rinder, Pferde und Löwen Hände hätten und mit den Händen malen könnten und Werke schafften wie die Menschen, dann würden die Pferde pferdeähnliche und die Rinder rinderähnliche Bilder der Götter malen und Körper bilden von der Gestalt, die sie selbst haben.

Q8a, b zit. nach: Der neue Brockhaus. Allbuch in fünf Bänden, Bd. 5, Wiesbaden 1960, S. 232. Q8c, g, h zit. nach: O. Höffe, Kleine Geschichte der Philosophie, München 2005, S. 17, 23, 33. Q8d, e zit. nach: H. Fenske u. a., Geschichte der politischen Ideen, 2. Aufl., Frankfurt/M. 2004, S. 48, 58.

Fragen und Anregungen

1. Beschreiben und vergleichen Sie die Abbildungen Q1–Q3 mit Hilfe von D3.
2. Prüfen Sie anhand von Abbildungen in diesem Buch, ob die Behauptung im letzten Satz von D3 über die griechische Antike hinaus gilt.
3. Formulieren Sie eigene Syllogismen (Q8a).
4. Wenn Sie nicht überzeugt sind (Q8b), dann nehmen Sie Papier, Bleistift, Zirkel, Lineal und einen Winkelmesser zur Hand und probieren Sie es aus.
5. Stellen Sie die Aussagen in Sachgruppen zusammen und begründen Sie, welche Aussagen Ihnen am meisten und welche am wenigsten einleuchten (Q8c–h).
6. Stellen Sie in Kurzreferaten einige der hier genannten Denker Ihrer Lerngruppe vor (Q8c–h).

Aufgaben richtig verstehen

Vielleicht kennen Sie folgende Situation: Trotz guter Vorbereitung haben Sie in einer Klassenarbeit eine schlechte Note bekommen. Manchmal liegen solche Misserfolge daran, dass Sie zwar viel zu einem Thema wussten, aber danach gar nicht gefragt wurde. Es ist daher wichtig, dass Sie sich klarmachen, was genau von Ihnen erwartet wird. Die genaue Aufgabenstellung legt der Lehrer/die Lehrerin mit den Arbeitsanweisungen („Operatoren") fest. Diese entsprechen verschieden hohen Anforderungsstufen.

Anforderungsstufe 1

Nennen	Kenntnisse anführen, Informationen aus dem vorgegebenen Material entnehmen. Beispiel: „Nennen Sie zwei Philosophen aus dem antiken Griechenland."
Herausarbeiten	Aus dem Material Informationen entnehmen. Beispiel: „Arbeiten Sie aus dem Text heraus, wie Thukydides die Wirkung der Pest auf das Leben in Athen beurteilt."
Beschreiben	Aus Kenntnissen und/oder aus dem Material Wesentliches zusammenhängend wiedergeben. Beispiel: „Beschreiben Sie die Stellung der Volksversammlung im demokratischen Athen."

Anforderungsstufe 2

Darstellen	Strukturen und Zusammenhänge beschreiben. Beispiel: „Stellen Sie die Entwicklung der Demokratie in Athen von den Anfängen bis zur Mitte des 5. Jahrhunderts v. Chr. dar."
Analysieren	Material oder Sachverhalte systematisch und gezielt untersuchen und auswerten. Beispiel: „Analysieren Sie den Auszug aus dem Melier-Dialog."
Erläutern	Sachverhalte im Zusammenhang anschaulich mit Beispielen oder Textbelegen beschreiben. Beispiel: „Erläutern Sie den Zusammenhang zwischen der Entwicklung der Militärtechnik und der Entstehung der Demokratie in Athen."
Vergleichen	Gemeinsamkeiten und Unterschiede gewichtend einander gegenüberstellen und ein Ergebnis formulieren. Beispiel: „Vergleichen Sie die verschiedenen Staatsverfassungen auf S. 50."

Anforderungsstufe 3

Beurteilen	Aussagen im Zusammenhang auf ihre Stichhaltigkeit prüfen und den angewandten Maßstab nennen. Beispiel: „Beurteilen Sie, ob die Reformen des Kleisthenes in Athen bereits die Demokratie herbeigeführt haben."
Bewerten	Aussagen, Vorschläge, Maßnahmen beurteilen, persönlich Stellung nehmen und die eigenen Wertmaßstäbe nennen. Beispiel: „Bewerten Sie die Gefallenenrede des Perikles."
Erörtern	Zu einer Problemstellung Für- und Wider-Argumente abwägen und ein Urteil fällen. Beispiel: „Erörtern Sie, ob ein Vergleich zwischen der attischen und der modernen Demokratie der Bundesrepublik sinnvoll ist."

Die „Arbeitsvorschläge" in diesem Buch sind mit Operatoren ausgestattet. In der Tabelle oben finden Sie die meisten der Operatoren, die für das Fach Geschichte im Abitur gelten. Die Erläuterungen mit Beispielen aus der Themeneinheit Griechenland helfen Ihnen, die Operatoren genau zu verstehen. So können Sie sich ideal auf alle Tests und Klassenarbeiten vorbereiten.

ROM: WELTREICH – MACHTSTAAT – RECHTSRAUM

Das Römische Reich vergrößerte sich vom Stadtstaat zum einem Weltreich, das größer war als die heutige EU. Es hatte über 2000 Jahre Bestand und wirkt mit seiner Sprache und Kultur bis heute fort. Sein Wirtschaftssystem verknüpfte die ganze den Römern damals bekannte Welt. Und auf dem Boden des Römischen Reiches wurde das Christentum zur herrschenden Religion. Die römische Verfassung erwies sich gleichermaßen als stabil und doch flexibel genug, um die Veränderungen in der Gesellschaft aufzunehmen. Parallel dazu entwickelte sich ein Rechtssystem, das Ansätze von Rechtsgleichheit verwirklichte. Warum konnte sich Rom immer weiter ausdehnen? Wieso existierte es so lange? Welche Bereiche sind für die heutige europäische Einigung modellhaft, welche schrecken uns ab?

Römische und griechische Kultur
Pfeiler mit Porträtköpfen des Seneca und Sokrates, 3. Jh. n. Chr.

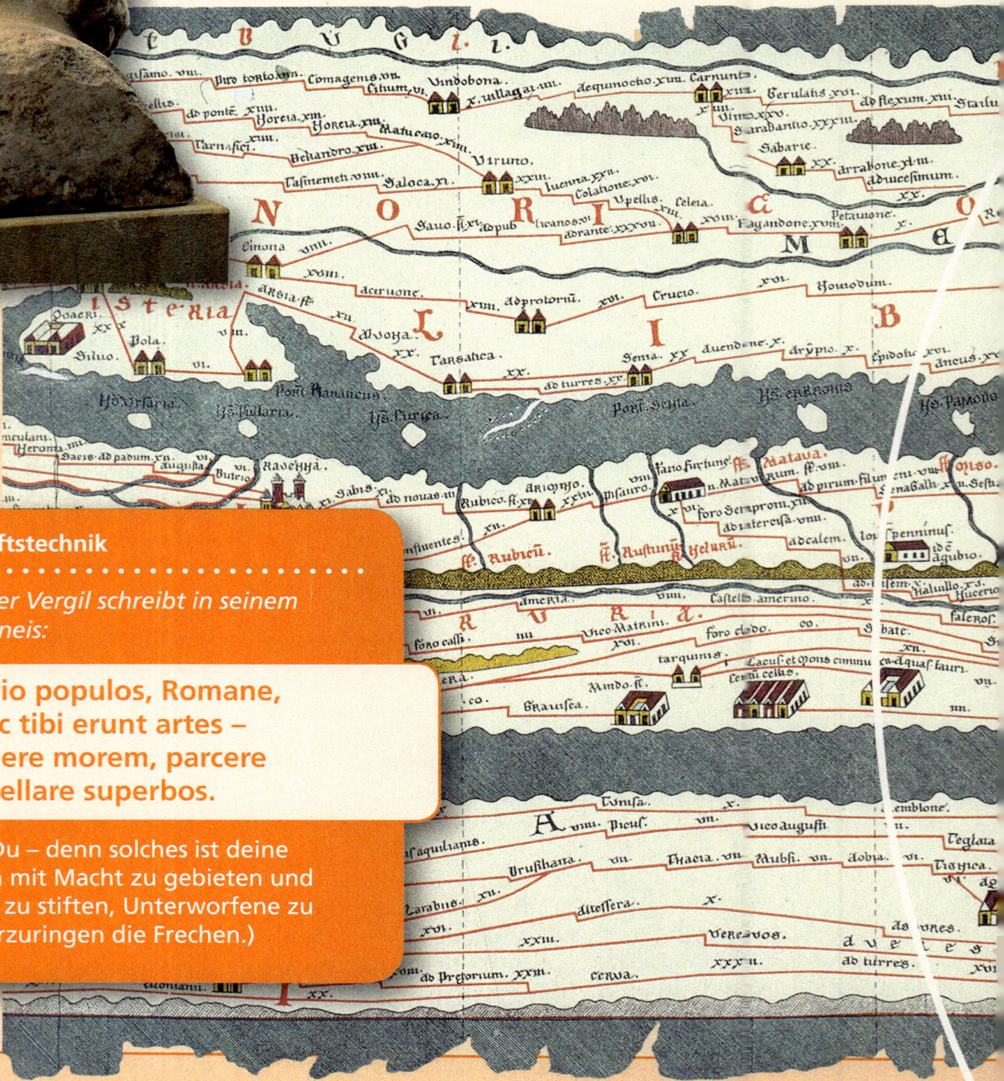

Römische Herrschaftstechnik

Der römische Dichter Vergil schreibt in seinem Hauptwerk, der Aeneis:

Tu regere imperio populos, Romane, memento – haec tibi erunt artes – pacisque imponere morem, parcere subiectis et debellare superbos.

(Römer! Gedenke Du – denn solches ist deine Berufung – Völkern mit Macht zu gebieten und friedliche Ordnung zu stiften, Unterworfene zu schonen und niederzuringen die Frechen.)

Sieger und Verlierer
Die Gemma Augustea war ein kostbares Schmuckstück aus Onyx, 1. Jh. n. Chr. Sie zeigt oben den siegreichen Tiberius mit seinem Vorgänger Augustus und unten römische Soldaten mit Beute und Kriegsgefangenen.

Symbol der Amtsgewalt und Rechtsprechung
In den mannshohen, mit roten Bändern zusammengehaltenen Rutenbündeln („fasces") steckten Beile. Liktoren trugen sie als Zeichen der Macht vor den obersten Beamten her.

Rom als Mittelpunkt der Welt
Ausschnitt aus der Tabula Peutingeriana, der Kopie einer spätantiken Weltkarte aus dem 12. Jahrhundert. Zweck der riesigen Karte (6,75 x 0,34 Meter) war es, die Straßenführungen in alle Welt mit Entfernungsangaben darzustellen.

1. Das Erbe Roms – Vorbild mit Schattenseiten

Wurzeln Europas

Was haben Ereignisse, die über 2 000 Jahre zurück liegen, mit unserer aktuellen Geschichte zu tun? Sollten wir uns nicht mit der Geschichte des 20. Jahrhunderts befassen, um etwas von heutigen Problemen zu verstehen?
Beim Ringen um das moderne Europa mit seinem Rechtssystem, seiner Kunst und Literatur, mit Städtebau, Religion, Philosophie und seinen Sprachen ist die römische Antike ein ständiger Bezugspunkt unserer Kultur. Sie ist neben den griechischen und jüdischen Einflüssen eine der zentralen Wurzeln europäischer Identität.
Die gewaltsame Eingliederung in das mächtige Imperium Romanum brachte den unterworfenen Völkern die lateinische Sprache, römische Rechtsgrundsätze, Stadtwesen und Zivilisation. Auch wenn in der Völkerwanderungszeit ab dem 5. Jahrhundert n. Chr. mit dem Zerfall des Weströmischen Reiches Traditionen abbrachen, erfolgte doch kein endgültiger Abschied von der antiken Kultur. Konstantinopel, die Hauptstadt des Oströmischen Reiches, vereinigte römische, hellenistische, aber auch christliche und islamische Einflüsse bis zur Eroberung durch die Osmanen 1453. Im Mittelalter und vor allem in der Renaissance wurde immer wieder auf antikes Wissen zurückgegriffen, das durch das Bewahren und erneute Abschreiben antiker Schriften in den mittelalterlichen Klöstern möglich wurde. Eine Zäsur stellen die Industrielle Revolution und der Kolonialismus der Neuzeit dar, die durch die Umstrukturierung der Gesellschaft und den Wandel des Arbeits- und Leistungsbegriffs auch kulturelle Veränderungen brachten. Die Antike verlor ihren prägenden Charakter und galt fortan vielen als bildungsbürgerliches Museumsstück.

Q1 Rom als Mythos
Die Vergöttlichung der Stadt Rom auf einem Relief der Säule von Antonius Pius in Rom, nach 161 n. Chr.

Vorbild und abschreckendes Beispiel

Das heute noch lebendigste Erbe Roms stellt das Christentum mit seiner 2 000-jährigen Geschichte dar, aber auch die Idee eines Rechtsstaates und die Gleichheit vor dem Gesetz, die Trennung von politischen und religiösen Ämtern, die Anerkennung der Würde des Individuums, die Idee eines ewigen Friedens und des Zusammenschlusses in einer übernationalen Ordnung sind antike Denkmuster. So hat die römische Antike für uns in großen Teilen Vorbildcharakter. In einigen Bereichen ist sie aber auch abschreckendes Beispiel mit ihrer kriegerischen Ausrichtung, den grausamen Bestrafungen und Eroberungen, ihren blutrünstigen Exzessen bei Gladiatoren- und Tierkämpfen. In einer oligarchischen Adelsherrschaft galten kaum zu überwindende Privilegien, unkontrollierbare Alleinherrscher brachten mit ihrer Macht über das Heer das Staatswesen an den Abgrund, und die damals selbstverständliche Ausbeutung von Menschen durch die Sklavenwirtschaft gilt für uns heute als inhuman und längst überwunden.

D1 Das Forum als Mittelpunkt der antiken Welt
Rekonstruktionsdarstellung, 1901.
Schon Goethe meinte: „Es ist nur ein Rom in der Welt, man müsste mit tausend Griffeln schreiben, was soll hier eine Feder.“ Rom galt in der Antike als Hauptstadt des Erdkreises. 1 000 Jahre lang war das Forum Zentrum, Markt-, Versammlungs- und Gerichtsplatz der Römer. Die Stadt hatte in der Antike bereits ca. eine Million Einwohner, im Mittelalter nur noch 50 000.

D2 Die Bedeutung Roms

Der Basler Historiker Jacob Burckhardt (1818–1897) urteilt über den Einfluss der römischen Geschichte:

Rom ist an allen Enden die bewusste oder stillschweigende Voraussetzung unseres Anschauens und Denkens; denn wenn wir jetzt in den wesentlichsten geistigen Dingen nicht mehr dem einzelnen Volk und Land, sondern der okzidentalen Kultur angehören, so ist dies eine Folge davon, dass einst die Welt römisch, universal war und dass diese antike Gesamtkultur in die unsrige übergegangen ist. Dass Orient und Okzident zusammengehören, dass sie eine Menschheit bilden, verdankt die Welt Rom und seinem Imperium.

Zit. nach: Imperium Romanum. Studien zur Geschichte und Rezeption, hg. von Peter Kneissl und Volker Losemann, Stuttgart 1998, S. 3.

D3 Verbindungen zu Heute

Der Althistoriker Werner Dahlheim schreibt:

Ohne die Antike wäre die europäische Geschichte gar nicht in Gang gekommen. Ein Blick auf das Christentum und seine zweitausendjährige Geschichte genügt als Beweis: Die geistige Tradition der Griechen und die Ordnung der Römer blieben ein Teil seiner Existenz, wie immer es sich veränderte. Gewiss, die Römer haben die Welt nicht erschaffen, die sie für viele Jahrhunderte beherrschten. Aber sie haben sich die ihnen überlegene griechische Kultur einverleibt – besser: sich ihr geradezu unterworfen – und alles andere so geprägt, dass das meiste von dem, was vor ihnen war, keine Zukunft mehr besaß – auch und gerade in Herz und Verstand der Besiegten, die ihrer überkommenen Tradition willig den Rücken kehrten, als der Schmerz der Niederlage schwand.

Ein weiteres Argument liefern Größe und Dauer des Imperiums. Mit der Eroberung weiter Teile der damals bekannten Welt veränderten die Römer den von Menschen erfassten Raum. Ihr Ziel waren gewiss nicht die Vereinigten Staaten von Europa. Aber sie unterwarfen die Völker Spaniens, Galliens, Britanniens, Westgermaniens und des Balkans und verbanden sie auf vielfältige Weise mit den Menschen des Mittelmeerraums: Sie lehrten sie die lateinische Sprache, zwangen ihnen das Recht und ihre urbane Lebensform auf und verliehen ihnen das Bürgerrecht des Siegers. Was außerhalb blieb, wurde als Barbarenland abgetan, gelegen jenseits der eigenen zivilisatorischen und moralischen Ordnung. In dieser durch Politik-, Raum- und Kulturverständnis klar gegliederten Welt spiegelt sich ein erstes Abbild des späteren Europa […]

Die dritte und entscheidende Verbindungslinie zwischen dem Gestern und Heute […]: Der Abschied von Rom war nie endgültig, und mit dem 14. beginnt die bis ins 19. Jahrhundert währende Zeit, in der die Alten in immer neuer Gestalt wiederkehrten und die Bühne Europas bevölkerten: In Literatur, Kunst, Theologie, Philosophie und Recht griff niemand mehr zur Feder, ohne sich zuvor über die den Klöstern des Mittelalters entrissenen Text der Römer […] zu beugen und sie um Rat zu fragen.

Werner Dahlheim, An der Wiege Europas. Städtische Freiheit im antiken Rom, Frankfurt/Main 2000, S. 14 ff.

D4 Trennende Einflüsse

Der französische Historiker Jacques Le Goff schrieb 1994:

Mit dem Römischen Reich scheint Europa einen Irrweg zu beschreiten. Es ist auf das Mittelmeer hin ausgerichtet, es umschließt große Gebiete Afrikas und Asiens, sein Zentrum ist jedoch Italien, ein höchst europäisches Land. Es lässt seine einheitliche Kultur ausgreifen auf weite Regionen. […]

Aber unter seiner vermeintlichen Einheit hat das Römische Reich eine tiefe Spaltung gefestigt, jene nämlich, die den lateinischen Westen vom griechischen Osten trennt. Das Römische Reich überlebte die Invasion und die Ausbreitung germanischer Völker nicht, die von jenseits des Limes kamen, der militärischen Verteidigungslinie gegen die Nomaden, deren Wirkungslosigkeit zeigt, dass keine Mauer in der Lage ist, den Lauf der Geschichte aufzuhalten, und dass sich politische oder kulturelle Gemeinschaften, die sich hinter solchen Mauern abschließen, dadurch nur umso leichter der Überflutung durch jene aussetzen, die sie zuvor weder zu empfangen noch zu integrieren verstanden. Der Zusammenbruch des Römischen Reiches ist auch auf den Verfall einer Geldwirtschaft mit großem Aktionsradius zurückzuführen, auf die Entwicklung einer städtischen Krise, auf die Fragmentierung [Zerstückelung] der Wirtschaft in landwirtschaftliche Regionen, auf die Pauperisierung [Verarmung] der Massen und auf den Werteverfall der heidnischen Welt. Die Vorwegnahme Europas, die das Römische Reich im Okzident darstellte, machte damit für eine politische und kulturelle Einheit die Notwendigkeit offenkundig, gemeinsam eine Wirtschaft und eine Währung lebendig zu erhalten, ebenso wie erneuerungsfähige Städte, eine Bevölkerung, die nicht im Elend lebt, und Werte, die in der Lage sind, einen Glauben zu spenden und das Handeln zu leiten.

Jacques Le Goff, Das alte Europa und die Welt der Moderne, München 1994, S. 9 ff. Übersetzung: Tobias Scheffel.

Q2 Napoleon als Empereur mit Lorbeerkranz
Ausschnitt aus einem Gemälde von J.-L. David, 1805/07.

Q3 Napeleon über den Code Civil

Einer meiner größten Gedanken war, Völker wieder zusammenzubringen, die in einem gemeinsamen geographischen Raum lebten. […] bei solch einer Lage der Dinge hätte man die Gelegenheit gehabt, überall die Einheit der Gesetzbücher, der Prinzipien, der Meinungen, der Empfindungen, der Gesichtspunkte und Interessen herbeizuführen. Dann würde es vielleicht […] möglich sein, […] der großen europäischen Familie so etwas wie den amerikanischen Kongress […] zu geben. Welch eine Perspektive der Stärke, der Größe, des Wohlbefindens und des Wohlstands.

Zit. nach: Jean-Baptiste Duroselle, Europa. Eine Geschichte seiner Völker, München/Gütersloh 1990, S. 275.

Fragen und Anregungen

1. Arbeiten Sie die von Le Goff kritisierten Seiten der römischen Geschichte heraus. Diskutieren Sie die Gegenwartskritik am Ende des Textausschnitts (D4).
2. Beschreiben Sie die Merkmale der Schutzgöttin Roma. Überlegen Sie, welche Bedeutung sie hatte (Q1).
3. Unterstreichen Sie die Gründe für die Nachhaltigkeit der römischen Antike (D2, D3).
4. Arbeiten Sie aus D1 die sichtbaren Bereiche römischen Lebens heraus und ordnen Sie diese in einer Mindmap an. Vervollständigen Sie die Mindmap mit weiteren Informationen (VT, D3).
5. Arbeiten Sie die Bereiche heraus, die für eine überstaatliche Einigung von Bedeutung sind (Q2, Q3). Welche Versuche dazu kennen Sie aus der Geschichte?

2. Imperium Romanum – Rom wird Weltmacht

bis 272 v. Chr.	Rom wird Vormacht in Italien.
264–146 v. Chr.	Die Römer siegen über Karthago in den drei Punischen Kriegen.
200–117 n. Chr.	Rom herrscht über den Mittelmeerraum und in Mittel-, Süd- und Osteuropa.
395 n. Chr.	Das Reich teilt sich in das lateinische Westrom und das griechische Ostrom.
476 n. Chr. / 1453 n. Chr.	Ende des weströmischen Kaisertums / Ende des oströmischen Kaisertums

Eroberung Italiens in abgestufter Herrschaftsausübung

Roms Vorherrschaft begann mit der Unterwerfung der Etrusker, Kelten und der italischen Stämme im 4. und 3. Jahrhundert v. Chr. in Süditalien. Nachdem die Römer über die Samniten gesiegt und den nordgriechischen König Pyrrhos aus Italien verdrängt hatten, dehnten sie ihr Herrschaftsgebiet auf Mittelitalien aus. Dabei entwickelten sie ein abgestuftes Kontrollsystem: Die meisten unterworfenen Stämme wurden als „socii“, Bundesgenossen, vertraglich zu militärischer Gefolgschaft ohne zeitliche Begrenzung verpflichtet; dabei blieben sie souveräne Staaten mit eigenem Bürgerrecht und eigener Verwaltung. Ein kleinerer Teil der eroberten Städte wurde dem römischen Bürgergebiet zugeschlagen; sie bekamen den Status des „municipium“ mit innerer Selbstständigkeit. Die Bürger dieser Städte wurden als Römer zum Kriegsdienst herangezogen, das volle politische Bürgerrecht besaßen sie jedoch nicht. „Coloniae“ waren eng an Rom gebundene Militärfestungen an strategisch wichtigen Positionen, in denen waffenfähige römische Bürger angesiedelt wurden. Diese Ordnung führte zur Verbreitung der römischen Lebensart in Italien, die mit der Ausdehnung des römischen Bürgerrechts auf nicht-römische Bewohner Italiens einen Abschluss fand.

Vormachtstellung im Mittelmeerraum

Das stetig expandierende Römische Reich wurde zum erbitterten Konkurrenten der punischen Seemacht in Nordafrika mit ihrem Handelszentrum Karthago um die Beherrschung des westlichen Mittelmeers. Nachdem der Karthager Hannibal im zweiten Punischen Krieg (218–201 v. Chr.) mit seinem Sieg in der Schlacht bei Cannae die Römer an den Rande der Niederlage gebracht hatte, vermochten diese schließlich doch Spanien, Nordafrika, Makedonien und Griechenland zu erobern. Im dritten dieser Kriege (149–146 v. Chr.) schlugen sie die Karthager vernichtend und dominierten danach das Mittelmeer.
Weitere Siege über die hellenistischen Reiche des östlichen Mittelmeers ließen Rom zur Führungsmacht der antiken Welt werden. Die griechisch-hellenistische Kultur und Religion faszinierten die Römer und wurden von ihnen übernommen, aber auch die wirtschaftliche Ausbeutung dieser Provinzen brachte den Römern enorme Vorteile.

Soziale und politische Spannungen

Dieses Weltreich dauerhaft zu regieren, stürzte die römische Republik in tiefe innenpolitische Auseinandersetzungen. Wie sollten italische Bauern weiter ihr Land bebauen und doch ständig für Rom Krieg führen? Wie konnte es sein, dass sich die einfachen italischen Familien in Schuldknechtschaft stürzten, während der Staat der Herr der Welt war? Wie kontrollierte man eine gigantische militärische Macht, die sich in den Händen einiger weniger Befehlshaber bündelte? Nach blutigen Bürgerkriegen versuchte Caesar, eine Alleinherrschaft aufzubauen – sie endete mit seiner Ermordung. Erst Octavian, der spätere Augustus, regelte die Regierungs-

D1 **Die größte Ausdehnung des Römischen Reiches zur Zeit des Kaisers Trajan, 117 n. Chr.**

gewalt neu und schuf ein Kaisertum mit Zustimmung und repräsentativem Fortbestehen des Senats (Prinzipat).

Weltherrschaft

Nach der innenpolitischen Stabilisierung wurde der römische Machtbereich weiter nach Mitteleuropa ausgedehnt, bis die Römer in der Varusschlacht 9 n. Chr. schwere Verluste hinnehmen mussten. Danach sicherten natürliche Grenzen die gewonnene Ausdehnung ebenso wie Grenzbefestigungen, etwa der Limes oder der Hadrianswall. Die spätantiken Kaiser mussten nach der maximalen Ausdehnung um 117 n. Chr. ihre Grenzen vor den Angriffen feindlicher Parther- oder Germanenstämme sichern.

Pax Romana

Viele Stämme wurden während der Ausdehnung des römischen Reiches auf grausame Weise besiegt. Die Unterworfenen und ihre Nachkommen lernten aber im Laufe der Zeit die römische Sprache und Zivilisation schätzen und wurden in das Militär und den Verwaltungsapparat integriert. Die Römer waren bereit, neue Völker an den Vorteilen der eigenen Zivilisation teilhaben zu lassen. Nur so war es möglich, mit einem recht kleinen Verwaltungsaufwand solch ein Riesenreich zu regieren, auch wenn der Kaiser Tiberius dazu meinte, „das Reich zusammenzuhalten, sei wie einen Wolf an den Ohren zu halten“. Die Vorzüge des inneren Friedens mit sicheren See- und Handelswegen und einem einheitlichen Wirtschafts- und Rechtsgebiet brachten vor allem den römischen Bürgern zunehmenden Wohlstand bis zur spätantiken Auflösung des Imperium Romanum.

Q1 Bedeutung der römischen Expansion aus der Sicht eines Zeitgenossen

Polybios (201–120 v. Chr.), griechischer Historiker:

Die Römer jedoch haben sich nicht nur einzelne Teile, sondern beinahe die ganze Erde untertan gemacht und damit ihre Herrschaft zu einer Höhe erhoben, dass keine frühere Macht sich mit ihnen messen kann, keine spätere wird sie übertreffen können. [...] In den vorangehenden Zeiten [d. h. vor 220 v. Chr.] lagen die Ereignisse der Welt gleichsam verstreut auseinander, da das Geschehen hier und dort sowohl nach Planung und Ergebnis wie räumlich geschieden und ohne Zusammenhang blieb. Von diesem Zeitpunkt an aber wird die Geschichte ein Ganzes, gleichsam ein einziger Körper, es verflechten sich die Ereignisse in Italien und Libyen mit denen in Asien und Griechenland, und alles richtet sich auf ein einziges Ziel. Daher haben wir auch diesen Zeitpunkt als den Anfangspunkt unseres Geschichtswerkes gewählt. Denn nachdem die Römer in dem erwähnten Krieg die Karthager besiegt hatten und damit den größten, den entscheidenden Schritt auf dem Wege zur Weltherrschaft glauben durften getan zu haben, da wagten zuerst sie, ihre Hände nach dem Übrigen auszustrecken und mit Heeresmacht nach Griechenland und dem asiatischen Raum hinüberzugehen.

Polybios, Geschichte, 1, 2–3, eingeleitet und übertragen von H. Drexler, Zürich/Stuttgart 1963, S. 2 f.

Q2 Urteile über die römische Herrschaftspraxis

a) Cicero (106–43 v. Chr.), römischer Jurist, Politiker und Philosoph, in seinem Werk „De officiis" („Über die Pflichten") über die römische Herrschaft:

Solange die Herrschaft des römischen Volkes durch Wohltaten behauptet wurde, nicht durch Ungerechtigkeiten, Kriege entweder für die Bundesgenossen oder um die Herrschaft geführt wurden, waren die Ergebnisse der Kriege entweder erträglich oder unausweichlich, der Senat war Hafen und Zuflucht für Könige, Völker und Stämme, unsere Beamten und Feldherrn aber suchten allein dadurch größten Ruhm zu erwerben, wenn sie Provinzen, wenn sie Bundesgenossen mit Gerechtigkeitssinn und Verlässlichkeit verteidigten. Deshalb konnte man jene Tätigkeit mehr der Wahrheit gemäß als eine Schirmherrschaft über den Erdkreis denn eine Herrschaft bezeichnen.

Cicero, De officiis II, 26 ff., übers. von Heinz Gunermann, Stuttgart 2003, S. 165.

b) Sallust (86–35 v. Chr.), römischer Historiker, in seinem Buch „Die Verschwörung des Catilina":

Aber als durch Anstrengung und Gerechtigkeit der Staat gewachsen, große Könige im Krieg bezwungen, wilde Stämme und riesige Völkerschaften mit Gewalt unterworfen [...] begann der Zerfall zu wüten und alles durcheinander zu bringen. [...] So wuchs zuerst die Gier nach Geld, dann die nach Herrschaft; dies war gleichsam der Urgrund aller Übel. [...] [Dadurch] wandelte sich die Bürgerschaft, die Herrschaft wurde aus einer sehr gerechten und guten zu einer grausamen und unerträglichen. [...] [Diese] sehr untüchtigen Leute nahmen in ihrer ruchlosen Gesinnung all dies den Bundesgenossen, was die tapfersten Männer als Sieger ihnen gelassen hatten – wie wenn erst Unrecht tun richtig Herrschaft ausüben bedeutet.

Sallust, Catilina 10, 12 und 13, übers. von André Lampert, Zürich 1978, S. 35.

Imperium – Imperialismus

Das **Imperium** war ursprünglich die höchste Kommandogewalt der obersten Magistrate (Konsuln, Prätoren) über das Militär und die Rechtsprechung. Im Kriegsfall hatte der Feldherr (**imperator**) den militärischen Oberbefehl. Später konnte dieser Beiname als Ehrentitel für den siegreichen Feldherrn mit Zustimmung des Herres und des Senats in einem Triumphzug zuerkannt werden. In der Kaiserzeit war Imperator der Ehrentitel aller Herrscher. Das „imperium proconsulare" bezeichnete die Herrschaftsgewalt außerhalb Italiens in den Provinzen. Als Imperium Romanum verstand man schließlich den gesamten Herrschaftsbereich der Römer. In der Neuzeit bedeutet Imperium Weltreich. Davon leitet sich der Begriff **Imperialismus** ab.

Fragen und Anregungen

1. Arbeiten Sie aus der Karte D1 in chronologischer Reihenfolge die Provinzen und die heutigen Länder heraus. Vergleichen Sie das römische Herrschaftsgebiet mit den Grenzen der EU (S. 21, D3).
2. Stellen Sie die in Q2a/b angesprochenen Herrschaftsmethoden gegenüber und suchen Sie Gründe für die unterschiedliche Bewertung. Beziehen Sie dabei auch die verschiedenen Ausdehnungsphasen (Q1) mit ein. Kennen Sie aus der europäischen Geschichte ähnliche Beispiele vom Umgang mit Besiegten?

Steinerne Herrschaftszeichen

Gut sichtbare Überreste aller antiken Kulturen sind Säulen. Das erste Säulendenkmal Roms war das Grabmal für Minucius, der ca. 440 v. Chr. die Stadt vor einer Hungersnot bewahrte. Verziert mit Attributen des Sieges oder des Friedens dienten Einzelsäulen später nicht nur zum Andenken Toter, sondern auch zur Propaganda der Werke noch Lebender und zur Orientierung in der Stadt.

Am bekanntesten sind die Triumphsäulen des Trajan oder Marc Aurel, die auf schneckenförmig umlaufenden Reliefbändern über hundert Szenen aus den jeweiligen Kriegszügen darstellen. Die Aufstellung von Säulen gehört seitdem zum europäischen und außereuropäischen Stadtbild. Untersuchen Sie, was die Säulen auf dieser Seite über die europäische Vergangenheit erzählen.

Q1 Trajanssäule in Rom 113 n. Chr., ca. 40 m hoch.

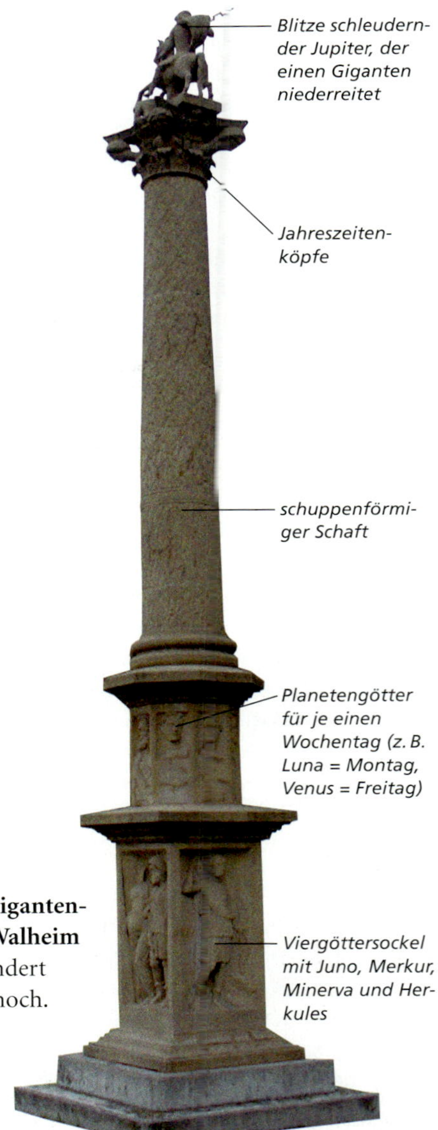

Q2 Jupiter-Gigantensäule in Walheim ca. 2./3. Jahrhundert n. Chr., ca. 8 m hoch.

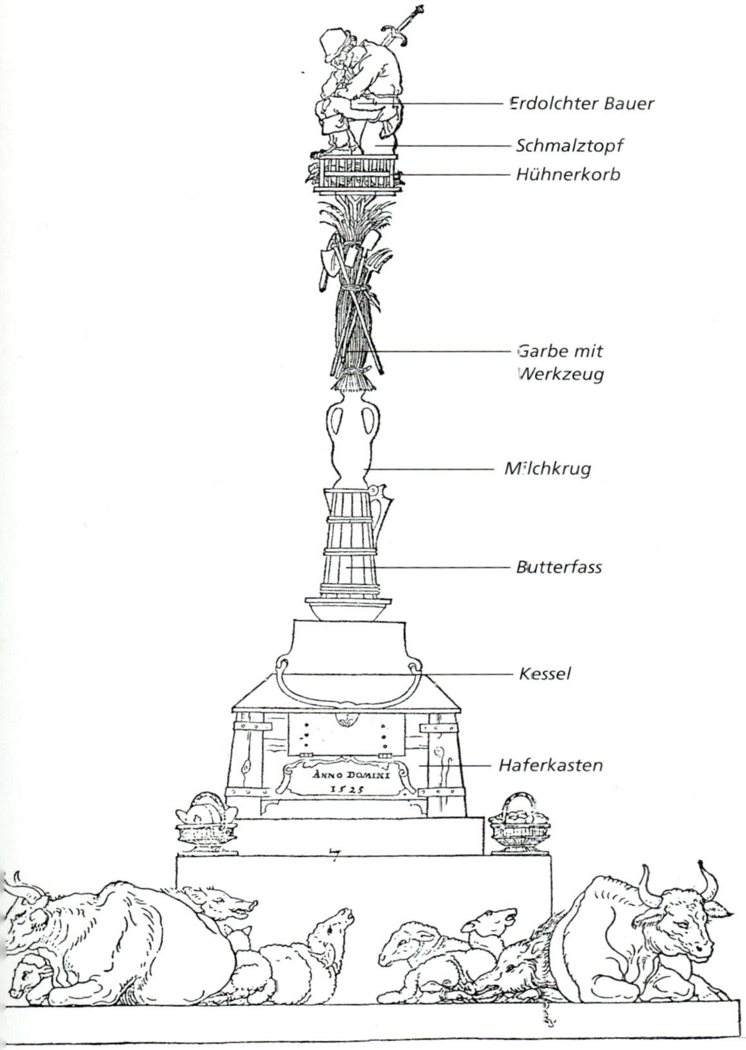

Q3 Entwurf eines Denkmals für den Bauernkrieg nach Albrecht Dürer, 1525

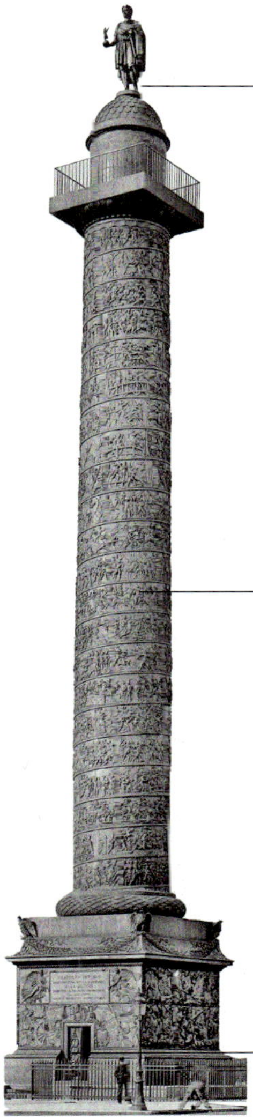

Q4 Napoleon-Säule auf dem Pariser Vendome-Platz, 44 m hoch
Die Statue wurde 1810 zum 41. Geburtstag Napoleons eingeweiht, 1871 zerstört, 1875 wiederaufgebaut.

Fragen und Anregungen

1. Arbeiten Sie die Veränderungen der einzelnen Säulenbestandteile im Laufe der Jahrhunderte heraus, in dem Sie die Säulen vergleichen (Q1-Q4). Erklären Sie, wieso sich die Bedeutung der einzelnen Symbole änderte.
2. Suchen Sie Darstellungen weiterer Säulen, die sie aus Ihrer Umgebung oder von Reisen kennen. Informieren Sie sich über deren Entstehungsgeschichte und Gestaltung. Stellen Sie Ihre Fundstücke auf einem Ausstellungsplakat zusammen.
3. Suchen Sie nach Gründen, warum auch neuzeitliche Säulen in ihrer Gestaltung noch an antike Traditionen anknüpfen.
4. Entwerfen Sie eine Säule für das heutige Europa. Stellen Sie dazu Überlegungen über Platzierung, Ausstattung, Größe, Themen und Gestaltung an.

3. Die römische Verfassung – Stabilität im Wandel

753 v. Chr.	Der Sage nach wird Rom von den Zwillingen Romulus und Remus gegründet.
500 v. Chr.	Die etruskische Königsherrschaft endet.
287 v. Chr.	Abschluss der Ständekämpfe zwischen Patriziern und Plebejern
133/123 v. Chr.	Die Reformgesetze der Gracchen scheitern.
88–27 v. Chr.	Bürgerkrieg
27 v. Chr.	Prinzipat des Augustus: Die Kaiserzeit beginnt.
284 n. Chr.	Beginn der Spätantike unter Kaiser Diokletian

Augustus mit der Bürgerkrone Q1
Sie galt als höchste militärische Auszeichnung und wurde ihm 27 v. Chr. verliehen.

Ordnung des Staates

Die römische Verfassung ist eine im Laufe der Jahrhunderte gewachsene politische Ordnung, die großen Anteil am Aufstieg Roms zur Weltmacht und ihrem langen Bestand hat. Sie wandelte sich im Laufe von über 1 200 Jahren von einer Königsherrschaft zur Republik und weiter zum Kaisertum. Diese Veränderungen stellten eine Reaktion auf sich verändernde außen- und innenpolitische Bedingungen dar. Die beherrschende Gruppe war aber zu jeder Zeit die Schicht der reichen Adligen, der Patrizier, die zur Zeit der Republik die Regierung stellten.
Das Funktionieren des Staates wurde als öffentliche Aufgabe („res publica") verstanden. Die Regeln des politischen Zusammenlebens waren bei den Römern nirgendwo schriftlich fixiert, sondern hatten ihre Grundlage in gesellschaftlichen Normen und wurden durch Machtverschiebungen verändert. Die gesellschaftliche Ordnung wurde durch das Klientelwesen bestimmt, d.h. die Bindung der abhängigen Bauern (Klienten) an einen sie öffentlich vertretenden Schutzherrn (Patron), dem sie Gefolgschaft und Abgaben schuldeten. Alle direkt zum Besitz gehörenden Familien- und Gutsangehörigen waren an das männliche Oberhaupt, den pater familias, gebunden.

Königsherrschaft

Laut einer Sage wurde Rom um 753 v. Chr. durch Romulus, den Sohn des Kriegsgottes Mars und Nachkommen des Trojaners Aeneas, gegründet. Tatsächlich entstand bereits um 1 000 v. Chr. eine latinische Siedlung am Tiber, die um 700 v. Chr. unter den Einfluss etruskischer Könige geriet. Der König regierte als politisches und religiöses Oberhaupt mit einer adligen Oberschicht. Der römische Adel vertrieb um 500 v. Chr. der Überlieferung nach den letzten etruskischen König Tarquinius Superbus und errichtete eine Adelsrepublik.

Republik

Schon Zeitgenossen wie der griechische Historiker Polybios lobten die römische Staatsform für ihre Stabilität und ihre ausgewogene Mischung von Elementen aus Monarchie, Aristokratie und Demokratie. Prinzipien wie die doppelte Besetzung wichtiger Ämter (Kollegialität), ihre jährliche Neuwahl (Annuität) und der festgelegte Ämteraufstieg (cursus honorum) erschwerten Korruption und Machtmissbrauch.

Je stärker jedoch das römische Territorium wuchs, desto mehr hatte das auf kleinere räumliche Verhältnisse zugeschnittene Staatswesen zu leisten. Da die Bauern (Plebejer) ständig für Rom kämpfen mussten, aber keine politische Mitspracherechte hatten, lehnten sie sich in den „Ständekämpfen“ bis ca. 287 v. Chr. gegen die adligen Patrizier auf, die die politische Macht besaßen. Dabei erreichten sie Schritt für Schritt eine rechtliche Gleichbehandlung. Durch die Einrichtung einer Volksversammlung, die Möglichkeit eigener Gesetzesinitiativen (Plebiszite) und die Schaffung des Volkstribunenamtes wurde ihre politische Mitwirkung gewährleistet. Ab 367 v. Chr. stand ihnen der Zugang zur Ämterlaufbahn offen. Die plebejischen Aufsteiger bildeten eine neue Führungsschicht: die Nobilität.

Krisen und Bürgerkrieg

Nach den siegreichen Punischen Kriegen und der Vernichtung Karthagos begann eine Zeit innenpolitischer Krisen und gescheiterter Reformversuche. Der Gruppe der auf die Senatsmacht gestützten Optimaten stand die Gruppe der auf die Volksversammlung bezogenen Popularen unversöhnlich gegenüber. Die Gesetzesvorlagen der Brüder Tiberius und Gaius Gracchus (133 – 121 v. Chr.) versuchten die Verteilung von Land und militärischen Lasten gerechter zu regeln. Das Missverhältnis zwischen innenpolitischem Stadtstaat und außenpolischem Weltreich war offensichtlich, doch die Reformversuche scheiterten am Widerstand der Senatsmehrheit der Optimaten und endeten mit der Ermordung der Gracchen. Auch der erfolgreiche Popular und Heerführer Marius (156 – 86 v. Chr.) initiierte eine Heeres- und Landreform. Er veränderte das römische Heer zu einem Berufsheer von Söldnern mit einer Dienstzeit von 25 Jahren. Nach Ablauf dieser Zeit bekam jeder Veteran von seinem Feldherren ein Stück Land zur Bebauung. Er schuf somit eine dem Feldherrn ergebene Heeresklientel. Sein Rivale, der Optimat und Patrizier Sulla, entmachtete ihn in einem blutigen Bürgerkrieg und regierte einige Jahre als Diktator.
Nach dessen Tod folgte das Erste Triumvirat (Drei-Männer-Bündnis) der beiden erfolgreichen Feldherrn Pompeius und Caesar sowie des reichen Crassus. Caesar wurde im Februar 44 v. Chr. aufgrund seiner militärischen Erfolge und seines Einflusses auf das römische Volk zum Diktator auf Lebenszeit ernannt. Sein unverhülltes Streben nach Alleinherrschaft brachte aber Teile des Senats gegen ihn auf. Er wurde an den „Iden des März“, am 15. März 44 v. Chr., von 60 Senatoren im Senat ermordet.
Wieder ergab sich ein Machtvakuum, um das in einem zweiten Triumvirat gerungen wurde. Marcus Antonius und Octavian, der Großneffe und Adoptivsohn Caesars, waren die dominierenden Figuren, bis sich Octavian, der spätere Augustus, in der Seeschlacht bei Actium gegen Marcus Antonius durchsetzte. Daraufhin erhielt er vom Senat, der des langen Bürgerkrieges überdrüssig war, den Beinamen „Augustus“ (der Erhabene) und errichtete unter formaler Beibehaltung des Senats eine Alleinherrschaft, den Prinzipat.

Q2 Statue des Augustus von Primaporta
Panzerstatue, ca. 2 Meter hoch, ursprünglich bemalt, um 20 v. Chr.

Prinzipat und Kaisertum

Als „princeps“ (der Führende) hatte Augustus die Befehlsgewalt über das Heer und die Macht des Volkstribunen inne, er saß dem Senat vor, regierte Rom und verwaltete die kaiserlichen Provinzen. Dadurch besaß er alle wichtigen Machtpositionen, wahrte aber zum Schein die Republik. Innenpolitisch kehrte zunächst Ruhe ein, und auch außenpolitisch sicherte er die bisher erworbenen Gebiete. Zum Zeichen des Friedens, der „Pax Augusta“, schloss er das im Kriegsfall geöffnete Tor des Janustempels und errichtete den Friedensaltar Ara Pacis auf dem Marsfeld. Augustus bemühte sich auch um eine Wiederbelebung der alten römischen Tugenden und förderte herrscherfreundliche Literatur und Kunst.
Nach seinem Tod herrschten noch weitere Kaiser aus der julisch-claudischen Familie bis zum Selbstmord Neros 68 n. Chr. Die weiteren Kaiser bestimmten ihre Nachfolger selbst durch Adoption (Adoptivkaiser). Später setzten sich zunehmend erfolgreiche Heerführer als Kaiser durch (Soldatenkaiser).

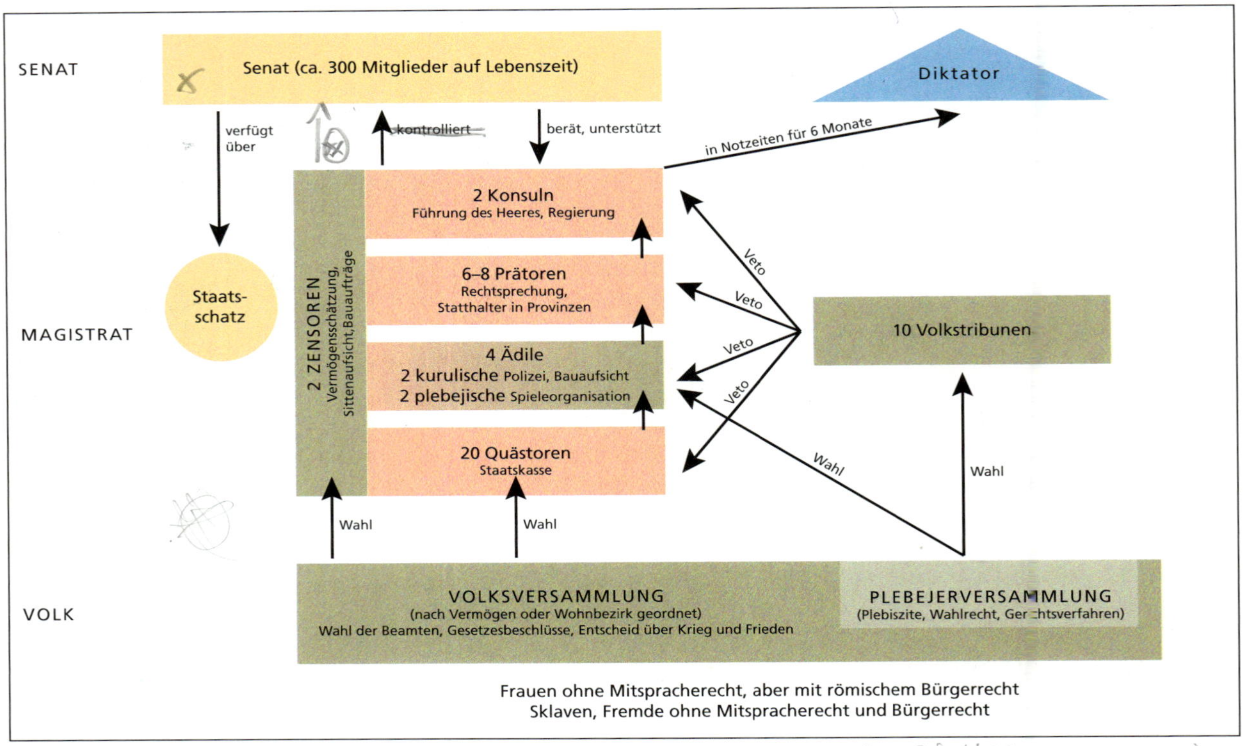

D1 **Verfassung der römischen Republik, ab 287 v. Chr.**

× bestimmt die Richtlinien der Politik
× Beschlüsse sind für die Beamten bindend
⊗ suchen die Senatsmitglieder aus

Q3 Wie funktioniert die römische Verfassung?

Polybios (ca. 201–120 v. Chr.) war ein griechischer Historiker, der 167 v. Chr. als Geisel nach Rom kam und dort Freund und Berater Scipios des Jüngeren wurde. Im sechsten Buch seiner 40-bändigen Universalgeschichte versucht er seinen griechischen Landsleuten die Vorzüge der römischen Verfassung und den Aufstieg Roms zu verdeutlichen:

Wenn der Konsul im Besitz der geschilderten Machtvollkommenheit an der Spitze des Heeres ins Feld zieht, scheint er unumschränkte Gewalt zur Durchführung seiner Pläne zu haben, in Wirklichkeit aber bleibt er auf Volk und Senat angewiesen und ist ohne diese nicht in der Lage, seine Unternehmungen zu einem guten Ende zu bringen. Denn selbstverständlich bedarf das Heer dauernder Versorgung, ohne den Willen des Senats aber kann ihm weder Brotgetreide noch Kleidung noch Sold geliefert werden. […] in der Macht des Senats liegt es, wenn das Amtsjahr abgelaufen ist, ihm einen Nachfolger zu schicken oder ihm das Kommando zu verlängern. Ebenso steht es bei ihm, die Erfolge der Heerführer zu verherrlichen und zu feiern oder umgekehrt sie herabzusetzen und zu verdunkeln. Denn die Triumphe [=Triumphzüge] […] können diese […] überhaupt nicht durchführen, wenn der Senat sie nicht genehmigt. […] Vollends ist es für sie notwendig, die Gunst des Volkes zu gewinnen […], denn das Volk hat […] alle Abkommen und Friedensverträge zu bestätigen oder abzulehnen. Vor allem aber muss der Konsul Rechenschaft über seine Handlungen ablegen. Es ist daher in jeder Hinsicht gefährlich […], sich um die Sympathien von Senat und Volk nicht zu kümmern.

Der Senat wiederum, der doch so große Macht hat, ist erstens in allen politischen Angelegenheiten gezwungen, auf die Stimmung des Volks zu achten und seine Wünsche zu berücksichtigen. Er kann die Untersuchung und Ahndung der schwersten Verbrechen […] nicht durchführen, wenn das Volk nicht die Vorentscheidung des Senats bestätigt. […] Vor allem aber, wenn nur ein einziger Volkstribun sein Veto einlegt, kann der Senat weder eine Beratung zu Ende führen noch auch nur zusammenkommen. […] aus allen diesen Gründen fürchtet der Senat die Menge und muss auf das Volk Rücksicht nehmen.

Ebenso ist wiederum das Volk vom Senat abhängig und muss sich nach ihm richten. […] Für alle öffentlichen

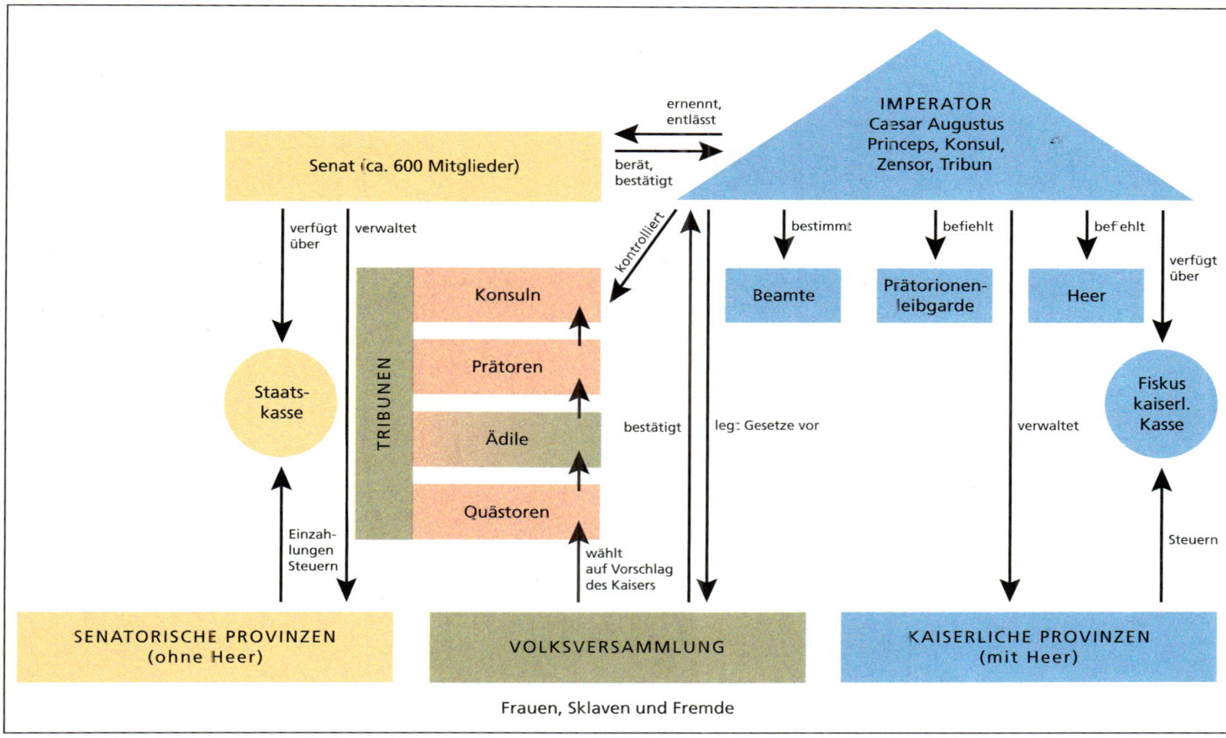

D2 Prinzipatsverfassung, ab 27 v. Chr.

Arbeiten, die in ganz Italien von den Zensoren vergeben werden, […] für all dies kommen die Unternehmer aus der breiten Masse des Volkes. […] Was aber die Hauptsache ist – aus den Reihen der Senatoren werden die Richter gewählt für fast alle öffentlichen und privaten Prozesse. […]

Obwohl jeder der drei Teile solche Macht hat, einander zu schaden oder zu helfen, so wirken sie doch in allen kritischen Situationen so einträchtig zusammen, dass man unmöglich ein besseres Verfassungssystem finden kann.

Polybios, Geschichte VI, 15–18, übers. von Hans Drexler, Artemis Verlag, Zürich 1963, S. 543–546.

Fragen und Anregungen

1. Arbeiten Sie die drei Hauptgewalten der römische Verfassung heraus und erklären Sie deren gegenseitige Kontrollmöglichkeiten (Q3).
2. Arbeiten Sie Gemeinsamkeiten und Unterschiede zur griechischen Demokratienentwicklung (s. S. 38–45) heraus.
3. Vergleichen Sie die heutige Gewaltenteilung in Exekutive, Legislative und Judikative mit der Gewaltenteilung der römischen Republik.
4. Formulieren Sie, gemäß der Beurteilung des Polybios in Q3, die Prinzipatsverfassung (D2) in einen bewertenden Text um.
5. Arbeiten Sie Gemeinsamkeiten und Unterschiede der beiden Augustusdarstellungen in Q1 und Q2 heraus. Weisen Sie darin einen Wandel des Herrschaftsverständnisses nach.
6. Beschreiben Sie den Zusammenhang zwischen innenpolitischen Veränderungen und außenpolitischer Expansion (VT Kap. 2 und 3). Weisen Sie ähnliche Prozesse in der neueren europäischen Geschichte aus.

Wertvolle Quellen

Münzen werden von einer offiziellen Autorität oder Regierung ausgegeben. Daher sind sie seit der Antike nicht nur Zahlungsmittel, sondern auch Propagandainstrument der jeweiligen Regierung. Wegen ihres offiziellen Charakters sind sie wertvolle Quellen für politische Entwicklungen. Sie sollten an bestimmte Ereignisse, Götter oder berühmte Familien erinnern. Besonders zum Regierungsantritt eines Kaisers wurden neue Münzen geprägt, die das Konterfei und die Tugenden des neuen Herrschers verbreiten sollten. Da die bildlichen oder sprachlichen Informationen auf Münzen meist verkürzt sind, erfordern sie eine genaue Untersuchung.

Q1 Silberdenar, ca. 210 v. Chr.

Q2 Silberdenar, ca. 58 v. Chr.

Q3 Goldaureus, ca. 63/68 n. Chr.

Methodische Arbeitsschritte:

Man unterscheidet bei der Beschreibung zwischen Vorderseite (Avers) und Rückseite (Revers) der Münze. Die Münzschrift (Legende) war meist abgekürzt, vor allem bei den zahlreichen Titeln der Kaiser, die auch eine Datierung der Münzen erlauben (siehe Infotafel). Das Münzbild stellt neben Personifikationen, Göttern und Baudenkmalen (siehe Infotafel) oft auch Szenen aus der Politik dar.

Beschreibung

1. Wie groß und schwer ist die Münze (falls bekannt)? Aus welchem Material besteht sie?
2. Welche Abbildungen und Inschriften sind zu erkennen?
3. Lässt sich das Alter erkennen?

Untersuchung

4. Wie lauten die vollständigen Inschriften und welchen Sinn ergeben sie?
5. Welche Bedeutung haben die Bildsymbole?

Interpretation

6. In welchen Zeitumständen entstand die Münze und wodurch lassen sich Rückschlüsse darauf ziehen?
7. Sind propagandistische Absichten der Münze zu erkennen?
8. Fehlen bestimmte Titel oder Ereignisse und warum?
9. Welche Motive liegen dem Auftraggeber zugrunde?

Veränderung des Münzbildes

Die frühen Münzen der Republik bildeten römische Götter, Tugenden und die sagenhafte Gründung Roms ab, die die Entstehung eines römischen Nationalbewusstseins gegenüber den umgebenden Stämmen und Bundesgenossen widerspiegelt. Als aber in der späteren Republik Machtkämpfe zwischen den Adelsfamilien ausbrachen und es schließlich zum Bürgerkrieg kam, wandelten sich die Münzbilder. Familienpropaganda und Ahnenkult waren bevorzugte Themen der adligen Münzmeister, um Verdienste ihrer Familienmitglieder für die römische Gesellschaft hervorzuheben. Caesar ließ als Diktator im Jahr 44 v. Chr. mit seinem Porträt erstmals in Rom die Abbildung einer lebenden Persönlichkeit auf Münzen prägen. Trotz der ablehnenden Reaktion des Senats wurde dies bereits unter Augustus zum Regelfall und Vorbild für die Kaiserzeit, in der sich jeder Regent mit seinem Porträt, der Abkürzung seiner Titel und symbolträchtigen Bilddarstellungen seiner Tugenden und Taten auf den Münzen verewigte.

D1 Münzlegenden

Folgende Inschriften kamen auf römischen Münzen häufig vor. Für ein „U" schrieben die Römer ein „V".

AUG: Augustus = „Der Erhabene", zunächst Ehrentitel des Augustus, dann Teil des Kaisertitels
CAES: Caesar, ursprünglich Familienbeiname der Julier und Caesars, dann Ehrentitel des Kaisers
CO: Consul, das höchste zivile Amt der Ämterlaufbahn
DIC: Dictator
DIVI: Genetiv zu „divus" = des Göttlichen
F: Filius = Sohn
IMP: Imperator, Feldherr als höchstes milit. Amt
TR P(OT): tribunicia potestaes = Gewalt des Volkstribuns
P P: pater patriae = „Vater des Vaterlandes", Ehrentitel
SPQR: Senatus populusque romanus, „Senat und Volk von Rom" als Bezeichnung der Staatsgewalt
Römische Zahlen: Mengenangabe, wie oft ein Amt ausgeübt wurde

D2 Bildsymbole

Ähren: Wohlstand und Sicherung der Nahrungsmittelversorgung
Dioskuren: nach antiker Mythologie das reitende Zwillingspaar Castor und Pollux, die den Römer in einer Schlacht gegen die Latiner halfen und als Sinnbild für Treue und Freundschaft galten
Füllhorn: Fruchtbarkeit, Wohlstand
Geflügelte Gestalt: Siegesgöttin Victoria, oft mit Palmwedel als Siegeszeichen
Göttin mit Flügelhelm: Roma
Liegende oder knieende Person: Unterwerfung, militärischer Sieg
Lorbeerkranz: Herrschaftszeichen der Könige und des erfolgreichen Feldherrn
Lorbeerzweig: Friedenszeichen
Opferschale: die „Patera" gilt als Zeichen von Religiösität und Vergöttlichung
Person: z. B. Concordia-Göttin der Eintracht und des inneren Friedens
Stern: göttliches Attribut
Strahlenkrone: göttliches Symbol als Kraft des Sonnengottes Sol-Apollon
Zepter: Herrschaftszeichen

Fragen und Anregungen

1. Beschreiben und interpretieren Sie die drei Münzen (Q1–Q3) gemäß den links stehenden Arbeitsschritten und tragen Sie Ihre Ergebnisse in eine Vergleichstabelle ein. Beachten Sie auch die Hilfestellung durch die Infotafeln (D1, D2).
2. Ordnen Sie den drei Münzen Themenbereiche zu und bringen Sie diese in Zusammenhang mit der jeweiligen politischen Situation.
3. Beschaffen Sie sich Informationsmaterial über die Euro-Münzen. Welche übernationalen und nationalen Motive wurden hierbei verwendet? Welche Bedeutung haben diese?
4. Gestalten Sie aus dem in den Infotafeln (D1, D2) vorgegebenen Bild- und Schriftmaterial eine Münze zu einem römischen Herrscher Ihrer Wahl.

4. Kultur, Bildung und Wissenschaft

Q1 **Büste Ciceros,**
1. Jahrhundert v. Chr.

„Auf den Schultern von Riesen"

Der mittelalterliche Gelehrte Bernhard von Chartres drückte in einem Sprachbild die Überlegenheit der antiken Kultur so aus: Wir seien Zwerge, die nur deshalb so weit sehen könnten, weil wir auf den Schultern von Riesen (d.h. den antiken Schriftstellern) stünden.

Literatur und Wissenschaft

Die römische Literatur orientierte sich von Beginn an stark am griechischem Vorbild und überlieferte Formen und Themen in die nachfolgenden europäischen Literaturen. Die erste Theateraufführung soll ein griechischer Kriegsgefangener um 240 v. Chr. angeleitet haben. Römische Theaterstücke, meist Komödien, waren allerdings zunächst nur Bearbeitungen griechischer Vorlagen. Eigenständiger waren die Römer in der Prosaliteratur: die Geschichtsschreibung (Sallust, Tacitus, Livius), philosophische Schriften (Cicero, Horaz, Seneca) und die öffentliche Rede (Cicero) sind gelungene Zeugnisse für die Klarheit und Eleganz der lateinischen Sprache. Die antike Rhetorik galt als Meisterdisziplin und „Rezeptesammlung" für Redner bis heute. In Dichterkreisen zur Zeit des Augustus entwickelte sich die römische Poesie mit ihren bekanntesten Vertretern Vergil, Horaz und Ovid zur hohen Kunst.
Von einer systematischen und objektivierbaren Wissenschaft, die eng in Verbindung zur Philosophie stand, kann man seit der griechischen Antike sprechen. Wenn Aristoteles sagte, dass alle Menschen von Natur aus nach Wissen strebten, bedeutet das: Man versuchte, Erfahrungen in der Natur zu sammeln, zu verallgemeinern und Gesetzmäßigkeiten daraus abzuleiten. Wissenschaft wurde als Inbegriff von Wahrheiten verstanden, die durch genaue Bezeichnungen unmissverständlich beschrieben werden.
So sammelte der Architekt Vitruv Kenntnisse über das Bauwesen in 10 Bänden oder der Forscher Plinius der Ältere in einer 36-bändigen Sammlung das antike Wissen über Kultur und Natur verschiedener Länder.

Kunst und Architektur

In der antiken Bildung entstanden sieben Pflichtfächer, die aus drei sprachlichen – der Grammatik, Logik und Rhetorik – und vier mathematischen Fächern – der Arithmetik, der Musik, Geometrie und Astronomie – bestanden. Dieser Fächerkanon wurde im ganzen Mittelalter bis in die Frühe Neuzeit als „Lehrplan" benutzt, dadurch wurde antikes Wissen weitergegeben.
Griechische und etruskische Einflüsse bereicherten auch die Architektur und Kunst. Im Bauwesen legten die Römer bei Tempeln, Triumphbögen, Theaterbauten und Thermen Wert auf die Darstellung von Macht, aber auch auf den praktischen Nutzen – etwa bei Bauten zur Wasser- und Abwasserführung. In der Kunst schufen sie Statuen, Säulen, Mosaike und Reliefs in realistischerer Darstellung als bei den Griechen.

Kultur als Integrationsmittel

Die römische Kultur, Sprache und Bildung dienten dem riesigen Weltreich als Integrations- und Bindemittel. Die aus dem ganzen Reich stammenden Führungseliten waren von den Vorzügen der römischen Zivilisation überzeugt. Sie zeichneten sich durch eine große Mobilitätsbereitschaft aus und pflegten und verbreiteten römische Kultur, wo immer sie tätig waren.

Q2 Ein beispielhafter Römer

Cicero (106–43 v. Chr.) war Politiker, Jurist, Philosoph und Redner. Als Konsul (63 n. Chr.) trat er den Umsturzplänen des römischen Politikers Catilina entgegen. Als Parteigänger Caesars ging er eine Zeitlang ins Exil. Nach seiner Rückkehr in die Politik bezog er Stellung gegen das zweite Triumvirat des Marcus Antonius und Octavians, auf deren Geheiß er 43 v. Chr. ermordet wurde:

Gilt es doch, sich ein Wissen von sehr vielen Dingen anzueignen, ohne dass die bloße Wortgewandtheit leer und lächerlich erscheint, der Rede selbst nicht nur durch die Auswahl der Worte, sondern auch durch ihre Fügung die rechte Form zu geben und alle Regungen des Herzens, die die Natur den Menschen gab, genau zu untersuchen; denn alle Wirkung und Methode der Redekunst hat sich in der Besänftigung oder Erregung der Zuhörer zu erweisen. Dazu gehört noch ein gewisser Charme und Witz, Bildung, die eines freien Mannes würdig ist, sowie Schlagfertigkeit und Kürze bei Erwiderungen und Attacken, mit der sich feine Anmut und Eleganz verbindet. (18) Weiterhin muss man die gesamte alte Zeit und das Material der Präzedenzfälle beherrschen und darf die Kenntnis der Gesetze und des bürgerlichen Rechts nicht unbeachtet lassen. Was soll ich da noch auf den Vortrag selbst eingehen? Er muss durch die Bewegung des Körpers, durch Mienen- und Gebärdenspiel, durch Ausdruck und Abwechslung der Stimme das rechte Maß erhalten.

Cicero, De oratore 1, 17, 18 – Über den Redner. Lateinisch – deutsch. Übersetzt, kommentiert und mit einer Einleitung versehen von Harald Merklin, Stuttgart 1976, S. 49–55.

Q3 Grundsätze der Geschichtsschreibung

Tacitus (ca. 55–116. n. Chr.) war hoher Staatsbeamter unter Kaiser Domitian. Nach seinem Konsulat wandte er sich der Geschichtsschreibung zu:

Nun ist des früher Römervolkes Glück oder Unglück von berühmten Geschichtsschreibern dargestellt worden; auch mit der Schilderung der Zeit des Augustus haben sich glänzende Talente gerne befasst, bis sie die überhandnehmende Kriecherei davon abbrachte: des Tiberius und Gaius wie des Claudius und Neros Taten sind zu ihren Lebzeiten aus Furcht verfälscht, nach ihrem Tod mit frischem Hass niedergeschrieben worden. Deshalb beabsichtige ich, nur weniges über Augustus, und zwar das Ende seiner Regierung, zu berichten, dann den Principat des Tiberius und die Folgezeit darzustellen, ohne Abneigung und Vorliebe [lat. sine ira et studio], wofür mir jeglicher Anlass fehlt.

Zit. nach: Jochen Martin, Das alte Rom, München 1994, S. 414.

D1 Der römische Kalender

Unser jetziger Kalender leitet sich von dem lateinischen „Calendae" ab. Dieser Begriff bezeichnete ursprünglich den ersten Tag des Monats. Im Jahre 46 v. Chr. reformierte Julius Caesar den von den Griechen beeinflussten Mondkalender, indem er den aus dem ägyptischen Sonnenkalender bekannten Schalttag alle vier Jahre in das sonst 365 Tage zählende Jahr einfügte. Allerdings berechnete der römische Kalender die Jahreszählung nach dem Gründungsdatum der Stadt Rom (753 v. Chr.) oder nach den jeweils amtierenden Konsuln. Ein Mönch im 6. Jahrhundert rekonstruierte dann das Jahr der Geburt Jesus Christus und setzte dieses als das erste Jahr unserer Zeitrechnung fest. Das Mittelalter übernahm die Monatsnamen, -längen und den 29. Februar als Schalttag. Das julianische Jahr war aber gegenüber dem Sonnenjahr etwas zu lang. Die nächste Kalenderreform vollzog der Papst Gregor XIII. im Jahre 1582, indem er zum Ausgleich den Schalttag am Jahrhundertwechsel aussetzte. Viele Länder hielten aber weiter am julianischen Kalender fest, so z. B. Russland bis 1918.

Q4 Der bekannteste römische Dichter

Mosaik aus dem heutigen Tunesien, Ende des 3. Jahrhunderts n. Chr. Der bekannteste römische Dichter (70–19 v. Chr.) sitzt zwischen Klio, der Muse der Geschichtsschreibung, und Melpomene, der Muse der Tragödie. Auf der Buchrolle ist der Anfang des achten Verses der Aeneis, seines Hauptwerkes, wiedergegeben: „Musa, mihi causas memora …" – „Nenne mir, Muse, die Gründe …"

Baukran mit Tretradantrieb Q5
Marmorrelief des Grabmals der Haterier in Rom, Anfang des 2. Jahrhunderts n. Chr.

Fragen und Anregungen

1 Stellen Sie aus Q2 und auch aus eigener Erfahrung Tipps für heutige Redner zusammen.

2 Informieren Sie sich in einem Lexikon oder im Internet über die genannten römischen Personen. Stellen Sie eine Bildergalerie der römischen Künstler und Schriftsteller zusammen mit ihren Porträts, Lebensdaten und wichtigsten Werken.

3 Erklären Sie die Art wissenschaftlichen Arbeitens, die Tacitus empfiehlt (Q3). Stellen Sie Grundsätze heutigen wissenschaftlichen Arbeitens in Natur- und Geisteswissenschaften zusammen.

4 Recherchieren Sie Zeitrechnungen in anderen Weltkulturen (D1).

5 Rätsel zu Q4: Hier sitzt „der Dichter der Römer". Sein Hauptwerk wurde zum Nationalepos. Seine finanzielle Förderung durch einen bekannten Gönner ist bis heute sprachprägend. Wer war es?

6 Beschreiben Sie das Relief und die darauf zu sehenden Arbeitstechniken. Überlegen Sie den Zweck dieser Grabausstattung (Q5).

5. Das Römische Recht – ein Vermächtnis für Europa

451 v. Chr.	Die Zwölftafel-Gesetze werden aufgeschrieben.
533/534 n. Chr.	Das Rechtsbuch Corpus Iuris Civilis entsteht.
1804–1810	Napoleon vereinheitlicht das Recht im Code Civil.
um 1900	Das Bürgerliche Gesetzbuch (BGB) tritt in Kraft.

Sarkophag eines Glossators aus Bologna Q1

Herausragende Bedeutung des Römischen Rechts

Als Hauptverdienst der griechischen Antike gilt häufig die zeitlose Schönheit der Kunst und die gedankliche Tiefe der Philosophie, als hervorragende Leistung der römischen Antike das Römische Recht. In einer über 2500-jährigen Tradition passte sich das Römische Recht dem sozialen und politischen Wandel an und spielte eine große Rolle für ein gemeinsames europäisches Rechtsverständnis in allen ehemals von den Römern besetzten Ländern. Das Römische Recht ist durch seinen konkreten Bezug auf den Lebensalltag und seine Orientierung an den Bedürfnissen der Menschen nach Gerechtigkeit, Sicherheit und Freiheit gekennzeichnet. Nach und nach löste eine einvernehmliche Konfliktlösung die archaische Blutrache und das Recht des Stärkeren ab. Es bildete sich erstmalig in der Geschichte ein fachkundiger Juristenstand heraus, dessen Diskussionen und Schriften die Grundlage für eine Rechtswissenschaft legten.

Anfänge der Rechtsentwicklung – die Zwölftafel-Gesetze

In der Frühphase der römischen Geschichte, der Königsherrschaft, galten zunächst ungeschriebene Gewohnheitsrechte oder Gesetze religiöser Herkunft. In Zweifelsfragen entschieden die Priester, die meist der Adelsschicht, den Patriziern, angehörten. Die Plebejer, die sich in der frühen Republik immer mehr politische Mitsprache erkämpften, verlangten zum Schutz vor adliger Willkür eine schriftliche Aufzeichnung der Gesetze. Dies geschah im Jahre 451 v. Chr. durch eine Kommission von zehn Männern, die auf „Zwölf Tafeln" bisherige Gewohnheitsrechte aufschrieben. Diese Tafeln hielt man für so bedeutsam, dass jedes Schulkind sie auswendig lernen musste. Recht („ius") konnte man nun nachlesen, es wurde zum „Gesetz" („lex" von „legere" = lesen). Diese frühe Gesetzessammlung war schriftlich fixiert und jederzeit nachprüfbar.
In dieser ersten Phase bis ca. 260 v. Chr. war die Rechtsprechung auf die Klärung von Einzelfällen in Eigentums-, Nachbarschafts- und Kriminalrechtsfragen ausgerichtet, die in einer bäuerlichen Gesellschaft vorkommen. Über Streitigkeiten in der Großfamilie entschied nach wie vor der Pater familias, dessen Rechte als Hausvater bis zum Todesurteil gehen konnten. Sklaven wurden dabei allerdings nicht wie Personen, sondern wie Sachgegenstände behandelt.

Verschiedene Arten von Gesetzen

Die Römer kannten verschiedene Arten von Gesetzen. Beschließen konnte sie der Senat (senatus consulta) oder auch die Volksversammlung (Plebiszite). Später ergänzten kaiserliche Erlasse (constitutiones), aber auch Juristengutachten oder Präzedenzfälle die unsystematische Gesetzessammlung. Für die Rechtsprechung wurde 367 v. Chr. eigens das Amt des Prätors eingerichtet.

Berufsstand und Rechtsbereiche

In einer zweiten Phase ab dem 3. Jahrhundert v. Chr. stiegen die Anforderungen an das Recht durch die stetige Ausdehnung des Römischen Reiches erheblich. Handel, Gewerbe, Geldverkehr und Vertragsgeschäfte traten zusätzlich neben die landwirtschaftliche Ordnung und verursachten einen Aufschwung der römischen Rechtskultur. Die Rechtswissenschaft, Rechtsinstitute und der Berufsstand der Juristen entstanden. Ulpian, ein bedeutender Jurist der Kaiserzeit, unterteilte das Recht: Das öffentliche Recht regelte das Verhältnis der Bürger zu ihrem Staat, das Privatrecht die Konflikte der Bürger untereinander.

Höhepunkt im Corpus Juris Civilis

In einer dritten Phase ab dem 3. Jahrhundert n. Chr. sank die Rechtsqualität, denn durch das Eindringen germanischer Völker nach Italien kam es zum Verfall der weströmischen Kultur. Im Jahre 533/534 n. Chr. übergab der oströmische Kaiser Justinian eine umfassende und systematisierte Sammlung aller bisherigen römischen Gesetze der Öffentlichkeit. Seine Rechtsgelehrten hatten das Corpus Iuris Civilis zusammengestellt – ein umfassendes Gesetzeswerk, das die Rechtsentwicklung der folgenden Jahrhunderte beeinflusste. Es bestand aus vier Hauptteilen: erstens einer Zusammenfassung früherer kaiserlicher Gesetze in chronologischer Ordnung, dem Codex, zweitens den in 50 Bänden zusammengefassten Schriften großer Juristen, den Digesten oder Pandekten, drittens einem Einführungsbuch für juristische Anfänger, den Institutiones und viertens einer Zusammenstellung aller von Justinian erlassenen Gesetze, den Novellen.
In den Umbrüchen der Völkerwanderungszeit geriet das Römische Recht in Vergessenheit. Das kanonische Recht der katholischen Kirche, das allerdings etliche Anleihen an das Römische Recht enthielt, und die Rechtsvorstellungen der Germanen prägten das Mittelalter. Immer wieder orientierten sich mittelalterliche Herrscher wie Karl der Große an römischen Herrschafts- und Rechtsvorstellungen. Doch erst im 11. Jahrhundert wurde das Corpus Iuris Civilis wiederentdeckt und Römisches Recht in Italien – vor allem in Bologna und Pavia – an Universitäten gelehrt und weiterentwickelt. Glossatoren schrieben die überlieferten Gesetze ab und ergänzten sie mit Querverweisen und Randnotizen („Glossen"). Studenten aus ganz Europa lernten in Italien die römischen Rechtsvorstellungen kennen, schrieben sie ab und verbreiteten sie in ihren Herkunftsländern. Auf diese Weise verbreitete sich in ganz Europa das Gemeine Recht, eine Mischung aus römischen Rechtsgrundsätzen und kirchlichem Recht. Nebenher existierten aber landestypische Gewohnheitsrechte.

Humanismus und Neuzeit

In Humanismus und Aufklärung erfolgte eine Rückbesinnung auf die antike Überlieferung. Man versuchte, die Gesetze ohne die zahlreichen Kommentare und Begleitauslegungen zu rekonstruieren. In Spanien, Frankreich, den Niederlanden und Deutschland wurden Rechtsordnungen erlassen, die römische Rechtsvorstellungen mit den jeweiligen Gewohnheitsrechten vereinigten. Zur Zeit der Aufklärung wurde die Idee eines unveräußerlichen, für jeden Menschen gültigen Naturrechts entwickelt und die Menschenrechte formuliert (s. S. 284–288). Gesetze sollten logisch und systematisch der menschlichen Vernunft, und nicht der Willkür absolutistischer Herrscher entsprechen. Einen Meilenstein der modernen Rechtsentwicklung bedeutete der von Napoleon um 1804 erlassene „Code civil". Dieses Rechtsbuch fand durch Napoleons Eroberungspolitik in Europa große Verbreitung. In ihm wurden das Zivil-, Straf-, Personen- und Handelsrecht neu geregelt. Im „zersplitterten" Deutschland gab es verschiedene regionale Anläufe, um umfassende Gesetzessammlungen zu schaffen, wie z. B. das Allgemeine Preußische Landrecht von 1794. Das erste gesamtdeutsche Rechtswerk wurde das um 1900 in Kraft tretende Bürgerliche Gesetzbuch (BGB), das in großen Teilen noch heute gültig ist.

Q2 Allgemeines Preußisches Landrecht
Titelblatt der 3. Auflage mit dem Porträt Friedrich Wilhelms II., 1796.
Arbeiten Sie die Bildelemente heraus, die an die Antike anknüpfen.
Interpretieren Sie die verwendeten Bildsymbole in Bezug auf die vorgelegte Rechtskodifikation.

Wichtige Rechtsgrundsätze bis heute

Nach dem Untergang des Römischen Reiches blieb die Errungenschaft des Römischen Rechts in Europa also erhalten. Nach seinem Vorbild wurden elementare Rechtsgrundsätze verwirklicht wie die Gleichheit aller vor dem Gesetz, der Schutz des Privateigentums, die Möglichkeit persönlicher Freiheitsrechte in Glauben, Meinung, Ortswahl oder Gewerbe, solange die Rechte anderer Personen nicht beeinträchtigt werden.
Man darf dabei allerdings nicht vergessen, dass die Rechtsgleichheit in der Antike nur für die männlichen römischen Bürger galt. Bei Sklaven, Nichtrömern oder während der Christenverfolgungen wurden grausamste Körperstrafen angewendet. Erst ab 212 n. Chr. gewährte Kaiser Caracalla allen männlichen Bewohnern des Römischen Reiches das Bürgerrecht. Damit konnte man Berufungen gegen Gerichtsstreite einlegen, öffentliche Ämter bekleiden, musste allerdings auch mehr Abgaben leisten. Die strikte Trennung von Staat und Kirche (Laizismus) und die Trennung der rechtsprechenden Gewalt von der gesetzgebenden und ausführenden Gewalt sind ebenfalls bei den Römern angelegt.
Der Versuch der EU, einheitliche Gesetzesstandards in einem weitläufigen, überstaatlichen System zu schaffen, greift eine römische Idee wieder auf. Was die EU zurzeit zu realisieren versucht, gelang den Römer also schon lange vor uns.

Wandkachel über den Erwerb an Sacheigentum, um 1680 Q3

Der friesische Künstler schuf eine Serie mit Illustrationen der römischen Digesten aus dem Corpus Iuris Civilis mit der Ordnungszahl von Buch und Titel. Der römische Sachverhalt wurde in die Welt der Niederlande des 17. Jahrhunderts übertragen.

Q4 Einzelne Artikel aus den „Zwölftafel-Gesetzen"

1. Tafel: Wenn der Kläger vor Gericht lädt, soll der Beklagte gehen. Wenn er nicht geht, soll der Kläger sich nach einem Zeugen umtun. Alsdann soll der Kläger ihn zum Zeugen nehmen.

2. Tafel: Wenn jemand die Zeugenaussage versagt hat, der soll einen um den anderen Tag zum Hauseingang des pflichtvergessenen Zeugen gehen, um Lärm zu schlagen.

3. Tafel: Bei gerichtlich entschiedenen Fällen von eingestandener Geldschuld sollen 30 Tage Rückzahlungspflicht rechtlich zulässig sein. Danach soll alsbald Hand aufgelegt werden auf den säumigen Schuldner. Vor Gericht soll der Gläubiger ihn führen. Wenn der säumige Schuldner weder dem Gerichtsentscheid nachkommt, noch jemand vor Gericht für ihn eintritt, soll der Gläubiger ihn mit sich führen und zu Hause fesseln entweder mit einem Riemen oder Fußketten. Mit fünfzehn Pfund wiegenden, keinen schwereren, […] soll er ihn fesseln. Wenn er (der Schuldner) sich nicht von eigenem ernährt, soll (der Gläubiger) […] ihm ein Pfund Emmer [eine Getreideart] am Tag geben.

4. Tafel: Wenn ein Vater dreimal seinen Sohn zum Verkauf gegeben hat, soll der Sohn vom Vater unabhängig sein. […]

6. Tafel: Bauholz, das mit einem Haus oder Rebstock verbunden ist, soll der Eigentümer nicht mitsamt dem Kopfende herausreißen.

7. Tafel: Die Straßen soll der Anlieger befestigen. Wenn sie ihre nicht vollständig geschottert haben, soll der Bauer, wohin er will, das Zugtier treiben.

8. Tafel: Wer Feldfrüchte aus einem Acker herausgesungen und böses Lied angestimmt, mit Zaubergesang verhext hat, soll mit Knüppeln totgeprügelt werden.

9. Tafel: Wenn ein Patron an einem sich an ihn anlehnenden Klienten Betrug begeht, soll er verflucht sein. […]

11. Tafel: Es soll keine rechtsgültigen Ehen zwischen Patriziern und Plebejern geben.

Zit nach: Dieter Flach (Hg.), Das Zwölftafelgesetz, Darmstadt 2004, S. 37 ff.

Q5 Paulus als römischer Bürger

Der Kommandant der römischen Besatzung Jerusalems wusste, was er zu tun hatte, als sich eine tobende Menge vor den Toren des Tempels anschickte, einen Mann zu lynchen, der einen Nichtjuden in das Innere des Tempelbezirks geführt haben soll: Er ließ den Beschuldigten in Ketten legen und als Unruhestifter abführen. […] Im Verließ streckte der Kerkermeister den Gefangenen über ein Brett, wies auf die bereitliegenden Folterwerkzeuge und fragte nach dem Wie und Warum des Aufruhrs. Was er hörte, ließ ihn eilends den ranghöchsten Tribun rufen. „Ich bin ein Bürger Roms" („civis Romanus sum"), hatte der Gefangene gerufen und hinzugefügt, sein Name sei Paulus, geboren sei er im kilikischen Tarsus, aber zuständig für ihn sei der römische Statthalter in Caesarea, der Hauptstadt der Provinz Judäa. Der Offizier erbleichte: Die Folterung eines römischen Bürgers konnte ihn vor Gericht bringen und Rang und Ehre kosten. So befahl er, den Gefangenen unverzüglich von seinen Fesseln zu befreien und anderntags mit einer militärischen Eskorte sicher nach Caesarea zu geleiten. Dort appellierte der selbstbewusste Missionar einer weithin unbekannten jüdischen Sekte nach langen Monaten der Verschleppung seines Verfahrens schließlich an das Gericht des Kaisers, woraufhin ihn ein alexandrinisches Segelschiff nach Rom brachte; dort – so schließt die Apostelgeschichte – sei er zwei Jahre in ehrenvoller Haft gehalten worden und habe das Reich Gottes verkündet.

Zit nach: Apostelgeschichte Lukas 21, 27–28, 31 und W. Dahlheim, An der Wiege Europas, Frankfurt 2000, S. 109.

Q6 Die Bedeutung des Rechts

a) Der Politiker und Jurist Cicero (106–43 v. Chr.):

Gesetze sind die Grundlage der Freiheit, dies ist die Quelle der Gerechtigkeit; Geist, Sinn, Einsicht und Bedeutung der Bürgerschaft beruhen auf den Gesetzen. Wie unser Körper ohne Geist, so kann auch eine Bürgerschaft ohne Gesetze ihre Bestandteile wie Sehnen, Blut, Glieder nicht gebrauchen. Diener des Gesetzes sind die Amtsträger, Ausleger des Gesetzes die Richter, Sklaven der Gesetze schließlich sind wir alle deswegen, damit wir frei sein können.

Zit. nach: Herbert Grziwotz, Spaziergang durch die Antike. Denkanstöße für ein modernes Europa, Darmstadt 2002, S. 111.

b) Gottfried Wilhelm Leibniz, im Vorwort des „Codex iuris gentium", 1693:

Die Lehre des Rechts, die von Natur aus in enge Grenzen eingeschlossen ist, ist für den menschlichen Geist unermesslich weit ausgedehnt. Ich weiß nicht, ob es genügend klare Begriffe von Recht und Gerechtigkeit gibt, obwohl sich schon so viele berühmte Schriftsteller damit beschäftigt haben. Ein Recht ist eine sittliche Notwendigkeit. Unter sittlich verstehe ich aber, was bei einem guten Menschen der Natur entspricht. Denn wie ein römischer Jurist [gemeint ist Papinian, ein berühmter Jurist, den Caracalla ermorden ließ] treffend gesagt hat, sollten wir davon überzeugt sein, dass wir etwas, was gegen die guten Sitten verstößt, auch nicht tun können.

Zit nach: Peter G. Stein, Römisches Recht und Europa. Die Geschichte einer Rechtskultur, Frankfurt/Main 1996, S. 176 f.

Q7 Lateinische Rechtsgrundsätze und -sprichwörter

cui bono — suum cuique tribuere — do, ut des — pacta sunt servanda — privilegia ne inrogando — si in ius vocat, ito — summa ius, summa iniura — in dubio pro reo — nulla poena sine lege — nullo actore nullus iudex — ne bis in idem

Q8 Schmuckbild der spanischen Rechtskodifikation, 1786

In Spanien entbrannte ein Streit zwischen dem vom Königshaus favorisierten nationalen Recht der „Siete Partidas" und dem von den Universitäten bevorzugten römischen Recht. Man fand einen Kompromiss: Spanische Studenten lernten zwar nach dem allgemeinen Juristen-Lehrbuch, das aber zuvor für Spanien überarbeitet („bereinigt") worden war.

Fragen und Anregungen

1. Ordnen Sie die Gesetzestafeln heutigen Lebensbereichen zu. Erörtern Sie, welche Rechtsvorschriften altertümlichen, welche neuzeitlichen Rechtsvorstellungen entsprechen (Q4).
2. Recherchieren Sie die Bedeutung der lateinischen Rechtsregeln (Q7). Charakterisieren Sie die Grundzüge des römischen Rechtsverständnisses.
3. Arbeiten Sie heraus, welche Privilegien das römische Bürgerrecht beinhaltete (Q5). Informieren Sie sich über das weitere Schicksal von Paulus.
4. Versuchen Sie, die genaue Rechtsvorschrift aus dem Bildzusammenhang zu erschließen (Q3).
5. Zeigen Sie, wie das Titelbild des Lehrbuchs den Kompromissanspruch darstellt (Q8).
6. Diskutieren Sie die Begriffe: Vernunft, Natur, Recht, Gerechtigkeit, Sitten, Verpflichtung, Eigentum, Besitz. Überlegen Sie, welche Handlungen heutzutage rechtmäßig, aber unsittlich sein könnten (Q6).

6. Die römische Wirtschaft

Vom Bauernvolk zur Handelsmacht

Der Philosoph Seneca schrieb im 1. Jahrhundert n. Chr. aus dem Landhaus des Scipio Africanus, des berühmten Siegers über Karthago (202 v. Chr.): „In diesem Winkel“ – einem engen, dunklen Baderaum – „wusch jener Schrecken Karthagos [...] seinen von der Landarbeit ermüdeten Körper; mit solcher Arbeit hielt er sich gesund und bestellte [...] seinen Acker selbst.“ Landwirtschaftliche Tätigkeit stand in Rom in hohem Ansehen. Sie galt als moralische Grundlage politischer und militärischer Tüchtigkeit. Den Familien aus der Senatorenschicht waren andere Einkunftsquellen als die Landwirtschaft verboten. Dennoch wohnten die meisten von ihnen in der Stadt, wo ihre Einkünfte aus Landbesitz in aufwändigen Lebensstil flossen.
Bis ins 2. Jahrhundert v. Chr. stellten die Römer ein im Vergleich zu Griechen, Etruskern, Karthagern zurückgebliebenes Bauernvolk dar, das kaum mehr als Subsistenzwirtschaft (Selbstversorgung) betrieb und dessen Geldwesen kümmerlich war. Dann erst, im Zuge seines machtpolitischen Aufstiegs, wurde Rom – zunächst im westlichen Mittelmeer – zur Handelsmacht. Die Händler, die sich an wichtigen Handelsplätzen zu festen Organisationen zusammenschlossen, gehörten dem Ritterstand an. Sie verdankten ihren Aufstieg einem entschlossenen Protektionismus (Schutz der eigenen Wirtschaft vor ausländischen Produkten), der Konkurrenten wie Karthago oder Korinth auch mit militärischen Mitteln rücksichtslos aus dem Weg räumte. Einigermaßen behaupten konnte sich als Handelsmetropole neben Rom nur Alexandria.
Zu einem Produktionszentrum, wie Athen zur Zeit seiner Seeherrschaft, wurde Rom jedoch nie. Zwar betätigten sich in der Stadt ganze Heerscharen von Handwerkern und Kleinhändlern, jedoch nur für den Markt vor der Haustür. Rom war die Stadt der Verbraucher, der in Luxus schwelgenden Oberschichten und der Masse ärmerer Leute, die als Römer freilich stets ordentlich und billig versorgt sein wollten.

Römische Weltwirtschaft in der Kaiserzeit

Die Ansprüche der Hauptstadt gingen zu Lasten der Provinzbevölkerung. Deren wirtschaftliche Lage besserte sich erst in der Kaiserzeit, als Rom der ausbeuterischen Willkür von Beamten und Rittern einen Riegel vorschob. Unter dem Schirm der Pax Romana entwickelte sich nun eine großräumige freie Wirtschaft. Alte Produktionszentren in den Provinzen blühten wieder auf, neue kamen hinzu. Diese freie Wirtschaft profitierte von dem hervorragenden römischen Verkehrssystem mit seinen Straßen und Schiffsverbindungen auf Flüssen und entlang der Küsten und dem nun hoch entwickelten Münzwesen. Es herrschte Freizügigkeit; nur wenige Zollgrenzen gab es im Reich, und die nur zum Steuereinzug. Zölle wurden erhoben an den Außengrenzen, an Handelswegen, die weit hinein nach Afrika und bis nach China führten. Erst die moderne Weltwirtschaft hat diese Dimensionen übertroffen.
In der Landwirtschaft dominierte in der Kaiserzeit der Großgrundbesitz, auch wenn es nun weniger Sklaven gab, weil immer seltener neue Völker unterworfen wurden. An die Stelle der Sklaven traten kleine, von Großgrundbesitzern abhängige Bauern – die Kolonen. Größter Landbesitzer war der Kaiser. Seine Domänen waren über viele Provinzen verteilt, wie auch der Besitz vieler Senatorenfamilien. Ausgedehnte Güter häufte auch die christliche Kirche an, seit sie anerkannt war.
Eine systematische „Wirtschaftspolitik“, wie wir sie kennen, hat es im Römischen Reich nicht gegeben – sieht man von Einzelmaßnahmen ab wie einer Währungsreform und einem Höchstpreisedikt des Kaisers Diokletian. Aber der Staat nahm intensiv am Wirtschaftsleben teil: nicht nur als Landbesitzer, sondern auch als Finanzier des Heeres, als Betreiber von Waffenfabriken, als Spender von Getreide für das stadtrömische Volk, als Eintreiber von Steuern.

D 1 **Frühe Globalisierung des Wirtschaftslebens in der Spätantike**

Krise und Niedergang der römischen Wirtschaft

Vom 3. Jahrhundert n. Chr. an geriet, parallel zum politischen Niedergang, die römische Weltwirtschaft in eine Krise. Der Unterhalt des Heeres, die Bewachung der Grenzen, die Abwehr von Feinden – all das kostete. Der Staat war auf den vollständigen Eingang immer höherer Steuern angewiesen. So wurden Maßregeln getroffen, die ausschließlich diesem Ziel dienten, zugleich aber die freie Wirtschaft lähmten: Die Ratsherren in den Städten waren jetzt verantwortlich für die Steuererhebung, auf dem Land die Gutsbesitzer. Beide Gruppen gaben den Druck nach unten weiter und holten sich die Abgaben bei den Kolonen und Gewerbetreibenden. Damit diese sich dem nicht entziehen konnten und noch genügend Güter produzierten, wurde die Berufszugehörigkeit nunmehr erblich. Die Kolonen wurden immer enger an ihre Höfe gebunden – von hier führt ein Weg in die mittelalterliche Grundherrschaft.
Das Auseinanderfallen des Reichs unter den Germanenstürmen und die Ausrufung immer neuer Kaiser in verschiedenen Reichsteilen schwächten auch die wirtschaftlichen Verflechtungen. Einzelne Regionen wurden zu selbständigen wirtschaftlichen Einheiten, in der Regel auf niedrigerem Niveau als zuvor. In Italien selbst war man fast wieder bei der ländlichen Subsistenzwirtschaft angelangt, und dabei blieb es etwa bis in die Zeit der Kreuzzüge.

Q1 Das Idealbild eines wirtschaftenden Römers

Plutarch über Manlius Curius († 270 v. Chr.):

In der Nähe von Catos Gute lag das Häuschen, wo einst Manlius Curius, der dreifache Triumphator gewohnt hatte. Da ging er oft hin, betrachtete den geringen Umfang des Gutes und die Bescheidenheit der Wohnung und vergegenwärtigte sich, wie dieser Mann, der der Größte unter den Römern war, die streitbarsten Völker unterworfen und Pyrrhos aus Italien verjagt hatte, nach drei Triumphen dieses Gütchen selbst umgrub und diese Hütte bewohnte. Hier war es, wo die Gesandten der Sabiner ihn (Curius) trafen, wie er am Herde saß und Rüben kochte, und ihm eine große Geldsumme boten. Aber er schickte sie weg mit den Worten, wem ein solches Essen genüge, der brauche kein Geld, und rühmlicher als Geld zu haben schiene es ihm, die zu besiegen, die Geld hätten.

Zit. nach: Geschichte in Quellen. Bd. 1, hg. von W. Lautemann und M. Schlenke, Bd. 1, München 1975, S. 407.

D2 Vom Bauern Manlius Curius zum Landwirt Cato

Der Althistoriker Geza Alföldy 1979 über Marcus Porcius Cato (234–149 v. Chr.):

Nichts ist bezeichnender für die wirtschaftlichen Ambitionen und Möglichkeiten eines führenden Senators nach dem Zweiten Punischen Krieg als das Beispiel des sonst so traditionsbewussten Marcus Porcius Cato. Sein Ideal war der Senator, der den Dienst am römischen Staat für seine heilige Pflicht hielt, die religiöse und ethische Tradition dieses Staates verkörperte und in neuen geistigen Strömungen eine Gefahr erblickte; als wichtigstes Ziel im Privatleben aber erschien ihm die Vermehrung des geerbten Vermögens. Catos Werk über die Landwirtschaft war vor allem dem Problem gewidmet, wie aus einem Gut bei niedrigsten Investitionskosten maximaler Profit zu gewinnen war. Er empfahl, die Produktion der großen Güter auf gewinnbringenden Export umzustellen, dementsprechend hauptsächlich nicht mehr Getreide, sondern Wein und Olivenöl zu produzieren und die Arbeitskräfte zu maximalen Leistungen zu zwingen. Er investierte seinen Gewinn, um ihn weiter zu steigern, in Forsten, Weiden, Fischteichen und auch in Gewerbeanlagen, ja sogar im Fernhandel […]: Er umging das Verbot der Geschäftemacherei für Senatoren durch die lex Claudia dadurch, dass er sich […] durch Strohmänner vertreten ließ.

Geza Alföldy, Römische Sozialgeschichte, Wiesbaden 1979, S. 41 f.

D3 Senatorischer Großgrundbesitz in der Spätantike

Der Althistoriker Alexander Demandt, 1998:

Besonders gut sind wir über den Familienbesitz der Valerii unterrichtet. Als die Erbtochter Melanie den Entschluss fasste, der Welt zu entsagen und ein christliches Leben zu führen, versuchte sie, ihre Güter zu veräußern […]. Ihr Jahreseinkommen wird mit 120 000 solidi (1 600 Pfund Gold) beziffert. Das Stadthaus auf dem Mons Caelius in Rom war so groß und prachtvoll, dass selbst Serena, die Frau Stilichos, es nicht kaufen konnte […].

Auch in der Nähe der Stadt besaß Melanie Anwesen, weitere lagen in Campanien und Apulien. Eine dieser Villen hatte einen Park mit Hirschen, Rehen und Wildschweinen, Thermen, ein Schwimmbad im Freien und einen Blick aufs Meer. Den Unterhalt lieferten angeblich 60 Dörfer mit je 400 Landsklaven. Weitere Güter lagen in Britannien, Spanien, Mauretanien, Numidien und Africa Proconsularis. Melanies Grundbesitz in Thagaste war größer als das Stadtgebiet. Dazu gehörten zwei verschiedene Metallverarbeitungsbetriebe […].

Aus Olympiodor ersehen wir, dass es noch reichere Senatorenfamilien als die Valerier gegeben hat. Als höchste Jahreseinnahmen werden 4000 Pfund Gold angegeben. Wir hören von Stadthäusern mit eigenem Hippodrom, eigenem Forum, eigenen Wasserleitungen, Bädern, Tempeln und Kirchen.

A. Demandt, Geschichte der Spätantike, München 1998, S. 253 f.

Fragen und Anregungen

1. Beschreiben und erläutern Sie die Entwicklung wirtschaftlicher Aktivitäten der senatorischen Oberschicht (Q1, D2, D3, VT).
2. Beschreiben Sie das weltumspannende Handelssystem, das in der Karte D1 dargestellt wird.
3. Informieren Sie sich in Gruppen über den damaligen politischen und wirtschaftlichen Entwicklungsstand von China, Indien, Afrika, und machen Sie Ihre Lerngruppe mit Ihren Ergebnissen bekannt.
4. Stellen Sie mit Hilfe von Geschichtsatlanten fest, wo und wie sich weltweite Wirtschaftsverbindungen in den Jahrhunderten seit dem Römischen Reich entwickelten (siehe auch S. 124, 139, 180, 212–215, 253 ff.).

7. Das Christentum – von der Minderheit zur Staatsreligion

Q1 **Abendmahlsdarstellung** aus der Callistus-Katakombe, Anfang 3. Jahrhundert.

Eine religiöse Minderheit

Die Christen, deren Religion im 1. Jahrhundert n. Chr. aus dem Judentum entstanden war, lebten im Römischen Reich zunächst als misstrauisch beäugte Außenseiter. Sie zogen sich aus dem Alltagsleben und der Vielzahl religiöser Feiern zurück. Ihre Feste und Gottesdienste verliefen als geschlossene Veranstaltungen in Privathäusern. Auch den Gladiatorenspielen blieben sie fern. 64 n. Chr. legte ihnen Kaiser Nero den Brand Roms zur Last und inszenierte eine erste „Christenverfolgung". Mit ihrer Randstellung hingen auch spätere Konflikte zusammen. Wenn allerdings Reichsbewohner ein Vorgehen gegen Christen forderten, tat sich der Staat schwer, denn die Christen brachen keine Gesetze. Als Streitpunkt erwies sich jedoch das im Reich übliche Kaiseropfer, das mit dem christlichen Glauben nicht vereinbar war. Verweigerten Christen das Opfer, konnte das die Todesstrafe nach sich ziehen. Allerdings kam es zur Beweiserhebung nur dann, wenn eine Klage vorlag.

Ein reiches Angebot an Religionen

Die Ausbreitung römischer Macht führte zur Begegnung mit immer mehr religiösen Kulten. Sie alle wurden geduldet und teilweise in Rom selbst populär. Umgekehrt verbreitete die Romanisierung die römische Religion über das ganze Reich. Damit lockerte sich die Bindung des Einzelnen an den religiösen Kult seiner Heimat, und es entstand ein reiches Angebot an Kulten. Manche Gebildeten bekannten sich erst gar nicht zu einer Religion, sondern zu einer der philosophischen Schulen aus Griechenland, etwa der Stoa. Einfachere Leute hielten sich an Zauberei oder Astrologie. Verbreitet waren auch Mysterienreligionen, in deren Geheimnisse man eingeweiht werden musste. Die Gemeinsamkeit all dieser Aktivitäten lag darin, dass hier der Einzelne Sicherheit und Rat für seine persönliche Lebensführung finden konnte. Das galt besonders für die aus dem Osten kommenden Erlösungsreligionen, zu denen das Christentum zählte. Sie versprachen nach dem Tode Erlösung von den Unzulänglichkeiten des Lebens. Ihr Aufstieg verlief parallel zu der politischen und wirtschaftlichen Krise des Reiches im 3. Jahrhundert n. Chr.

Aufstieg und Sieg des Christentums

Das Christentum hatte in dieser Lage seine Chance. Das Gebot der Nächstenliebe versprach armen Leuten Hilfe in der Not. Die Erlösungserwartung war konkret, denn die ersten Christen rechneten noch mit der nahen Wiederkunft Christi. Die Glaubensinhalte waren einfach und schriftlich fixiert. Sie boten eine in sich schlüssige

Welterklärung und eine klare Unterscheidung zwischen Gut und Böse. Die christliche Botschaft wandte sich als einzige an alle Menschen, an Männer wie Frauen. Die Gemeinden waren unter Bischöfen gut organisiert und hielten fest zusammen.
Kaiser Diokletian (286 – 305 n. Chr.) suchte die Reichkrise auch durch Stärkung der alten Staatskulte und eine Christenverfolgung (287 n. Chr.) zu bekämpfen. Der Erfolg blieb aus, weil es inzwischen zu viele Christen gab. Kaiser Konstantin (306 – 327 n. Chr.) erlaubte nur wenig später, im Jahr 311, das Christentum. Er trat als Herr der Kirche auf, sorgte im Konzil von Nicäa 325 n. Chr. für ein einheitliches Bekenntnis und führte seine Herrschaft auf „Gottes Gnade" zurück. Schon zuvor hatten Kaiser ihre Autorität von den Göttern abgeleitet. Diese wurden jetzt gegen den Christengott ausgetauscht. 390 n. Chr. wurde das Christentum Staatsreligion. Für die Christen gab es nun mit dem Staat keine Probleme mehr, denn sie hatten es auf keine Umwälzung der politischen Verhältnisse abgesehen. Die Gemeinden wurden reich, insbesondere durch Erbschaften. Gegenüber den noch zahlreichen Heiden – diese Bezeichnung entstand jetzt für Nichtjuden und Nichtchristen – traten die Christen missionarisch auf, im Konfliktfall intolerant.

Eine Brücke ins europäische Mittelalter

Während des Niedergangs des Römischen Reiches in der Völkerwanderung wurden die Bischöfe in den Städten zur einzigen noch funktionierenden Ordnungsmacht. Sie kümmerten sich um Arme und Kranke, und einige beteiligten sich selbst führend an den Abwehrkämpfen. Von hier führt eine der Brücken von der römischen Antike ins christlich-europäische Mittelalter. In ihm lebte die Bezeichnung „Römisches Reich", seit dem 11. Jahrhundert mit dem Zusatz „heilig", wieder auf.

D1 Das christliche Rom der Antike

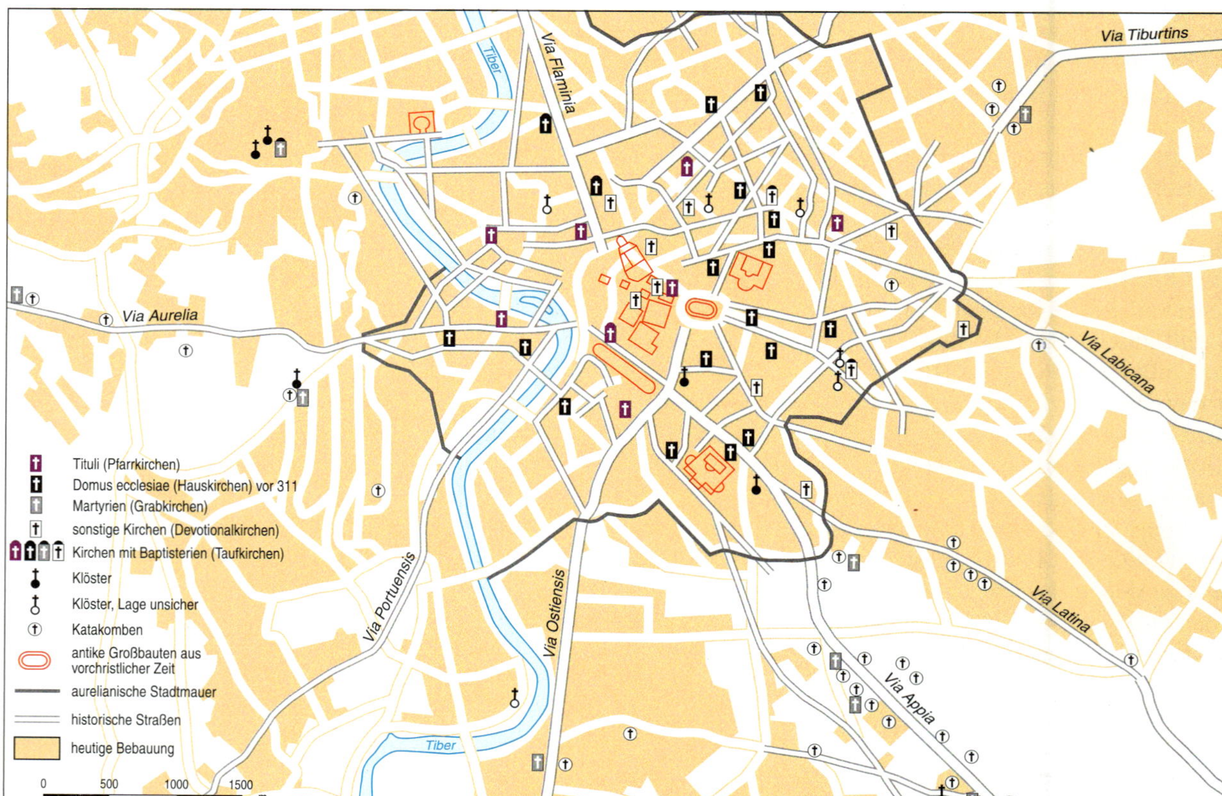

Q2 Das „Heidelberger Kultbild“

D2 Der Kult des Mithras

Der Althistoriker Jochen Bleicken über diesen sehr populären Kult, zu dem nur Männer zugelassen waren:

Mithras ist nach der Heilsgeschichte an einem 25. Dezember aus dem Fels geboren und gleich nach der Geburt von zufällig anwesenden Hirten auf dem Feld mit ehrenden Geschenken bedacht worden. Herangewachsen, verfolgt und tötet er den heiligen Stier, aus dessen Blut, Fleisch und Sperma die Pflanzen und Tiere der Welt entstehen; diese Weltschöpfung wird vergeblich durch die Mächte des Dunkels, symbolisiert durch Schlange und Skorpion, die Verbündeten des Gottes der Finsternis […], bekämpft. Nach der Weltschöpfung geht der Kampf zwischen Licht und Dunkel weiter; er wird auch in der diesseitigen Welt geführt, und Mithras unterstützt nach seiner Entrückung in den Himmel, von wo aus er den Kampf überwacht, seine Anhänger in ihrem Streit für Wahrheit, Reinheit und Gerechtigkeit. Die Gläubigen steigen nach ihrem Tod zu Mithras auf und leben selig in seinem Lichtreich. Der Kult kennt auch ein Ende aller Zeiten mit einem Weltgericht, in dem Mithras endgültig über Ahriman [Gott der Finsternis, auch als Satan bezeichnet] triumphieren wird. […]

Es gab Kultmahlzeiten, in denen Mithras zusammen mit dem Sonnengott [„Sol invictus“] auftritt, mit dem er auch sonst verbunden, ja bis zu einem gewissen Grade sogar identifiziert wird. Der Gedanke der Vereinigung wird bereits bei der Aufnahme deutlich, bei der der „Myste“ [„Eingeweihte“] in eine Grube gelegt und mit dem Blut eines geopferten Stiers, der auf einem Rost über der Grube getötet wird, übergossen und dadurch als mit Mithras vereinigt gedacht wird. Auch die gemeinschaftliche Organisation war fest geordnet. […] Die Initialriten [Einführungszeremonien] schlossen den Kreis der „Mysten“ ab, und eine Hierarchie der Gläubigen […] schuf eine klare Gliederung und einen von allen erstrebten Aufstieg innerhalb der Rangordnung. […] Die siebensprossige Stufenleiter gibt die Siebenzahl des Planetensystems wieder und stellt damit den Gedanken des Aufstiegs vom einfachen bis zum höchsten Wissenstand in die Weiten des Kosmos […] dar.

Die […] Lehre kannte keinen dogmatischen Streit, was schon deswegen auch kaum möglich war, weil der Kult im Grundsatz gegenüber anderen Göttern offen blieb, jedenfalls deren Existenz nicht bestritt.

J. Bleicken, Verfassungs- und Sozialgeschichte des Römischen Kaiserreichs. Bd. 2, Paderborn 1978, S. 123 f.

Q3 Gemeinden und Bischöfe

Bischof Ignatius von Antiochien, der 110 n. Chr. als Märtyrer in Rom starb, schrieb:

Folgt alle dem Bischof, wie Jesus Christus dem Vater, und dem Presbyterium wie den Aposteln; die Diakone aber ehret wie Gottes Gebot! Niemand verrichte kirchliche Dinge ohne den Bischof! Nur die Eucharistie gelte als die rechte, die unter dem Bischof stattfindet oder wem er sie überträgt! Wo der Bischof sich zeigt, da sei auch die Gemeinde, wie da, wo Jesus Christus ist, auch die allgemeine Kirche ist. Es ist nicht recht, ohne den Bischof zu taufen oder das Liebesmahl zu halten [...].

Zit. nach: G. Stemberger/ M. Prager (Hg.), Die Bibel und das Christentum. Kirchengeschichtliche Quellentexte, Bd. 6, Salzburg 1977, S. 2774.

Q4 Der Streit um den Victoria-Altar

Senator Symmachus wehrte sich gegen die 382 n. Chr. verfügte Entfernung des Altars der Victoria, der seit Augustus im Sitzungssaal des Senats stand:

Wenn [...] lange Dauer der Religion Autorität gibt, dann muss man diesen vielen Jahrhunderten die Treue halten, und wir müssen unsern Vätern folgen, die zu ihrem Heil den ihrigen gefolgt sind. Wir wollen denken, Roma stehe jetzt bei uns und wende sich mit diesen Worten an Euch: „Ihr auserwählten Kaiser, Väter des Vaterlandes, habt Scheu vor meinen Jahren [...]. Ich will nach meinem Brauch leben, denn ich bin frei. Dieser Götterdienst hat den Erdkreis unter meine Gesetze gebracht, diese heiligen Handlungen haben Hannibal von den Mauern [...] zurückgeworfen. Dazu bin ich also gerettet und erhalten, dass ich mich im hohen Alter zurechtweisen lassen muss [...]. So bitten wir denn um Frieden für die Götter der Vorfahren [...]. Es sind die gleichen Sterne, zu denen wir aufschauen, gemeinsam ist der Himmel, eine und dieselbe Welt hüllt uns ein; welchen Unterschied macht es, mit welcher Denkart jeder die Wahrheit sucht? Auf einem einzigen Weg kann man nicht zu diesem großen Geheimnis gelangen [...]. Die geheimnisumwitterte Macht aller Bekenntnisse möge Eurer Gnade Segen verleihen ..."

Zit. nach: Geschichte in Quellen, hg. von W. Lautemann und M. Schlenke, München 1975, Bd. 1, S. 758.

Q5 Schließung der Tempel

Unter dem Kaiser Theodosius (379–395 n. Chr.) erlangte das Christentum die Stellung einer Staatsreligion:

Wir haben beschlossen, dass überall und in allen Städten auf der Stelle die Tempel geschlossen werden und dass, dadurch dass allen der Zutritt verboten wird, den Verworfenen die Freiheit gewonnen wird, sich zu vergehen. Wir wollen auch, dass sich alle der Opfer enthalten. Wenn aber jemand etwas derartiges begehen sollte, so soll er durch das rächende Schwert hingestreckt werden. Das Vermögen des Hingerichteten soll dem Fiskus anheimfallen, und die Leiter der Provinzen sollen ähnlich bestraft werden, wenn sie es versäumen, diese Verbrechen zu ahnden.

Zit. nach: Geschichte in Quellen, hg. von W. Lautemann und M. Schlenke, Bd. 1, S. 754.

Fragen und Anregungen

1. Beschreiben und erläutern Sie Q2 mit Hilfe von D2. Stellen Sie dann den Merkmalen des Mithras-Kultes in einer Tabelle Entsprechungen im Christentum gegenüber, und listen Sie Unterschiede auf (VT, D2). Erörtern Sie die Ähnlichkeiten zwischen Mithras-Kult und Christentum und untersuchen Sie, warum wohl sich das Christentum und nicht der Mithras-Kult durchsetzte.
2. Informieren Sie sich über weitere Kulte in der späten römischen Kaiserzeit und vergleichen Sie diese mit dem Christentum und dem Mithras- Kult. Beispiele: Kult des Sol Invictus; Kult der Kybele; Isis-Osiris-Kult.
3. Erstellen Sie eine Übersicht über die in Ihrer Region praktizierten Religionen, Konfessionen und Sekten.
4. Beschreiben und erläutern Sie die Entwicklung des Christentums in der Stadt Rom (D1).
5. Beschreiben Sie das Bild (Q1) und zeigen Sie dabei, wie hier das christliche Gemeindeleben dargestellt wird. Erläutern Sie dann Q3 und beschreiben Sie anschließend den Aufbau frühchristlicher Gemeinden. Prüfen Sie, ob die Abbildung Q1 gegenüber den Aussagen in Q3 Fragen aufwirft.
6. Stellen Sie die Argumente zusammen, die Symmachus zugunsten der Erhaltung des Altars der Victoria im Senatssaal in Rom vorbringt (Q4) und erörtern Sie, ob Symmachus als Feind des Christentums gelten sollte.
7. Das Christentum hat in Senatorenkreisen nur zögernd Fuß gefasst. Stellen Sie Thesen auf, welche Gründe das gehabt haben könnte (VT, Q4). Nehmen Sie aus Ihrer persönlichen Sicht Stellung zu Q4 und Q5.

8. Romanisierung – eine Spurensuche

Romanisierung

Der über Jahrhunderte dauernde Einfluss der Römer veränderte die Bevölkerung der Westprovinzen und wirkte sich auf ihre Sprache, Bauweise, Waren und Lebensgewohnheiten aus (Romanisierung). Um Heerlager und Verkehrsknotenpunkte wurden Städte nach römischem Vorbild errichtet. Die Römer sicherten und besiedelten die eroberten Gebiete dauerhaft durch die Ansiedlung von ehemaligen Soldaten (Veteranen), die nach 25 Dienstjahren das römische Bürgerrecht und ein Stück Land erhielten. Dadurch gelangten neue landwirtschaftliche Anbau- und Düngemethoden, Werkzeuge, Tiere und Pflanzen (z.B. die Weinrebe) in die Provinzen. Verbindende Lebensadern zwischen Rom und den Provinzen waren die Fernstraßen, die im 2. Jh. n. Chr. mehr als 80 000 km umfassten. Reparaturwerkstätten, Rasthäuser, Wegweiser u.a. erleichterten den Transport von Waren und Soldaten. Dadurch konnten unterschiedliche Entwicklungsstände in den Provinzen ausgeglichen werden und die römische Wirtschafts- und Gesellschaftsordnung auch gegen anfänglichen Widerstand ausgedehnt werden. Ein enormer wirtschaftlicher Vorteil waren die gemeinsame Verkehrssprache und einheitlich geltende Maße, Währung, Gewichte und Verwaltungsvorschriften. Im ganzen Römischen Reich herrschten Gewebefreiheit und freie Ortswahl, viele Menschen konnten lesen und schreiben. Auf Dauer wurde die verfeinerte römische Lebensart (Zivilisation) zum Vorbild für die Provinzbewohner. Wer sie übernahm, konnte im römischen Staat aufsteigen. Ende des 2. Jh. n. Chr stammten schon zwei Drittel aller Senatoren aus den Provinzen, sogar das Kaiseramt stand ihnen offen.

Q1 **Römische Gefäße aus Köln**

Grenzsicherung

Zum Schutz ihres Reiches errichteten die Römer Grenzbefestigungen, von denen die im 2. Jahrhundert n. Chr. erbaute Hadriansmauer im Norden Englands und der Limes in Südwestdeutschland die bekanntesten sind. Diese Systeme aus Wachtürmen, Wällen und Toren trennten den dünn besiedelten, rückständigen germanischen Siedlungsraum von den wirtschaftlich prosperierenden römischen Provinzen ab, ermöglichten aber gleichzeitig einen kontrollierten Handel und kulturellen Austausch.

Städtegründungen

Die antike Geschichte spielte sich hauptsächlich in Städten ab. Die römischen Städte hatten nach ihrem Vorbild Rom bestimmte rechtliche und bauliche Grundformen, die auch auf die Neugründungen südlich des Rheins und der Donau übertragen wurden. Es gab Koloniestädte, die das volle Stadtrecht besaßen, und Munizipien, denen nur ein weniger exklusives Stadt- und Bürgerrecht gewährt wurde (s. Seite 65). Eine typische Römerstadt wurde mit rechtwinklig sich kreuzenden Straßen angelegt, die die Stadt in Quadrate einteilten. Als Schutz diente eine Stadtmauer mit Toren und Türmen. Die besseren Häuser waren an Wasserleitungen und Kanalisation angeschlossen, zur Unterhaltung und Körperpflege wurden Theater und Thermen gebaut. Im Zentrum befand sich das Forum mit Markt, Gericht und Tempeln.

Sprachfamilien

Latein ist zwar als lebende Sprache heute verschwunden, prägte aber die Sprachen der römischen Westprovinzen. Portugiesisch, Spanisch, Französisch, Italienisch und Rumänisch werden heute noch als „romanische“ Sprachen bezeichnet und weisen viele Gemeinsamkeiten auf. Im Englischen und Deutschen finden sich zwar viele lateinische Lehnwörter, aber die germanischen Eroberer verdrängten die lateinische Sprache wieder. In den Ostprovinzen, die schon seit dem Hellenismus städtische Hochkulturen mit der griechischen Sprache und Kultur besaßen, konnte das Latein das Griechische nicht verdrängen.

Kontro vers

Washington – ein neues Rom?

Hat die zur Zeit dominierende Hypermacht USA eine ähnlich Welt beherrschende Stellung wie einst die Römer?

D1 „Amerika – Wir und die anderen"

Der amerikanische Journalist Jedediah Purdy:

Müsste ein alter Römer die heutige Lage inspizieren, würde er ohne weiteres imperiale Verhältnisse diagnostizieren. Denn das Römische Reich funktionierte ähnlich: Es herrschte nicht mittels Terror, sondern dadurch, dass es immer mehr Untertanen das römische Bürgerrecht zusprach. Den Rest leistete die Kultur: Römische Sitten und die lateinische Sprache setzten sich überall im Reich durch. Römische Bürger […] waren, qua Gesetz und Kultur, zugleich Angehörige eines universalen Reiches. Sie beteiligten sich am Handel, der das gesamte römische Herrschaftsgebiet verband. […] Heute, da Wohlstand aus der Macht über Märkte und Ideen hervorgeht, ist die Herrschaft über Territorien keine Bedingung historischer Größe mehr. Der kluge Herrscher der Gegenwart bevorzugt die römische Methode. Er baut ein Reich, in dem alle Märkte nach Rom führen, das seine Wege aber bei Bedarf sperren kann. […] Die erste Variante dieser globalen Dominanz könnte man „Microsoft-Macht" nennen. Microsoft ist überall – aber nicht, weil das Unternehmen den Computernutzern sein Betriebssystem aufzwingt. Vielmehr hat, wer Microsoft-Produkte kauft, sehr reale Vorteile. […] Microsoft ist die eine Sprache, Englisch ist die andere. Englisch ist weltweit verbreitet, denn es ist wie Microsoft: ein Mittel, mit dem Menschen über Entfernungen und Kulturen hinweg in Verbindung treten können […]. Eine Ordnung wie diese kann Amerikanern völlig unsichtbar bleiben, dem Rest der Welt steht ihre Macht umso klarer vor Augen. […] „Baywatch-Macht" dagegen, die zweite Variante, nimmt direkten Einfluss auf die Begierden. Amerikanische Unterhaltung ist allgegenwärtig, ihre Bilder sind die Währung der reichsten und mächtigsten Nation der Welt. […] Heute wissen Kinder in Delhi, welche amerikanischen Basketballspieler den Ball in welchen Bogen werfen und die Kurven der Darstellerinnen von Baywatch kennen sie auch.

Jedediah Purdy, Amerika – Wir und die anderen, in: Die Zeit 35/2001, übers. von Tobias Dürr.

D2 „Rom kommt nicht wieder"

Der deutsche Journalist Andreas Geldner:

Die Vision einer lang anhaltenden und totalen amerikanischen Vorherrschaft ist unbegründet und wird vielleicht schon bald wie das Produkt einer vorübergehenden politischen Hysterie wirken. Das heißt nicht, dass der Rest der Welt von amerikanischer Macht verschont bleibt. Aber schon die vergangenen Monate zeigen, dass den Amerikanern langsam, aber sicher dämmert, wie illusionär die Vorstellung ist, die Welt nach der eigenen Pfeife tanzen lassen zu können. Man kann das so wohlwollend formulieren wie „The Economist": Es gebe „zwei Schwierigkeiten für das Konzept eines neuen amerikanischen Imperiums: Die eine ist, dass die Untertanen es nicht mögen werden. Die andere ist, dass die Amerikaner selbst es genauso wenig mögen." Das imperiale Rückgrat fehlt. Für viele in Amerika – gerade in der eher isolationistisch gesinnten Durchschnittsbevölkerung – ist die Macht ein notwendiges Mittel, aber kein Selbstzweck. […] bei gründlichem Nachdenken bleibt nur die klare Schlussfolgerung: Rom kommt nicht wieder.

Andreas Geldner, Goodbye Rom, dein Reich kommt nicht wieder, in: Stuttgarter Zeitung, 11. Oktober 2003, S. 45.

US-Präsident George W. Bush als Legionär D3
Fotomontage aus der Stuttgarter Zeitung, 2003.

D4 Getty-Museums in Malibu (Kalifornien)
Die wichtigsten Teile des Museums sind als Rekonstruktion der im 18. Jahrhundert ausgegrabenen Villa Papyri bei Herculaneum um 1970 erbaut. Im Säulenhof (Peristyl) und den langen Säulengängen mit einem Wasserbecken in der Mitte erschließt sich die Weitläufigkeit und der Reichtum des Anwesens.

Q2 Herrschaftsausübung der Römer

a) Der römische Geschichtsschreiber Tacitus (ca. 55 bis 116 n. Chr.) berichtet über seinen Schwiegervater Agricola, Statthalter von Britannien:

Denn um die verstreut und primitiv lebenden Menschen, die infolgedessen leicht zum Krieg geneigt waren, durch Annehmlichkeiten an Ruhe und friedliches Verhalten zu gewöhnen, ermunterte Agricola sie persönlich und unterstützte sie mit staatlichen Mitteln, Tempel, öffentliche Plätze und Häuser in der Stadt zu bauen. Er lobte die Eifrigen und tadelte die Säumigen. So trat Anerkennung und wetteiferndes Bemühen an die Stelle des Zwanges. Ferner ließ er die Söhne des Vornehmen ausbilden, wobei er der natürlichen Begabung der Britannier gegenüber dem Lerneifer der Gallier den Vorrang gab. So kam es, dass die Menschen, die eben noch die römische Sprache ablehnten, nun die römische Redekunst zu erlernen begehrten. Von da an fand auch unser Äußeres Beifall, und die Toga wurde häufig getragen; und allmählich gab man sich dem verweichlichenden Einfluss des Lasters hin: Säulenhallen, Bädern und erlesenen Gelagen. Und so etwas hieß bei den Ahnungslosen Lebenskultur, während es doch nur ein Bestandteil der Knechtschaft war.

Tacitus, Das Leben des Iulius Agricola 21, übers. von Rudolf Till, 2. Aufl., Berlin 1976.

b) Der Grieche Aelius Aristides hielt diese Festrede dem römischen Kaiser und seinem Gefolge am 21. April, dem angeblichen „Geburtstag" Roms im Jahre 143 n. Chr.:

Ihr habt die Erde vermessen, die Ströme überbrückt, Straßen durch die Berge geschlagen, die Wüsten bewohnbar gemacht und alles durch Ordnung und Zucht veredelt. Ihr habt durch die gegenseitige Verbindung der Völker die Welt gleichsam zu einer Familie gemacht. […] Zu allen Göttern wollen wir flehen: Sie mögen gnädig gewähren, dass dieses Reich und diese Stadt auf ewig gedeihen und nicht eher vergehen, als glühendes Eisen auf dem Meer schwimmt und die Blätter im Frühling nicht mehr sprießen.

Zit. nach: Aelius Aristides, Romrede 101, 109, 143 n. Chr., in: Dahlheim, An der Wiege Europas, S. 19.

Q3 Grabinschriften

a) Gefunden in Köln:

Hier liegt Lucius Octavius, Sohn des Lucius aus Elaia in Griechenland, Steuermann der Rheinflotte. Er wurde 58 Jahre alt und diente 34 Jahre lang. Der Sekretär Dionysius, Sohn des Plestharchus aus Tralles (heutige Westtürkei), Sekretär, hat ihm für seine Verdienste den Stein setzen lassen.

b) Gefunden in Heidelberg:

„[…] errichtet für Respectus, der Sohn des Berus (latinisierter Germanenname Berus = Bär). Er wurde 23 Jahre alt, war Bürger der Neckarsueben (= Schwaben) und diente als Kundschafter. Errichtet von seinem Bruder Candidus, dem Sohn des Berus, aus Liebe.

Zit. nach: Lothar Böhnert, Ausflüge in die Römerzeit – Lebendige Archäologie im Breisgau, Merdingen 1989, S. 20.

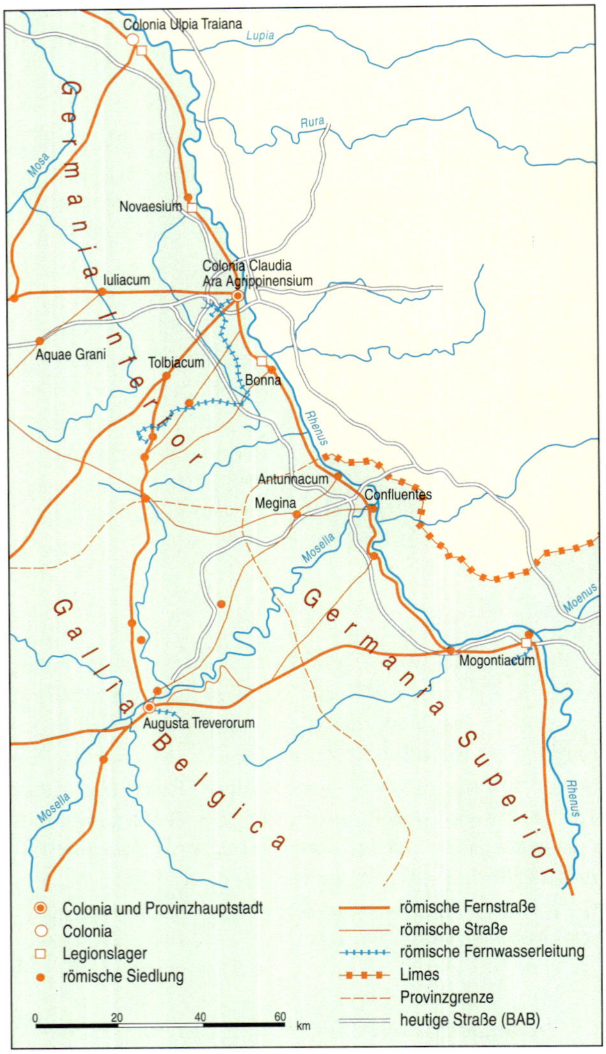

D5 Straßennetz in Südwestdeutschland

Viele große Verkehrsadern von heute verlaufen entlang der alten römischen Straßen. Ergänzen Sie die deutschen Bezeichnungen auf einer Kopie von D4.

Q4 Römische Fernstraße

Die älteste römische Straße ist die bekannte Via Appia, die schon 312 v. Chr. begonnen wurde.

Q5 Straßen als Lebensadern eines Staates

Tertullian, Rechtsanwalt und christlicher Schriftsteller aus dem 2./3. Jahrhundert n. Chr., schrieb über die vielfältigen Bedeutungen des Straßenbaus:

Dieses planmäßig ausgeführte Netz geregelter Straßenanlagen beförderte die allgemeine Sicherheit, erleichterte den Ackerbau, garantierte den Reisenden ein sicheres und bequemes Fortkommen, gewährte dem Handelsverkehr die unberechenbarsten Vorteile, schützte den Frieden des Reiches, ermöglichte den geordneten Gang der großen Verwaltungsmaschine, rief Ansiedlungen hervor und begünstigte auf das Wirksamste die Entwicklung der Kultur.

Zit. nach: Ludwig Friedländer, Sittengeschichte Roms, Wien 1934, S. 277.

Fragen und Anregungen

1. Arbeiten Sie die positiven und negativen Aspekte der Romanisierung (Q2) heraus und ordnen Sie diese in einem Schaubild. Diskutieren Sie diesen Prozess.
2. Stellen Sie in einer Tabelle Maßnahme, Ziel und konkrete Auswirkung des Straßenbaus zusammen (D5, Q4, Q5).
3. Versuchen Sie, anhand der Grabinschriften Q3 Aussagen über den Prozess der Romanisierung zu treffen.
4. Diskutieren Sie die Vor- und Nachteile der rekonstruierten Nachbildung D4 im Vergleich zur antiken Original-Ruine.
5. Erarbeiten Sie in Gruppen ausgehend von D1 bis D3 und darüber hinaus Gemeinsamkeiten und Unterschiede zwischen den USA und Rom heraus. Berücksichtigen Sie dabei die Bedeutung des Romanisierungsprozesses. Tauschen Sie sich in der Klasse in einer Pro-Kontra-Diskussion darüber aus.

Eine Exkursion vorbereiten

Eine Exkursion zu historischen Stätten, zu Lernorten außerhalb des Klassenzimmers, ist nicht nur eine willkommene Abwechslung, sondern auch eine Möglichkeit, das Gelernte hautnah zu erleben und zu vertiefen. Der südwestdeutsche Limes, das mit 550 km längste Baudenkmal Europas, ist seit 2005 zum Weltkulturerbe der UNESCO ernannt und erfreut sich daher besonderer Attraktivität. Er liegt „vor der Haustür" und bietet sich an, um den römischen Einfluss auf unsere Heimat direkt zu erleben.

DEUTSCHE LIMES-STRASSE

Der Limes | Karte | Radweg | Radkarte | Orte | Termine | Führungen | Prospekte u. Infos | Kontakt | Englische Information | Links | Presse

Der Limes

Limes - Straße

Mit 550 km Länge, 900 Wachposten, sowie 120 größere und kleinere Kastellplätze bildet der äußere obergermanisch-rätische Limes eines der eindrucksvollsten archäologischen Denkmäler Mitteleuropas. Im Sommer 2005 wurde dieses größte Bodendenkmal Mitteleuropas in die Liste des Weltkulturerbes der UNESCO eingetragen. Damit geniest die antike Grenze, zwischen dem römischen Imperium und den Germanen, als Teil der Reichsgrenzen des römischen Weltreichs in Europa, im vorderen Orient und in Nordafrika, den internationalen Schutz. Der Verlauf des Limes stellt die jüngste Grenzlinie in Germanien dar. Voraus ging eine 160 Jahre andauernde Eroberungsgeschichte, die in mehreren Etappen erfolgte und deren letzte Ausbauphase diese künstliche Grenze zwischen Rhein und Donau darstellt. Zu Beginn des 2. Jahrhunderts n. Chr. stand der heutige Limesverlauf im westlichen Abschnitt, also in Rheinland-Pfalz und Hessen fest, im Süden (Baden-Württemberg und Bayern) wurde die äußerste Linie erst gut 60 Jahre später erreicht. Zum

Eine Gruppe Ihrer Klasse kann für den nächsten Ausflug eine Limes-Exkursion vorbereiten. Zunächst sollten Sie dafür den organisatorischen Rahmen klären, d.h. Zeitraum, Dauer, Kostenrahmen, Verantwortlichkeiten. Da der Limes besonders gut im Internet aufbereitet ist, empfiehlt sich die Recherche und Planung über folgende Webseiten:

a) www.unesco-welterbe.de – Die UNESCO-Seite verbindet Denkmalschutz und Tourismus. Sie erhalten Informationen über die Ernennung des Limes zum Welterbe mit Bildern, Informationen und acht bereits vorgeplanten, mehrtägigen Reiserouten.

b) www.limesstrasse.de – Diese Seite empfiehlt sich, um die Tour genauer zu planen, da sie Kartensegmente über den Limesverlauf enthält. Ferner kann man alle Orte, Denkmäler, Museen u.a. am Limes einzeln anklicken und sich Informationen dazu einholen.

c) www.aalen.de – Die Stadt Aalen veröffentlicht hier einen großen Informationsteil zum Limesmuseum, das bei keinem Ausflug fehlen darf.

d) www.limesprojekt.de – Eine besonders liebevoll gestaltete, private Limes-Seite, die eine detaillierte Karte, diverse Links zu den einzelnen Ausflugszielen und jede Menge Informationen, Tourenvorschläge und aktuelle Bilder bietet.

Nachdem die Vorbereitungsgruppe nun Dauer, Anfahrts- und Zielort, Verlauf und Besichtigungspunkte geklärt hat, können Sie weitere Mitschüler für kurze Informationsreferate an den einzelnen Besichtigungspunkten gewinnen. Diese könnten vor Ort in 5 bis 10 Minuten die Klasse auf Wichtiges und Sehenswertes aufmerksam machen. Auch das Museumspersonal kann für Führungen gebucht werden.

Bevor Sie in die letzte Vorbereitungsphase starten, wäre ein persönlicher Besuch der geplanten Strecke sinnvoll, um unvorhergesehene Veränderungen, Kosten für Eintrittspreise, Schließungen oder Renovierungen, Rastplätze, Gelegenheiten zum Getränke- und Speiseneinkauf vor Ort zu klären. Ebenso sollten Sie natürlich die Genehmigung der Schule, evtl. der Eltern einholen und sich nach einer geeigneten Beförderungsmöglichkeit umsehen.

Danach fassen Sie die Informationen für die Klasse in einem Handout kurz zusammen. Eine Dokumentationsgruppe kann Ihre Exkusion fotographieren und im Anschluss in der Schülerzeitung, am Elternabend oder auf einem selbst gestalteten Wandplakat vorstellen.

DAS CHRISTLICHE FRANKENREICH – DIE WIEGE EUROPAS

Alljährlich wird seit 1950 in Aachen der Internationale Karlspreis an Persönlichkeiten oder Institutionen vergeben, die sich um Europa und die europäische Einigung verdient gemacht haben. Der Namensgeber für den Preis ist Karl der Große, der in Aachen seine Lieblingspfalz besaß. Welche Bedeutung hatten der erste mittelalterliche Kaiser und sein fränkisches Reich für Europa? Erste Antworten finden Sie auf dieser Seite.

Lorscher Tor
Die Torhalle ist einer der ganz wenigen erhaltenen Bauten aus der Zeit Karls des Großen, errichtet nach dem Vorbild eines antiken Triumphtores. Sie stand am Eingang eines Klosters in Lorsch.

Thron Karls des Großen
in der Aachener Pfalzkapelle

So nennt sich Karl der Große nach seiner Kaiserkrönung:

„Karl, erhabenster, von Gott gekrönter großer und friedebringender Kaiser, der das Römische Reich leitet und auch durch Gottes Barmherzigkeit König der Franken und Langobarden ist."

Das Frankenreich
beim Tod Karls des Großen, 814

Karlspreisverleihung
an Luxemburgs Premierminister
Jean-Claude Juncker, 2006.

1. Die Menschen Europas werden Christen

Goldblattkreuz Q1

Nach Annahme des Christentums legten die Menschen ihren Toten keine Beigaben mehr in das Grab. Nur Goldblattkreuze wurden manchmal wohlhabenden Toten auf Gesicht oder Brust gelegt, 6./7.Jahrhundert.

Die Germanen trafen seit dem 4. Jahrhundert n. Chr. auf ein Römisches Reich, das bereits überwiegend christlich war und wo das Christentum 391 sogar zur Staatsreligion erhoben wurde. Die West- und Ostgoten, die Burgunder, Wandalen und Langobarden errichteten ihre Völkerwanderungsreiche auf dem Boden dieses Römischen Reiches. Sie hatten das Christentum bereits vorher übernommen, allerdings nicht in der herrschenden katholischen, sondern in der arianischen Form. Sie ist benannt nach einem Priester Arius aus Alexandria († 336); der hatte gelehrt, Jesus Christus sei nicht mit Gottvater identisch, sondern nur sein höchstes Geschöpf.

Verlust und Neuanfang

Die römischen Provinzen in Nordgallien, Germanien und Britannien waren in den Kriegen der Völkerwanderung schwer geschädigt worden. Viele christliche Kirchen, Klöster und Bischofssitze waren zerstört worden, viele Bischöfe und Pfarrer waren geflohen. Die westgermanischen Völker auf dem Kontinent, die Franken, Alemannen (Schwaben), Bajuwaren, Sachsen, Friesen und Thüringer, blieben noch ihrer alten Religion treu; sie verehrten verschiedene Götter und Naturmächte. Als aber der fränkische König Chlodwig Nordgallien im Kampf mit dem letzten römischen Befehlshaber Syagrius eroberte und das fränkische Großreich begründete, trat er, vermutlich im Jahr 500, nicht zum arianischen, sondern zum katholischen Christentum über. So kam es im Frankenreich zu keiner religiösen Kluft zwischen Franken und der romanischen Bevölkerung.

Neue Mission – friedlich und gewaltsam

Aber nur allmählich begann sich die christliche Kirche in Gallien und am Rhein wieder zu reorganisieren. Es waren vor allem die irischen und später die angelsächsischen Missionare, welche die Mission und den Aufbau der Kirche im östlichen Frankenreich vorantrieben. Auf den britischen Inseln hatten sich nämlich Christentum und Kirche schneller erholt als auf dem Kontinent. Schon Papst Gregor der Große († 604) hatte Missionare zu den Angelsachsen geschickt, um möglichst viele Seelen vor dem nahen Weltende, an das er glaubte, zu retten. Der bedeutendste irische Missionar und Klostergründer war Columban († 615) gewesen, der bedeutendste angelsächsische Missionar und Kirchenorganisator Winfried-Bonifatius (†754), der „Apostel der Deutschen“. Als treuer Anhänger des Papstes in Rom bemühte er sich, diesem allmählich auch im Frankenreich die Anerkennung als Oberhaupt der Kirche zu verschaffen.

Die Missionierung von Franken, Alemannen und Bajuwaren ist, soweit wir wissen, friedlich verlaufen. Um 700 gelten sie als christianisiert. Wahrscheinlich entschieden immer die Adligen, dass man sich der neuen Religion zuwandte; ihre Untertanen folgten ihnen. Die Missionierung der Sachsen und Friesen erfolgte dagegen überwiegend gewaltsam; sie wurden von Karl dem Großen in einem über 30 Jahre dauernden Kampf besiegt. Der christliche König sah es als seine Pflicht an, das Christentum auch mit kriegerischen Mitteln auszubreiten. Der Widerstand gegen die Christianisierung lag oft nicht nur daran, dass man seine alte gewohnte Religion nicht aufgeben wollte, sondern an den Begleitumständen der Mission.

Das Abendland wird christlich

Das Christentum breitete sich vom fränkischen und römisch-deutschen Reich ab dem 9. bis zum 12. Jahrhundert an auch in das Gebiet der Westslawen (Elbslawen, Polen, Pommern, Böhmen, Mähren), bei den südslawischen Kroaten, den skandinavischen Völkern (Dänen, Schweden, Norwegern) und bei den Ungarn aus. Die baltischen Länder und Finnland wurden von Deutschen, Dänen und Schweden im 13. Jahrhundert oft mit Zwang der lateinischen Kirche unterworfen, der Litauerfürst ließ sich als einer der letzten erst 1386 taufen. Das Gebiet der lateinischen Kirche wird meist als „Abendland" bezeichnet.

Orthodoxe Kirche

Östlich und südöstlich dieses Raumes, im heutigen Russland, der Ukraine und in Südosteuropa, stieß das römische Christentum auf die Konkurrenz der byzantinisch-griechischen Missionare von Konstantinopel aus; sie sahen den Papst nicht als ihr Oberhaupt an. In diesen Gebieten Europas entwickelten sich die orthodoxen Kirchen, die bis heute bestehen. Ein Verlust für das europäische Christentum war nur in Spanien eingetreten; dort hatten muslimische Heerführer und Herrscher von Afrika aus schon im 8. Jahrhundert den größten Teil der Iberischen Halbinsel erobert.

D1 Ausbreitung des Christentums

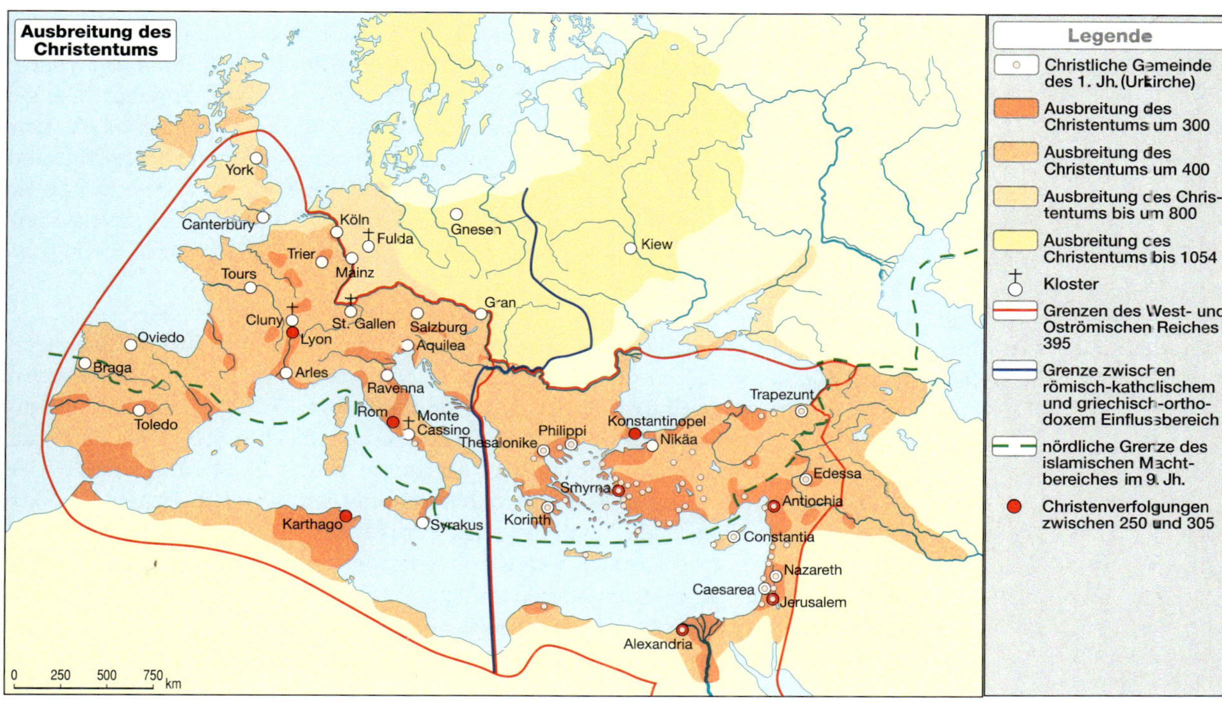

Q2 **Taufe der Preußen um 1180**
Aus einer Bilderreihe von der Domtür zu Gnesen. Der tschechische Bischof Adalbert von Prag, Freund des Kaisers und des Papstes, missioniert im Auftrag des polnischen Herzogs Boleslaw bei den Prussen.

Die Christianisierung

Die Christianisierung war im frühen Mittelalter meist ein äußerliches Geschehen: Wer in das Taufbecken getaucht wurde, galt als Christ. Das Ritual der Taufe war entscheidend, die christlichen Vorstellungen spielten dabei eine geringe Rolle. Wir lesen in den Chroniken immer wieder, dass getaufte Bauern noch jahrhundertelang heimlich auch den alten Göttern und Dämonen in den Wäldern opferten. Als hartnäckige Ketzer wurden allerdings diejenigen beurteilt, die nach der Taufe wieder offen zur alten Religion zurückkehrten. Doch die bloße Missionierung genügte der Kirche nicht. Das Christentum konnte nur mit einer festen Organisation Bestand haben. So wurden mit der Mission immer auch Bistümer gegründet und Bischöfe eingesetzt. Mehrere Bistümer bildeten eine Kirchenprovinz, an deren Spitze ein Erzbischof stand. Die Pfarrer, die heute den Bistümern zugeordnet sind, waren oft vom Adel abhängig, der selbst eigene Kirchen erbaute.

Lateinische Bibel und Volkssprache

Mit dem Christentum breitete sich in Europa auch die Bibel, die Heilige Schrift, weit nach Nord und Ost aus. Sie war zwar ursprünglich hebräisch und griechisch verfasst, aber schon vom Kirchenvater Hieronymus († 420) ins Lateinische übersetzt worden; bis heute ist das der gültige Bibeltext der katholischen Kirche. Latein galt also im Mittelalter als heilige Sprache, als die Schriftsprache schlechthin. Seit der Zeit Karls des Großen war es keine gesprochene Sprache mehr. Die Geistlichen mussten Latein lernen, um die Bibel lesen und verstehen zu können. Man hat am Hof Karls des Großen neben dem Latein auch die Volkssprache, das Althochdeutsche, geschätzt, geschrieben wurde es aber nur wenig. Viel mehr ist aus England von der (altenglischen) Volkssprache erhalten geblieben. Nach der Zeit Karls des Großen verschwand das Althochdeutsch als Schriftsprache fast ganz; erst im 12. Jahrhundert begann man in Europa wieder, in den Volkssprachen zu schreiben. Insgesamt sind im Mittelalter mehr Texte in lateinischer Sprache geschrieben worden als in der römischen Antike.

Q4 Taufe Chlodwigs durch Bischof Remigius von Reims
Bild aus einer französischen Chronik, 1375/79.

Q3 Bekehrung Chlodwigs

Wie sich Chlodwig zum Christentum bekehrte, beschrieb Bischof Gregor von Tours († 594) in seiner Chronik:

Die Königin (Chrotegild) aber ließ nicht ab, in ihn zu dringen, dass er den wahren Gott erkenne und ablasse von den Götzen. Aber er konnte auf keine Weise zum Glauben bekehrt werden, bis er schließlich einst mit den Alemannen in einen Krieg geriet; da zwang ihn die Not zu bekennen, was er vorher aus freien Stücken verleugnet hatte. Als die beiden Heere zusammenstießen, kam es zu einem gewaltigen Blutbad, und Chlodwigs Heer war nahe daran, vernichtet zu werden. Als er das sah, erhob er seine Augen zum Himmel, sein Herz wurde gerührt, seine Augen füllten sich mit Tränen, und er sprach: „Jesus Christus, Chrotegild sagt, du seist der Sohn des lebendigen Gottes, Hilfe sollst du den Bedrängten geben, Sieg denen, die auf dich hoffen – demütig flehe ich dich um deinen Beistand an: gewährst du mir jetzt den Sieg über diese meine Feinde und erfahre ich so jene Macht, die das Volk, das sich deinem Namen weiht, an dir erfahren haben will, so will ich dir glauben und mich in deinem Namen taufen lassen. Denn ich habe meine Götter angerufen, aber ihre Hilfe ist weit, wie ich erfahre. Ich meine daher, sie haben keine Macht, jenen zu helfen, die ihnen dienen. Dich rufe ich nun an, dir wünsche ich zu glauben, wenn du mich nur den Händen meiner Widersacher entreißest." Und als er dies gesprochen hatte, wandten sich die Alemannen zur Flucht.

Gregor v. Tours, Geschichten II 30 f., Frh. v. Stein-Ausg. MA 2, hg. von R. Buchner, Darmstadt 1970, S. 117.

Q5 Missionsreise zu den Slawen

Pfarrer Helmold von Bosau († nach 1177) berichtet über die Reise mit seinem Bischof in Ostholstein:

Da geschah es, dass wir auf dem Zuge in einen Wald kamen. […] Dort sahen wir zwischen sehr alten Bäumen heilige Eichen, die dem Landesgott Prove geweiht waren; ein freier Hofraum umgab sie und ein sorgfältig von Holz gefügter Zaun mit zwei Pforten. Denn neben den Hausgöttern und Ortsgötzen, von denen die einzelnen Ortschaften voll sind, bildete dieser Ort ein Heiligtum des ganzen Landes, für das ein eigener Priester, Festlichkeiten und verschiedene Opferhandlungen bestimmt waren […] Der Eintritt in den Hofraum war allen verboten außer dem Priester und denen, die opfern wollten oder von Todesgefahr bedrängt wurden; denn diesen blieb die Zuflucht niemals verwehrt. Die Slawen haben nämlich solche Ehrfurcht vor ihren Heiligtümern, dass sie den Tempelbezirk auch nicht mit Feindesblut beflecken lassen. […]

Als wir zu jenem Hain und Hort der Unheiligkeit kamen, rief uns der Bischof auf, tüchtig zuzupacken und das Heiligtum zu zerstören. Er sprang auch selbst vom Pferde und zerschlug mit seinem Stabe die prächtig verzierten Vorderseiten der Tore: wir drangen in den Hof ein, häuften alle Zäune desselben um jene heiligen Bäume herum auf, warfen Feuer in den Holzstapel und machten ihn zum Scheiterhaufen, in steter Angst, von den Eingeborenen überfallen zu werden. Aber Gott schützte uns. Danach zogen wir fort zu dem gastlichen Haus, wo uns Thessemar mit großem Gepränge empfing. Dennoch waren uns die Becher der Slawen weder süß noch angenehm, sahen wir doch Fesseln und andere Marterwerkzeuge, die gegen aus Dänemark hergeführte Christen angewendet wurden. Da erblickten wir Priester des Herrn, abgemagert in langer Gefangenschaft, denen der Bischof weder mit Gewalt noch mit Bitten helfen konnte.

Am folgenden Sonntag kam die ganze Landesgemeinde auf dem Markt von Lübeck zusammen; der Bischof hielt eine mahnende Rede an das Volk, die Götzen zu lassen und den einen Gott zu verehren, der im Himmel ist, die Taufe zu empfangen und den schlimmen Taten, dem Raub und dem Mord an den Christen zu entsagen […] [Ihm antwortete der slawische Fürst Pribislaw]: „Deine Worte, ehrwürdiger Bischof, sind Worte Gottes und dienen zu unserem Heil. Wie aber sollen wir […] diesen Weg antreten? Damit du unsere traurige Lage begreifen kannst, höre meine Worte geduldig an. Das Volk, das du vor dir siehst, ist dein Volk, und wir legen

dir zurecht unsere Not dar. Bei dir wird es dann stehen, mit uns Mitleid zu haben. Unsere (sächsischen) Lehensherren gehen nämlich mit solcher Strenge gegen uns vor, dass uns vor Steuern und härtester Knechtschaft der Tod besser als das Leben erscheint. Sieh, in diesem Jahre haben wir Bewohner dieses kleinen Winkels dem Herzog volle 1000 Mark gezahlt, ferner dem Grafen hundert, und noch immer kommen wir nicht davon, sondern werden täglich gepresst und bedrängt bis aufs Äußerste. Wie sollen wir uns denn diesem neuen Glauben öffnen, dass wir Kirchen bauen und die Taufe empfangen, wenn uns täglich Vertreibung droht?" [...] Darauf erwiderte der Bischof: „Dass unsere Fürsten bisher euer Volk misshandelt haben, ist nicht zu verwundern; sie glauben eben nicht ernstlich zu sündigen, wenn es gegen Götzendiener und Gottlose geschieht. Kehrt lieber zum christlichen Glauben zurück und unterwerft euch eurem Schöpfer, vor dem sich beugen müssen die stolzen Herren!" [...] Da sagte Pribislaw: „Wenn es dem Herrn Herzog und dir richtig scheint, dass wir eines Glaubens mit dem Grafen sind, so sollte man uns auch die Rechte der Sachsen an Gütern und Einkünften geben; dann werden wir gern Christen sein, Kirchen bauen und unseren Zehnt zahlen."

Helmold v. Bosau, Slawenchronik. Frh. v. Stein-Ausg MA 19, Darmstadt 1973, S. 288–293. Übersetzung: Heinz Stoob.

Q6 Die „Reise des heiligen Brendan", 15. Jahrhundert

LITERATURTIPP

Die Geschichte der Christen
wird in diesem Buch mitreißend und in leicht verständlicher Weise erzählt. Es beginnt mit einem Kapitel über Jesus und die Jesusbewegung. Dann stellt es in Jahrhundertschritten die Menschen mit ihren Ideen, Träumen und Vorstellungen vor, die das Christentum zu dem gemacht haben, was es ist. Der Autor, langjähriger Religionslehrer und Jugendbuchautor, hält sich bei seiner Darstellung des Christentums ausschließlich an die historischen Fakten.
Arnulf Zitelmann, Die Geschichte der Christen, Frankfurt/Main 2005.

Fragen und Anregungen

1. Vergleichen Sie die Karte D1 mit der heutigen Verbreitung der Religionen in Europa (dazu finden Sie z. B. eine Karte unter www.wikipedia.de, Stichwort „Europa").
2. Informieren Sie sich arbeitsteilig in Gruppen über Gregor den Großen, Columban und Bonifatius, und halten Sie jeweils ein Kurzreferat im Plenum.
3. Stellen Sie dar, welche Gründe Chlodwig nach Meinung des Chronisten bewogen (oder behinderten), zum Christentum überzutreten, und welche in der Quelle nicht genannt werden (VT, Q3).
4. Erläutern und bewerten Sie die von Helmold in der Chronik (Q5) genannten Motive der an der Slawenmission beteiligten Personen.
5. Erklären Sie, wie der Vorgang der Christianisierung in Q2 und Q4 dargestellt wird.
6. Erklären Sie, wie die Reise der irischen Missionare zu fremden Völkern in der Buchmalerei dargestellt wird (Q6).
7. Erörtern Sie, ob es Gründe dafür geben kann, die eigene Religion, Lebens- oder Staatsform, ohne oder mit Gewalt, auszubreiten.

2. Die Klöster – Zentren von Bildung und Kultur

356	Der ägyptische „Mönchsvater“ und Eremit Antonius stirbt.
um 529	Benedikt von Nursia gründet das Kloster Montecassino.
9. Jahrhundert	Die Benediktusregel setzt sich im Abendland für alle Klöster durch.
um 1100	Der Reformorden der Zisterzienser entsteht.

Entstehung des Mönchtums

Nur selten sieht man heutzutage einen Mönch oder eine Nonne; Kloster und Mönchtum führen bei uns nur noch eine wenig beachtete Randexistenz. Im Mittelalter aber war der Mönch eine zentrale und alltägliche Gestalt in der christlichen Gesellschaft. Die ersten Mönche lebten im Oströmischen Reich, vor allem in Ägypten. Es waren Menschen, die sich aus ihrer Gemeinde in die Wüste, die Einsamkeit, zurückzogen, um sich einem asketischen Leben in Gebet und Meditation hinzugeben. Askese ist das Bemühen, durch Verzicht und körperliche wie geistige Übungen menschliche Vollkommenheit zu erreichen; diese Vorstellungen gab es auch schon vor dem Christentum bei den antiken Philosophen. Der berühmteste christliche Asket war der Eremit Antonius († 356). Das einsame Leben der Eremiten war schwer. Deswegen schuf der Ägypter Pachomius († 346) die ersten eigentlichen Klöster, in welchen die Eremiten geschützt waren, aber weiterhin von der Welt abgeschlossen Gott dienen konnten. Für das gemeinsame klösterliche Leben benötigte man Regeln.

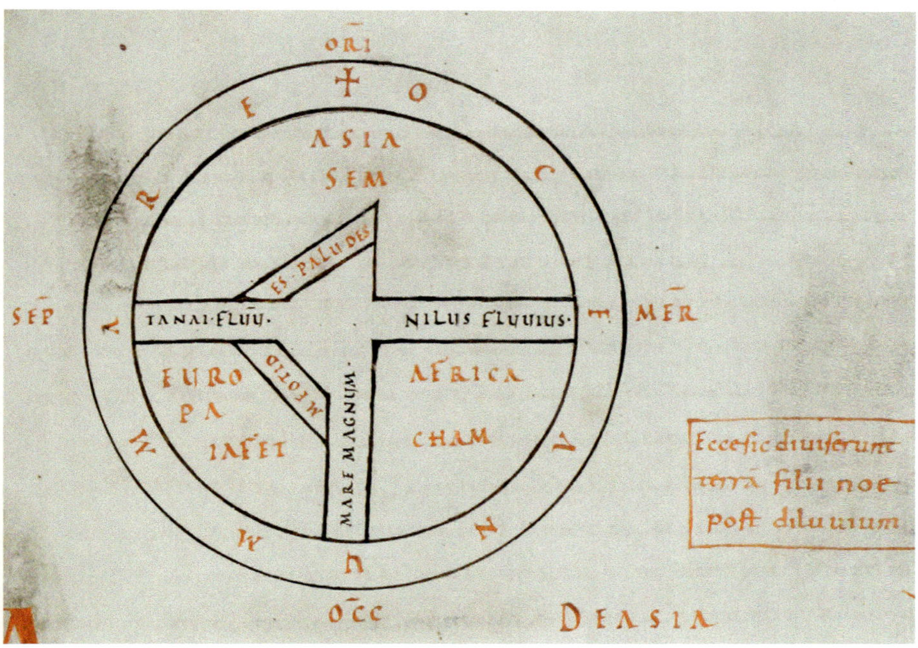

Q1 Eine Kartenskizze der Welt
in der bedeutendsten Enzyklopädie des Mittelalters des Bischofs Isidor von Sevilla († 636): Die Welt besteht aus drei Erdteilen. Die Schrift rechts heißt: „Siehe, so verteilten die Söhne Noahs die Erde nach der Sintflut.“ Der Fluss Tanais entspricht dem heutige Don, die „Maeotides Paludes“ (Mäotischen Sümpfe) sind das heutige Asowsche Meer im Norden des Schwarzen Meeres.

Die Benediktusregel Benedikt von Nursia, der „Vater des abendländischen Mönchtums“ verfasste in Montecassino 540 seine Regel in 73 Kapiteln (Q2). Männer- und Frauenklöster breiteten sich daraufhin in den schon christlichen Gebieten und mit der Mission in weiteren Ländern Europas aus. Könige, Fürsten, Adlige und Bischöfe waren die Gründer. Die gemäßigt strenge Regel des heiligen Benedikt setzte sich aber erst durch die Mithilfe Kaiser Karls des Großen und seines Sohnes Ludwigs des Frommen im 9. Jahrhundert für alle Klöster durch.

Die Klöster Alle Klöster bis in das hohe Mittelalter wurden auf dem Land errichtet. Sie waren planvoll angelegt: Der innerste Bezirk, die Klausur, umfasste die Kirche für den Gottesdienst, den Kreuzgang für die Meditation, die Schlaf-, Speise- und Versammlungsräume (Dormitorium, Refektorium, Kapitelsaal). Das Kloster selbst war in der Regel ummauert; außerhalb lagen viele Wirtschaftsgebäude, in denen Handwerker und Bedienstete des Klosters arbeiteten. Reiche Klöster hatten Hunderte

D1 Ausbreitung der Zisterzienser in Europa
Aufgenommen sind nur die Männerklöster bis 1300; es fehlen die etwa 1 000 Frauenklöster.

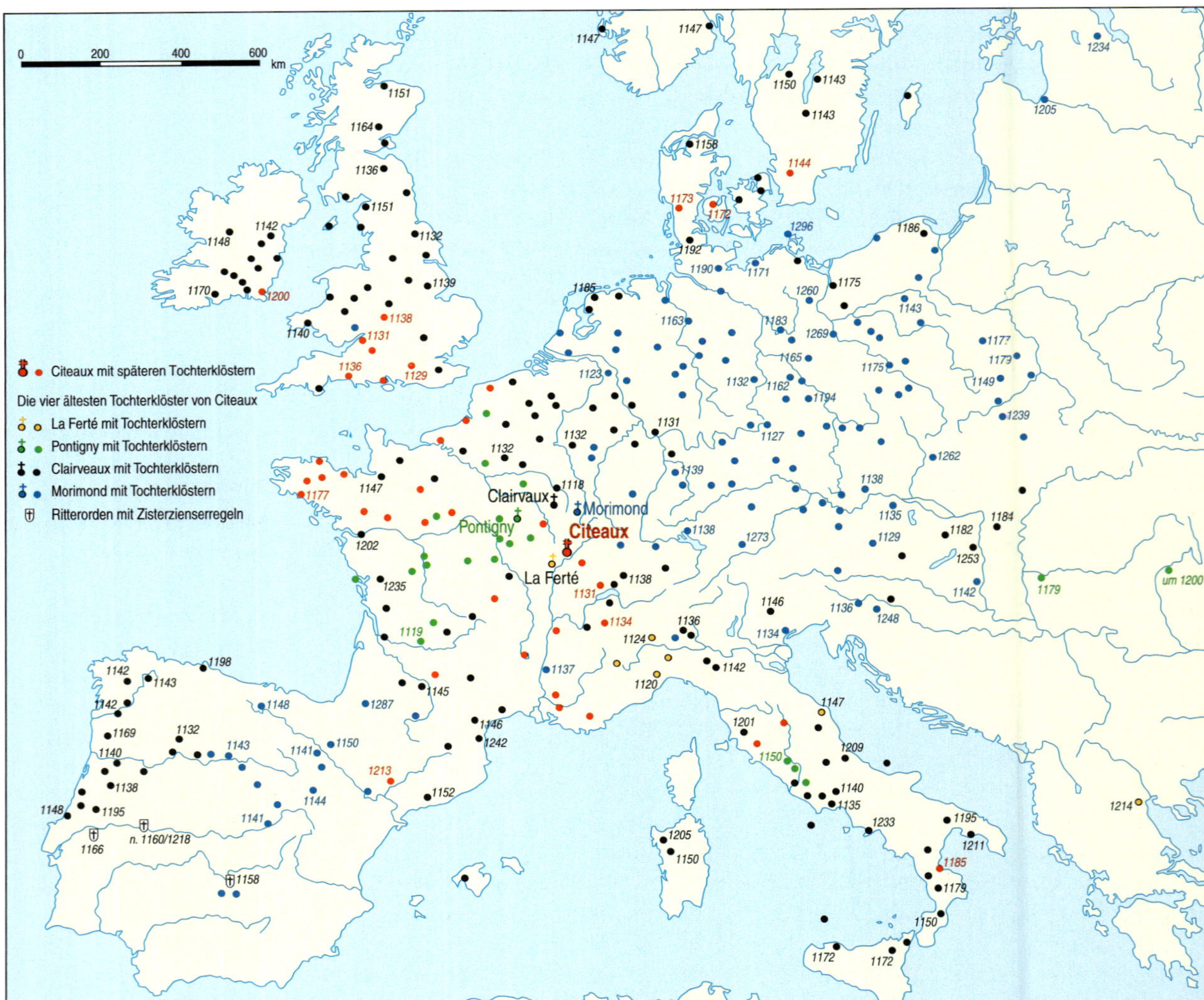

von Bewohnern zu ernähren. Sie sind von ihren Gründern und späteren Stiftern mit großem Grundbesitz ausgestattet worden, auf denen manchmal 1000 oder noch mehr Bauernfamilien lebten. Das Kloster war also nicht nur ein Heiligtum, sondern auch das Zentrum einer Grundherrschaft, eine Siedlung und eine Festung. Manche waren auch Missionszentren oder entwickelten sich zu Wallfahrtsorten. Bei den Klöstern des frühen und hohen Mittelalters handelte es sich vor allem um die wichtigsten Bildungsstätten: Dort gab es Schreibschulen und Bibliotheken. Fast alle Gelehrten dieser Zeit waren Mönche.

Was hieß Bildung?

Latein lernen war das wichtigste erste Ziel der Bildung. Mit wenigen Ausnahmen konnten daher im Frankenreich Karls des Großen nur Kleriker lesen und schreiben, nur sie waren „gebildet“; erst im hohen und späten Mittelalter gab es wieder gebildete Laien. Mit dem Latein fand man aber Zugang nicht nur zur Bibel und zu den theologischen Schriften der Kirchenväter. Denn um gutes Latein lesen und selbst schreiben zu können, hat man zu Übungszwecken auch die Schriften der heidnischen römischen Autoren gelesen und wieder abgeschrieben. Ohne die eifrigen Abschreiber des 9. Jahrhunderts hätten sich keine Werke Caesars, Vergils, Ciceros oder der anderen römischen Autoren bis heute erhalten. Immer mehr hat man sich im Mittelalter nicht nur für das gute Latein, sondern auch für den Inhalt der Schriften interessiert und daraus gelernt. Die Mönche beschäftigten sich nicht allein mit Theologie und Philosophie, sondern auch mit Medizin, Gartenbau, Architektur und Technik. Die Überlegenheit der Antike auf diesen Gebieten wurde immer anerkannt.

Wer ging ins Kloster?

Man konnte in jedem Lebensalter in ein Kloster eintreten; oft wurden schon Kinder in die Obhut eines Klosters gegeben. Reiche Klöster nahmen meist nur Adlige auf. Manche Nonnen oder Mönche wollten wirklich nur Gott dienen und ihm durch ein frommes Leben nahe kommen, manche wollten ohne Handarbeit geistig tätig sein, manche erhofften sich eine Versorgung in einer Zeit, als Hunger und Not häufig waren, manche, besonders die Kinder, wurden gar nicht erst gefragt. Durch das Gelübde, das persönliche Armut, Keuschheit und Gehorsam (gegenüber dem Abt) umfasste, trat man dem Kloster endgültig bei. Ohne Erlaubnis des Abtes oder der Äbtissin durfte man es nicht mehr verlassen.

Cluniazenser und Zisterzienser

Immer wieder gab es Zeiten, in welchen das Mönchtum verweltlichte. Vor allem der Reichtum der Klöster erregte Anstoß; er wurde besonders beim Klosterverband um die mächtige Abtei Cluny in Burgund sehr deutlich; sie besaß um 1000 die größte Kirche der Christenheit. So entstand in Burgund um 1100 eine Reformbewegung, die wieder zum einfachen Leben der Benediktusregel zurückkehren wollte – daraus entstand der Zisterzienserorden, benannt nach seinem ersten Kloster Citeaux. Er breitete sich rasch in ganz Europa aus. Für die Zisterzienser galt die Devise „Bete und arbeite“ (ora et labora). Sie betrieben eine fortschrittliche Landwirtschaft und waren Meister in der technischen Anwendung des Wassers. Der Wandel der Auffassung wurde auch in der Bauweise ihrer Klöster deutlich.

Die Bischofssitze

Die Klöster spielten in der frühen Kirche eine zentrale Rolle. Aber auch die Bischofssitze waren Zentren von Grundherrschaften, auch dort gab es Schulen und Bibliotheken, aber dort lebten mit dem Bischof keine Mönche, sondern Weltgeistliche, die in der Welt als Priester oder Verwalter von Kirchengut wirkten und die man Domherren nennt. Die Bischöfe des Mittelalters, fast durchweg aus dem Adel, waren vor allem auch Politiker und Fürsten. Eine Besonderheit in Europa waren die englischen Kathedralklöster, wo der Abt zugleich der Bischof war.

D2 Modell des Klosters Bebenhausen im Jahr 1534

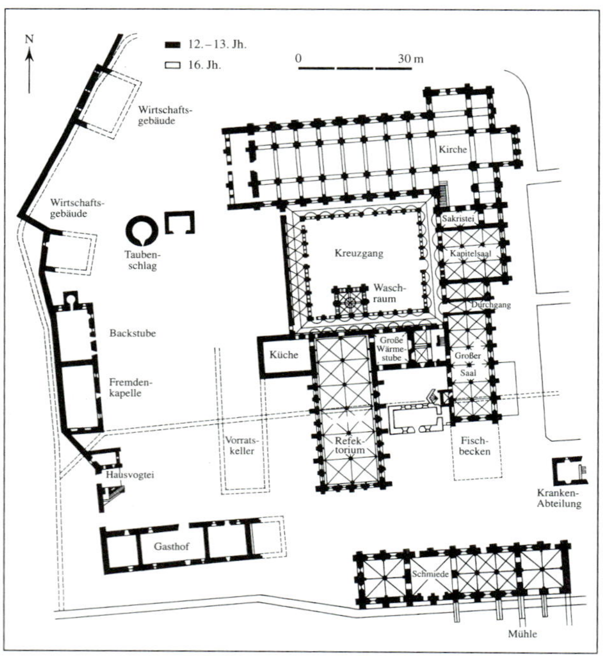

D3 Grundriss des französischen Zisterzienserklosters Fontenay

Q2 Aus der Benediktusregel

2. Wie der Abt sein soll.

Er mache im Kloster keinen Unterschied der Person. Er liebe den einen nicht mehr als den anderen, außer er fände bei ihm mehr Tugend und Gehorsam [...]; bei Gott gibt es ja kein Ansehen der Person. [...] Also schenkte er allen die gleiche Liebe, allen lasse er die gleiche Behandlung zuteil werden, wie sie es eben verdienen.

16. Wie der Gottesdienst tagsüber gehalten wird.

Wie der Prophet sagt: Siebenmal des Tages singe ich dein Lob. Diese geheiligte Siebenzahl erfüllen wir dann, wenn wir in der Morgenfrühe, zur Zeit der Prim, Terz, Sext, Non, Vesper und Komplet unseren schuldigen Dienst verrichten [...] Zu diesen Zeiten also wollen wir unserem Schöpfer den Lobpreis darbringen [...] und bei Nacht wollen wir aufstehen, um ihn zu preisen.

33. Ob die Mönche etwas zu eigen haben dürfen.

Besonders dieses Laster muss aus dem Kloster mitsamt der Wurzel ausgerottet werden: Keiner nehme sich also heraus, ohne Erlaubnis des Abts etwas zu verschenken oder anzunehmen oder etwas als eigen zu haben, durchaus nichts: weder ein Buch noch eine Schreibtafel noch einen Griffel, sondern gar nichts. Sie haben ja nicht einmal das Recht, über ihren Leib und die Regungen des Willens eigenwillig zu verfügen. Alles Notwendige dürfen sie aber vom Vater des Klosters erwarten; nur soll es nicht erlaubt sein, etwas zu besitzen, was der Abt nicht gegeben oder zugestanden hat. Alles sei allen gemeinsam, wie geschrieben steht, und keiner nenne etwas sein eigen oder beanspruche es für sich. Stellt sich heraus, dass einer an diesem sehr schlimmen Laster Gefallen findet, so werde er einmal und noch ein zweites Mal verwarnt. Bessert er sich nicht, so verfalle er der Strafe.

40. Vom Maß des Getränks.

Jeder hat eine besondere Gabe von Gott: der eine diese, der andere aber jene. Und deshalb bestimmen wir mit einer gewissen Ängstlichkeit das Maß der Nahrung für andere. Indessen glauben wir mit Rücksicht auf die Bedürfnisse der Schwachen, dass für jeden Tag eine Hemina Wein genügt (etwa ¼ l). Wem Gott aber die Kraft gegeben hat, sich davon zu enthalten, der wisse, dass er einen besonderen Lohn empfangen wird. Sollten indes die Ortsverhältnisse oder die Arbeit oder die Sommerhitze mehr fordern, so sei dies dem freien Ermessen des Oberen anheimgestellt; unter allen Umständen sehe er darauf, dass sich nicht volle Sättigung oder gar Trunkenheit einschleiche. Zwar lesen wir, der Wein passe überhaupt nicht für Mönche. Weil man aber in unserer Zeit die Mönche davon nicht überzeugen kann, so wollen wir uns wenigstens dazu verstehen, nicht bis zur vollen Sättigung zu trinken. [...] Das mahnen wir zu allererst, das Murren zu unterlassen.

Die Benediktusregel, hg. von B. Steidle OSB, Beuron 1963.

Zisterziensiermönche beim Bau einer Kirche Q3
Stiftungstafel, 1450.

Q4 Wissenschaft im Kloster

Ein Brief Karls des Großen an den Abt und die Mönche von Fulda, 784/85:

Wir sind mit unseren Getreuen zu dem Schluss gekommen, dass in den uns von Christus zur Herrschaft übertragenen Klöstern außer der Beachtung der Ordensregeln und der christlichen Lebensweise auch Wert auf die Pflege der Wissenschaften gelegt werden soll bei denen, die durch die Gabe Gottes die Fähigkeit besitzen, zu lernen, je nach ihrer geistigen Fassungskraft. [...] Obwohl gutes Handeln besser als Wissen ist, so geht doch das Wissen dem Handeln voraus. [...] Uns wurden in diesen Jahren Briefe von einigen Klöstern geschickt, in denen berichtet wurde, was die dort lebenden Klosterbrüder mit heiligen und frommen Gebeten für uns getan haben; in vielen dieser Zuschriften stellten wir eine rechte Gesinnung, aber eine rohe Sprache fest. Was fromme Demut treu diktierte, konnte die ungebildete Sprache wegen Vernachlässigung des Unterrichts nicht korrekt wiedergeben. Daher begannen wir zu fürchten, es ginge mit der mangelnden Erfahrung im schriftlichen Gebrauch der Wörter ein noch geringerer Verstand bei der Erfassung der Heiligen Schrift einher. Und wir wissen alle gut, dass die Irrtümer der Sprache gefährlich sind, noch gefährlicher aber die Irrtümer der Gedanken. Deswegen ermahnen wir euch, das Studium der Wissenschaften nicht zu vernachlässigen [...] Es kann keinem zweifelhaft sein, dass der Leser den geistlichen Gehalt umso schneller erfasst, je früher er in den Wissenschaften voll unterrichtet worden ist. Dazu soll man aber Männer auswählen, die den Willen und die Fähigkeit haben, andere zu unterrichten.

Epistola de litteris colendis, Urkundenbuch des Klosters Fulda 1, hg. von E. E. Stengel, 1958, Nr. 166.

KLICK INS INTERNET

www.klett.de/extra
Unter dem Extra-Link mit der Nummer 411050-0000 finden Sie in der Rubrik „Mittelalter"/„Orte des mittelalterlichen Lebens" anschauliche Seiten zum Klosterleben. Machen Sie sich auf zu einem virtuellen Rundgang durch das Kloster Maulbronn.

Fragen und Anregungen

1. Bilden Sie zwei Gruppen: Informieren Sie sich über die gegenwärtige Lebensweise des Benediktinerordens (Gruppe 1) und des Zisterzienserordens (Gruppe 2) und vergleichen Sie diese mit Q2. Erörtern Sie im Plenum, ob die mönchischen Ideale noch zeitgemäß sind.
2. Die Zisterzienser erbauten ihre Klöster nach einem ziemlich festen Bauplan. Ordnen Sie die Baubestandteile des Plans von Fontenay (D3) – soweit möglich – dem Modell des Klosters Bebenhausen (D2) zu.
3. Beschreiben Sie, welche (damals hoch geschätzten) handwerklichen Arbeiten Zisterziensermönche ausführten (Q3).
4. Beschreiben Sie die einzelnen Bestandteile der Karte Q1. Erklären Sie die Bedeutung von Sem, Ham und Jafet mit Hilfe der Bibel (Genesis 10, 1–32). Erläutern Sie das Weltbild Isidors.
5. Begründen Sie, warum gerade die Klöster zu Stätten der Kultur und Wissenschaft wurden (VT, Q4).

3. Das Frankenreich Karls des Großen als Kern Europas

768–814	Karl der Große regiert das Frankenreich.
800	Karl der Große wird in Rom zum Kaiser gekrönt.
987	Die Karolingerherrschaft endet im westfränkischen Reich.

Porträtbüste Karls des Großen Q1
1165 war Karl der Große sogar heilig gesprochen worden. König Karl IV. ließ 1349 eine Porträtbüste seines großen Vorfahren als Reliquienbehälter für dessen Hirnschale anfertigen.

Expansion des Frankenreiches

Karl erbte im Jahr 768 von seinem Vater Pippin die Hälfte des fränkischen Reiches; nach dem Tod seines Bruders Karlmann übernahm er 771 das ganze Reich. Bis zum Ende des 8. Jahrhunderts vergrößerte sich unter seiner Herrschaft das Frankenreich: In dreißigjährigen Kämpfen, die mehr ein Guerillakrieg und nur selten Feldschlachten waren, eroberte er Sachsen, unterwarf das italienische Langobardenreich und das Herzogtum Bayern, vernichtete das Awarenreich in Pannonien (Raum des heutigen Ungarn), machte die Slawenstämme östlich der Reichsgrenze tributpflichtig und baute die bretonische und die spanische Mark aus. Nur bei seinem ersten Feldzug nach Spanien erlitt er eine militärische Niederlage.

Erneuertes Kaisertum

Schon vor 800 vereinigte das Frankenreich mit Ausnahme des kleinen Königreiches Asturien in Nordspanien alle christlichen Gebiete des Kontinents, die den römischen Papst als Oberhaupt anerkannten. Daher nannten am Hof Karls einige das Frankenreich bereits „christliches Kaiserreich". Zu Weihnachten 800 ließ sich Karl in Rom wirklich zum Kaiser ausrufen und von Papst Leo III. krönen. Als erster mittelalterlicher Kaiser knüpfte er an das einstige weströmische Kaisertum an. Mit dem oströmisch-byzantinischen Kaiser, der den Anspruch erhob, der einzige Kaiser zu sein, geriet er daher in einen Konflikt, der erst 812 beigelegt wurde. Eine enge Verbindung des Kaisertums mit dem Papst hatte Karl nicht beabsichtigt; seinem Sohn Ludwig setzte er die Kaiserkrone in Aachen selbst auf. Später aber wurden Karls Nachfolger im Kaisertum, die deutschen Könige, im Mittelalter nur in Rom vom Papst zum Kaiser gekrönt. Das römisch-deutsche Kaiserreich bestand bis 1806.

Karl der Große als Vorbild

Karl, der 46 Jahre herrschte, machte das Frankenreich neben dem Byzantinischen Reich und dem Kalifat von Bagdad zur dritten Großmacht in Europa und dem Mittelmeerraum; eine Flotte besaß es allerdings nicht. Schon die Zeitgenossen nannten

König / Kaiser

Der fränkische oder römisch-deutsche König regierte im ganzen Reich, ohne dass er Kaiser sein musste. Nicht jedem der Könige war es möglich, in Rom die Kaiserkrone zu erlangen. Als Kaiser hatte er die zusätzliche Aufgabe, die römische Kirche und den Papst zu schützen. Der Kaisertitel verschaffte ihm allenfalls mehr Prestige in Europa, aber keine wirkliche Oberherrschaft über die anderen Reiche; das blieb nur sein Anspruch oder sein Wunschtraum.

Karl „den Großen“. In den slawischen Nachbargebieten wurde sein Name sogar zur Bezeichnung des Königs schlechthin: „král“ im Tschechischen, „król“ im Polnischen. Die späteren französischen und deutschen Könige und Völker sahen in ihm den großen Herrscher und Reichsgründer am Anfang der eigenen Geschichte. Im 19. Jahrhundert stritt man sich heftig darüber, ob er ein Deutscher oder ein Franzose gewesen sei. In Wirklichkeit aber sah sich Karl als Franke; damals fühlte sich noch niemand als Franzose oder als Deutscher.

D1 Das Frankenreich mit den Eroberungen Karls

Der Königshof

Auch Karls „Königshof“ schuf eine Tradition für spätere Könige und Fürsten. Der Hof (bis zu Tausend Personen) zog von Pfalz zu Pfalz im Reich umher, denn die Regierung des Riesenreiches konnte noch nicht von einer Hauptstadt aus geführt werden, auch wenn sich Karl in seinen späteren Jahren häufig in Aachen aufhielt. Alle modernen Möglichkeiten der Kommunikation gab es noch nicht, die schnellste Verbindung war der reitende Bote – bei sehr schlechten Verkehrswegen. Von Aachen nach Rom benötigte eine Nachricht also mindestens vier Wochen. Den Schriftverkehr des Königs besorgten die Geistlichen (Kapläne) am Hof.

Grafen und Bischöfe

Die Grafen, man schätzt ihre Zahl im Frankenreich auf etwa 500, waren die wichtigsten weltlichen Großen. Sie sollten die Vertreter des Königs in ihren Grafschaften sein, waren als Richter tätig, boten vor Feldzügen die freien Krieger auf und verwalteten den Besitz des Königs, das Reichsgut. Genauso wichtig waren für den König die Bischöfe, die er meist selbst einsetzte und die ihm dafür auch als Politiker und Diplomaten dienten.

Karl als Gesetzgeber

Karl wurde in den Nachfolgeländern seines Reiches auch als großer Gesetzgeber gesehen. Neben dem Volksrecht für die Sachsen hatte er zahlreiche Verordnungen für das Gesamtreich erlassen, die man Kapitularien nannte. Den Erfolg dieser Anordnungen suchte er durch Königsboten zu kontrollieren; jeweils ein hoher Geistlicher und ein Graf standen an ihrer Spitze (Q2). Der Erfolg dieser Kontrolleure war jedoch gering.

Bildungsreform

Karl konnte selbst nicht schreiben, war aber außerordentlich wissbegierig und an Bildung interessiert; er zog die besten Gelehrten des lateinischen Europa an seinen Hof: Sie kamen aus dem langobardischen Italien, aus Spanien, Irland und England; fränkische Gelehrte stießen erst später dazu. Der führende Kopf dieses Hofkreises war der Angelsachse Alkuin. Am Hof arbeitete man an einer Bildungsreform: Das

Q2 **Karl der Große mit den Reichsinsignien**
Gemälde von Albrecht Dürer, 1512. Die Reichsinsignien wurden erst lange Zeit nach dem Tod Karls des Großen hergestellt.

Q3 **Karl der Große als römischer Imperator**
Skulptur an der Fassade einer Kirche in Rom von dem französischen Bildhauer Pierre de L' Estache, 1746/47.

inzwischen verwilderte Latein wurde wieder korrekt geschrieben, man entwickelte eine einheitliche gut lesbare Schrift, die zur Grundlage unserer heutigen Schrift wurde. Bücher wurden hochgeschätzt, die Bucheinbände wunderbar verziert. Alle kulturellen Anstrengungen aber sollten der Kirche dienen: der gregorianische Gesang, der einheitliche Bibeltext, eine einheitliche Gottesdienstordnung (Liturgie), die einheitliche Benediktusregel für alle Klöster des Reiches. Die Pfarrer sollten keine Unfreien sein, sie sollten genügend Latein für das Lesen der Bibel und für die Gottesdienste können. Alkuins Absicht, auch auf dem Land Schulen zu errichten, ließ sich allerdings nicht verwirklichen, der Adel hatte wenig Interesse an Bildung.

Das Frankenreich als Europa

Ein Zeitgenosse nannte den ordnungs- und einheitsliebenden Kaiser einmal „Vater Europas". Alkuin und die anderen Gelehrten dieser Zeit verstanden unter Europa aber nur das den Kontinent beherrschende christliche Frankenreich. „Europa" war also eine religiös-geographische Bezeichnung, die der König und der offizielle Hof gar nicht verwendeten. Auch für die einfache Bevölkerung hatte sie keine Bedeutung. Aber auch wenn es die Menschen damals nicht wissen konnten: Aus dem Frankenreich entwickelte sich später das abendländische Europa.

Q4 Der Hof Karls des Großen

Aus der Pfalzenordnung des Erzbischofs Hinkmar von Reims († 882):

Der Königshof war im Gefüge der gesamten Verwaltung des Reiches folgendermaßen eingerichtet: Den Vorrang nahmen der König und die Königin mit ihren erlauchten Nachkommen ein [...]

Der Hof wurde (nach dem obersten Kaplan und dem Kanzler) noch durch folgende Amtsträger verwaltet: durch den Kämmerer, den Pfalzgrafen, den Seneschall, den Mundschenk, den Stallgrafen (Marschall) [...] Der Pfalzgraf war neben schier unzähligen anderen Dingen vornehmlich damit beschäftigt, alle Rechtsstreitigkeiten, die, anderswo entstanden, wegen eines gerechten Urteils an den Hof gebracht wurden, rechtmäßig und vernünftig zu entscheiden oder ungerechte Urteile auf den Weg der Gerechtigkeit zurückzuführen. [...]

Für die würdige Ausstattung des Hofes und besonders für den königlichen Schmuck, aber auch für die Jahresabgaben der Vasallen – abgesehen von der Versorgung mit Speise und Trank und dem Unterhalt der Pferde – waren vornehmlich die Königin und unter ihr der Kämmerer zuständig; und je nach Art einer jeden Sache waren sie bestrebt, immer rechtzeitig den künftigen Bedarf vorauszuplanen, damit nichts [...] irgendwo fehlte. Auch die Geschenke der verschiedenen Gesandtschaften verwaltete der Kämmerer, falls es nicht auf Geheiß des Königs um Dinge ging, die besser von der Königin mit ihm zusammen behandelt werden sollten. Alle diese und ähnliche Regelungen zielten darauf ab, dass der Herr König, frei von jeder Sorge um Haus oder Pfalz [...], seine Hoffnung beständig auf den allmächtigen Gott richten und seinen Geist bereit halten konnte zur Lenkung und Bewahrung des ganzen Reiches.

Drei Hofbeamten aber, nämlich dem Seneschall, dem Schenk und dem Stallgrafen, kam es nach Art und Umfang ihres Amtes zu, in gemeinsamer Absprache und nach ihrer jeweiligen Zuständigkeit tatkräftig Weisungen zu erteilen, damit alle Amtleute des Königs so früh wie möglich im voraus wussten, wo der König zu dieser oder jener Zeit für so oder so lange zu verweilen hatte, und alles herbeischaffen und vorbereiten konnten; falls sie es nämlich zu spät erfahren, würde alles zu unpassender Zeit und in zu großer Eile angefordert und die königlichen Hintersassen kämen durch diese Nachlässigkeit ohne Not in Bedrängnis. Obwohl diese Sorge auch den Mundschenk und den Stallgrafen betraf, lag doch die größte Verantwortung beim Seneschall, denn er war für alles zuständig außer für die Getränke und das Futter für die Pferde.

De ordine palatii, übers. und hg. von Th. Groß und R. Schieffer, 1980, MGH Fontes iur. Germanici antiqui, S. 56, 64, 70–76.

Q5 Einsatz der Königsboten

Aus einem Kapitulare Karls des Großen:

Der allergnädigste und allerchristlichste Herr Kaiser Karl hat aus der Reihe seiner klügsten Großen die weisesten Männer ausgewählt, und zwar Erzbischöfe und andere Bischöfe und auch ehrwürdige Äbte sowie fromme Laien, und hat sie in sein gesamtes Reich abgeordnet, um allen Untertanen die Möglichkeit zu geben, nach Recht und Gesetz zu leben. Er befiehlt, dass sie sorgfältige Untersuchungen anstellen, falls irgendwo etwas anders als recht und gerecht verordnet sein sollte, und verlangt darüber Meldung: denn er will dann mit Gottes Gnade für Verbesserung sorgen. Und niemand wage es, mit vermeintlicher Schlauheit nach eigenem Ermessen das gültige Gesetz, wie es leider oft geschieht, oder seine Gerechtigkeit zu seinem Vorteil zu beugen oder das zu tun versuchen, weder gegenüber den Kirchen Gottes noch den Armen noch den Witwen und Waisen, überhaupt gegen keinen Christenmenschen. Sondern alle Menschen sollen jeden Orts, wie es Gott befiehlt, gerecht unter gerechtem Gericht leben. [...] Die Kleriker sollen völlig nach dem Kirchenrecht leben, ohne schimpflichen Geschäftsgewinn zu erstreben, die Nonnen mögen ihr Leben besonders sorgsam hinbringen, Laien und Weltliche sollen rechten Gebrauch von ihren Gesetzen machen. [...] Wenn aber irgendwo ein Mensch behauptet, ihm sei von einem anderen Unrecht widerfahren, dann sollen die Königsboten [...] wirklich sorgfältige Untersuchungen durchführen. [...] Alle Fälle, in denen sie selbst aus eigener Kraft und mit Hilfe der zuständigen Grafen nichts bessern und die Gerechtigkeit nicht wiederherstellen können, sollen sie mit ihren Berichten ohne Umschweife dem Gericht des Herrn Kaisers unterbreiten; es darf nicht geschehen, dass Speichelleckerei, Vetternwirtschaft oder Furcht vor mächtigen Menschen die Justiz auf ihrem Weg aufhält.

MGH Capit. 1, Nr. 33, übers. von W. Lautemann, Geschichte in Quellen II, München 1970, S. 73 f.

KLICK INS INTERNET

www.klett.de/extra

Unter dem Extra-Link mit der Nummer 411050-0000 finden Sie in der Rubrik „Mittelalter"/„Wer herrschte in Europa?" spannende Seiten zu Karl dem Großen. Sie erfahren mehr über sein Leben als König und Kaiser oder erkunden per Mausklick seine Kaiserpfalz in Ingelheim.

Kontro vers

Das Frankenreich – ein fehlgeborenes Europa?

Kontroverse Deutungen des Frankenreichs:

D2 *Der französische Historiker Jacques Le Goff, 2004:* Die folgende Periode umfasst eine Episode, die oft als der erste große Versuch beschrieben worden ist, Europa zu bauen. Als Bauherr wird Karl der Große genannt, dessen kurzlebiges Reich der erste wirkliche Entwurf Europas gewesen sei. In diesem Fall, das muss betont werden, gäbe das Unternehmen Karls des Großen das erste Beispiel für ein fehlgeleitetes Europa ab. Seine Vison war in der Tat eine „nationalistische“, sein Reich in erster Linie ein Frankenreich, gegründet auf einen wahrhaft patriotischen Geist. Um ein Beispiel zu nennen: Karl der Große hatte sogar ins Auge gefasst, den Kalendermonaten fränkische Namen zu geben. Dieser Aspekt wird von den Historikern selten zur Geltung gebracht. Es erscheint mir wichtig, ihn hervorzuheben, weil es sich um den ersten aller gescheiterten Versuche handelt, ein Europa unter der Herrschaft eines Volkes oder eines Reichs zu bauen. Das Europa Karls V., das Europa Napoleons und das Europa Hitlers waren de facto anti-europäisch, und in den Bestrebungen Karls des Großen ist bereits etwas von diesen Plänen angelegt, die dem wahren Europagedanken widerstreben.

J. Le Goff, Die Geburt Europas im Mittelalter, München 2004, S. 48. Übersetzung: Grete Osterwald.

D3 *Der deutsche Historiker Dieter Hägermann, 2000:* Europa, das sich in diesen Tagen anschickt, eine neue politische Gestalt anzunehmen, geht in seinen Wurzeln unzweifelhaft auf jenes bereits supranationale übernationale, durch die Person der Herrschers – und seiner Familie – zusammengefügte Gebilde zurück, das wir mangels treffenderer Termini als „Karolingerreich“ oder „Reich Karls des Großen“ zu benennen pflegen [...] In jenem „karolingischen Zeitalter“ erhält im Rückblick des Historikers das „Abendland“ seine ersten festeren Konturen unter fränkischem Zugriff, das sich damals [...] von Byzanz löst.[...] Karl hat diese Tendenzen selbst bestimmt: Expansion seines Reiches, von dem das moderne Frankreich, das moderne Deutschland, auch das moderne Italien ihren Ausgang nehmen; Schaffung eines großen Wirtschaftsraumes durch eine einheitliche Währung; „weltweite“ Kontakte über das Mare nostrum mit Bagdad, Jerusalem und Byzanz; Ausweitung der Ökumene und dauerhaftes Bündnis mit dem Papsttum; romnahe Liturgie und „Bildungs“-reform im Bündnis mit den besten Köpfen seiner Zeit; [...] die Ausbildung des nachklassischen Lateins in Wort und Schrift zur Lingua franca des entstehenden „lateinischen“ Abendlands.

Dieter Hägermann, Karl der Große. Herrscher des Abendlandes, 2000, S. 10, 685.

Q6 **Silberdenar Karls des Großen, um 800**
Die Umschrift auf der Vorderseite lautet: „KAROLUS IMP(erator) AUG(ustus)“. Auf der Rückseite ist ein veränderter Roma-Tempel zu sehen. Die Umschrift lautet: CHRISTIANA RELIGIO.
Ermitteln Sie die Aussageabsicht der Münzen mit Hilfe von S. 74/75. Erörtern Sie, inwiefern sich in der Münze Elemente europäischer Identität spiegeln.

Fragen und Anregungen

1. Beschreiben Sie, welche Bedeutung Recht und Gerechtigkeit aus Sicht des Hofes im Frankenreich hatten und vergleichen Sie sie mit unserem modernen Staat (Q4, Q5).
2. Erörtern Sie, ob der Begriff „Vater Europas“ für Karl den Großen aus unserer Sicht gerechtfertigt ist. Beachten Sie dabei Bildung, Kultur, Religion, Herrschaftsstruktur und Territorium (VT).
3. Vergleichen Sie die Porträtbüste Karls mit Dürers Bild und der Statue in Rom (Q1–Q3). Erläutern Sie, warum Karl der Große in unterschiedlichen Zeiten verschieden dargestellt wird.
4. Erörtern Sie, welche Befürchtungen den Historiker Jacques Le Goff, welche Vorstellung den Historiker Dieter Hägermann zu den unterschiedlichen Urteilen über das Frankenreich und Europa geführt haben könnten (D2, D3).

4. Panzerreiter werden Vasallen – das Lehnswesen

Das fränkische Heer

Wie ist die Überlegenheit der fränkischen Heere zu erklären, die zur Errichtung des fränkischen Großreiches führte? Ursprünglich haben die fränkischen Krieger zu Fuß gekämpft und das Heer bestand überwiegend aus Bauernkriegern. Aber die karolingischen Herrscher von Karl Martell bis zu Karl dem Großen begannen, eine gepanzerte Reitertruppe aufzubauen. Sie wurde zum kampfentscheidenden Heeresteil bei der militärischen Expansion des Reiches.
Doch die Lanze, das Langschwert, der Schild, der Ringelpanzer (das Kettenhemd), die Beinschienen und der Eisenhelm der Panzerreiter waren sehr teuer. Sie kosteten so viel wie 20 Kühe; das Eisen an der Rüstung war das Teuerste. Weitere Kosten kamen durch das Schlachtross, die Packpferde und die Verpflegung für die zahlreichen Feldzüge hinzu. Denn nur zwei Jahre der langen Regierungszeit Karls des Großen verliefen ohne Kriegszüge. Ein einzelner einfacher Bauernkrieger konnte sich das nicht mehr leisten, zumal er auf seinem Bauernhof gebraucht wurde. Karl der Große wollte zwar auch das Volksheer erhalten, dennoch war die Entwicklung von den Fußkämpfern zum Heer schwer gepanzerter Reiter nicht aufzuhalten.

Gefolgschaft und Lehen

Da die Geldwirtschaft seit der Spätantike stark zurückgegangen war, fanden die Karolinger eine neue Möglichkeit der Entlohnung: Ihre Panzerreiter bekamen ein Lehen übertragen, das meist aus einer Grundherrschaft, d. h. aus Ländereien mit Bauern bestand. Aus den Abgaben dieser Bauern konnte die teure Rüstung finanziert werden. Die Karolinger entnahmen die Lehensgüter dem Königs- oder Kirchengut. So trug auch die Kirche, wahrscheinlich ungern, zum Aufstieg dieser Königsfamilie bei.
Die Lehnsmannen, die Vasallen, lebten nicht am Hof ihres Herrn, sondern auf ihrem geliehenen Besitz. Der König und die anderen Lehnsherren legten dennoch großen Wert auf eine enge Verbindung mit ihnen. Die Lehnsnahme wurde daher zu einem richtigen Ritual ausgestaltet (Q5), wobei der Treueid immer wichtiger wurde. Es war eine Verbindung auf Gegenseitigkeit: Der Lehnsherr versprach dem Mann Schutz und Unterhalt, der Lehensmann unterstützte den Herrn mit „Rat und Tat"; unter der Tat ist vor allem der Kriegsdienst, aber auch Verwaltungs- oder Richtertätigkeit zu verstehen.

Lehnsherren und Vasallen gehörten der Oberschicht an. Die Vasallen waren oder wurden ein Teil des Adels; sie konnten selbst nach dem Vorbild des Königs wieder Untervasallen haben, die ihnen treu sein mussten. Man schätzt die Zahl der Kronvasallen Karls des Großen auf 1 500 bis 2 000, die der Untervasallen auf 30 000. Diese Panzerreiter bildeten den Kern seiner erfolgreichen Heere. Auch waffentechnisch waren sie den Nachbarn offensichtlich überlegen. Das wird aus den Ausfuhrverboten von fränkischen Schwertern und Ringelpanzern deutlich, die Karl der Großen erließ.

Fränkische Panzerreiter Q1
in einer Darstellung des 9. Jahrhunderts aus St. Gallen

Q2 Der Teppich von Bayeux
Der Wandteppich wurde Ende des 11. Jahrhunderts in der Normandie hergestellt. Er sollte an den Sieg der Normannen über die Engländer erinnern. Auf fast 70 Metern Länge wird in gestickten Bildern die Geschichte der Eroberung Englands erzählt. In diesem Ausschnitt ist die Schlacht der normannischen Panzerreiter gegen die Angelsachsen bei Hastings dargestellt.

Ämter und Bistümer als Lehen

Das Lehnswesen wurde später noch auf andere Bereiche ausgedehnt. Königliche Ämter wie das Herzogs- oder Grafenamt wurden wie Lehen vergeben. Sogar die Einsetzung eines Bischofs durch den König, die Investitur, wurde oft als Belehnung aufgefasst. Denn auch Bischöfe und Äbte hatten wie die Grafen ihre eigenen Vasallen dem königlichen Heer als Panzerreiter zur Verfügung zu stellen. Mit den Lehnsbeziehungen konnte man also die mittelalterliche Herrschaft organisieren. Das lateinische Wort für „Lehen“ heißt feudum, daher stammt der Begriff Feudalismus für die Gesellschaftsform des europäischen Mittelalters. Zur Feudalgesellschaft gehört aber nicht nur das Lehenswesen mit der Oberschicht, sondern auch die Grundherrschaft mit der abhängigen Bevölkerung.

Zwei Seiten des Lehenswesens

Das Lehnswesen hatte den mächtigen Frankenkönigen große Vorteile gebracht. Beim Schwinden der königlichen Macht in der späten Karolingerzeit wurden aber auch die Nachteile deutlich. Die Vasallen strebten danach, das Lehensgut vererben zu können, aus dem Lehen überhaupt Eigengut (Allod) ohne jede Dienstpflicht zu machen. Es schwächte die Stellung des Lehnsherrn auch, wenn ein Mann Lehen von zwei oder mehr Herren annahm (Doppelvasallität). Wem sollte er dann Waffendienst leisten? Erst im 13. Jahrhundert wurde genauer festgelegt, wer wen belehnen konnte und wer von wem ein Lehen nehmen durfte. Daraus entwickelte sich eine Rangordnung der Lehensherren und Vasallen, ja des Adels überhaupt. Im römisch-deutschen Reich wird sie Heerschildordnung genannt.

Mitbestimmung

Das Lehnswesen breitete sich in den Nachfolgereichen des Frankenreiches, in Frankreich, Deutschland und Italien und in unterschiedlichen Formen in Skandinavien, Böhmen, Polen, Ungarn und Spanien aus. Die Vasallen wirkten an der Herrschaft der Könige und Fürsten mit. In Konflikten zwischen Lehnsherren und Lehnsnehmern oder zwischen den Vasallen entschieden Lehnsgerichte, die sie selbst bildeten. Aus den Vasallen wurde, Schritt für Schritt, im Spätmittelalter der „Herrenstand“, der (mit Klerus und Städten) zum Vertreter des Landes gegenüber dem Fürsten wurde. Aus den Landständen mit ihrer Mitbestimmung über die Finanzen des Landes entwickelten sich in der frühen Neuzeit in einigen Ländern Europas die Parlamente.

Q3 Belehnung eines Vasallen, um 1230
Zwei Fürsten bieten einem Vasallen die Belehnung an. Der Vasall zieht denjenigen vor, der selbst ein „Fahnlehen“ hat, Abbildung aus dem Sachsenspiegel.

Q4 Heeresaufstellung

Anweisungen Karls an seine Königsboten, 808:

1) Jeder freie Mann, der vier Hufen bestelltes Land zu eigen oder von irgendjemandem zu Lehen hat, muss sich bereithalten und in eigener Person ins Feld ziehen, und zwar mit seinem (Lehens-)Herrn, wenn dieser nämlich mit auszieht, oder mit seinem Grafen. Wer drei Hufen als Eigen besitzt, werde mit einem anderen verbunden, der nur eine Hufe hat und ihm Unterstützung geben soll, damit dieser für beide marschieren kann. Wer aber nur zwei Hufen zu eigen hat, werde mit einem anderen zusammengetan, der ebenfalls zwei Hufen hat, und einer von ihnen rücke mit Unterstützung des anderen aus. Wer aber nur eine einzige Hufe besitzt, mit dem sollen drei andere zusammengetan werden, die auch nur eine haben und einer soll ausrücken, die anderen aber ihn unterstützen. Die drei aber, die diese Unterstützung leisten, sollen zu Hause bleiben.

2) Wir wollen und befehlen, dass unsere Boten sorgfältig untersuchen, wer sich im vergangenen Jahr der Dienstpflicht entzogen hat [...]; und wer dabei betroffen wird, dass er seinen Mann beim Ausmarsch nicht unserem Befehl entsprechend unterstützt hat, der soll Strafe für unseren Heerbann zahlen.

Zit. nach: Wolfang Lautemann (Hg.), Geschichte in Quellen II, München 1970, S.75.

Q5 Belehnung von Vasallen

Der Graf von Flandern belehnt seine Vasallen, 1127:

Am Donnerstag, 7. April, wurden dem Grafen noch weitere Lehenseide geschworen. [...] Zuerst schworen sie folgendermaßen: Der Graf fragte, ob (der Kandidat) ganz und gar sein Mann sein wolle, und dieser antwortete: „Ja, ich will“. Und er legte die Hände zusammen und legte sie fest in die Hände des Grafen, und beide besiegelten ihren Bund mit einem Kuss. Danach schwor der Mann, der den Lehenseid abgelegt hatte, mit folgenden Worten, die er dem Vorsprecher des Grafen nachsprach, die Treue: „Ich schwöre bei meinem Glauben, von diesem Augenblick an dem Grafen Wilhelm treu zu sein gegen jedermann. Ich werde meinen Treueid halten, in gutem Glauben und ohne Arglist.“ Zum dritten Mal schwor dann derselbe Mann bei den Reliquien der Heiligen. Dann vergab der Graf mit dem Stab in der Hand die Belehnung an alle, die ihm durch diesen Vertrag ein feierliches Versprechen abgegeben sowie Mannschaft zugleich mit dem Treueid geleistet hatten.

Galbert v. Brügge, Passio Karoli, MGH SS 12, S. 591. Übersetzung: Verfasser.

D1 Wer darf wen belehnen?

Erläutern Sie, wie viele Belehnungen zwischen König und Ritter maximal möglich waren und welche Bedeutung dies für die Leistungen der Vasallen haben konnte (D1).

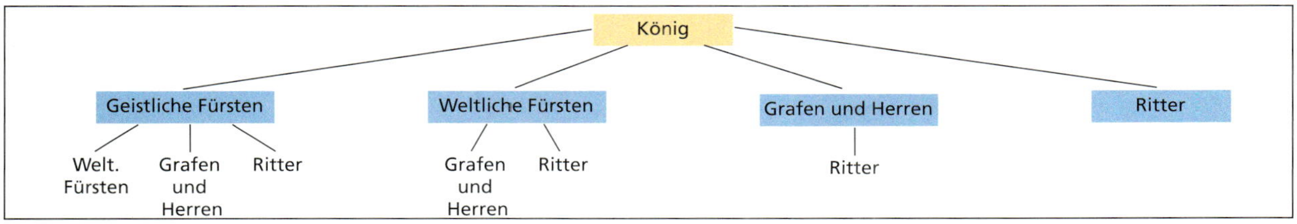

Belehnung von Fürsten, um 1230 Q6
Der Kaiser belehnt die weltlichen Fürsten mit Fahnen, die geistlichen (hier einen Bischof und eine Äbtissin) mit einem Zepter, Abbildung aus dem Sachsenspiegel.

Q7 **Was heißt Lehnstreue?**

Aus einem Gutachten des gelehrten Bischofs Fulbert von Chartres († 1028):

An Wilhelm, den glorreichen Herzog der Aquitanier, Bischof Fulbert mit einer Fürbitte. Ihr hattet mich gebeten, etwas über das Wesen der Lehenstreue zu schreiben [...] Wer seinem Herrn den Treueid leistet, muss folgende sechs Punkte immer im Gedächtnis haben: gesund und unversehrt, sicher, ehrenhaft, nützlich, leicht, möglich. Gesund und unversehrt: dass der Herr durch ihn an seinem Körper keinen Schaden erleide. Sicher: dass er seinem Herrn nicht durch Verrat seines Geheimnisses oder seiner Befestigungen, die seine Sicherheit garantieren, Schaden zufüge. Ehrenhaft: dass er die Gerichtsbarkeit seines Herrn oder andere ihm zustehende und zur Ehre gereichenden Rechte nicht antaste. Nützlich: dass er den Besitz seines Herrn nicht schädige. Leicht und möglich: dass er seinem Herrn nicht erschwere, Gutes zu tun, wenn dieser es leicht tun könnte, und dass er nicht unmöglich mache, was seinem Herrn möglich wäre. Es gehört sich von Rechtswegen, dass der Vasall diese Schädigungen vermeide. Aber sein Lehen verdient er damit noch nicht; denn es genügt nicht, sich des Schlechten zu enthalten, sondern man muss das Gute tun. Er soll also die sechs genannten Forderungen so erfüllen, dass er seinem Herrn treu Rat und Hilfe leiht, wenn er seines Lehens würdig erscheinen und seinen Treueschwur halten will. Der Herr muss sich auf allen diesen Gebieten seinem Lehensmann gegenüber genauso verhalten. Täte er es nicht, so würde er mit gutem Recht für treulos erklärt; ebenso würde sich ein Vasall, den man dabei ertappt, wie er durch Tat oder Billigung seine Pflichten verletzt, der Untreue und des Meineids schuldig machen.

The Letters and Poems of Fulbert of Chartres, hg. von F. Behrends, 1976, S. 90. Übersetzung: Verfasser.

Fragen und Anregungen

1. Begründen Sie, warum das Panzerreiterheer dem alten Volksheer überlegen war (Q1, Q2).
2. Erklären Sie, warum Karl der Große vermutlich an den Bauernkriegern festhalten wollte (Q4).
3. Stellen Sie die einzelnen Akte der Belehnung nach dem Sachsenspiegel dar (Q3, Q6).
4. Erläutern Sie, welche Vor- und Nachteile das Lehnswesen für den König, die anderen Lehnsherren und für die Vasallen hatte (Q5, Q7, VT).
5. Vergleichen Sie das Lehnswesen mit der militärischen Struktur und Verwaltungsstruktur des Römischen Reiches. Erklären Sie, warum es im Mittelalter dennoch eine sinnvolle Organisationsform war.

5. König und Adel – eine spannungsreiche Beziehung

Könige – heute und damals

In Märchen oder Filmen über das Mittelalter erscheinen uns die Könige oft als Herrscher, deren Befehlen jedermann zu gehorchen hatte. In Wahrheit aber waren selbst die mächtigsten Herrscher des Mittelalters keine „Monarchen" (Alleinherrscher). Kein König konnte ohne den Adel, die Oberschicht des Volkes, herrschen und regieren. Er war auf sie bei der Verwaltung des Reiches und bei großen Feldzügen angewiesen. Denn da die Geldwirtschaft noch wenig entwickelt war, konnte er im früheren Mittelalter keine Beamten oder Söldner bezahlen.

Wer wird König?

Könige wurden aus dem Kreis des Adels gewählt. Im deutschen Reich blieb es beim Wahlrecht, nur mächtigen Königen gelang es, den eigenen Sohn zum Nachfolger wählen zu lassen. In Frankreich, England und anderen Ländern setzte sich das Erbrecht später durch. In Polen, Böhmen und Ungarn galten zwar nur Fürsten aus den Familien der Piasten, Premysliden und Arpaden bis zu ihrem Aussterben im 14. Jahrhundert als rechtmäßig, dann aber überwog auch dort das adlige Wahlrecht. Aber ob Wahl- oder Erbrecht, die Könige selbst hielten sich von Gott eingesetzt, seit der Karolingerzeit nannten sie sich „von Gottes Gnaden". Damit suchten die Könige ihre Stellung über dem Adel und ihre Gleichwertigkeit gegenüber dem Papst zu bekunden. Wenn ein König in Kriegen erfolgreich und mächtig war, drängten sich die Adligen um ihn, sonst ließen sie ihn links liegen. Der König aber suchte den Adel durch Lehensabhängigkeit und Treueid an sich zu binden.

Stolz des Adels

Die Adligen fühlten sich durch Geburt zur Herrschaft über andere Menschen und über das Land berufen; sie waren die größten Grundherren, die einzigen, die keine Handarbeit leisten mussten, sie waren die Krieger, die Richter, die Verwalter. Sie hielten sich voller Stolz für die besseren, leistungsfähigeren und geistig überlegenen Menschen. Ihre Familien suchten sie auf berühmte Vorfahren zurückzuführen. Sie stellten die höchsten Amtsträger des Königs und der Kirche.

Fehderecht und Friedensgebote

Der Adel Mittel- und Nordeuropas beanspruchte auch das Recht, bei seinen Konflikten rechtmäßig Gewalt anzuwenden („Fehderecht"). Vor ein Gericht des Grafen ließ sich ein Adliger nur ungern ziehen (D1). Schwachen Herrschern wie den Königen Frankreichs im 10. Jahrhundert, gelang es nicht, Konflikte zu lösen. Fehden mit Raub und Brand trafen die Bauern, aber auch die Klöster und das Eigentum der Kirche. Bischöfe und Äbte taten sich daraufhin mit einsichtigem Adel zusammen und verkündeten die „Gottesfrieden" (Q2). Obwohl der Erfolg bescheiden war, breiteten sich die Gottesfrieden auch in Spanien und Italien aus, im deutschen Reich nur am westlichen Rand. Denn hier erließen die Könige eigene „Landfrieden". Sie suchten im hohen Mittelalter die Fehden wenigstens einzuschränken (Q3). Der englische König verkündete 1100 ein allgemeines Friedensgebot, der französische König 1258 und 1306, im 13. Jahrhundert die norwegischen und schwedischen Könige, im 14. der dänische Herrscher. Erst 1495 wurde im deutschen Reich der „Ewige Landfrieden" verkündet. Der Friede war also innerhalb der Reiche des Mittelalters nicht der Normalzustand, er war durch Fehden und Kriege ständig bedroht. Erst der moderne Staat der Neuzeit konnte den innerstaatlichen Frieden durch Polizei und Justiz durchsetzen. Die einzelnen Bürger dürfen heute nur in den seltenen Fällen der Notwehr rechtmäßig Gewalt anwenden.

D1 Die Sicharfehde

Die vom Chronisten Gregor von Tours überlieferte Fehde im Frankenreich (585 bis 588) wird von einer Historikerin nacherzählt:

[Die Fehde] begann damit, dass ein Priester zu Weihnachten die beiden Adligen Sichar und Austregisel einladen wollte; aufgrund eines Missverständnisses wurde aber der einladende Bote von einem Mann des Austregisel erschlagen. Sichar sah sich zur Blutrache für den befreundeten Priester verpflichtet, verlor dabei jedoch vier Knechte und wertvollen Schmuck. Vom Gericht wurde Austregisel zur Wergeldzahlung [Bußgeld für die Tötung eines Mannes] für die getöteten Knechte verurteilt, die Herausgabe des Schmuckes erreichte das Gericht aber nicht. Als Sichar kurz darauf herausfand, dass dieser im Haus einer mit Austregisel befreundeten Familie versteckt war, überfiel er deren Haus und tötete drei Familienangehörige sowie das gesamte Gesinde. Nun wurde Sichar von einem Gericht zur Wergeldzahlung für die Getöteten verurteilt, der überlebende Sohn Chramnesind verweigerte aber die Annahme als unehrenhaft, weil er nicht durch den Tod seiner Verwandten reich werden wollte, obwohl Bischof Gregor von Tours das Wergeld aus Kirchenmitteln bezahlen wollte, um die Fehde zu beenden. Als dann bald darauf das Gerücht umging, Sichar sei gestorben, überfiel Chramnesind dessen Anwesen, tötete die Dienerschaft, äscherte alles ein und raubte das Vieh. In einem neuen Gerichtsverfahren wurde nun Chramnesind dazu verurteilt, auf die Hälfte des ihm im Prozess zuvor zugestandenen Wergelds zu verzichten wegen seiner Untaten, während Sichar nun die andere Hälfte zahlen sollte. Damit war für kurze Zeit der Frieden hergestellt, Sichar und Chramnesind wurden unglaublicherweise sogar Freunde, bis Sichar bei einem gemeinsamen Gelage spottete, Chramnesind sei durch ihn, Sichar, bzw. die Tötung seiner Verwandten durch Sichar, reich geworden. Daraufhin fühlte sich Chramnesind so in seiner Ehre verletzt, dass er Sichar den Schädel spaltete, ihn entkleidet an den Pfahl einer Zaunhecke hing, um damit Klage gegen einen Toten einzuleiten, was möglich war, und zum König ging. Er erklärte, in Notwehr gehandelt zu haben und schob damit dem Getöteten die Schuld am Friedensbruch zu. Nach längerer Verhandlung, in die sich auch die Königin Brunichild einschaltete, weil Sichar ihr Lehensmann gewesen war, wurde Chramnesind schließlich freigesprochen und seine Selbsthilfe damit anerkannt.

An dieser berühmten Fehde lässt sich gut erkennen, wie die Gerichte unter Beteiligung der Kirche bestrebt waren, die Blutrache zu unterbinden, die ja auch in diesem Fall viele unschuldige Menschenleben kostete, aber an den Ehrvorstellungen und kriegerischen Ambitionen der Oberschicht dieser gewaltbereiten Gesellschaft scheiterten.

M. Hartmann, Aufbruch ins Mittelalter. Die Zeit der Merowinger, 2003, S. 109 f.

Q1 „Befriedete" Orte

Sachsenspiegel 13. Jahrhundert. Welche im Landfrieden (Q3) geschützten Orte sind dargestellt, welche fehlen?

Q2 Aus dem Gottesfrieden von Arles, 1037 bis 1041:

Raginbald Erzbischof von Arles, mit ihm die Bischöfe Benedikt von Avignon und Neithard von Nizza, dazu auch der ehrwürdige Abt Odilo (von Cluny) und alle Bischöfe und Äbte und der gesamte Klerus in Gallien an alle Erzbischöfe, Bischöfe, Priester und allen Klerus in ganz Italien [...] 2. Nehmt also den Gottesfrieden an, den wir durch Gottes Eingebung als uns vom Himmel gesandt angenommen haben und halten und der folgende Anordnungen beschließt: Vor der Vesper des Mittwochs bis zum Sonnenaufgang am Montag soll zwischen allen Christen, Freunden und Feinden, Nachbarn und Fremden, fester Frieden und unverbrüchliche Waffenruhe herrschen, so dass in diesen vier Tagen und Nächten alle Christen zu jeder Stunde sicher seien und alles tun können, was nützlich ist, frei von aller Furcht vor Feinden und sicher in der Ruhe dieses Friedens und Waffenstillstandes [...] 4. Wer aber den Frieden versprochen hat und ihn wissentlich bricht, der sei exkommuniziert von Gott, dem allmächtigen Vater, und seinem Sohne Jesus Christus und dem Heiligen Geist und von allen Heiligen Gottes; sie seien exkommuniziert, verflucht und verwünscht hier und in alle Ewigkeit [...] 5. Wer an diesen Tagen des Gottesfriedens einen Menschen tötet, werde verbannt und aus der Heimat verjagt. Er soll nach Jerusalem wallfahrten und dort eine lange Verbannung erleiden.

W. Lautemann, Geschichte in Quellen Bd. II, München 1970, S. 234.

Q3 Aus dem Rheinfränkischen Landfrieden Kaiser Friedrichs I., 1179:

1) Dörfer, Dorfbewohner, Geistliche, Mönche, Frauen, Kaufleute, Mühlen, Juden, [...] Jäger [...] sollen den ganzen Tag über Frieden haben, ausgenommen diejenigen, die Schlingen legen und Fallen stellen. [...]

2) Wenn jemand einen Feind hat, den er verfolgen will, mag er ihn verfolgen auf freiem Feld, ohne Schaden an dessen Hab und Gut, oder er mag ihn gefangen nehmen und dann sofort dem Richter vorführen. Wenn ein Schuldiger zu einem Pflug, zu einer Mühle oder in ein Dorf flüchtet, soll er sicheren Frieden besitzen. Aber nur an bestimmten Wochentagen darf man seinen Feind verfolgen, und zwar am Montag, Dienstag und Mittwoch bis Sonnenuntergang, an den anderen vier Tagen soll er vollen Frieden haben. [...]

5) Wenn jemand diesen Frieden durch einen Totschlag bricht, soll er, wenn er dabei gefasst wird, die Todesstrafe erleiden. Wenn er einen verwundet, soll seine rechte Hand abgeschlagen werden.

Quellen zur dt. Verfassungs-, Wirtschafts- und Sozialgeschichte, hg. von L. Weinrich, Frh. v. Stein-Ausg. 32, 1977, S. 290–293.

Q5 Königswahl

Im späten Mittelalter wurden die deutschen Könige nicht mehr von allen Adligen gewählt, sondern nur noch von den sieben Kurfürsten; die Entstehung dieses Wahlkollegiums ist ungeklärt. Unter dem Bild aus dem 14. Jahrhundert steht: „Die sieben Kurfürsten wählen am 27. November Heinrich, Graf von Luxemburg, in Frankfurt zum König der Römer."

Q4 Traum des englischen Königs

In der Chronik des John of Worcester (12. Jahrhundert) wird dargestellt, wie Heinrich I. († 1135) von den drei ihm dienenden Ständen des Volkes träumt. Mit dem Adel hatte er allerdings immer wieder heftige Auseinandersetzungen. Ordnen Sie zu, welcher Stand auf welchem Bild dargestellt ist.

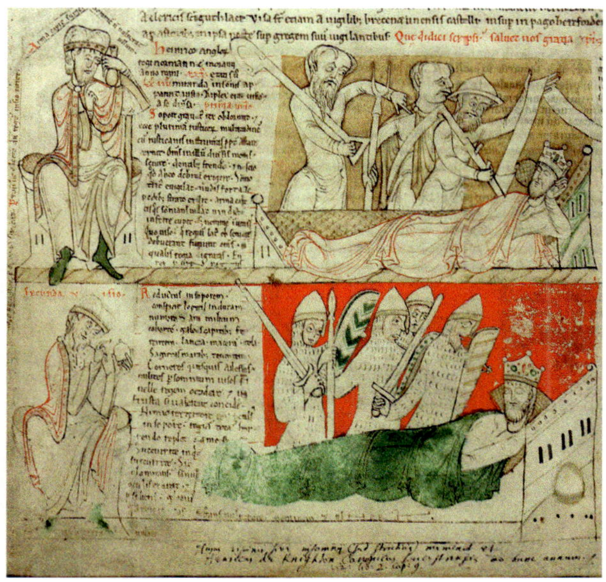

Fragen und Anregungen

1. Erläutern Sie die Rolle des Königs, der Kirche und der Gerichte in der Sicharfehde (D1).
2. Begründen Sie, warum gerade die im Gottesfrieden und im Landfrieden (Q2, Q3) genannten Personen, Zeiten und Orte aus der Fehde ausgenommen wurden.
3. Stellen Sie dar, welche Herrschaftsrechte der König und der Adel im Mittelalter (Q1, Q4, Q5, VT) jeweils beanspruchten.
4. Informieren Sie sich über das „Gewaltmonopol" des modernen Staates und vergleichen Sie es mit dem Fehde- und Gerichtswesen des Mittelalters.

6. Die Grundherrschaft – das Fundament der Gesellschaft

Q1 **Treiber, Pflüger und Säer**
Englische Buchmalerei, um 1050.

In den allermeisten europäischen Ländern spielt heute die Landwirtschaft im Rahmen der modernen Gesellschaft und Wirtschaft oder bei der Zahl der Beschäftigten nur noch eine geringe Rolle. Das Mittelalter aber war eine Agrargesellschaft, wie noch heute einige Entwicklungsländer.

Was ist die Grundherrschaft?

Nicht nur die Vasallen waren auf die Abgaben der Bauern angewiesen. König, Adel und Kirche konnten ohne die Verfügung über die bäuerliche Bevölkerung, die etwa 95 Prozent des Volkes ausmachte, nicht existieren. Die rechtliche Beziehung zwischen Adel und Bauern wird als Grundherrschaft bezeichnet: Das war die Herrschaft eines Herrn über die Menschen, die auf ihrem Grund und Boden ansässig waren, die „Familia". Die Fürsten, die Bischöfe, die Äbte und die einfachen Adligen waren die Grundherren, Herren über „Land und Leute". Dabei spielte es keine Rolle, ob es sich bei ihrem Besitz um vererbtes volles Eigentum (Allod) oder nur um ein Lehen handelte. Die Größe des Landbesitzes und die Zahl der Bauern entschieden meist über Reichtum, Einfluss und Macht der Grundherren. Der König war der größte Grundherr.
Die Grundherren besaßen gegenüber ihrer Familia vor allem die Gerichtsherrschaft; die Hofleute hatten sich an das Hofrecht zu halten. Sie mussten außer den Abgaben an den Grundherren auch den Zehnt an ihre Kirche zahlen, die als Eigenkirche meist ebenso dem Herrn gehörte. Im Todesfall der Bauern wurde die Erbsteuer fällig: beim Tod des Mannes sein bestes Stück Vieh, beim Tod der Frau ihr bestes Kleid.

Die Villikation

In den Ländern Europas existierten unterschiedliche Formen von Grundherrschaft. Die klassische zweigeteilte Grundherrschaft (Villikation) entstand im Karolingerreich zwischen Seine und Rhein und breitete sich dann auf weitere Gebiete Europas aus. Auf dem Herrenhof, der je nach dem Grundherren auch ein Kloster, ein Bischofssitz, eine königliche Pfalz oder eine Burg sein konnte, lebte der Herr mit seiner Familie und dem zahlreichen Gesinde. Darunter waren Handwerker, die für den Herrn Waffen und Schmuck herstellten. Bei großen Herrenhöfen im Frankenreich gab es auch Frauenarbeitshäuser (Genitien), wo unverheiratete Mädchen und Frauen Textilien fertigten. Der Herr betrieb eine eigene große Landwirtschaft auf dem

Herrenland (Salland). Dort arbeiteten seine Knechte und Mägde, aber auch Bauern aus dem Hufenland, dem anderen Teil seiner Grundherrschaft. Die unfreien Hufenbauern wirtschafteten auf eigenen Höfen, mussten aber einen Teil ihrer Arbeitszeit auf dem Herrenland als Fronarbeit leisten und Abgaben, meist in Naturalien, an ihn zahlen. Die „freien“ oder vom Herrenhof weiter entfernten Hufenbauern leisteten weniger Frondienste, dafür mehr Abgaben. Die große Grundherrschaft des Klosters St. Germain bei Paris zum Beispiel umfasste im frühen 9. Jahrhundert insgesamt 1690 Hufen, davon 1082 freie und 177 unfreie, der Rest ist unbestimmt.

Zinsgrundherrschaft und Gutsherrschaft

Eine andere Form war die Zinsgrundherrschaft: Hier hatten die Grundherren ihre Eigenwirtschaft aufgegeben und lebten nur von den Abgaben ihrer Hufenbauern. Die dritte Form nennt man Gutsherrschaft; sie bestand nur aus der Eigenwirtschaft des Herrn ohne Bauernhufen. Diese Form existierte in den Gebieten östlich der Elbe bis zur Bauernbefreiung im 19. Jahrhundert.

Die landwirtschaftlichen Neuerungen

Die Grundherren in den Villikationen des Frankenreiches führten die Dreifelderwirtschaft ein. Vorher wurde das Ackerland nur zur Hälfte mit Getreide eingesät; die andere Hälfte blieb brach liegen. Jetzt wurden 2/3 der Nutzfläche für Getreideanbau verwendet, nur 1/3 blieb als Brache bzw. Viehweide übrig. Seit der Karolingerzeit wurde nördlich der Alpen statt der bisher vorherrschenden Viehwirtschaft mehr Getreide (Roggen und Hafer) angebaut. Die Grundherren ließen zahlreiche Wassermühlen zum Mahlen des Getreides errichten, die später auch als Energielieferanten für andere Zwecke dienten. Die Grundherrschaft von St. Germain verfügte im 9. Jahrhundert bereits über 85 Mühlen. Im Jahr 1086 gab es in 3080 englischen Gemeinden 5624 Mühlen. Die abhängigen Bauern mussten dort ihr Korn mahlen lassen und dafür Abgaben entrichten. Auch Backöfen, Weinkeltern und Brauhäuser wurden auf Initiative der Grundherren errichtet, aus denen sie weiteren Gewinn ziehen konnten. Die landwirtschaftlichen Innovationen des Frankenreiches breiteten sich allmählich auf dem Kontinent nach Osten und auf die Britischen Inseln aus. Der Mittelmeerraum blieb allerdings meist bei der Zweifelderwirtschaft und dem überwiegenden Weizenanbau.

Soziale Gliederung der Bevölkerung

Erstaunlicherweise taucht in den Quellen des Frankenreiches das Wort „Bauer“ fast nie auf. Damals kennzeichnete man die Menschen nicht nach ihren Berufen, sondern, wie in der Antike, nach ihrer Rechtsstellung, also als Adlige, Freie oder Unfreie. Im 9. und 10. Jahrhundert gerieten die Freien der Mittelschichten unter Druck. Viele traten freiwillig oder gezwungen in die Grundherrschaften ein (D2), wo sie anfangs, verglichen mit den unfreien Hofleuten, bessere Bedingungen hatten. Im ganzen Mittelalter gab es aber immer auch freie Bauern ohne Grundherrn; ihre Zahl war auf dem Kontinent vor der großen Siedlungsbewegung des Hochmittelalters gering. Größer war ihre Zahl in Skandinavien, besonders in Schweden.

Wassermühle mit arbeitenden Frauen Q2
Elsass, um 1160.
Erklären Sie das Funktionieren der nur zweidimensional gezeichneten Mühle. Diskutieren Sie, welchem Stand die Frauen vermutlich angehörten.

D1 Das Verhältnis von Bauern und Herren

Der Historiker Werner Rösener nimmt Stellung:

Von einer Reihe von Historikern ist besonders herausgestellt worden, dass Grundherren und Bauern in einer wechselseitigen Beziehung von Schutz und Treue stehen. Nicht bloße Unterwerfung verbinde beide miteinander, sondern ein „sittliches Wechselseitigkeitsverhältnis", das von einem Band der Treue zusammengehalten werde. Der Grundholde sei seinem Herrn zu „Dienst und Hilfe", der Herr seinen hörigen Bauern zu „Schutz und Schirm" verpflichtet. Ein solches Dienstverhältnis schaffe Freiheit und Ehre, und dies umso mehr, je höher der Herr stehe. [...] In diesem Zusammenhang wird oft eine Stelle aus dem Schwabenspiegel, dem maßgeblichen süddeutschen Rechtsbuch des 13. Jahrhunderts, zitiert, wo es heißt: „Wir sullen den herrn darumbe dienen, daz sie uns beschirmen. Beschirmen si uns nit, so sind wir inen nicht dienstes schuldig nach rechte."

Die Beobachtung, dass die Ausübung der Grundherrschaft mit gewissen Formen von Schutz und Schirm gegenüber der hörigen Bauernschaft verbunden ist, sollte aber nicht dazu verleiten, das Verhältnis von Grundherren und Bauern allzu idealistisch zu sehen. [...] [Es] ist darauf hinzuweisen, dass uns in der Grundherrschaft ein Machtverhältnis begegnet und kein Zustand freiwilliger Arbeitsteilung. Die Grundherrschaft war [...] also keine Schutzbeziehung, sondern ein Aneignungsverhältnis. Den Feudalherren mit ihrer Verfügungsgewalt über Grund und Boden stehen abhängige Bauern gegenüber, denen die Nutzungsrechte am Land unter ungleichen und erzwungenen Bedingungen überlassen worden sind. Die zahlreichen Konflikte, die immer wieder zwischen Grundherren und Bauern über Abgaben und Dienste ausbrechen und vor allem die blutigen Bauernaufstände des Hoch- und Spätmittelalters sind unleugbare Beweise gegen eine allzu harmonische Bewertung des grundherrlich-bäuerlichen Verhältnisses.

Werner Rösener, Bauern im Mittelalter, München ³1987, S. 215 f.

Q3 Regeln für die Grundherrschaft

Aus der Ordnung der Grundherrschaft Karls des Großen, 790–800:

1. Wir befehlen: Unsere Güter, die wir eingerichtet haben, unseren Hofhalt zu beliefern, sollen allein unserem Bedarf dienen und niemandem sonst.

2. Unsere Hofleute sollen wohl versorgt und von niemandem in Schuldknechtschaft gebracht werden.

3. Die Amtmänner sollen sich hüten, unsere Hofleute in ihren eigenen Dienst zu stellen; sie dürfen sie nicht zu Fronen, zum Holzfällen oder irgend einer anderen Arbeit zwingen und keine Geschenke von ihnen annehmen: weder Pferd, Ochsen, Kuh, Schwein, Hammel, Ferkel, Lamm noch sonst etwas, außer Getränken, Gemüse, Obst, Hühnern und Eiern. [...]

5. Wenn unsere Amtmänner landwirtschaftliche Arbeiten wie Säen, Pflügen, Ernten, Heumachen, Weinlesen für uns durchführen müssen, so möge ein jeder zur Zeit der Arbeit überall nach dem Rechten sehen und genaue Anweisungen geben [...]

6. Wir befehlen: Unsere Amtmänner sollen den Zehnten von allen Erträgen den Kirchen auf unserer Grundherrschaft ungeschmälert geben. An eines anderen Herrn Kirche darf man unseren Zehnten nicht entrichten, außer wo es von alters her so bestimmt ist. Auch sollen nur Kleriker aus unserer Familia oder unserer Hofkapelle diese Kirchen innehaben. [...]

15. Unsere Hengstfohlen sind unbedingt bis zum St. Martinsfest im Herbst zur Pfalz zu schicken.

16. Wir befehlen: Was wir oder die Königin oder unsere Amtsträger, Seneschall und Schenk, auf unseren oder der Königin Auftrag den Amtleuten befehlen, müssen diese genauso erfüllen, wie es ihnen aufgetragen wurde. Wer das aus Nachlässigkeit versäumte, soll sich, nachdem er vorgeladen worden ist, des Trunkes enthalten, bis er vor uns oder die Königin kommt, um von uns Straffreiheit zu erbitten. [...]

18. Bei unseren Mehlmühlen halte man der Größe der Mühle entsprechend Hühner und Gänse, je mehr, desto besser. [...]

21. Auf unseren Gütern soll jeder Amtmann die Fischteiche, soweit vorhanden, erhalten und wenn möglich erweitern; wo sie fehlen, aber doch sein könnten, soll man sie neu anlegen. [...]

49. Unsere Frauenarbeitshäuser sind in guter Ordnung zu halten: die Wohnhäuser, Werkstuben und gedeckten Schuppen oder Webkeller. Ringsum sollen sie mit starken Zäunen umgeben sein und feste Türen haben, damit die Frauen die Arbeiten für uns ungestört durchführen können. [...]

56. Jeder Amtmann soll in seinem Bezirk öfters Gerichtstage abhalten, Recht sprechen und dafür sorgen, dass unsere Hofleute ein ordentliches Leben führen.

57. Will einer unserer Knechte seinen Vorgesetzten in unseren Angelegenheiten vor uns verklagen, so soll man ihm den Rechtsweg zu uns nicht verlegen.

Capitulare de villis, in: Quellen zur Gesch. des dt. Bauernstandes, Frh.v. Stein-Ausg. 31, Nr. 22. Übersetzung: Günther Franz.

Freie Oberschichten (= Adel) etwa 2–3 % der Bevölkerung	Die königliche Familie Die Großen/Reichsadel Der übrige Adel
Freie Mittelschichten	Freie mit sehr unterschiedlich großem Besitz von einer bis weit über 50 Hufen
Unfreie Unterschichten	Unfreie mit eigenem Wirtschaftshof Unfreie am Herrenhof (Gesinde: Knechte und Mägde) Kauf- und verkaufbare „Sklaven“

D2 Soziale Gliederung im Frankenreich um 800

Q4 Abgaben an den Grundherrn

Aus dem Verzeichnis der Grundherrschaft von St. Germain, 825–828:

Der Ansiedler und Meier Walafred und seine Ehefrau Eudimia, Ansiedlerin, Hofleute von St. Germain, haben zwei Kinder namens Walahildis und Leutgardis. Er besitzt zwei freie Hufen, die 7 Bunuarien Ackerland, 6 Aripennum Weingärten, 4 Aripennum Wiesenland umfassen. Von jeder Hufe liefert er, jährlich abwechselnd, einen Ochsen und ein Schwein, zahlt 4 Pfennige für Feuerholz, 2 Maß Wein, einen Hammel und ein Lamm. Er pflügt zum Winter 4 Pertika, zum Frühling 2 Pertika, leistet Pflugdienst, Transportdienst, Feldarbeiten und Holzeinschlag, wie ihm befohlen wird; 3 Hühner und 15 Eier. [Bunuarien, Aripennum, Pertika sind Bezeichnungen für unterschiedliche Flächenmaße].

Dieter Hägermann (Hg.), Das Polyptychon von Saint-Germain-des Prés, 1993, S. 5.

Q5 Die Klage armer freier Bauern

Die Königsboten berichten Karl dem Großen 811:

2. Die Armen klagen, sie würden aus ihrem Eigentum vertrieben; und diese Klage erheben sie gleichermaßen gegen die Bischöfe, Äbte und deren Vögte wie gegen die Grafen und deren Stellvertreter.

3. Sie sagen auch: Wenn jemand sein Eigen dem Bischof, Abt, Grafen, Richter oder auch dem Amtmann oder Stellvertreter nicht geben will, suchen sie Gelegenheiten, diesen Armen zu verurteilen und ihn immer wieder gegen den Feind ziehen zu lassen, bis er, verarmt, sein Eigentum wohl oder übel übergibt oder verkauft; andere aber, die es schon übergeben haben, bleiben ohne Belästigung durch irgendjemand zu Hause.

5. Einige sagen auch: Sie zwingen die Ärmeren zum Heeresdienst, die Besitzenden aber entlassen sie zu ihrem Eigengut.

Quellen zur Geschichte des deutschen Bauernstandes, Frh. v. Stein – Ausg. 31, S. 72.

D3 Rekonstruktionszeichnung eines fränkischen Wirtschaftshofes bei Frankfurt

Erörtern Sie, welches Gebäude der Wohnsitz des Hofherrn, welches die Kirche, das „Pfarrhaus“ und welches Wirtschaftsgebäude gewesen sein könnten.

Fragen und Anregungen

1. Erläutern Sie die Probleme des Königs in seiner Grundherrschaft (Q3).
2. Stellen Sie die Vor- und die Nachteile der Grundherrschaft für die Wirtschaft und die Menschen der europäischen Grundherrschaften dar (VT, Q4, Q5).
3. Erörtern Sie die Frage, ob das Verhältnis der Grundherren zu ihrer Familia als (sinnvolle) Arbeitsteilung innerhalb der Gesellschaft oder als bloße Ausbeutung zu werten ist (VT, Q3–Q5, D1).

7. Wie entstand die Vielfalt Europas?

375–568	Die germanischen Völker wandern in Europa.
6./7. Jahrhundert	Die Slawen wandern in Ost- und Südosteuropa ein.
793–1100	Die Zeit der Normannenzüge und -einfälle
um 1000	Die „Staaten" Polen, Ungarn und Böhmen/Mähren entstehen.
1066	Schlacht von Hastings; Wilhelm d. Eroberer wird König von England.
1130	Der normannische Herrscher Siziliens wird zum König gekrönt.

Vielfalt Europas

Ob die Europäische Union in Zukunft ein Bundesstaat (wie z. B. die USA) werden soll oder aber ein „Europa der Vaterländer" bleibt, wird schon seit langem immer wieder diskutiert. Unbestritten ist, dass Europa ein Kontinent der Vielfalt ist.
In den 39 Staaten des heutigen Europa werden 36 offizielle Nationalsprachen gesprochen. Viele dieser Staaten und Nationen führen ihre Tradition bis in das Mittelalter zurück. Die Vielfalt der Länder und der Sprachen, die ein Kennzeichen unseres Kontinents sind, bildete sich in diesem Zeitalter aus.

Germanen, Slawen, Balten

Die germanische Völkerwanderung hatte zu beträchtlichen Verschiebungen geführt. Die ostgermanischen Reiche auf dem Boden des römischen Imperiums hatten allerdings keine lange Dauer und hinterließen nur geringe Spuren in den Sprachen dieser Länder. In die von den Ostgermanen geräumten Gebiete wanderten Slawen bis etwa zur Elbe-Saale-Linie, bis zum Böhmerwald und in die Ostalpen ein, aber auch in den Balkan und bis nach Griechenland. Zum Teil geschah dies unter der Herrschaft der Awaren. Das Awarenreich aber wurde von Karl dem Großen zerstört und die slawischen Nachbarstämme des Frankenreiches tributpflichtig gemacht. Die Slawen hatten auch die ursprünglich in Osteuropa weit verbreiteten baltischen Völkerschaften verdrängt; nur die Prussen, Kuren, Litauer und Letten an der Ostseeküste blieben im Mittelalter als baltisch-sprachige Völkerschaften übrig.

Normannen in Europa

Auch die Wikingerzüge sind eine Fortsetzung der Wanderungsbewegung. Die Plünderung der reichen englischen Abtei Lindisfarne 793 gilt als ihr Beginn. Die Wikinger oder Normannen (= Nordmänner) aus Skandinavien waren Fernhändler, die Raubzüge unternahmen und ferne Kolonien errichteten. Der Wunsch nach Reichtum und Abenteuerlust waren ihre Motive; auch Übervölkerung wird genannt. Sie bauten neuartige seetüchtige Schiffe mit Mast und Segel, schmale Kriegs- und breite Frachtboote; nur so konnten sie weite Fahrten in und um Europa bis in das reiche Konstantinopel unternehmen. Seit etwa 850 waren Wikingerheere auf dem Kontinent, in England und Irland gleichzeitig aktiv. 1017 wurde der Dänenkönig, der Normanne Knud, schließlich sogar selbst König von England und errichtete mit der Herrschaft über Norwegen für kurze Zeit ein großes Nordseereich. Island wurde seit etwa 870 von norwegischen Wikingern besiedelt, die von dort aus Siedlungen in Grönland gründeten und sogar bis nach Amerika vorstießen.

Normannen als Siedler und Staatengründer

Besonders das Westfrankenreich wurde zum Ziel normannischer Angriffe auf dem Kontinent. Der westfränkische König musste einem dänischen Häuptling 911 schließlich das Herzogtum „Normandie" als Lehen überlassen, wo sich die Normannen

festsetzten, aber schnell das Christentum und die französische Sprache annahmen. Von dort aus fuhren im 11. Jahrhundert normannische Krieger nach Unteritalien und errichteten dort eigene Herrschaften. Schließlich hatten die Normannen unter Herzog Wilhelm von der Normandie aus 1066 auch England erobert.
Auch an der Ostsee und in Osteuropa waren die Wikinger, die man dort Waräger nannte, als Händler und Krieger sehr aktiv. Sie fuhren mit ihren Booten vor allem auf den Flüssen Wolga oder Dnjepr nach Süden in das Chazarenreich nördlich des Schwarzen Meeres, zu den Bulgaren und besonders in das Byzantinische Reich. 860 unternahmen sie über das Schwarze Meer sogar einen Flottenangriff gegen Konstantinopel; andere Gruppen traten in den Dienst des byzantinischen Kaisers. Auch an der Entstehung des ersten russischen Reiches von Kiew waren die Waräger stark beteiligt.
Die seemännischen, militärischen und staatsbildenden Leistungen der Normannen in Europa sind erstaunlich; sie sind teilweise durch ihre Disziplin zu erklären, wie sie zweifellos auf ihren engen Schiffen notwendig war.

Vom Frankenreich zu Frankreich, Deutschland und Italien

Die Angriffe der Normannen im Norden und der Sarazenen im Süden haben zum Zerfall des Frankenreiches beigetragen. Noch folgenreicher aber waren die mörderischen Bruderkämpfe der Söhne Ludwigs des Frommen († 840). Alle fränkischen Könige teilten das Reich unter ihre legitimen Söhne auf, aber die Vorstellung, sie würden dann das Gesamtreich friedlich gemeinsam regieren, trog. Der Hauptgrund des Zerfalls aber war wohl die Größe des Frankenreiches und seine wirtschaftlich, sozial und kulturell sehr unterschiedlichen Bestandteile. Nur eine außergewöhnliche Persönlichkeit wie Karl der Große konnte es für kurze Zeit zusammenhalten. Aus dem Westfrankenreich sind in einem längeren Prozess Frankreich, aus dem Ostfrankenreich das deutsche Reich entstanden; das karolingische Teilreich im Süden umfasste Nord- und Mittelitalien.
Das Wort „deutsch“ kommt von thiot (= Volk) und bezeichnete ursprünglich nur die Volkssprache. Die Menschen im Reich fühlten sich noch lang als Schwaben, Baiern, Franken oder Sachsen. Für die Bezeichnung aller germanischsprachigen Bewohner des gemeinsamen Reiches bot sich dann die Sprachbezeichnung an – erst dadurch wurde „deutsch“ im hohen Mittelalter auch zu einem politischen Begriff.

Die Ungarn

Am Ende des 9. Jahrhunderts brach wiederum ein reiternomadisches Volk in Mitteleuropa ein: die Ungarn (Magyaren). Ihre Sprache ist mit dem Finnischen und Estnischen verwandt. Sie vernichteten die erste westslawische Reichsbildung, das Großmährische Reich, und bedrohten mit ihren Raubzügen ganz Mittel- und Westeuropa sowie Byzanz.

Erst der Sieg Ottos I. auf dem Lechfeld (955) beendete diese Bedrohung. Die Ungarn christianisierten sich nun schnell, schlossen sich der römischen Kirche an und wurden ein Teil des Abendlandes. Schon ihr erster König Stephan wurde 1083 von der Kirche heiliggesprochen.

Handelsschiff der Wikinger D1
Rekonstruktionszeichnung.

D2 **Heutige Sprachen in Europa**

Böhmen/Mähren, Polen und das Reich

Um 1000 hatten sich neben den Ungarn auch weitere Nachbarn des Reiches als christliche Länder formiert: Böhmen/Mähren unter den Premysliden und Polen unter den Piasten. Ursprünglich waren die Polanen und die Tschechen nur Kleinstämme gewesen; sie hatten sich erobernd über die anderen slawischen Kleinstämme der Regionen ausgebreitet und lieferten den Gesamtnamen des Volkes. Auch die Tschechen verfügten über einen heiliggesprochenen Fürsten als Landespatron: den hl. Wenzel († 929/935), der von seinem heidnischen Bruder umgebracht worden sein soll. Böhmen/Mähren kam schon im 10. Jahrhundert in Abhängigkeit zum römisch-deutschen Reich, Polen und Ungarn aber blieben meist selbstständig.

Gemeinsamkeit und Fremdheit

Die romanisch-, germanisch- oder slawischsprachigen Völkergruppen des Mittelalters besaßen kaum ein Gemeinschaftsgefühl. Als einzige Gemeinsamkeit empfand man in Europa die christliche Religion. Das hinderte die Herrscher der christlichen Länder und ihre kriegerische Oberschicht aber keineswegs, sich auch gegenseitig häufig zu bekämpfen, um Ruhm, Ehre oder Besitz zu erwerben. Alles Fremde, selbst bei christlichen Nachbarn, galt oft als negativ, unheimlich und sogar feindlich (Q3). Nur das eigene Volk wurde positiv gesehen.

Q1 Die Normannen im Frankenreich

Ein Bericht der Annalen des Klosters St. Vaast zu 886/87:

Der Kaiser (Karl III. der Dicke) kam mit seinem Heer zu dem Lager der Normannen (bei Paris), und weil sie das zu beiden Seiten des Flusses aufgeschlagen hatten, zwang er sie, das eine Ufer aufzugeben, den Fluss zu überschreiten und ihr Lager auf das andere Ufer zu beschränken. [...] Und da der Winter bevorstand, begannen alsbald von beiden Seiten Gesandte hin- und herzugehen, dass der Kaiser mit den Dänen Frieden machen möchte. Und es wurde ein wahrhaft erbärmlicher Beschluss gefasst. Denn nicht nur wurde ihnen für die Stadt eine Loskaufsumme versprochen und gegeben, sondern auch ohne irgendwelche Behinderung ihnen freier Weg gelassen, um im Winter Burgund zu plündern. [...] Und noch hatte Karl die Stadt Soissons nicht verlassen, als König Sigfried (ein normannischer Häuptling) in die Oise eindrang und zu Land und zu Wasser mit den Seinigen hinter ihm herziehend, alles mit Feuer und Schwert verwüstete. [...] Darauf zerstörte Sigfried durch Feuer die hochberühmte Kirche des hl. Medardus, die Klöster, Dörfer und königlichen Pfalzen, wobei die Einwohner des Landes getötet oder als Gefangene fortgeschleppt wurden. Die Normannen aber, welche von Paris aus zu Schiff die Seine aufwärts gezogen waren, fuhren mit aller Mannschaft, Kriegsrüstung und allen ihren Schiffen in die Yonne ein und belagerten die Stadt Sens. [...]

Als die Ostfranken sahen, dass die Kräfte des Kaisers zur Regierung des Reichs ungenügend waren, verdrängten sie ihn aus der Herrschaft und setzten seinen Neffen Arnulf, den Sohn Karlmanns, auf den Königsthron. Die Westfranken jedoch waren unter sich uneins; ein Teil wollte den Wido von Italien, ein anderer den Odo als König einsetzen.

W. Lautemann, Geschichte in Quellen Bd II, München 1970, S.125 f.

Q2 Der Aufstieg Polens

Der Prager Bischof und Missionar Adalbert, Freund des Kaisers und des Papstes, spielte eine große Rolle bei der Einbeziehung Polens und Ungarns in das Abendland. Gallus Anonymus beschreibt in seiner Chronik den Aufstieg Polens:

Als erster Herzog der Polen kam also Mieschko durch seine gläubige Gemahlin zur Gnade der Taufe. [...] Denn mit dieser selig zu preisenden Frau zeugte er den ruhmreichen Boleslaw, der nach Mieschkos Tod die Herrschaft mannhaft führte und mit Gottes Huld zu solcher Tapferkeit und Macht erwuchs, dass er – um es so auszudrücken – durch seine Tüchtigkeit ganz Polen mit goldenem Glanz überzog. [...] Hat er nicht Böhmen und Mähren unterjocht? [...] Hat er nicht die Ungarn öfter im Kampf besiegt? [...] Er hat auch den hl. Adalbert, der auf einer langen Pilgerschaft und von seinem widerspenstigen böhmischen Volk viele Gewalttaten erlitten hatte, als er zu ihm kam, mit großer Ehrerbietung aufgenommen und vertrauensvoll auf seine Predigten und Unterweisungen gehört.

Als aber der hl. Märtyrer [...] sah, dass der Glaube in Polen schon beträchtlich erstarkt und die heilige Kirche gewachsen war, betrat er furchtlos das (heidnische) Prussenland und erlitt den Märtyrertod. Darauf aber hat Boleslaw seinen Leichnam von den Prussen um eine Menge Goldes gekauft und mit würdiger Ehrerbietung in der Hauptstadt Gnesen beigesetzt.

Auch das halten wir für erwähnenswert, dass zu seiner Zeit Kaiser Otto (III.) zum hl. Adalbert kam, um zu beten und ihn (als Fürsprecher im Himmel) zu gewinnen und um zugleich den Ruhm des glorreichen Boleslaw kennen zu lernen. [...] Boleslaw nahm ihn so ehrenvoll und großartig auf, wie es sich für einen König ziemte, einen römischen Kaiser und so hohen Gast aufzunehmen. [...] Als der römische Kaiser seinen Ruhm, seine Macht und seinen Reichtum betrachtete, sprach er voller Bewunderung [...] „Es ziemt sich nicht, dass ein so großer und bedeutender Mann wie einer von den Fürsten Herzog oder Graf genannt werde, sondern dass er ehrenvoll mit einem Diadem gekrönt, auf einen Königsthron erhoben werde." Er nahm das kaiserliche Diadem seines Hauptes und setzte es zum Freundschaftsbund auf Boleslaws Haupt. [...] Und sie haben sich an jenem Tage in solcher Hochschätzung gegenseitig geeinigt, dass ihn der Kaiser als Bruder und Mithelfer des Reiches einsetzte und Freund und Bundesgenossen des römischen Volkes nannte.

Polens Anfänge, übers. und hg. von J. Bujnoch, (Slav. Geschichtsschreiber X) 1978, S.55–58.

KLICK INS INTERNET

www.klett.de/extra

Unter dem Extra-Link mit der Nummer 411050-0000 erfahren Sie mehr darüber, wie die Vielfalt Europas entstand. Wählen Sie in der Rubrik „Mittelalter" die „Konflikte im mittelalterlichen Europa" an: Dort finden Sie interessante Links, beispielsweise zu den Fahrten der Normannen.

Staatenbildung und Mission um 1000 D3

Q3 Die heiligen Konstantin und Methodios
Tragbare Ikone. Konstantin und Methodios waren byzantinische Missionare (s. VT, S. 130).

Q4 Studentenbeschimpfungen

Der französische Geschichtsschreiber Jakob von Vitry berichtet über die Lage an der Universität Paris im 12. Jahrhundert:

Sie brachten frech viele Beleidigungen und Schimpfworte vor: Die Engländer nannten sie Trunkenbolde und Schwanzträger, die Franzosen hochmütig, weich und weibisch, die Deutschen bezeichneten sie als wütend und bei ihren Zechgelagen unanständig, die Normannen als hohl und prahlerisch, die Leute aus dem Poitou als hinterlistig und wetterwendisch, die aber, die aus Burgund stammten, galten ihnen als dumm und einfältig, die Bretonen jedoch schätzten sie als leichtsinnig und unstet ein. Die Lombarden als habsüchtig, bösartig und unkriegerisch, die Römer als aufsässig und gewalttätig, als Leute, die den Besuchern der Stadt selbst noch das Schwarze unter den Fingernägeln wegnähmen. Die Brabanter schließlich nannten sie Blutmenschen, Brandstifter und Wegelagerer, die Flamen üppig, verschwenderisch und der Fresslust ergeben, weich wie Butter und träge. Und wegen solcher Beschimpfungen gingen sie oft zu Prügeleien über.

Historia occidentalis, Übersetzung nach P. Kirn, Aus der Frühzeit des Nationalgefühls, 1943, S. 29 f.

D4 Vielfalt und Einheit Europas im Mittelalter

Der Historiker Wilfried Hartmann schreibt:

Es kann und soll auch nicht bestritten werden, dass eine Besonderheit der Geschichte Europas ihre Vielfalt ist und dass diese Vielfalt ihren Ursprung im Mittelalter hat. Und die Vielfalt ist eine Folge der Aufsplitterung des karolingischen Großreiches. Auch wenn beim Abschluss des Vertrags von Verdun im Sommer 843 die drei Brüder Lothar, Ludwig der Deutsche und Karl der Kahle nicht beabsichtigt hatten, das Frankenreich endgültig aufzuteilen, so gehen doch die späteren Nationen Frankreich, Deutschland, Italien und gewissermaßen auch die Niederlande auf diese Teilung zurück. [...] Im Verlauf des Mittelalters gab es keinen erfolgreichen Versuch, diese Vielfalt des Nebeneinanders von verschiedenen Reichen, wie sie sich seit dem 9. Jahrhundert herausgebildet hatten, durch eine neue Großreichsbildung zu beenden. Man kann fragen, ob an etwas Derartiges überhaupt gedacht wurde. Und man wird auch fragen müssen, ob die karolingische Einheit nicht nur eine späte Reminiszenz an die umfassende Einheit des Imperium Romanum gewesen ist, nicht aber ein Vorläufer der europäischen Einheit.

Wilfried Hartmann, Das Karolingerreich als Grundlage der europäischen „Einheit in Vielfalt", in: Der europäische Gedanke. Hintergrund und Finalität, hg. von Reinhard C. Meier-Walser und Bernd Rill, München o.J., S. 42, 45.

Fragen und Anregungen

1. Beschreiben Sie das Vorgehen der Normannen und die Folgen für das Frankenreich (D1, Q1, VT).
2. Arbeiten Sie die Gesichtspunkte heraus, die nach Meinung des Gallus Anonymus für den Aufstieg Polens unter Mieschko und Boleslaw wichtig und kennzeichnend waren (Q2, D3).
3. Erörtern Sie, wie unterschiedliche Ansichten über andere Völker entstehen und welche Rolle sie spielen (Q4, VT).
4. Bewerten Sie die Einheit und Vielfalt Europas im Mittelalter (VT, Q3, D2, D4) und heute.

8. Byzanz – nah oder fremd?

Das „neue Rom"

Die heutige Großstadt Istanbul auf der europäischen Seite des Bosporus hieß in der Antike Byzantion (Byzanz) und war eine griechische Polis. Als Kaiser Konstantin die Hauptstadt des Reiches 330 von Rom nach Byzanz verlegte, wurde die Stadt nach ihm Konstantinopel genannt. Nach der Reichsteilung (395) wurde sie Hauptstadt des Oströmischen Reiches, das man nach Kaiser Justinians Zeit (527–565) Byzantinisches Reich nennt.

Byzanz und die Araber

Kaiser Justinian hatte nach dem Untergang des Weströmischen Reiches in der Völkerwanderungszeit einen Teil der westlichen Gebiete zurückerobert. Nach seinem Tod aber brachen die germanischen Langobarden, die in Pannonien von den Awaren angegriffen wurden, in Italien ein und eroberten die meisten byzantinischen Gebiete. Auf dem Balkan wurde Byzanz durch die Awaren und Slawen bedrängt, im Osten hatte das Reich gegen die Perser und schließlich seit dem 7. Jahrhundert gegen die muslimischen Araber zu kämpfen. Sie überrannten alle byzantinischen Besitzungen im Osten und Süden des Mittelmeers, überschritten 711 die Meerenge von Gibraltar und eroberten fast die ganze Iberische Halbinsel.

Die einzigen Kaiser?

Die byzantinischen Kaiser hielten aufgrund ihrer Tradition immer den Anspruch aufrecht, die einzigen „römischen" Kaiser zu sein. So reagierten sie heftig, als sich Karl der Große an Weihnachten 800 in Rom zum Kaiser ausrufen ließ; erst nach einem Grenzkrieg an der nördlichen Adria, in dem die Franken Sieger blieben, kam es 812 zu einem Ausgleich: Karl wurde als Kaiser anerkannt, die byzantinischen Herrscher nannten sich danach betont immer „Kaiser der Römer". Dennoch war das Griechische seit dem 7. Jahrhundert die herrschende Sprache ihres Reiches.

Mission in Osteuropa

Anfang des 8. Jahrhunderts belagerten die Araber Konstantinopel mehrfach – Byzanz war auf dem Tiefpunkt seiner Macht angekommen. Als man die Araber in Kleinasien wieder zurückgedrängt hatte, trat mit den überwiegend slawischen Bulgaren auf dem Balkan eine neue Gefahr für die Byzantiner auf. Erst Kaiser Basileios II. gelang es 1018, das mächtige Bulgarische Reich, zu dem auch Serbien gehörte, zu vernichten und den Balkan bis zur Donau zurückzuerobern. Der Einfluss der byzantinischen Kirche und Kultur aber reichte noch viel weiter und erfasste ganz Südost- und Osteuropa. 865 ließ sich der bulgarische Fürst taufen, und sein Land unterstellte sich kirchlich dem Patriarchen von Konstantinopel. Dieser war der höchste geistliche Würdenträger des Reiches und sah sich auf Augenhöhe mit dem Papst in Rom. 957 trat die russische Fürstin Olga von Kiew in Byzanz zum Christentum über und bekam den Ehrentitel einer „Tochter" des Kaisers; seit dem 12. Jahrhundert wird sie in Russland als Heilige verehrt. Nach einer heidnischen Zwischenphase ließ sich ihr Enkel Vladimir von Kiew 989 von griechischen Missionaren taufen; auch er wurde heiliggesprochen. Aber es dauerte noch Jahrhunderte, bis die Bevölkerung Russlands endgültig christianisiert war.

Konstantin und Methodios

Die berühmtesten byzantinischen Missionare waren die beiden Brüder Konstantin (Kyrill) und Methodios, die in Konstantinopel ausgebildeten „Slawenlehrer". Der slawische Fürst Rostislaw rief sie 826 zu sich, weil er sein Großmährisches Reich (im Raum des heutigen Mähren und Ungarn) dem Einfluss der lateinischen Kleriker aus Italien und dem Ostfrankenreich entziehen wollte. Die Brüder kannten die slawischen Sprachen und führten das „Altkirchenslawisch" als Gottesdienstsprache

D1 Heutige Schriften in Europa

ein, was auf Seiten der lateinischen Geistlichen auf heftige Ablehnung stieß. Nach Kyrill ist die kyrillische Schrift benannt, die auf das griechische Alphabet zurückgeht und bis heute von allen slawischen Schriftsprachen benutzt wird, die damals im byzantinischen Einflussbereich waren. Konstantin und Methodios verständigten sich zwar vorübergehend mit dem Papst, was die slawische Kirchensprache anging, aber auch im Großmährischen Reich setzte sich später wieder die lateinische Kirche durch.

Vorbild Byzanz

Im westlichen Abendland galt das prächtige Konstantinopel als großes und bewundertes kulturelles Vorbild, dem man nacheifern wollte. Als König Otto I. 962 in Rom zum ersten deutschen Kaiser gekrönt wurde, wollte er zeigen, dass er dem Ostkaiser ebenbürtig war. Für seinen Sohn Otto II. wählte er eine Ehefrau aus der byzantinischen Kaiserfamilie: Theophanu, die zur bedeutendsten deutschen Königin des Mittelalters wurde. Sie regierte nach dem Tod ihres Mannes selbstständig und erfolgreich das Reich, solange ihr Sohn Otto III. unmündig war. Mit ihrem griechischen Hofstaat, den sie mitgebracht hatte, beeinflusste sie die Kunst und Bildung am Hof.

Das Schisma zwischen Ost und West

Schon seit der Spätantike gab es Missverständnisse, Rivalitäten und Konflikte zwischen der nach Rom und der nach Konstantinopel ausgerichteten Kirche. Als sich der Patriarch von Konstantinopel und der Papst, die beide die Oberhoheit anstrebten, schließlich 1054 gegenseitig feierlich bannten und verfluchten, war die Spaltung zwischen der katholischen Westkirche und der orthodoxen Ostkirche besiegelt. Sie besteht bis heute, auch wenn die gegenseitigen Flüche von beiden Seiten im 20. Jahrhundert zurückgenommen wurden.

Q1 Byzantinisches Vorbild?
Buchdeckel mit Elfenbeinschnitzereien aus Byzanz, um 950, links und rechts neben Christus das byzantinische Kaiserpaar Romanos und Eudokia.

Q2 Mission im mährischen Reich

Aus der Lebensbeschreibung des Missionars Konstantin (ca. 826–869):

Der mährische Fürst Rostislaw [...] schickte Gesandte zum Kaiser Michael und ließ sagen: „Obwohl sich unser Volk vom Heidentum abgewandt hat und nun das christliche Gesetz beachtet wird, haben wir keinen solchen Lehrer, der uns in unserer Sprache den wahren christlichen Glauben erklären könnte. [...] Schick uns also, Gebieter, einen solchen Bischof und Lehrer. [...]" Nachdem der Kaiser den Senat versammelt hatte, rief er den Philosophen Konstantin herbei und ließ ihn diese Rede hören und sprach: „Philosoph, ich weiß, dass du müde bist, aber du musst dorthin gehen, denn diese Aufgabe kann kein anderer ausführen als du." [...] Bald offenbarte Gott, der die Gebete seiner Diener erhört, [dem Konstantin] die Schrift. Und dann setzte er die Buchstaben aneinander und begann, den Wortlaut des Evangeliums aufzuschreiben [...]

Als er nach Mähren gekommen war, nahm ihn Rostislaw mit großer Ehre auf und übergab ihm die Schüler, die er gesammelt hatte, damit er sie unterrichte. Sogleich wurden die gesamten kirchlichen Bücher übersetzt und er lehrte sie die Gebete und die Liturgie [...] Als er einmal in Venedig war, versammelten sich lateinische Bischöfe, Priester und Mönche gegen ihn wie Krähen gegen einen Falken, sie vertraten die Ketzerei der Dreisprachen und sagten: „Erkläre uns doch, wie kommt es, dass du jetzt den Slawen eine Schrift geschaffen hast, die doch vorher kein anderer gefunden hatte, weder ein Apostel noch der römische Papst [...] Wir kennen nur drei Sprachen, in denen man Gott in schriftlichen Zeugnissen verherrlichen darf: Hebräisch, Griechisch und Lateinisch."

Zwischen Rom und Byzanz, übers. von J. Bujnoch, 1958 (Slavische Geschichtsschreiber 1) S. 66–68, 71.

Q3 Ost und West in Konstantinopel

Der aus einer langobardischen Familie stammende Liutprand von Cremona († 970/72) stand erst im Dienst des Markgrafen Berengar in Norditalien und dann im Dienst Kaiser Otto des Großen und hatte zwei Gesandtschaftsreisen zum byzantinischen Kaiser unternommen. Er berichtet über die Stadt und seinen Empfang am Hof:

Wir reisten am 25. August von Venedig ab und langten am 17. September in Konstantinopel an. Auf wie unerhörte und wunderbare Weise man uns aber da empfangen hat, das soll mich nicht verdrießen zu erzählen. In Konstantinopel ist eine Halle neben dem kaiserlichen Palast von wunderbarer Größe und Schönheit [...] Diese Halle ließ [Kaiser] Konstantin sowohl wegen der spanischen Gesandten als auch für mich und Liutfrid folgendermaßen herrichten: Vor dem Kaiserthron stand ein eherner, aber vergoldeter Baum, dessen Zweige erfüllt waren von Vögeln verschiedener Art, ebenfalls von Erz und vergoldet, die sämtlich nach ihrem Aussehen die Stimmen verschiedener Vögel ertönen ließen. Der Thron des Kaisers aber war so künstlich erbaut, dass er in einem Augenblick niedrig, bald größer und gleich darauf hoch erhaben erschien. Löwen von ungeheurer Größe, ich weiß nicht ob aus Metall oder aus Holz, aber mit Gold überzogen, standen gleichsam als Wächter des Thrones, indem sie mit dem Schweife auf den Boden schlugen und mit offenem Rachen

und beweglicher Zunge ein Gebrüll erhoben. In diesem Saal also wurde ich, gestützt auf die Schultern von zwei Eunuchen, vor den Kaiser geführt. Bei meinem Eintritt erhoben die Löwen ihr Gebrüll und die Vögel zwitscherten je nach ihrem Aussehen; mich aber ergriff weder Furcht noch Staunen, da ich mich nach alledem bei Leuten, die damit wohl bekannt waren, genau erkundigt hatte. Nach dreimaliger tiefer Verbeugung vor dem Kaiser hob ich den Kopf empor und erblickte ihn, den ich zuerst auf einer kleinen Erhöhung sitzen sah, fast bis zur Decke der Halle emporgehoben und mit anderen Kleidern angetan. Wie dies zuging, kann ich mir nicht denken, es sei denn, er wurde emporgewunden wie die Bäume der Kelterpressen. Mit eigenem Munde sprach der Kaiser bei dieser Gelegenheit kein Wort; denn wenn er es auch gewollt hätte, so wäre das wegen der großen Entfernung unziemlich gewesen; durch seinen Kanzler aber erkundigte er sich nach Berengars Leben und Wohlergehen. Nachdem ich darauf in gebührender Weise geantwortet hatte, trat ich auf den Wink des Dolmetschers ab und wurde in meine Herberge gebracht.

Quellen zur Geschichte der sächsischen Kaiserzeit, übers. und hg. von A. Bauer und R. Rau, Darmstadt 1971, S. 489.

Q4 Ein Brief Kaiser Ottos III.

Der siebzehnjährige Otto lud 997 den berühmten Gelehrten Gerbert von Reims an seinen Hof:

Wir wollen, dass Ihr Euch durch die sächsische Rauheit nicht abschrecken lasst, dass Ihr vielmehr unsere Veranlagung zu griechischer Feinheit in einen Zustand des Wissens bringt, da derjenige, der mit einem Blasebalg kommt, bei uns den Funken des griechischen Eifers für die Wissenschaft finden kann. Daher wünschen wir dringend, dass die Flamme Eures Wissens unser kleines Feuer reichlich nähren möge, um den lebendigen Geist der Griechen mit Gottes Hilfe anzufachen. Lehrt uns das Buch der Arithmetik!

F. Weigle, Die Briefsammlung Gerberts von Reims, 1966 (MGH Briefe der dt.Kaiserzeit II), Nr. 186, S. 222.

Q6 Westliche Nachbildung?

Buchdeckel mit Elfenbeinschnitzereien aus Mailand, um 983. In der Mitte Christus, daneben der römisch-deutsche Kaiser Otto II. und die byzantinische Prinzessin Theophanu.

Q5 Die Antwort Gerberts

Gerbert schickt eines seiner philosophischen Werke an Kaiser Otto III. und schreibt im Vorwort zur Begründung:

[...], damit sich nicht Griechenland brüstet, das einzige in kaiserlicher Philosophie und römischer Macht zu sein. Unser, unser ist das Römische Reich! Kräfte geben uns das früchtereiche Italien, das an Kämpfern reiche Gallien und Germanien (gemeint: die romanischen und deutschen Teile des Reiches), es fehlen uns auch nicht die mächtigen Reiche der Skythen (gemeint: die slawischen Nachbargebiete). Du bist unser, erhabener Kaiser der Römer, der du von höchstem Blut der Griechen abstammst, aber die Griechen an Herrschaftsgewalt übertriffst, über die Römer nach Erbrecht herrschst und beide an Geist und Beredsamkeit übertriffst.

Lettres de Gerbert, hg. von J. Havet, 1889, App.II, S. 236 f. Übers: Verf.

Q7 **Innenansicht der Hagia Sophia**
Die Hauptkirche des Reiches erbaute Kaiser Konstantin, Kaiser Justinian restaurierte sie; später wurde sie Moschee, heute ist sie ein Museum.

Fragen und Anregungen

1. Erklären Sie, wieso es im Osten Europas zum Gegensatz der lateinischen und der griechischen Mission kam (Q2, VT).
2. Erläutern Sie, welche Einstellungen des Abendlandes zu Byzanz in Liutprands Bericht (Q3) und Ottos III. Brief (Q5) zum Ausdruck kommen und wie das westliche Kaiserreich eine Gleichrangigkeit oder sogar Überlegenheit zu zeigen versuchte (Q6).
3. Charakterisieren Sie die Unterschiede zwischen dem westlichen Abendland und Byzanz (Religion, Kultur, Herrschaftsrepräsentation)
4. Sammeln Sie Informationen über Kaiserin Theophanu und ihren Einfluss auf Politik, Kunst und Bildung.

Personen in ihrer Epoche untersuchen

Geschichte wird von Menschen gemacht. Umgekehrt wird jeder Mensch durch „die Verhältnisse“ bestimmt, in denen er lebt. In jedem Lebenslauf spiegelt sich ein Stück Geschichte. Daher kann man die Geschichte auch anhand einzelner Personen untersuchen. Die Beschäftigung mit biografischem Material ist gut geeignet, um Ihr historisches Wissen über eine Epoche zu überprüfen und zu vertiefen.

Das Leben Karls des Großen	Historische Ereignisse, politische und soziale Strukturen in dieser Zeit	Zusammenhänge zwischen Karls Leben und dem Verlauf der Geschichte
800: Karl wird in Rom zum Kaiser gekrönt	Das Frankenreich umfasst alle christlichen Gebiete im Bereich der westlichen römischen Kirche.	Es war eine logische Folge, dass der mächtigste Herrscher über die westliche christliche Kirche zum Kaiser des Westens gekrönt wird.
804: Karl besiegt die Sachsen endgültig. …	Das Lehnswesen entsteht im 8. Jahrhundert. …	Die Vasallen bilden die neue, überlegene Panzerreitertruppe Karls. …

So könnte ein Untersuchungsbogen zu Karl dem Großen angelegt sein.

Damit Sie die Rolle des einzelnen Menschen in der Geschichte bestimmen können, müssen Sie das Material über seine Person mit dem Wissen um zeitgenössische historische Ereignisse in Verbindung bringen. Informieren Sie sich zunächst, welche Personen für das Zeitalter, das Sie untersuchen möchten, oder für Ihr Thema von Bedeutung sind.

Zum Thema „Frankenreich“ bietet es sich an, Karl den Großen zu untersuchen. Recherchieren Sie, welche Materialien über ihn Auskunft geben und wo Sie sie erhalten.

Legen Sie eine Tabelle mit drei Spalten an. Halten Sie in der linken Spalte stichwortartig wichtige Abschnitte und Ereignisse aus seinem Leben fest. Tragen Sie in der mittleren Spalte passend zu den Abschnitten der Biografie ein, welche politischen und sozialen Strukturen zu dieser Zeit vorherrschten und welche historischen Ereignisse und Entwicklungen diese Zeit prägten. Überprüfen Sie dabei kritisch, ob Sie die allgemeinen historischen Zusammenhänge verstanden haben und sie in eigenen Worten stichwortartig zusammenfassen können.

Analysieren Sie zum Schluss die Zusammenhänge zwischen Karls Lebensweg und den allgemeinen historischen Abläufen. Halten Sie Ihre Überlegungen in der rechten Spalte fest. Klären Sie entstandene Fragen im Unterricht: Zu welcher gesellschaftlichen Gruppe gehörte Karl der Große? Hatte er einen aktiven, eventuell sogar entscheidenden Anteil am Verlauf der Geschichte? Hätte die Geschichte ohne ihn eventuell einen anderen Verlauf genommen? Wann und wie wurde Karl der Große von den historischen Ereignissen beeinflusst?

Bis heute wird in vielen Fällen darüber gestritten, ob einzelne Personen entscheidend auf die Geschichte Einfluss nehmen konnten oder ob strukturelle Entwicklungen in Wirtschaft, Gesellschaft und Politik entscheidend für den Verlauf der Geschichte waren. Wie würden Sie diese Frage beantworten?

EUROPA IM AUFBRUCH – HOCH- UND SPÄTMITTELALTER

Im Hoch- und Spätmittelalter (ca. 1000 bis 1500) wurden die Menschen mobiler. Kaufleute handelten über das Mittelmeer, den Atlantik und die Ostsee, der Venezianer Marco Polo reiste sogar bis China. Pilger besuchten Wallfahrtsstätten in allen europäischen Ländern, zogen bis nach Jerusalem, und auch die Kreuzfahrer durchquerten auf ihrem Weg ins Heilige Land ganz Europa. Überlegen Sie ausgehend von den Abbildungen auf dieser Seite, welche Lebensbereiche sich in dieser Zeit ebenfalls fortentwickelten, und erörtern Sie den Einfluss dieser Entwicklungen auf die Entstehung Europas.

Staat und Kirche
König und Bischof halten gemeinsam ein Zepter, das die weltliche Herrschaft symbolisiert.
Buchmalerei,
12. Jahrhundert.

Pilgerrouten im Mittelalter

Vorlesung an einer Universität
Ausschnitt aus einem Grabmal, Pistoia (Toskana) 1337.

Flämische Bürger erhalten die Stadtrechte
Miniatur, 15. Jahrhundert.

Handel mit Salz
Italienische Buchmalerei, 1390.

1. Europa im Umbruch – Wandel von Staat, Wirtschaft und Gesellschaft

Burgen als Mittel der Politik

Burgen dienten dem Schutz der Bevölkerung und zur Landesverteidigung. Im Frankenreich standen sie deshalb unter königlicher Kontrolle. Die umliegende Bevölkerung, die im Gefahrenfall in der Burg Zuflucht suchen konnte, musste Abgaben, Arbeitsdienste und Wachdienste für die Burg leisten. Der Burgherr besaß Gerichts- und Verwaltungsrechte. Mächtige Könige wie in England oder Flandern konnten mit Hilfe der Burgen ihr Herrschaftsgebiet straff organisieren und verwalten. Dagegen war in Frankreich seit dem 10. Jahrhundert oder in Deutschland und Italien seit dem 11. Jahrhundert die Gewalt des Königs so geschwächt, dass der Adel den Burgenbau nutzen konnte, um seine eigene Machtposition auszubauen. Die adligen Burgherren verlangten nun für sich selbst Abgaben und Dienste von den Bewohnern des Umlandes. Durch die militärische Überlegenheit der Burg konnten auch Eigenleute fremder Grundherrschaften in die Abhängigkeit des Burgherrn gebracht werden. Der Adel konnte daher mit Hilfe des Burgenbaus eigene Herrschaftsgebiete einrichten (Feudalisierung).

Neue Siedlungs-, Wirtschafts- und Herrschaftsmittelpunkte

Ab dem 11. Jahrhundert gaben die mächtigen Adligen in Deutschland ihre leicht befestigten, grundherrschaftlichen Gutshäuser auf und zogen auf die neu angelegten steinernen Höhenburgen. Die umliegenden Dörfer mussten die Burgbewohner mit Nahrung, Kleidung, Werkzeugen und Waffen versorgen. Dazu wurden immer mehr Bauern und Handwerker benötigt, so dass dort Dörfer wuchsen. Auch durch gezielte Ansiedlungsmaßnahmen mancher Burgherren entstanden neue Siedlungen am Fuß der Burg. Auch die Klöster waren Siedlungs- und Wirtschaftsmittelpunkte. Nicht selten nutzten Adlige ihre Schutzfunktion gegenüber Klöstern aus, indem sie – unrechtmäßig – auf deren Gebiet Burgen für ihren eigenen Nutzen bauten. So errichteten zum Beispiel die Grafen von Habsburg auf dem Gebiet des Reichsklosters (Bad) Säckingen an einer Furt über den Hochrhein zwei Burgen, die sie noch vor 1200 zur Stadt Laufenburg ausbauten.

Monetarisierung

Ab dem 11. Jahrhundert wurde die frühmittelalterliche Tausch- und Naturalwirtschaft allmählich von der Geldwirtschaft abgelöst (Monetarisierung). Der Gebrauch und die Produktion von Münzgeld waren seit der Spätantike drastisch zurückgegangen und im Frühmittelalter nur noch in wenigen städtischen Zentren oder zu repräsentativen Zwecken üblich. Erst die karolingischen Herrscher Pippin und Karl der Große schufen wieder ein einheitliches und zentralisiertes Geldsystem für das ganze Frankenreich. Die Ausweitung der Geldwirtschaft wirkte sich nicht nur positiv auf den Handel aus, sie veränderte vor allem auch das System der Grundherrschaft. Naturalabgaben und Frondienste wurden in Geldzinse umgewandelt. Die Grundherren konnten sich jetzt einfacher Luxusartikel, Söldner und Immobilien leisten. Allerdings bestand die Gefahr, dass sie sich durch steigende Lebensmittelkosten, Kriegsausgaben oder Inflationen schnell verschuldeten. Die Bauern gewannen durch die Ablösung der Dienste mehr persönliche Freiheit und konnten ihre Produkte Gewinn bringend auf den nahen Märkten verkaufen. Allerdings konnten Preisschwankungen für sie zur existentiellen Bedrohung werden, da

Q1 Goldmünze Alfons VIII. von Kastilien, 1186
Alfons VIII. ließ Goldmünzen nach dem Vorbild islamischer Münzen aus Nordafrika prägen. Seine Münzen kennzeichnete er zusätzlich durch das christliche Kreuz und die Buchstaben ALF[ons].

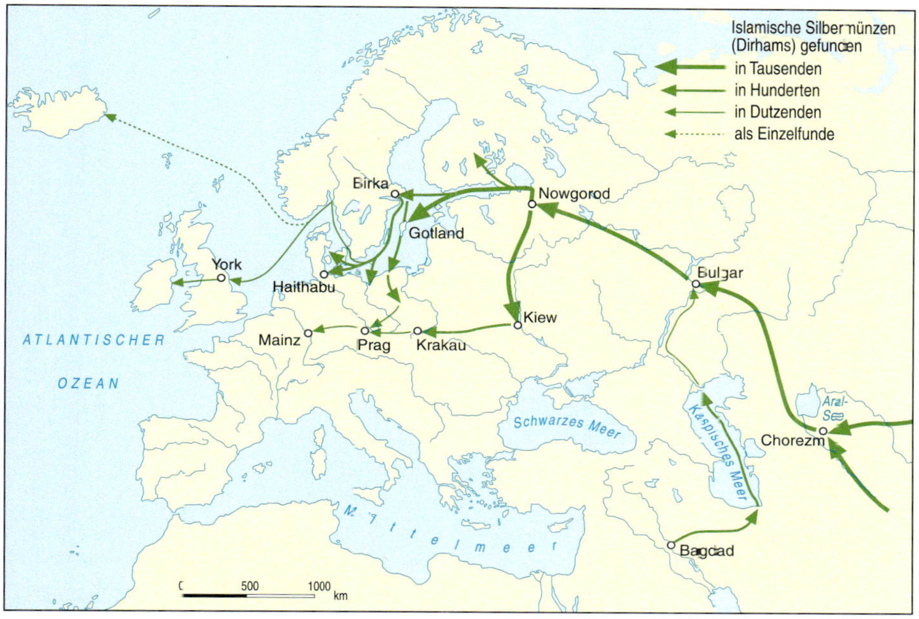

D1 Silberströme von Asien nach Europa
im 10. Jahrhundert anhand der Funde islamischer Münzen

die jährlichen Zinsabgaben an den Grundherrn unabhängig von der Wirtschaftslage fest blieben. Vom Villikationssystem der Karolingerzeit blieben letztlich die rechtliche Abhängigkeit und die Abgaben der Bauern erhalten. Gleichzeitig entstand durch die expandierende Geldwirtschaft, Reichtum und Verschuldung auch eine Kreditwirtschaft. Im wirtschaftlich fortschrittlichen Italien gab es im 12. Jahrhundert bereits internationale Wechselgeschäfte, Beteiligungsgeschäfte am Seehandel sowie Vorformen von Versicherungen und Bankgeschäften.

Bevölkerungswachstum, Landesausbau und Kolonisation

Zwischen 1000 und 1340 wuchs die Bevölkerung Europas von 20 auf über 40 Millionen Einwohner an. Bald konnte die Menschen nicht mehr aus den bisher bebauten Flächen ernährt werden. In der Nähe des bisher besiedelten Landes wurden daher durch Brandrodung, Entwässerung von Feuchtgebieten oder Deichbau neue Siedlungsgebiete erschlossen. Nachdem im 12. Jahrhundert in Ostmitteleuropa slawische Stämme, die so genannten Wenden, unterworfen und missioniert worden waren, wurden in diesen Gebieten auch neue Siedlungen gegründet. Die Herrscher von Böhmen und Ungarn warben gezielt neue Siedler an. Seit dem 13. Jahrhundert führte die Expansion des Deutschen Ordens und weiterer Ritterorden zu einer Kolonisationsbewegung bis über Preußen hinaus.

Die Dorfgemeinde entsteht

Damit bäuerliche Siedler die großen Mühen und Risiken der Kolonisation auf sich nahmen, mussten ihnen Anreize geboten werden. In der Regel erhielten die Siedler daher relativ große Bauernstellen mit geringen Lasten und Abgaben. Die Siedlungen wurden vom Grundherrn unabhängiger. Die Bauern mussten jetzt viele Gemeinschaftsangelegenheiten selbst regeln, z. B. kleinere Streitfälle schlichten, das Ackerland aufteilen, die Allmendenutzung organisieren oder sich um die Kirchen und Kapellen kümmern. Auch im Altsiedelland erlangten die Dörfer zunehmend Selbstverwaltungsrechte, da sich die Grundherren in Folge des Burgenbaus aus den Dörfern zurückzogen. An Stelle der alten Villikationen bildeten sich konzentrierte Siedlungen. Im ganzen christlichen Abendland entstand so im Laufe mehrerer Jahrhunderte die ländliche Gemeinde.

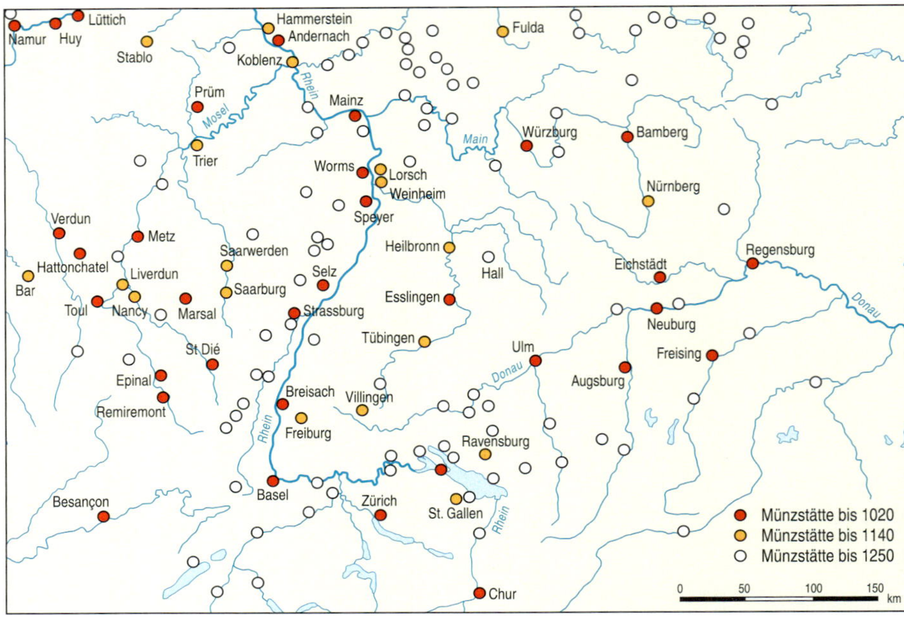

Münzstätten D2
rund um Rhein und Donau
bis 1250

Q2 Herrschaftsausbau durch Burgen

Um 1082 berichtet der Magdeburger Geistliche Bruno über den Burgenbau König Heinrichs IV. in Sachsen:

Die erste und größte dieser Burgen nannte er die Harzburg, und befestigte sie von außen so gewaltig mit einer starken Mauer mit Türmen und festen Toren, schmückte sie im Innern so herrlich mit königlichen Gebäuden, baute auch darin ein so stattliches Münster, zierte dieses mit so reichem Schatze und versammelte hier aus allen Gegenden eine so zahlreiche und so ansehnliche Geistlichkeit, dass mancher Bischofssitz mit seiner ganzen Einrichtung kaum dagegen aufkam [...] Bei den übrigen Burgen aber sah er weniger auf Schönheit und Pracht als auf Festigkeit. Gesegnet, sehr gesegnet wäre sein Name, wenn er diese Festungen gegen die Heiden aufgerichtet hätte. Denn ohne Zweifel würden diese dann schon längst entweder alle die Taufe angenommen haben oder den christlichen Fürsten auf ewige Zeiten zinspflichtig sein. Aber dieser Burgenbau an verschiedenen Orten erschien unseren Landsleuten anfänglich wie ein kindisches Spiel, weil seine böse Absicht noch nicht durchschaut war. Und da sie keine Gefahr davon besorgten, hinderten sie ihn nicht nur nicht daran, als sie dazu noch imstande waren, sondern sie unterstützten ihn sogar mit Geld und Arbeit bei dem Bau, weil sie daraus die Hoffnung schöpften, dass er gegen fremde Völker kriegerischen Mut beweisen werde. Nachdem aber Besatzungen in die Burgen gelegt waren und diese nun anfingen, rund umher auf Beute auszugehen, für sich zu ernten, wo sie nicht gesät hatten, freie Männer zu knechtischer Arbeit zu zwingen und ihre Töchter und Frauen zu beschimpfen, da erst sahen sie ein, was jene Burgen bedeuteten und doch wagten sie noch nicht Widerstand zu leisten oder sich zu verteidigen [...] Von den Bauern ging der König weiter zu dem Ritterstand, von den Bodenfrüchten zum Raub der Freiheit. So nahm er den Friderich vom Berge, welcher unter den freien Männern und sogar unter dem Adel für sehr angesehen galt, als seinen [unfreien] Dienstmann in Anspruch; [...].

Brunos Buch vom Sächsischen Kriege, hg. von A. Heine und übers. von W. Wattenbach, Neudruck Essen/Stuttgart 1986, S. 42–44.

Q3 Geld wird unentbehrlich

In einer Chronik wird 1140 über den Geldmangel zur Zeit König Stephans in England berichtet:

Der Versorgungsmangel wuchs allmählich und die Knappheit an gutem Geld war so groß durch die Falschmünzerei, dass manchmal von 10 oder mehr Schilling [= 120 oder mehr Silberpennies] kaum ein Dutzend akzeptiert wurde. Der König selbst soll angeblich angeordnet haben, dass das Gewicht des Penny, das in König Heinrichs [I.] Zeit festgelegt wurde, wieder reduziert werden sollte, weil er [Stephan] nach Versiegen des riesigen Staatsschatzes seines Vorgängers nicht mehr in der Lage war, die Ausgaben für die vielen Soldaten zu bestreiten.

Zit. nach: J. A. Giles (Hg.), William of Malmesbury's Chronicle of the Kings of England, London 1847, Buch II, S. 511. Übersetzung: Verfasser.

Burg Hohenneuffen und Stadt Neuffen Q4
Um 1100 erbauten die Herren der Ortschaft Neuffen die Burg und verliehen dem Ort um 1232 die Stadtrechte.

Q5 Kolonisation in Thüringen

Für treue Dienste wird der Adlige Ludwig im 11. Jahrhundert vom Mainzer Erzbischof mit Grafschaftsrechten in Thüringen belehnt. Dort legt er Siedlungen an:

Danach kam Ludwig mit dem Bart zusammen mit zwölf Rittern nach Thüringen in das Waldgebiet, das *Loybe* genannt wird, zwischen dem *Berg Katherberg, Aldinberg* und *Corneberg*, […] und begann dort fast wie ein Pilger zu wohnen. Da er über den Ort seines neuen Sitzes zufrieden war, kaufte er von den Bewohnern jenes Landes, von Byso von Gleichen und Gunther von Kevernberg, von Grafen, anderen Adligen und Freien, zahlreiche Güter, um die *villa Aldinberg* [den Ort Altenburg] und andere umliegende Güter, erschlossene und unerschlossene, als Dörfer anzulegen, indem er Äcker anlegen und das Gehölz einebnen ließ. Von diesen nannte er eines *Fredericherode*, ein anderes *Reynhersborn* [Reinhardsbrunn], ebenso *Dinstirberg, Engelspach, Espenvelt* und andere mit anderen Namen. Nachdem ein Gut auf einem kleinen Hügel bei Altenburg ausgebaut worden war, begann er dies zu begünstigen und auszubauen, so dass es allen seinen Nachbarn, Grafen und Adligen, besonders geschätzt und geehrt würde. So geschah es, dass er mit Erlaubnis des Königs und der Fürsten, denen es zustand, dies zu gewähren, und mit vielfacher Unterstützung bei dem Berg *Loyba* den Berg *Sowenburg* besetzte, dort eine Befestigung errichtete und sich dort eine uneinnehmbare Burg anlegte; dazu gewährte ihm der Kaiser aufgrund seiner Autorität den größten Teil dieses Walds durch königliche Großzügigkeit.

Nach: Cronica Reinhardsbrunnensis, hg. von O. Holder-Egger, MGH SS 30,1, S. 518 f. Übersetzung: Verfasser.

Q6 Kolonisation in Spanien

1180 vereinbaren die Siedler der neuen Siedlung Castellot in Katalonien mit König Alfons von Aragon die gegenseitigen Rechte und Pflichten:

Es sei allen bekannt, dass wir alle, Männer von Castellot, die wir uns gerade dort angesiedelt haben oder dorthin zum Siedeln kämen, guten Mutes und aus freien Stücken Dir als unserem Herrn, Alfons König von Aragon, Graf von Barcelona und Markgraf der Provence, 10 Cafissos [= Mengeneinheit] Weizen und 10 Cafissos Gerste und Hafer nach dem Maß von Ilerda geben und diese 20 Cafissos werden wir Euch jedes Jahr zum Fest des hl. Michael [= 29. September] geben, und [dies tun wir] dergestalt, dass Ihr, Herr König, uns und unser Gebiet und alle unsere Güter gegen alle schützt, die uns belästigen wollen; und diese [Abgabenpflicht der] genannten 20 Cafissos [mit den damit verbundenen Herrschaftsrechten] könnt Ihr nicht an jemand anderen oder irgendeine Person gemäß diesem Vertrag abtreten, sondern Ihr behaltet dieses immer zu Eurem eigenen Besitz.

Und ich, König, veranlasse meinen Vikar und Bailli [= Amtsträger] und die Männer von Ilerda, dass sie Euch schützen und von allen verteidigen, die Euch belästigen wollen.

Zit. nach: Thomas N. Bisson (Hg.), Fiscal Accounts of Catalonia under the Early Count-Kings (1151–1213), Bd. 2, Berkeley/London 1984, S. 98 f., Nr. 37. Übersetzung: Verfasser.

Fragen und Anregungen

1. Erarbeiten Sie arbeitsteilig folgende Themen:
   a) Erläutern Sie, zu welchem Zweck Burgen erbaut wurden und welche Bedeutung der Burgenbau für die Bevölkerung hatte (Q2, Q5, VT).
   b) Stellen Sie die Entwicklung der Geldwirtschaft und deren Folgen dar (D1, D2, Q1, Q3, VT).
   c) Erarbeiten Sie Gründe, Ablauf und Folgen der Kolonisation (Q5, Q6, VT).
2. Klären Sie die Begriffe Feudalisierung, Monetarisierung und Kolonisation. Fassen Sie kurz zusammen, wie sich Wirtschaft, Staat und Gesellschaft in Europa durch diese Prozesse veränderten.
3. Recherchieren Sie den Burgenbau in Ihrer Region: Wann wurden Burgen erbaut, von wem, welche Folgen hatte der Burgenbau für die Umgebung? Nutzen Sie als Material eine Gemeinde- oder Stadtgeschichte, das Heimat- oder Stadtmuseum sowie spezielle Broschüren oder Informationen zu den Burgen (s. auch S. 195).
4. Informieren Sie sich in Zusammenarbeit mit dem Sprachunterricht über den Burgenbau in anderen europäischen Ländern.

2. Staat und Kirche im christlichen Abendland

962	Otto I. wird in Rom zum Kaiser gekrönt.
1076	Der Investiturstreit bricht aus.
1107	Im Konkordat von Westminster verzichtet der König von England auf die Investitur von Bischöfen.
1122	Wormser Konkordat zwischen Kaiser und Papst

Dualismus von Staat und Kirche

Sowohl der oströmische Kaiser in Konstantinopel als auch die abendländischen Herrscher verstanden sich als Nachfolger der römischen Kaiser und damit als Schutzherren der Christenheit. Die Kirchen und Bistümer unterstanden der königlichen Herrschaft. Das Kaisertum im Oströmischen Reich blieb jedoch stets von der Kirche unabhängig, da der oströmische Kaiser nicht vom Papst oder den Bischöfen gekrönt, sondern nach altrömischem Brauch wie ein siegreicher Feldherr von seinen Soldaten ausgerufen und auf den Schild erhoben wurde. Im Westen ergab sich eine neue Situation, als der mächtige karolingische Hausmeier Pippin 751 den rechtmäßigen merowingischen König absetzte. Um den Machtwechsel zu legitimieren, berief sich Pippin auf das Einverständnis des Papstes. Außerdem ließ er sich im Jahr 754 von Papst Stephan II. zum König salben. Seit dieser Zeit wurde die Königswürde als göttliches Geschenk angesehen und der Königstitel um die Formel „von Gottes Gnaden" ergänzt – die weltliche Macht wurde an die Kirche gebunden. Starke Könige wie Karl der Große konnten zwar trotzdem ihre Vorherrschaft über die Kirche behaupten. War das Königtum aber geschwächt, kam es immer häufiger zu Konkurrenz und Konflikten zwischen königlich-weltlicher und päpstlich-kirchlicher Autorität. Man spricht vom Dualismus weltlicher und kirchlicher Gewalt.

Staat und Kirche arbeiten zusammen

Auch in den Nachfolgestaaten des fränkisch-karolingischen Reiches stützten die Könige ihre Herrschaft auf die Kirche. Der von den Stammesfürsten gewählte erste nichtfränkische König im ostfränkischen Reich, der Sachse Heinrich (919–936), verzichtete zwar bewusst auf Salbung und Weihe. Doch schon sein Sohn Otto I. (936–973) nahm die karolingische Tradition wieder auf und ließ sich in Aachen zum König salben. Nachdem sich immer wieder Vasallen gegen ihn erhoben hatten, übertrug er zunehmend Bischöfen und Reichsklöstern königliche Güter und Herrschaftsrechte. Die geistlichen Fürsten konnten wegen der kirchenrechtlich vorgeschriebenen Ehelosigkeit (Zölibat) Amt und Herrschaft nicht vererben, deshalb fielen diese Güter nach dem Tod des Amtsinhabers immer an den König zurück und konnten von diesem neu an treue Gefolgsleute ausgegeben werden. Otto setzte auch selbst Bischöfe und Äbte ein. Die Historiker nennen diese starke Einbindung der hohen Kirchen in die frühdeutsche Königsherrschaft Reichskirchensystem. Otto gelang es dadurch, seinem Reich eine große Stabilität zu verleihen.
Bis zum 11. Jahrhundert hatte der König im westfränkischen oder französischen Reich gegenüber den starken Herzögen und Fürsten nur eine schwache Stellung. Erst im 12. Jahrhundert gelang es der Dynastie der Kapetinger, ihren Machtbereich über den beschränkten Raum der französischen Königsgüter, der so genannten Krondomäne, in Nordost- und Zentralfrankreich hinaus auszudehnen. In diesem

Q1 Erhebung des biblischen Königs David
Byzantinische Illustration des 10. Jahrhunderts.
Überprüfen Sie, wie David zum König erhoben wurde (2. Buch Samuel, Kapitel 2 und 5). Erläutern Sie, warum die byzantinische Darstellung nicht dem Bibeltext folgt.

Q2 Der französische König heilt Kranke
Nach einem alten Volksglauben konnte der französische König wie ein Heiliger durch Handauflegung Skrofeln (Geschwulste am Hals) heilen. Abgebildet ist Heinrich II. (1547–1559).

Prozess traten vor allem Bischöfe und Äbte wie z. B. der Abt und Kanzler Suger von St. Denis als Verbündete des Königs auf, weil sie sich aus der Herrschaft der Fürsten lösen wollten.

Kirchliche Reformen

Durch militärische Siege und Heirat konnte Otto sein Reich erheblich vergrößern und schließlich die Vorherrschaft in Europa erringen. 962 wurde Otto als erster ostfränkisch-deutscher Herrscher vom Papst in Rom zum Kaiser gekrönt. Damit stellte er sein Reich in die Tradition des Karlsreiches und wie Karl der Große sicherte er sich auch die Vorherrschaft über die Kirche. Otto und seine Nachfolger strebten eine moralische und geistige Erneuerung der Kirche an. Unfähige und unwürdige Päpste setzten sie ohne Umschweife ab. Die Könige führten auch Rechtsakte in kirchlicher Form durch, vor allem die Amtseinsetzung von Bischöfen mit der Verleihung von Stab und Ring, genannt Investitur. Allerdings setzten weltliche Herren und Herrscher im Rahmen des Eigenkirchenwesens auch geistlich weniger geeignete Kandidaten in hohe kirchliche Ämter ein, die die Seelsorge als ihre eigentliche Aufgabe vernachlässigten. Um die Mitte des 11. Jahrhunderts gewannen daher Reformer und Reformideen aus dem gesamten Abendland immer mehr Einfluss in Rom. Sie forderten, das Eigenkirchenwesen und die Investitur durch

Laien zu beenden. Außerdem sollten auch moralische Missstände wie der Ämterkauf (Simonie) und die Priesterehe beseitigt werden. Es galt als Frevel, das Sakrament der Priester- oder Bischofsweihe käuflich zu erwerben. Die Priesterehe widersprach dem Ideal des „apostolischen Lebens“, d. h. wie die biblischen Apostel in Armut und Enthaltsamkeit zu leben. Die Kirche, besonders die Papstkirche in Rom, sollte generell weltlichen Einflüssen oder Eingriffen entzogen werden. Damit war der Konflikt mit dem Schutzherrn dieser Kirche, dem Kaiser, vorprogrammiert.

Der Investiturstreit

Der Machtkampf zwischen Kaiser und Papst entzündete sich schließlich an einem konkreten Fall: Es ging um die Wiederbesetzung des Erzbischofssitzes von Mailand. König Heinrich IV. hatte im Jahr 1075 trotz päpstlicher Warnungen einen eigenen Kandidaten investiert, d. h. eingesetzt. Den protestierenden Papst Gregor VII. setzte Heinrich IV. mit großer Unterstützung seiner Reichsbischöfe 1076 ab. Im Gegenzug wurde er vom Papst exkommuniziert und abgesetzt. Durch einen überraschenden Bußgang nach Canossa, wo sich Gregor VII. aufhielt, konnte sich der König im Januar 1077 zwar von der Exkommunikation lösen lassen, doch die königliche Autorität war beschädigt, da der König sich als einfacher Büßer vor dem Papst erniedrigt und um Vergebung der Sünden gebeten hatte. Im Jahr 1078 konnte die Kirche daher ein allgemeines Investiturverbot für Laien erlassen. Die wichtigsten Vertreter der Reform in England und Frankreich, Anselm von Canterbury und Ivo von Chartres, legten schließlich in ihren Schriften die Grundlagen dafür, den Konflikt zwischen weltlicher und geistlicher Herrschaft zu lösen. Sie unterschieden geistliche (spiritualia) und weltliche (temporalia) Güter und Rechte. Die Kirche verlieh dem Bischof die geistliche Gewalt durch die Weihe, die weltlichen Herrschaftsrechte verlieh dagegen der König durch einen Belehnungsakt. Diese Regelung wurde 1122 im Wormser Konkordat festgelegt.

Veränderte der Investiturstreit das christliche Abendland?

Auch in anderen Ländern führte der Hoheitsanspruch der Könige gegenüber der Kirche einerseits und dem Freiheitsstreben der Reformkirche andererseits zu Konflikten. Doch waren dort die Machtverhältnisse anders strukturiert, so dass der Verzicht des Königs auf Eingriffe in kirchliche Angelegenheiten in der Praxis keine wesentliche Schwächung der königlichen Macht bedeutete. In England hatte der König massiv in den Besitz der Kirche eingegriffen und seinen Kirchenfürsten sogar den Kontakt mit der Kurie in Rom verboten. Im Konkordat von Westminster (1107) verzichtete der englische König dann zwar auf die Investitur, konnte aber durch die Präsentation der Kandidaten und den Treueid der Bischöfe die Kontrolle über die Kirchen bewahren. In Frankreich wurde die Verleihung von geistlichen und weltlichen Rechten wie im deutschen Reich getrennt. Die Bischöfe und ihre Städte schlossen sich aber trotzdem eng an den König an, da die französischen Fürsten außerhalb der Krondomäne die kirchliche Freiheit bedrohten. Im deutschen Reich stärkte die Belehnung mit Herrschaftsrechten durch den König das Bewusstsein der Bischöfe, mit den weltlichen Fürsten gleichrangig zu sein. Wie Herzöge und Grafen begannen die geistlichen Fürsten daher, ihre eigenen Territorien systematisch auszubauen und gemeinsam mit den weltlichen Fürsten ein Gegengewicht zum König zu bilden. In Italien und Burgund hatte der König nach dem Wormser Konkordat weniger Einfluss auf die Bischofswahl als im deutschen Reich. Dadurch stieg insbesondere in Italien der Einfluss der großen Stadtgemeinden, die immer enger mit ihren Bischöfen zusammenarbeiteten. Trotz unterschiedlicher Ausprägungen und Folgen brachte der Investiturstreit dennoch ein Ergebnis für das gesamte Abendland: Kirche und Staat waren ab diesem Zeitpunkt formalrechtlich getrennt und das Papsttum etablierte sich als geistliches Haupt der gesamten westlichen Christenheit.

Q3 Christus als Weltenherrscher im Portal der Kirche St. Trophime in Arles

Q4 Geistliche und weltliche Macht

gemäß dem Konzil von Trosly, 909:

Wie nämlich die königliche Macht sich dem priesterlichen Gottesdienst demütig unterwirft, so muss auch die priesterliche Autorität mit dem ganzen Amt ihrer frommen Verpflichtung der königlichen Würde untergeben sein, wie es der heilige Papst Gelasius zeigt […]: „Es sind", sagt er, „zwei, durch die grundsätzlich diese Welt regiert wird: die geheiligte Autorität der Bischöfe und die königliche Macht. Von diesen wiegt das Gewicht der Priester umso mehr, je mehr sie im göttlichen Gericht für eben die Könige Rechenschaft ablegen müssen" […] Also, weil der König für das ewige Leben der Bischöfe bedarf und die Bischöfe für den Lauf der weltlichen Dinge auf königliche Verfügung angewiesen sind, deshalb muss der König den Bischöfen gehorchen, die ihm Richtiges, Heiliges und Gerechtes anraten, und umgekehrt haben die Bischöfe einem König zu gehorchen, der sich mit Religion, Recht und Trost der Pflege der Frömmigkeit widmet.

Zit. nach: Mansi, Collectio Conciliorum, Ed. 18A, Sp. 267, cap. 2. Übersetzung: Verfasser.

Q5 Heinrich IV. setzt 1076 den Papst ab

In einem Brief an Papst Gregor VII. begründet Heinrich seine Entscheidung:

[D]u hast unsere Demut für Furcht gehalten und dich daher nicht gescheut, dich sogar gegen die uns von Gott verliehene königliche Gewalt zu erheben; du hast zu drohen gewagt, du würdest sie uns nehmen, als ob wir von dir das Königtum empfangen hätten, als ob in deiner und nicht in Gottes Hand Königs- und Kaiserherrschaft lägen. […]

Auch mich, der ich – wenn auch unwürdig unter Gesalbten – zum Königtum gesalbt worden bin, hast du angetastet, mich, von dem die Überlieferung der heiligen Väter lehrt, dass ich nur von Gott gerichtet werden darf, und versichert, dass ich wegen keines Verbrechens abgesetzt werden darf, ich wiche denn vom Glauben ab, was ferne sei. […] Selbst der wahre Papst, der heilige Petrus, ruft aus: „Fürchtet Gott und ehret den König"; du aber entehrst mich, weil du Gott, der mich eingesetzt hat, nicht fürchtest.

Daher nahm der heilige Paulus an der Stelle, an der er selbst den Engel vom Himmel, falls dieser etwas anderes verkündete, nicht schonte, auch dich nicht aus, der auf Erden etwas anderes lehrt. Er sagt nämlich: „Wenn irgendeiner, ich oder ein Engel vom Himmel, euch ein anderes Evangelium verkündete, als wir verkündigt haben, dann sei er verflucht." So steige du denn, der du durch diesen Fluch und das Urteil aller unserer Bischöfe und unser eigenes verdammt bist, herab, verlasse den apostolischen Stuhl, den du dir angemaßt hast. Ein anderer steige auf den Thron des heiligen Petrus, einer, der Gewalttat nicht mit Frömmigkeit bemäntelt, sondern die reine Lehre des heiligen Petrus lehrt. Ich, Heinrich, durch die Gnade Gottes König, sage dir zusammen mit allen meinen Bischöfen: Steige herab, steige herab!

Zit. nach: W. Hartmann (Hg.), Deutsche Geschichte in Quellen und Darstellung, Bd. 1: Fr. und hohes Mittelalter 750–1250, Stuttgart 1995, S. 294 ff.

Q6 Otto III. im Aachener Liuthar-Evangeliar
Die kauernde Frauengestalt verkörpert Terra, die Erde. Die geflügelten Wesen sind die Symbole der vier Evangelisten.

Q7 Papst Gregor VII.
Miniatur, 12. Jahrhundert.

Q8 Der Dictatus papae, um 1075

Der „Dictatus papae" ist eine Art persönliches Programm Gregors VII., das nicht veröffentlicht wurde, sondern nur in dem Register, d. h. zwischen den Kopien der ausgehenden päpstlichen Briefe verzeichnet wurde:

I. Dass die römische Kirche vom Herrn allein gegründet worden sei.

II. Dass allein der römische Bischof zu Recht als universal bezeichnet werde.

III. Dass ausschließlich jener Bischöfe absetzen oder in den Schoß der Kirche wieder aufnehmen könne. […]

V. Dass der Papst Abwesende ihres Amtes entheben könne. […]

VIII. Dass er allein kaiserliche Insignien benutzen könne.

IX. Dass alle Fürsten allein des Papstes Füße küssen sollen.

X. Dass allein sein Name in den Kirchen verlesen werde.

XI. Dass dieser Name einzigartig ist in der Welt.

XVIII. Dass sein Urteil von niemandem widerrufen werden dürfe und er selbst die Urteile aller widerrufen könne.

XIX. Dass er selbst von niemandem gerichtet werden dürfe. […]

XXI. Dass die größeren Rechtsfälle einer jeden Kirche an ihn übertragen werden müssen.

XXII. Dass die römische Kirche niemals geirrt hat und nach dem Zeugnis der Schrift auch fürderhin niemals irren wird. […]

XXVII. Dass er Untergebene vom Treueid gegenüber Sündern lösen kann.

Das Register Gregors VII., zit. nach: Laudage (Hg.), Der Investiturstreit. Quellen, Dokumente, Materialien, Köln 1989, S. 57 ff.

Q9 Das Wormser Konkordat, 1122

Die Einigung zwischen Kaiser und Papst wird in zwei Privilegien festgehalten, einem königlichen und einem päpstlichen:

a) Das königliche Privileg

In Namen der heiligen und unteilbaren Dreieinigkeit. Ich, Heinrich, Kaiser und Augustus der Römer, überlasse aus Liebe zu Gott der heiligen römischen Kirche und dem Herrn Papst Calixtus sowie zum Heile meiner Seele Gott, den heiligen Aposteln Gottes Petrus und Paulus und der heiligen katholischen Kirche jede Investitur mit Ring und Stab und gewähre allen Kirchen in meinem König- und Kaiserreiche kanonische Wahl und freie Weihe. Die Besitzungen und Regalien des heiligen Petrus, die seit Ausbruch dieses Streites bis zum heutigen Tage zur Zeit meines Vaters und unter mir genommen wurden und die ich besitze, gebe ich dieser heiligen römischen Kirche zurück, soweit sie aber nicht in meinem Besitze sind, werde ich für ihre Rückgabe gewissenhaft sorgen. Die Besitzungen aller anderen Kirchen, Fürsten sowie anderer Personen, Kleriker wie Laien, werde ich, soweit sie in meinem Besitze sind, zurückgeben und, soweit sie nicht in meinen Händen sind, für ihre Rückgabe gewissenhaft sorgen. Und ich gebe dem Herrn Papst Calixtus und der heiligen römischen Kirche sowie allen seinen gegenwärtigen wie früheren Anhängern wahren Frieden. Und ich werde der heiligen römischen Kirche in allem getreulich beistehen, worin sie meine Hilfe fordert; worin sie Klage erhebt, werde ich ihr wie schuldig Recht erweisen. All dies wurde mit der Zustimmung und dem Rate der Fürsten, deren Namen folgen, beschlossen: Adalbert, Erzbischof von Mainz; Friedrich, Erzbischof von Köln; Bruno, Erzbischof von Trier.

b) Das päpstliche Privileg

Ich, Bischof Calixtus, Knecht der Knechte Gottes, bewillige dir, meinem geliebten Sohne Heinrich, von Gottes Gnaden Kaiser und Augustus der Römer, dass die Wahl der Bischöfe und Äbte des deutschen Reiches, die zu deinem Königreiche (Deutschland) gehören, in deiner Gegenwart ohne Simonie und irgendwelche Vergewaltigung vollzogen werde und dass du im Falle eines Streites unter den Parteien nach gütlicher Vereinbarung oder durch Richterspruch des Metropoliten und der Bischöfe dieser Provinz dem besseren Teile deine Zustimmung und Hilfe gewährest. Der Erwählte soll dann von dir ohne jegliche Bezahlung die Regalien durch Verleihung des Stabes erhalten und dir leisten, wozu er demgemäß von Rechts wegen verpflichtet ist. Wer in anderen Teilen deines Kaiserreiches (Italien und Burgund) geweiht wurde, soll innerhalb [von] sechs Monaten ohne jegliche Bezahlung die Regalien durch Verleihung des Stabes von dir erhalten und dir leisten, wozu er demgemäß von Rechts wegen verpflichtet ist. Sämtliche Belange der römischen Kirche sind (jedoch hierbei von diesen Leistungen) ausgenommen. Worüber du mir gegenüber Klage erheben und worin du meine Hilfe verlangen wirst, in allem werde ich dir nach der Verpflichtung meines Amtes Hilfe leisten. Ich gewähre dir wahren Frieden sowie allen, welche auf deiner Seite stehen oder während der Zeit dieses Kampfes auf deiner Seite gestanden haben.

Zit. nach: W. Hartmann (Hg.), Deutsche Geschichte in Quellen und Darstellung, Bd. 1: Fr. und hohes Mittelalter 750–1250, Stuttgart 1995, S. 333 ff.

Fragen und Anregungen

1. Die Darstellung von Christus als Weltenherrscher (Q3) bezieht sich auf die Offenbarung des Johannes (4,1–11; 5,1). Erläutern Sie Q3 mit Hilfe des Bibeltextes.
2. Interpretieren Sie Q6 und Q7 (s. Methodenglossar „Bilder zum Sprechen bringen", S. 321) im Vergleich mit Q3. Erläutern Sie das dargestellte Selbstverständnis von Kaiser und Papst und diskutieren Sie, welche Konflikte sich zwischen Kaisertum und Papsttum ergeben könnten.
3. Erläutern Sie, wie das Konzil von Trosly 909 das Verhältnis von geistlicher und weltlicher Macht bestimmte (Q4).
4. Stellen Sie in einer Tabelle die Positionen Gregors VII. und Heinrichs IV. gegenüber (Q5, Q8). Erläutern Sie den Konflikt zwischen Heinrich IV. und Gregor VII.
5. Schildern Sie im Stil einer Chronik (s. Gewusst wie, S. 148 f.), wie sich das Verhältnis zwischen Kirche und Staat bis zum Jahr 1122 entwickelte (VT, Q4, Q5, Q8, Q9, Gewusst wie Q2). Schreiben Sie als Chronist zu jedem Eintrag einen kurzen, erklärenden Kommentar. Entscheiden Sie, welche Perspektive Sie als Chronist einnehmen wollen.
6. Beurteilen Sie, inwiefern sich der Investiturstreit als gesamteuropäisches Ereignis deuten lässt.

Chroniken – Quellen des Mittelalters

Chroniken erzählen historische Ereignisse in chronologischer Reihenfolge. Im Gegensatz zu Urkunden werden in Chroniken auch Hintergründe und Zusammenhänge der geschilderten Ereignisse dargestellt. Sie vermitteln dem Leser daher ein scheinbar vollständiges Bild von einzelnen Abschnitten der Vergangenheit. Dieses Bild muss aber nicht den tatsächlichen Geschehnissen entsprechen. Die Chronisten erklärten die Ereignisse häufig aus einer ganz bestimmten Sicht. Deshalb betonten sie manche Ereignisse, ließen andere weg oder kommentierten das Geschehen nur sehr einseitig. Möglicherweise verfügten sie auch über schlechte oder falsche Informationsquellen. Chroniken überliefern daher ein zeitlich und subjektiv geprägtes Geschichtsbild, das immer wieder überprüft werden muss. Dieses Geschichtsbild gibt allerdings auch Auskunft über den Autor und seine Zeit.

Methodische Arbeitsschritte:

Zunächst sollte der Inhalt der Quelle erarbeitet werden (siehe Arbeitsschritte 1–4, Textquellen auswerten, Glossar). Die Interpretation von Chroniken verlangt danach zusätzliche Arbeitsschritte:

1. **Autor**
   Wer hat die Chronik geschrieben?
   Woher bezog er seine Informationen?
   Welche Beziehungen hatte er zu Personen, über die er berichtete?
   Welchem Stand gehörte der Autor an? Welchen Bildungsgrad besaß er?
   Äußert der Autor selbst eine bestimmte Erzählabsicht?
2. **Leserschaft**
   Enthält die Chronik ein Vorwort oder eine Widmung?
   Ist sie eine Auftragsarbeit oder eine Gefälligkeit?
3. **Gesamtkonzeption**
   Um welche Art von Chronik handelt es sich?
   Beinhaltet die Art der Chronik bereits Deutungen der Geschichte?
   Lassen sich aus dem Inhaltsverzeichnis Schwerpunkte oder Lücken der Darstellung erkennen?
4. **Sprache**
   Enthält die Darstellung abwertende oder aufwertende Formulierungen?
   Lassen sich deutliche Wiederholungen bestimmter Schlüsselbegriffe erkennen?
5. **Einordnung**
   Wie prägte die gesellschaftliche oder persönliche Stellung des Autors die Haltung zu den geschilderten Ereignissen?
   Deckt sich der Inhalt der Chronik mit anderen Quellen?
   Wie zuverlässig ist die Chronik?

D1 Chroniken

Es gibt verschiedene Arten von Chroniken. Jahrbücher (Annalen, lat. annus, d. h. das Jahr) verzeichnen Jahr für Jahr die wichtigsten Ereignisse wie Krieg und Frieden, Herrscherwechsel oder Naturereignisse. Tatenberichte (Gesten, lat. res gestae, d. h. Taten) präsentieren die Leistungen besonderer Persönlichkeiten oder von Völkern. Lebensbeschreibungen (Viten, lat. vita, d. h. das Leben) berichten über die Taten meist verstorbener Persönlichkeiten, die wie Heilige gelebt haben oder heilig gesprochen werden sollen. Die Weltchronik beinhaltet die gesamte Geschichte von ihren Anfängen bis zur Gegenwart des Autors. Im Mittelalter war sie von Vorstellungen der christlichen Heilsgeschichte geprägt. Hinter den geschichtlichen Ereignissen sah man einen göttlichen Plan, der auf die Vollendung der irdischen Geschichte im himmlischen Paradies zulief.

Text: Verfasser

D2 Bernold von Konstanz

Bernold wurde um 1050 als Sohn eines Priesters geboren und starb 1100 in Schaffhausen. Seit Ende der 60er Jahre besuchte Bernold die Konstanzer Domschule. 1084 wurde er vom späteren Papst Urban II. in Konstanz zum Priester geweiht. Von 1091 bis zu seinem Tod lebte Bernold im Kloster Allerheiligen in St. Blasien. Seit Beginn der Auseinandersetzungen zwischen Anhängern und Gegnern der Reform verteidigte Bernold die päpstlichen Dekrete gegen verheiratete Priester und Simonisten sowie die Maßnahmen gegen die Anhänger Heinrichs IV. Er verfasste kirchenrechtliche und liturgische Schriften. Sein heute bekanntestes Werk ist seine Weltchronik, die von der Schöpfung bis zum Jahr 1100 reicht. Über ihre etappenweise Entstehung sind wir gut informiert, da sich das eigenhändige Manuskript erhalten hat. Wahrscheinlich seit 1083 sind die Jahresberichte zeitgenössisch eingetragen. Seit dieser

Q1 Heinrich vor Canossa
Gemälde von Eduard Schwoiser, 1852.

Zeit werden die Berichte auch ausführlicher und das besondere Interesse an Kirchenrecht, an Mönchtum und Kirchenreform besonders bezüglich des südwestdeutschen Raumes tritt deutlich hervor.

Nach: Wilfried Hartmann, Bernold von Konstanz, in: Lexikon des Mittelalters, 1. Spalte 2007 f. (Zusammenfassung: Verfasser).

Q2 Bernold von Konstanz als Chronist und ein Auszug aus seinem Geschichtswerk, 1076/77

Bernold berichtet über die Auseinandersetzung von König Heinrich IV. und Papst Gregor VII.:

1076. […] Fast alle Fürsten des Königreichs hatten sich schon von der Gemeinschaft mit Heinrich getrennt. Im Monat Oktober wurde also in Oppenheim von den Fürsten des Königreichs zu einer Unterredung geladen, bei welcher eine Gesandtschaft des Apostolischen Stuhls [= des Papstes] anwesend war. Dort versprach Heinrich fest, sich zur nächsten Mariä Lichtmess (2. Febr. 1077) in Augsburg dem Herrn Papst zu stellen. Denn er selbst lud zusammen mit den Fürsten des Königreichs den Papst dorthin ein. […]

1077. Der Herzog der Polen krönte sich selbst zum König.

Sehr viel Schnee hielt das ganze Königreich vom 31. Oktober des vorigen Jahres bis zum 26. März dieses Jahres fest.

Heinrich, der so genannte König, misstraute seiner eigenen Sache und entzog sich deshalb einem allgemeinen Verhör; er begab sich heimlich gegen den Befehl des Papstes und gegen den Rat der Fürsten nach Italien und traf mit dem Papst, als dieser zum vorgesehenen Tag nach Augsburg unterwegs war, bei Canossa vor Mariä Lichtmess zusammen. Dort entrang er ihm auch schließlich mit Mühe, durch Vortäuschung unvergleichlicher Erniedrigung, so gut er konnte, das Zugeständnis nicht des Königtums, sondern nur der Kommunion – und das auch nur, nachdem er zuvor einen Eid geleistet hatte, dass er dem Urteil des Papstes bezüglich der Anschuldigungen, die gegen ihn erhoben worden waren, Genugtuung leisten würde und dass er den Papst oder irgendeinen seiner Getreuen, der zu ihm käme oder sonst irgendwo hin, keine Beschwerlichkeit zufügen wolle. Aber er hielt diesen Eid keine fünfzehn Tage lang, denn er nahm die ehrwürdigen Bischöfe Gerald von Ostia und Anselm von Lucca gefangen.

Bertholds und Bernolds Chroniken, hg. von I. S. Robinson, Darmstadt 2002, S. 302–305. Übersetzung: Helga Robinson-Hammerstein.

Fragen und Anregungen

1. Erarbeiten Sie den Inhalt von Q2 (Glossar Textquellen auswerten) und die sprachliche Darstellung (Arbeitsschritt 4 der methodischen Arbeitsschritte). Wie bewertet Bernold Heinrich IV.?
2. Erarbeiten Sie mit Hilfe von D1 und D2 die Arbeitsschritte 1–3. Formulieren Sie die Erzählabsicht Bernolds und ordnen Sie die Quelle in den Zusammenhang ein (Arbeitsschritt 5).
3. Auch die Historienmaler des 19. Jahrhunderts stellten vor allem ihr eigenes Geschichtsbild dar. Interpretieren Sie Q1 (siehe Methodenglossar) und erläutern Sie das dargestellte Geschichtsbild. Vergleichen Sie dieses Geschichtsbild mit der Darstellung Bernolds.

3. Recht und Herrschaft – neue Grundlagen der Staatlichkeit

Gold-Münze (Augustalis) des Kaisers Friedrich II., geprägt 1231–1250 Q1

Die Prägung der Augustalen wurde auf der Reichsversammlung von Melfi (s. Q4) beschlossen.

Staat und Herrschaft verändern sich

Vor dem Investiturstreit wurde die königliche Autorität von der Vorstellung gestützt, der König habe als König von Gottes Gnaden eine geistliche Stellung über der Kirche. Nach der Trennung von geistlicher und weltlicher Gewalt verlor diese Vorstellung an Einfluss. Die abendländischen Herrscher versuchten daher, auf der Grundlage ihrer weltlichen Herrschaftsrechte ihre Stellung und ihre Reiche zu festigen. Außerdem erforderten der wirtschaftliche Aufschwung und das Anwachsen der Bevölkerung modernere staatliche Strukturen.

Italien: Berufung auf das Römische Recht

Die Kenntnis des Römischen Rechts war in Italien nie ganz verloren gegangen. Daher versuchten die Kaiser im Laufe des 12. Jahrhunderts, ihre Herrschaft mit Hilfe des Römischen Rechts durchzusetzen. Im Jahr 1158 ließ sich Friedrich I. Barbarossa – nachdem er Mailand unterworfen hatte – von Bologneser Juristen ein verbindliches Rechtsgutachten über die kaiserlichen Rechte erstellen. Darin wurden ihm als Nachfolger der römischen Caesaren alle Rechte der spätrömischen Kaiser zugesichert – natürlich angepasst an die aktuellen Bedürfnisse und Herrschaftsverhältnisse. Die kaiserlichen Herrschaftsrechte wurden – auch in Anlehnung an die Regelungen des Wormser Konkordats – als „Regalien", als „königliche Rechte" bezeichnet (lat. „regalis", d.h. königlich). Die mächtigen lombardischen Städte konnten jedoch in langen Kämpfen erreichen, dass ihnen diese königlichen Rechte gegen regelmäßige Abgaben überlassen wurden, die sie aber schon bald nicht mehr bezahlten.

Frankreich und Deutschland: Systematisierung der Lehenshoheit

Fähige Politiker mit juristischem Sachverstand, die in den hohen Schulen des Landes studiert hatten, halfen dem Königtum in Frankreich im 12. Jahrhundert, das Lehnsrecht konsequent durchzusetzen und die bis dahin weitgehend selbstständigen Fürsten unter königliche Kontrolle zu bringen. Unter Philipp II. August (1180–1223) fand neben dem Lehnsrecht verstärkt auch das Römische Recht Anwendung, insbesondere in der Auseinandersetzung mit der Kirche. Am Ende des 13. Jahrhunderts war Frankreich nicht nur eine gefestigte Monarchie, sondern die unangefochtene Hegemonialmacht auf dem Kontinent, so dass der französische König sogar im Jahr 1309 die Papstresidenz von Rom nach Avignon verlegen konnte.

In Deutschland bauten die Staufer seit Konrad III. (1137–1152) nach französischem Vorbild die Königsgüter zu eigenen Machtzentren aus. Das Gebiet der königlichen und staufischen Eigengüter reichte vom Elsass und der nördlichen Schweiz über Schwaben bis nach Franken und Thüringen. Letztlich konnte sich das Königtum jedoch nicht gegen die Fürsten durchsetzen, die im Laufe des 13. Jahrhunderts ihre eigenen Territorien ausbauten und festigten.

England: Die Magna Charta

Bei ihrer Eroberung konnten die Normannen in England nicht nur ein effizientes Steuersystem übernehmen, sondern auch eine einheitliche Verwaltung. Auf dieser Grundlage bauten die englischen Könige ihre Verwaltung aus und schwächten dadurch zunehmend die Position der obersten Vasallen, der Barone. 1086 begannen sie, Einkunftsverzeichnisse für das gesamte Land anzulegen, das so genannte Domesday Book, nach dem sie Steuern erhoben. Davon unterhielten sie eigene Amtsträger und Söldner. Auch durch den Bau von Burgen gelang es ihnen, die königliche Gerichtsgewalt für alle Untertanen einheitlich durchzusetzen. Erst der Verlust der meisten Besitzungen auf dem französischen Festland, finanzielle Probleme und schließlich die vernichtende Niederlage gegen den französischen König Philipp II. August 1214 schwächten das englische Königtum so stark, dass es auf Forderungen der Barone eingehen musste, um die gewünschten Steuern zur Fortführung des Kriegs zu erhalten: König Johann gewährte im Jahr 1215 der „Gemeinschaft des Königreichs", d. h. den Baronen und den übrigen Freien, die Magna Charta. Diese Urkunde enthielt Zugeständnisse gegen königliche und gerichtliche Willkür, einheitliche Standards in der Wirtschaft sowie ein Bewilligungsrecht für bestimmte Steuern. Die Magna Charta stärkte das Gemeinschaftsbewusstsein der Untertanen und ihre Organisation gegenüber der Herrschaft, auch wenn es noch lange dauern sollte, bis sich eine umfassendere Mitbestimmung des Adels und der Städte durchsetzte.

Sizilien: Der modernste Staat Europas

1140 erließ der sizilianische König Roger II. eine neue, einheitliche Gesetzessammlung, die erstmals nicht mehr nur für einzelne Bevölkerungsgruppen galt, sondern für das ganze Territorium des Königreichs und alle seine Bewohner. Wegen seiner umfassenden Systematik stützte sich Roger dabei vor allem auf das Römische Recht. Gleichzeitig wurde die königliche Verwaltung straff organisiert. Ähnlich wie in England konnten nur königliche Amtsträger Steuern einziehen oder richterliche Aufgaben übernehmen. Rogers Enkel, der staufische Kaiser Friedrich II., stellte sich bewusst in die Tradition des altrömischen Kaisertums. In Anlehnung an den römischen Kaiser Justinian erließ er das bis dahin umfassendste Rechtsbuch des Mittelalters, in dem Römisches Recht mit normannischen und neuen Gesetzen zu einem einheitlichen Werk zusammengefasst wurde. So wurde das sizilisch-süditalienische Königreich zum modernsten und einem der reichsten Staaten seiner Zeit, mit einer festen Beamtenschaft, hohen Steuereinkünften und einer weitgehenden Zurückdrängung der Barone. Unter König Karl von Anjou (1266–1282) verbreitete sich allerdings wieder verstärkt das Feudalwesen nach französischem Vorbild, was zu einem allmählichen Niedergang der Königsgewalt und des Königreichs führte.

Q2 **Castel del Monte**
Die Burg wurde von 1240 bis 1250 zur Zeit Friedrichs II. in Apulien errichtet. Sie ist auf der Rückseite der italienischen 1-Cent-Münze abgebildet.

Q3 Kaiser Friedrich I. Barbarossa setzt sich durch

Nach seinem Sieg über Mailand beruft Kaiser Friedrich Barbarossa 1158 den Reichstag zu Roncaglia bei Piacenza ein. Er will die Verhältnisse in Italien neu regeln:

Am vierten Tag, dem 14. November, erschien der Kaiser in einer Vollversammlung und von einem erhöhten Sitz aus, auf dem er von allen gesehen und verstanden werden konnte, hielt er an das gesamte Volk eine Ansprache […]. Seinen Worten folgte allgemeiner, begeisterter Beifall. Die Zuhörer konnten sich nicht genug darüber wundern, dass ein Mann, ohne eigentliche wissenschaftliche Bildung und kaum den Jünglingsjahren entwachsen, in seiner Ansprache solche Weisheit und Rednergabe entwickelte. […]

An den folgenden Tagen hielt der Kaiser feierliche Hoftage ab, an denen er vom Morgen bis zum Abend voll Eifer des Rechtes waltete. Er nahm aufmerksam die Klagen der Armen wie der Reichen entgegen und ließ sich dabei von vier Richtern unterstützen, von Bulgarus, Martinus, Jacobus und Hugo, redegewandten, frommen und höchst gesetzeskundigen Männern, die zu Bologna Jurisprudenz lehrten und zahlreiche Schüler hatten. Mit diesen und anderen im Gesetz erfahrenen Männern aus den verschiedensten Städten hörte er sich die Streitfälle an, besprach und entschied sie. […] Einer göttlichen Eingebung folgend, bestimmte er nun für die einzelnen Sprengel [Gerichtsbezirke] eigene Richter. Er nahm diese jedoch nicht aus der Stadt ihres Sprengels, sondern vom [kaiserlichen] Hof und anderen Städten, damit sie nicht von parteiischem Hass oder einseitiger Begünstigung ihrer Mitbürger beeinflussen ließen. So war es möglich, all den vielen Rechtsuchenden entweder zu vollem Siege in ihrer Sache oder zu einem angemessenen Vergleich mit ihrem Gegner zu verhelfen.

Hierauf stellte der Kaiser eine sorgfältige Untersuchung über die Rechte des Reiches und die Regalien an, die dem Reich schon seit langem teils durch freche Übergriffe, teils durch die Nachlässigkeit der Könige verloren gegangen waren. Die Bischöfe, Großen und Städte, allen voran Mailand, gaben die Regalien einstimmig in die Hand des Princeps [Kaiser] zurück, da sie keine Entschuldigung zu ihrer Rechtfertigung vorzubringen wussten. Auf die Frage, was dieses Recht in sich schließe, erkannten sie Folgendes dem Reiche zu: Herzogtümer, Markgrafschaften, Grafschaften, Konsulate, Münzrechte, Zölle, Fodrum [Reichssteuern], [andere] Steuern, Hafenrechte, Geleite, Mühlen, Fischrechte, Brücken und alle Nutzung der Flussläufe, außerdem nicht bloß eine Land-, sondern auch eine Kopfsteuer zu entrichten.

Nachdem dies alles dem Fiskus zuerkannt worden war, zeigte der Kaiser gegen die früheren Inhaber damit seine Freigebigkeit, dass er jedem, der seine Besitzung oder Rechte durch eine echte Urkunde als königliche Schenkung nachweisen konnte, sie als kaiserliches Lehen im Namen des Reiches auf fürderhin beließ. Von jenen aber, die sich die Regalien angemaßt hatten, fielen jährlich ungefähr 30000 Pfund öffentlicher Einkünfte an. […]

Zit. nach: W. Lautemann (Hg.), Geschichte in Quellen. Mittelalter, 3. Aufl., München 1989, S. 406 f. Übersetzung: J. Bühler.

Q4 Die Konstitutionen von Melfi 1231: Die Rechtssammlung Friedrichs II.

Das von Kaiser Friedrich II. in den Konstitutionen von Melfi erlassene Rechtsbuch wurde als Liber Augustalis, d. h. „Kaiserliches Buch", veröffentlicht. Bei jedem Artikel wird vermerkt, von welchem sizilischen Herrscher das Gesetz ursprünglich stammt:

Wir wünschen also, dass die vorliegenden, in unserem Namen erlassenen Satzungen in unserem Königreich Sizilien allein Geltung haben, und verordnen, dass diese künftig von allen unverbrüchlich zu beobachten sind. Die veralteten Gesetze und Gewohnheiten in unserem vorerwähnten Königreich, die diesen unseren Konstitutionen entgegenstehen, sind hiermit aufgehoben. […]

I.4. Dass niemand sich in Handlungen und Entschlüsse des Königs einmischen soll. König Roger: Ein Richterspruch des Königs, seine Entschlüsse, Anweisungen oder Handlungen dürfen nicht kritisiert werden. Es kommt nämlich einem Gottesfrevel gleich, seine Richtersprüche, Handlungen, Anweisungen und Entschlüsse sowie das Verdienst desjenigen, den der König auswählt und für den er sich entscheidet, zu kritisieren. […]

I.9. Vom Verbot der Fehde. [Kaiser Friedrich]: Ein Graf, Baron, Ritter oder irgendein anderer, der offen eine Fehde im Königreich beginnt, soll unter Einziehung all seiner Güter zum Tode verurteilt werden. Wer aber Zwangs- oder Vergeltungsmaßnahmen ergreift, soll mit Einziehung der Hälfte aller Güter bestraft werden.

I.21. Über die Vergewaltigung von Dirnen. König Wilhelm: […] Infolgedessen sollen auch die unglücklichen Weiber, welche in dem schändlichen Gewerbe der Unzucht ihr Geld verdienen, sich unseres Wohlwollens erfreuen in der frohen Empfindung, dass niemand sie gegen ihren Willen nötigen darf, seine Lust zu befriedigen. Wer gegen diese allgemeine Vorschrift handelt, soll, wenn er gestanden hat und überführt worden ist, mit der Hinrichtung bestraft werden. Dabei soll man jedoch regelmäßig in Betracht ziehen, dass das

Geschrei der Überfallenen, sofern die Vergewaltigung an bewohntem Orte geschehen ist, gellend ausgestoßen werde und so schnell wie möglich hörbar sein muss; andernfalls wird die Tat, sobald darauf eine Frist von acht Tagen verstrichen ist, nicht als Vergewaltigung angesehen, es sei denn, dass die Frau erwiesenermaßen während dieses Zeitraums gegen ihren Willen festgehalten worden ist.

I.36. Von Beamten, die Staatsvermögen heimlich beiseite geschafft oder fahrlässig zugelassen haben, dass es gemindert wird oder zugrunde geht. Derselbe: Staatsbeamte oder Richter, die zur Zeit ihrer Amtstätigkeit öffentliche Gelder heimlich beiseite geschafft haben, machen sich des Verbrechens der Unterschlagung im Amt schuldig und werden mit dem Tode bestraft, sofern die Gnade des Königs nicht mit ihnen Nachsicht übt. Beamte, welche durch ihre Nachlässigkeit öffentliches Vermögen haben mindern oder zugrunde gehen lassen, werden mit ihrer Person bzw. mit den eigenen Sachen gemäß Entscheidung von königlichen Gnaden dafür haftbar erklärt. [...]

II.28. Von der Erneuerung von Privilegien. Derselbe: Privilegien und Urkunden, welche die Namen von irgendwelchen Verrätern gegen uns oder Angreifern unseres Königreiches enthalten und die durch von ihnen bestellte Richter oder Notare geschrieben sind, ferner Schriftstücke, welche man nach der Gewohnheit einiger Orte in unleserlicher und ungebräuchlicher Schrift aufgesetzt und unterschrieben findet, sollen, so verordnen wir – binnen eines Jahres seit dem Tag der Verkündigung unserer Konstitutionen vorgelegt, erneuert und unter Beifügung unseres Namens für die Zukunft bekräftigt werden. Den vorerwähnten Urkunden soll man künftig gerichtlich oder außergerichtlich keine Beweiskraft zumessen, falls sie nicht unserem gegenwärtigen Befehl gemäß vorgelegt worden sind. [...]

II.31. Von der Abschaffung der Gottesurteile. Derselbe: Wir, die wir der wahren Rechtsgelehrsamkeit folgen und irrige Auffassungen verwerfen, schaffen bei unseren Gerichten die gesetzlichen Einrichtungen ab, welche von gewissen einfältigen Leuten, die weder das Wesen der Dinge berücksichtigen noch die Wahrheit anstreben, „Gottesurteile" genannt werden. Durch die gegenwärtige Satzung unseres Namens verbieten wir auf ewig sämtlichen Richtern unseres Königreiches, irgendwelche Getreuen von uns besagten Gottesurteilen zu unterwerfen [...]; vielmehr sollen sie sich mit den allgemein üblichen, durch die alten Gesetze ebenso wie durch unsere Konstitutionen eingeführten Beweismitteln begnügen. [...]

III.48. Von der Reinhaltung der Luft. Derselbe: Wir nehmen uns vor, die Reinheit der Luft, welche dem göttlichen Urteil vorbehalten bleibt, mit sorgsamem Eifer und nach besten Kräften zu erhalten, und verordnen, dass es fortan niemandem erlaubt sein soll, in die irgendeiner Stadt oder Burg benachbarten Gewässer im Umkreis von einer Meile Flachs oder Hanf zum Reifen zu legen, auf dass dadurch nicht – wie wir mit Sicherheit in Erfahrung gebracht haben – der Zustand der Luft verdorben werde. Wer solches tut, soll den besagten Flachs und Hanf zugunsten des Hofes einbüßen. [...] Auch ordnen wir an, dass faulendes Aas, das Gestank verursacht, von den Eigentümern der Felle einer Viertelmeile außerhalb des bewohnten Landes abgelegt oder ins Meer oder in einen Fluss fortgeworfen werden muss. Falls jemand gegen diese Vorschrift verstößt, soll er unserem Hof für Hund und größere Tiere einen Augustalen zahlen, für kleinere einen halben.

Nach: K. van Eickels/T. Brüsch, Kaiser Friedrich II. Leben und Persönlichkeit in Quellen des Mittelalters, Darmstadt 2000, S. 219–233.

Fragen und Anregungen

1. Arbeiten Sie aus Q3 heraus, wie Friedrich Barbarossa sich bei Adel und Volk durchsetzen konnte. Stellen Sie Ihre Ergebnisse unter Oberbegriffen zusammen.
2. Stellen Sie den Bestimmungen Friedrichs II. (Q4) in einer Tabelle thematisch ähnliche Bestimmungen unserer heutigen Zeit gegenüber. Bewerten Sie das Vorgehen Friedrich Barbarossas und die Gesetze Friedrichs II. aus heutiger Perspektive.
3. Vergleichen Sie Q1 mit den Münzporträts römischer Kaiser (S. 74) und Karls des Großen (S. 112). Erläutern Sie, warum die Staufer-Kaiser auf antike Motive zurückgriffen (VT).
4. Erarbeiten Sie einen dreiminütigen Vortrag, in dem Sie die Bedeutung des Rechts für den hochmittelalterlichen Staat erläutern. Gehen Sie auch auf die unterschiedlichen Entwicklungen in den genannten Ländern ein (VT).
5. Die Burg Castel del Monte (Q2) ist eines der bekanntesten Bauwerke aus der Zeit Friedrichs II. in Italien. Seine Funktion ist nicht geklärt. Informieren Sie sich über die Burg und ihre Bedeutung. Diskutieren Sie, welche Erklärungen Sie für sinnvoll halten und welche eher unwahrscheinlich sind.

4. Der Aufbruch des Denkens – Schulen, Universitäten und Wissenschaft

Kirche, Staat und Schule

Während des ganzen Mittelalters wurden neben der Bibel und den Schriften von Kirchenvätern stets auch klassische antike Texte kopiert, gelesen und verarbeitet. Aber erst die kirchlichen Reformbestrebungen und der Wandel von Staat und Wirtschaft führten zu einer systematischen Auseinandersetzung mit diesen Texten. Besonders die Schulen in Nordfrankreich und Italien wuchsen im 12. Jahrhundert rasch an. In Bologna zogen berühmte Lehrer für das Römische Recht, aber auch für das Kirchenrecht zahlreiche Studenten an. Kaiser und Papst versprachen sich von den Schulen rechtliche Unterstützung für ihre Positionen und gewährten ihnen daher großzügige Privilegien. Zum Beispiel verfügte ein Privileg Kaiser Barbarossas (1155/58), dass die Studenten in Streit- und Gerichtsfällen nicht mehr der städtischen Gerichtsbarkeit unterlagen, sondern sich an ihre Lehrer oder Bischöfe wenden konnten. Damit wollte der Kaiser den Einfluss der Städte auf die von ihm unterstützten Schulen zurückdrängen.

Von der Schule zur Universität

In Bologna entwickelte sich die so genannte studentische Universität. Die Studenten schlossen sich zunächst nach ihrer Herkunft in „Nationen“ zusammen, zum Beispiel in die lombardische, die deutsche oder die französische. Aus diesen „Nationen“ wurden dann die beiden „Universitäten“ (Gesamtheiten) der Studierenden aus den Regionen diesseits und jenseits der Alpen, d. h. aus Italien und dem übrigen Abendland gebildet. Den „Universitäten“ gelang es, sich gegen die Stadt und die Professoren durchzusetzen, und selbst die Examen, die Anstellung und Besoldung der Professoren sowie die Lehrinhalte zu bestimmen. In Paris dagegen schlossen sich Magister

Mittelalterliche Universitäten D1
mit dem Jahr ihrer Gründung

und Lehrer unter der Kontrolle des Kanzlers von Notre Dame zu einer „Universitas“ zusammen. Alle Universitäten versuchten, eine päpstliche Anerkennung ihrer akademischen Grade zu erhalten, damit ihre Abschlüsse auch an anderen Universitäten und bei möglichen „Arbeitgebern“ in Europa anerkannt wurden.

Europäische Bildungszentren

Nicht nur an den Universitäten trafen sich Studenten aus ganz Europa. Frühe Zentren der höheren Bildung, vor allem für Theologie und Philosophie, waren auch Klosterschulen und städtische Domschulen. Ein herausragendes Beispiel für solch eine frühe Schule ist die Schule des Klosters Le Bec bei Rouen in der Normandie. Unter der Leitung des Lanfrancus (1045–1063), der einer hohen Richterfamilie aus Pavia entstammte und bereits an mehreren italienischen Schulen studiert hatte, wurden Schüler aus ganz Europa in Le Bec ausgebildet. Dazu gehörten auch die späteren Bischöfe Ivo von Chartres und der ebenfalls aus Italien stammende Anselm von Canterbury, die sich beide für die Reform der Kirche einsetzten. Als Erzbischof von Canterbury und damit Haupt der englischen Kirche erkämpfte Anselm in enger Abstimmung mit dem Papst den Verzicht auf die königliche Investitur. Ivo von Chartres setzte sich nicht nur in Frankreich für die Freiheit der Kirche ein, er veröffentlichte auch mehrere grundlegende und durch ihre Systematik sehr moderne Sammlungen und Handbücher zum Kirchenrecht, die sich schnell verbreiteten und großen Einfluss gewannen. Ivo und Anselm waren maßgeblich an der Entwicklung der später so genannten scholastischen Methode beteiligt.

Die scholastische Methode

Obwohl sich in den verschiedenen biblischen Schriften zahlreiche widersprüchliche oder zumindest missverständliche Aussagen finden, durften sie als höchste und gottgegebene Wahrheit nicht prinzipiell in Frage gestellt werden. Zu ihrer Erläuterung und Interpretation musste daher eine Arbeitsmethode gefunden werden, mit deren Hilfe die Schriften zwar kritisch und logisch durchdacht werden konnten, die aber immer zu einem Ausgleich der Widersprüche führte. So entstand die scholastische Methode (scholastikós – mit der Wissenschaft befasst): Ausgehend von einer genauen Lektüre sollten die festgestellten Widersprüche und Probleme durch Begriffsbestimmungen, logische Durchdringung und Diskussion plausibel erklärt werden. Die Sprache der Diskussionen und schriftlichen Abhandlungen war ausschließlich Latein, was eine Verständigung über alle Sprachgrenzen hinweg erlaubte. An den Universitäten wurden nicht nur christliche Texte, sondern auch die heidnisch-antiken philosophischen und juristischen Schriften wie Justinians Gesetzbuch Corpus Iuris Civilis (vgl. S. 80) oder Texte von Platon, Aristoteles und Cicero erarbeitet. In den Auseinandersetzungen zwischen weltlicher Herrschaft und Reformkirche wurde die Methodik der Argumentation weiter verfeinert, wie man auch an den präzise formulierten Streitschriften des Investiturstreits erkennen kann. Die Scholastik trug erheblich dazu bei, Logik und systematische Wissenschaftsmethode in den geisteswissenschaftlichen Fächern zu entwickeln. Unsere heutigen Naturwissenschaften wurden als „mechanische Künste“ in antiker Tradition geringer geachtet und nicht als Wissenschaften anerkannt.

Ausbau des Universitätswesens

Fürsten und Landesherren erkannten schnell die Vorzüge einer eigenen Universität. Dort konnten Verwaltungspersonal und Geistliche für ihr eigenes Territorium unter ihrer Kontrolle ausgebildet werden. Jedoch waren alle spätmittelalterlichen Neugründungen ab dem 15. Jahrhundert mit einigen hundert Studenten und nur einem Teil der möglichen Fakultäten relativ klein. Dagegen besuchten die großen Universitäten Bologna, Paris, Oxford, Cambridge, Prag, Salamanca, Toulouse und Padua jeweils über 1 000 Studenten aus der gesamten lateinischen Welt.

Q1 Vorlesung in der Universität Bologna
Miniatur aus der Handschrift der Nikomachischen Ethik des Aristoteles, 14. Jahrhundert.

Q2 Wahrheitssuche im Dialog

Eadmer, ein Freund und Mitarbeiter des englischen Erzbischofs Anselm von Canterbury, schildert kurz nach dessen Tod 1109, wie Anselm versuchte, das Wesen Gottes durch Argumente zu beweisen. Nachdem er an dieser Aufgabe fast verzweifelte, fand er schließlich eine Lösung und veröffentlichte sie:

Danach wandte sich sein Gemüt darauf zu erforschen, ob sich mit einem einzigen kurzen Argument beweisen ließe, was der Glaube und die Predigt von Gott aussagt. […]

Und eines Nachts, während er wachte, geschah es: Gottes Gnade erstrahlte in seinem Herzen und der Gegenstand seines Forschens lag offen vor seinem Verstand, und sein ganzes Inneres war mit unermesslichen Freuden erfüllt. Wie er nun bedachte, dass dies auch andern Freude machen könnte, schrieb er es sogleich auf Wachstafeln und gab sie einem von den Brüdern des Klosters zu sorgfältiger Aufbewahrung. […] So wurde es ein Buch, äußerlich klein, aber gewichtig durch die Gedanken und eindringliche Betrachtung […]. Dieses Werk fiel in die Hände eines Menschen, der an einem bestimmten Beweisgang darin großen Anstoß nahm und ihn nicht für schlüssig hielt. Zur Wiederlegung verfasste er eine Schrift, die er an den Schluss von Anselms Werk anfügte. So wurde das Buch dem Anselm von einem Freund zugeschickt, und voll Freude und mit dem Ausdruck des Dankes gegen seinen Tadler ließ er nun seine Antwort darauf folgen, schrieb sie in die ihm zugesandte Handschrift hinzu und schickte dem Freund das Ganze zurück, um damit ihm und andren, die jene Schrift zu besitzen wünschten, die Bitte auszudrücken, dass unter sein Werk der Einwand gegen seine Beweisführung und unter diesen seine Antwort geschrieben würde.

Zit. nach: Eadmer, Das Leben des heiligen Anselm von Canterbury, übers. von G. Müller, München 1923, S. 35–38.

Q3 Anselm von Canterbury: Glaube und Vernunft

In seiner Schrift „Proslogion" erläutert Anselm von Canterbury durch logische Argumentation das Wesen Gottes:

Der Glaube geht der Erkenntnis voran. Ich will nicht erkennen, um zu glauben, sondern ich glaube, um zu erkennen. Denn wer nicht glaubt, der macht keine Erfahrung, und wer keine Erfahrung macht, der erkennt nicht. […]

(2) Gott ist das, über das hinaus Größeres nicht gedacht werden kann. Das aber, worüber hinaus Größeres nicht gedacht werden kann, kann nicht nur im Verstande sein. Denn wenn es nur im Verstande wäre, so könnte man dasselbe auch noch in der Wirklichkeit vorhanden denken, und das wäre dann doch noch etwas Größeres. Ohne Zweifel ist also das, worüber hinaus ein Größeres nicht gedacht werden kann, sowohl im Verstand als auch in der Wirklichkeit: und das bist Du, Herr unser Gott. So gewiss bist Du also, Herr mein Gott, dass man sich nicht einmal denken kann, Du seiest nicht. Dank sei Dir, guter Gott, Dank sei Dir! Denn was ich erst geglaubt habe, das verstehe ich jetzt durch Deine Gabe kraft Deiner Erleuchtung so, dass wenn ich auch nicht glauben wollte, dass Du bist, ich doch nicht anders könnte, als es einsehen.

Zit. nach: P. Börger, Quellen zur alten und mittelalterlichen Kirchengeschichte, Heidelberg 1953, S. 55.

Q4 Petrus Abaelard: Glaube und Vernunft

Wegen seiner Thesen wurde der französische Philosoph und Theologe Petrus Abaelard 1140 vom Papst zu ewigem Schweigen verurteilt. Doch schon ein Jahr später wurde das Urteil auf Vermittlung des Abts von Cluny wieder aufgehoben:

Man sagt, von den Geheimnissen des katholischen Glaubens sei durch die Vernunft nichts zu erforschen, sondern bei allem sei sogleich der Autorität zu glauben, wieweit diese auch von menschlicher Vernunft entfernt zu sein scheine [….] Bei Jesus Sirach (19,4) heißt es: „Wer schnell glaubt, ist leichtsinnig und wird arm werden." Schnell oder leicht glaubt aber, wer unklar und unvorsichtig sich bei dem, was gesagt wird, früher beruhigt, als er das, wozu man ihn aus ihm unbekanntem Grund überreden will, auf seine

Geltungskraft hin erörtert hat, d.h. darauf hin, ob er ihm Glauben beimessen darf. Jetzt aber suchen im Gegenteil die meisten einen Trost für ihre Unwissenheit, so dass sie bei ihren Lehrbemühungen um den Glauben, den sie durch Auseinandersetzungen nicht auch verständlich zu machen fähig sind, hauptsächlich jene Glaubenswärme empfehlen, die das Gesagte glaubt, ehe sie es begreift, und ihm eher zustimmt und es annimmt, als sie sieht, was es eigentlich ist.

P. Börger, Quellen zur alten und mittelalterlichen Kirchengeschichte, Heidelberg 1953, S. 56 f. nach: Petrus Abaelardus, Einführung in die Theologie II, 3.

„Der Triumph des Heiligen Thomas von Aquin" Q5
Gemälde des Francescso Traini, 2. Hälfte des 14. Jahrhunderts. Am unteren Bildrand sieht man liegend den arabischen Philosophen und Theologen Averroes, der bis 1250 auch im Abendland als der bedeutendste Kommentator der Schriften des Aristoteles galt. Über ihm thront der heilige Thomas von Aquin, der über Averroes triumphiert, da er wesentliche Teile seiner Thesen aus christlicher Sicht widerlegt hat. Umgeben ist Thomas von Aristoteles und Plato, den vier Evangelisten, erkennbar an den geflügelten Wesen, sowie Petrus (rechts oben) und Paulus (links oben).

Fragen und Anregungen

1. Interpretieren Sie die Abbildung Q5. Welche Informationen über Bildung und Wissenschaft können Sie dem Bild entnehmen?
2. Erläutern Sie die wissenschaftliche Methode Anselm von Canterburys (Q2).
3. Untersuchen Sie arbeitsteilig in einer Gruppe, wie Anselm und Petrus Abaelard das Verhältnis von Glaube und Vernunft bestimmen (Q3, Q4). Halten Sie Ihre Ergebnisse schriftlich fest und geben Sie sie in der Gruppe weiter. Kommentieren Sie Ihre Ergebnisse gegenseitig in der gleichen Weise wie Anselm. Diskutieren Sie Ihre inhaltlichen Ergebnisse und bewerten Sie diese Methode.
4. Erklären Sie Begriff, Methodik und Ziele der Scholastik (VT).
5. Erläutern Sie, wo und warum Universitäten gegründet wurden (D1, VT). Informieren Sie sich über die Gründung einer Universität in Ihrer Nähe und vergleichen Sie Ihre Ergebnisse mit Ihrem bisherigen Kenntnisstand zu Universitätsgründungen.
6. Erörtern Sie, inwiefern Wissenschaft und Universitäten zu einer europäischen Identität beigetragen haben könnten (VT, D1).

5. Vom Indus bis nach Südfrankreich – der Islam breitet sich aus

622	Mohammed flieht nach Medina. Die islamische Zeitrechnung beginnt.
732	Der Karolinger Karl Martell beendet durch die Schlacht von Poitiers die arabische Expansion in das Frankenreich.
10./11. Jahrhundert	Einzelne Flottenexpeditionen der italienischen Seestädte gegen islamische Ziele
1071	Bei Mantzikert wird das byzantinische Heer von den Seldschuken geschlagen.

Die Anfänge des Islam in Medina und Mekka

Seit ca. 610 brachte der aus Mekka stammende Mohammed aufgrund seiner Offenbarungserlebnisse viele Zeitgenossen von der damals in Arabien weit verbreiteten Vielgötterei ab und bekehrte sie zu der von ihm neu begründeten monotheistischen Religion des Islam (arab. Hingabe, Unterwerfung). Als er 622 nach Medina kam, lehnten viele Anhänger der alten arabischen Religionen und auch die Juden seinen Anspruch als Gesandter Gottes (Prophet) ab. Mohammed konnte sich erst nach kriegerischen Erfolgen in Medina durchsetzen. Danach wagte er es, auch gegen Mekka, das Zentrum der Vielgötterei, zu ziehen. Zunächst handelte er mit Mekka einen Waffenstillstand aus, doch 630 brach Mohammed diesen Frieden und nahm die Stadt – allerdings kampflos – ein. Bis zu seinem Tod hatte Mohammed fast die gesamte arabische Halbinsel dem Islam unterworfen.

Die Einheit von Religion und Staat

Nachdem er die Juden aus der Stadt vertrieben oder sie getötet hatte, war Mohammed in Medina als Herrscher, Prophet und Religionsführer anerkannt worden. Damit übernahmen Mohammed und seine Nachfolger, die Kalifen (arab. Stellvertreter), die weltliche und geistliche Führung im islamischen Reich. Unter den ersten drei Kalifen wurde auch der Koran (arab. Vortrag, Lesung), das heilige Buch des Islam schriftlich aufgezeichnet. Dementsprechend enthält er nicht nur Mohammeds religiöse Offenbarungen, sondern auch seine gesetzgeberische Tätigkeit. Der Koran thematisiert auch die kriegerische Unterwerfung nicht islamischer Stämme und Völker durch Mohammed: Der „innere Dschihad" (arab. Anstrengung, Bemühen) verlangt von den Gläubigen den Kampf gegen die eigenen Fehler und schlechten Eigenschaften, der „äußere Dschihad" umfasst dagegen alle Handlungen der Muslime zur Verteidigung und Ausbreitung ihres Glaubens – wenn nötig auch durch Krieg. Der äußere Dschihad ist religiöse Pflicht der islamischen Gemeinschaft als Ganzes und für den Fall ihres Todes wird den Kämpfern der direkte Eintritt ins Paradies verheißen.

Die islamische Expansion

Nach Mohammeds Tod 632 fielen zahlreiche arabische Stämme wieder vom Islam ab. Mit den Ridda-Kriegen (arab. Ridda = „Abfall vom Glauben"), in denen Mohammeds langjähriger Gefährte und Nachfolger Abu Bakr die Stämme erneut unterwarf, begann die islamische Expansion. Gut hundert Jahre später erstreckte sich der islamische Machtbereich vom Indus bis nach Südfrankreich. Der Erfolg der islamischen Heere hatte mehrere Gründe: Das Byzantinische und persische Reich waren durch Kriege gegeneinander am Anfang des 7. Jahrhunderts deutlich geschwächt, und die Byzantiner hatten die Kampfkraft der hoch motivierten und gut organisierten Araber weit unterschätzt. Die Eroberer forderten von den Christen

Q1 Einzug in eine eroberte Stadt
Miniatur einer persischen Handschrift, 14. Jahrhundert. Dabei wird Mohammed vom Erzengel Gabriel begleitet. Der Erzengel Gabriel ist sowohl für das Judentum und das Christentum als auch für den Islam bedeutend. Er verkündete die Geburt von Johannes dem Täufer und Jesus und offenbarte Mohammed die Lehre des Islam.

und Juden keine Bekehrung zum Islam, sondern nur politische Unterwerfung sowie die Leistung einer Kopf- und Grundsteuer. Da die islamische Bevölkerung steuerlich besser gestellt war, traten dennoch große Teile der eroberten Völker zum Islam über und übernahmen die arabische Sprache und Kultur.

Blütezeit und Krise des Kalifats

Die Kalifen führten nicht nur Kriege, sie schufen auch die Grundlagen für einen gemeinsamen arabischen Staat. Sie unterteilten ihr Reich in Provinzen, die nach einer einheitlichen Struktur von Wesiren verwaltet wurden. Sie gründeten Rechtsschulen und öffentliche Einrichtungen, förderten Künste und Wissenschaft und pflegten diplomatische Kontakte wie z. B. Harun al-Raschid zu Karl dem Großen. Mit der Verlegung seiner Residenz von Damaskus nach Bagdad stärkte der Vater Harun al-Raschids, al-Mansur, im 8. Jahrhundert die Position der persischen Muslime und trug damit zum inneren Zusammenhalt des islamischen Reiches bei. Um die Mitte des 9. Jahrhunderts gewannen die Wesire und auch die örtlichen Machthaber, die Emire, an Einfluss. Die schwachen Kalifen konnten ihre formale Stellung nur mit Hilfe der militärisch überlegenen türkischen Seldschuken aus Zentralasien behaupten. Die Seldschuken stürzten die Wesire und ließen sich selbst vom Kalifen als Sultane (arab. „Machthaber", seit 1055) einsetzen. Bagdad wurde zur Hauptstadt des großseldschukischen Staates, der aber im 12. Jahrhundert durch Thronstreitigkeiten erheblich geschwächt wurde.

Ägypten, Nordafrika und Spanien

Schon lange vor den Seldschuken war im Westen die Dynastie der Fatimiden entstanden, die sich auf Mohammeds Tochter Fatima berief und im Jahr 909 in Nordafrika ein Gegenkalifat ausgerufen hatte. Bis zum frühen 11. Jahrhundert brachten die Fatimiden Ägypten, Sizilien, Syrien und Teile der arabischen Halbinsel unter ihre Kontrolle. Die von ihnen gegründete Palaststadt Kairo wurde zur blühenden Metropole, die fatimidische Flotte dominierte das östliche Mittelmeer und über das Rote Meer florierte der Indienhandel. Seit der Mitte des 11. Jahrhunderts konnten sich allerdings zahlreiche regionale Machthaber ihre Unabhängigkeit erkämpfen. Von Nordafrika aus eroberten die Araber ab 711 auch weite Teile Spaniens. Nach Streitigkeiten unter den Eroberern wurde ein selbstständiges Emirat mit der Hauptstadt Córdoba ausgerufen, das 929 ebenfalls zum Kalifat erhoben wurde. Spanien wurde unter den Arabern ein blühendes Kulturland, von dem aus die arabischen Kulturleistungen nach West- und Mitteleuropa gelangten. 1031 zerfiel das Kalifat in viele kleinere Staaten. In der Folge gelang es den christlichen Nachbarstaaten mit ihrer Politik der Rekonquista (span. Rückeroberung), weite Teile Spaniens zurückzuerobern.

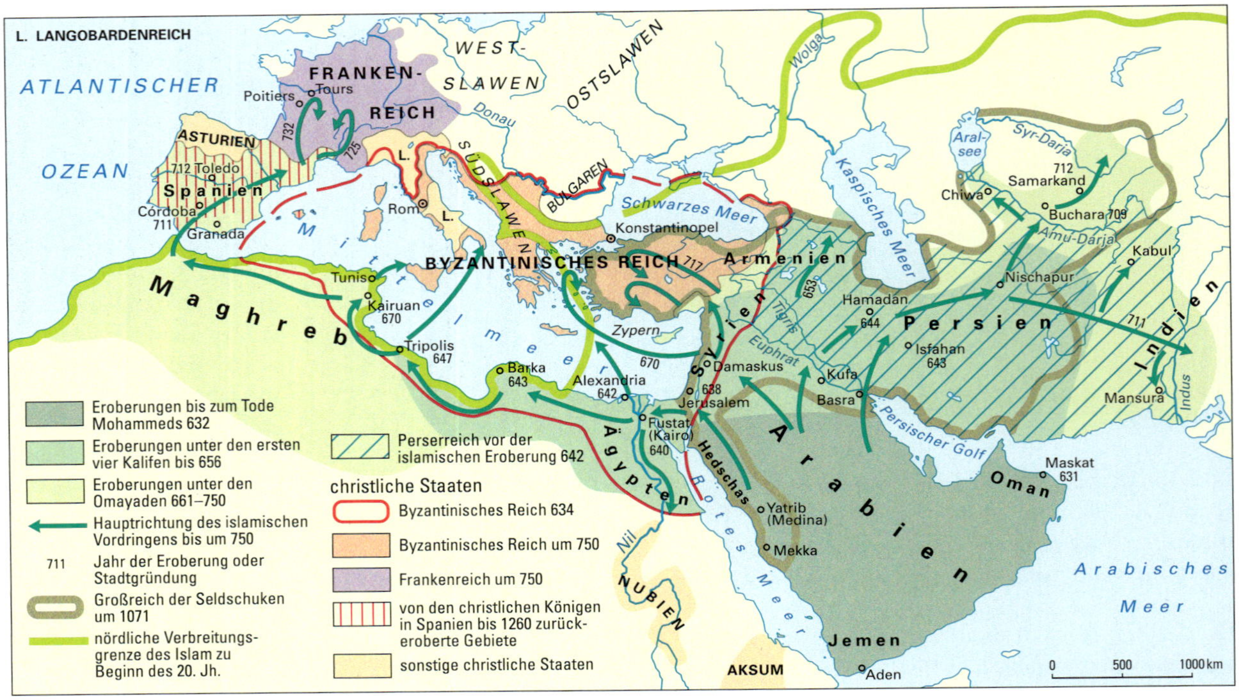

D1 Die Ausbreitung des Islam

Q2 Predigt-Aufruf zum Heiligen Krieg

gegen eine byzantinische Invasion in Nordmesopotamien, 969/70:

Eilt also mit Gottes Gnade zum heiligen Kampf mit reinen Herzen und stolzen Seelen, mit gefälligen Taten und strahlendem Gesicht! [...] Schenkt euer Leben dem, der es zuerst besitzt! Seid ohne Furcht, denn sie kann den Tod von euch nicht fernhalten! Auf zum heiligen Kampf, auf ihr, die ihr gewiss seid! Auf zum Sieg, auf ihr, die ihr standhaft seid! Auf zum Paradies, auf ihr, die ihr voll Streben seid! Auf zum Höllenfeuer, auf ihr, die ihr auf der Flucht seid! Der Dschihad ist die feste Grundlage des Glaubens, das weiteste Tor der göttlichen Gunst und der höchste Grad des Paradieses. Wer es darin treu mit Gott meint, kann zwischen zwei Wegen suchen und wählen: zwischen Glück über den Sieg in Bälde und den Triumph durch die Märtyrerschaft in Zukunft. Der Weg, den ihr so gar nicht gerne habt, ist doch Seine größte Gunst für euch. Helfet Gott, denn Gottes Beistand ist ein sicherer Schutz vor allem, was Vernichtung bringt! „Und Gott wird denen Beistand gewähren, die ihm Beistand gewähren, denn Gott ist stark und mächtig!" (Koran 22,40).

Zit. nach: F.-J. Brüggemeier/G. Hoffmann, Menschen im Jahr 1000, Freiburg etc. 1999, S. 121, Nr. 41.

Q3 Welche Unterwerfung fordert der Kalif?

Während der Eroberung Ägyptens verhandelt der Kommandant der Stadt Alexandria mit Amr, einem Feldherrn des Kalifen Omar:

Der Herr Alexandriens sandte [...] Botschaft an Amr, in der er sagte: „Früher habe ich an Eroberer Tribut entrichtet, die zorniger über mich waren als ihr, Volk der Araber, an Perser und Griechen. Wenn ihr begehrt, dass ich euch Tribut zahle, so will ich es tun unter der Bedingung, dass ihr mir die Gefangenen zurückgebt [...]." [Der Kalif befahl Amr:] „Ein fester Tribut, [...] ist mir viel lieber als Beute, die verteilt wird und die dann ist, als wäre sie nie gewesen. Schlage dem Herrn von Alexandrien vor, er solle dir Tribut zahlen, unter der Bedingung, dass die Gefangenen, die sich in deinen Händen befinden, vor die Wahl gestellt werden zwischen dem Islam und der Religion ihres Volkes. Wer von ihnen den Islam wählt, der soll zu den Muslimen gehören; er soll Teil haben an ihrem Reichtum und er soll dazu verpflichtet sein, wozu sie verpflichtet sind. Wer die Religion seines Volkes erwählt, dem werde jener Tribut auferlegt, der den Anhängern ihrer Religion gebührt." [...] Jener antwortete „Ich bin einverstanden."

Zit. nach: A. Hottinger, Die Araber. Werden, Wesen, Wandel und Krise des Arabertums, Zürich, 1969, S. 47 f.

Die Heilige Stadt Jerusalem Q4

Nach einem spanischen Codex des 10. Jahrhunderts. Gemäß der Offenbarung des Johannes wird Gott nach dem endgültigen Sieg über den Satan in der heiligen Stadt Jerusalem wohnen, deren Aussehen und Bedeutung genau beschrieben wird (21,1–22,5).

Q5 Schutzbrief für die Besiegten

Nach der Eroberung 636 schließen die Araber mit den Bewohnern von Jerusalem (lat. „Aelia Capitolina") einen Vertrag:

Dies ist ein Schutzbrief, den der Diener Gottes, Omar, der Herrscher der Gläubigen, den Bewohnern von Aelia ausstellte. Er gewährt ihnen Sicherheit für ihre Person, ihren Besitz, ihre Kirchen, ihre Kreuze, die Kranken und die Gesunden unter ihnen und ihre ganze Gemeinde. Ihre Kirchen sollen weder als Wohnungen benutzt, noch sollen sie zerstört werden. Weder sie noch der ihnen zugehörige Besitz sollen Schaden leiden. In religiöser Hinsicht soll kein Zwang auf sie ausgeübt und keinem soll etwas zuleide getan werden. […] Sie müssen die Byzantiner und die Räuber aus der Stadt vertreiben. Diejenigen, die fortgehen, sollen freies Geleit für sich und ihren Besitz haben, bis sie in Sicherheit sind. Diejenigen, die bleiben, sollen Sicherheit erhalten und müssen die Kopfsteuer entrichten […]. Diejenigen Bewohner von Aelia, die sich mit ihrer Habe entfernen, mit den Byzantinern abreisen und ihre Kirchen und Kreuze aufgeben wollen, sollen freies Geleit haben für sich, ihre Kirchen und ihre Kreuze, bis sie in Sicherheit sind.

Zit. nach: B. Lewis, Der Islam von den Anfängen bis zur Eroberung von Konstantinopel, Bd. 1, Zürich/München 1981, S. 328 ff. Übersetzung: Hartmut Fähndrich.

Ebstorfer Weltkarte (vereinfachte Ausführung), um 1240 Q6

Fragen und Anregungen

1. Erläutern Sie, wie sich die Mittelmeerwelt durch die islamische Expansion veränderte (D1, VT).
2. Stellen Sie in Thesen zusammen, warum die islamische Expansion so erfolgreich verlief (Q1–Q3, Q5, VT).
3. Erklären Sie ausgehend von Q4 und Q6, welche Bedeutung die Stadt Jerusalem für das Christentum hat.
4. Recherchieren Sie, welche Bedeutung Jerusalem für das Judentum und den Islam hat. Stellen Sie Ihre Ergebnisse in einem Kurzreferat vor.

6 „Ewigen Lohn verdienen“ – die Kreuzzugsidee

Papst Urban II. ruft zum Kreuzzug auf

Nachdem Kaiser Alexios I. von Byzanz (1081–1118) einen dramatischen Hilferuf an ihn gesandt hatte, rief Papst Urban II. im November 1095 zum Kreuzzug auf. Ab dem Sommer 1096 machten sich über 100 000 Männer und Frauen aus dem gesamten christlichen Abendland auf den beschwerlichen und ungewissen Weg ins ferne Heilige Land, um ihre byzantinischen Glaubensbrüder zu unterstützen und Jerusalem von den „Heiden“ zu befreien. Jerusalem stand schon seit Jahrhunderten unter islamischer Herrschaft und die Bedrohung des Byzantinischen Reiches durch die Seldschuken war nicht mehr so akut wie noch 20 Jahre zuvor. Wie kam es, dass der päpstliche Aufruf gerade jetzt auf so große Resonanz stieß?

„Gerechter Krieg“ und „Heiliger Krieg“

Kriege stehen immer im Widerspruch zum urchristlichen Tötungsverbot und Gewaltverzicht. Um diesen Widerspruch zu lösen, hatte der Kirchenlehrer Augustinus bereits unter dem Eindruck der ersten Eroberung Roms durch die Westgoten (410) Prinzipien für einen „gerechten Krieg“ formuliert. Nach Augustinus musste ein „gerechter Krieg“ von einer öffentlichen Gewalt wie Kaiser, König oder Papst angeordnet oder geführt werden, er musste einer gerechten Sache wie der Selbstverteidigung oder der Beseitigung eines Unrechts dienen, wozu auch die Bedrohung durch Ungläubige gehörte, und er musste mit guten Absichten geführt werden, also nicht aus Gewinn- oder Machtstreben, sondern zum Beispiel aus christlicher Bruderliebe zu Glaubensgenossen. Seit der islamischen Expansion richtete sich die christliche Verteidigung vorwiegend gegen diese Bedrohung, aber auch gegen die christlichen und barbarisch-kämpferischen Normannen wurden bis 1059 „Heilige Kriege“ zur Verteidigung der päpstlichen Besitzungen in Italien und Sizilien geführt.

Kirchenreform und Kreuzzüge

Ab Mitte des 11. Jahrhunderts verband sich die Idee des gerechten Krieges mit den Anliegen der Reformpäpste. Der Kampf gegen die islamischen „Ungläubigen“ wurde als „gerechter Krieg“ gewertet, da durch ihn christliche Gebiete des alten Römischen Reiches zurückerobert werden sollten, in dessen Nachfolge man sich sah. Die großen Erfolge gegen islamische Staaten in Süditalien, Spanien und dem übrigen westlichen Mittelmeer deutete man dann als Beweis einer erneuerten göttlichen Zuwendung. In den Siegen gegen die Muslime sah man die Kirchenreform bestätigt: Sie habe die Reinheit des christlichen Glaubens wiederhergestellt. Vor der Reform habe dagegen die Sündhaftigkeit der Christen zur Abwendung Gottes von seinem Volk und zum Verlust weiter Teile der christlichen Welt geführt. Besonders Urban II. glaubte, in einer neuen Periode göttlicher Gnade zu leben, in der weit reichende kirchliche Ideen und Ziele Wirklichkeit werden könnten.

Die päpstliche Kreuzzugsidee

Dazu gehörte auch die Wiederherstellung der Einheit mit der griechisch-orthodoxen Kirche, von der man seit der gegenseitigen Bannung im Jahr 1054 getrennt war. Bereits 1074 hatte Papst Gregor VII. dem bedrängten Byzantinischen Reich Hilfe schicken wollen. Allerdings war die Unternehmung am Desinteresse der zur Hilfe aufgerufenen Fürsten gescheitert. Der Ausbruch des Investiturstreits verhinderte zunächst ein weiteres Engagement. 1095 besuchte eine byzantinische Gesandtschaft das große Reformkonzil in Piacenza. Ihr dramatisch inszeniertes Hilfsgesuch bewirkte, dass Urban II. zur Hilfe für die Glaubensbrüder im Osten aufrief. Jedoch blieb auch dieser Aufruf ohne großen Erfolg. Erst die große Kreuzzugspredigt nach dem Konzil von Clermont im November desselben Jahres hatte eine durchschlagende Wirkung, allerdings nicht nur auf die angeforderten Adligen und Ritter, sondern auch auf weite Teile der gesamten Bevölkerung in ganz Europa.

Q1 Papst Urban auf der Reise und während der Predigt
Illustration aus dem 14. Jahrhundert. Die Kardinäle tragen rote Hüte, während die Bischöfe an ihrer Mitra zu erkennen sind.

Der Kreuzzug als Pilgerfahrt

Wer sich auf den Kreuzzug begab, erfüllte die Forderung des Evangeliums: Jeder „verleugne sich selbst, nehme sein Kreuz auf sich und folge mir" (Mt. 16,24). Der Kreuzzug war eine Pilgerfahrt, für die den Teilnehmern der Erlass oder Ablass all ihrer Sündenstrafen in Aussicht gestellt wurde. In Zusammenhang mit ihrer Reue, Beichte und der priesterlichen Absolution hofften sie daher auf vollständige Vergebung ihrer Sünden. Außerdem konnten die meisten Zeitgenossen kaum zwischen dem realen und dem „himmlischen Jerusalem" aus der Offenbarung des Johannes unterscheiden. Viele Kreuzfahrer glaubten deshalb, direkt dem in der Bibel beschriebenen Reich Gottes entgegenzugehen. Auch kirchenrechtlich galt der Kreuzzug als Pilgerfahrt: Wer „das Kreuz nahm", leistete ein Gelübde, die Fahrt durchzuführen, und stand mit seinem ganzen Besitz unter dem Schutz der Kirche. Während des gesamten Kreuzzuges wurden Gottesdienste gehalten, gepredigt und Bußakte vollzogen. Erst nach der Eroberung Jerusalems galt das Gelübde der Kreuzfahrer als erfüllt.

Der Erfolg der Kreuzzugsidee

Mit dieser bewaffneten Pilgerfahrt zur Befreiung des Heiligen Grabes in Jerusalem ergab sich für die Ritter die Möglichkeit, durch standesgemäßen Kampf nicht Sündenstrafen für Raub, Brand und Totschlag, sondern geistlichen Lohn zu erwerben. Aber auch alle anderen Christen konnten an dieser bewaffneten Pilgerfahrt teilnehmen und sich damit die versprochenen geistlichen Verdienste erwerben. Das war bei den vorangegangenen „Heiligen Kriegen" nur den speziell aufgeforderten Fürsten, Adligen und ihren Kämpfern vorbehalten gewesen. Mit der Umformung des „Heiligen Krieges" in eine bewaffnete Pilgerfahrt wurde der Kreuzzug zu einer Art Gottesdienst mit großen Heilsversprechen, der jedem Christen offen stand. Daher warben Prediger in ganz Mitteleuropa für diese neue Art des heiligen Krieges.

Q2 **Papst Urban II. weiht Altäre im Kloster Cluny**
Illustration einer Handschrift, 12. Jahrhundert.

Q3 **Ein Kreuzzug auf Initiative von Gregor VII.?**

Brief Gregors VII. an ihm getreue Fürsten, März 1074:

[Wir] erfuhren, dass das Volk der Heiden [gemeint sind die Seldschuken] kraftvoll gegen das christliche Imperium erstarkt ist und mit beklagenswerter Grausamkeit schon beinahe bis an die Mauern von Konstantinopel heran alles verwüstet, in tyrannischer Gewalt besetzt und viele tausend Christen wie Vieh getötet hat. Infolgedessen müssen wir, wenn wir Gott lieben und überzeugt sind, Christen zu sein, über das beklagenswerte Geschick eines solchen Reiches und über ein derartiges Unglück der Christen großen Schmerz empfinden. Und es genügt für unsere Sorge nicht, nur Schmerz darüber zu fühlen, vielmehr fordern das Beispiel unseres Erlösers und die schuldige brüderliche Liebe von uns, unser Leben für die Befreiung der Brüder einzusetzen. [...] Wir beschwören Euch daher bei dem Glauben, in dem Ihr durch Christus zur Kindschaft der Kinder Gottes geeint seid, und ermahnen Euch mit der Autorität des heiligen Apostelfürsten Petrus, dass Wunden und Blut der Brüder und die Gefährdung des genannten Reiches auch Euch durch angemessenes Mitleid bewegen und Eure Tüchtigkeit um Christi Namen willen nicht ungern die Mühe auf sich nehmen, den Brüdern Hilfe zu bringen.

Zit. nach: F.-J. Schmale (Hg.), Quellen zum Investiturstreit, Teil 1: Ausgewählte Briefe Papst Gregors VII. (FSGA, 12a), Darmstadt 1978, S. 72–75, Nr. 20.

Q4 **Aus dem Kreuzzugsaufruf Papst Urbans II.**

auf dem Konzil von Clermont, 1095:

Notwendig ist es, dass Ihr Euren Brüdern im Osten, die sich in Bedrängnis befinden, auf schnellem Wege die schon oft erbetene Hilfe bringt. [3] Es sind nämlich – die Türken, ein persisches Volk, über sie hergefallen und bis zum Mittelmeer vorgestoßen [...]; in versiebenfachter Kriegsschlacht haben sie sie überwunden, viele getötet oder gefangen, die Kirchen zerstört, das Reich Gottes verwüstet. Ließe man sie noch eine Zeit lang in Ruhe gewähren, dann würden sie noch viele weitere Gebiete (der Gläubigen) einnehmen. [4] Deshalb ermahne ich Euch in flehentlicher Bitte, nicht ich, nein Gott, dass Ihr, Vorkämpfer Christi, allen, gleich welchen Standes, den Rittern und dem Fußvolk, den Reichen und den Armen, in häufiger Aufforderung ratet, dass sie beizeiten den Christusverehrern beizustehen sich bemühen, dieses nichtsnutzige Volk in unseren Gegenden auszurotten. [5] Den Anwesenden sage ich es, für die Abwesenden tue ich es kund, Christus aber befiehlt es. Allen, die dorthin gehen, wenn sie bei der Reise über Land oder der Fahrt zur See oder im Kampf gegen die Heiden ihr Leben durch den Tod verlieren, wird die Vergebung der Sünden unmittelbar zuteil: Das sichere ich den Wegziehenden zu, ich gebe es, durch Gott dazu befugt. [6] Welche Schande, wenn ein so verworfenes, degeneriertes Pack, Dienerin der Dämonen, das dem allmächtigen Gott im Glauben verbundene und durch den Namen Christi strahlende Volk so überwinden würde! Welche gewaltige Schande würde Euch vom Herrn selber auferlegt, wenn Ihr denen nicht beistehen würdet, die vom Bekenntnis her Christen sind, wie Ihr! [7] Mögen sie voranschreiten, sagte er, voranschreiten zu einer Schlacht, die des Anfangs würdig und durch den Sieg zu beenden ist, diejenigen, die einmal gewohnt waren, missbräuchlich den privaten Streit unter Christen zu führen. Mögen sie nun zu Soldaten Christi werden, die einst Räuber waren; mögen sie nun mit Recht gegen die Barbaren kämpfen, die einst mit ihren Brüdern und Blutsverwandten gestritten haben; mögen sie jetzt ewigen Lohn verdienen, die einst für wenige Pfennige Taglöhner waren, für doppelte Ehre mögen sie wirken, die vorher an der Zerstörung von Körper und Seele sich mühten. Fürwahr, hier jämmerlich, hier arm, dort jauchzend und reich, hier Feinde Gottes, dort aber werden sie seine Freunde sein. [8] Kein Aufschub mehr für die, die gehen; sie sollen ihre Dinge ordnen, sich Reisemittel verschaffen, und, wenn der Winter geht und der Frühling kommt, unter Gottes Führung mutig den Weg beschreiten.

Zit. nach: Fulcher von Chartres, Historia Hierosolymitana, hg. von Heinrich Hagemeyer (1913) c. III: S. 130 ff. Übersetzung: G. Schmitz.

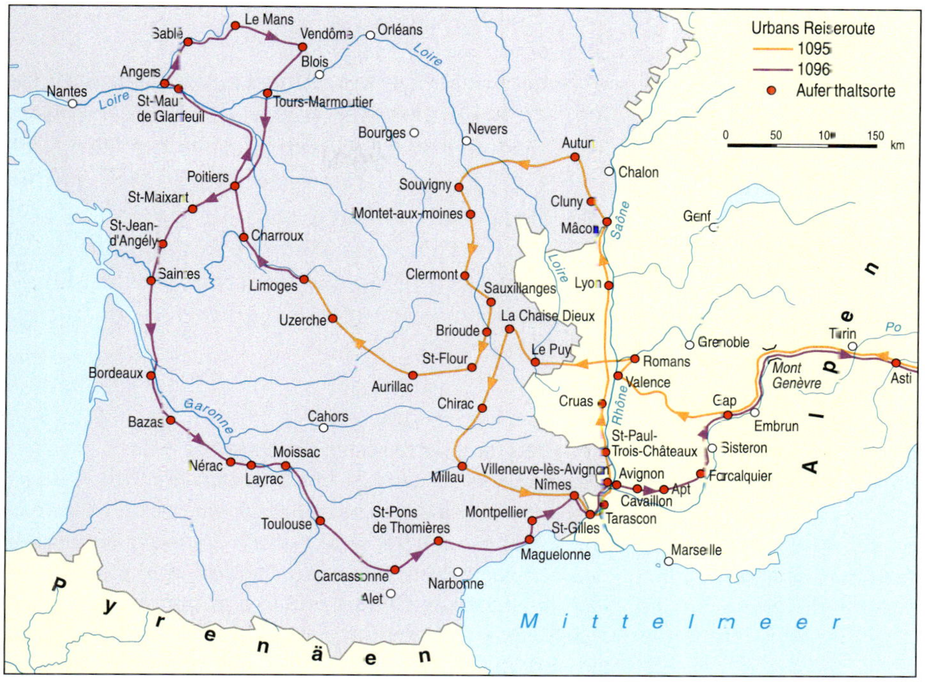

D1 Aufenthaltsorte Urbans II. in Frankreich 1095–1096
Urban II. stammte aus Frankreich und hatte lange als Prior in Cluny gewirkt. Dadurch verfügte er über gute Beziehungen zu den französischen Geistlichen und Fürsten. Außerdem war eine Reise durch das Deutsche Reich wegen der dort herrschenden bürgerkriegsähnlichen Zustände in der Zeit des Investiturstreits problematisch.

Q5 Gottes Wirken in der Geschichte

Urban II. in einer Urkunde für den Bischof von Huesca in Aragonien, 1098:

Für die Barmherzigkeit des Herrn werden von uns allerlei Akte der Dankbarkeit durchgeführt, weil er sich nach vielen Jahren besonders wieder in unserer Zeit dazu bewog, die Drangsale des christlichen Volks zu lindern und den [christlichen] Glauben zu erhöhen. Denn Gott hat in unseren Tagen in Asien die Türken sowie in Europa die Mauren mit den Kräften der Christen bekämpft und einst berühmte Städte durch besondere Gnade dem Kult seiner Religion zurückgegeben. Unter diesen hat er auch die Bischofsstadt Huesca aus der Tyrannei der Sarazenen befreit und durch die Beharrlichkeit unseres geliebten Sohnes, des Königs Peter von Aragon, für seine katholische Kirche wiederhergestellt.

Zit. nach: Urbani II epistolae et privilegia, hg. von J.-P. Migne, Paris 1881, Sp. 504. Übersetzung: Verfasser.

Fragen und Anregungen

1. Tragen Sie den Aufruf Urbans II. zum Kreuzzug (Q4) in der Klasse vor und diskutieren Sie dessen Wirkung.
2. Interpretieren und vergleichen Sie die Aufrufe zum Kreuzzug von Papst Gregor VII. und Papst Urban II. (Q2, Q3, Methodenglossar: „Öffentliche Aufrufe interpretieren", „Textquellen vergleichen", S. 318 f.). Finden Sie Gründe dafür, warum der Aufruf Urbans II. erfolgreicher war.
3. Wiederholen Sie die Ziele der Kirchenreform und erläutern Sie den Zusammenhang zwischen Kirchenreform und Kreuzzugsidee (Q5, VT).
4. Recherchieren und diskutieren Sie, welche Ziele eine heutige Papstreise verfolgt, wie sie verläuft und welche Wirkungen sie hat. Stellen Sie Ihren Ergebnissen in einer Tabelle Ziele, Ablauf und Wirkungen der Frankreichreise Urbans II. gegenüber (Q1, Q4, Q5, D1, VT). Bestimmen Sie die wesentlichen Unterschiede und Gemeinsamkeiten.
5. Die Entscheidung, das Kreuz zu nehmen, war häufig nicht nur religiös motiviert. Sammeln Sie weitere mögliche Gründe für die Kreuzzugsteilnahme folgender Bevölkerungsgruppen: hoher Adel, Ritter, Bauern, Arme. Gehen Sie dabei von Ihren Kenntnissen über die Lebensbedingungen im Mittelalter für diese Bevölkerungsgruppen aus (S. 138–141 und Themeneinheit Frankenreich).

Pilgerfahrten in der Geschichte und heute

Mit einer Pilgerfahrt konnten Gläubige Kirchenbußen oder Sündenstrafen im Fegefeuer tilgen. Christliche Pilgerziele waren die Stätten, an denen Jesus gewirkt hatte, die Gräber der Apostel oder die Heiligen-Gräber mit ihren Reliquien. Der Pilger verpflichtete sich durch einen Eid, die Pilgerfahrt durchzuführen, und erhielt dann die Pilgerabzeichen. Sein Leib und Leben sowie seine Familie und sein heimischer Besitz standen während der Pilgerfahrt unter kirchlichem Schutz. Vor allem im 8. und 9. sowie im 11. Jahrhundert im Zuge der Kirchenreform stieg die Zahl der Pilgerfahrten an. Aber auch heute noch gehört die Pilgerfahrt in allen großen Religionen zu den wichtigsten religiösen Akten. Welche Bedeutung haben Pilgerfahrten für Christen und Muslime? Wie unterscheiden sich Pilgerfahrten im Mittelalter und heute?

Q1 Die Ausrüstung der Pilger

Aus dem Liber Sancti Jacobi, einem berühmten Pilgerführer des 12. Jahrhunderts:

Nicht ohne Grund empfangen die Pilger, die zu den Stätten der Heiligen streben, in der Kirche den Pilgerstab und die geweihte Tasche. [...] Die Tasche als enger Beutel bedeutet, dass der auf Gott vertrauende Pilger nur einen bescheidenen Lebensunterhalt mitnehmen darf. Dass sie aus der Haut eines toten Tieres ist, bedeutet, dass der Pilger sein Fleisch mit Lastern und Gelüsten in Hunger und Durst in vielem Fasten, in Kälte und Nacktheit, in Schmähungen und vielen Mühsalen abtöten soll. Dass die Tasche nicht mit Bändern verschlossen, sondern oben immer offen ist, bedeutet, dass der Pilger zuallererst sein Gut gemeinsam mit den Armen ausgibt und daher immer zum Nehmen und Geben bereit sein muss. Den Stab empfängt der fromme Pilger gleich einem dritten Fuß, als seine Stütze. Diese deutet hin auf den Glauben an die heilige Dreifaltigkeit, auf die er standhaft bauen soll. [...] In ähnlicher Weise führen nicht ohne Grund die von Jerusalem zurückkehrenden Pilger Palmzweige und die vom Grabe des hl. Jacobus kommenden Muscheln mit sich. Der Palmzweig aber ist ein Siegeszeichen, die Muschel bedeutet gute Werke.

Zit. nach: Gerhard Fouquet/Mayer, Ulrich (Hg.), Lebenswelten 2. Quellen zur Geschichte der Menschen in ihrer Zeit, Stuttgart 2001, S. 46.

KLICK INS INTERNET

www.pilgern.ch/
www.pilgerreise.at/pilgerreisen
www.pilgerzentrum.de/
www.derislam.at/ („nach Stichworten", „Pilgerfahrtszeit und Opferfest")
www.muslimereisen.de/

Q2 Von Armenien nach Santiago

Der armenische Bischof Martiros von Arzendjan brach 1489 in Armenien zu seiner Pilgerfahrt auf. Von Konstantinopel schiffte er sich nach Venedig ein, reiste weiter nach Rom, besuchte danach viele Wallfahrtsstätten in Deutschland und reiste weiter nach Santiago. Erst 1492 traf er wieder in Armenien ein. Aus seinem Bericht:

Unter großen Mühen, aber getragen von der Hilfe Gottes, gelangte ich sehr erschöpft und entkräftet endlich zur Kirche und zum Grab des hl. Jakobus, dem großen und glorreichen Heiligen und Licht der Welt. Der Leib dieses Heiligen ruhte in der galizischen Stadt. Ich näherte mich seiner Grabesstätte; ich betete ihn an mit dem Gesicht zur Erde und flehte ihn um die Vergebung meiner Sünden an, ebenso der meines Vaters, meiner Mutter und meiner Wohltäter; endlich hatte ich unter großem Tränenfluss das, was mein Herzenswunsch war, vollbracht. [...] Ich erlitt viel Mühsal und Strapazen auf dieser Reise, auf der ich auf eine Anzahl wilder und gefährlicher Bestien stieß. Wir trafen den Vakner, ein großes und sehr gefährliches wildes Tier. Wie – fragten sie mich – habt ihr euch in Sicherheit bringen können, wenn Gruppen von zwanzig Personen nicht durchkamen? Ich ging anschließend in den Ort Holani. [...] Sie behandelten mich mit der größten Wertschätzung, luden mich von Haus zu Haus ein, voller Bewunderung, dass ich dem Vakner entkommen war.

Zit. nach: Klaus Herbers/Robert Plötz (Hg.), Nach Santiago zogen sie. Berichte von Pilgerfahrten ans „Ende der Welt", München 1996, S. 132 f.

Pilger Q3
Holzschnitt, 1499.

Q4 Die Kaaba in der Großen Moschee von Mekka

D1 Reisezeiten der Pilger

Etwa 30 Kilometer am Tag stellten für Fußreisende eine gute Leistung dar. Die Überquerung von Flüssen und Gebirgen, die Reparatur von Kleidung oder Schuhen, die Beschaffung von Nahrungsmitteln oder Ermüdung führten aber dazu, dass man im Durchschnitt 6 Tage für eine Strecke von 150 Kilometern und 10 Tage für 200 Kilometer benötigte. Für die 3000 Wegekilometer von Lübeck nach Santiago musste man eine Reisezeit von ca. 5 Monaten einplanen. War die Besiedlung dünn und das Gelände unwegsam, stieg das Risiko von Zwischenfällen und die durchschnittliche Tagesleistung sank. Mit dem Schiff konnte man 120 bis 200 Kilometer am Tag zurücklegen.

Eigene Zusammenfassung nach: N. Ohler, Pilgerstab und Jakobsmuschel, Düsseldorf/Zürich 2000, S. 134 f.

Q5 Pilger lebten gefährlich

Der Pilgerführer des Ordensgeistlichen Hermann Künig in Vacha an der Werra gab Pilgern Anleitung und Hilfe für eine Pilgerfahrt nach Santiago. 1495 wurde er erstmals in Straßburg gedruckt, im 16. Jahrhundert mehrmals nachgedruckt. Bei der Schilderung des Rückweges warnt er vor dem Streckenabschnitt zwischen Bayonne und Bordeaux:

Nach sechs Meilen kommst du geradewegs nach Byon [Bayonne]. Danach hast du 36 Meilen über die Bardewesch Heide [die Heide von Bordeaux], die den armen [Pilger-]Brüdern viel Leid zufügt. Versorge dich mit Brot und mit Getränk. Ich sage es dir, wie es ist: Wer dort krank wird, der wird von den Romanen allein gelassen. Sie begraben viele [Pilger-]Brüder an dieser Straße, die dort an Hunger sterben, weil sie auch mangels Betreuung zugrunde gehen müssen. Du findest in dieser Gegend nicht viele Spitäler. […] Wenn du aber über die kleine Heide gehen willst, wozu ich dir nicht rate, so gelangst du nach Ax [Dax] in ein Wildbad. Aber es gehen so viele [Pilger-]Brüder diese Strecke, dass die Leute verdrossen werden, etwas zu geben. Auch ist die Straße ein Umweg und mancher verirrt sich auf ihr und verlängert den Weg noch mehr. Ich rate dir, dass du bis Bardeweß [Bordeaux] den geraden Weg gehst. Da gibt es viel Kürbis zu kaufen, und da kannst du Almosen betteln, wenn es nötig ist. Sie geben gern Wein und Brot in der Stadt. Da kannst du auch dein Geld gut sparen, dort musst du nämlich viel für die Überfahrt [über die Garonne] geben.

Zit. nach: Klaus Herbers/Robert Plötz (Hg.), Nach Santiago zogen sie. Berichte von Pilgerfahrten ans „Ende der Welt", München 1996, S. 205 f.

Fragen und Anregungen

1. Erarbeiten Sie in Gruppen Ziele, Bedingungen und Ablauf
   a) einer christlichen Pilgerfahrt im Mittelalter von einem Startpunkt Ihrer Wahl nach Jerusalem, Rom oder Santiago (s. Karte auf S. 136 f.).
   b) einer christlichen Pilgerfahrt in der Gegenwart.
   c) einer islamischen Pilgerfahrt in der Gegenwart.
   Gruppe a) findet die meisten Materialien zur Lösung der Aufgaben auf dieser Seite, Gruppe b) und c) im Internet (s. Internet-Tipps).
   Gehen Sie bei der Bearbeitung Ihres Themas auf folgende Punkte ein: Gründe für die Fahrt sowie die Auswahl des Ziels, Vorbereitungen für eine Pilgerfahrt, Beschreibung des Weges, geographische Bedingungen, Transportmittel, Länge der Fahrt und mögliche Gefahren, Ernährung und Unterkunft während der Reise, Umgang mit dem heimischen Besitz des Pilgers, mögliche Veränderungen in der Heimat, Situation des Pilgers nach der Heimkehr.
2. Fassen Sie abschließend die Bedeutung einer Pilgerfahrt für die Menschen im Mittelalter oder heute zusammen.
3. Vergleichen Sie christliche und islamische Pilgerfahrten im Mittelalter und heute und beurteilen sie jeweils deren Bedeutung. Erörtern Sie, ob Pilgerfahrten zur Ausbildung einer europäischen oder arabischen Identität beigetragen haben könnten.

7. Eine Minderheit in Europa – die Juden

Der Armenkreuzzug

Während Fürsten und Städte ihre Ritterheere für den Kreuzzug organisierten, brachen 1096 vor allem arme Leute aus Nordfrankreich und den Rheinlanden - angeheizt von fanatischen Predigern – zum so genannten Armenkreuzzug auf, obwohl sie nicht über die finanziellen Mittel für einen solch langen Marsch verfügten. Sie wollten zunächst die – relativ wohlhabenden – Juden als „Feinde Christi" im eigenen Land bekämpfen oder bekehren, was allerdings von keinem Kirchenführer unterstützt wurde. Plündernd und mordend fielen sie über die großen Judengemeinden im Rheinland, in Metz, Tier, Regensburg, Prag und anderen Städten her. Wer sich taufen ließ, durfte am Leben bleiben. Die Bischöfe als Stadtherren waren meist nicht in der Lage, die jüdischen Gemeinden zu verteidigen, und Kaiser Heinrich IV. saß in Norditalien fest. Die Kreuzfahrer kamen bis Ungarn, wo sie zum Großteil aufgerieben wurden. Nur Peter der Einsiedler aus Amiens und der französische Ritter Walter „Habenichts" erreichten Konstantinopel, wurden aber kurz darauf mit ihren undisziplinierten „Armenheeren" von den Seldschuken vernichtet.

Ausgrenzung der Juden

Schon seit der Spätantike, seit der Erhebung des Christentums zur Staatsreligion, gab es Ausgrenzung und Feindseligkeiten gegenüber den Juden. Die Franken übernahmen die einschränkende Politik des Römischen Reiches. Juden durften in der Regel keine öffentlichen Ämter übernehmen, insbesondere nicht solche mit Befehls- oder Verfügungsgewalt über Christen. Sie durften keine christlichen Sklaven besitzen und auch nicht missionieren. Seit dem 13. Jahrhundert mussten sich Juden an strenge Kleider- und Kennzeichnungsvorschriften halten. Außerdem hatten die Juden eigene religiöse und kulturelle Sitten. Zum Beispiel aßen sie nur bestimmte Fleischsorten und durften nur Fleisch von Tieren essen, die in einer ganz bestimmten Weise geschlachtet worden waren. Sie hatten ein eigenes Gotteshaus, die Synagoge, andere Feiertage und eigene Bestattungsbräuche. Diese Besonderheiten führten zusammen mit den diskriminierenden Bestimmungen zur Trennung der jüdischen Gemeinden von der christlichen Bevölkerung.

Die „Judensau" Q1
Spottbild auf die Juden, 1470. Das Motiv der „Judensau" findet sich häufig auch als Relief an Kirchen, öffentlichen Gebäuden oder Stadttoren. Das Schwein ist für Juden ein unreines Tier, mit dem jeder Kontakt vermieden werden sollte. Erläutern Sie die Aussage der Karikatur.

Trotz dieser Entwicklungen wurden die europäischen Juden nicht fortwährend verfolgt. Immer gab es Phasen, in denen das Zusammenleben funktionierte. Bereits im Römischen Reich wurde den Juden Religionsfreiheit gewährt. Wie andere „Fremde" unterstanden sie dem Schutz von Kaiser, König oder Bischöfen. Weil die Juden über wirtschaftliche Beziehungen bis in den Nahen Osten und nach Spanien verfügten und außerdem nicht dem Zinsverbot der christlichen Kirche unterlagen, waren sie häufig als Kaufleute erfolgreich. Solche Fernhändler hatten bei den Karolingern, den ottonischen Kaisern und den französischen Königen, aber auch bei kleineren Fürsten wie den böhmischen und bayerischen Herzögen in Prag und Regensburg sowie den Bischöfen eine privilegierte Stellung. Sie versorgten die Höfe mit Luxuswaren. Als immer mehr Märkte gegründet wurden, siedelten sich die jüdischen Handels- und Gelehrtenfamilien in deren Nähe an. Dadurch entstanden in der Champagne, der Normandie, in Lothringen oder in den rheinischen Bischofsstädten und jüdische Gemeinden. Bereits kurz nach der Vernichtung durch die Armenheere bildeten sich in diesen Städten wegen der günstigen wirtschaftlichen Bedingungen wieder neue Gemeinden – genauso in Mittel- und Nordfrankreich sowie in England.

Q2 Status eines Juden
Abbildung aus dem Sachsenspiegel.
Ebenso wie Mönche durften Juden nach dem Sachsenspiegel keine Waffen tragen. In einer Bilderhandschrift dieser Rechtssammlung wird das Fehlverhalten im Bild deutlich gezeigt und durch einen ergänzenden Text erklärt.

Vertreibung aus England, Frankreich und Spanien

Nach Ausschreitungen gegen Juden im Zusammenhang mit dem dritten Kreuzzug wurden in England Besitz und Vermögen von Juden durch Notare offiziell erfasst. Einerseits waren die Juden dadurch gegen Übergriffe auf ihr Vermögen abgesichert, andererseits gewann der König dadurch aber auch die Kontrolle über die jüdischen Vermögen, die in Frankreich und England im Laufe des 13. Jahrhunderts immer stärker ausgebeutet wurden. Gleichzeitig wurden die Tätigkeiten der Juden immer stärker eingeschränkt, da inzwischen nämlich christliche italienische Fernhändler und Wechsler sowie die internationalen Ritterorden den Vorsprung der Juden auf dem Gebiet von Handel und Finanzen aufgeholt hatten. Für die Beschaffung von Luxuswaren oder die Finanzierung von Kriegen benötigte man die Juden nicht mehr. 1290 wurden sie aus England ausgewiesen und 1394/5 endgültig aus Frankreich vertrieben. Auch im christlichen Spanien waren Juden seit dem 14. Jahrhundert wieder zahlreichen Diskriminierungen ausgesetzt und wurden 1492 vertrieben.

Juden im Deutschen Reich

Seit Kaiser Friedrich II. (1215–1250) wurden die Juden des Reiches königliche „Kammerknechte" genannt: Gegen regelmäßige Zahlungen gewährten der Herrscher und seine Dienstleute Schutz. Die Nachfolger Friedrichs II. litten jedoch unter ständigem Geldmangel. Wie andere Rechte verkauften oder verpfändeten sie daher ihren Anspruch auf die jüdischen Zahlungen an Adlige oder Städte. Der königliche Schutz der Juden ließ damit deutlich nach. In der Folge waren die jüdischen Gemeinden immer wieder regionalen oder lokalen Pogromen ausgesetzt, wie zum Beispiel den angeblich durch Hostienfrevel ausgelösten Verfolgungen in Franken und Bayern (1298) oder Süddeutschland (1336/8). Die größte Verfolgungswelle löste die Pest seit 1347 aus, da den Juden vorgeworfen wurde, die Seuche durch die Vergiftung von Brunnen ausgelöst zu haben. Bis 1350 wurden in dieser Zeit ungefähr 100 jüdische Gemeinden zerstört. Diese Verfolgungen trugen dazu bei, dass die Juden immer mehr ins östliche Europa abwanderten, wo ihnen zur Entwicklung der Wirtschaft großzügige Privilegien zugestanden wurden, oder in das osmanische Großreich, wo man den Juden mit der im damaligen Islam üblichen Toleranz begegnete. Außer in Italien sowie Frankfurt, Worms und Prag lebten in Europa nur noch wenige Juden unter fürstlichem Schutz in kleinen Territorien als Krämer, Viehhändler, Pfandleiher und Wechsler in recht bescheidenen Verhältnissen.

Q3 Ecclesia und Synagoge
Ein Glasfenster des Freiburger Münsters zeigt zwei Frauengestalten, die symbolisch die Kirche (Ecclesia) und das Judentum (Synagoge) darstellen. Da die Juden das Neue Testament nicht anerkennen, wird die Synagoge mit verbundenen Augen dargestellt. Ihre Fahnenlanze als Herrschaftszeichen ist gebrochen und sie verliert ihre Krone.

Q4 Vorrang von Recht oder Religion?

Papst Innozenz III. protestiert bei Philipp II. August von Frankreich gegen den königlichen Schutz der jüdischen Geldverleiher, 1204:

Wenn manchmal jene, denen diese Geld gegen Zins übergeben haben, christliche Zeugenschaft über die Rückzahlung des Kredits leisten, wird dem Dokument mehr Glauben geschenkt, das der unkundige Schuldner aus Nachlässigkeit oder Unachtsamkeit seinem Gläubiger gegenüber gewährt hat, als dem Zeugnis, das er [später im Streitfall persönlich] abgibt. In solch einer Sache sind also keine Zeugnisse gegen Juden zugelassen, so dass deren Frechheit so weit gekommen ist – wir können nur mit Scham davon sprechen –, dass die Juden in Sens in unmittelbarer Nachbarschaft einer alten Kirche eine neue Synagoge bauten, die gleich groß wie die Kirche ist und in der sie ihre Gottesdienste nach jüdischem Ritus feiern. Dies tun sie nicht mehr in der Form, in der sie es vor ihrer Ausweisung aus dem Königreich taten, nämlich in aller Bescheidenheit, sondern mit großem Prunk und ohne Skrupel, die viel heiligeren Feiern in der Kirche zu stören.

Nach: R. C. Cave/H. H. Coulson (Hg.), A Source Book for Medieval Economic History, Milwaukee 1936, S. 178. Übersetzung: Verfasser.

Q5 Maßnahmen des französischen Königs Ludwigs IX.

Aus dem Bericht des Juden Meir ben Simeon aus Narbonne, Mitte 13. Jahrhundert:

Zuerst erließ er eine Verordnung gegen unser Volk, nach der es einem Juden nicht gestattet war, den Machtbereich eines Herrschers zu verlassen und sich unter die Herrschaft eines anderen zu begeben. Bedenke, welche Schwierigkeit sich aus diesem Erlass ergibt! Mit dieser Verordnung lieferte er uns der täglichen Vernichtung und Dezimierung durch die Barone aus […]

Zweitens stahl er uns die Beträge, die man uns schuldete, und unser Geld. Dies hat zur Folge, dass wir nun nicht mehr in der Lage sind, uns und unsere Kinder zu unterhalten. Und noch viel weniger sind wir in der Lage, für unsere Armen zu sorgen. Viele von ihnen sterben vor Hunger.

Drittens hat er seine Steuerforderungen aufrechterhalten und diese nicht abgeschafft. Er hätte für sein gesamtes Königreich anordnen sollen, dass von keinem Juden irgendwelche Steuern gefordert werden sollten, da er ihr Geld konfisziert hat. […]

Sechstens hat er verboten, dass wir überhaupt Geld gegen Zinsen verleihen, noch nicht einmal in solchen Fällen, in denen es uns nach Ansicht unserer Vorfahren durch die Heilige Schrift erlaubt ist. Damit beraubt er uns der Mittel für unsere Armen und Notleidenden, die aus eigener Kraft kein Auskommen finden können, zu sorgen.

Zit. nach: J. H. Schoeps/H. Wallenborn (Hg.), Juden in Europa. Ihre Geschichte in Quellen, Bd. 1, Darmstadt 2001, S. 130 f. (Nr. 58).

Q6 Privileg für die Juden von Speyer

Im Jahr 1090 gewährt Kaiser Heinrich IV. den Juden von Speyer Schutz und Freiheiten:

Auch sollen sie die freie Erlaubnis haben, ihre Güter mit wem auch immer es ihnen beliebt in gerechtem Handel auszutauschen und sich frei und unbehelligt in den Grenzen unseres Reiches zu bewegen, ihren Handel und Warenaustausch zu betreiben, zu kaufen und zu verkaufen und niemand soll von ihnen einen Zoll eintreiben oder irgendeine öffentliche oder private Abgabe von ihnen fordern. In ihren Häusern sollen ohne ihr Einverständnis keine Fremden einquartiert werden, und keiner soll von ihnen ein Pferd für die Reise des Königs oder des Bischofs [...] verlangen. Wenn aber eine gestohlene Sache bei ihnen gefunden werden sollte und ein Jude sagt, er habe sie gekauft, so beweise er durch einen Eid nach seinem eigenen Gesetz, für wie viel er sie gekauft hat. Diesen Betrag soll er erhalten und die Sache dem, dem sie gehört hat, zurückgeben.

Niemand soll es wagen, ihre Söhne oder Töchter gegen ihren Willen zu taufen, und wenn jemand sie zur Taufe gezwungen hat, sei es, dass sie heimlich geraubt wurden, oder sei es, dass sie mit Gewalt entführt wurden, soll er zwölf Pfund an die Schatzkammer des Königs oder des Bischof zahlen. Wenn irgendjemand aus eigenem Antrieb getauft werden will, so soll er drei Tage lang zurückgehalten werden, so dass man voll und ganz erkennt, ob er wirklich um der christlichen Religion willen oder ob er aufgrund irgendeines ihm zugefügten Unrechts sein Gesetz verlässt, und wie er sein Gesetz aufgibt, so soll er auch seinen Besitz aufgeben. [...]

Wenn aber [jemand einen Juden] verletzt, wenn auch nicht tödlich, soll ein Pfund Gold zahlen.

Zit. nach: J. H. Schoeps/H. Wallenborn (Hg.), Juden in Europa. Ihre Geschichte in Quellen, Bd. 1, Darmstadt 2001, S. 121–123.

Q7 Eine neue Heimat im Osten

Das „Statut von Kalisch", Privileg Herzog Boleslaws V. von Großpolen, 1264:

Wir Boleslaw, durch die Gnade Gottes Herzog von Großpolen, tun daher allen Zeitgenossen und zukünftigen Generationen [...] kund, dass wir beschlossen haben, dass unseren Juden, die sich in unserem gesamten Herrschaftsbereich angesiedelt haben, ihre Statuten und Privilegien, [...] folgendermaßen verkündet werden sollen:

(1) Erstens bestimmen wir, dass in Angelegenheiten, die Geld oder irgendwelches bewegliche oder unbewegliche Eigentum auch immer betreffen, oder in Strafrechtsfällen, die die Person oder das Eigentum eines Juden berühren, kein Christ als Zeuge gegen einen Juden zugelassen werden soll, wenn nicht gleichzeitig ein [weiterer] Jude [als Zeuge] dabei ist. [...]

(3) Wenn ein Christ einem Juden einen Gegenstand verpfändet hat und behauptet, dass er ihn dem Juden für einen geringeren Geldbetrag verpfändet hat als der Jude angibt, soll der Jude bezüglich des ihm verpfändeten Gegenstandes einen Eid ablegen, und wenn er durch den Eid seinen Anspruch bewiesen hat, soll der Christ sich nicht weigern, ihm diesen Betrag zu zahlen.

(4) Ebenso wenn ein Jude sagt, dass er einem Christen gegen ein Pfand Geld geliehen habe, und dieser es leugnet, soll der Christ, indem er allen einen Eid schwört, sich in dieser Angelegenheit rechtfertigen. [...]

(9) Wenn ein Christ einem Juden, auf welche Weise auch immer, eine Wunde zufügt, soll der Schuldige uns und unserem Pfalzgrafen ein Bußgeld zahlen in der Höhe, die unsere Gnade festsetzt, und dieses soll an unsere Kammer überweisen werden. Dem Verletzten soll er Schadenersatz leisten für die Heilung seiner Wunde und seine Kosten.

Zit. nach: J. H. Schoeps/H. Wallenborn (Hg.), Juden in Europa. Ihre Geschichte in Quellen, Bd. 1, Darmstadt 2001, S. 139 f., Nr. 65.

Fragen und Anregungen

1. Erarbeiten Sie arbeitsteilig, a) aus welchen Gründen und durch welche Maßnahmen Juden ausgegrenzt wurden (Q1–Q4, Q6, VT), b) aus welchen Gründen und durch welche Maßnahmen ihnen Schutz gewährt wurde (Q6, Q7, VT) bzw. wogegen sie nach eigener Aussage hätten geschützt werden müssen (Q5). Bereiten Sie ein Streitgespräch vor: Anlässlich des Baus der Synagoge in Sens (Q4) diskutieren zwei Bürger über die ihrer Meinung nach angemessene Behandlung der Juden in ihrer Stadt.
2. Arbeiten Sie die wichtige Rolle von Juden für das mittelalterliche Wirtschaftsleben heraus (VT).
3. Erläutern Sie die Ursachen für die Pogrome während des Armenkreuzzuges und die Vertreibungen der Juden (VT).
4. Recherchieren Sie die Lebensbedingungen einer religiösen oder ethnischen Minderheit im heutigen Europa. Vergleichen Sie Ihr Ergebnis mit der Situation der jüdischen Minderheit im Mittelalter. Erörtern Sie, unter welchen Bedingungen Minderheiten in einer Gesellschaft akzeptiert werden.

8. Veränderten die Kreuzzüge das Abendland?

Kreuzfahrer erobern Antiochia Q1
Illustration des 14. Jahrhunderts.

Der erste Kreuzzug

Die Truppen der Fürsten zogen – im Gegensatz zu den „Armenheeren" – weitgehend diszipliniert nach Osten. Die von ihnen eroberten Städte in Kleinasien übergaben sie wie vorher vereinbart den Byzantinern. Im Oktober 1097 erreichten die Kreuzfahrer Antiochia in Syrien, das sie trotz des Rückzugs des byzantinischen Heeres im Juni 1098 einnahmen. Fürst Bohemund von Tarent aus Süditalien besetzte die Stadt, da sich die Kreuzfahrer wegen der Unstimmigkeiten mit dem byzantinischen Kaiser nicht mehr zur Rückgabe der eroberten Städte verpflichtet fühlten. Der Bruch mit Byzanz verhinderte auch die Wiederherstellung der Kircheneinheit, die das Hauptziel Papst Urbans II. war. Nach drei Jahren erreichte das Kreuzfahrerheer Jerusalem. Mit einem ungeheuren Massaker an der islamischen und jüdischen Bevölkerung nahmen die Kreuzfahrer die Stadt am 15. Juli 1099 ein und bestimmten den niederlothringischen Herzog Gottfried von Bouillon zum Herrscher über Jerusalem.

Den Kreuzfahrern erschien ihre Lage oft so ausweglos, dass sie sich ihre Erfolge und ihr Überleben nur durch ein unmittelbares Eingreifen Gottes erklären konnten. In ihren Augen hatte sich damit bestätigt, dass dieser Kriegszug von Gott gewollt war, wie es Papst Urban II. in seinem Kreuzzugsaufruf betont hatte. In ihren Heimatländern wurden die Kreuzfahrer heroisiert, während die jüdischen Gemeinden im Nahen Osten und die arabische Welt von dem Blutbad bei der Eroberung Jerusalems und der Einnahme ihrer höchsten Heiligtümer schockiert waren. Die allgemeine Kreuzzugsbegeisterung im Westen ließ immer neue Wellen von Kreuzfahrern zur Verteidigung des Heiligen Landes aufbrechen, wie z. B. den norwegischen König Sigurd „Jerusalemfahrer". Gleichzeitig nutzten italienische Seestädte wie Genua und Venedig ihre großen Flottenunternehmungen aber auch, um dort neue Handelswege zu erschließen.

Die Kreuzfahrerstaaten

Nach der Grafschaft Edessa (1098), dem Fürstentum Antiochia und dem Königreich Jerusalem entstand bis 1109 der vierte und letzte Kreuzfahrerstaat, die Grafschaft Tripolis. Obwohl die Kreuzfahrerstaaten verteidigt werden mussten, ließen sich nur wenige Ritter und Kämpfer dauerhaft dort nieder, da sie mit der Ankunft als Pilger in Jerusalem ihr Kreuzzugsgelübde ja erfüllt hatten und wieder in ihre Heimat zurückkehren durften. Trotzdem konnten die Kreuzfahrerstaaten durch weitere systematische Kriegszüge und Flottenexpeditionen ausgeweitet und gesichert werden. Alle Einwanderer aus dem lateinischen Abendland wurden von den Einheimischen „Franken" genannt. Unter ihnen setzte sich als Umgangssprache französisch durch. Wie in Frankreich dominierte in den Kreuzfahrerstaaten das Feudalrecht, das jedoch nur für die lateinischen Einwanderer galt. Der Bevölkerungsmehrheit der arabischen Muslime wurde ein gewisses Maß an rechtlicher Autonomie zugestanden, sie zahlten Abgaben und lebten weitgehend unter sich. Auch die Juden lebten in eigenen Gemeinden vor allem in den Städten, außer in Jerusalem, das sie wie die Muslime von 1099 bis Ende des 12. Jahrhunderts nicht betreten durften. Die einheimischen syrischen und griechischen Christen wurden am ehesten integriert, hatten aber nicht die gleiche Rechtsstellung wie die Einwanderer.

Kreuzzüge zur Rückeroberung des Heiligen Landes

Nachdem Sultan Saladin bei Hattin das christliche Heer geschlagen und Jerusalem erobert hatte (1187), folgten die mächtigsten Herrscher der Zeit dem erneuten Kreuzzugsaufruf des Papstes: Kaiser Friedrich I. Barbarossa, König Philipp II. August von Frankreich und der englische König Richard Löwenherz. Barbarossa ertrank vor der Ankunft im Heiligen Land im Fluss Saleph. Die anderen Kreuzfahrer konnten einen Teil der Küstenstädte des Königreichs zurückerobern, nicht aber Jerusalem selbst. Hauptstadt des Königreichs Jerusalem wurde deshalb die Küstenstadt Akkon. So rief Papst Innozenz III. 1198 erneut zum Kreuzzug auf. Die Kreuzfahrer beauftragten Venedig mit dem Bau einer Flotte für die Überfahrt, konnten dann aber die vereinbarte Summe nicht bezahlen. Daher verlangte Venedig von ihnen, die strategisch wichtige, aber christliche Stadt Zara zu erobern. Danach entschlossen sie sich, den abgesetzten und vertriebenen byzantinischen Kaiser Isaak II. wiedereinzusetzen, der sowohl finanzielle und militärische Unterstützung des Kreuzzuges als auch die Kirchenunion versprach. Den erneuten Sturz Isaaks II. und seines Sohns Alexios IV. nahmen die Kreuzfahrer und Venedig zum Anlass, das christlich-orthodoxe Konstantinopel, die größte und reichste Stadt der Christenheit, 1204 zu erobern und systematisch zu plündern. Dieses Ereignis besiegelte die bis heute bestehende Trennung der lateinisch-katholischen und griechisch-orthodoxen Kirche. Jerusalem blieb unter islamischer Herrschaft, bis Kaiser Friedrich II. 1229 durch Verhandlungen die Rückgabe der Stadt erreichte. 1244 wurde Jerusalem jedoch endgültig von den ägyptischen Mamluken zurückerobert. Als das Mamlukenheer 1291 mit einem Blutbad unter den Christen Akkon als letzte von den Kreuzfahrern gehaltene Stadt einnahm, endete die Herrschaft der Kreuzfahrer im Heiligen Land.

Die Entstehung der Ritterorden

Auf den Wallfahrtswegen unterhielten meistens Klöster Hospitäler zur Unterkunft und Pflege von Pilgern, Armen oder Kranken. In Jerusalem hatten bereits vor 1080 reiche süditalienische Kaufleute zwei Klöster mit Hospitälern gegründet. Bald nach dem ersten Kreuzzug wurde eines davon, das Johannes-Hospital, selbständig. Durch zahlreiche Stiftungen konnte das Hospital Niederlassungen im gesamten christlichen Abendland gründen. Die Hospitalgemeinschaft entwickelte sich zum mächtigen Orden der Johanniter. Seit den 1130er Jahren wurden dem reichen Orden im Heiligen Land auch Burgen und Festungen zur Sicherung der Kreuzfahrerstaaten anvertraut, so dass sich der Hospital-Orden immer mehr zum Ritterorden wandelte.
Schon vor 1120 hatte sich zum Schutz der Pilger in Jerusalem eine Bruderschaft von Rittern gebildet, die vom König Räumlichkeiten bei dem vermeintlichen Tempel Salomons zugewiesen bekam, weshalb die Mitglieder auch Templer oder

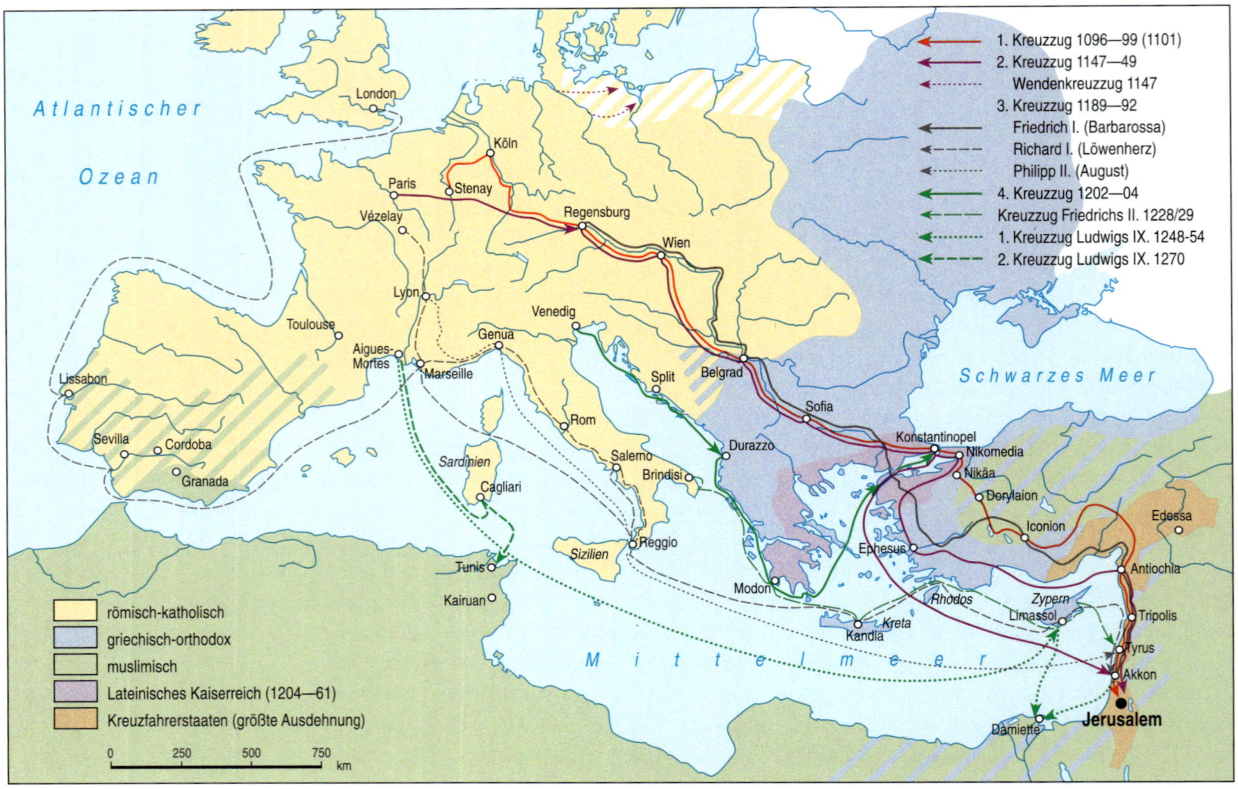

D1 **Das Zeitalter der Kreuzzüge bis 1270**

Tempelritter genannt wurden. Auch den Templern wurden zahllose Stiftungen und Güter in ganz Europa übertragen, um im Heiligen Land Ritter und Burgen für den Kampf gegen die islamischen Nachbarn zu unterhalten. Da beide Orden über große finanzielle Möglichkeiten sowie gut ausgebildete und fest stationierte Ritter verfügten, erlangten sie entscheidenden Einfluss in den Kreuzfahrerstaaten. 1189/90 wurde als dritter großer Orden im Heiligen Land der Orden vom Marienhospital der Deutschen in Jerusalem, der so genannte Deutsche Orden, gegründet.

Kreuzzüge in Europa

Der Erfolg des ersten Kreuzzuges führte dazu, dass die Kreuzzugsidee auch auf andere Regionen übertragen wurde: Seit dem frühen 12. Jahrhundert wurde im Rahmen der Rekonquista die Rückeroberung der islamischen Gebiete Spaniens und Portugals fortgesetzt, im Elbraum zogen Dänen und sächsische Fürsten gegen die slawischen Wenden. Das Scheitern des Wendenkreuzzuges führte im deutschen Reich zu einem erheblichen Rückgang der Kreuzzugsbegeisterung. Kreuzzüge wurden später aber auch gegen Christen geführt. Papst Gregor IX. rief zum Kreuzzug gegen Kaiser Friedrich II. auf, da er die Existenz des Kirchenstaates durch den Kaiser bedroht sah und ihn als Ketzer bezeichnete. Nach mehreren friedlichen Bekehrungsversuchen rief Papst Innozenz 1208 zum Kreuzzug gegen die Katharer, einer kirchenkritischen Sekte in Südfrankreich, auf. Der Kampf zog sich bis 1229 hin, doch erst 200 Jahre später konnte die Inquisition die Sekte endgültig zerstören. Im späten 13. und im 14. Jahrhundert wurde der Kreuzzug häufig gegen politische Gegner des Papsttums angewandt, was die Wirkung der Kreuzzugsidee schwächte.

D2 Weitere Daten zum Zeitalter der Kreuzzüge

1147–1149	2. Kreuzzug als Reaktion auf die islamische Eroberung Edessas, gleichzeitig Rekonquista-Feldzüge und Wendenkreuzzug
1209–1229	Kreuzzüge gegen die Albigenser
1230–1285	Eroberung des Prussenlandes durch den Deutschen Orden
1261	Die Rückeroberung Konstantinopels durch die Griechen
1306/10	Verlegung der Ordenssitze nach Rhodos (Johanniter), an die Ostsee (Deutscher Orden) und Aufhebung des Templer-Ordens
1453	Eroberung Konstantinopels durch die Osmanen
1492	Eroberung Granadas und Vertreibung oder Taufe der Muslime und Juden in Spanien

Q2 Fränkische und arabische Heilkunst

Ein syrischer Arzt über christliche Kollegen:

Sie führten mir einen Ritter vor, der einen Abszess am Bein hatte, und eine Frau, die an Auszehrung litt. Dem Ritter machte ich ein erweichendes Pflaster und der Abszess öffnete und besserte sich. Der Frau verschrieb ich eine Diät und führte ihrer Säftemischung Feuchtigkeit zu. Da kam ein fränkischer Arzt daher und sagte: „Der weiß doch überhaupt nicht, wie sie zu behandeln sind!", wandte sich an den Ritter und fragte ihn: „Was willst du lieber: mit einem Bein leben oder mit beiden Beinen tot sein?" Der antwortete: „Lieber mit einem Bein leben!" Da sagte er: „Holt mir einen kräftigen Ritter und ein scharfes Beil!" Er schlug, unter meinen Augen, einmal zu, und da das Bein nicht abgetrennt war, ein zweites Mal: Das Mark des Beines spritzte weg und der Ritter starb sofort. Hierauf untersuchte er die Frau und sagte: „Die da hat einen Dämon im Kopf, der sich in sie verliebt hat. Schert ihr die Haare." Sie schoren sie und sie aß wieder von ihren gewohnten Speisen, Knoblauch und Senf, wodurch sich die Auszehrung verschlimmerte. „Der Teufel steckt in ihrem Kopf", urteilte er, nahm ein Rasiermesser und schnitt ihr kreuzförmig über den Kopf, entfernte die Haut in der Mitte, bis der Schädelknochen frei lag, und rieb ihn mit Salz ein: Die Frau starb augenblicklich.

Zit. nach: Sigrid Hunke, Allahs Sonne über dem Abendland, Stuttgart 1984, S. 110 f.

Q3 Die Kreuzfahrer aus muslimischer Sicht

Der muslimische Historiker Ibn al-Athir (1160–1233) beschreibt ca. 40 Jahre später die Situation der Muslime nach der Errichtung der ersten Kreuzfahrerstaaten am Anfang des 12. Jahrhunderts:

Die Überfälle der Franken reichten im Norden im Gebiet von Diyar Bakr bis nach Amid, wobei sie niemanden von ihrer Grausamkeit aussparten, nicht den Bekenner der Einheit Gottes [die Muslime] und nicht den, der die wahre Religion verleugnet. Im Nordosten, im Gebiet der Dschazira, reichten ihre Kriegszüge bis Nasibin und Ras al-Ain, wo sie alle Güter und allen Besitz der Bewohner zunichte machten. In den Städten Raqqa und Harran, die nicht in die Hände der Kreuzfahrer gefallen waren, lebten die Einwohner mit der Übermacht der Kreuzfahrer [= Plünderungszüge etc.], ihnen ausgeliefert, erniedrigt und verachtet, ohnmächtig und bezwungen. Täglich gaben jene ihnen einen Vorgeschmack auf die Hölle zu kosten, hinderten sie daran, ihre Angelegenheiten in Ordnung zu bringen und bewiesen ihnen ihre Machtlosigkeit, so dass sie nur wehklagen konnten und wünschten, sie lägen schon im Grabe! [...] Die Verhältnisse wurden aber immer schlimmer, bis die Franken von den an ihr Machtgebiet grenzenden Ländern Ertragssteuern und Tribut dafür erhoben, dass sie diese nicht überfallen würden. Schließlich begnügten sie sich auch damit nicht, sondern übermittelten der Stadt Damaskus die Forderung darzulegen, welche Sklaven aus byzantinischen, armenischen oder anderen christlichen Gebieten sie hätten, diesen die Wahl zu lassen, ob sie bei ihren Herren verbleiben oder in ihre Heimatländer zurückkehren wollten.

Zit. nach: Stefan Leder (Hg.), Feinde – Fremde – Freunde. Die Kreuzfahrer aus orientalischer Sicht, Halle (Saale) 2005, S. 30.

Q4 Crac des Chevaliers

Kreuzfahrerburg im Zustand des 13. Jahrhunderts.

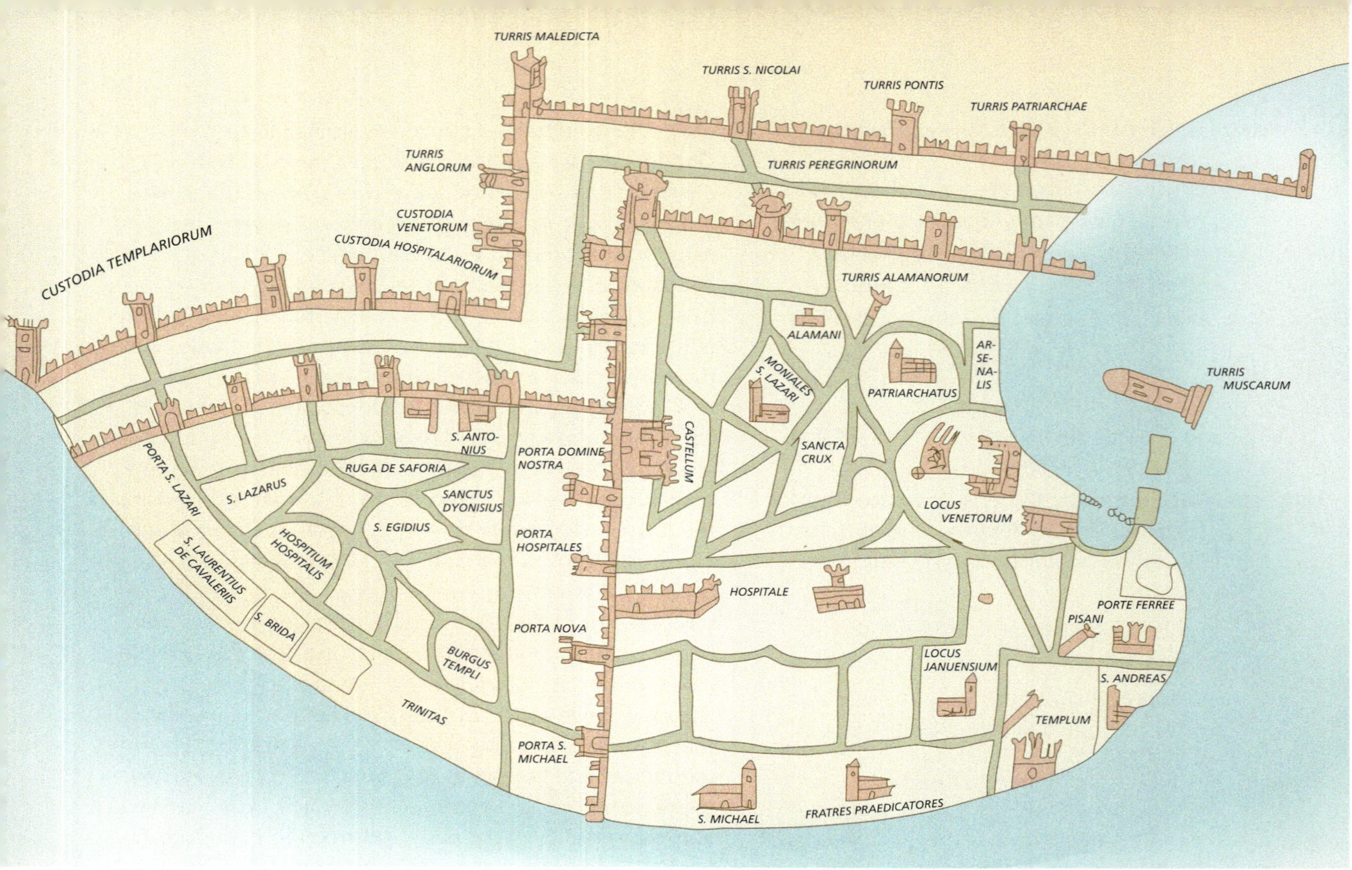

D3 Die Stadtteile Akkons im 13. Jahrhundert

Heutige Nachzeichnung. Die Bezeichnungen in dem Plan lauten übersetzt: Custodia – Mauerwache; Turris – Turm; Porta – Tor; Locus – Quartier; St. Michael – nach der Kirche St. Michael benanntes Wohnviertel; Fratres praedicatores – Dominikaner; Moniales – Nonnen; Templum – Viertel der Templer (Burgus – Vorstadt); Alamani – Viertel des Deutschen Ordens; Hospitale – Viertel der Johanniter; Patriarchatus – Viertel des Patriarchen.

D4 Die Privilegien der Venezianer in Akkon

Seit 1123/24 begnügten sich die Venezianer nicht mehr mit Wohn- und Lagerhäusern, Kirche und Marktplatz. Venedig setzte die Ausstattung jeder Niederlassung mit einem eigenen Badehaus und einem eigenen Backofen durch und sicherte sich zugleich auch das Recht, nicht nur von den eigenen Bürgern, sondern auch von den Einheimischen anstelle der Stadtherrn die Nutzungsgebühren zu kassieren, die beim Besuch des Bades und dem Gebrauch des Ofens anfielen und ebenso die Gebühren, die auf dem eigenen Markt von allen erhoben wurden, die dort Handelsgeschäfte abwickelten. Auf diese Weise war nicht nur für die Bequemlichkeit der venezianischen Kaufleute und der anderen Bewohner der venezianischen Quartiere gesorgt, sondern auch für Einnahmen.

Marie-Luise Favreau-Lilie, Die italienischen Handelsniederlassungen, in: Alfried Wieczorek/ Mamoun Fansa/ Harald Meller (Hg.), Saladin und die Kreuzfahrer, Mainz 2005, S. 75.

Q5 Die Identität der Abendländer im Heiligen Land

Der Kreuzzugschronist Fulcher von Chartres schreibt im 12. Jahrhundert:

Wir, die wir Abendländer waren, sind Orientalen geworden; wer Römer oder Franke war, ist hier Galiläer oder Bewohner Palästinas geworden; wer in Reims oder Chartres wohnte, betrachtet sich als Bürger von Tyrus oder Antiochia. Manche von uns besitzen in diesem Land Häuser und Diener, die ihnen gehören wie nach Erbrecht; ein anderer hat eine Frau geheiratet, die durchaus nicht seine Landsmännin ist, eine Syrierin oder Armenierin oder sogar eine Sarazenin, die die Taufe empfangen hat; […] Die unterschiedliche Sprache ist allen gemeinsam geworden und der einen wir der anderen Nation geläufig, und der Glaube verbindet die, deren Herkunft nicht bekannt ist.

Zit. nach: G. Thoma, Kulturtransfer am Beispiel der Kreuzzüge?, in: Eva Schlotheuber (Hg.), Denkweisen und Lebenswelten des Mittelalters, München 2004, S. 98.

D5 Die Bedeutung der Kreuzzüge für Europa

Der Historiker Nikolas Jaspert, 2003:

Auf christlicher Seite trug die Expansion des ausgehenden 11. und beginnenden 12. Jahrhunderts wesentlich dazu bei, den Orient in das Bewusstsein der lateinischen Christenheit zu rücken. Er nahm nun seinen Platz in der Vorstellungswelt, in der Kunst und in der Literatur des lateinischen Westens ein – und zwar durchaus nicht allein als Negativ- oder Gegenfolie. Die heiligen Stätten wiederum erlangten eine neue, konkrete Bedeutung über ihren biblischen Sinngehalt hinaus. Nun trat neben das biblische Jerusalem des Alten und Neuen Testaments das reale Jerusalem, die Hauptstadt des gleichnamigen Königreichs. [...]

Die bedeutendste Folge der Kreuzzüge für alle betroffenen Kulturen dürfte aber weder im Bereich der Rezeption, des Transfers oder der Fremdwahrnehmung liegen. Die Begegnung mit dem Islam führte dem lateinischen Westen seine Gemeinsamkeiten vor Augen, denn Fremd- und Selbstwahrnehmung gehen stets Hand in Hand. Ebenso wie eine bislang unbekannte Bündelung von Kräften über bisherige politische Grenzen hinweg den militärischen Erfolg des Ersten Kreuzzugs überhaupt erst ermöglichte, wurde die Besiedlung und Verteidigung des Eroberten über fast zwei Jahrzehnte hinweg nur durch immer wieder erneuerte kollektive Anstrengungen gewährleistet. So lässt sich wohl konstatieren, dass die Begegnung mit andersartigen Kulturen weniger zu einem größeren Verständnis für das Fremde als vielmehr zu einer genaueren Kenntnis des Eigenen führte – mit allen positiven wie negativen Folgen. Die Kreuzzüge trugen wesentlich zur Selbstfindung sowohl des Christentums als auch des Islam bei.

N. Jaspert, Die Kreuzzüge, Darmstadt 2003, S. 161.

D6 Innere Integration Europas

Der Historiker Michael Mitterauer über die Bedeutung der Kreuzzüge, 2003:

Der Durchmischungsprozess der Kreuzzüge führte viele Adelige vom Norden in den Mittelmeerraum. Aber auch das nördliche Italien als eine zweite Zone besonderer Entwicklungsdynamik – durch die Beteiligung der Seerepubliken dem Kreuzzugsgeschehen besonders verbunden – entsandte Menschen in neu erschlossene Räume im Süden. Insgesamt kamen einander im Zeitalter der Kreuzzüge die prosperierenden Gebiete im Nordwesten des Kontinents und der Mittelmeerraum deutlich näher. In diesem Sinn kann man wohl auch von einem Schub der inneren Integration Europas sprechen.

Michael Mitterauer, Warum Europa? Mittelalterliche Grundlagen eines Sonderwegs. 4. Aufl., München, 2004, S. 216 f.

Fragen und Anregungen

1. Erstellen Sie eine Tabelle, in die Sie die in D1, D2, im VT und in Kapitel 6 und 7 genannten Ereignisse der Kreuzzugszeit eintragen. Notieren Sie zu den Ereignissen die Beteiligten und ihre Herkunftsländer, Motive oder Ziele der Beteiligten, Verlauf und Ergebnis der Unternehmung.
2. Kreuzfahrer haben auch Briefe in ihre Heimat geschrieben. Wählen Sie eine Situation aus, in der Sie als Kreuzfahrer unterwegs sind, und schreiben Sie einen Brief nach Hause, in dem Sie von ihren Erlebnissen und ihren Gedanken während des Kreuzzuges berichten (Q1 – Q4, D1 – D3, VT).
3. Analysieren Sie, welches Bild die Muslime von den Franken hatten (Q2, Q3). Informieren Sie sich über Sultan Saladin (s. S. 135) und stellen Sie seine Sicht der Kreuzfahrer in einem Kurzreferat vor.
4. Kopieren Sie den Plan von Akkon (D3) und übersetzen Sie die lateinischen Bezeichnungen mit Hilfe der Legende und D4. Sortieren Sie einzelne Stadtanlagen nach Oberbegriffen. Markieren Sie diese in unterschiedlichen Farben und erstellen Sie dazu eine weitere Legende. Beschreiben Sie Machtverteilung und Zusammenleben in der Stadt.
5. Erarbeiten Sie arbeitsteilig die Thesen des Zeitgenossen Fulcher von Chartres sowie der Historiker Nikolas Jaspert und Michael Mitterauer (Q5, D5, D6). Stellen Sie Argumente zusammen, die für oder gegen diese Thesen sprechen, und nehmen Sie Stellung zu den Thesen. Erörtern Sie, ob die Kreuzzüge über die genannten Thesen hinausgehende Einflüsse auf Europa hatten.

9. Die Frühzeit der mittelalterlichen Städte

Römische Tradition in Süd- und Westeuropa

Q1 Denar Karls des Großen der Münzstätte Quentowic
Das Porträt Karls des Großen auf der Vorderseite macht deutlich, dass in Quentowic eine königliche Münzstätte war.

Durch die Römer verbreitete sich vom Mittelmeerraum bis nach Britannien eine einheitliche Stadtkultur. Die Städte waren Mittelpunkt von Verwaltung, Handel und Handwerk. Auch die Landwirtschaft wurde von der Stadt aus gesteuert, da die Großgrundbesitzer ihre Hauptwohnsitze in der Stadt hatten. Mit dem Niedergang des Römischen Reiches entvölkerten sich die Städte allmählich und die Eliten zogen sich auf ihre Landgüter zurück. Während der Völkerwanderungszeit wurden die römischen Städte großteils zerstört. Einige der germanischen Herrscher wie der Ostgote Theoderich der Große (490–526) erkannten jedoch, dass die Städte politisch zur Verwaltung ihres Herrschaftsgebietes sowie strategisch und wirtschaftlich von Bedeutung waren und erhielten oder erneuerten die römischen Anlagen. Dadurch bestanden bedeutende Städte vor allem im Süden und Westen des ehemaligen Römischen Reiches fort: in Italien Mailand, Pavia, Modena, Lucca, Pisa oder Rom, in der Provence und Gallien Marseille, Narbonne, Nizza, Lyon und Paris, in Spanien Tarragona, Toledo und Segovia und in Obergermanien entlang der wichtigen Handelswege an Rhein und Mosel Straßburg, Mainz, Köln und Trier.

Die Bedeutung von Kirche und Bischof

Die in jeder spätrömischen Stadt ansässigen Bischöfe waren nach dem Zusammenbruch des Römischen Reiches in der Regel die einzige in der Stadt verbliebene Autorität. Sie verfügten über Bildung, Schrift- und Verwaltungskenntnisse und konnten daher die Organisation von öffentlichen Gemeinschaftsaufgaben wie Verteidigung, Mauerbau oder Marktaufsicht übernehmen. Als wohlhabende Grundherren mit Dienstleuten sowie als geistliche Herrn mit vielen Kirchenleuten hatten die Bischöfe auch erhöhten Bedarf an handwerklichen Artikeln von nah und fern, was die Ansiedlung von Handwerkern und Kaufleuten in den Vorstädten begünstigte.
Nach der germanischen Eroberung bauten die neuen Könige in den Städten eigene Herrschaftsinstitutionen auf. Sie erkannten aber auch die Vorteile des bischöflichen Amtes und nutzten es für sich, indem sie den Bischöfen herrschaftliche Aufgaben übertrugen. Teilweise konnte sich der Bischof dadurch als alleiniger Stadtherr durchsetzen, teilweise existierten bischöfliche und königliche Verwaltung nebeneinander her. Das ottonische Reichskirchensystem (s. Kapitel 2) stärkte die Position des Bischofs durch die systematische und verstärkte Verleihung weltlicher Herrschaftsrechte weiter.

Neue Städte in Südeuropa

Neben den Städten mit antiken Wurzeln gab es vor allem in Italien und dem islamischen Spanien städtische Neuansätze. Seit dem 7./8. Jahrhundert stiegen die wirtschaftlich und strategisch bedeutenden neuen Seehäfen wie Venedig, Salerno oder Genua zu Städten auf. In Spanien entstand seit der islamischen Eroberung eine mehr auf das Binnenland ausgerichtete Stadtkultur nach arabischem Vorbild. Die Palast- und Residenzstadt Córdoba war im 9. und 10. Jahrhundert mit ihren vielen Stadtteilen und Vororten eine der größten Städte der Zeit.

D1 Stadtansicht von Haithabu, 10./11. Jahrhundert, Rekonstruktion. Haithabu bei Schleswig war eine frühstädtische Wikingersiedlung mit dicht bebauter Hafensiedlung für die Fernkaufleute.

Die frühmittelalterliche Siedlung in Mitteleuropa

Die Franken, Alemannen und Baiern ließen sich nicht in den Städten direkt nieder, sondern siedelten sich in Sippen und Gefolgschaftsverbänden auf dem Land mit den besten Böden an. Sie suchten bei der Ansiedlung aber trotzdem die Nähe zu antiken Kastellen oder den weitgehend verfallenen Städten und Kleinstädten, da sie verkehrsgünstig lagen. Bei den antiken Stätten legten die Könige eigene Höfe und Grundherrschaften an, die ab dem 11. Jahrhundert in Verbindung mit Burgen oder einem Markt zu einer größeren Siedlung anwachsen konnten. Zum Beispiel gibt es in Rottenburg, Rottweil oder Breisach einen römischen und einen germanischen Siedlungskern. Aber auch nicht-königliche Orte und solche ohne antike Wurzel konnten bei günstiger wirtschaftlicher und politischer Lage seit dem 11. Jahrhundert zu frühstädtischen Großsiedlungen heranwachsen.

Handelsstädte an Nord- und Ostsee

Seit dem 7. Jahrhundert pflegten die Friesen intensive Handelsbeziehungen zu England, Skandinavien und der slawisch besiedelten Ostseeküste. Auch in den rheinischen Städten bis nach Worms gründeten sie eigene Handelsniederlassungen. Da in den Küstenregionen der heutigen Niederlande und Niedersachsens kaum Getreideanbau möglich war, waren die Friesen auf Handel angewiesen. Durch Grabungen sind wir heute gut über den Siedlungsumfang, die Häfen und die Alltagskultur von friesischen Handelszentren wie Dorestad in den Niederlanden oder Quentowic an der französischen Kanalküste informiert. Allerdings liegen nur wenige schriftliche Quellen über diese emporion oder wik genannten Städte vor. Wir wissen, dass sie wichtige Zoll- und Münzstätten waren und es sind dort königliche Amtsträger, Kirchen und Niederlassungen von Bischöfen und Klöstern bezeugt. Allerdings sind für uns keine dauerhaften Verwaltungsinstitutionen erkennbar und es scheint so, als seien die Menschen nicht so sehr mit einer Stadt verwachsen gewesen, weil sie häufiger den Aufenthaltsort wechselten. Die Einfälle der Wikinger sowie die Verschiebung von Flussläufen und damit auch von Verkehrswegen in den niedriger gelegenen Küstenregionen führten schon im 9. Jahrhundert zum Untergang der friesischen Städte, so dass außer der Bischofsstadt Utrecht alle Emporien von der Landkarte verschwanden. Die neuen, wikingischen Zentren, wie zum Beispiel Haithabu/Hedeby bei Schleswig oder Birka und Kaupang in Schweden und Norwegen hatten genauso wenig dauerhaften Bestand wie die friesischen Emporien.

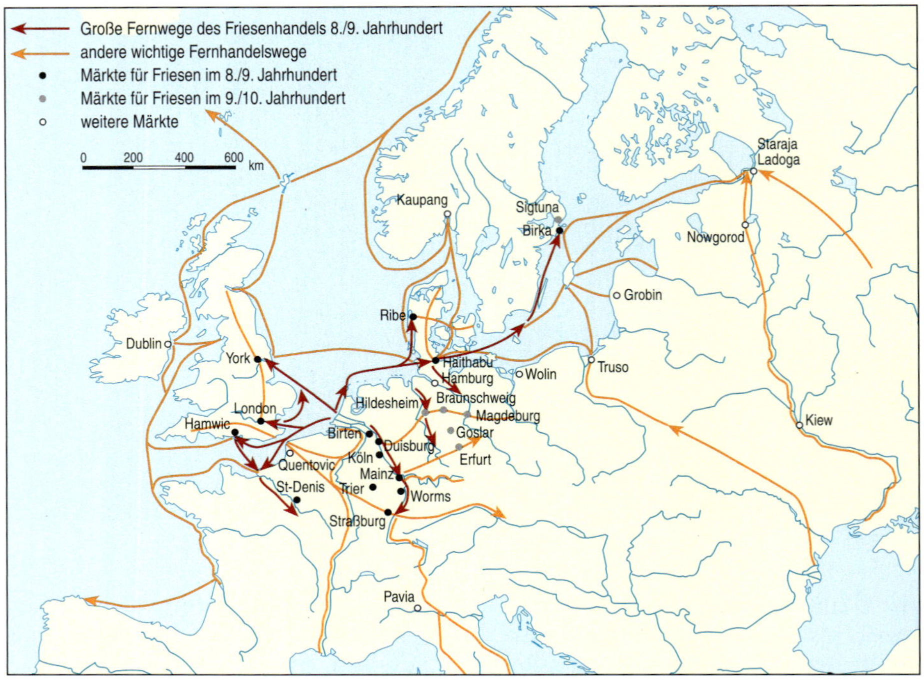

Der Handel der Friesen D2
vom 8.–10. Jahrhundert

Q2 Die Stadt Vineta/Wolin im Bericht Helmolds von Bosau, ca. 1170

Die Oder verläuft nordwärts mitten durch die Stämme der Wenden, indem sie die Pommern von den Wilzen scheidet. An ihrer Mündung in das Baltische Meer lag einst die sehr angesehene Stadt Vineta, welche den rings wohnenden Barbaren und Griechen einen weitberühmten Stützpunkt bot. Weil zum Preis dieser Stadt viele, oft kaum glaubliche Geschichten umgehen, sei es erlaubt, an einiges Erwähnenswerte zu erinnern. Unter allen Städten, die Europa umfasst, war sie gewiss die größte, und sie wird von Slawen vermischt mit anderen Griechen- und Barbarenvölkern bewohnt. Ja, auch zureisende Sachsen erhielten die gleiche Erlaubnis zum Aufenthalt, wenn sie nur, solange sie blieben, nicht öffentlich als Christen auftraten. Bis zum Untergang dieser Stadt waren nämlich alle von heidnischen Bräuchen irregeleitet, sonst aber konnte man an Sitten und Gastlichkeit keine anständigeren und mildherzigeren Leute finden. Reich an Waren aller Länder, besaß jene Stadt alle Annehmlichkeiten und Vorzüge. Ein König der Dänen soll diesen höchst wohlhabenden Platz mit einer sehr großen Flotte angegriffen und völlig zerstört haben. Die Überreste sind noch jetzt vorhanden.

Zit. nach: Helmold von Bosau, Slavenchronik, übers. und hg. H. Stoob, Darmstadt 1963, S. 38–41.

Q3 Die Stadt Wolin im Bericht eines arabisch-jüdischen Reisenden, 973

Der Bericht über diese Stadt ist wahr, Huto, der König von Rum [Otto, König der Römer], hat mir davon berichtet.

Im Westen von dieser Stadt lebt ein slawischer Stamm, der das Volk Ubaba genannt wird. Er wohnt in sumpfigen Gegenden vom Lande des Meschoqqo [Mieszko von Polen] nach Nordwesten. Sie haben eine große Stadt am Weltmeer, die 12 Tore und einen Hafen hat, und sie verwenden für ihn Reihen Klobenholz. Sie bekriegen den Meschoqqo und ihre Streitkraft ist gewaltig. Sie haben keinen König und lassen sich von keinem Einzelnen regieren, sondern die Machthaber unter ihnen sind ihre Ältesten.

Ibrahim ibn Jaqub, Bericht über die Slawenländer, neu übers. von G. Jacob, in: Widukind, Sächsische Geschichten, auf der Grundlage der Edition durch W. Wattenbach übertragen von Paul Hirsch, 5. Aufl., Leipzig 1931, S. 187.

Q4 Handel und Gewerbe in der langobardisch-italienischen Hauptstadt Pavia

Aus einem Manuskript des 15. Jh. unter Verwendung von Quellen des frühen 11. Jh. und mit Bezug auf die 2. Hälfte des 10. Jahrhunderts:

Ihr alle, denen die Liebe, der Nutzen und die Ehre des Königreichs der Langobarden am Herzen liegen, höret

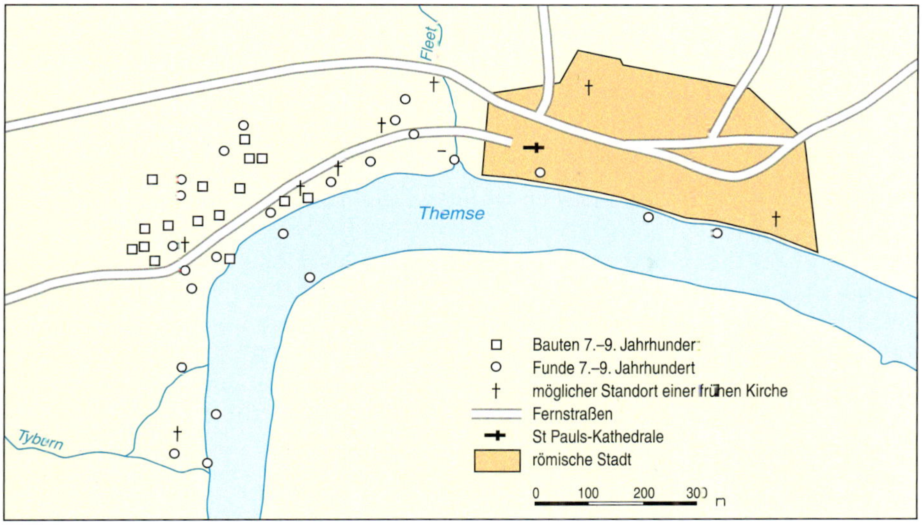

D3 London im 7.–9. Jahrhundert
In dieser Zeit wurde London als Lundenwic bezeichnet. Um den Flusshafen westlich der römischen Stadt entwickelte sich ein Siedlungs- und Handelszentrum.

mit frohen und gerechten Sinnen, wie in alten Zeiten sämtliche Dienste, die zur Kammer des Königs und zum Palast gehören, und alle Regalienrechte der Langobarden eingerichtet waren. (= Einleitung des 15. Jh.)

(1) Die ins Königreich eintretenden Kaufleute zahlten den Zehnten von jeder Ware bei den Klausen und Wegen, die dem König unterstehen […]. Alle, die von jenseits der Alpen in die Lombardei kommen, müssen der Zehntpflicht nachkommen von Pferden, Sklaven, Sklavinnen, Wollen- und Leinentuch, Zinn und Schwertern, und sie müssen den Zehnten von allen Waren dort an der Pforte dem Abgesandten des Kämmerers geben. Aber ohne Zehntforderung müssen sie den Romfahrern des heiligen Petrus alles freigeben, was man für die eigenen Unkosten mitführt. Niemand darf diese Romfahrer zehntbar machen noch ihnen irgendein Hindernis bereiten: So solle er exkommuniziert sein.

(2) Leute vom Volk der Angeln und Sachsen sind gekommen (als Rompilger) und kamen wieder mit ihren Gütern und Waren. Als sie sahen, dass bei den Klausen die Ballen und ledernen Säcke [zur Verzollung] ausgeleert werden, wurden sie zornig […]. Um diesen großen Missstand zu schlichten und Gefahren zu beseitigen, haben der König der Angeln und Sachsen und der König der Langobarden gemeinsam Folgendes vereinbart: Die Leute vom Volk der Angeln und Sachsen dürften niemals gezehntet werden; deshalb verpflichten sich und müssen der König der Angeln und Sachsen und dessen Leute in jedem dritten Jahr zum Palast in Pavia und in die Kammer des Königs senden: 50 Pfund reinen Silbers und zwei große Hunde mit bestimmten, wunderbaren Eigenschaften […].

(6) Die Meister aber der Kaufleute in Pavia empfingen immer von der Hand des Kaisers das Privileg, dass ihnen, wo immer sie zum Markt kommen, sei es zu Wasser oder zu Land, niemand eine Schädigung oder Belästigung in irgendeiner Weise antun dürfe. […]

(16) […] Und kein Kaufmann darf auf irgendeinem Markt sein Geschäft abschließen, wenn es nicht die Kaufleute von Pavia schon abgeschlossen haben; und wer dagegen verstößt, der unterliege dem Bann.

Zit. nach: E. Pitz, Europa im Früh- und Hochmittelalter, Stuttgart 1982, S. 211–214 (unter Weglassung der späten Textelemente, gemäß C. Brühl/C. Violante (Hg.), Die „Honorantie civitatis Papie". Transskription, Edition, Kommentar, Köln etc. 1983, S. 16–25.

Fragen und Anregungen

1. Notieren Sie, welche Merkmale einer Stadt in den Materialien erkennbar sind und welche Merkmale Ihrer Meinung nach fehlen (Q1–Q3, D1–D3).

2. Stellen Sie nach geographischen Gesichtspunkten geordnet in einer Tabelle zusammen, welche Merkmale auf welche Städte des frühen Mittelalters zutreffen. Notieren Sie weitere Besonderheiten der jeweiligen städtischen Entwicklung (VT).

3. Im Mittelalter besteht einerseits eine hohe Mobilität mancher Bewohner Europas, andererseits eine enge Abgrenzung gegenüber Fremden (D2, Q4, Kap. 8). Suchen Sie Gründe für beide Verhaltensweisen. Erläutern Sie, wie die königliche Verwaltung in Pavia Konflikte oder den Umgang mit Fremden regelte. Welche Vorschläge haben Sie, um diesen Widerspruch heute zu lösen?

10. Die Entstehung der Kommune

Das Beispiel Mailand

In der ersten Hälfte des 11. Jahrhunderts herrschten in Mailand bürgerkriegsähnliche Zustände. Wirtschaftliche und soziale Konkurrenz führte zu Streitigkeiten unter verschiedenen Adelsständen, die daraufhin von den nicht adligen Bewohnern Mailands zeitweise vertrieben wurden. Kurz darauf organisierte sich die Bevölkerung gegen den in ihren Augen moralisch unwürdigen Bischof, die in Luxus lebenden Geistlichen und den mit ihnen verbundenen Adel. Gerade zur Zeit der religiösen und politischen Spaltung während des Investiturstreits sahen die Bürger nicht nur ihr Seelenheil bedroht, die Auseinandersetzungen gefährdeten auch die öffentliche Ordnung. Daher einigten sie sich nach dem Vorbild der zu dieser Zeit verbreiteten Gottesfriedensbewegung auf eine Vereinigung durch Schwur, der so genannten „Verschwörung“ oder „Schwureinung“. Sie verpflichtete jeden Bürger zur Einhaltung und Durchsetzung gemeinsamer Ziele und Regeln und sollte den inneren Frieden der Stadt wiederherstellen und wahren. Die Gemeinschaft der Bürger wurde auch Kommune genannt.

Entstehung und Durchsetzung der Kommune in Italien

In den alten italienischen Städten schwächten die traditionelle Freiheit der Bürger sowie die Konkurrenz verschiedener Verwaltungseinrichtungen die Stadtherrschaft. Neben den bischöflichen Amtsträgern und Vasallen übten sehr lange auch noch königliche Amtsträger in der Stadt herrschaftliche Funktionen aus. Als die Stadtherrschaft die Konflikte unter den Adligen nicht mehr schlichten konnte, wurden die Bewohner selbst aktiv und entwickelten schließlich eine neue politische Ordnung. Die Versammlungen der Bewohner wählten aus den angesehensten Familien Amtsträger auf Zeit, die Konsuln, so benannt nach den Beamten der antiken Römischen Republik. Zunächst existierten die Kommune und ihre Amtsträger neben den bischöflichen und königlichen Herrschaftsinstitutionen, denen es vorbehalten blieb, schwere Strafen zu verhängen und die bisher üblichen Steuern zu erheben. Im Lauf des 12. Jahrhunderts konnten die Kommunen aber schließlich die gesamte öffentliche Gewalt an sich ziehen. Außerdem erweiterten sie ihre Gebiete, indem sie umliegende Burgen eroberten oder erwarben. Durch ihre außergewöhnliche Größe zwischen 10 000 und 50 000 Einwohnern waren sie bald reicher und mächtiger als viele Fürsten.

England

In England standen die Städte wie das ganze Land unter königlicher Verwaltung. Die mit dem von burh abgeleiteten Wort borough bezeichneten Städte waren zunächst befestigte Siedlungen unter königlichen Verwaltern, wurden in der Regel von Freien bewohnt und bildeten meist das Zentrum der Grafschaften. Im 12. und 13. Jahrhundert erhielten diese Städte königliche Privilegien wie die direkte Besteuerung oder die Erlaubnis zur Bildung von Kaufmannsgilden. Außerdem waren die Städte in den frühen Parlamenten vertreten.

Kommune / Gemeinde

Als Kommune (lat. communis, d. h. gemeinsam) wurde die von theoretisch gleichrangigen Bürgern nach genossenschaftlichen Prinzipien selbst verwaltete Stadt bezeichnet. Das Wort kann sowohl die politische Organisationsform als auch die Gemeinschaft der Bürger meinen. Der Begriff ist erstmals in Italien bezeugt. Im Deutschen wurde die Kommune Gemeinde genannt. Aber bis heute sind auch im Deutschen die Begriffe „Kommune“ oder „kommunal“ üblich, wenn es um die Belange einer Gemeinde geht.

Q1 Türme der Adelsgeschlechter
In der toskanischen Kleinstadt San Gimignano haben sich städtische Adelstürme erhalten, wie sie in allen italienischen Städten des 11. bis 14. Jahrhunderts üblich waren.

Frankreich

Auch in Frankreich war die Entwicklung der städtischen Gemeinde sehr viel stärker von der königlichen Herrschaft geprägt als in Italien. Der französische König hatte zunächst nur Zugriff auf die Städte in seiner Krondomäne. Im Kampf gegen die mächtigen französischen Fürsten verbündeten sich aber deren Städte und ihre Bischöfe mit ihm. Der König stärkte die Städte durch die Verleihung von Privilegien, was ihm bald auch erhöhte Steuerleistungen der wirtschaftlich erfolgreichen Städte einbrachte.

Deutsches Reich

In den alten rheinischen Bischofsstädten bildete sich zwar ebenfalls ein starkes bürgerliches Selbstbewusstsein aus, doch war die Herrschaft der Bischöfe über die Städte deutlich gefestigter als in Italien. Vor allem zur Zeit des Investiturstreits erhoben sich aber auch die Bürger der deutschen Städte gegen ihre Bischöfe, die Stadtherren, und schlossen sich wie in den italienischen Städten in Schwureinungen zusammen. Allerdings konnten viele Stadtherren im deutschen Reich nach dem Investiturstreit ihre alte Machtstellung wiedererlangen. Häufig arbeiteten Stadtbewohner und Stadtherr auch gut zusammen.
Im städtelosen rechtsrheinischen Raum entstanden erst durch das Bevölkerungswachstum des 11. Jahrhunderts größere Siedlungen mit Handwerkern und Gewerbetreibenden um frühe Märkte. Das Marktrecht förderte die Entwicklung persönlicher Freiheitsrechte der Marktbewohner und begünstigte später deren Zusammenschluss unter der Leitung von Kaufleuten oder herrschaftlichen Amtsträgern.
Ab dem 12. Jahrhundert gründeten Fürsten und Adelige auf ihrem Herrschaftsgebiet Städte, indem sie gegen einen jährlichen Zins Hofstellen vergaben und der Siedlung Markt- und Stadtrecht verliehen. Dabei setzte der Stadtherr einen Vogt oder Schultheiß als Stadtoberhaupt sowie weitere Dienstleute in verschiedenen Funktionen ein.

Die Ratsverfassung der deutschen Städte

Besonders in den großen Reichs- oder Bischofsstädten, aber auch in den größeren Gründungsstädten bildete sich aus dem vom Stadtherrn eingesetzten Gericht sowie weiteren Dienst- und Kaufleuten ein Ratsgremium der Bürgergemeinde. Die Ratsmitglieder entstammten den wichtigsten Familien der Stadt. Musste ein neues Ratsmitglied eingesetzt werden, entstammte es wiederum diesen Familien. Da nicht nur die Bischöfe im 13. Jahrhundert gegenüber den Fürsten an Macht verloren, sondern auch das Königtum politisch geschwächt und gleichzeitig auf die finanzielle Unterstützung der Reichsstädte angewiesen war, konnte sich der Rat als Obrigkeit in den Reichs- und Bischofsstädten durchsetzen, auch wenn weiterhin Amtsträger des Stadtherrn in der Stadt tätig waren.

Q2 Beschränkung der Turmhöhe in Pisa

1089/91 schlichtete Bischof Daibert durch einen Schiedsspruch den Streit unter den Bewohnern in Pisa:

Im Namen unseres Herrn und Heilands Jesus Christus. Ich Daibert, unwürdiger, aber dennoch durch göttliche Bestimmung Bischof der Pisaner, und mit mir als [Schiedsrichter-] Genossen die tüchtigen und weisen Männer Vizegraf Petrus, Rolandus und Stephanus, Guinizzo, Marinianus und Albertus, eingedenk der alten Seuche der Stadt Pisa, des Hochmuts, aufgrund dessen täglich zahllose Morde, Meineide und aus Verwandten-Ehen Inzest begangen wurden, besonders aber anlässlich der Zerstörung von Häusern und zahlreicher anderer Übel gelobe ich mit Zustimmung der oben genannten Männer und befehle ich allen Bewohnern Pisas, der Borghi und Chinzicas [= Vororte] aufgrund des Eids, den ihr geleistet habt, dass von nun an niemand ein höheres Haus als bis zur Höhe des Turms von Stephanus, des Sohns von Balduinus, und des Lambertus […] errichten darf. […] Und wenn über die Messung der Türme Streit entstehen sollte wegen der Lage des Orts, der irgendwo höher liegt als anderwärts, dann sollen sie in der Höhenlinie einander angepasst werden, und keiner baue über die genannte Höhe, weder in Stein noch in Holz. Und wenn jemand höher zu bauen wagen sollte, sollt ihr ihn mannhaft daran hindern. Und niemand nehme das Haus eines anderen ohne dessen Willen ein, dem es gehört, oder zerstört es oder beschädigt es bewusst irgendwie, es sei denn auf gemeinsamen Beschluss der Stadt oder auf Geheiß der Mehrheit der „guten und weisen Männer". [Bei Zuwiderhandlung soll der Geschädigte] vor der Gemeinen Versammlung der Stadt […] Klage führen, und wenn jener, der [den Hausbau des anderen] behindert oder es bewusst zerstört […] von diesem Hochmut innerhalb eines Monats nicht ablässt, dann wollen wir und geloben wir, dass ihr den unterstützt, dessen Hausbau beeinträchtigt wird oder dessen Haus zerstört wird. […]. Wir wollen auch und geloben, dass [jeder diesen Sicherheitseid leisten muss, der älter als 15 Jahre ist und sich über 15 Tage in Pisa aufhält]. Wir geloben auch, dass niemand mehr den Turm [von der Kirche San Michele] einnimmt oder ihn besteigt und einem anderen schadet oder andere Kirchengebäude, es sei denn zum Nutzen der Stadt. […]

Wir wollen aber, dass ihr wisst, dass wer immer durch den teuflischen Hochmut aufgebläht diesen Frieden und diese Vereinbarung nicht einhalten will oder diesen Eid, der geleistet wurde, nicht leistet oder nicht leisten möchte, deshalb exkommuniziert sei; und hütet euch alle vor diesem wie vor einem verdammten und von der Kirche ausgestoßenen Menschen; und weder in der Kirche noch im Schiff sollt ihr mit diesem Gemeinschaft haben.

G. Rossetti, Il lodo del vescovo Daiberto sull'altezza delle torri, in: Pisa e la Toscana occidentale nel Medioevo, Bd.2, Pisa 1991, S.26–31. Übersetzung: Verfasser.

Q4 Großes Siegel der Stadt London
Anfang des 13. Jahrhunderts. Zu sehen ist Thomas Becket, der über der Stadtsilhouette von London thront. Die Umschrift lautet: ME QUE TE PEPERI, NE CESSES THOMA TUERI (Lass nicht ab, Thomas, mich zu beschützen, die ich dich gebar!)

Q3 Geltung der Sicherheitseide

Ausschnitt aus dem Amtseid der Konsuln in Pisa aus dem Jahr 1164:

(27) Die Anordnungen und Regelungen von vorigen Konsuln über die Einnahme von Türmen und das Steinewerfen von einem Turm zum anderen, die beschworen wurden, werde ich unverändert bewahren, so wie sie geschrieben und ausgeführt wurden. Und wenn jemand gegen die Sicherheitseide Bischof Gerards und Erzbischofs Daiberts oder die „Gute Gewohnheit" der Stadt für sich oder für einen anderen die Häuser oder ein Haus eines anderen […] bricht oder zerstört oder einnimmt, werde ich ihm 1000 Schilling nehmen oder nehmen lassen, wenn ich dies kann, und ich werde nichts zurückgeben, oder ich werde ihn zu so viel verurteilen, wenn er so viel hat. […] Ich werde mich

Q5 Siegelstempel der Stadt Braunschweig, vor 1231
Abgebildet ist eine Stadt, darin ein Löwe auf einem Podest. Die Umschrift lautet: SIGILLUM BURGENSIUM IN BRUNESWIC (Siegel der Bürger in Braunschweig).

Q6 Zweites Großes Siegel der Stadt Speyer, 1212/31
Zu sehen ist Maria mit dem Kind im Portal einer Kirche. Die Umschrift lautet: SIGILLUM CIVIUM SPIRENSIUM (Siegel der Bürger von Speyer).

mit Nachdruck bemühen, dass die Sicherheitseide, die Bischof Gerard und Erzbischof Daibert leisten ließen, nicht in der Zeit meines Konsulats gebrochen werden, und ich werde sie zweimal pro Jahr in der Kirche der heiligen Maria (= im Dom) öffentlich verlesen lassen.

Nach: Fr. Bonaini, Statuti inediti della città di Pisa, Bd. 1, Florenz 1854, S. 33; O. Banti (Hg.), I Brevi dei Consoli del Comune di Pisa degli anni 1162–1164, Roma 1997, S. 88. Übersetzung: Verfasser.

PROJEKT

Erkundigen Sie sich nach der Bedeutung des Siegels Ihrer Stadt oder Gemeinde und Ihres Schulsiegels. Gestalten Sie eine kleine Ausstellung, in der Sie diese Siegel vorstellen. Entwerfen Sie eigene Vorschläge.

Fragen und Anregungen

1. Erarbeiten Sie in Gruppen Argumente, mit denen der Bischof, ein Schiedsrichter und ein Bewohner der Stadt den Eid verteidigen würden. Erarbeiten Sie unter Einbeziehung Ihres Vorwissens über die Stellung und Ansprüche des Adels in zwei weiteren Gruppen mögliche Argumente, mit denen Angehörige zweier Adelsgeschlechter den Eid ablehnen würden (Q1–Q3, Kap. 1, Kap. 3). Führen Sie ein Streitgespräch.
2. Stellen Sie fest, durch welche politischen Mittel die sozialen Probleme der Stadt Pisa gelöst werden sollten. Beachten Sie insbesondere, wer die politische Verantwortung übernahm und vergleichen Sie mit heute (Q2, Q3).
3. Erläutern Sie Entstehung und Entwicklung der Kommune in Europa (VT).
4. Recherchieren Sie, welche Bedeutung die abgebildeten Figuren bzw. Gebäude auf den Stadtsiegeln für die einzelnen Städte hatten (Q4–Q6). Erläutern Sie, warum die Bürger der Stadt das jeweilige Siegel gewählt haben.
5. Die Entwicklung der Kommune ist ein spezifisch europäisches Phänomen. Diskutieren Sie, welche Bedingungen in ganz Europa die Entstehung von Kommunen gefördert haben könnten.

11. Der Kampf um Mitbestimmung

2. Hälfte 11. Jahrhundert	In Italien entstehen die ersten Kommunen, in Zentraleuropa Schwureinungen.
1183	Kaiser Friedrich I. anerkennt im Frieden von Konstanz die kommunale Autonomie der lombardischen Städte, dafür akzeptieren die Städte die kaiserliche Hoheit.
Anfang 13. Jahrhundert	Ausbildung der Ratsverfassung in Deutschland
Mitte 13. Jahrhundert	Ständekämpfe und frühe Signorien in Italien
14. Jahrhundert	Zunftkämpfe und Zunftverfassungen in Zentraleuropa
seit 1395	Entstehung der italienischen Fürstenstaaten
1547–1551	Abschaffung der Zunftverfassungen in Oberdeutschland durch Kaiser Karl V.

Städtische Führungsschichten

Für die Leitung der Kommune kamen nur gebildete, erfahrene, einflussreiche und mächtige Persönlichkeiten in Frage. Sie konnten Recht sprechen und sich um die Sicherung des inneren und äußeren Friedens der Stadt kümmern. Außerdem mussten es sich die Amtsträger leisten können, den täglichen – meist unbezahlten – Regierungs- und Verwaltungsaufgaben für die Stadt nachzugehen. So wurden in der Regel die führenden Kaufleute oder die Amtsträger des Stadtherrn auch Amtsträger der Kommune. Ihre Familien bildeten das „Patriziat", wie auch schon die adlige Führungsschicht in der Römischen Republik genannt worden war.
Obwohl das Patriziat bald eine adelsähnliche Stellung einnahm, standen alle Bürger der frühen Kommunen hinter ihm und den gemeinsam gefassten Beschlüssen. Wie bereits bei der Entstehung der Kommune waren die Grundlage für den Zusammenhalt von Bürgern und Patriziat urchristliche Ideale wie Frieden und Bruderliebe, das Gemeinwohl der gesamten Gemeinde und der gemeinsam geleistete Eid. Die Kommune verstand sich damit als einheitliche Gemeinschaft unter göttlicher Leitung. Das wurde auch durch die Verehrung des Stadtheiligen, die gemeinschaftlichen Kirchenfeste und die Kirchenpflege deutlich.

Der Kampf um Mitsprache in Italien

Trotzdem kam es in Italien ab dem 12. Jahrhundert immer wieder zu Spannungen in den Kommunen. Die Auseinandersetzungen im Reich spalteten auch die Bürger innerhalb der Städte. Neue durch wirtschaftlichen Erfolg aufgestiegene Familien wollten an der Macht teilhaben. Um die Stadtregierung zu stabilisieren, einigte man sich auf die Wahl eines alleinigen obersten „Machthabers", des Podestà. Er war Inhaber der höchsten Befehls- und Richtergewalt und wurde oft von auswärts berufen, um im internen Machtkampf der Parteien möglichst neutral zu sein.
Besonders im 13. Jahrhundert erkämpften sich neue Händlerfamilien und die handwerklichen Schichten, die sich in Italien popolo („das Volk") nannten, Mitspracherechte in der städtischen Regierung. Sie bildeten einen eigenen Ältestenrat und wählten einen Capitano del popolo an ihre Spitze. In vielen norditalienischen Städten erlangte der Capitano del popolo mehr Macht als die Konsuln oder der Podestà. Podestà und Capitano konnten aber auch als gleichberechtigte Doppelspitze zusammenarbeiten.

Zunftkämpfe in Deutschland

Auch in Deutschland wuchs im Laufe des 13. und 14. Jahrhunderts die Bedeutung der Handwerker und Zünfte. Besonders in gewerblich aktiven Städten wie Augsburg oder Köln erkämpften sich die Zünfte Mitspracherechte, indem sie die Beteiligung der Zunftoberen an den städtischen Ratsgremien durchsetzen konnten. Häufig

Q1 **Die Stadt Basel, nach einer Chronik von 1493**

wurde auch ein von den Zünften beherrschter Großer Rat einem patrizischen Kleinen Rat gegenübergestellt. In England und Frankreich verhinderte der königliche Einfluss größere Auseinandersetzungen zwischen den verschiedenen städtischen Schichten und damit auch Machtverschiebungen innerhalb der Städte.

Machtbeschränkung und Wahlen

Damit sich niemand zum alleinigen Herrn in der Stadt aufschwingen konnte, musste die Macht der Amtsträger begrenzt bleiben. Die Beschränkung der Amtszeiten auf ein Jahr und Wahlen sollten Machtkonzentrationen in den Händen Einzelner oder einzelner Familien verhindern. Das Ziel der Wahlen war es, den nach der göttlichen Vorsehung richtigen Amtsträger für die gesamte Gemeinde zu ermitteln. Trotzdem kam es vor, dass Amtsträger zu viel Macht anhäuften oder Wahlen manipulierten. Mit immer komplizierteren Wahlgängen versuchte man, sich gegen solchen Missbrauch abzusichern. Das änderte nichts daran, dass stets die gleichen Familien die Führungspositionen besetzten, was aber wegen deren Erfahrung und dem damals üblichen Standesdenken letztlich akzeptiert wurde.

Städtebünde

Die Reichsstädte in Deutschland und Italien waren weniger in herrschaftliche Strukturen eingebunden und mussten sich daher gegen Bedrohungen und Angriffe selbst zur Wehr setzen. Um ihre Position zu stärken, schlossen sie sich in Bündnissen zusammen. Wie bei den Kommunen handelte es sich um freiwillige Schwureinungen von gleichberechtigten Mitgliedern. Der früheste bekannte Städtebund entstand 1093, als sich eine Reihe von papsttreuen lombardischen Städten gegen Kaiser Heinrich IV. verband. Auch gegen die Herrschaftsansprüche Kaiser

Friedrichs I. Barbarossa und seines Enkels Friedrich II. wehrten sich die Städte gemeinsam.
In Deutschland entstand im 13. Jahrhundert der große Rheinische Städtebund von Basel bis zum Niederrhein und Bremen, um den Landfrieden und die Handelswege zu sichern und neue, ungerechte Zölle zu beseitigen. Manche Städtebünde dienten allein wirtschaftlichen Interessen. Sie sollten Handel und Handwerk sichern und fördern, indem eine gemeinsame Währung eingeführt oder Handelsprivilegien vereinbart wurden. Vertragsbrüchige Mitglieder wurden mit Strafzöllen oder Handelssperren belegt oder schließlich aus der Gemeinschaft ausgeschlossen. Eine militärische Vorgehensweise betrachteten die Städte immer nur als äußerstes Mittel.

Von der Signorie zum Fürstenstaat

Während der erbitterten Auseinandersetzungen mit Kaiser Friedrich II. († 1250) gab es auch innerhalb der Städte Konflikte: Die überwiegend patrizischen Anhänger des Kaisers kämpften gegen den meist papsttreuen popolo. Der Kaiser setzte in seinem Einflussgebiet Reichsvikare über die kommunalen Regierungen. Die päpstlichen Legaten förderten dagegen die dauerhafte Einsetzung von Capitani del Popolo und papsttreuen Podestà. Schließlich entstand eine neue Herrschaftsform, an deren Spitze zeitlich unbefristet ein einzelner, mit zahlreichen Kompetenzen ausgestatteter Amtsträger stand. Sie wurde signoria (ital. signore, d.h. Herr) genannt. Die Signoren nutzten die Ämter nur noch als Mittel für ihre Alleinherrschaft, lediglich in Florenz und Venedig erhielten sich noch länger kommunale Regierungsformen. Durch systematische Eroberungen vergrößerten die Signoren die Gebiete der Kommunen und förderten gezielt Handel und Gewerbe. Sie erreichten schließlich eine umfassende innere Befriedung der Städte. Um ihre Herrschaft abzusichern, begannen die Signoren, ihre Herrschaftsgebiete in erbliche Fürstentümer umzuwandeln. Zunächst heirateten sie in fürstliche Familien ein; schließlich aber erkauften sie sich für gigantische Summen Fürstentitel. So entstanden auf der Grundlage der großen Kommunen in Italien die regionalen Fürstenstaaten der Renaissance und der Frühen Neuzeit. Allerdings blieben Errungenschaften wie die persönliche Freiheit und Teile der kommunalen Verwaltung erhalten.

Obrigkeitstendenzen in Deutschland

In Deutschland versuchten die Patrizier und die anderen ratsfähigen Familien sich seit dem 14. Jahrhundert von den übrigen Bürgern abzugrenzen. Durch die Zunftkämpfe wurde ihre Machtposition allerdings zunächst eingeschränkt. Es dauerte nicht lange, bis das Patriziat gemeinsam mit den Spitzen der Zünfte eine obrigkeitliche Stellung in der Stadt einnahm, zumal die einfachen Handwerker in der Regel weder Zeit noch Geld für politische Betätigung hatten. In der Frühen Neuzeit verschärften sich diese Obrigkeitstendenzen. Die teils bis heute gefeierten jährlichen Schwörtage, die den alten gemeinsamen Schwur erneuerten, zeigten aber, dass die Stadtgemeinden sich weiterhin als Bürgergemeinschaften verstanden.

Stadtregiment

Nach der Entstehung der Stadtgemeinde (Kommune) bildeten die städtischen Führungsschichten entgegen dem gemeinschaftlichen Prinzip bald eine obrigkeitliche Regierung, die man insbesondere in Deutschland auch Stadtregiment nennt. Sie bestand häufig aus ehemals herrschaftlichen Amtsträgern und reichen Kaufleuten, die das Patrizipat bildeten.

Zunftkämpfe

Ab dem 13. Jahrhundert forderten die Handwerker politische Mitbestimmung. In Italien vertraten sie ihre Interessen mit Hilfe des „Popolo" (lat., d.h. Volk) und der „Arti" (lat., d.h. Gewerbe), in den Niederlanden und Deutschland organisierten sich die Handwerker in Zünften. Gemeinsam erkämpften sie in den Zunftkämpfen die Beteiligung an der Stadtregierung.

Q2 Straßenszene
Detail einer französischen Miniatur, 15. Jahrhundert.

Q3 Wie die Dogen gewählt wurden

Der Doge wurde auf Lebenszeit an die Spitze der Adelsrepublik Venedig gewählt. Aus einer venezianischen Chronik, 14. Jahrhundert:

Zu dieser Zeit gab es sechs Räte in Venedig, die im Palast blieben, bis der neue Doge gewählt wurde, und ihr Vikar war Herr Nicolao Michele. Dieser versammelte das ganze Volk in der Kirche des Heiligen Markus […] Und die Wahl wurde folgendermaßen durchgeführt: Die vornehmen [sechs] Räte versammelten noch am selben Tag den Großen Rat. Für jeden Einzelnen in diesem Rat gab es ein kleines Wachsbällchen, und in dreißig dieser Bällchen war ein Stück Pergament, auf dem „Wähler" geschrieben war. Dann zog jeder ein Bällchen, und die [sechs] Räte und die Vierzig [= Großer Rat] brachen sie vor aller Augen; und wenn man auf eines mit dem Wort „Wähler" stieß, kam der, der es gezogen hatte, und er setzte sich auf einen bestimmten Platz, und diejenigen, die nichts fanden, setzten sich hinter sie. So gab es daraufhin 30 Wähler. Als diese sich versammelten, sprach Herr Nicolao Michele zu ihnen darüber, wie die Wahl durchgeführt werden muss. Und als sie ihren Eid vor dem Rat schworen, blieben sie in ihrem Raum über dem Palast, und die anderen gingen fort. Dann machten diese 30 Männer Wachsbällchen, und in neun von ihnen war ein Pergament mit dem Wort „Wähler"; und jeder nahm sein Bällchen, und die, die das Wort darin fanden, blieben, und die anderen gingen fort. Dann versammelten sich diese neun und wählten 40 Venezianer, und sie hatten die Möglichkeit aus dem [Großen] Rat diese auszuwählen, aber auch von außerhalb des Rats, solange [mindestens] sieben sich darauf verständigten. Als diese bestimmt waren, machten sie die Namen der Vierzig, die sie gewählt hatten, Herrn Nicolao Michele und den Räten sowie den drei Führern der Vierzig bekannt, und sie sandten nach ihnen, sie zum Palast zu holen. Und diese machten 40 Wachsbällchen, von denen zwölf das Wort „Wähler" enthielten, und sie warfen diese in einen Hut. Darauf wurde ein Kind im Alter von 11 Jahren hereingebracht, und als jeder von ihnen hochkam, sagten sie zu dem kleinen Kind: „Tauche deine Hand in den Hut und nimm ein Wachsbällchen für denjenigen" (Angabe seines Namens). Und das Kind nahm es und gab es den Räten, die es vor [dem jeweiligen Mitglied der 40] brachen. Wenn da „Wähler" geschrieben stand, ließen sie ihn sich setzen, sonst sandten sie ihn weg. Dann ließ der Vikar die zwölf gewählten schwören, alles zu beachten, was die „Weisen" bestimmt haben, und sie gingen in einen Raum und wählten 25 Männer jeweils mit einer Mehrheit von mindestens acht [Wählern]; dann gaben sie die Namen dem Vikar und den anderen bekannt, und sie versammelten sie und machten 25 Bällchen, neun davon mit Pergament mit dem Wort „Wähler". Sie kamen darauf einer nach dem anderen hoch zu dem Hut, und das Kind zog ein Bällchen für jeden von ihnen und die Räte brachen sie. Sie ließen die neun Gewählten einen Eid schwören und sie gingen in ein Zimmer und wählten 45 Männer, mit jeweils mindestens sieben Stimmen. Dann versammelten der Vikar und die anderen die 45 und machten 45 Wachsbällchen und in elf davon war das Pergament, und das Kind zog für sie. Nach der Vereidigung der elf gingen sie in ein Zimmer und wählten 41 Männer, mit einer Mindest-Stimmzahl von mindestens neun Stimmen. Diese 41 sollten den Dogen wählen, davon 25 Stimmen in Eintracht. Daher ließen sie die 41 schwören, die Regeln zu beachten, die das Volk bestätigt hat, sowie dass der zu erwählende Doge unterstützt und verteidigt werde. So wählten die 41 Herrn Lorenz Tiepolo, der von vornehmer venezianischer Abkunft war. In allen Wahlen gab es keinen Mann als Wähler, der nicht wenigstens 30 Jahre alte war.

Nach: Eva March Tappan (Hg.), The World's Story. A History of the World in Story, Song and Art, Vol. V: Italy, France, Spain, and Portugal, Boston 1914, S. 51–54. Übersetzung: Verfasser.

Q4 Leben in der Stadt
Französische Miniatur, Anfang 15. Jahrhundert.

Q5 Ratswahlordnung in Osnabrück, 1348

Um des Friedens, der Ehre, der Gerechtigkeit, der Nöte und Bedürfnisse unserer Stadt Osnabrück willen sind wir, die Schöffen, die im Jahr 1348 nach Gottes Geburt den Rat derselben Stadt stellen, miteinander zu Rate gegangen, und wir haben mit Rat der Weisheit (= „sitzender und alter Rat") und Vollmacht unserer Meinheit (= Gesamtheit der Bürger) als ewige Satzung beschlossen,

[1.] dass alljährlich am 2. Januar ein jeder unserer Bürger binnen Osnabrück, der einen eigenen Rock besitzt, mit Ausnahme derjenigen, die in diesem Jahr den Stadtrat stellen, vor das Rathaus kommen solle, wo bei Glockenschlag die Schöffen gewählt werden. Wer dies nicht befolgt, muss nach altem Recht und alter Gewohnheit der Stadt drei Osnabrücker Schilling Buße zahlen.

[2.] Die sechzehn Schöffen, die im laufenden Jahr im Rat gesessen haben, sollen vor die Meinheit auf das Rathaus gehen und mit drei Würfeln einmal würfeln, und diejenigen, die würfeln, sollen sich solange messen, bis einer von ihnen die höchste, der andere die niedrigste Augenzahl erreicht hat.

[3.] Diese beiden [Wahlmänner] sollen auf die Heiligen schwören, nach ihrer besten Einschätzung sechzehn Männer zu küren, und zwar: vier aus der Neustadt, vier aus der Johannislaischaft, vier aus der Butenburg, zwei aus der Binnenburg und zwei aus der Haselaischaft. Und der Eid soll besagen, dass sie ohne Vorabsprachen und Zusagen wählen und weder um Lieb noch um Leid noch um alles in der Welt irgendetwas tun und lassen, was der Gerechtigkeit hinderlich sei, sondern ausschließlich diejenigen wählen, sie sich nach ihrem bestem Gutdünken für diejenigen halten, die dem Wahlvorgang und dem Nutzen der Stadt am besten dienen.

[4.] Diese sechzehn Männer, die von diesen beiden also gewählt sind, sollen auf die Heiligen schwören, dass sie vier aus der Neustadt wählen, vier aus der Johannislaischaft, vier aus der Butenburg, zwei aus der Binnenburg und zwei aus der Haselaischaft, welche sodann die Ratsschöffen wählen sollen. Und sie sollen denselben Eid leisten wie die zwei Wahlleute […]. Wenn die Sechzehn den Eid geleistet haben, sollen sie in die betreffenden Laischaften (= Stadtquartier) ziehen und daraus wählen, wie oben geschrieben steht. Wenn sie sich über eine Wahl nicht einig werden, soll man dem größeren Haufen folgen.

[5.] Die Sechzehn, die auf diese Weise gewählt sind, um die Schöffen zu wählen, die sollen auf die Heiligen schwören, dass sie sechzehn Schöffen wählen, [die den neuen Rat bilden,] und zwar vier aus der Neustadt, vier aus der Johannislaischaft, vier aus der Butenburg, zwei aus der Binnenburg und zwei aus der Haselaischaft. Den Eid sollen sie in genau derselben Form schwören wie die erste Sechzehnergruppe. Wenn sie sich über die Wahl nicht einig werden, soll man wiederum dem größten Haufen folgen.

Zit. nach: B.-U. Hergemöller, Quellen zur Verfassungsgeschichte der deutschen Stadt im Mittelalter, Darmstadt 2000, S. 360–363, Nr. 54.

D1 Handel im Mittelalter

Q6 Die Zünfte fordern Mitsprache

Während des Zunftaufstandes 1368 wendet sich eine Gemeindeabordnung an den Rat von Augsburg:

[Dem Rat der Stadt Augsburg ist wohl zuvor schon berichtet worden], dass durch etliche Jahre hindurch bis jetzt die ganze Stadt vom dringenden Wunsch nach einer freiheitlichen Verfassung erfüllt sei und dass dies vielfach durch die Gemeinde ausgesprochen worden sei. Jedoch habe man das in keinem anderen Sinne getan, als dass eine solche freiheitliche Verfassung für diese Stadt Augsburg ebenso wie für die anderen Städte des heiligen Reichs hochnützlich und zur Förderung der freundschaftlichen Gesinnung von größter Notwendigkeit sei, wie Euer aller Weisheit und Tugend aus hoher Einsicht zu erwägen und bedenken habe, dass in allen Fällen die Gebote und Ordnungen des ehrbaren Rats, soweit sie in dieser Stadt verfügt werden – seien es Angelegenheiten des Krieges oder des bürgerlichen Lebens – von einer Zunftregierung viel besser und geschickter als bisher durchgeführt und durchgesetzt sowie von der ehrbaren Gemeinde viel gehorsamer und gleichmäßiger befolgt würden. Zudem habe der ehrbare Rat auch zu bedenken, in welch große Schuld und welch schwere Armut diese Stadt Augsburg, aus welchen Gründen auch immer, geraten sei. Und obwohl die Notlage manchmal ohne Verschulden der Ratsherren eingetreten sei, so haben doch die Steuern und das Ungeld (= Verbrauchssteuern), wie gleichwohl die ehrbare Gemeinde dachte, nicht genügend Nutzen gehabt, weshalb auch vielerlei Misstrauen zwischen dem Rat und der Gemeinde entstanden sei. Wenn aber hier wie in den anderen Städten des Reichs ein Zunftregiment eingerichtet werde, dann werde in solchen und anderen Fragen jedes Misstrauen und jeder Streit deshalb vermieden, da die ehrbare Gemeinde und die Handwerker ihre Vertreter in der Regierung haben.

Zit. nach: E. Döll, Städte und Bürger im Mittelalter, Stuttgart 1995, S. 68 f., Nr. 54.

Städte im Orient – Dichtung und Realität

Asien und der Orient übten auf Europa stets eine große Faszination aus, obwohl die mittelalterlichen Menschen wenig Konkretes über das Morgenland wussten. Sie bildeten sich ihre Vorstellungen auf der Grundlage von Sagen und Dichtungen wie den Alexander-Romanen oder den wenigen Gesandtschafts- oder Reiseberichten (s. dazu S. 256/257), die teilweise ebenfalls Dichtung waren. Große Verbreitung fand der Reisebericht des Venezianers Marco Polo. Er reiste 1269 im Alter von 15 Jahren mit seinem Vater und seinem Onkel zum Großkhan nach China, um Briefe und Geschenke des Papstes zu überbringen. Nach 17 Jahren ging er weiter nach Persien. Im Jahr 1295 kehrte er nach Venedig zurück. Besonders begeisterten ihn die riesigen und reichen Städte Chinas. Wodurch unterschieden sich die Städte des Morgenlandes von den europäischen?

Q7 Bagdad wird gebaut

Bereits im Jahr 754 beschloss der Kalif al-Mansur den Bau Bagdads, aber erst 762 wurde der Grundstein für die Stadt gelegt. Ein Jahr später war sie bereits vollendet. Ihr ursprünglicher Name Madinat as-Salam bedeutete: Stadt des Friedens. Im 11. Jahrhundert berichtet der Scheich al-Khatib über den Bau der Stadt:

Ich erhielt einen Bericht, dass al-Mansur, als er beschloss, die Stadt zu bauen, die Ingenieure, Architekten und Experten beauftragte, das Gelände zu messen, zu untersuchen sowie die Aufteilung der Grundstücke durchzuführen. Er zeigte ihnen seinen Plan, wie er ihn im Kopf hatte, und dann ließ er normale Arbeiter und spezialisiertes Personal kommen, darunter auch Schreiner, Bergarbeiter, Schmiede und andere. Der Kalif wies ihnen ihr Gehalt zu, und dann beauftragte er jede Stadt, dass sie ihm Einwohner mit Kenntnis des Bauhandwerks sende. Aber er begann nicht mit dem Bau der Stadt, bis die Zahl der Handwerker und spezialisierten Arbeiter dort viele Tausend erreichte. Dann umriss er den Stadtplan und machte sie rund. Man sagt, dass keine andere runde Stadt in irgendeiner Region der Welt bekannt sei. Die Fundamente wurden zu einem Zeitpunkt gelegt, der für al-Mansur von dem Astrologen Nawbakht gewählt wurde.

Nach: Jacob Lassner, The Topography of Baghdad in the Early Middle Ages. Text and Studies, Detroit 1970, S. 45 f. Übersetzung: Verfasser.

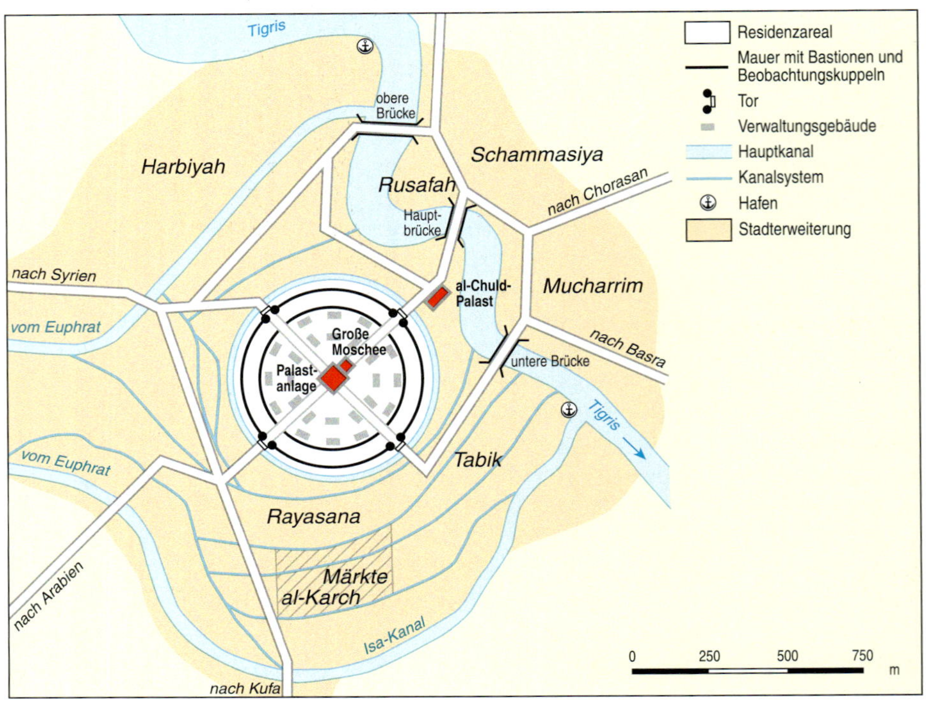

Bagdad zur Zeit der Abbasiden D2

Das Kalifengeschlecht der Abbasiden gründete im 8. Jahrhundert Bagdad als neue Hauptstadt des islamischen Reiches.

Q8 Marco Polos Bericht über die Erbauung der neuen Stadt Tai-Du (Peking)

Zur Zeit von Marco Polos Aufenthalt gehörte China zum großmongolischen Reich. Der mongolische Herrscher Kublai Khan gründete 1266 die Reichshauptstadt Peking:

Kambalu liegt an einem großen Fluss in der Provinz Kataja und war in alten Zeiten eine außerordentlich prächtige und königliche Stadt. Der Name selbst bedeutet „die Stadt des Herrschers". Aber da Seiner Majestät von den Sterndeutern gesagt wurde, es sei bestimmt, dass diese Stadt in Rebellion gegen ihren Herrn aufstehen werde, beschloss er, eine andere Hauptstadt auf der entgegengesetzten Seite des Flusses zu bauen, wo der […] Palast steht, so dass die neue und die alte Stadt voneinander nur durch den Strom, welcher dazwischen fließt, getrennt sind. Die neu erbaute Stadt erhielt den Namen Tai-du (= Großer Hof), und alle Katajer, das heißt alle die Einwohner, welche Eingeborene der Provinz Kataja sind, mussten die alte Stadt räumen und ihre Wohnung in der neuen nehmen. Einige von den Einwohnern jedoch, deren Ergebenheit keinem Verdacht unterlag, erhielten die Erlaubnis zu bleiben, besonders deshalb, weil die neue Stadt, deren Größe im Folgenden beschrieben werden soll, die ungeheure Zahl der alten nicht zu fassen vermochte.

Diese neue Stadt ist in Gestalt eines vollkommenen Vierecks angelegt und hat 24 [italienische] Meilen im Umfang, so dass jede Seite nicht mehr und nicht weniger als sechs Meilen lang ist. Sie ist mit Mauern von Erde umgeben […] Auf diese Weise ist die ganze Stadt in Vierecke geteilt, so dass sie einem Schachbrett gleicht und ihr Plan einen Grad von Regelmäßigkeit und Schönheit zeigt, der unbeschreiblich ist. Der Wall um die Stadt hat zwölf Tore, drei an jeder Geviertseite, und über jedem Tor und in jedem Mauerabschnitt steht ein hübsches Gebäude, so dass auf jeder Seite fünf solcher Gebäude liegen; sie enthalten große Räume, in denen die Waffen der Stadt aufgestellt sind, und jedes Tor wird von 1000 Mann bewacht. Dabei muss man aber nicht denken, dass eine solche Streitkraft dort aus Furcht vor Gefahr gegen irgendeine feindliche Macht aufgestellt wird; sie ist bloß eine der Ehre und Würde des Kaisers angemessene Wache. Aber zugestehen muss man, dass die Erklärung der Sterndeuter eine Art von Verdacht gegen die Katajer erregt hat. […]

Vor jedem Tor liegt eine Vorstadt, die so ausgedehnt ist, dass sie sich auf beiden Seiten bis zu der Vorstadt des nächsten Tores erstreckt und mit ihr in Verbindung steht, so dass die Zahl der Bewohner in diesen Vorstädten die der inneren Stadt sogar noch übertrifft. In diesen Vorstädten gibt es in gewissen Zwischenräumen von etwa einer Meile Entfernung von der Stadt viele Gasthöfe und Karawansereien, in denen die Kaufleute, die aus verschiedenen Ländern kommen, ihre Herberge nehmen, und jeder einzelnen Völkerschaft ist auch ein besonderes Gebäude angewiesen, wie wir sagen würden, eins den Lombarden, ein anderes den Deutschen und ein drittes den Franzosen.

Zit. nach: H. Lemke (Hg.), Die Reisen des Venezianers Marco Polo im 13. Jahrhundert, 1908, Neudruck Wiesbaden, 2004, S. 171–179 (Buch II, 7 f).

D3 Marco Polo
Holzschnitt von 1477, später koloriert.

Fragen und Anregungen

1. Zeichnen Sie nach den Angaben in Q8 einen Stadtplan von Peking.
2. Vergleichen Sie Ihren Plan von Peking mit D2, mit D1 und D3 aus Kapitel 9 sowie mit Q1. Stellen Sie unter Oberbegriffen Unterschiede und Ähnlichkeiten der Stadtanlagen zusammen.
3. Vergleichen Sie die Entstehungsgeschichte der jeweiligen Städte (Q7, Q8 sowie aus Kapitel 9 D3 und VT). Gehen Sie dabei auch auf die Entstehungszeiten ein.
4. Stellen Sie sich folgende Situation vor: Ein Bewohner a) Bagdads im 8. Jahrhundert, b) Pekings im 13. Jahrhundert reist nach Europa und besucht europäische Städte. Schreiben Sie einen Bericht aus der Sicht eines der beiden Reisenden über seine Eindrücke.
5. Diskutieren Sie die Besonderheiten der europäischen Städte im Vergleich zu Bagdad und Peking. Welche Rückschlüsse auf das politische und gesellschaftliche System lassen die jeweilige Stadtanlage und Stadtgeschichte zu?

Szene aus dem Stadtleben Q9
Italienische Miniatur aus dem späten 14. Jahrhundert.

Q10 Der Gedanke der Volkssouveränität

Um 1320 setzte sich der Gelehrte Marsilius von Padua ausgehend von Aristoteles mit den politischen Rechten der Bürger auseinander:

Wir aber wollen sagen, wie es der Wahrheit und dem Rate des Aristoteles Pol[itik] Buch 3 Kap. 6 entspricht: Gesetzgeber oder erste […] Ursache des Gesetzes ist das Volk (populus) oder die Gesamtheit der Bürger oder deren gewichtigerer Teil durch ihre Wahl oder ihr Wille in der allgemeinen Versammlung der Bürger, der in Reden zum Ausdruck kommt; [das Volk] schreibt vor oder bestimmt, unter weltlicher Strafe oder Buße, dass im Zusammenleben der Menschen etwas getan oder unterlassen werden soll: Den gewichtigeren Teil meine ich unter Berücksichtigung der Anzahl und der Bedeutung der Personen in jener Gemeinschaft, für die das Gesetz erlassen wird; so mag die genannte Gesamtheit der Bürger oder ihr gewichtigerer Teil dies [die Gesetzgebung] unmittelbar selbst direkt tun oder sie vertraut dies irgendjemand anderem zur Ausführung an, der nicht einfach Gesetzgeber ist oder sein kann, sondern nur kraft Ermächtigung durch den primären Gesetzgeber [das Volk]. Im Anschluss daran sage ich: Durch dieselbe primäre Instanz, nicht eine andere, müssen die Gesetze und alle Abstimmungsergebnisse die notwendige Bestätigung erhalten. […] Ferner müssen von derselben Instanz die Gesetze und alle Abstimmungsergebnisse Zusätze, Streichungen oder völlige Änderung, Auslegung und Aufhebung erfahren […]. Dieselbe Instanz muss die Gesetze nach ihrer Annahme auch veröffentlichen oder verkünden, damit kein Bürger oder Fremder beim Verstoß gegen sie sich mit deren Unkenntnis entschuldigen kann.

Nach: Marsilius von Padua, Der Verteidiger des Friedens/Defensor pacis, übers. und hg. von W. Kunzmann/H. Kusch, Berlin 1958, S. 118–123 (Teil I, Kap. 12, 4–6).

Fragen und Anregungen

1. Stellen Sie arbeitsteilig die in Q5 und Q6 dargestellten Wahlverfahren in einem Schaubild dar und finden Sie Erklärungen für den komplizierten Wahlablauf. Welche Wahlprinzipien gelten sowohl für Venedig als auch für Osnabrück?
2. Erarbeiten Sie arbeitsteilig a) ausgehend von Q2, Q4 und Q9, welche gesellschaftlichen Gruppen in der Stadt lebten, b) ausgehend von D1, welche Stellung Kaufleute in der Stadt gehabt haben könnten. Erörtern Sie, welcher Personenkreis nach Ansicht der Bürger „dem Nutzen der Stadt am besten dienen" (Q5) konnte.
3. Beschreiben Sie die Entwicklung der Machtverteilung in den italienischen Städten (VT, Kap. 10) und in den deutschen Städten (Q6, VT Kap. 10). Untersuchen Sie, wann und warum der Einfluss der Bürger zu- bzw. abnahm.
4. Erläutern Sie die Thesen des Marsilius von Padua (Q10). Untersuchen Sie, welche Voraussetzungen nötig waren, um diese Thesen am Anfang des 14. Jahrhunderts zu formulieren. Überlegen Sie, warum sich dieses Modell zu jener Zeit nicht durchgesetzt hat.
5. Erörtern Sie, welche Auswirkungen der Kampf um die Mitbestimmung in den Städten auf die weitere Entwicklung Europas genommen haben könnte.

Geschichte im Internet

Die Suche nach historischen Informationen im Internet mit Hilfe von Suchmaschinen führt häufig zu einer Fülle von Treffern. Die Ergebnisliste enthält aber keine Informationen darüber, wie seriös die angegebenen Seiten sind oder welchen Stellenwert das gesuchte Stichwort auf der gefundenen Seite hat. Daher ist es hilfreich, zunächst auf von Fachleuten ausgewählte Seiten oder Linklisten zuzugreifen.

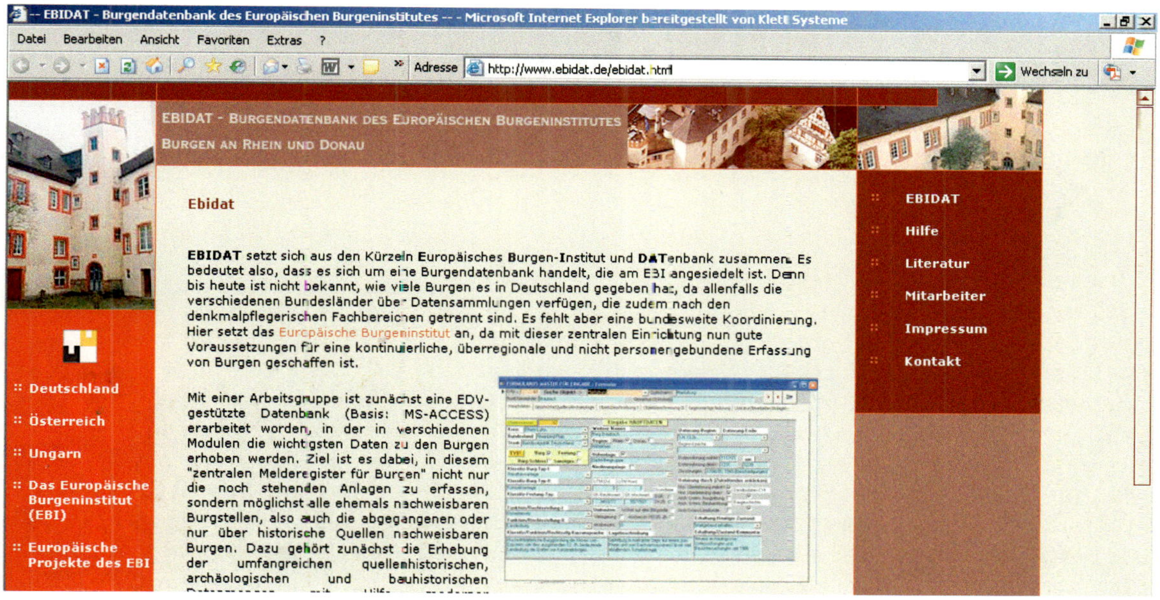

Auf der Suche nach historischen Themen sind die Seiten von Universitäten, Museen, Archiven, Verlagen, öffentlichen Bildungseinrichtungen, Verbänden und Vereinen, aber auch von Institutionen wie den großen Kirchen oder Orden eine gute Adresse. Diese Internetportale werden von Fachleuten erstellt und liefern daher in der Regel verlässliche Informationen. Aber auch private Seiten genügen häufig wissenschaftlichen Ansprüchen. Grundsätzlich muss jede Website bei der ersten Nutzung auf ihre Seriosität überprüft werden (s. Methodenglossar: Informationen im Internet finden).

Die Abteilung für Mittelalterliche Geschichte des Historischen Seminars der Universität Tübingen bietet eine nach Themen geordnete Linkliste, außerdem enthalten die Homepages von Universitäten auch immer Informationen zu deren Geschichte. Sowohl in der Datenbank europäischer Burgen (s. Abbildung) als auch unter www.burgenwelt.de findet man Informationen zu Burgen in ganz Europa. Informationen zum Investiturstreit, den Kreuzzügen oder einzelnen Päpsten wie Gregor VII. erhält man über das Glossar der Ökumenischen Heiligenlexikons. Die Bundeszentrale für politische Bildung bietet unter dem Stichwort „Gesellschaft" Informationen zum Thema Islam. Die öffentlich-rechtlichen Sender bieten zu den Themen des Schulfernsehens weitere Informationen und Links an, so z. B. zur Stadt im Mittelalter.

Überprüfte und erprobte Links sollten Sie mit einem Kommentar versehen in einer Liste sammeln, so dass Sie problemlos darauf zurückgreifen können.

KLICK INS INTERNET

www.mittelalter.uni-tuebingen.de/?q=rundums/rundums.htm
www.uni-freiburg.de/de/universitaet/geschichte.php
www.ebidat.de/ebidat.html
www.lexikon.meyers.de/meyers/Herakles
www.mythologica.de/herakles.htm
www.heiligenlexikon.de/Glossar/Glossar.htm
www.bpb.de
www.wissen.swr.de/sf/wissenspool/bg0049/die_stadt_im_spaeten_mittelalter.html

LICHT- UND SCHATTENSEITEN DER EUROPÄISCHEN MODERNISIERUNG – DIE FRÜHE NEUZEIT

Viele Menschen, die um 1500 geboren wurden, hatten den Eindruck, den Anbruch einer „neuen Zeit“ mitzuerleben. Spätere Historiker teilten diesen Eindruck und nannten deshalb die Epoche, die auf das Mittelalter folgte, „Neuzeit“. Damit wollten sie ausdrücken, dass in Europa der Zeitabschnitt begonnen hatte, zu dem auch unsere Gegenwart noch gehört – die Moderne. Das klingt auf den ersten Blick positiv, optimistisch, fortschrittlich. Die Anfänge der Modernisierung hatten aber auch Schattenseiten. Machen Sie sich ein erstes Bild von den Zwiespältigkeiten, die mit dem Aufbruch in die Moderne verbunden waren.

Judenverfolgung zur Zeit der Pest
Schedelsche Weltchronik, 1493.

Renaissance-Kunst
Der David des Bildhauers Donatello (1386-1466) stand von 1430 bis 1440 in der Mitte des Hofes im Palast der Medici in Florenz.

Die europäische Expansion
In Europa beginnt die Globalisierung. Weltweit entstehen Gebäude und ganze Stadtbilder, die europäische Einflüsse zeigen.

Barock in Brasilien
Kathedrale in Ouro Preto, 1704.

Seite aus der Gutenberg-Bibel, Mainz 1455
Nach der Erfindung der Druckerpresse wurden in Europa immer mehr Bibeln in der jeweiligen Nationalsprache gedruckt.

Begegnung mit außereuropäischen Kulturen
Es sind Exemplare dieser Abbildung aus einem Reisebericht überliefert, in denen die Eingeborenen Lederschurze tragen. Jesuiten habe sie nachträglich eingezeichnet, weil sie die Nacktheit der „Wilden" als rückständig und unmoralisch bewertet haben.

Türkenfeindliche Flugschrift
Wien, 1530.

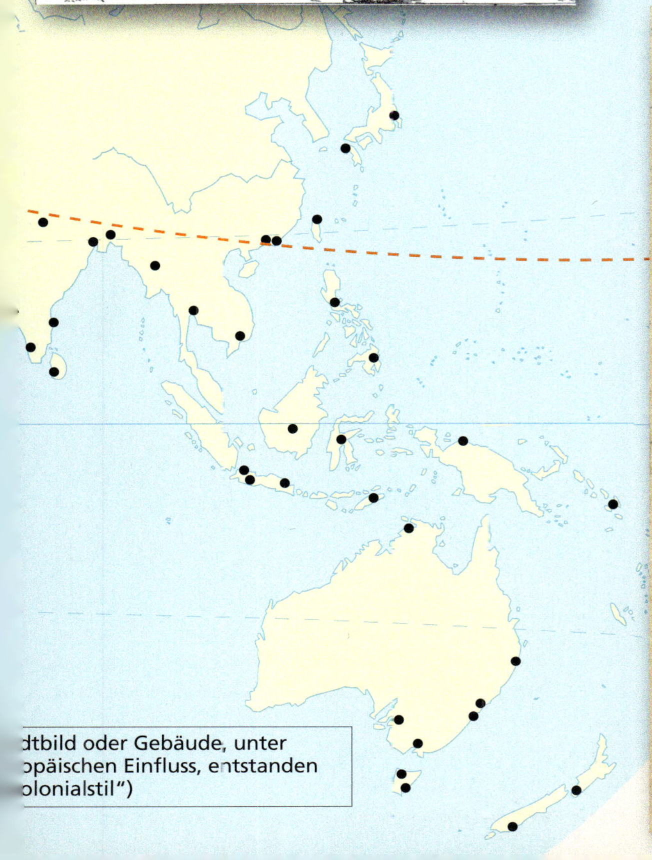

...dtbild oder Gebäude, unter
...opäischen Einfluss, entstanden
...olonialstil")

1. Die Pest in Europa – verschiedene Wege führen aus der Katastrophe

1347	Ausbruch der Pest in Europa mit starkem Bevölkerungsrückgang, Agrarkrise und wirtschaftlichem Aufschwung in den Städten
ca. 1470	Ende der Pest in Europa, Beginn des „langen 16. Jahrhunderts"
16. Jahrhundert	Frühkapitalismus in Landwirtschaft, Handel und Gewerbe (Verlagssystem) in Westeuropa, „Refeudalisierung" in Osteuropa

Die Pest – ein Menschheitstrauma

Wir „hassen jemanden wie die Pest", wünschen jemandem „die Pest an den Hals", etwas „breitet sich aus wie die Pest" – unser heutiger Sprachgebrauch lässt immer noch erahnen, wie tief sich die Pestzüge des europäischen Spätmittelalters in unser Gedächtnis eingeschrieben haben. Zeitgenossen nahmen diese Massenepidemie, die Europa bis ins 18. Jahrhundert hinein immer wieder bedrohte, als „Geißel Gottes" wahr, moderne Historiker sprechen am Beginn des 21. Jahrhunderts rückblickend von einem „Menschheitstrauma". Welche Folgen hatte die Pest für die Geschichte Europas?

Auswirkungen der Pest bis heute

Obwohl die Pest bereits vor etwas mehr als 500 Jahren endete, haben ihre Auswirkungen mehr mit unserer Gegenwart zu tun, als viele meinen. Die Überwindung der Pest beendete nämlich den dramatischen Bevölkerungsrückgang, in dessen

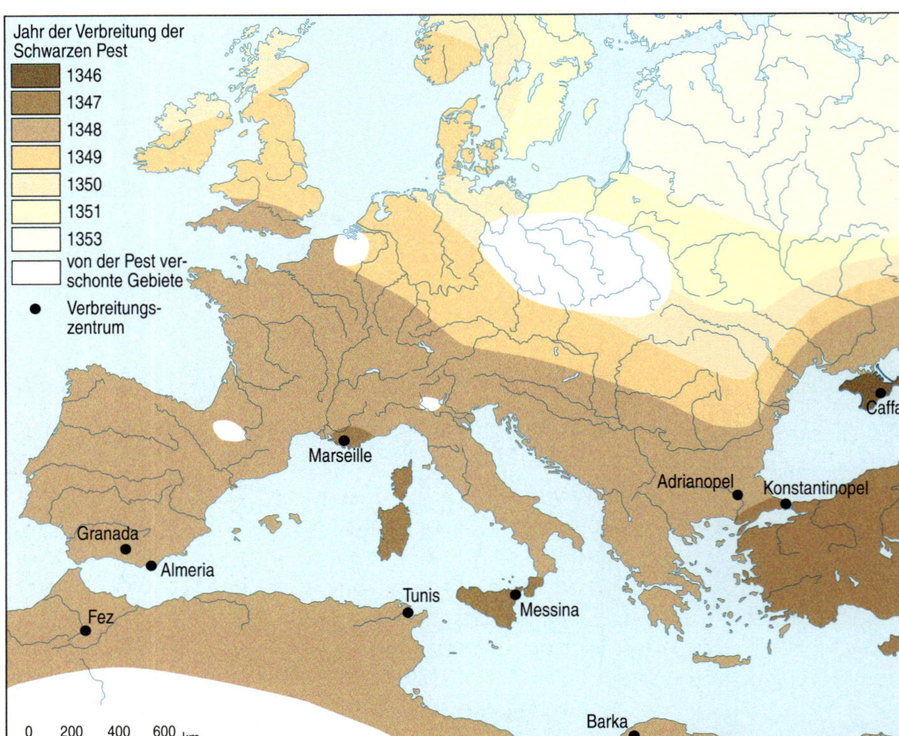

Die Ausbreitung der Pest in Europa D1

Stellen Sie den Ausbreitungsprozess der Pest in einer Zeitleiste dar. Ordnen Sie dabei den in D1 genannten Daten das Ausbreitungsgebiet (Namen der heutigen europäischen Staaten) zu.

Verlauf ein Drittel der europäischen Bevölkerung dahingerafft worden war. Die Landwirtschaft konnte sich erholen und durch das rasche Bevölkerungswachstum veränderten sich Handel und Gewerbe tief greifend. Mit der zunehmenden Verstädterung vor allem in Westeuropa wurden mehr Güter des Massenbedarfs nachgefragt, was zu einer Ausweitung der Märkte und schließlich zum Ausgreifen Europas nach Übersee führte. Geboren wurde die Wirtschaftsform des marktwirtschaftlichen Kapitalismus, der sich in den vergangenen fünf Jahrhunderten weltweit ausbreitete und heute in Gestalt der „Globalisierung“ im Begriff ist, die ganze Welt grundlegend zu verändern. Wie kam es dazu?

Das „lange 16. Jahrhundert“

In der Landwirtschaft setzte nach Überwindung der Pest im ausgehenden 15. Jahrhundert eine wirtschaftliche Erholung ein, die durch die wieder anwachsende Nachfrage nach Nahrungsmitteln ausgelöst wurde. Zwischen 1470 und 1610 herrschte deshalb in Europa eine Blütezeit, die moderne Historiker „das lange 16. Jahrhundert“ genannt haben. Mit ihr war eine umfassende Modernisierung verbunden, die in der Landwirtschaft begann und immer mehr Wirtschaftsbereiche erfasste. Schon während der Pest war die Vieh- und Milchwirtschaft stark ausgedehnt worden, weil wegen der geringen Nachfrage auf weniger fruchtbaren Böden kein Ackerbau mehr betrieben worden war. Vor allem in Norddeutschland, Dänemark, Polen, Russland, der Ukraine und Ungarn spezialisierten sich die Bauern in den folgenden Jahrhunderten mehr und mehr auf die Rinderzucht und exportierten die Tiere quer durch Europa nach Süddeutschland und in die westeuropäischen Länder.

Spanien und England

Spanien und England hingegen spezialisierten sich auf die Schafzucht – mit gravierenden Folgen für beide Länder: Getreidefelder wurden nun in Weideland verwandelt. In Spanien führten die riesigen Schafherden wegen der einseitigen Bodennutzung zu solchen Verwüstungen, dass es von da an Getreide einführen musste. England ging einen anderen Weg: Dort begann nach Überwindung der Pestzüge die so genannte „enclosure“-Bewegung. Um brachliegendes Ackerland wurden Hecken gezogen, weil es in Weideland für Schafe verwandelt werden sollte. Von der Wollproduktion profitierten vor allem die adligen Grundbesitzer, aber auch die englischen Handelsunternehmen wuchsen. Sie versorgten die Textilzentren in Flandern, Süddeutschland, Österreich und der Schweiz mit dem Rohstoff Wolle, der für die Versorgung der wachsenden Bevölkerung mit Textilien nötig war. So entstanden neue Formen von Massenproduktion und ein Transportsystem für die europäischen Märkte.

Folgen der „enclosures“

Für die englischen Bauern dagegen bedeuteten die „enclosures“ häufig den Verlust ihres Ackerlandes. Denn die adligen Grundbesitzer gaben die während der Pest häufig verlassenen Nutzflächen nicht mehr an die Bauern aus, sondern zogen sie an sich, um direkt von den steigenden Wollpreisen profitieren zu können. Die ehemals selbstständigen Kleinbauern wurden so zu landlosen Lohnarbeitern. Der englische Philosoph Thomas Morus (1478–1535) kommentierte treffend, die Schafe fräßen die Menschen auf. Die „enclosures“ waren somit der erste Schritt auf dem Weg zu einer kapitalistischen Landwirtschaft, die sich später auch in Teilen Nordfrankreichs, Dänemarks, Nordwestdeutschlands und im Rheinland durchsetzte.

Enclosures Q1
in Dartmoor im Südwesten Englands

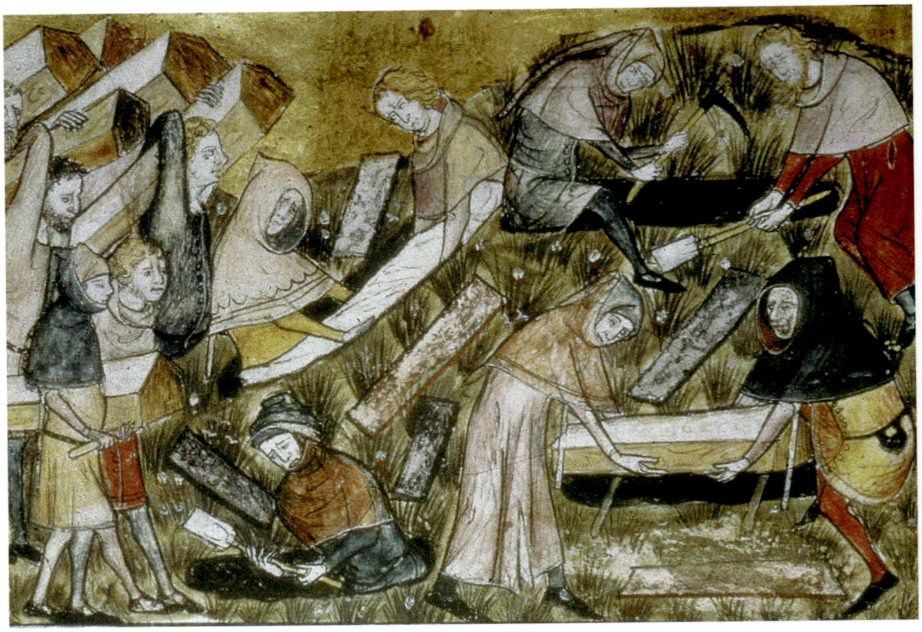

Q2 **Beisetzung französischer Pestopfer**
in einem Massengrab bei Tournai, 1349, Buchmalerei, 1352.

Die Niederlande

Einen ähnlichen Weg waren im 16. Jahrhundert auch die Niederlande gegangen, allerdings auf anderer Grundlage. Wegen der ständigen Gefahren, die vom Meer ausgingen, hatten die Bauern vielfältige Formen der gegenseitigen Hilfe entwickelt. Deshalb verfügten sie schon im Mittelalter – abweichend von den anderen europäischen Ländern – über eine starke Selbstverwaltung, so dass die Grundherrschaft nur in wenige Regionen Hollands vorgedrungen war.
Die Bauern waren in der Regel persönlich frei und Eigentümer des von ihnen bebauten Bodens. Adel und Klerus spielten wirtschaftlich nur eine untergeordnete Rolle, so dass die Bauern in eigener Regie auf das beschleunigte Bevölkerungswachstum reagieren konnten. Sie spezialisierten sich auf Produkte, die hohe Gewinne versprachen. Sie führten Neuerungen wie Windmühlen ein, ebenso Düngemittel und neue Fütterungs- und Zuchtmethoden.

Regionen östlich der Elbe

Dieser modernen, frühkapitalistischen Landwirtschaft im nordwestlichen Europa stand in Osteuropa eine noch immer feudal produzierende Gutswirtschaft gegenüber. Sie dehnte sich seit dem ausgehenden Mittelalter östlich der Elbe aus, also von Ostdeutschland und Polen-Litauen bis in die Ukraine und nach Russland. Viele Grundherren schlugen die in der Pestzeit verlassenen Höfe während des Bevölkerungswachstums seit 1470 ihrem eigenen Betrieb zu und ließen sie von persönlich unfreien, feudal gebundenen Bauern bewirtschaften. Zusätzlich eigneten sie sich häufig auch noch die niedere Gerichtsbarkeit, die Polizeigewalt und die Kirchenhoheit an. Die Bauern, die zunehmend mit Frondiensten und Abgaben überhäuft wurden, gerieten so in eine zweite Leibeigenschaft. Nur die Gutsherren durften die von ihren Bauern erwirtschafteten landwirtschaftlichen Erzeugnisse vermarkten und exportieren. Historiker sprechen in diesem Zusammenhang vom Prozess einer „Refeudalisierung“ in Osteuropa. Die Verhältnisse unterschieden sich also dort zusehends deutlicher von denen in Westeuropa.

Q3 Wirtschaftliche und soziale Folgen der Pest in England

Aus dem „Chronicon Henrici Knighton" (1347–1350): Viele Dinge konnte man damals sehr billig kaufen. Denn die Menschen fürchteten den Tod und nur sehr wenige legten noch Wert auf Reichtümer und Besitz. Man konnte ein Pferd, das zuvor 40 Schilling gekostet hatte, für 6 Schilling und 8 Pfennig kaufen, einen großen fetten Ochsen für 4 Schilling, eine Kuh für 12 Pfennige [usw.]. Schafe und Ochsen liefen über die Felder und zwischen den Ernten umher; niemand verjagte sie oder trieb sie zusammen. Im Gegenteil: Sie gingen in großer Zahl zugrunde, da es keine Hirten für sie gab. Denn es herrschte ein großer Mangel an Dienern und Arbeitern. Im Herbst konnte niemand einen Schnitter für weniger als 8 Pfennig zusätzlich der Verpflegung bekommen, einen Mäher nicht für weniger als 12 Pfennig zusätzlich der Verpflegung. Dadurch verdarben viele Ernten auf den Feldern aus Mangel an Erntearbeitern. Dennoch gab es in diesem Jahr der Pest einen so großen Überschuss an Korn, dass kaum jemand daran Anstoß nahm. […]

Nach der Pest verfielen viele Gebäude, große und kleine, in allen Städten, da niemand mehr in ihnen wohnte; in gleicher Weise lagen viele kleine Dörfer und Weiler verlassen da […]; und es sah so aus, dass viele dieser kleinen Dörfer niemals wieder bewohnt werden würden. Im folgenden Winter herrschte ein solcher Mangel an Arbeitskräften, dass es nach Meinung der Menschen kaum jemals zuvor eine derartige Knappheit gegeben hatte. Die großen Herren des Reiches wie auch die kleineren Herren, auf deren Gütern Lehnsbauern saßen, erließen die Zahlung der Grundrenten aus Furcht, die Bauern würden wegziehen, da Arbeitskräfte knapp und alle anderen Dinge teuer waren; einige Herren erließen die Hälfte der Abgaben, einige mehr, einige weniger, einige für zwei, einige für drei, einige für ein Jahr – je nachdem, zu welchem Übereinkommen sie mit den Bauern gelangten. Einige Herren, die das Land gegen tägliche Arbeit während des ganzen Jahres vergeben hatten, wie es bei Leibeigenen üblich ist, mussten solche Arbeitsleistungen erlassen; sie mussten die Bauern entweder gänzlich freilassen oder sie zu leichteren Bedingungen, zu einer geringen Abgabe annehmen. Andernfalls wären ihre Häuser verfallen und das Land verödet.

Joseph Rawson Lumby (Hg.), Chronicon Henrici Knighton, Band 2, London 1895, S. 58, 61–65. Übersetzung: Verfasser.

Q4 Pestpfeile regnen auf sündige Menschen

Tafelbild (90 x 90 cm). Links der Pestheilige Rochus, der im 15. Jahrhundert vielfach im Gebet als Nothelfer angerufen wurde. Untersuchen Sie, welche Erklärung für den Ausbruch der Pest hier gegeben wird.

Getreide hortender Wucherer Q5

Karikatur, 1584.
Ordnen Sie die Karikaturen Q5 und Q6 in die Entwicklung der Agrarkonjunktur während und nach der Pest ein.

Q6 **Dicker Bauer**

Karikatur, um 1520.

Q7 Folgen der Pest östlich der Elbe

Schreiben des Vogtes von Dirschau, einer Stadt bei Danzig, an den Hochmeister des Deutschen Ordens am 11. November 1444:

Ritter und Knechte haben sich über die Städte beklagt, […] dass sie und ihre armen Leute das Getreide und alle ihre Waren mit dem wohlfeilsten geben und verkaufen müssen, und alle Dinge, die sie wieder haben sollen, mit dem teuersten wieder kaufen müssen, also Bier, Salz, Schuhe, Eisen. […] Und auch über die Dienstboten, also die Knechte und Maiden beklagen sie sich, dass sie allzu groß Lohn nehmen und je länger je höher und mehr. Das kommt davon, glauben sie, dass die Leute von dem Land in die Städte ziehen. […] So klagen sie auch wohl, mit der Bitte Abhilfe zu schaffen, über die Leute aus Polen und aus Pommern, die hier in das Land ziehen und mit solcher Ware, wie ihre und Eure armen Leute hier am Lande auch haben, in allen Städten die Märkte überfüllen, so dass sie und Eure armen Leute ihre Waren, die sie verkaufen wollen, stets mehr feiler geben müssen. […] Auch wünschen sie, dass man die Zustände so ändern solle, dass kein Bauer von seinem Herrn noch von seinem Junker ziehen soll, er hätte denn seines Herrn oder seines Junkers Brief, dass er in Freundschaft und mit Bewilligung von ihm gezogen, […].

Ordensbriefarchiv Nr. 8599, in: Wilhelm Abel, Agrarkrisen und Agrarkonjunktur, Hamburg 1978, S. 68.

Q8 Folgen der „enclosures" in England

Aus der Schrift „Utopia" von Thomas Morus, 1516:

Das sind eure Schafe, sagte ich, die so sanft und genügsam zu sein pflegten, jetzt aber, wie man hört, so gefräßig und bösartig werden, dass sie sogar Menschen fressen, Felder, Gehöfte und Dörfer verwüsten und entvölkern. Denn überall, wo in eurem Reiche feinere und daher bessere Wolle erzeugt wird, da sind hohe und niedere Adlige, ja auch heilige Männer, wie einige Äbte, nicht mehr mit den jährlichen Einkünften und Erträgnissen zufrieden, die ihren Vorgängern aus den Landgütern erwuchsen. Es genügt ihnen nicht, müßig und üppig zu leben, der Allgemeinheit nicht zu nützen, sofern sie ihr nicht sogar schaden; sie lassen kein Stück Land zur Bebauung übrig, sie zäunen alles als Weide ein, reißen die Häuser ab, zerstören die Dörfer und lassen gerade noch die Kirchen als Schafställe stehen, und, als ob die Wildgehege und Tiergärten bei euch noch zu wenig Ackerboden beanspruchten, verwandeln jene edlen Leute alle Ansiedlungen und alles, was es noch an bebaubarem Lande gibt, in Wüsten.
Damit also ein einziger Prasser, in seiner Unersättlichkeit eine unheilvolle Pest für sein Vaterland, einige tausend Morgen zusammenhängenden Ackerlandes mit einem einzigen Zaun einfrieden kann, werden Pächter vertrieben; durch Lug und Trug umgarnt oder mit Gewalt unterdrückt, werden sie enteignet oder, durch Schikanen zermürbt, zum Verkauf gezwungen. Daher wandern die Unglücklichen in jedem Falle aus: Männer, Frauen, Ehemänner, Ehefrauen, Waisen und Witwen, Eltern mit kleinen Kindern und einer mehr zahlreichen als wohlhabenden Familie, wie eben die Landwirtschaft vieler Hände bedarf. Sie wandern aus, sage ich, aus ihrer gewohnten und vertrauten Häuslichkeit und finden keinen Platz, wohin sie sich wenden könnten. […] Was bleibt ihnen schließlich anderes übrig, als zu stehlen und – natürlich nach Recht und Gerechtigkeit – gehenkt zu werden, oder aber umherzustreunen und zu betteln, obgleich sie auch dann als Landstreicher ins Gefängnis geworfen werden, weil sie sich müßig herumtreiben? Es gibt aber eben niemanden, der sie dingt, wenn sie sich auch noch so eifrig anbieten. Denn mit der Landwirtschaft, an die sie gewöhnt sind, ist nichts mehr anzufangen, wo nichts gesät wird. Ein einziger Schaf- oder Kuhhirt genügt ja, um dasselbe Land vom Vieh abweiden zu lassen, zu dessen Bebauung und Bestellung viele Hände erforderlich waren.

Thomas Morus, Utopia, übers. von Klaus J. Heinisch, in: Der utopische Staat, Reinbek bei Hamburg 1960, S. 26 f.

Q9 Stadt und Land
Monatsbild, Ende 14. Jahrhundert.

Fragen und Anregungen

1. Arbeiten Sie heraus, welche wirtschaftlich-sozialen Veränderungen sich während der Pestzüge in West- und Osteuropa vollzogen haben (Q3, Q7).
2. Untersuchen Sie, inwieweit sich die Veränderungen, die sich in den Beziehungen zwischen Stadt und Land zur Zeit der Pest vollzogen haben, in Q9 niederschlagen.
3. Erläutern Sie Ursachen und Folgen der „enclosures" (VT, Q1).
4. Bewerten Sie die „enclosures" in wirtschaftlicher und sozialer Hinsicht und vergleichen Sie Ihre Bewertung mit der von Thomas Morus (Q8).
5. Erörtern Sie zusammenfassend, ob die wirtschaftliche Entwicklung in Europa zwischen 1347 und 1520 als Modernisierungsprozess bezeichnet werden kann.

2. Frühkapitalismus im europäischen Gewerbe – das Verlagssystem

13. Jahrhundert	Verlagssystem in Italien und den Niederlanden
14./15. Jahrhundert	„Goldenes Zeitalter" des städtischen Gewerbes
15./16. Jahrhundert	Die Konkurrenz zwischen städtischem und ländlichem Gewerbe wächst.

Ein „goldenes Zeitalter" in den Städten

Anders als die Landwirtschaft, die durch die Pest auf Grund sinkender Nachfrage und Preisverfall in eine schwere Krise geraten war, erlebte das städtische Handwerk im 14. und 15. Jahrhundert ein „goldenes Zeitalter". Durch die niedrigen Preise für Lebensmittel stand Kaufkraft für andere Konsumgüter zur Verfügung, die in den Städten hergestellt wurden. Mehr Aufträge ließen dort die Löhne steigen, sodass Menschen aus dem Umland zuwanderten und die Bevölkerungsverluste in den Städten schnell ausglichen. Es entstanden exportorientierte Luxusgewerbe. Abnehmer waren oft die wenigen reichen Familien in den Städten, bei denen sich die Kaufkraft konzentrierte, weil in den ärmeren Bevölkerungsgruppen die Sterberaten deutlich höher waren. Zum Luxusgewerbe gehörten z. B. die italienische und französische Seidenweberei, die oberdeutsche Kunstschreinerei und Goldschmiedekunst sowie die französische Gobelinherstellung. Andere Luxustextilien wie Atlas, Samt und Taft wurden in Spanien gefertigt.

Das Verlagssystem

Daneben produzierten Kaufleute billige Waren für den Massenbedarf. Die rasch ansteigende Nachfrage nach Überwindung der Pest konnte das städtische Zunfthandwerk bald allein nicht mehr befriedigen, sodass sich die Produktion von den Städten aufs Land verlagerte. Städtische Zunfthandwerker konkurrierten mehr und mehr mit neuen Gewerbetreibenden auf dem Lande, die in so genannten Verlagen arbeiteten. Dabei handelte es sich um dezentralisierte Betriebe unter der Leitung von Verlegern, die in der Regel in Städten wohnten. Sie stellten das Werkzeug und die Rohstoffe, die die Handwerker in ihren Wohnungen verarbeiteten. Das fertige Produkt vermarktete aber allein der Verleger.

Frühe Formen der Ausbeutung

So entstand ein Handelskapitalismus, der immer weiträumigere Märkte erschloss. Die dezentrale Produktion war für den Verleger ausgesprochen kostengünstig, denn er sparte Ausgaben für Betriebsgebäude, Beleuchtung oder Heizung, die er auf die Arbeiter abwälzte. Für die Heimarbeiter führte das Verlagssystem zur Abhängigkeit gegenüber dem Verleger. Sie erhielten niedrige Preise für ihre Erzeugnisse, hatten lange, ungeregelte Arbeitszeiten und waren nach Erledigung des Auftrags arbeitslos, bis der Verleger ihnen neue Arbeit beschaffte. Das Verhältnis zwischen Arbeiter und Verleger wurde schon von den Zeitgenossen als ungerecht, wenn nicht als ausbeuterisch kritisiert.

Verbreitung des Verlagssystems in Europa

Die frühesten Zentren dieser neuen Produktionsform lagen in Mittel- und Norditalien, von wo sie sich schon im 13. Jahrhundert in die Niederlande, nach Flandern-Brabant und im 14. Jahrhundert nach Deutschland ausbreiteten: In den ländlichen Regionen um Nürnberg, Augsburg und Ulm sowie im Bodenseeraum und der Nordschweiz wurden Textilien, im Rheinland und in der Sieg-Dill-Lahn-Region Metallwaren hergestellt. In der Normandie, der Picardie und der Champagne wurden bald zwei Drittel der französischen Textilien gefertigt. In Großbritannien breitete sich das Verlagssystem im 17. Jahrhundert aus. Die englischen Baumwoll- und Wollwebereien siedelten sich in Yorkshire, Suffolk und Lancashire an, das Metallgewerbe in den Midlands, das Leinengewerbe in Irland.

Konkurrenz zwischen Stadt und Land

Dem traditionellen städtischen Gewerbe war damit auf dem Land ein bedrohlicher Rivale entstanden, gegen den sich die Zunfthandwerker auf unterschiedlichste Weise zur Wehr setzten. Sie beschränkten die Zahl der Stellen für Meister, Gesellen oder Lehrlinge in der jeweiligen Branche, setzten sich durch immer schärfere Qualitätskontrollen bei den eigenen Produkten von der Massenproduktion ab und forderten Verbote für neue Betriebsformen und technische Neuerungen.
Immer häufiger kam es in Europa zu gewalttätigen Protestaktionen gegen das Landgewerbe: Im 15. und 16. Jahrhundert zerstörten z. B. Zunfthandwerker in Brabant und Flandern die Werkstätten ihrer ländlichen Konkurrenten, in deutschen Städten zerschlugen sie die Kessel von unzünftigen Färbern und protestierten beim Magistrat gegen aus Holz hergestellte „Maschinen“ zur Massenproduktion billiger Gewebe. In diesen Kämpfen zeigten sich die Schattenseiten der wirtschaftlichen Modernisierung.

Q1 **Das Tor von Palma de Mallorca**
Gemälde, 16. Jahrhundert.

Q2 Eisenbergwerk in Böhmen
Miniatur eines Liedersängers, Ende 15. Jahrhundert.

Q3 Nutzen des Reichtums

Der italienische Architekt Leo Battista Alberti (1402–1472):

Der Reichtum ist dienlich, Freundschaft und Lob zu erwerben, wenn man dem damit dient, der es nötig hat. Man kann mit ihm Ruhm und Ansehen gewinnen, wenn man ihn zu wichtigen und edlen Zwecken mit Freigebigkeit und hohem Sinn anwendet. Und in den äußersten Fällen und Nöten ist der private Reichtum der Bürger, wie man alle Tage sieht, für das Vaterland von größtem Nutzen.

Zit. nach: August Buck, Humanismus. Seine europäische Entwicklung in Dokumenten und Darstellungen, Freiburg/München 1987, S. 196.

Q4 Der Geiz der Verleger und seine Folgen

Der Nürnberger Schuhmacher Hans Sachs, 1524:

Weiter regiert der Geiz gewaltiglich unter den Kaufherren und Verlegern, die da drucken ihre Arbeiter und Stückwerker. Wenn die ihnen ihr Arbeit und Pfennwert [Pfennigwert] bringen oder heimtragen, da tadeln sie ihn ihr Arbeit aufs hinterst. Dann stehet der arm Arbeiter zitternd bei der Tür mit geschlossnen Händen, stillschweigend, auf dass er des Kaufherren Huld nit verlier, hat etwa vor Geld auf die Arbeit entlehent [entliehen], alsdann rechent der Kaufherr mit ihm, wie er will. […] Im Summer habt Ihr ihm die Haut abgezogen, im Winter saugt Ihr ihm das Mark aus den Beinen.

Hans Sachs, Die Prosadialoge, hg. von Ingeborg Spriewald, Leipzig 1970, S. 128 f.

Q5 Verteidigung des Geizes

Der italienische Humanist Poggio Bracciolini in seinem Dialog „Über den Geiz", 1429:

Wenn wirklich alle diejenigen, die ein ausgesprochenes Verlangen nach Geld haben, geizig heißen sollen, verdienten fast alle Menschen diesen Namen. In der Tat wird alles von allen des Geldes wegen unternommen und wir alle werden durch die Gier nach Gewinn getrieben, und zwar nach nicht geringem Gewinn, ohne den alle Tätigkeiten aufhören würden. Wer würde denn etwas tun, wenn er nicht hoffte, davon einen Nutzen zu haben? Je größer dieser Nutzen ist, umso lieber widmen wir uns der betreffenden Tätigkeit. Alle verfolgen den Nutzen und alle wünschen ihn. Denn ob du nun die militärische Laufbahn, den Handel, den Ackerbau, die mit Geld bezahlten oder auch die freien Künste betrachtest, so scheint jeder Beruf von einem großen Verlangen nach Geld beherrscht, dessentwegen wir Mühen und Gefahren auf uns nehmen und erdulden. […]
Was auch immer unter den Sterblichen geschieht, welche Gefahren auch immer man auf sich nimmt, alles zielt nur darauf ab, Gold und Silber herauszuschlagen. Das scheint mir in keiner Weise tadelnswert. Das Geld ist nämlich sehr nützlich für den allgemeinen Gebrauch und das bürgerliche Leben und Aristoteles berichtet, dass es notwendigerweise erfunden worden ist für den Handel und den gegenseitigen Austausch unter den Menschen. Wenn du unser Verlangen nach Geld tadelst, musst du auch die übrigen Triebe, die die Natur uns gegeben hat, tadeln; denn, ich bitte dich, ist es weniger statthaft, Gold und Silber zu begehren als Getränke und Speisen und die übrigen Dinge, mit denen wir uns am Leben erhalten? Die Natur selbst legt in alle Wesen den Selbsterhaltungstrieb, mit dessen Hilfe wir das suchen, was zum Lebensunterhalt und zur Erhaltung und Pflege des Körpers gehört. Aber diese Dinge werden mit Geld gekauft, wenn wir nicht gerade Schmarotzer sein wollen; und was Wunder, wenn ich dann begehrlich bin und bemüht, mir Bronze, Gold und Silber zu beschaffen, ohne die man jene Dinge nicht haben kann. Wenn man das geizig nennt, ist der Geiz nicht gegen die Natur […], sondern die Natur selbst hat ihn uns eingegeben und eingeprägt wie die anderen Triebe, mit denen wir geboren werden.

Zit. nach: August Buck, Humanismus. Seine europäische Entwicklung in Dokumenten und Darstellungen, Freiburg/München 1987, S. 198.

Q6 Eine Welt ohne Geld – eine Utopie?

Der englische Humanist Thomas Morus, Schüler des Erasmus von Rotterdam, in seinem Werk „Utopia", 1516:

Welche Last von Verdrießlichkeiten ist in diesem Staate abgeschüttet, welche gewaltige Saat von Verbrechen mit der Wurzel ausgerottet, seit dort mit dem Gebrauch des Geldes zugleich die Geldgier gänzlich beseitigt ist! Denn wer sieht nicht, dass Betrug, Diebstahl, Raub, Streit, Aufruhr, Zank, Aufstand, Mord, Verrat und Giftmischerei, jetzt durch tägliche Bestrafungen mehr nur geahndet als eingedämmt, mit der Beseitigung des Geldes alle zusammen absterben müssen und dass überdies auch Furcht, Kummer, Sorgen, Plagen und Nachtwachen in demselben Augenblick wie das Geld verschwinden müssten? Ja, selbst die Armut, deren einziges Übel doch im Geldmangel zu liegen scheint, würde sogleich abnehmen, wenn man das Geld künftig überhaupt beseitigte. […]

Wenn ich daher alle unsere Staaten, die heute irgendwo in Blüte stehen, im Geiste betrachte und darüber nachsinne, so stoße ich auf nichts anderes, so wahr mir Gott helfe, als auf eine Art Verschwörung der Reichen, die den Namen und Rechtstitel des Staates missbrauchen, um für ihren eigenen Vorteil zu sorgen. Sie sinnen und hecken sich alle möglichen Methoden und Kunstgriffe aus, zunächst um ihren Besitz, den sie mit verwerflichen Mitteln zusammengerafft haben, ohne Verlustgefahr festzuhalten, sodann um die Mühe und Arbeit der Armen so billig als möglich sich zu erkaufen und zu missbrauchen. Haben die Reichen erst einmal im Namen des Staates, das heißt also auch der Armen, den Beschluss gefasst, ihre Machenschaften durchzuführen, so erhalten diese sogleich Gesetzeskraft.

Zit. nach: August Buck, Humanismus. Seine europäische Entwicklung in Dokumenten und Darstellungen, Freiburg/München 1987, S. 199, 201.

Q7 Tuchmarkt in den Niederlanden, um 1530

Fragen und Anregungen

1. Erläutern Sie die dargestellten Vorgänge. Arbeiten Sie heraus, wie der Maler die wirtschaftliche Lage der Stadt bewertet (Q1).
2. Arbeiten Sie die negativen Seiten des wirtschaftlichen Fortschritts im 15./16 Jahrhundert heraus (Q2). Ergänzen Sie Informationen zu Berufsgruppen außerhalb des Bergbaus (VT).
3. Stellen Sie die wirtschaftliche Bedeutung der Textilbranche im 15./16. Jahrhundert dar (Q7, VT).
4. Arbeiten Sie die Argumente heraus, die für und gegen die frühkapitalistische Geldwirtschaft angeführt werden (Q3–Q6).
5. Organisieren Sie eine „englische Debatte" (siehe S. 267), in der die Kontrahenten die Vor- und Nachteile der frühkapitalistischen Wirtschaftsformen erörtern.

3. Neue Wirtschafts- und Lebensformen auf dem Land

Wachstum des ländlichen Gewerbes

Die Aktionen gegen das ländliche Gewerbe konnten aber dessen gesamteuropäische Ausbreitung nicht verhindern. Vor allem im Textilsektor wuchs die Zahl der Arbeitskräfte sehr schnell: Für Deutschland hat man sie in der Frühen Neuzeit auf knapp 1 Million gegenüber ca. 1,1 Millionen Beschäftigten im alten Handwerk geschätzt. Wie lebten die Textilarbeiter?

Weber und Spinner

In den arbeitsarmen Monaten des Landwirtschaftsjahres zwischen Herbst und Frühjahr verspannen Kleinbauern und Kleinpächter Flachs und Hanf zu Leinengarn und verwebten es zu Leinwand. Sie lebten meist in armen Familien, die wenig Grundeigentum hatten oder schlechte Böden bewirtschafteten. Sie konnten eine Familie von der Landwirtschaft allein oft nicht ernähren. Im Nebenerwerb stellten sie deshalb Textilien her und setzten diese dann an städtische Großkaufleute ab, die sie auf den Markt brachten. Die ländlichen Heimarbeiter heirateten häufiger und vor allem früher als zuvor. Anders als die Kinder gut situierter Bauern oder Handwerker konnten sie auf ein Erbe nicht hoffen und warteten mit ihrer Eheschließung deshalb nicht auf das Abtreten der Elterngeneration.

Frühe Heirat, viele Kinder

Außerdem brauchten die jungen Eheleute zur Familiengründung kaum Startkapital, da sie sich ja in die Abhängigkeit eines Verlegers begeben hatten, der ihnen Lohn bezahlte. Eine frühe Eheschließung war in dieser Lage wirtschaftlich vorteilhaft, denn das Ehepaar konnte sich in jungen Jahren einiges erwirtschaften, wenn beide fleißig waren. Auch die Kinder wurden in dieser Form der Familienwirtschaft frühzeitig als Arbeitskräfte eingesetzt. Eltern, die viele Kinder bekamen, konnten auf steigende Einnahmen aus der Textilherstellung und im Alter auf eine Versorgung durch ihre Kinder hoffen. Die Kinder konnten sie also vor der gefürchteten Altersarmut bewahren. So entstand in den ländlichen Gebieten Europas ein völlig neues Familien- und Bevölkerungsmuster: Das niedrige Heiratsalter und die hohen Kinderzahlen ließen die Bevölkerung rasch und stetig wachsen.

„Protoindustrialisierung"

So sahen sich große Teile der europäischen Landbevölkerung mit einer neuartigen Produktionsform konfrontiert, die Historiker „protoindustriell" nennen, weil sie zur Folge hatte, dass diese Menschen neue, moderne Lebensformen ausbildeten. Bei der Partnerwahl waren die Menschen unabhängiger von Besitz, Mitgift, Erbschaft und von Rücksichten auf die Eltern. So konnten sie sich freier für einen Partner entscheiden. So scheint bei der Entscheidung für den Ehepartner die Zuneigung zueinander immer wichtiger geworden zu sein – manche Historiker sprechen deshalb von der neuen Form der protoindustriellen „Liebesheirat".

Veränderte Geschlechterrollen

Gleichzeitig änderte sich innerhalb der Familie das Rollenverhalten der Geschlechter. Da nicht ererbtes Land oder Kapital, sondern die Arbeitskraft der Ehepartner das Fundament für das Überleben der Familie bildete, war diese Arbeitskraft auch bei der Ehefrau wichtiger als hauswirtschaftliche Fähigkeiten. Die Arbeitsrollen von Mann und Frau glichen sich an. Häusliche Tätigkeiten wie Kochen, Putzen und Kindererziehung gehörten durchaus nicht zu den Hauptaufgaben der verheirateten Frauen, sondern die Berufsarbeit – gemeinsam und gleichberechtigt mit dem Mann. Dabei war der wirtschaftliche Beitrag der Frau zum Familieneinkommen sehr wichtig, zuweilen übertraf er sogar den des Mannes. Bei textilen Arbeiten, z. B.

beim Spinnen, hatten die Männer nämlich wegen ihrer gröberen Hände oft nicht die nötige Fingerfertigkeit. Deshalb beanspruchten die Frauen nicht selten einen eigenen Anteil an der Familienkasse, über den sie unabhängig von den Männern eigenverantwortlich verfügen konnten.

Anfänge der Frauenemanzipation?

Im Unterschied zu den Frauen aus der Ober- und Mittelschicht genossen die Heimarbeiterinnen auch ein größeres Maß an Bewegungsfreiheit. Sie waren vom gesellschaftlichen Leben nicht ausgeschlossen, gingen sonntags häufig in betont modischer Kleidung über Land, besuchten Jahrmärkte und kehrten auch ohne männliche Begleitung in Wirtshäusern ein. Ihr Aufwand für Kleider und Schmuck war ebenfalls ein Ausdruck ihrer größeren Selbständigkeit und Unabhängigkeit von den Ehemännern. Durch ihre Bedeutung im gemeinsamen Arbeitsprozess wuchs das Selbstbewusstein der Frauen, so dass sie schließlich auch in familiären wie auch in wirtschaftlichen Angelegenheiten gleichberechtigt mitsprechen wollten. In der protoindustriellen Familie können aus heutiger Sicht also durchaus Keime einer modernen, partnerschaftlichen Familie gefunden werden. Manche Historiker entdecken in ihr sogar die Anfänge der Frauenemanzipation.

D1 Lebensverdienstkurve

Einkommen von Weber- und Spinnerfamilien im Zeitalter der Protoindustrialisierung.

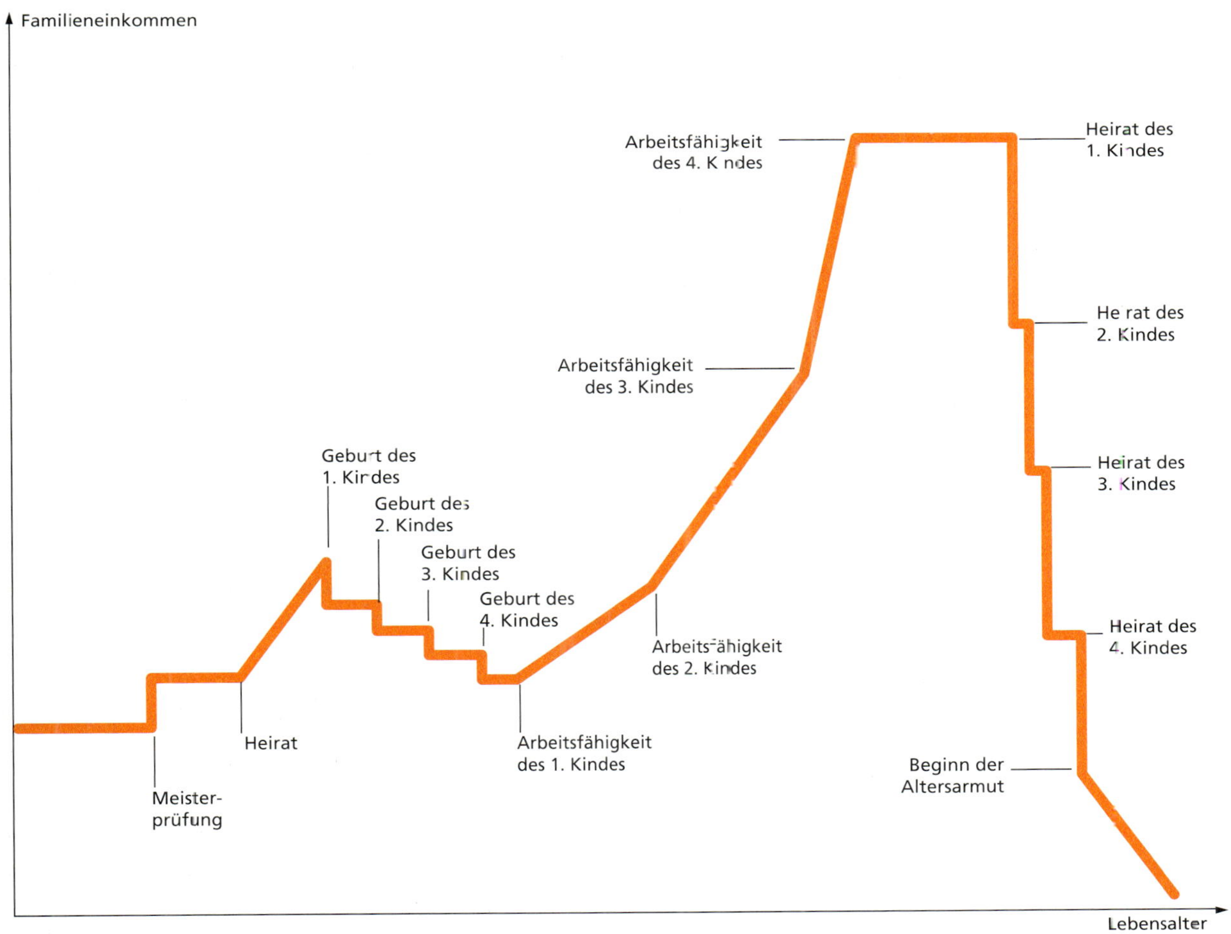

Q1 Kaufmann mit Familie
Holzschnitt, 1477.

D2 Protoindustrielle Geschlechterrollen

Der österreichische Historiker Michael Mitterauer schrieb 1992 über die Rollenverteilung von Frauen und Männern:

Durch die Entwicklung der textilen Heimindustrie konnte es in sehr unterschiedlichen Formen zu einer Neuverteilung von Arbeitsaufgaben zwischen den Geschlechtern kommen. Ein erster Typ ist dadurch charakterisiert, dass Frauen und Männer im Bereich der textilen Produktion gleiche Arbeit verrichteten. Ein zweiter Typus ist durch geschlechtsspezifische Arbeitsteilung innerhalb der hausindustriellen Tätigkeit charakterisiert. Der Mann verrichtet zwar auch in diesem Fall eine dem Ursprung nach weibliche Arbeit, jedoch eine andere als seine Frau bzw. die übrigen weiblichen Mitglieder des Haushalts. So kommt es in Heimweberorten häufig vor, dass die Kinder spulten, die Frau die Kette säuberte, aber nur der Mann die eigentlichen Webarbeiten verrichtete. Bei einem dritten Typus der Neuverteilung von Arbeit zwischen den Geschlechtern in textilen Hausindustriegebieten werden die traditionellen Zuordnungen nicht im Bereich der textilen Tätigkeit selbst durchbrochen. Vielmehr übernimmt der Mann mit Rücksicht auf den industriellen Erwerb der Frau andere Aufgaben der weiblichen Arbeitssphäre. Eine Lebensgeschichte aus der Schweiz schildert, dass der Mann einer hausindustriell tätigen Frau mit „Kochen und Waschen, Wasser- und Holztragen, ordentlich Kindermagdstelle" vertrat. Der Bruch mit tradierten Mustern von Arbeits- bzw. Geschlechterrollen erscheint hier besonders radikal. So ziemlich alles, was für Männer an Tätigkeiten verboten war, wurde in diesen Fällen von ihnen verrichtet. Es ist nicht klar, wieso es in ländlichen Heimindustriegebieten gelegentlich zu einem derart radikalen Bruch mit der Tradition kam. […]

Wahrscheinlich ist die Lösung des Problems in der Unvereinbarkeit bestimmter Textilarbeiten mit anderen Tätigkeiten der ländlichen Arbeitswelt zu sehen. Das Spinnen von feinem Garn, ebenso aber das Sticken, setzt ein hohes Maß an taktilem Feingefühl voraus. Harte Bauernarbeit aber formte die Hände in einer Weise, dass solche Arbeiten nicht mehr geleistet werden konnten. In hausindustriell tätigen Familien, die auch über eine Landwirtschaft verfügten, ergab sich so häufig die Notwendigkeit, eine Form der Arbeitsteilung zu finden, die einem Partner die Ausübung feiner Textilarbeiten ermöglichte. […]

Aus Gebieten, in denen die textile Heimindustrie stark verbreitet war, gibt es mehrfach Zeugnisse, dass sich nicht nur die Arbeitsteilung zwischen den Geschlechtern, sondern auch das geschlechtsspezifische Verhalten weit über den Arbeitsbereich hinaus sehr wesentlich veränderte. Vor allem in den Verhaltensmustern der Frauen erschien den von auswärts kommenden Berichterstattern vieles bemerkenswert: Frauen rauchten, tranken Alkohol, spielten Karten, kehrten in Wirtshäusern ein – noch dazu ohne männliche Begleitung, gingen sonntags wie die Männer über Land und besuchten Jahrmärkte. Sie nahmen also Rechte für sich in Anspruch, die sonst in ländlichen Gesellschaften im Allgemeinen den Männern vorbehalten waren: einen erweiterten Aktionsradius, Teilnahme an der lokalen Öffentlichkeit, Formen der Unterhaltung und des Konsums, die als Zeichen männlicher Selbständigkeit galten. Vereinzelt begegnen auch in Hausindustriegebieten von den Frauen getragene politische Aktivitäten. Über die „Verhäuslichung" der Männer hinaus wäre zu fragen, ob nicht die spezifischen Arbeitsverrichtungen der textilen Heimindustrie Auswirkungen auf Körperlichkeit und Verhalten hatten, die gegenüber traditionellen Männlichkeitsvorstellungen von Agrargesellschaften kontrastierten. Es muss dadurch zu einem stark veränderten „Männerbild" gekommen sein.

M. Mitterauer, Familie und Arbeitsteilung, Wien/Köln/Weimar 1992, S. 110–117.

Q2 Verkehrte Welt
Gestochenes Wappenbild des Hausbuchmeisters, um 1485.

Q3 Verkehrte Welt
Kupferstich, um 1750.

D3 Was bedeutet „Protoindustrialisierung"?

Die deutschen Historiker Peter Kriedte, Hans Medick und Jürgen Schlumbohm definieren den von ihnen geprägten Begriff, 1977:

Protoindustrialisierung als „Industrialisierung vor der Industrialisierung" lässt sich kennzeichnen als Herausbildung von ländlichen Regionen, in denen ein großer Teil der Bevölkerung ganz oder in beträchtlichem Maße von gewerblicher Massenproduktion für überregionale und internationale Märkte lebte. Protoindustrialisierung ist von Frühindustrialisierung zu unterscheiden; unter Frühindustrialisierung versteht man im Allgemeinen die erste Phase der Industrialisierung und datiert sie – in Mitteleuropa – in die erste Hälfte des 19. Jahrhunderts.

P. Kriedte/H. Medick/J. Schlumbohm, Industrialisierung vor der Industrialisierung. Gewerbliche Warenproduktion auf dem Land in der Formationsperiode des Kapitalismus, Göttingen 1977, S. 26.

Fragen und Anregungen

1. Erläutern Sie den Begriff „Protoindustrialisierung" und grenzen Sie ihn vom Begriff „Frühindustrialisierung" ab (D3).
2. Untersuchen Sie die Einkommenssituation protoindustrieller Familien in unterschiedlichen Lebensphasen (D1). Erschließen Sie daraus die wirtschaftliche Rolle der Kinder in diesen Familien.
3. Arbeiten Sie aus D2 heraus, welche Typen geschlechtsspezifischer Arbeitsteilung unterschieden werden und wie ihre Entstehung erklärt wird.
4. Vergleichen Sie die Geschlechterrollen in Kaufmannsfamilien und in protoindustriellen Familien (Q1–Q3, D2).
5. Inszenieren Sie ein Rollenspiel, in dem sich ein Handwerkerpaar und ein protoindustrielles Paar über Vor- und Nachteile ihrer jeweiligen Lebensform unterhalten (Q1–Q3, D1, D2).
6. Erörtern Sie, inwieweit die protoindustriellen Lebensformen Chancen zur Emanzipation der Frauen in sich bargen (VT, D2).

4. Vom Frühkapitalismus zum Handelskapitalismus: internationale Märkte und Globalisierung

Anfänge des Handelskapitalismus

Die wachsende Bedeutung der Handelsbeziehungen zu immer ferneren Märkten sowohl für das städtische als auch für das ländliche Gewerbe verwandelte die europäische Wirtschaft zusehends in ein modernes Großhandelssystem. Es entwickelte sich seit dem 14. Jahrhundert in Oberitalien und dehnte sich von dort nach Flandern und seit dem späten 15. Jahrhundert auch nach Deutschland aus. Die doppelte Buchführung lässt sich bereits 1484 im Nürnberger Handelshaus der Tucher nachweisen. Es entstanden Großunternehmen und Banken, die von wohlhabenden Familien gegründet wurden: z. B. in Florenz von den Medici, in Augsburg von den Fuggern. Kern ihres neuartigen Firmenkonzepts war der Fernhandel, der die preisgünstige Beschaffung der Rohstoffe und die profitable Vermarktung der Fertigwaren garantierte. Er beruhte auf einem firmeneigenen Verlagssystem, einem eigenen Transportsystem sowie einem eigenen Bankenwesen. So entstand ein dicht gesponnenes Netz von Filialen, so genannten Faktoreien, die in ganz Europa und zusehends darüber hinaus mit Formen des bargeldlosen Zahlungsverkehrs – Scheck und Wechsel – arbeiteten.

„Geld regiert die Welt …"

Die großen Kapitalgesellschaften beruhten aber auch auf der „stillen Teilhaberschaft" von Nichtkaufleuten. Ein auf Geld und Kredit, Kapital und Zins, Investition und Gewinn ausgerichtetes Denken scheint sich weit über den Kreis der Großkaufleute hinaus verbreitet zu haben. Von Jahrzehnt zu Jahrzehnt wurde mehr investiert – seit dem Ende des 15. Jahrhunderts auch außerhalb von Europa: Niederländische Kaufleute finanzierten z. B. früh Zuckerplantagen auf den neu entdeckten Inseln in der Karibik, während deutsche und italienische Handelshäuser zunächst vorwiegend im Ostindien- und Asiengeschäft investierten, danach in Amerika.

Der Handel und die politische Macht

In der Mitte des 16. Jahrhunderts vergaben die großen Handelshäuser immer mehr Staatskredite. Damit wollten sie ihre wachsende wirtschaftliche Kraft auch in politische Macht umzusetzen. Die schlechte Zahlungsmoral der europäischen Fürstenhäuser bei der Begleichung von Zinsen und Tilgung sowie staatliche Haushaltsdefizite in vielen europäischen Staaten um 1550 ließen aber schließlich viele Handelshäuser zusammenbrechen. Allerdings hatten zumindest die großen Familien vorgesorgt, indem sie ihre Gewinne weit blickend in Landbesitz und Herrschaftstitel investiert hatten, z. B. die Medici als Großherzöge der Toskana und die Fugger als schwäbische Grafen.

Verlagerung der Handelswege

An die Stelle der Familiengesellschaften traten im Fernhandel nun Kompanien, die vom Staat besondere Handelsrechte erhielten – in den Niederlanden etwa die „Vereinigte Westindische Kompanie" oder in England die „East India Company". Mit ihnen verlagerte sich das Zentrum des europäischen Fernhandelssystems aus dem italienisch-oberdeutschen Raum in das Dreieck Holland-England-Nordfrankreich. Mit der endgültigen Verlagerung der wichtigsten internationalen Handelswege in den atlantischen Raum wurden dann die nordwesteuropäischen Staaten zu Vorreitern eines neuen Handelskapitalismus. Mitteleuropa rückte zusehends an den Rand. Erstmals entstand eine frühmoderne europäisch-atlantische Weltwirtschaft: Sie beruhte auf der weltweiten Arbeitsteilung zwischen den Gewerbezonen Westeuropas, den Getreide- und Fleischlieferanten in Ostmitteleuropa sowie den Rohstofflieferanten in Afrika und Amerika.

Q1 Bank in Genua
Buchmalerei, Ende 14. Jahrhundert.

Q2 Gegen die Monopole

Aus dem Abschied des Reichstags zu Trier und Köln über die großen Handelsgesellschaften, 1512:

In den letzten Jahren sind im Reich viele Handelsgesellschaften entstanden. Auch etliche Einzelpersonen haben es darauf angelegt, allerlei Waren und Kaufmannsgüter wie Gewürze, Erze, Wolltuche und dergleichen mehr an sich zu bringen, um sie zu überhöhten, allein von ihnen festgelegten Preisen zu ihrem Vorteil zu verkaufen. Damit fügen sie dem Reich und all seinen Ständen erheblichen Schaden zu und verstoßen gegen geschriebenes kaiserliches Recht und die guten Sitten. Zur Förderung des gemeinen Nutzens haben wir deshalb angeordnet, […] dass derartig schändliches Tun hinfür verboten ist und dass niemand solche Geschäfte betreiben soll. Wer es trotzdem tut, dessen Hab und Gut sollen konfisziert und der Obrigkeit übergeben werden. […]

Deutsche Reichstagsakten unter Kaiser Karl V., bearb. von Adolf Wrede, Band 2, 2. Aufl., Göttingen, 1962, S. 351 f.

Q3 Wirtschaft und Politik

Aus einem Brief des Unternehmers Jakob Fugger an Kaiser Karl V., 1524:

Ew. Kais. Majestät werden ohne Zweifel wissen, wie ich und meine Vettern bisher dem Haus Österreich zu dessen Nutzen und Wohlfahrt in aller Untertänigkeit zu dienen geneigt sind. Deshalb haben wir uns auch mit dem verstorbenen Kaiser Maximilian, Ew. Kais. Majestät Ahnherrn, eingelassen und uns – Seiner Majestät zu untertänigem Gefallen – verpflichtet, für Ew. Kais. Majestät die römische Krone zu erlangen, weil eine ganze Anzahl von Fürsten ihr Zutrauen auf mich und sonst niemand setzen wollten. Wir haben dann den von Ew. Kais. Majestät eingesetzten Kommissaren, um den genannten Zweck zu erreichen, eine beachtliche Summe Geldes vorgestreckt. […]
Es ist allgemein bekannt und liegt offen zutage, dass Ew. Majestät die römische Krone ohne mich nicht erlangt hätten, wie das auch aus allen Schreiben von Ew. Kais. Majestät Kommissaren hervorgeht. […] Inzwischen sind Ew. Kais. Majestät mir die Summe, die Ew. Kais. Majestät mit mir auf dem Wormser Reichstag verrechnet haben, schuldig geblieben. […] Als Grund geben Sie an, Sie hätten keinerlei Einkünfte aus ihren Landen. Demnach ist meine untertänige Bitte an Ew. Kais. Majestät, Sie möge meine untertänigen Dienste, die Ew. Kaiserliche Majestät zu hohem Nutzen gediehen sind, gnädig bedenken und […] veranlassen, dass mir meine ausstehende Summe Geld samt den Zinsen ohne längeren Verzug entrichtet und bezahlt wird.

Eugen Ortner, Glück und Macht der Fugger, neu bearb. v. Curt Hohoff, Bergisch Gladbach 1979, S. 277 ff.

Q4 Machtwort des Kaisers

Karl V. äußert sich im Mandat von Toledo zur Frage der Monopole, 1525:

So bestimmen und erklären wir aus unserer kaiserlichen Machtvollkommenheit und rechtem Wissen, dass an allen Orten im Heiligen Römischen Reich Deutscher Nation, wo Bergwerke gebaut werden, […] die Metalle und Erze, besonders Silber, Kupfer und Quecksilber, durch eine einzige Hand oder durch wenige Hände verkauft werden dürfen, […] desgleichen, dass diejenigen, die dieselben [Metalle und Erze] von den Gewerken, Bergleuten oder anderen kaufen, diese dann nach ihrem Gefallen zum höchsten und besten Preis, den sie dafür bekommen können, auch in fremde Länder verkaufen dürfen; und wir verfügen, dass solches, was, wie oben beschrieben, in Zukunft geschehen wird, […] nicht eine unziemliche Handlung noch ein Monopol genannt und auch nicht dafür gehalten werden darf; und auch nicht sollen diejenigen, die solche Handlungen in Zukunft vornehmen werden, sich vor irgendjemandem rechtfertigen, noch von irgendjemandem bestraft werden. Auch, wenn dies alles von einigen Personen als Nachteil verstanden werden sollte; weil noch dieses ansonsten auf viel größere Weise für den allgemeinen Nutzen fruchtbar und gut ist.

Zit. nach: Jakob Strieder, Studien zur Geschichte kapitalistischer Organisationsformen, München/Leipzig 1914, S. 375–381

Q5 Staatliche Vorschriften für die großen Handelsgesellschaften?

Aus einem Gutachten des Augsburger Humanisten Conrad Peutinger an Karl V. zu Vorschlägen an den Reichstag, 1530:

Der erste öffentliche Ratschlag ist es ja, dass es weder einer Gesellschaft noch irgendeinem einzelnen Kaufmann erlaubt sein soll, mehr als […] höchstens 50 000 Gulden Geschäftskapital zu haben, […] und außerhalb seines eigenen Wohnsitzes mehr als drei Filialen zu besitzen, dass jeder einzelne Kaufmann zu jährlicher Rechenschaft gezwungen sein und dass es ihm nicht erlaubt sein soll, Kapital mit Zinsen […] oder auf andere Weise zu vermehren usw. Es muss gewissenhaft vermerkt werden […], dass, wenn nur in dieser einen, sehr strengen Art mit Kapital umgegangen werden darf, nicht nur die großen deutschen Handelsgesellschaften mit ihren Geschäften aus allen ausländischen Ländern und Provinzen vertrieben werden, sondern auch Reichtümer und Annehmlichkeiten, die etwa unserem deutschen Land und vielen Leuten hohen und niederen Stands zugefallen sind, verloren gehen würden. […] Es dürfte niemandem unbekannt sein, dass, je mehr und besser in Geld und Waren Geschäfte gemacht werden (von Monopolen und unerlaubten Geschäften abgesehen), desto größerer Nutzen daraus folgt. Nicht nur für den Kaufmann wegen der reichen Güter, die aufgrund von Geschäften nach Deutschland eingeführt werden […], sondern auch für die Heiligen Kaiser und Könige, alle Fürsten und Herren wächst der Gewinn. Deshalb können sie auch derartige Beschränkungen am wenigsten dulden. […]

Der dritte Vorschlag ist, dass allen Kaufleuten für alle Waren ein bestimmter Höchstpreis taxiert und auferlegt werden müsse und dass der Verkaufspreis der Waren etc. nicht darüber, sondern darunter liegen solle. Dies verstößt auch nicht nur gegen das gemeine Recht, sondern zeugt auch von schlechtem Urteil in allgemeinen Geschäften, ja, es ist unmöglich, diese Vorschrift so und nicht anders zu beachten. Denn […] das würde bedeuten, dass aller kaufmännischer Handel unmöglich wird.

Übersetzung aus dem Lateinischen nach C. Bauer, in: Archiv für Reformationsgeschichte 45 (1954), S. 38–43.

D1 **Karte zum frühkapitalistischen Handel um 1490**

Die Fuggerei in Augsburg Q6

Die älteste Sozialsiedlung Europas wurde im Jahr 1521 von Jakob Fugger gestiftet. Ihre Bewohner bezahlen bis heute nur eine geringe Miete.

D2 Durchbruch eines modernen ökonomischen Denkens?

Der Wirtschaftshistoriker Hermann Kellenbenz schreibt 1991 über Conrad Peutinger (Q5):

Die Wirtschaft ist das Feld, wo Gott und Fortuna – eine typische Vorstellung der Renaissance-Epoche – zusammenwirken; die einen werden reich und steigen auf; die anderen fallen und werden arm. Weil Wirtschaften Wagnis und Einsatz bedeutet und dem Walten der Fortuna unterliegt, darf der Einsatz aller individuellen Kräfte nicht durch Reglementierung behindert werden. […] Zum Wesentlichen dieses neuen Denkens gehört schließlich eine klare Einsicht in das Preisgesetz, das bestimmt wird durch Angebot und Nachfrage. Aus dem Wissen um das Preisgesetz ist es für den Kaufmann wichtig, dass er die Absatzmärkte aufsucht, die ihm die höchsten Preise bieten. Obrigkeitliche Preisfestsetzung ist ein Eingriff in den natürlichen Preisbildungsvorgang und deshalb zum Scheitern verurteilt. Aus der Einsicht in die Preisbildungsfaktoren öffnet sich der Blick auf die Zusammenhänge zwischen Betriebsgröße, Kosten und Preisen. Wenn die Träger im Fernhandel überwiegend handwerksmäßige Kleinbetriebe sind, entstehen wachsende Kosten und dementsprechend steigende Preise. So kommt in diesem neuen ökonomischen Denken Peutingers nicht nur eine neue Wirtschaftsauffassung, sondern auch ein neues Wirtschaftsethos zum Ausdruck, das man später im Liberalismus wiederfindet.

H. Kellenbenz, Die Wiege der Moderne: Wirtschaft und Gesellschaft Europas 1350–1650, Stuttgart 1991, S. 32.

Fragen und Anregungen

1. Arbeiten Sie die neuartigen Finanzierungsmethoden heraus, die mit dem Handelskapitalismus entwickelt wurden (Q1, VT).
2. Rekonstruieren Sie Inhalt und Verlauf des „Monopol-Streits" zwischen 1512 und 1530 (Q2–Q5).
3. Untersuchen Sie, welche Zusammenhänge zwischen Q3 und Q4 bestehen.
4. Setzen Sie die in Q5 vorgetragene Argumentation in eine Mindmap um.
5. Verfassen Sie in arbeitsteiliger Gruppenarbeit die Reden, die jeweils ein Redner der beteiligten Parteien vor dem Reichstag gehalten haben könnte, und inszenieren Sie die Reichstagsdebatte (Q2–Q5).
6. Bewerten Sie das soziale Engagement Jakob Fuggers (Q6) auf dem Hintergrund seines Verhaltens im Monopol-Streit (Q3).
7. Überprüfen Sie die Aussage in D2, Conrad Peutinger (Q5) sei ein Vorläufer des Liberalismus gewesen. Informieren Sie sich zunächst über die Bedeutung des Liberalismus-Begriffs.

5. Die Entstehung des Bürgertums und der bürgerlichen Gesellschaft

Bürgerliches Interieur Q1
Gemälde um 1660. Reichtum und Selbstbewusstsein des Bürgertums spiegeln sich in zahlreichen Gemälden wider, die mit Vorliebe Innenräume wiedergeben, in denen sich Frauen aufhalten.

Das Wirtschaftsbürgertum entsteht

Die wirtschaftlichen Veränderungen, di… …ittelalter zur Frühen Neuzeit vollzogen, wur… …d Klerus getragen. Zu ihrem Selbstv… …rte es nämlich, sich nicht über … …ieren. Sie demonstriert… …, nicht selbst wirtschaftl… Arbeit frei zu sein. Mit … Fernhandels bildete sich ei… heraus, die als „Wirtschaftsb…

Neue Machtgruppen

Dabei handelte es sich um Unt… in den europäischen Städten tät… gierung und Politik. Durch ihre g… Netzwerk, das oft weite Teile Europ… …derer Machtfaktor wurde. So unterhielt die… …ien einen internationalen Nachrichtendienst, die… …eideten das jeweils Neueste aus aller Welt über Politik, … …irche und Kultur.

Aufstieg vom Bürgertum in den Adel

Die Übergänge zwischen dem neuen Wirtscha… …rtum und dem alten Adel wurden zunehmend fließender, wenn auch innerh… der verschiedenen europäischen Staaten in unterschiedlichem Ausmaß. In England bildete sich im 16. Jahrhundert aus den städtischen Mittelklassen eine neue Schicht von kommerziellen Landbesitzern heraus, was schwer wiegende soziale Folgen hatte: Die Dörfer entvölkerten sich durch die „enclosures“ und die Schicht der Kleinbauern wurde erheblich dezimiert.

In England und in Holland gewann die neue bürgerliche Oberschicht rasch Einfluss auf die Politik des Staates. Und auch in anderen europäischen Ländern kam es immer häufiger vor, dass vermögende Bürgerliche durch Landkauf in den Adel aufstiegen.

Das Bildungsbürgertum entsteht

Aufstiegsmöglichkeiten boten allerdings nicht nur Vermögen, Fernhandel und Großgewerbe, sondern auch Bildung und künstlerisch-technisches Können. So entstand neben dem Wirtschafts- oder Besitzbürgertum eine neue Schicht von Gebildeten, denn die neuen wirtschaftlichen Betriebsformen mit ihren weltweiten Dimensionen erforderten professionelles Expertenwissen. Der Bedarf nach akademisch gebildeten bzw. technisch ausgebildeten Spezialisten wuchs rasant, die neue Methoden beherrschten: die Bilanzrechnung mittels doppelter Buchführung, den bargeldlosen Zahlungsverkehr, die Umrechnung von Währungssystemen im internationalen Handel, den Schriftverkehr mit weit entfernten Geschäftspartnern oder die Klärung juristischer Fragen. Die neue Elite, die diese Aufgaben zu bewältigen hatte, war das „Bildungsbürgertum", das sich – wie das Besitzbürgertum – in erster Linie in den europäischen Städten ausbreitete.

Beginn des bürgerlichen Zeitalters

Aufstiegschancen hatte das Bildungsbürgertum aber auch an den europäischen Höfen, wo der Staat mehr qualifizierte Fachleute in Armee und Verwaltung brauchte. Das galt insbesondere für die Monarchen, die seit dem späten 15. Jahrhundert versuchten, die Machtbastionen des Adels zu zerschlagen: Sie besetzten die Stellen in den modernen Verwaltungsapparaten z. B. lieber mit Juristen aus den aufstrebenden bürgerlichen Gruppen als mit Adligen. Diese Tendenzen entstanden zuerst in den westeuropäischen Monarchien Englands, Spaniens, Frankreichs, Portugals und Burgunds. Im 16. und 17. Jahrhundert griffen sie dann auch auf Deutschland, Italien und Skandinavien über. Allerdings weckten die Landesherren damit nicht selten den heftigen Widerstand der alten Herrenschichten, die ihre traditionellen Rechte mit allen Mitteln gegen das neue Bürgertum verteidigten, so z. B. in den Niederlanden, Frankreich, Österreich und England. Die Resultate dieser Machtkämpfe waren im europäischen Vergleich sehr unterschiedlich. Während die Fürsten in Ungarn und Polen die Machtprobe gar nicht erst riskierten, musste das Königtum in den Niederlanden, in England und Schottland Niederlagen einstecken. In den meisten europäischen Ländern siegte aber letztendlich die Monarchie – und damit erfüllte sich oft das Bestreben der Bürger nach Aufstieg. So brach in Europa unwiderruflich eine neue Epoche an, die von Historikern als „bürgerliches Zeitalter" bezeichnet wird.

Q2 Der Platz Dam in Amsterdam
Gemälde aus dem 17. Jahrhundert.

Q3 Hochzeit des italienischen Bankiers Giovanni Arnolfini

Gemälde von Jan Van Eyck, Holz (60 x 82 cm), 1434.

Q4 Mann und Frau im Bürgertum

Aus einem Lexikon, 1739:

So lieget auch dem Manne die Sorge vor den Erwerb am meisten ob. Denn obwohl beyde Eheleute so viel erwerben sollen, als sie nach ihren Umständen vermögend sind; so finden sich doch bey den Weibern viele Umstände, die sie an dem Gewerb hindern, als da ist z. E. daß die Weiber theils bey Erzeugung der Kinder, indem sie schwanger gehen, theils bey ihrer Erziehung, mehr zu thun haben als die Männer, wodurch sie allerdings von anderer Arbeit abgehalten werden. Zudem sind auch nach unseren Sitten die Männer mehr als die Weiber im Stande etwas zu verdienen.

J. H. Zedler, Grosses vollständiges Universal-Lexicon aller Wissenschaften und Künste, Bd. 19, Halle 1739, Sp. 982, 986.

Q5 Aufgabenverteilung

Ein Chronist über das Hamburger Bürgertum, 1760:

Der Hamburger ist ein vernünftiger Ehemann, ohne übertriebene Zärtlichkeit. Er lässt seine Frau Teil an seinem Glücke und Vermögen nehmen, doch seltner an seinen Handlungsgeschäften. Die innere Wirtschaft, die Erziehung der Kinder in der ersten Jugend und die Aufsicht über die Töchter sind in Hamburg weibliche Geschäfte.

Chr. L. von Griesheim, Verbesserte und vermehrte Auflage des Tractats: Die Stadt Hamburg, Hamburg 1760, S. 285 ff.

Q6 Bürgerliche Mädchenerziehung

Der aufklärerische Pädagoge Johann Struve, 1786:

Ein Mädchen muss einen gesunden schlichten Verstand, ein unverdorbenes richtiges moralisches Gefühl, einen freien Sinn für das Schickliche und Gefallende, ein frohes fröhliches unschuldsvolles Herz haben; sie muss wirtschaftlich und häuslich sein, ihre Bestimmung und Glückseligkeit in eine stille, unbemerkt nützliche Thätigkeit und in die Beglückung und Erheiterung ihres häuslichen und Familienzirkels setzen und eine sanfte wahre Bescheidenheit muss ihrem ganzen Werthe den milden Glanz geben, der aller Herzen unwiderstehlich gewinnt und keines Auge verblendet, keines Verstand bethöret. Dann wird sie eine glückliche und beglückende Gattin, eine thätige weise Hausfrau und eine Mutter werden, die durch die vereinte Kraft der besten Lehren und des besten Beispiels ihre Kinder nach sich bildet und sie so für sich selbst glücklich und der Welt nützlich macht.

Johann Struve, Über die Nothwendigkeit der Anlegung öffentlicher Töchterschulen für alle Stände, in: Joachim Heinrich Campe, Über einige verkannte wenigstens ungenützte Mittel zur Beförderung der Industrie, der Bevölkerung und des öffentlichen Wohlstandes, 2. Fragment, Wolfenbüttel 1786, S. 63 f.

Q7 Innen und Außen

Aus Friedrich Schillers „Lied von der Glocke", 1799:

Der Mann muss hinaus
Ins feindliche Leben,
Muss wirken und streben
Und pflanzen und schaffen,
Erlisten, erraffen,
Muss wetten und wagen,
Das Glück zu erjagen. […]
Und drinnen waltet
Die züchtige Hausfrau,
Die Mutter der Kinder,
Und herrschet weise
Im häuslichen Kreise,
Und lehret die Mädchen
Und wehret den Knaben,
Und reget ohn Ende
Die fleißigen Hände,
Und mehrt den Gewinn
Mit ordnendem Sinn.

Schillers Werke, Nationalausgabe, hg. von Norbert Oellers, Weimar 1983, Bd. 21, S. 230.

Faustkampf junger italienischer Männer Q8

Gemälde, um 1440. Der öffentliche Faustkampf war eine beliebte Freizeitbeschäftigung junger Männer aus dem Bürgertum, die sie von adligen Altersgenossen übernahmen. Ein Mann hält die beiden Kämpfer mit seinen Füßen fest und trennt sie auf diese Spreizbreite voneinander. Die Gegner versuchen dann durch Faustschläge sich gegenseitig niederzustrecken.

Q9 Geschlechterrollen und Natur

Wilhelm von Humboldt in seiner Schrift „Über den Geschlechtsunterschied und dessen Einfluss auf die organische Natur", 1795:

Die lebendige Kraft, welche jedes organische Wesen beseelt, fordert einen Körper. Dieser Körper und jene Kraft stehen in unaufhörlicher Gemeinschaft, indem sie gegenseitig aufeinander ein- und zurückwirken. So ist in jedem organischen Wesen Wirkung und Rückwirkung verbunden. Hier nun beginnt der Unterschied der Geschlechter. Die zeugende Kraft ist mehr zur Einwirkung, die empfangende mehr zur Rückwirkung bestimmt. Was von der Ersteren belebt wird, nennen wir *männlich*, was die Letztere beseelt, *weiblich*. Alles Männliche zeigt mehr Selbsttätigkeit, alles Weibliche mehr leidende Empfänglichkeit. Denn der ganze Charakter des männlichen Geschlechts ist auf *Energie* gerichtet; dahin zielt seine Kraft, seine zerstörende Heftigkeit, sein Streben nach Außenwirkung, seine Rastlosigkeit. Dagegen geht die Stimmung des weiblichen, seine ausdauernde Stärke, seine Neigung zur Verbindung, sein Hang, die Einwirkung zu erwidern, und seine holde Stetigkeit allein auf Erhaltung und *Dasein*.

Die Horen, hg. von Friedrich Schiller, 1795.

Q10 Aktiv – passiv

Aus einem Lexikon von 1824:

So ist im Allgemeinen das männliche im Verhältnisse zu dem weiblichen das Stärkere, jenes sich unterwerfende, das aus sich hinaus auf das weibliche überwirkende, das belebende, begeistigende. Das weibliche, im Verhältnis zu dem männlichen, ist das zartere, jenem sich unterwerfende, das aufnehmende, fortbildende, ernährende und endlich gebärende. […]

Der Geist des Mannes ist mehr schaffend, aus sich heraus in das Weite hinwirkend, zu Anstrengungen, zur Verarbeitung abstracter Gegenstände, zu weitaussehenden Planen geneigter. Unter den Leidenschaften gehören die raschen, ausbrechenden dem Manne, die langsamen, heimlich in sich selbst gekehrten dem Weibe an.

Allgemeine deutsche Real-Encyclopädie für die gebildeten Stände, 6. Aufl., Bd. 4, Leipzig 1824, S. 180–182.

Fragen und Anregungen

1. Untersuchen Sie, inwieweit die Architektur des Dam in Amsterdam ein neues bürgerliches Selbstbewusstsein zum Ausdruck bringt (Q2).
2. Erschließen Sie die Lebenssituation und die Gefühlslage des Brautpaars. Stellen Sie Zusammenhänge zur beruflichen Tätigkeit des Bräutigams her (Q3).
3. Arbeiten Sie heraus, inwieweit sich weibliche und männliche Geschlechterrollen in der bürgerlichen Familie unterscheiden und welche Begründungen dafür angeführt werden (Q1, Q4–Q10).
4. Vergleichen Sie die Geschlechterrollen im Bürgertum mit denen in den protoindustriellen Schichten (s. Kapitel 3).
5. Rollenspiel: Organisieren Sie ein Zusammentreffen zwischen einer bürgerlichen und einer protoindustriellen Familie. Sie sprechen über Vor- und Nachteile des jeweiligen Familienlebens.
6. Erörtern Sie, welches der beiden Familienmodelle die Familie des 21. Jahrhunderts stärker beeinflusst hat.

6. Die Renaissance und die Rezeption der Antike

Q1 **Hinrichtung in Florenz**
Verbrennung des Sittenpredigers Girolamo Savonarola, Gemälde, 1498.

„Renaissance" – Begriff für eine neue Epoche

Die Renaissance gilt als die Epoche, in der sich zwischen 1450 und 1600 allmählich der Übergang zur „Neuzeit" vollzogen hat – zu der Zeit also, in der auch wir heute noch leben. Dass sich damals eine moderne Zeit anbahnte, wurde bereits von vielen Zeitgenossen so empfunden. So teilte der italienische Maler und Architekt Giorgio Vasari (1511–1574) schon 1550 die europäische Geschichte in drei Zeitalter ein: Antike, Mittelalter und Neuzeit. Diese Gliederung hat sich bis heute erhalten. Allerdings kann Vasaris Bewertung der drei Epochen heute keine vollständige Gültigkeit mehr beanspruchen. Er bewunderte die griechisch-römische Antike, empfand das „mittlere" Zeitalter dagegen als finster und barbarisch. Die Kernidee der „neuen Zeit" bezeichnete er als „rinascimento", als „Wiedergeburt" (frz. Renaissance) der antiken Größe.

Wiederentdeckung der Antike

„Renaissance" wurde bald zum Begriff für die Epoche, in der die Antike wiederentdeckt wurde. Sie begann im Italien des 15. Jahrhunderts und dehnte sich von dort auf ganz Mittel- und Westeuropa aus. Wissenschaftler, Künstler und Schriftsteller bemühten sich, dem vielfach in Vergessenheit geratenen Erbe der Antike auf die Spur zu kommen und es wiederzubeleben – in der Kunst, der Sprache und Literatur, in der Philosophie, der Mathematik und der Medizin. Unter „Renaissance" ist also ein breit angelegter Wandlungsprozess zu verstehen, der von der Kunst ausging und sich von dort aus auf Wissenschaft, Kultur, Religion, Politik, Wirtschaft und Gesellschaft ausdehnte. Ausgangspunkt dieser Bewegung war das Florenz der Medici im 15./16. Jahrhundert.

Die Kunst der Renaissance

Die ersten Impulse gab die Kunst der Renaissance. Sie löste sich von der mittelalterlichen Form, die Figuren in typisierter Gestalt darzustellen. Stattdessen gestalteten die Künstler ihre Werke naturgetreu, d. h. nach den Gesetzen der Zentralperspektive und der Proportionalität. Dem Vorbild der Antike folgend, wurde damit die Ausgewogenheit des Kunstwerks zum Kern eines neuen Schönheitsideals in Plastik, Architektur und Malerei. In der mittelalterlichen Kunst war der Mensch als Typus in einer Szenerie erschienen, die in der Regel aus der Bibel oder aus Heiligenlegenden entnommen waren. Nun rückte er als eigenständiges Individuum in den Mittelpunkt des Bildes. An die Stelle biblischer Motive traten nun zunehmend Szenen aus antiken Götter- und Heldensagen, die mit Vorliebe um Jupiter (Europa, Leda, Danae) und Venus (Paris, Adonis, Amor) kreisten. Die Künstler wandten sich nun verstärkt der Porträt-Malerei zu.

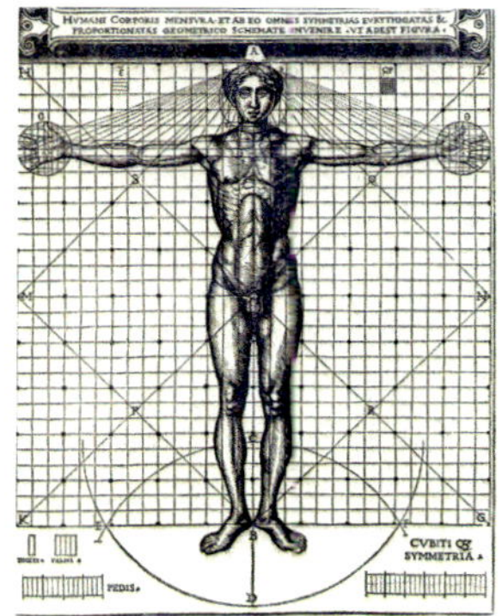

Q2 Proportionsfigur
von Cesare Cesariano, 1521

Entdeckung des Menschen – das hieß für die Renaissance-Künstler auch, nach der Beschaffenheit seines Körpers und den Funktionen seines Organismus zu fragen. Der Künstler und Universalgelehrte Leonardo da Vinci betrieb daher Aktstudien und nahm – wie auch Michelangelo, Raffael, Tizian und viele andere Künstler – an der Sezierung von Leichen teil, um die Anatomie des menschlichen Körpers kennen zu lernen. Sie interessierten sich für den Knochenbau und die Muskelstruktur, um Menschen realitätsnaher darzustellen zu können. Der Maler Albrecht Dürer fasste die Ergebnisse seiner Körperstudien in einer Schrift über die Proportionslehre zusammen.

Wissenschaftlicher Fortschritt

Die Kunst gab so einen wichtigen Impuls für den wissenschaftlichen Fortschritt in Europa. Der „Entdeckung“ des Menschen folgte die Erforschung seines Innenlebens: Verschiedene europäische Universitäten beschäftigten sich fortan wissenschaftlich mit der Anatomie. Der flämische Arzt Andreas Vesalius sezierte 1536 öffentlich, seit 1541 sogar in einem „anatomischen Theater“ in Padua. Mit seiner Abhandlung „De humani corporis fabrica“ (Über den Bau des menschlichen Körpers, 1543) begründete er die moderne Anatomie. Als europäische Gelehrte erstmals den Lungenkreislauf des Blutes entdeckten, verstand man plötzlich den Funktionszusammenhang der menschlichen Organe.

Ein Kunstmarkt entsteht

Die neue Kunst der Renaissance fand schnell reißenden Absatz – ein Kunstmarkt entstand und bald wurden Porträts in großen Künstlerwerkstätten geradezu „fabrikmäßig“ hergestellt. Die Werkstatt Lucas Cranachs erhielt z. B. 1533 den Auftrag, 60 Bildnisse des Kurfürsten Johann Friedrich und seiner Gemahlin Sibylle zu liefern, die verschenkt werden sollten. Angesichts der wachsenden Nachfrage entstanden immer mehr Werkstätten wie die von Hans Holbein oder Tizian, die Gemälde in Serie produzierten. Der neue „Realismus“ in der Kunst wurde schnell zu einer gesamteuropäischen Erscheinung, dessen Spektrum von Peter Paul Rubens über Leonardo da Vinci und Albrecht Dürer bis zu Harmensz Rembrandt van Rijn reichte.

Wachsendes Interesse am Individuum

Neben die Mode der Porträt-Malerei traten zunehmend auch Selbstporträts und Autobiografien. Auch sie wagten einen Blick ins Innere des Menschen – wenn auch auf ganz andere Weise als die Anatomie: Sie gewährten Einblicke in Denkweisen und Einstellungen der jeweiligen Person, auch in ihre Überzeugungen, Gefühle und Empfindungen. Schnell entstand ein psychologisch interessiertes Publikum. Und bald wurden auch Briefe und Briefwechsel zum Zweck der Selbstdarstellung veröffentlicht. Folgerichtig entstanden wenig später auch die ersten Biografien, die Lebensleistungen großer Persönlichkeiten würdigten.

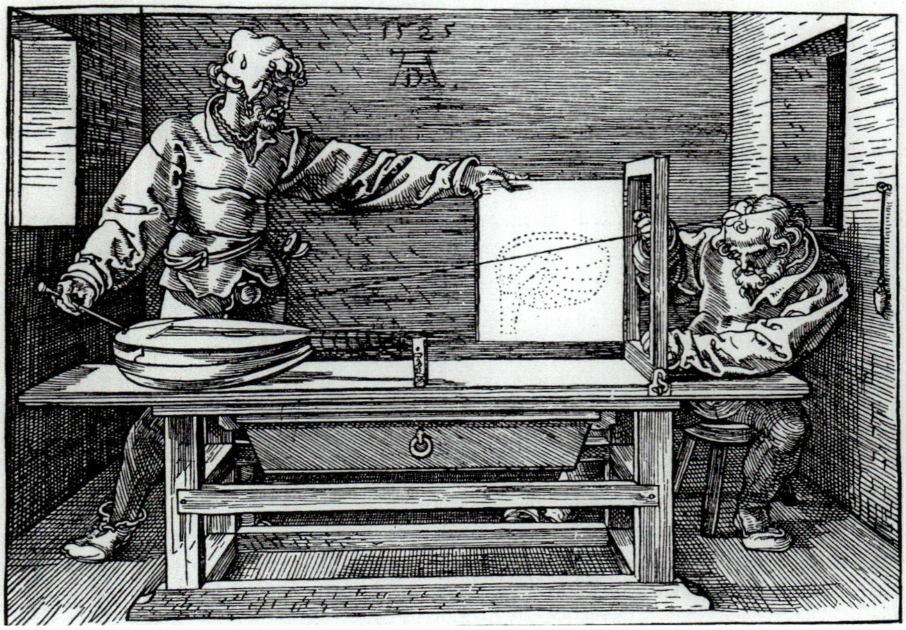

Technisches Gerät Q3 zum Zeichnen einer Laute in perspektivischer Darstellung, Albrecht Dürer, 1525

Q4 Was ist „Renaissance"?

Der Theologe und Diplomat Augustinus Valerius 1563 an einen venezianischen Adligen:

So groß waren bei Griechen wie Römern Begabung und Fleiß, so hervorragend war ihre Bildung auf allen Gebieten, dass sie selbst sämtliche eines freien und edlen Menschen würdigen Künste und Wissenschaften erfunden und uns in formvollendeten literarischen Werken überliefert haben. Um von der Philosophie, als der vornehmsten Wissenschaft, die die Prinzipien und Ursachen der Natur untersucht, zuerst zu sprechen: Welches naturphilosophische Problem ist so entlegen oder so schwierig, dass es nicht – wenn ich Pythagoras, Empedokles, Demokrit und die alten Philosophen hier einmal übergehe – zuerst Plato, dann Aristoteles mit höchster Eleganz behandelt hätten? Jenes Gebiet der Philosophie vollends, das sich mit Ethik und der richtigen Lebensgestaltung und Staatsverwaltung beschäftigt, haben nicht nur die beiden eben genannten größten Philosophen, Plato und Aristoteles, sondern auch Xenophon, dann – auf Lateinisch – unser Cicero, schließlich Seneca und Plutarch so erhellt und bereichert, dass uns nichts zu wünschen übrig bleibt. Was ferner die Mathematik betrifft, wer kann hier ohne Euklid, Archimedes und Ptolemäus auch nur das Geringste zu lernen hoffen? Zur Dialektik, die gewissermaßen das Instrumentarium bereitstellt, dessen wir uns zur Erkenntnis des Wahren und Guten bedienen, hat in manchem Plato in seinen Dialogen, haben in anderem die Stoiker den Grund gelegt; aber erst Aristoteles mit seinem göttlichen Verstand hat diese Disziplin vollkommen erhellt. Was soll ich über die für die Menschheit so unverzichtbare Heilkunst sagen? Welche medizinischen Lehren hätten wir denn, frage ich, wenn es nicht einen Hippokrates von Kos und einen Galenus gegeben hätte? Ebenso ist es in den übrigen Künsten und Wissenschaften, die mit der menschlichen Rede zu tun haben. Denn seit tausend Jahren gibt es keinen Dichter, der sich mit Homer, Sophokles, Euripides und Theokrit oder mit Vergil, Horaz, Lukrez und Terenz vergleichen ließe. […]

Wozu das alles, wirst du sagen. Sollen wir Heutigen nur die Weisheit der Alten anstaunen, sollen wir wie Toren uns bei ihren Lehren, als wären es Orakelsprüche, beruhigen und überhaupt nichts Eigenes zu denken oder zu schreiben wagen, sondern unser ganzes Leben mit dem Begreifen der Schriften anderer zubringen? Nun, das ist keineswegs meine Meinung, vielmehr sollen wir mit Eifer und Sorgfalt die Autoren derjenigen Wissenschaften, denen wir uns von Kindheit an ergeben haben, lesen, und wenn wir ihre Ansichten kennen gelernt haben, werden wir sorgfältig mit uns zu Rate gehen müssen, ob wir uns entweder dadurch, dass wir sie an Fleiß übertreffen, oder aber dadurch, dass wir ihre Schriften kommentieren, um unsere Zeitgenossen verdient machen […].

Nicolette Mout (Hg.), Die Kultur des Humanismus. Reden, Briefe, Traktate, Gespräche von Petrarca bis Kepler, München 1998, S. 70 f.

Sektion Q5
Mediziner sezieren eine Leiche, französische Buchmalerei, 15. Jahrhundert.

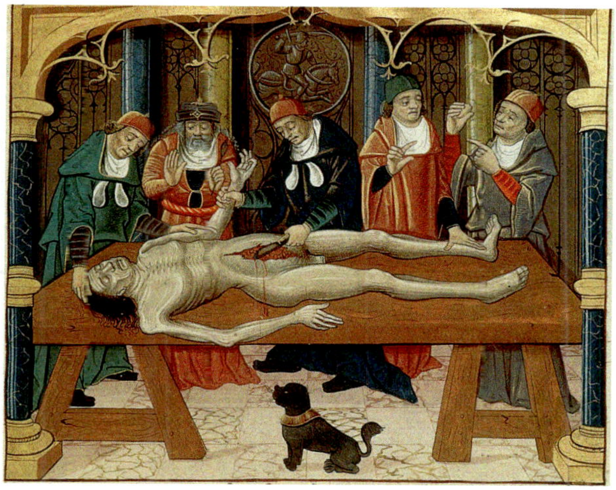

Q6 „Es ist eine Lust zu leben!"

Der deutsche Reichsritter Ulrich von Hutten, der auf italienischen und deutschen Universitäten humanistische Bildung erworben hatte, in einem in lateinischer Sprache verfassten Brief an den Nürnberger Humanisten Willibald Pirckheimer, 1518:

Wilhelm Budaeus [Budé], unter dem Adel Frankreichs der Gelehrteste, unter den Gelehrten der Adligste, arbeitet weiter an seinen Anmerkungen zu den Pandekten [römisches Gesetzbuch]. Ich habe einen Freudensprung gemacht, als ich es vernahm. So hat unsere Zeit also zwei Herkulesse, die gegen die Pest der Unwissenheit zu Felde ziehen. Der eine hat in Frankreich das [unbewegliche] Geschlecht der Juristen niedergekämpft und ausgerottet, der andere [Erasmus von Rotterdam] die, welche die Theologie in Rauch einhüllen wollen, angegriffen und niedergeworfen. Durch ihn ist Licht und Tag in die Heiligen Schriften gekommen. Nimm Faber dazu, den Meister, der so trefflich die Philosophie bewältigt und den Aristoteles neu ins Licht gesetzt hat. O Jahrhundert, o Wissenschaften! Es ist eine Lust zu leben, Willibald. Die Hände in den Schoß zu legen, habe ich allerdings noch keine Lust. Nimm den Strick, Barbarei, und suche dir einen Ort der Verbannung! […]

Du erwähnst in deinem Briefe, dass die Theologisten ihr Geschrei gegen mich verstärkt haben. Ausgerottet und verjagt werden müssen diejenigen, welche sich als hindernde Wolke der aufgehenden Sonne der Bildung entgegenstellen. Die schönen Wissenschaften müssen wieder aufleben, das Band der beiden Sprachen muss uns mit Griechenland und Italien verbinden, Germanien muss der Bildung gewonnen werden, die Barbarei muss über die Wüste und über das Baltische Meer hinaus verstoßen werden […] So hat am ganzen Rhein entlang Erasmus die Kenntnis der griechischen und lateinischen Literatur verbreitet und in ganz Niederdeutschland die Geister derart geweckt, dass er den Wettstreit selbst mit Italien nicht zu scheuen braucht. Und wie Capnion [Reuchlin] sein Schwabenland gelehrt hat, so hast du die Jugend deiner Vaterstadt zu solcher Bildung geführt. Du hast es als Patrizier nicht zu gering geachtet, wie ein Schulmeister die Lehre mundgerecht zu machen.

Ulrich von Hutten, Schriften, hg. von E. Böcking. Leipzig 1859, Band 1, S. 195 ff.

Fragen und Anregungen

1. Weisen Sie in dem Bild nach, wie die Tiefenwirkung durch die Technik der Zentralperspektive hervorgerufen wird (Q1).
2. Erläutern Sie die Bedeutung der Proportionalität in der Kunst der Renaissance (VT, Q2, Q3).
3. Erarbeiten Sie eine Mindmap, aus der die wissenschaftliche Vorbildfunktion der Antike hervorgeht (Q4).
4. Informieren Sie sich arbeitsteilig in den Kapiteln Griechenland und Rom über die antiken Autoren, die in Q4 erwähnt werden. Ergänzen Sie die gefundenen Informationen durch eigene Recherchen.
5. Informieren Sie sich über die Personen auf dem Fresko „Die Schule von Athen" (s. S. 53, Q3). Arbeiten Sie aus Raffaels Werk das Programm der Renaissance heraus.
6. Stellen Sie den Zusammenhang zwischen Medizin und Kunst in der Epoche der Renaissance dar (VT, Q5).
7. Charakterisieren Sie das Lebensgefühl der Renaissance-Zeit (Q6).
8. Mit der Renaissance beginnt nach heutiger Auffassung die „Neuzeit", viele Gelehrte jedoch wandten sich in jener Zeit der Vergangenheit zu. Versuchen Sie, dieses Paradox aufzulösen (VT).

7. Der Humanismus und das neue Menschenbild

Der Humanismus als weitere Neuerung

Neben die Renaissance trat zu Beginn der europäischen Neuzeit als zweite geistige Strömung der Humanismus, der ebenfalls seinen Ursprung in Italien hatte, besonders in Florenz und Venedig. Er verbreitete sich von dort aus über die Teile Europas, in denen Latein als Sprache der Kirche, der Wissenschaft und des Verkehrs gesprochen wurde. Entsprechend blieben die griechisch-orthodoxen Gebiete im Osten und Südosten Europas vom Humanismus unberührt. Auch der Humanismus nahm sich die griechisch-römische Antike zum Vorbild, allerdings vornehmlich auf dem Gebiet der Sprachen, Philosophie, Geschichte, Rhetorik und Literatur. Die Philologie (Sprach- und Literaturwissenschaft) bildete den Kern der humanistischen Bestrebungen, denn zunächst ging es darum, die Schriften der griechisch-römischen Antike aus der Vergessenheit zu befreien.

Anstöße von außen

Dabei half der Fall von Konstantinopel 1453: Aus der Stadt gelangten zahlreiche griechische Handschriften in den Westen, die vor dem Zugriff der Türken gerettet werden sollten. Außerdem flohen viele griechische Gelehrte vor den Eroberern und brachten ihr Wissen in den Westen mit. Für die Verbreitung der wiederhergestellten und kommentierten antiken Werke sorgte die fast zeitgleiche Erfindung des Buchdrucks 1448. Erstmals konnten wissenschaftliche Glanzleistungen im Druck erscheinen: 1506 gab Johannes Reuchlin (1455–1522) die erste hebräische Grammatik mit Wörterbuch heraus, spanische Gelehrte der Universität Alcalá 1514 bis 1520 die mehrsprachige Gesamtausgabe der Bibel, Erasmus von Rotterdam 1516 die griechisch-lateinische Ausgabe des Neuen Testaments.

Eine neue Art des Lernens

Die Leistungen der Humanisten veränderten schnell auch das Lernen und Studieren – und damit das mittelalterliche Bildungssystem insgesamt, das weitgehend auf dem Lernen ohne Buch beruht hatte. Weil nämlich die kostbaren Pergamentkodexe zumeist unerschwinglich gewesen waren, war den mittelalterlichen Scholaren nichts anderes übrig geblieben, als sich z. B. die lateinische Grammatik durch das Auswendiglernen von mehreren tausend Versen anzueignen. Der humanistische Student dagegen konnte auf ein gedrucktes Lehrbuch zurückgreifen, das sein Eigentum war. Die Humanisten wollten das Studium auch durch besseres Latein und einen geschulten Umgang mit den antiken Quellen erleichtern. So wurde Latein zur Universalsprache der Gebildeten Europas. Der „uomo universale" war der Inbegriff des europäischen Universalgelehrten: Er machte nicht nur die Sprache, die Literatur und die Kunst zum Gegenstand seiner Studien, sondern auch die Mathematik, die Astronomie, die Medizin, die Mechanik – und grundsätzlich auch alle anderen Wissenschaften. Als Muster dieses neuen Universalgelehrten galt Leonardo da Vinci. Er schuf nicht nur Kunstwerke („Mona Lisa", „Das Abendmahl"), er war auch Bildhauer, Wissenschaftler, Architekt, Techniker und Erfinder.

Gymnasien und Universitäten

Die Humanisten glaubten an die umfassende Bildungsfähigkeit des Menschen – und damit auch an die Notwendigkeit von Einrichtungen, die sich der Erziehung und Bildung junger Menschen widmen. Die Ausbildung sollte ihrer Ansicht nach nicht mehr nur von der Kirche, sondern vorwiegend von staatlichen Einrichtungen erfüllt werden. Solche vorbereitenden Schulen hießen Gymnasien, Pädagogien oder „collegia". Sie entstanden an Universitäten, in Städten und gelegentlich auch auf dem Land, etwa in Klöstern. Eine der wichtigsten und frühesten Universitätsgründungen aus humanistischem Geist war 1502 Wittenberg, der in Mittel- und Westeuropa viele weitere folgten.

Q1 Die Hölle
Ausschnitt aus dem Fresko von Giovanni da Modena, um 1410, in der Basilika San Petronio in Bologna.

Q2 Ein Edelmann
Wahrscheinlich handelt es sich um Cesare Borgia, Porträt von Altobello Meloni, um 1520.

Bibliotheken und Zensur

In ganz Europa entstanden Bibliotheken, um die schnell wachsende Zahl von Drucken zu sammeln. Neben die mittelalterlichen Klosterbibliotheken traten nun solche von Universitäten, Höfen und Städten, z. B. in Budapest seit 1464, in Wien 1493, in Florenz 1571 und in Madrid 1575. Für das Bibliothekswesen zukunftsweisend war die Entscheidung König Franz I., ein Exemplar jedes in Frankreich gedruckten Buchs in die königliche Bibliothek zu geben. Mit der Ausweitung der Bibliotheken entstanden auch Zensurbehörden, die allerdings auch auf Widerspruch stießen: Für die Pressefreiheit setzte sich schon 1643 John Milton energisch ein.

Schriftsteller und Musiker

Die Humanisten waren aber nicht nur Wissenschaftler und Gelehrte, sondern auch Schriftsteller, die durch die antiken Werke zu eigener Dichtung angeregt wurden. Indem sie sich um die Erneuerung der lateinischen Sprache bemühten, brachten sie in Prosa, Lyrik und Drama eine gesamteuropäische Literatur hervor, die es in den folgenden Jahrhunderten nie wieder geben sollte. Sie stießen Entwicklungen an, die Europa bis heute prägen: Beispielsweise brachte ihr Anliegen, die griechische Tragödie mit Chor und Musikbegleitung wiederzuerwecken, die Oper in Europa hervor.

Ein neues Menschenbild

Die Humanisten brachten auch ein neues Menschenbild hervor. Für sie war das Wesen des neu entdeckten Individuums die Würde des Menschen. Der Philosoph Giovanni Pico della Mirandola veröffentlichte schon 1486 in Rom 900 Thesen, mit denen er Gelehrten aus ganz Europa sein Menschenbild vorstellen wollte. Seine „Rede über die Würde des Menschen“ wurde aber von Papst Innozenz VIII. verboten, weil er ihren Inhalt mit der kirchlichen Lehre für unvereinbar hielt. Ein grundsätzlicher Konflikt bahnte sich an.

Werbung für die Schule Q3
Aushängeschild eines Schulmeisters, 1516.

Q4 Geboren zu Arbeit, Angst und Schmerz

Aus dem Traktat „Über das Elend des menschlichen Daseins" des Kardinals Lothar, des späteren Papstes Innozenz III., um 1200:

Wer also möge meinen Augen einen Tränenquell zur Verfügung stellen, auf dass ich den elenden Anfang des menschlichen Geschlechts, die tadelnswerte weitere Entwicklung des menschlichen Umgangs, den verdammenswerten Ausgang der menschlichen Auflösung beweine. Ich könnte dann unter Tränen darüber nachdenken, von wem der Mensch gemacht sei, was er tun soll, was der Mensch künftig sein werde. Freilich der Mensch, geformt aus Erde, empfangen in Sünde, geboren zum Leiden, tut Verworfenes, das nicht erlaubt ist, Schändliches, das sich nicht gehört, Nichtigkeiten, die keinen Fortgang haben. Er wird Nahrung des Feuers, Futter des Wurms, ein Klumpen der Fäulnis sein.

Ich werde es deutlicher ausdrücken und ausführlicher formulieren: […] Er ist geboren zu Arbeit, Angst und Schmerz. Er tut Verworfenes, womit er Gott, seinen Nächsten und sich selbst beleidigt. Er tut Nichtigkeiten, mit denen er seinen Ruf, seine Persönlichkeit und sein Gewissen beschmutzt.

Lotharii Cardinalis [Innocentii III], De Miseria Humane Conditionis, edidit Michele Maccarone, Rom 1955, S. 7 f. Übersetzung: H. Reusch.

Q5 Der Mensch – Gottes Kind

Der spanische Philosoph Luis Vives in seiner „Fabula de homine", 1519:

Die Jupiter zur Seite saßen, erkannten leicht an dem großen Gefallen, das dieser an dem Erzschauspieler Mensch fand, er sei von ihm selber erschaffen, ja, bei näherem Hinsehen erkannten sie eine große Ähnlichkeit zwischen Jupiter und dem Menschen, so dass es auch dem Dümmsten klar werden musste, dass der Mensch Gottes Kind ist. In der Tat, der Mensch, welcher öfters unter seiner Maske hervorschaute und fast ganz zu sehen war, tat sich in vielen Dingen herrlich hervor; er erwies sich als gottähnlich, als der Unsterblichkeit, Weisheit, Klugheit, Gedankenfülle Jupiters so sehr teilhaft, dass leicht zu erkennen war, er habe diese höchsten Gaben aus Jupiters reichem Schatz, ja aus seiner Person selbst erhalten.

Wie der höchste der Götter in seiner Kraft alles umfasst und alles ist, so schien es auch dieser sein Pantomime zu tun und zu sein. Er verwandelte sich derart, dass er einmal in Gestalt einer Pflanze erschien, ein Leben ohne jegliche Empfindung mimend. Dann verschwand er eine kurze Weile und erschien als Satyrspieler auf der Bühne, der die Gestalt von tausend verschiedenen Tieren annimmt: Er zeigte sich als zorniger, brüllender Löwe, als reißender, gieriger Wolf, als wilder Eber, listiger Fuchs, als wollüstiges, schlammiges Schwein, als furchtsamer Hase, neidischer Hund, törichter Esel. Nachdem er dies vorgeführt hatte, verschwand er wieder ein wenig und trat als Mensch wieder auf, sobald sich der Vorhang hob; er erschien als kluger, gerechter, geselliger, gütiger und freundlich gebildeter Mensch, er verkehrte mit anderen brüderlich, gehorchte und befahl, je nachdem, was an der Reihe war. Er kümmerte sich um das gemeinsame Werk und Wohl zusammen mit anderen, in jeder Hinsicht ein Bürger seines Staatswesens.

Die Götter glaubten nicht, ihn in noch anderen Rollen zu sehen, da trat er plötzlich wieder auf in ihrer, der Götter Gestalt, den Menschengeist selbst übertreffend, ganz der Weisheit hingegeben. O höchster Jupiter, welch ein Schauspiel! Zunächst meinten sie voll Staunen, sich selbst auf der Bühne von diesem Meistermimen dargestellt und ausgedrückt zu finden und nannten ihn einen vielgestaltigen Protheus, des Okeanos Sohn. Darauf sagten sie unter unglaublichem Beifall, sie ließen nicht zu, dass dieser beste Darsteller noch länger auf der Bühne spielt und forderten Juno auf, ihn seine Maske ablegen und in den Reihen der Götter selbst Platz nehmen zu lassen.

Der Mensch wurde also von der Bühne abgerufen und von Merkur zu den Göttersitzen geführt. Er wurde zum Sieger erklärt und nicht mit lauter Stimme, sondern voll schweigender Bewunderung in ihrer Mitte aufgenommen. Ganz unverhüllt bot der Mensch da den Göttern seine gottähnliche Natur dar, welche in der körperlichen Hülle und unter der Maske solch ein wandelbares, solch ein vielgestaltiges und mannigfaches Wesen, einem Polyp oder einem Chamäleon gleich, auf der Bühne zur Schau getragen hatte.

Zit. nach: August Buck, Humanismus. Seine europäische Entwicklung in Dokumenten und Darstellungen, Freiburg/München 1987, S. 257 f.

Q6 Türkische Belagerung von Konstantinopel, 1453
Miniatur von Jean Mielot, 1455.

KLICK INS INTERNET

www.klett.de/extra
Unter dem Extra-Link mit der Nummer 411050-0000 finden Sie in der Rubrik „Aufbruch in eine neue Zeit?" hilfreiche Links.

Fragen und Anregungen

1. Untersuchen Sie die Veränderungen des Menschenbildes im Übergang vom Mittelalter zur Neuzeit (Q1, Q2, Q4, Q5)
2. Formen Sie den Werbetext in modernes Deutsch um. Vergleichen Sie die Schule, für die hier geworben wird, mit einer modernen Schule (Q3).
3. Untersuchen Sie, inwieweit sich in Q3 humanistisches Denken niederschlägt.
4. Vergleichen Sie das Türkenbild, das in Q6 zum Ausdruck kommt, mit dem in der türkenfeindlichen Flugschrift (S. 197).
5. Historiker behaupten, in der Epoche des Humanismus sei das moderne europäische Menschenbild entstanden, das Europa bis heute von anderen Kulturen unterscheide. Erörtern Sie diese These (VT, Q5).

8. Die Reformation – Wegbereiter des Kapitalismus?

14. Jahrhundert	John Wyclif (um 1320–1384) kritisiert die Amtskirche.
1415	Jan Hus wird wegen Ketzerei auf dem Scheiterhaufen hingerichtet.
1517	Martin Luther veröffentlicht seine Thesen über den Ablass.
1534	Luthers Bibelübersetzung erscheint.
1536	Der Reformator Jean Calvin beginnt in Genf mit der Verbreitung seiner Prädestinationslehre.

Q1 Lutherische Glaubenslehre und katholische Kirchenpraxis aus der Sicht des reformatorischen Malers Lucas Cranach, Holzschnitt (35,1 x 58,5 cm), 1546.

Krise in der Kirche

Es war kein Zufall, dass die Erschütterung, die Europa durch die reformatorischen Bewegungen erfuhr, von Wittenberg ausging. Hier war 1502 die erste humanistische Universität gegründet worden und hier veröffentlichte Martin Luther 1517 seine 95 Thesen. Die Krise der Kirche schwelte aber schon lange vorher: Bereits seit dem 14. Jahrhundert gab es in verschiedenen Ländern Europas Protestbewegungen, die eine Reform der Kirche „an Haupt und Gliedern“ verlangten. Moderne Historiker bezeichnen diese frühe Kirchenreformbewegung als „Reformation vor der Reformation“.

Die englische Reformation

Zum Beispiel kritisierte der englische Theologe John Wyclif (um 1320–1384) das Mönchtum, die Ohrenbeichte, den Ablasshandel sowie die Heiligen- und Reliquienverehrung. Als Grundlage des christlichen Glaubens akzeptierte er nur die Bibel. Er predigte in der Landessprache Englisch, statt die Gelehrtensprache Latein zu benutzen. Mit seiner Lehre, wonach auch Laien das Priesteramt ausüben konnten, stellte er die Autorität der Amtskirche grundsätzlich in Frage.

Die tschechische Reformation

Jan Hus (um 1370–1415), Theologe und späterer Rektor der Universität Prag, forderte wie Wyclif die Kirche auf, sich vom weltlichen Besitz zu trennen und nach dem Vorbild der Jünger in Armut zu leben. Die päpstliche Lehrautorität und den hierarchischen Aufbau der Kirche lehnte er ab. Er schrieb und predigte teilweise in tschechischer Sprache. Seine Lehre verband sich in Böhmen mit den sozialen Hoffnungen der städtischen und ländlichen Bevölkerung, woraus die Hussiten-Bewegung und die Hussiten-Kriege (1419–1436) hervorgingen. 1415 wurde er durch das Konzil von Konstanz als „Ketzer“ zum Tode verurteilt und auf dem Scheiterhaufen verbrannt.

Kritik am Papsttum

Hinter den innerkirchlichen Konflikten standen Missstände, die mit der Rolle der Kirche in der mittelalterlichen Ständegesellschaft zusammenhingen. So waren die hoch dotierten Kleriker-Stellen häufig ein Vorrecht des höheren Adels, der sie als Einkommensquelle nutzte. Selbst viele Päpste machten von ihren geistlichen Vollmachten bedenkenlos für private und politische Zwecke Gebrauch. Deshalb wurde ihnen immer häufiger der Missbrauch ihrer Amtsgewalt vorgeworfen.

Die deutsche Reformation

Auch Martin Luther übte scharfe Kritik an den kirchlichen Zuständen, die in seiner Charakterisierung des Papstes als „Antichrist“ gipfelte. Für Luther zählte der Grundsatz „sola scriptura“ (allein die Schrift): Einzig die Bibel war für ihn maßgebend. Geistliche waren damit eigentlich überflüssig, denn nach Luther erschloss sich der Sinn der Heiligen Schrift dem Gläubigen bei der Lektüre von selbst. Das machte die Übersetzung der Bibel in die Nationalsprachen – und in der Folge ein breites Alphabetisierungsprogramm – unabdingbar. Vor allem konnte man aus Luthers Schriften ein neues Menschenbild herauslesen, zum Beispiel aus seiner Rechtfertigungslehre: Ihr zufolge erlangt der Gläubige sein Heil vor Gott nicht durch gute Werke, z. B. Ablasskäufe, sondern allein durch seinen Glauben („sola fide“). Vor Gott musste er sich nur noch mit seinem Gewissen bewähren, was eine Bevormundung durch die Amtskirche ausschloss. Damit hatte sich die „Entdeckung des Individuums“ auch im Bereich der Religion vollzogen. Das neue Menschenbild hatte nun auch ein religiöses Fundament.

Auswirkungen

Die theologischen Neuerungen führten zu tief greifenden Veränderungen, die bis in den kirchlichen Alltag hinein spürbar waren: Die Sakramente, die in der alten Kirche für das Heil vor Gott notwendig waren, wurden von sieben auf zwei reduziert: Taufe und Abendmahl. Die heilige Messe gab es nicht mehr und ins Zentrum des in deutscher Sprache abgehaltenen Gottesdienstes geriet nun die Predigt. Die kirchlichen Feiertage verringerten sich drastisch durch die Streichung der meisten Marien- und Heiligentage und das Zölibat wurde abgeschafft. In vielen Kirchen veränderte sich die Innenausstattung: Die Reformation reduzierte die Zahl der Bilder und Altäre und beseitigte Messgeräte und Monstranzen.

Europäisierung der Reformation

Die europaweite Verbreitung der reformatorischen Theologie wurde vor allem durch den Buchdruck möglich. Nachdem 1518 in Basel die erste Sammelausgabe von Luthertexten im Druck erschienen war, verbreitete sich seine Lehre durch Druckschriften in Italien, Frankreich, Spanien, England, Böhmen, Polen und zunehmend auch in anderen Ländern. Vor allem Übersetzungen seiner theologischen Schriften erreichten in vielen europäischen Ländern hohe Auflagen. Eine wachsende Zahl von Bibelübersetzungen orientierte sich an der Lutherbibel, so dass Übertragungen in andere Nationalsprachen seit den 1520er Jahren erschienen.

Der Calvinismus

Eine wichtige reformatorische Strömung begründete der Franzose Jean Calvin (1509–1564). Seit 1536 verbreitete er in Genf seine Prädestinationslehre. Ihr zufolge sind die Absichten Gottes den Menschen verborgen. Alle Bemühungen, von Gott gnädig angenommen zu werden, seien umsonst. Gott selbst habe bereits vorherbestimmt, ob der jeweilige Mensch das ewige Leben erlange oder aber ewig verdammt sei. Calvins Lehre wurde von seinen Anhängern so ausgelegt, dass sich die Menschen bereits zu Lebzeiten so verhalten müssten, als wären sie von Gott Auserwählte. Die Lebensführung hatte tugendhaft zu sein, die Menschen sollten allem abschwören, was den Geboten Gottes widersprach: Prunk, Vergnügen und Genuss. Am Erfolg und am sich mehrenden Reichtum sei abzulesen, dass Gott nicht erst im Himmel, sondern schon im irdischen Leben die Mühe der Arbeit und des nüchternen Lebenswandels, Fleiß und Sparsamkeit belohne.

Auswirkungen

Der Calvinismus verbreitete sich rasch in der Schweiz, Frankreich, den Niederlanden, England, Schottland, Polen, Ungarn und Siebenbürgen, in Deutschland vorwiegend am Niederrhein. Der Soziologe Max Weber (1864–1920) meinte, diese „protestantische Ethik" (Selbstdisziplin, Selbstbeschränkung und individuelles Leistungsstreben) hätte in den calvinistisch beeinflussten Gebieten ein modernes Arbeits- und Leistungsdenken geschaffen. Dies habe die Entstehung moderner europäischer Wirtschaftsformen – Marktwirtschaft und Frühkapitalismus – entscheidend beschleunigt.

Vervielfältigung der Reformation

Aus den konkurrierenden reformatorischen Strömungen gingen immer mehr evangelische Kirchen und Bekenntnisse hervor. Es gab schließlich Lutheraner, Zwinglianer und Calvinisten bzw. Reformierte, Anglikaner und Puritaner, Antitrinitarier, Täufer und Böhmische Brüder. Dabei entstand ein gesamteuropäisches Diskussionsnetz, das der streitlustige Luther eifrig nutzte. Er und andere Reformatoren korrespondierten intensiv mit Anhängern und Gegnern in vielen europäischen Ländern. Die Universität Wittenberg wirkte dabei erneut als Drehscheibe für die Verbreitung seiner Lehre, denn Studenten oder Besucher brachten sie von dort nach Ungarn, Polen, Dänemark, Schweden, Finnland und England.

Q2 Katholizismus und Calvinismus
Zeitgenössischer Kupferstich von Huyck Allardt.

Q3 Reformation und Prädestination

Aus der Schrift „Instruction et Confession de Foi", einem Katechismus mit Glaubensbekenntnis, von Jean Calvin, 1537:

Diese Verschiedenheit der Menschen zwingt dazu, über das große Geheimnis des göttlichen Ratschlusses nachzudenken, denn die Saat des Wortes schlägt nur in jenen Wurzeln und trägt Früchte, die der Herr durch seine in Ewigkeit beschlossene Wahl zu seinen Kindern und zu Erben des himmlischen Reiches bestimmte.
Allen anderen, die schon vor Erschaffung der Welt durch denselben Ratschluss Gottes verworfen sind, kann die lautere und wahre Verkündung der göttlichen Wahrheit nur ein Anhauch des Todes zum Tode sein.
Warum nun der Herr den einen sein Erbarmen und den andern die Strenge seines Gerichts zuwendet, müssen wir seiner Weisheit allein überlassen, denn er hat gewollt, dass es uns allen verborgen sei und dies aus guten Gründen. […]
Suchen wir nicht – wie viele es tun – bis zum Himmel vorzudringen, um uns der Gewissheit des Heils zu versichern und um das zu ergründen, was Gott seit Ewigkeit über uns beschlossen hat, denn dieses Forschen kann uns nur mit Angst und jämmerlicher Verwirrung erfüllen. Begnügen wir uns hingegen mit dem Zeugnis, durch das Gott uns hinreichend der Gewissheit dieses Heils versichert hat.

Hagen Schulze/Ina Ulrike Paul (Hg.), Europäische Geschichte. Quellen und Materialien, München 1994, S. 829.

Q4 Heil und Verderben

Aus Jean Calvins Schrift „Institutiones Christianae religionis" (Unterricht in der christlichen Religion), 1536:

Was demnach die Schrift klar zeigt, das sagen wir auch: Gott hat in seinem ewigen und unwandelbaren Ratschluss einmal festgestellt, welche er einst zum Heil annehmen und welche er andererseits dem Verderben anheimgeben will. Dieser Ratschluss ist, das behaupten wir, hinsichtlich der Erwählten auf Gottes unverdientes Erbarmen begründet, ohne jede Rücksicht auf menschliche Würdigkeit. Den Menschen aber, die er der Verdammnis überantwortet, schließt er […] den Zugang zum Leben zu! Was die Auserwählten betrifft, so halten wir dann weiter dafür, dass die Berufung das Zeugnis der Erwählung ist. Ein zweites Merkzeichen zur Bekräftigung der Erwählung ist dann die Rechtfertigung – bis wir endlich zu der Herrlichkeit gelangen, in der die Erfüllung der Erwählung besteht.

Jean Calvin, Unterricht in der christlichen Religion, Neukirchen 1937, Band 2, S. 522. Übersetzung: Otto Weber.

Q5 Schwedische Geschützgießerei, um 1650

Die Waffenherstellung in Schweden wurde maßgeblich von niederländischen Unternehmern vorangetrieben. Bekannt ist der Calvinist Louis de Geer, der aus den spanischen Südprovinzen geflohen war.

D1 Calvinismus und Frühkapitalismus

Der Soziologe Max Weber über die Folgen von Calvins Lehre, 1905:

Die innerweltliche protestantische Askese […] wirkte also mit voller Wucht gegen den unbefangenen Genuss des Besitzes […] Der Kampf gegen Fleischeslust und das Hängen an äußeren Gütern war kein Kampf gegen rationalen Erwerb, sondern gegen irrationale Verwendung des Besitzes. […] Nicht Kasteiung wollte sie dem Besitzenden aufzwingen, sondern Gebrauch seines Besitzes für notwendige und praktisch nützliche Dinge. […]
Ein spezifisch bürgerliches Berufsethos war entstanden. Mit dem Bewusstsein, in Gottes voller Gnade zu stehen und von ihm sichtbar gesegnet zu werden, vermochte der bürgerliche Unternehmer, wenn er sich innerhalb der Schranken formaler Korrektheit hielt, sein sittlicher Wandel untadelig und der Gebrauch, den er von seinem Reichtum machte, kein anstößiger war, seinen Erwerbsinteressen zu folgen und sollte dies tun. Die Macht der religiösen Askese stellte ihm überdies nüchterne, gewissenhafte, ungemein arbeitsfähige und an der Arbeit als gottgewolltem Arbeitszweck klebende Arbeiter zur Verfügung. Sie gab ihm dazu die beruhigende Versicherung, dass die ungleiche Verteilung der Güter dieser Welt ganz spezielles Werk von Gottes Vorsehung sei, der mit diesen Unterschieden […] seine geheimen, uns unbekannten Ziele verfolge.

Max Weber, Soziologie – Weltgeschichtliche Analysen – Politik, Stuttgart 1956, S. 370 f., 375.

Q6 Protestantische Kirche
Die Genfer Peterskirche, in der Calvin predigte.

D2 Eine moderne Position

Der Wirtschaftswissenschaftler David Landes, 1998:

Protestantische Kaufleute und Fabrikanten spielten eine führende Rolle im Handel, im Bankwesen und in der Güterfertigung. In den manufakturellen Zentren Frankreichs und des westlichen Deutschlands waren normalerweise Protestanten die Arbeitgeber, Katholiken die Arbeitnehmer. In der Schweiz bildeten die protestantischen Kantone die Zentren der exportorientierten Manufaktur (Uhren, Maschinen, Textilien), während die katholischen Kantone primär landwirtschaftlich tätig waren. In England, das zum Ende des 16. Jahrhunderts überwiegend protestantisch war, spielten die Dissenter (sprich: die Kalvinisten) in den Fabriken und Hammerwerken der anbrechenden Industriellen Revolution eine unverhältnismäßig aktive und wichtige Rolle. [...] Den Kern der Sache bildete in der Tat die Schaffung eines neuen Menschen – rational, ordentlich, fleißig, produktiv. Diese Eigenschaften waren zwar nicht neu, aber verbreitet waren sie auch nicht. Der Protestantismus ließ sie unter seinen Anhängern zum Gemeingut werden; diese beurteilten einander nach Maßgabe jener Normen. Das ist eine eigene Geschichte [...]: die Rolle des Gruppenzwangs und der wechselseitigen Kontrolle für die Durchsetzung der Verhaltensnormen – jeder passte auf jeden auf, und einer kümmerte sich um die Angelegenheiten des anderen.

Zwei Eigentümlichkeiten des Protestantismus spiegeln diesen Zusammenhang wider und bekräftigen ihn. Das eine ist das besondere Gewicht, das auf Erziehung und schriftkulturelle Bildung gelegt wurde, bei Mädchen wie bei Jungen. Dabei handelte es sich um ein Nebenprodukt der Bibellektüre. Von guten Protestanten wurde erwartet, dass sie im stillen Kämmerlein die Heilige Schrift lasen. (Demgegenüber erhielten die Katholiken zwar Religionsunterricht, mussten aber nicht lesen können und wurden sogar ausdrücklich von der Bibellektüre abgehalten.) Das Ergebnis waren eine stärker verbreitete Schriftkultur und ein größerer Fundus an Anwärtern auf höhere Bildung, hinzu kam eine ausgeprägtere Kontinuität bei der Weitergabe der Schriftkultur von einer Generation zur anderen. Mütter, die schreiben und lesen können, machen viel aus. Das zweite war die Bedeutung, die der Zeit beigemessen wurde. [...] Selbst in katholischen Gebieten wie Frankreich und Bayern waren die meisten Uhrmacher Protestanten und die Verwendung dieser Zeitmessinstrumente sowie ihre Verbreitung in ländliche Gebiete waren in Großbritannien und Holland weiter fortgeschritten als in katholischen Ländern. Nichts bezeugt so deutlich die Urbanisierung der ländlichen Gesellschaft wie der Sinn für die Zeit.

David Landes, Wohlstand und Armut der Nationen, Berlin 1998, S. 195 f. Übersetzung: Ullrich Enderwitz.

KLICK INS INTERNET

www.luther.de
Auf der Seite finden Sie Informationen über den Reformator und die Zeit, in der er lebte. Sie erfahren mehr über die Reformation, die Welt um 1500, Luthers Einfluss auf die Sprache und sein Verhältnis zu den Juden.

Q7 „Geistlicher Rauffhandel“
Flugblatt, um 1619.

Fragen und Anregungen

1. Erläutern Sie die Bedeutung der Erfindung des Buchdrucks (VT).
2. Erarbeiten Sie eine Mindmap zu den reformatorischen Strömungen in Europa (VT, Q1, Q2).
3. Vergleichen Sie das Innere der Peterskirche (Q6) mit katholischen Kirchen, die Sie kennen.
4. Arbeiten Sie aus Q3 und Q4 die Grundideen von Calvins Prädestinationslehre heraus.
5. Erörtern Sie, inwieweit der Calvinismus Wegbereiter des Frühkapitalismus war (D1, D2, Q5).
6. Untersuchen Sie, ausgehend vom Erscheinungsjahr des Flugblatts, vor welchen Gefahren der Verfasser warnt (Q7).

9. Wissenschaft und Technik – abendländische Rationalität und neues Weltbild

1532	Niccolò Machiavelli begründet mit seinem Werk „Il Principe" die moderne Staatstheorie.
1543	Nikolaus Kopernikus weist in seinem Werk „De revolutionibus caelesticum" nach, dass die Planeten sich um die Sonne drehen.
1609	Johannes Kepler weist in seinem Werk „Astronomia nova" die elliptische Umlaufbahn der Planeten nach.
1633	Galileo Galilei wird wegen seiner Forschungen unter Hausarrest gestellt.

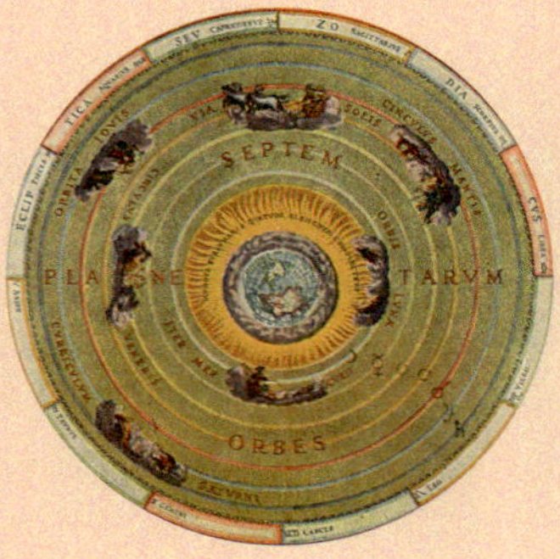

Geozentrisches Planetensystem Q1
Modelldarstellung, 1660.

Glaube und Wissen

Die Aufwertung des Individuums in Renaissance und Humanismus beeinflusste auch die Wissenschaften. Moderne wissenschaftliche Verfahren konnten sich nur durch die Befreiung von kirchlicher Bevormundung entwickeln. Die Forscher benötigten Freiräume, um Antworten auf ihre Fragen nach dem Wesen des Menschen, der Natur und der Welt zu finden. Entscheidenden Einfluss hatten dabei die Lehren des Theologen Nikolaus von Kues. Er unterschied zwischen den Räumen des „Endlichen" und des „Unendlichen": Für das „Unendliche" sei die kirchliche Theologie, für das „Endliche", d.h. die von Gott geschaffene Welt, die Naturwissenschaft zuständig. Damit eröffnete erstmals ein Theologe den Wissenschaftlern einen Bereich zum unabhängigen Forschen, in dem sie keine kirchliche Zensur und Kontrolle zu fürchten hatten. In der Praxis jedoch lebten Forscher, die das kirchliche Weltbild in Frage stellten, weiterhin gefährlich.

Die „Kopernikanische Wende"

Ein wichtiges Gebiet für die neuen Naturwissenschaften war die Astronomie wegen ihrer praktischen Bedeutung für Schifffahrt und Entdeckungsfahrten. Nikolaus Kopernikus (1473–1543) veröffentlichte 1543 erstmals seine bahnbrechenden „Sechs Bücher über die Kreislaufbewegungen der Weltkörper". Jahrelang hatte er seine Erkenntnisse aus Angst vor der Inquisition nicht publiziert. Das geozentrische Weltbild, das von der Erde als Mittelpunkt des Sonnensystems ausging, war zwar bereits früher angezweifelt worden. Aber erst Kopernikus konnte es durch systematische Beobachtungen und präzise Berechnungen wissenschaftlich begründet widerlegen. Er führte den Nachweis, dass die Sonne ein Fixstern ist, um den sich die Planeten bewegen (heliozentrisches Weltbild).

Vom geozentrischen zum heliozentrischen Weltbild

Überall in Europa entwickelten Forscher die neuen Lehren weiter. Der dänische Astronom Tycho Brahe kam aufgrund seiner Beobachtungen in der Sternwarte auf der Sundinsel Hveen zu dem Ergebnis, dass der Kosmos unendlich und das Sonnensystem nur eines unter vielen sei. Giordano Bruno, der diese Auffassung teilte, wurde 1600 als Ketzer verbrannt. Tycho Brahes Gehilfe Johannes Kepler (1571–1630) bestätigte die Berechnungen von Kopernikus und wies nach, dass die Planeten sich

nicht in Kreisen, sondern in elliptischen Bahnen bewegen. Der Philosoph, Physiker und Mathematiker Galileo Galilei (1564–1642) formulierte als Erster die grundlegende Erkenntnis, dass prinzipiell nur durch systematische Beobachtung gewonnenes Wissen wissenschaftliche Gültigkeit beanspruchen könne („Empirie“). Er benutzte 1609 das erste selbst gebaute Fernrohr für Himmelsbeobachtungen und bestätigte damit den Ansatz von Kopernikus. Als Galilei 1613 behauptete, naturwissenschaftliche Erkenntnisse seien den Aussagen der Bibel überlegen, übergab die Kirche auch ihn der Inquisition. Sie zwang ihn, die kopernikanische Lehre nur als eine erste Vermutung (Hypothese), nicht als gesicherte Erkenntnis auszugeben. Die Werke von Kopernikus und Kepler wurden verboten. 1633 wurde Galilei aufgrund weiterer Konflikte mit der Inquisition zu lebenslangem Hausarrest auf seinem Landgut in der Nähe von Florenz verurteilt. Hier erarbeitete er 1638 – fast erblindet – die Grundlagen der modernen Physik.

Experiment und Empirie

Die Bedeutung des Experiments zur Gewinnung neuer Erkenntnisse betonte der Engländer Francis Bacon (1560–1626). Otto von Guericke (1506–1686) stellte auf experimentellem Weg erstmals ein Vakuum her und führte damit den Nachweis, dass unter Laborbedingungen Phänomene simuliert werden können, die normalerweise auf der Erde nicht vorzufinden sind. Der Franzose René Descartes (1596–1650), der wegen vermeintlicher Ketzerei 1628 sein Heimatland verlassen musste, sprach sich 1637 für eine Methodik aus, die den Zweifel integrierte: Niemals solle etwas als wahr anerkannt werden, das nicht klar und deutlich („clare et distincte“) erkannt worden sei. Seinen optimistischen Glauben an die Erkenntnisfähigkeit des Menschen formulierte Descartes in dem berühmt gewordenen Satz: „Cogito ergo sum“ – ich denke, also bin ich (s. auch S. 281).

Medizinische Fortschritte

Die methodischen Fortschritte trugen dazu bei, dass sich weitere wissenschaftliche Disziplinen herausbildeten. Eine empirisch orientierte Medizin begründete Paracelsus, die Erforschung des menschlichen Körpers wurde mit der Entdeckung des Lungenblutkreislaufs und später des großen Blutkreislaufs entscheidend befördert. Andreas Vesalius stellte 1564 in seinem Werk über den Körperbau die Anatomie auf festere Grundlagen. Auch Botanik und Zoologie profitierten von den neuen Methoden. Insgesamt wird die Forschungsentwicklung des 16. und 17. Jahrhunderts bis heute als „wissenschaftliche Revolution“ bezeichnet, weil sie in vielfältiger Hinsicht das moderne, bis heute gültige Weltbild vorbereitet hat.

Heliozentrisches Planetensystem Q2
Kolorierter Kupferstich, 1660.

Q3 Bedeutende Astronomen
Titelblatt eines astronomischen Werks von Kepler. Auf den Säulen stehen die Namen Hipparchus, Copernicus, Tycho Brahe und Ptolemäus.

Q4 Vorstellung und Wirklichkeit

Aus Niccolò Machiavellis Schrift „Il Principe" (Der Fürst), 1513 (1532 publiziert):

Da es aber meine Absicht ist, etwas Nützliches zu schreiben für den, der es versteht, schien es mir angemessener, der Wirklichkeit der Dinge nachzugehen als den bloßen Vorstellungen über sie. Viele haben sich Republiken und Fürstentümer vorgestellt, die nie jemand gesehen oder tatsächlich gekannt hat. Aber es liegt eine so große Entfernung zwischen dem Leben, wie es ist, und dem Leben, wie es sein sollte, dass derjenige, welcher das, was geschieht, unbeachtet lässt zugunsten dessen, was geschehen sollte, dadurch eher seinen Untergang als seine Erhaltung betreibt.

N. Machiavelli, Der Fürst, Stuttgart 1986, S. 119 ff.

Q5 Die Erfahrung als Grundlage der Wissenschaft

Aus den Tagebüchern Leonardo da Vincis, 1508:

Die geistigen Dinge, die nicht den Weg durch die Sinne gegangen, sind eitel und keinerlei Wahrheit bringen sie hervor, es sei denn schädliche [...]. Doch scheint mir, dass jene Wissenschaften eitel und voller Irrtümer sind, die nicht geboren wurden aus der Erfahrung, der Mutter jeder Gewissheit, oder nicht in einer bekannten Erfahrung enden, das heißt solche, bei denen weder Ursprung noch Mittelweg noch Ende durch irgendeinen der fünf Sinne hindurchgehen. Und wenn wir an der Gewissheit aller Dinge, die durch die Sinne gehen, zweifeln, um wie viel mehr müssen wir an den Dingen zweifeln, die diesen Sinnen aufsässig sind, wie etwa die Wesenheit Gottes und der Seele und Ähnliches, worüber man streitet und kämpft; denn wahrlich, es geschieht, dass immer, wo die Vernunft ausbleibt, das Gezänk einspringt, was bei den Dingen, die gewiss sind, nicht geschieht.
[...] also, ihr Forscher, traut nicht den Autoren, die sich nur vermittels der Einbildungskraft zu Dolmetschern zwischen Natur und Mensch haben machen wollen, sondern einzig denen, die nicht auf Grund der Zeichen der Natur, vielmehr durch die Ergebnisse ihrer Versuche den Geist geübt haben. Die Experimente täuschen jene, die nicht ihr Wesen kennen, denn oft sind solche, die gleich scheinen, von großer Mannigfaltigkeit.

Hagen Schulze/Ina Ulrike Paul (Hg.), Europäische Geschichte. Quellen und Materialien, München 1994, S. 662 f.

Q6 Von der Hypothese zur Theorie

Georg Joachim Rheticus, Professor für Mathematik an der Universität Wittenberg und Schüler von Kopernikus, über dessen Arbeitsweise, 1539:

Mein Herr Lehrer hat die Beobachtungen aller Zeiten mit den seinigen sorgfältig verglichen und, in einer bestimmten Reihenfolge niedergeschrieben, stets zur Benutzung bereitliegen. Wenn nun etwas sicher festzustellen oder in die Wissenschaft und die angenommene Theorie neu aufzunehmen ist, dann geht er, von den ersten Beobachtungen anfangend, bis zu seinigen herab und erwägt sorgfältig, unter welchem Gesetze sie wohl untereinander in Einklang zu bringen seien. [...] Wenn er dann alles mit der größten Sorgfalt erwogen hat und findet, dass kraft des astronomischen Gesetzes die bisherigen Hypothesen aufgegeben werden müssen, dann stellt er, nicht ohne göttliche Eingebung und Befehl, neue Theorien auf und begründet mit Hilfe der Mathematik in streng geometrischer Beweisführung, was aus seinen Theorien durch richtige Schlüsse abgeleitet werden könne. [...] Dann erst, nach

Überwindung so großer Mühe und Arbeit, bestimmt er das neue Gesetz für die Astronomie. […] Es ist in der Tat etwas Göttliches, dass ein genaues Verständnis der Himmelserscheinungen von den regelmäßigen und einförmigen Bewegungen der Erdkugel allein abhängt.

H. Kesten, Copernicus und seine Welt, Wien/München/Basel 1948, S. 282, 285.

KLICK INS INTERNET

http://www.ethbib.ethz.ch/exhibit/brahe

Unter dieser Adresse finden Sie die Online-Ausstellung „Der vermessene Himmel". Dort erfahren Sie mehr über Tycho Brahes Biografie, seine Arbeit und die Funktionsweise seiner Messinstrumente.

Q7 Astronomisches Instrument
zur Bestimmung der Parallaxen der Kometen, entwickelt von Tycho Brahe, 1557. Erläutern Sie die Wirkungsweise des Instruments.

Q8 Glaube und Wissen

Aus einem Brief Galileo Galileis an Christina von Lothringen, in dem er sich angesichts der Vorwürfe der römischen Inquisition verteidigt, 1615:

Da also […] die Schrift an vielen Stellen eine andere Auslegung, als der Wortlaut besagt, nicht bloß gestattet, sondern geradezu verlangt, so scheint mir, ist der Heiligen Schrift in mathematischen Diskussionen der letzte Platz einzuräumen. Denn diese wie die Natur kommen beide vom göttlichen Worte her, die Schrift als vom Heiligen Geiste inspiriert, die Natur als Ausführer n der gött ichen Befehle; in der Heiligen Schrift war es nun notwendig, dass sie, um dem allgemeinen Anschein zu entsprechen vieles sage, was dem Anschein und der Bedeutung der Worte nach von ihrem eigentlichen Sinn abweiche, die Natur hingegen ist unerbittlich und unveränderlich, unbekümmert, ob ihre verborgenen Gründe und Mittel zu wirken, dem menschlichen Verstande fasslich sind oder nicht, verlässt sie nie die Gesetze, die ihr vorgeschrieben sind. Deshalb muss kein Werk der Natur, so scheint mir, das uns entweder die Erfahrung vor Augen legt oder das aus Beweisgründen notwendig hervorgeht, wegen Stellen der Heiligen Schrift, welche Tausende von verschieden deutbaren Worten enthält, in Zweifel gezogen werden. Denn nicht jeder Satz der Heiligen Schrift ist an so strenge Gesetze gebunden, wie dies jedes Werk der Natur ist. […]

Ich bin geneigt zu glauben, die Autorität der Heiligen Schrift habe den Zweck, die Menschen von jenen Wahrheiten zu überzeugen, welche für ihr Seelenheil notwendig sind und die, jede menschliche Urteilskraft völlig übersteigend, durch keine Wissenschaft noch irgendein anderes Mittel als eben durch Offenbarung des Heiligen Geistes sich Glaubwürdigkeit verschaffen können. Dass aber dieser selbe Gott, der uns mit Sinnen, Verstand und Urteilsvermögen ausgestattet hat, uns deren Anwendung nicht erlauben und uns auf einem anderen Wege jene Erkenntnisse beibringen will, die wir doch mittels jener Eigenschaften selbst erlangen können: Das bin ich, scheint mir, nicht verpflichtet zu glauben; hauptsächlich nicht bezüglich jener Wissenschaften, von denen die Heilige Schrift nur ganz geringe Fragmente und verschiedenartige Schlüsse enthält, was gerade bei der Astronomie der Fall ist, von der so wenig in der Bibel vorkommt, dass sich nicht einmal alle Planeten genannt finden.

Hans-Christian Freiersleben, Galileo Galilei. Physik und Glaube an der Wende zur Neuzeit. Stuttgart 1956, S. 72 ff.

Q9 **Experiment Otto von Guerickes zu seinen Vakuum-Forschungen, 1654**

Fragen und Anregungen

1. Interpretieren Sie die beiden Modelle im Vergleich (Q1, Q2).
2. Arbeiten Sie die gemeinsamen Überzeugungen von Leonardo da Vinci und Niccolò Machiavelli heraus (Q4, Q5).
3. Charakterisieren Sie die Arbeitsweise von Nikolaus Kopernikus und vergleichen Sie diese mit dem naturwissenschaftlichen Unterricht, den Sie aus der Schule kennen (Q6).
4. Klären Sie mit Hilfe von VT und des Internets die Bedeutung der genannten vier Wissenschaftler für die Entwicklung der modernen Astronomie. Interpretieren Sie im Anschluss daran die Bildelemente des Titelblatts (Q3).
5. Arbeiten Sie heraus, wie Galileo Galilei das Spannungsverhältnis zwischen Glauben und Wissen darstellt und löst (Q8).
6. Erklären Sie den dargestellten Vorgang und seinen naturwissenschaftlichen Hintergrund (Q9).
7. Erörtern Sie, inwieweit durch wissenschaftlich-technische Fortschritte im 16./17. Jahrhundert die Grundlagen unserer Gegenwart gelegt wurden.

10. Kehrseite der Rationalität – Verfolgung von Minderheiten

Um 1500	Juden werden diskriminiert und aus verschiedenen europäischen Ländern vertrieben.
1516	Auf der Insel Geto (Venedig) wird ein Judenviertel eingerichtet, weitere „Gettos" folgen.
1560–1680	50 000 bis 60 000 Menschen werden in Europa als Hexen oder Hexer getötet, davon ca. 70 Prozent Frauen und 30 Prozent Männer.

Ausgrenzung von Minderheiten

Die Vertreter von Renaissance, Humanismus und Reformation forderten für sich die Möglichkeit zur individuellen Lebensgestaltung, Selbstbestimmung und Toleranz – doch nicht alle gesellschaftlichen Gruppen konnten daran teilhaben. Und so gehört zur Geschichte der großen europäischen Errungenschaften am Beginn der Neuzeit auch eine dunkle Kehrseite: die gewaltsame Ausgrenzung und Diskriminierung von Minderheiten.

Hexenverfolgung

Entgegen einer weit verbreiteten Vorstellung waren die großen europäischen Hexenverfolgungen keine Erscheinung des „finsteren Mittelalters", sondern der Frühen Neuzeit. Sie setzten im 16. Jahrhundert europaweit ein und dauerten bis ins 18. Jahrhundert, ihr Höhepunkt lag zwischen 1560 und 1680. Während im Mittelalter stets Einzelpersonen wegen „magischen Schadenzaubers" an Menschen oder Tieren verurteilt worden waren, setzte sich im 15. Jahrhundert ein neues kirchliches Hexenbild durch: Ihm zufolge machten sich Hexen der Ketzerei schuldig, weil sie einen Pakt mit dem Teufel geschlossen hätten, um mit seiner Hilfe die christliche Gemeinschaft als Ganzes zu schädigen. Man behauptete, die Hexen träfen sich nachts, um gemeinsam den Teufel anzubeten und in verschwörerischer Weise Schadenzauber aller Art zu planen. Diese Vorstellung vom „Hexensabbat" war der folgenschwerste Bestandteil der neuen Lehre, denn aus ihr folgte, dass jede Hexe andere kennen musste. Hexenverhöre zielten fortan darauf ab, weitere Namen zu erfahren. Die Strafverfolgung richtete sich also nicht mehr auf Einzelne, sondern auf vermeintliche Hexen- bzw. Hexergruppen.

Q1 Hexensabbat
Kupferstich von Marcantonio Raimondi, 1518–1520.

Die Rolle der Inquisition

Die Inquisition war schon im 13. Jahrhundert als neue Strafprozessordnung in Verbindung mit der Folter eingeführt worden. Im Mittelalter war zur Eröffnung eines Strafverfahrens immer ein privater Kläger nötig gewesen war, der mit Leib und Vermögen für die Rechtmäßigkeit seiner Klage haftete. Jetzt reichte ein bloßer Verdacht oder eine Denunziation, um obrigkeitliche Ermittlungen einzuleiten. Es war also die Verbindung der neuen Hexenlehre mit der veränderten Strafprozessordnung, die zu den Massenfolterungen und -hinrichtungen führte. So schlug die Ausgrenzung missliebiger Außenseiter in strafrechtliche Verfolgung und Tötung um.

Judenverfolgung

Unter den religiösen Minderheiten, die auch in der frühen Neuzeit beständig die Erfahrung von Ausgrenzung und Verfolgung machen mussten, waren die Juden die größte Gruppe. Zwar gab es immer wieder Phasen, in denen das Zusammenleben zwischen Juden und anderen gesellschaftlichen Gruppen harmonisch verlief. Seit dem Ausbruch der Pest 1347 aber waren die Juden in vielen europäischen Staaten zu Sündenböcken erklärt und zu Opfern grausamer Pogrome gemacht worden. Brunnenvergiftungen und Ritualmorde an christlichen Kindern waren zur Pestzeit gängige Vorwürfe, außerdem wurden sie wegen ihres angeblichen Wuchers beim Geldverleih diskriminiert, verfolgt und getötet.

Mit dem Abklingen der Pest schien sich ihre Lage zunächst zu verbessern. Sie spitzte sich vor 1500 jedoch wieder zu, denn nach der Lockerung des kirchlichen Zins- und Wucherverbots sahen die im Geldgeschäft tätigen Christen in den Juden zunehmend eine unliebsame Konkurrenz. Außerdem trug der kirchliche Kampf gegen die Ketzerei, der durch die Inquisition einen neuen Höhepunkt erreichte, zu einer schärferen Ausgrenzung auch der Juden bei. So musste der polnische König Kasimir IV. ein Judenprivileg, das er 1447 erteilt hatte, wegen antijüdischer Proteste von Geistlichen und Städten bereits sieben Jahre später wieder aufheben. Seit 1492 wurden die Juden aus Spanien ausgewiesen, nachdem die Cortes (das portugiesische Adelsparlament) schon die Einrichtung separater jüdischer Wohnviertel beschlossen hatte. Als 1497 auch in Portugal ein großer Teil der Juden zwangsgetauft und der Rest ausgewiesen wurde, war auf der gesamten Iberischen Halbinsel ein offenes jüdisches Leben auf Jahrhunderte hinaus unmöglich geworden. Auch in der Schweiz und England wurden Juden erst im 17. Jahrhundert wieder eingelassen.

Gettoisierung und Verarmung

1495 setzte die Ausweisung aus der Steiermark ein und seit 1520 aus allen habsburgischen Ländern. 1515 begann die Vertreibung im Königreich Neapel und 1597 im Herzogtum Mailand. In Venedig wurde 1516 auf der Insel Geto ein abgeschlossenes Judenviertel geschaffen, seither verbreitete sich der Begriff „Juden-Getto" in Europa – und leider auch die dazu gehörige Praxis, denn dem venezianischen Beispiel folgten auch andere europäische Länder. So wies Papst Paul IV. den Juden in Rom das Viertel Rione S. Angelo zu.

Dem Schicksal der Gettoisierung versuchten viele Juden zu entgehen, indem sie sich auf den Weg nach Osteuropa machten: nach Böhmen, Mähren, Polen und Litauen. Prag wurde ein Zentrum ihrer wirtschaftlichen und kulturellen Betätigung und eine Durchgangsstation auf dem Weg nach Osten. Unter dem Schutz des polnischen Königs erlebten die Juden im 16. Jahrhundert zunächst ein „goldenes Zeitalter", das allerdings mit den Kosaken-Aufständen gegen die polnische Herrschaft um 1650 endete. Durch ihre Verdrängung aus den osteuropäischen Städten und ihre Rückwanderung nach Mitteleuropa veränderte sich die jüdische Berufsstruktur. Sie lebten nun mehr schlecht als recht vom Hausier- und Trödelhandel, der Pfandleihe und als kleine Korn-, Vieh- und Weinhändler. Dabei verarmten viele und es bildete sich ein Heer von wandernden, häufig in die Kleinkriminalität abgedrängten „Betteljuden".

Q2 **Rapenburgstraat in Amsterdam**
Synagogen der portugiesischen Juden (links) und der Hochdeutschen Gemeinde (rechts), Stich von P. van Gunst.

„Unehrliche"

Zu den aus der Gesellschaft Ausgestoßenen gehörte auch die große Zahl der Menschen, die mit dem Makel der Ehrlosigkeit behaftet waren. Sie übten Tätigkeiten aus, die als „unehrlich" eingestuft waren, d. h. ihnen fehlte die „Standesehre", obwohl sie häufig nützliche Dienste verrichteten. Die „fahrenden Leute", die einen großen Frauenanteil aufwiesen, waren auf ihre „Fahrhabe" angewiesen und konnten keine Immobilien erwerben. Zu ihnen zählten Schauspieler und Gaukler, so genannte Zigeuner und Marketender, Prostituierte und Quacksalber, Bärentreiber und Pfeifer, Kesselflicker, Scherenschleifer und Hausierer. Sie waren in allen europäischen Ländern unverzichtbar, denn sie betrieben Kleinhandel, verrichteten spezialisierte Reparaturarbeiten, befriedigten Unterhaltungsbedürfnisse und übermittelten Nachrichten – dennoch erließen die Obrigkeiten seit dem 16. Jahrhundert immer häufiger Verordnungen gegen sie als „herrenloses Gesindel". In dem Maße, in dem in Europa die moderne Staatstätigkeit zunahm, entwickelten die Behörden immer engere Ordnungsvorstellungen, in denen diese Menschen kaum mehr Platz fanden.

Weitere Außenseiter

Ähnliches gilt für die große Zahl derjenigen Menschen, deren Tätigkeit in den europäischen Städten und Dörfern als „unsauber" oder „unlauter" galt. Das betraf beispielsweise Müller, Leineweber und Schäfer, vor allem aber Bader, Gerber, Töpfer, Gassenkehrer und Türmer. Zu dieser Gruppe gehören auch die Personen, die im Auftrag der Kommunen niedere, als verwerflich geltende Dienste verrichteten, z. B. als Gerichts- und Polizeidiener, Bettelvögte, Leihhausinhaber, Schinder und Henker.

Q3 Rechtliche Grundlagen der Judenverfolgung

Aus dem Gesetz über die „Reinheit des Blutes" (limpieza de sangre) in der spanischen Stadt Toledo, 1449:

Wir, Pedro Sarmiento, der Oberkämmerer unseres Herrn Königs [...] verkünden und erklären: [...] dass alle diese Conversos [zum Christentum konvertierte Juden], die, in welcher Form auch immer, von dem verderbten Geschlecht der Juden abstammen, [...] aufgrund ihrer Ketzerei und der übrigen oben erwähnten Vergehen, Beleidigungen, Aufstände und Verbrechen, die sie bis zum heutigen Tag begangen haben, wie das Recht es vorsieht, für ehrlos, ungeeignet, unfähig und unwürdig gehalten werden, in dieser Stadt Toledo, in ihrem Gebiet und ihrer Jurisdiktion irgendein öffentliches Amt oder eine öffentliche oder private Pfründe innezuhaben, wodurch sie in die Lage versetzt würden, Herrschaft über die Altchristen, die dem heiligen katholischen Glauben an unseren Herrn Jesus Christus anhängen, auszuüben und ihnen Schaden oder Unrecht zuzufügen. Ebenso sollen sie für unwürdig, ungeeignet und unfähig gehalten werden, als öffentliche Notare oder als Zeugen, vor allem in dieser Stadt, Zeugnis abzulegen und Urkunden auszustellen.

Julius H. Schoeps/Hiltrud Wallenborn (Hg.), Juden in Europa. Ihre Geschichte in Quellen, Band 1, Darmstadt 2001, S. 278–280.

Q4 Einrichtung eines Juden-Gettos in Rom

Aus der Bulle „Cum nimis absurdum" von Papst Paul IV., 1555:

Da es völlig absurd und unzulässig erscheint, dass die von Gott um ihrer Schuld willen zu ewiger Sklaverei verdammten Juden sich unserer christlichen Liebe und Duldsamkeit erfreuen, um uns unsere Gnade in schnöder Undankbarkeit mit Beleidigung zu vergelten und, statt sich demütig zu ducken, sich an die Macht heranzudrängen, angesichts dessen ferner, dass diese uns zur Kenntnis gebrachten Frechheiten in unserer erhabenen Stadt Rom und an anderen im Herrschaftsbereiche der heiligen Römischen Kirche gelegenen Städten, Ländern und Orten so weit gehen, dass sich die Juden mitten unter den Christen und sogar in unmittelbarer Nähe der Kirchen ohne jegliches Abzeichen zu zeigen wagen, sich in den vornehmsten Straßen und Plätzen der Städte, Gebiete und Orte, in denen sie weilen, einzumieten wagen und Immobilien erwerben und besitzen und Ammen und andere christliche Mägde in ihren Haushalt einstellen und noch auf verschiedene andere Weise den christlichen Namen zu schmähen und zu verachten wagen, sehen wir uns genötigt, indem wir bedenken, dass die Römische Kirche die Juden zum Zeugnis des wahren christlichen Glaubens duldet, die folgenden Anordnungen zu treffen, damit sie, von der Frömmigkeit und Milde des apostolischen Stuhles angelockt, ihre Irrtümer dennoch erkennen und sich bemühen, zu dem wahren Licht des katholischen Glaubens zu gelangen. Solange sie in ihren Irrtümern verweilen, sollen sie aus der Wirkung des Werkes erkennen, dass sie Sklaven, die Christen aber Freie durch Jesus Christus, unseren Herrn und Gott, geworden sind und dass es ungerecht wäre, wenn die Kinder der Freien den Kindern der Magd dienen würden.

Karl Heinrich Rengstorf/Siegfried von Kortzfleisch (Hg.), Kirche und Synagoge. Handbuch zur Geschichte von Christen und Juden, Band 1, Stuttgart 1968.

Q5 Vertreibung von Juden

Aus einem jüdischen Bericht über die Ausweisung aus Spanien, 1492:

Und im Jahre 5252 [1492] suchte der Herr den Rest seines Volkes zum zweiten Male heim und strafte sie in den Tagen des Königs Ferdinand mit Verbannung. Nachdem der König den Ismaeliten [Moslems] Granada abgenommen und die Stadt sich ihm am 8. Januar des oben genannten Jahres ergeben hatte, ordnete er die Vertreibung aller Juden aus allen Teilen seines Reiches an [...]. Die Zahl der Ausgewiesenen wurde nicht festgestellt, aber nach vielen Nachforschungen fand ich, dass die Schätzung auf 50 000 oder nach anderen auf 53 000 Familien fast allgemein angenommen wurde. Sie besaßen Häuser, Äcker, Weinberge und Vieh und waren in der Mehrzahl Handwerker. [...]

Im Laufe der ihnen zugestandenen Frist von drei Monaten suchten die Juden einen Vergleich zustande zu bringen, laut dem sie im Lande bleiben dürften, und sie hofften fest, einen solchen zu erreichen. [...] Das Abkommen, nach dem sie gegen Zahlung einer großen Summe Geldes im Lande sollten bleiben dürfen, war dem Abschluss nahe, als es durch das Dazwischentreten eines hohen Beamten, der an die Geschichte vom Kreuz erinnerte, vereitelt wurde. [...] Da sahen sie, dass ihr Unglück beim König eine beschlossene Sache war, und sie gaben die Hoffnung auf, bleiben zu können. Aber die Frist war inzwischen fast abgelaufen und sie mussten ihren Auszug aus Spanien beeilen. Sie verkauften ihre Häuser, Ländereien und ihr Vieh zu sehr niedrigem Preise, nur um noch wegzukommen. Der König ließ sie kein Silber und Gold aus dem Lande mit fortnehmen. Daher mussten sie es gegen Waren, Kleider, Felle und anderes umtauschen.

Julius Höxter, Quellenbuch zur jüdischen Geschichte und Literatur, II. Teil, 2. Aufl., Frankfurt/Main 1928, S. 117 ff.

Q6 Judenverfolgung in Polen

Aus einem jüdischen Bericht über den Kosakenaufstand in Polen, 1648/49:

Ein Volk, verachtet und niedrig, ein Schelmengesindel [die Kosaken], ein mächtiges Riesenvolk rottete sich zusammen von fern und nah und empörte sich wider den [polnischen] König, seine Fürsten und Vasallen. Das war der König Wladislaw, ein frommer König, wert, zu den Gerechten gezählt zu werden; denn stets erwies er den Juden Gnade und ließ seinen Bund mit ihnen walten. Im Jahre 5406 nach Erschaffung der Welt [1648], im ersten Monat, dem Monat Nissan, flossen die Tränen der Bedrückten zahlreich; denn da begannen die Schelme die Ermüdeten der „Rose des Tales" [Juden] zu jagen und zu überfallen, erschlugen die heiligen Seelen, die Armen, schwer Bedrängten und Gepeinigten. [...] Alle Israeliten in der Ukraine verließen ihre Häuser, ließen ihre Wohnungen und ihr Land im Stich und es blieb ihnen nur das Leben und das geringe Gut, das ein jeder zu seiner Erhaltung mitnehmen konnte. [...] Das Satanswerk gelang auch wirklich. So übten sie weiter ihre grausamen Taten aus. Sie erschlugen nämlich in der Stadt [Niemirow] gegen 6000 Personen, fromme, gelehrte und kenntnisreiche Männer und Rabbiner, Greise, Jünglinge und Jungfrauen, Bräutigame und Bräute, Kinder und Frauen.

Julius Höxter, Quellenbuch zur jüdischen Geschichte und Literatur, IV. Teil., 2. Aufl., Frankfurt/M. 1928, S. 59 ff.

Hinrichtung vor der Stadt Q7

Dem Meister von Freising-Neustift zugeschrieben, ca. 1490. Informieren Sie sich über die gesellschaftliche Stellung eines Henkers in der Frühen Neuzeit.

Fragen und Anregungen

1. Arbeiten Sie die Vorwürfe heraus, die Hexen und Hexern gemacht wurden (Q1, VT).
2. Bewerten Sie die Veränderungen bei der Beweisaufnahme, die sich im Übergang vom Spätmittelalter zur Frühen Neuzeit ergeben haben (VT).
3. Charakterisieren Sie arbeitsteilig das Judenbild der Christen (Q3, Q4) und das Christenbild der Juden (Q5, Q6). Vergleichen Sie die Ergebnisse im Plenum.
4. Stellen Sie zusammen, welche Maßnahmen gegen Juden getroffen wurden (Q3–Q6).
5. Suchen Sie eine Erklärung dafür, dass Amsterdam seit dem 16. Jahrhundert zum Zufluchtsort für verfolgte Juden wurde (Q2).
6. Organisieren Sie eine Pro- und Kontra-Diskussion: War die Frühe Neuzeit eine humane Epoche? Ziehen Sie Argumente aus den Kapiteln 7 und 10 heran.

11. Die überseeische Expansion Europas – der Weg in die globalisierte Welt

1492	Christoph Kolumbus erkundet den Seeweg nach Indien in westlicher Richtung.
1492	Martin Behaim stellt mit seinem Globus zum ersten Mal die Erde in Kugelgestalt dar.
1497	Vasco da Gama segelt um das Kap der Guten Hoffnung nach Indien.
1519	Ferdinand Magellan bricht zur ersten Weltumsegelung auf.

Die älteste Darstellung der Erde in Kugelgestalt D1
Rekonstruktion des von Martin Behaim (1459–1507) gefertigten Globusses.

Europäer expandieren

Tollkühne Seefahrer, die es wagten, über die Meere vorzustoßen, würden für ihre Vermessenheit mit der Hölle bestraft – diese Meinung vertrat der Florentiner Dichter Dante Alighieri (1265–1321) lange vor der Entdeckung Amerikas. Wenn er Recht behalten hätte, wären viele Europäer dorthin verbannt worden, denn sie hatten in ihrer Geschichte immer wieder versucht, über die Grenzen ihres Kontinents hinauszugreifen. So bestanden bereits zu Dantes Lebzeiten mit der islamischen und der byzantinischen Welt intensive, zum Teil fruchtbare, zum Teil spannungsvolle Kontakte. Seit dem ausgehenden 15. Jahrhundert aber gewann die überseeische Expansion Europas eine völlig neue Qualität.

Neue Horizonte

Europäer überwanden seit dieser Zeit nach Westen den Atlantischen Ozean und machten ihn zu einem neuen „Mittelmeer" zwischen den europäischen Seemächten und ihren Kolonien. Sie erforschten nach Süden die Küsten Afrikas, umgingen nach Südosten den beschwerlichen und häufig blockierten Landweg und fanden die Seeroute nach Indien, die seitdem für Jahrhunderte zum Verkehrsweg von und nach Europa wurde. Dabei machten sie neue Erfahrungen und schlossen neue Kontakte, die weit über alle bislang bekannten Horizonte hinausreichten und erstmals in der europäischen Geschichte globale Dimensionen annahmen. Wie konnte sich in so kurzer Zeit so vieles verändern?

Ursachen und Motive

Weil sie über zu wenig Münzmetalle verfügten, wuchsen bei den europäischen Monarchen die Begehrlichkeiten auf die Gold- und Silbervorräte außerhalb Europas. Die Passivbilanz (mehr Einfuhren als Ausfuhren) europäischer Staaten im Handel mit asiatischen Ländern, die den Abfluss der Edelmetalle hervorrief, sollte auf diesem Weg behoben werden. Zum anderen wuchs mit dem Wirtschaftsaufschwung nach der Überwindung der Pestzüge um 1470 das Interesse an neuen Märkten, um die Erzeugnisse aufblühender Wirtschaftszweige abzusetzen.
Für die Aktivitäten der Europäer in Übersee gab es auch ein religiöses Motiv: die Mission. Hier knüpfte die Kirche an die Tradition der Kreuzzüge an. Aber auch ein für ganz Europa außerordentlich folgenreiches Ereignis förderte die europäische

Expansion: Mit der Eroberung Konstantinopels 1453 und dann Syriens und Ägyptens durch die Osmanen wurde der Handel Europas mit den Ländern des Vorderen Orients und Asiens erschwert. Die Handelszentren des Mittelmeers hatten daher ein großes Interesse an der Erschließung des Seewegs nach Indien, um die osmanische Barriere zu umgehen.

Spanien und Portugal als Schrittmacher

Es waren zunächst Portugal und Spanien, die die überseeische Expansion vorantrieben. Ihre Lage am Atlantik, eine hoch entwickelte Schifffahrt und die wirtschaftlichen Interessen der Krongewalt führten dazu, dass die Spanier in See stachen, um den Seeweg nach Asien zu erkunden. 1492 wähnte sich Christoph Kolumbus am Ziel: Tatsächlich war er aber nicht in Indien gelandet, sondern in Amerika. Die Nachricht von der vermeintlichen Entdeckung Indiens auf der Westroute spornte den Ehrgeiz der Portugiesen an, dasselbe Ziel auf dem östlichen Weg zu erreichen. Schon sechs Jahre später waren sie erfolgreich. 1498 erreichte Vasco da Gama Indien auf dem Weg um das Kap der Guten Hoffnung. Wenige Jahre später fuhren sie mit ihren Schiffen von Indien nach China und bis zu den äußersten Inselgruppen Südostasiens. Die Spanier entdeckten auf dem Landweg von Mittelamerika aus den Pazifischen Ozean, bald danach überquerte Magellan mit einer spanischen Flotte den Pazifik. Er umsegelte 1519 bis 1521 erstmals die ganze Welt und erbrachte damit endgültig den Nachweis für die Kugelgestalt der Erde. Diese Fahrten öffneten den Europäern die Tore nach Übersee: nach Amerika, Ostasien und den Ländern rings um den Indischen Ozean.

Das Beispiel Portugal

Das Beispiel Portugals zeigt, wie ein Land seine Möglichkeiten zu nutzen wusste: Es profitierte von der Lage am Atlantik, der Nähe zu Afrika und zu den atlantischen Inseln, seinen Erfahrungen im Fernhandel zur See, der Verfügung über Kapital,

D2 Toscanelli-Karte

Rekonstruktion der Toscanelli-Karte, die Kolumbus benutzte. Die dunkel getönte Fläche gehört nicht zum Original. In einem Brief (zwischen 1480 und 1482) schrieb Toscanelli an Kolumbus:
„Von deinem mutigen und großartigen Plan, auf dem Westwege, den die dir übermittelte Karte anzeigt, zu den Ostländern zu segeln, nahm ich Kenntnis. Besser hätte er sich noch an Hand einer runden Kugel klarmachen lassen. Es freut mich, dass du mich recht verstanden hast. Der geschilderte Weg ist nicht nur möglich, sondern wahr und sicher." (Zit. nach Eberhard Schmitt (Hg.), Dokumente zur Geschichte der europäischen Expansion, Band 2, München 1984, S. 98 f.).

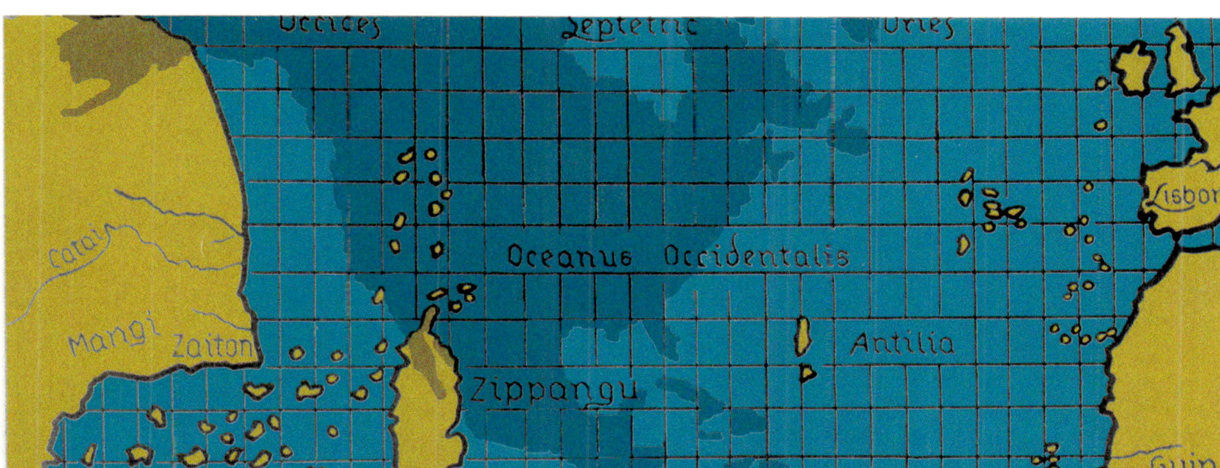

der Existenz eines starken Staates, der Vorreiterrolle in der Navigationstechnik, dem Transfer arabischen und jüdischen Wissens und dessen Nutzbarmachung für die Schifffahrt. Manche dieser Voraussetzungen waren auch in anderen Staaten gegeben – oder sie wurden geschaffen, um der portugiesischen Vorreiterrolle Paroli bieten zu können. Die Folge war, dass sich bald weitere Staaten der überseeischen Expansion zuwandten.

Die Niederlande

Seit dem späten 16. Jahrhundert wurde das spanische und portugiesische Monopol auf den Weltmeeren von den Niederlanden, Frankreich und Großbritannien in Frage gestellt. 1595 fuhr erstmals eine holländische Flotte vom Kap der Guten Hoffnung durch den Indischen Ozean nach Java. Seit 1602 schlossen niederländische Handelskompanien zahlreiche Verträge mit indonesischen Fürsten, in denen sie sich das alleinige Vertriebsrecht für Waren sicherten. In den folgenden 50 Jahren eigneten sie sich auf Kosten der Portugiesen viele Inseln in der Region an, z. B. die Molukken, Sumatra und Ceylon. Den Mittelpunkt des niederländischen Handelsreiches bildete Batavia (Djakarta) auf Java, von wo die Waren aus Ostasien und Indien nach Europa verschifft wurden.

Frankreich

Seit dem 17. Jahrhundert drangen auch die Franzosen in den Asienhandel ein und sicherten sich zu diesem Zweck in Vorderindien zahlreiche Stützpunkte. Ein wesentlich größeres geschlossenes Territorium eigneten sie sich nach und nach in Nordamerika an. Eine Anzahl kleiner Inseln in der Karibik, auf denen sie das Plantagensystem einführten, warf in wirtschaftlicher Hinsicht die höchsten Erträge ab. Im 18. Jahrhundert verlor Frankreich alle Territorien in Nordamerika; es behielt nur einige Stützpunkte in Vorderindien und einen Teil der Westindischen Inseln.

Großbritannien

Auch Großbritannien versuchte seit dem Ende des 16. Jahrhunderts, das portugiesische Handelsmonopol in Asien zu brechen. 1600 wurde eine britische Ostindische Kompanie gegründet und mit staatlichen Privilegien ausgestattet. Sie richtete in Vorderindien Handelsniederlassungen ein und schloss nach holländischem Muster Verträge mit einheimischen Fürsten. Allmählich wurden auch befestigte Stützpunkte angelegt, aus denen sich dann zunehmend die englische Herrschaft über Indien entwickelte. In der zweiten Hälfte des 17. Jahrhunderts überflügelte die englische Flotte die holländische, so dass Holland zunehmend in die Defensive geriet und schließlich nur in Südostasien seine Seeherrschaft behaupten konnte. Dort teilte es sich das portugiesische Erbe mit England, während von den Kolonien in der Neuen Welt Jamaica und weitere Besitzungen in der Karibik wirtschaftlich am rentabelsten für Großbritannien waren. Die 13 Kolonien an der Ostküste Nordamerikas traten dahinter deutlich zurück.

Gold waschende Indianer Q1
Holzschnitt aus der „Historia General y Natural de las Indias“ von Gonzalo Fernándes de Oviedo y Valdes, 1535.

Mittelalterliches Weltbild Q2
Engel setzen mit Handkurbeln den ersten Himmel in Bewegung, astronomische Darstellung, 14. Jahrhundert.

Q3 Die erste Begegnung mit Eingeborenen

Aus dem Bordbuch des Kolumbus über San Salvador, 1492:

Donnerstag, 11. Oktober

Da ich […] bemerkte, dass es Leute waren, die sich eher durch Liebe für unseren heiligen Glauben gewinnen und zu ihm bekehren ließen, gab ich einigen von ihnen ein paar bunte Mützen und einige Ketten aus Glasperlen, die sie sich um den Hals hängten, und allerhand andere Dinge von geringem Wert, an denen sie großes Vergnügen fanden und uns derart zugetan waren, dass es ein wahres Wunder war. Hernach kamen sie zu den Booten geschwommen, in denen wir uns befanden, und brachten uns Papageien und Knäuel von Baumwollfäden, Wurfspieße und viele andere Dinge und tauschten sie gegen Dinge ein, die wir ihnen gaben, wie kleine Glasperlen und Glöckchen. Kurz gesagt, sie nahmen einfach alles und gaben bereitwillig von allem, was sie besaßen. Aber mir schien es, als seien sie in jeder Hinsicht außerordentlich arme Leute. Sie gehen allesamt nackt herum, wie sie ihre Mutter zur Welt gebracht hat, auch die Frauen. […] Sie tragen keine Waffen und kennen sie auch nicht, denn ich zeigte ihnen Schwerter und sie fassten sie an der Schneide und schnitten sich aus Unwissenheit. Sie haben überhaupt kein Eisen: ihre Wurfspieße sind Stäbe ohne Eisenspitze und an manchen von ihnen ist vorne ein Fischzahn befestigt oder etwas anderes. Sie sind durchweg von großer Statur und gut gebaut, ihre Bewegungen sind anmutig. […] Sie sind sicher hervorragende Arbeitskräfte; sie haben einen aufgeweckten Verstand, denn ich sehe, dass sie sehr schnell alles nachsagen können, was man ihnen vorspricht. Außerdem glaube ich, dass man sie leicht zum Christentum bekehren könnte, denn es scheint mir, dass sie noch keine Religion haben. Ich werde, so es Gott gefällt, bei meiner Abfahrt von hier sechs Leute für Eure Hoheit mitnehmen, damit sie spanisch sprechen können.

Freitag, 19. Oktober

[…]. Sollte ich allerdings wirklich auf Gegenden stoßen, wo es Gold oder Spezereien in größeren Mengen gibt, werde ich mich dort so lange aufhalten, bis ich alles habe, was ich bekommen kann; deshalb fahre ich ständig weiter und setze mein ganzes Bemühen darauf, auf diese Gegenden zu stoßen.

Eberhard Schmitt (Hg.), Dokumente zur Geschichte der europäischen Expansion, Band 2, München 1984, S. 113–116.

Q4 „… machten wir einträgliche Geschäfte"

Aus dem Bericht des englischen Kaufmanns John Hawkins über den Sklavenfang an der westafrikanischen Küste und den Handel in Venezuela, 1567/68:

Wir nahmen Kurs auf die Kanarischen Inseln […]. Am vierten Tag des November brachen wir von dort zur Guineaküste auf und erreichten am 18. November Kap Verde. Wir setzten an dieser Stelle 150 Mann an Land, in der Hoffnung, etliche Neger einfangen zu können. Aber wir bekamen nur wenige zu fassen und auch diese nur unter großen Verlusten und unter Inkaufnahme zahlreicher Verwundungen bei unseren Leuten; Schuld trugen daran vor allem vergiftete Pfeile. […] Von da an brachten wir unsere Zeit vor der Guineaküste zu und suchten eifrigst die Flussgebiete vom Rio Grande bis Sierra Leone ab, bis zum zwölften Tag des Januar. Doch in all der Zeit hatten wir keine 150 Neger zusammenbekommen. […] Aber gerade in diesem Augenblick erreichte uns ein Bote von einem König, der sich von benachbarten Königen bedrängt sah und der uns um unsere Hilfe bat. Er sagte uns zu, dass alle Neger, die bei diesen Kämpfen gefangen würden, gleich ob von seinem Stamm oder von uns, uns gehören sollten. Daraufhin entschlossen wir uns, ihm Hilfe zu leisten und entsandten 120 von unseren Leuten. […] Auf diese Weise eroberten wir die Stadt und schlugen einen Großteil der Einwohner in die Flucht. Den Rest nahmen wir gefangen, 250 Männer, Frauen und Kinder. Unser Freund und Verbündeter machte 600 Gefangene, unter denen wir unsere Auswahl zu treffen hofften. Doch der Neger[-könig] dachte, als Angehöriger eines Volkes, dem aufrichtige Gesinnung fast immer abgeht,

nicht mehr im Geringsten an die Einhaltung seines Versprechens. Während der Nacht verschwand er mitsamt seinem Lager und den Gefangenen […].
Die Überfahrt [über den Atlantik] war rauer als gewohnt, erst am 27. März sichteten wir die Insel Dominica, die 14 Grad vor der Küste Westindiens liegt. Wir fuhren die Küste von Ort zu Ort entlang und suchten unsere Geschäfte mit den Spaniern abzuwickeln. Es war ein beschwerliches Unternehmen, denn der spanische König hatte alle seine Statthalter strikt angewiesen, unseren Handel um keinen Preis zu dulden. Dennoch machten wir einträgliche Geschäfte, […] teils auf Wunsch der spanischen Siedler, die dringend Sklaven brauchten, teils durch ein plötzliches Nachgeben des Schatzmeisters: Bei Nacht kamen die Spanier zu uns und kauften ungefähr 200 Neger [weil die einheimischen Perlenfischer durch die spanische Raubwirtschaft im Perlmuschelgebiet vor Venezuela stark dezimiert waren]. An allen anderen Orten, die wir aufsuchten, freuten sich die Spanier über unser Erscheinen und trieben nur zu bereitwillig mit uns Handel.

Eberhard Schmitt (Hg.), Dokumente zur Geschichte der europäischen Expansion, Band 4, München 1988, S. 71–73.

Q5 Die Britisch-Ostindische-Kompanie

Aus dem Gründungsprotokoll, 1599:

Da die oben genannten [57] Personen zusammen mit anderen die Absicht haben, mit des allmächtigen Gottes Zulassung und nach erlangter Zustimmung Ihrer Majestät der Königin [Elisabeth] und zur Förderung von Handel und Umsatz im Königreich England auf das Risiko eines jeden (entsprechend den einzelnen in Geld eingezahlten und eigenhändig gezeichneten Anteilen) in diesem Jahr eine Fahrt nach Ostindien und anderen dort herum gelegenen Inseln und Ländern ins Werk zu setzen und dort Handel zu treiben, haben sie […] beschlossen, im Namen der Unternehmer eine Petition an die Lords des Privy Council [Geheimen Rates] Ihrer Majestät zu richten und ihnen anzuzeigen, dass verschiedene Kaufleute durch die erfolgreiche Reise der Holländer [1595] veranlasst und durch die Nachricht, dass die Holländer eine neue Fahrt vorbereiten und zu diesem Zweck [bereits] hier in England mehrere Schiffe gekauft haben, aufgerüttelt seien, mit nicht geringerem Eifer als die holländischen Kaufleute den Handel ihres Heimatlandes voranzubringen und sein gemeines Bestes zu fördern. In diesem Sinne hätten sie sich zu einer Handelsfahrt nach Ostindien entschlossen, sofern Ihre Majestät geruhen wollten, zur Förderung ihrer Absicht und zu besserer Durchführung ihres Unternehmens die folgenden Bitten oder Anträge zu bewilligen, nämlich: […] dass untertänigst um Zollfreiheit gebeten wird für alle während der [nächsten] sechs Reisen ausgeführten Güter, umso mehr, als viele Versuche nötig sein werden, bis das Land mit solchen Waren versehen ist, die dort [in Indien] verkäuflich sind, und als auch die holländischen Kaufleute, um ihnen einen Anreiz zu bieten, für mehrere Jahre von Ein- und Ausfuhrzöllen befreit sind.

Wolfgang Lautemann/Manfred Schlenke (Hg.), Geschichte in Quellen, Band 3, München 1966, S. 402 f.

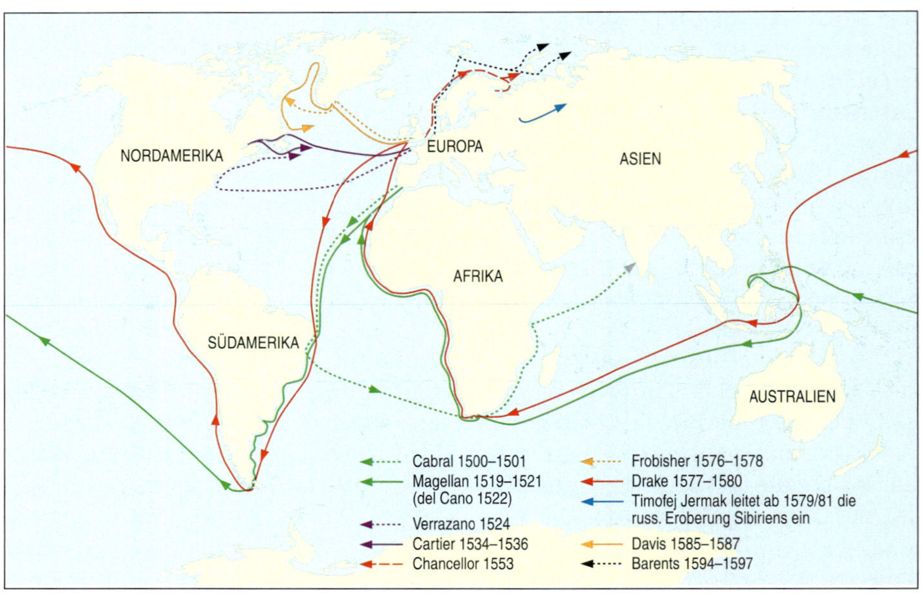

Entdeckungen im 16. Jahrhundert D3

Q6 Das Vaterunser
bildhaft übersetzt ins Nahuatl, die Sprache der Azteken. Aus dem Lehrbuch des spanischen Missionars Bernardino de Sahagún (1499–1590), London, Britisches Museum, Kopie, datiert 1714.
Ordnen Sie die jeweiligen Textpassagen des Vaterunsers der Bildübersetzung zu.

Q7 Auswirkungen des britisch-niederländischen Handels

Der portugiesische Jesuit Manuel Godinho berichtet über die Stadt Surat an der Westküste Indiens, 1663:

Surat ist der größte Handelsplatz Indiens und ich kann wohl sagen, der reichste der ganzen Welt, weil hier auf dem Landweg und über das Meer von überall her die besten Waren angeliefert werden: Von Europa bringen sie die Engländer und Holländer, von Afrika die Schiffe des Roten Meeres, von Groß- und Kleinasien die dort ansässigen Völker. […] Seitdem die Engländer und die Holländer nach Indien gekommen sind […], suchen sie den Hafen von Surat auf, wo die Engländer ihre Präsidenten und die Holländer ihre Faktoren haben, und sie laufen dort mit ihren Schiffen ein, obwohl die holländischen weniger häufig [anzutreffen] sind, weil sie andere, bessere Häfen in ihren Städten an der [indischen] Südküste haben. […] In diesem Hafen entladen sie ihre Schiffe und bereiten sie für ihre Rückkehr während des Monsuns mit einer Ladung vor, die der Präsident aus Textilien, Pfeffer, Indigo und anderen Drogen zusammenstellt, die er für diesen Zweck vorher [in Surat] gekauft hat oder die er in anderen Häfen von seinen Schiffen – die aus Surat für Einkaufsfahrten in andere Häfen ständig aufbrechen – hat abholen lassen. Sowohl der holländische Faktor als auch der englische Präsident haben die Fahnen ihrer Nation an Masten gehisst, die nicht nur höher sind als alle Dächer, sondern auch als alle Türme der Stadt.
Die politische Regierung des ganzen Bezirks und der Stadt Surat liegt in der Hand eines einzigen Mannes, den man Nawab nennt, er soll immer aus dem Kreis der Umbraus stammen, die die Würdenträger des Moghul-Reiches sind. Er wird mit großem Respekt behandelt, nie geht er außer Haus ohne eine glänzende Begleitung durch Adlige zu Pferd und durch Soldaten zu Fuß, vor ihm her laufen viele bewaffnete Elefanten und Kamele, zu seiner Rechten viele Pferde.

Eberhard Schmitt (Hg.), Dokumente zur Geschichte der europäischen Expansion, Band 4, München 1988, S. 229–233

Fragen und Anregungen

1. Überprüfen Sie, in welcher Hinsicht die Darstellung der Erde in Kugelgestalt das mittelalterliche Weltbild veränderte (D1, Q2).
2. Untersuchen Sie, inwieweit Christoph Kolumbus einen „mutigen und großartigen Plan" verfolgte (D2).
3. Erarbeiten Sie eine Mindmap, aus der sich Kolumbus' Bild von den Eingeborenen ablesen lässt (Q3).
4. Stellen Sie die Nationalitäten der Entdecker fest (D3) und untersuchen Sie, inwieweit ihre Fahrten an die des 15. Jahrhunderts anknüpfen (VT).
5. Arbeiten Sie die Motive der europäischen Expansion nach Übersee heraus (Q1, Q4, Q5, Q7).
6. Vergleichen Sie die Expansionsmotive der Briten und Niederländer (VT, Q4, Q5, Q7) mit denen von Kolumbus (Q3).

Reiseberichte als Quelle

Mit der überseeischen Expansion entstehen in Europa zahlreiche Reiseberichte, in denen die neue Welt aus europäischer Sicht dargestellt wird. Die überwiegende Zahl dieser Berichte stammt von Geistlichen, Ärzten und Naturforschern. Sie fuhren in die Fremde, um Mission zu betreiben, Kranke zu versorgen oder die neu entdeckten Gebiete wissenschaftlich zu erforschen. Auf dieser Seite lernen Sie, wie Sie historische Reiseberichte entschlüsseln können.

D1 Schreiben für ein Publikum

Überseereisende schrieben in der Regel nicht für sich persönlich, sondern für ein Publikum. Viele Reiseberichte wurden gedruckt: Sie erschienen meist in ihrer ersten Auflage in Europa, am häufigsten in London, Paris, Amsterdam oder Leipzig. Zunehmend wurden sie auch in verschiedene europäische Sprachen übersetzt, so dass schon bald ein gesamteuropäisches Publikum entstand. Die gebildeten, schreibkundigen Autoren dachten in der Regel nicht daran, sich dauerhaft in Übersee anzusiedeln. Vielmehr hatten sie oft Neugierde und Abenteuerlust zur Reise motiviert. Eine Rolle spielte nicht selten auch die Hoffnung, den Daheimgebliebenen mit der Schilderung ihrer Erlebnisse imponieren zu können. Eine Ausnahme bilden die Missionare, die häufig beschlossen hatten, ihr ganzes Leben der Heidenbekehrung jenseits der Ozeane zu widmen. Aber auch ihre Berichte waren für Leser in Europa gedacht, meistens für ihre Ordensbrüder und ihre kirchlichen Vorgesetzten. Diese Rahmenbedingungen müssen bei der Auswertung der Reiseberichte sorgfältig beachtet werden, weil man andernfalls ein möglicherweise einseitiges Bild von den außereuropäischen Kulturen ungeprüft übernehmen würde.

Text des Verfassers

D2 Amerigo Vespuccis „Mundus Novus"

Vor 500 Jahren erregte der Bericht eines gebürtigen Florentiners namens Amerigo Vespucci großes Aufsehen. Vespucci, als Bankier für die Familie Medici tätig, hatte an mehreren Entdeckungsreisen teilgenommen. Im September 1502 kehrte er von einer eineinhalbjährigen Forschungsexpedition zurück, und was er zu berichten hatte, erstaunte Wissenschaftler und Abenteurer gleichermaßen. Noch Kolumbus hatte geglaubt, auf dem Westweg Indien erreicht zu haben, Vespucci stellte richtig: Bei den Inseln und Landmassen im westlichen und südwestlichen Atlantik handele es sich um einen eigenen, den Europäern bislang unbekannten Kontinent. Von den Erlebnissen auf seiner dritten Reise berichtete Vespucci noch 1502 in einem Brief an Lorenzo di Pier Francesco de' Medici – Vespucci titelte: „Mundus Novus", eine „Neue Welt". 1503 wurde Vespuccis Brief aus dem Italienischen ins Lateinische und bald auch in weitere europäische Sprachen übersetzt – dem Reisebericht war ein ungeheurer Erfolg beschieden. Der Verfasser beschreibt darin detailliert und ausführlich Kannibalismus und Sexualität und beeinflusste das Bild der Europäer von den südamerikanischen Eingeborenen nachhaltig.

Text des Verfassers

Methodische Arbeitsschritte:

Der Verfasser

1. Aus welchem Grund verlässt er Europa?
2. Welchen Beruf hat er?
3. Wo hat er sich aufgehalten?
4. Woher bezieht er seine Informationen?
5. Wie zuverlässig erscheinen seine Informationen?

Die Adressaten

6. Für welches Publikum schreibt der Autor?
7. Wird sein Bericht gedruckt? Wenn ja, bei welchem Verlag?
8. Wird sein Bericht übersetzt? Wenn ja, in welche Sprachen?
9. Welche Erwartungen könnten bei seinem Publikum vorhanden sein?

Der Inhalt

10. Welches Bild zeichnet der Autor von den außereuropäischen Völkern?
11. Welche Unterschiede zu den Europäern hält er fest?
12. Wie bewertet er die Lebensformen der außereuropäischen Völker?
13. Hat er mit seinen Inhalten die vermutlichen Erwartungen seines Publikums erfüllt?
14. Welche Absichten des Autors lassen sich seiner Darstellung entnehmen?

Q1 Mundus Novus
Kolorierter Holzschnitt aus Amerigo Vespuccis Reisebericht mit der Legende: „Das sind die new gefundenen menschen […]“.

Q2 Beschreibung der Ureinwohner

Aus dem „Mundus Novus“, 1502:

Sie haben keine Tuche, weder aus Wolle noch aus Leinen noch aus Baumwolle (weil sie diese auch nicht benötigen), und sie besitzen keine persönlichen Güter, sondern alles gehört der Gemeinschaft. Sie leben ohne König zusammen, ohne Staat, und jeder ist sein eigener Herr. […] Sie lösen die Ehe, so oft sie wollen, und beachten in diesen Dingen keine Regel. Außerdem haben sie kein Gotteshaus und halten sich an keine Religion. […] Es gibt unter ihnen weder Kaufleute noch irgendeinen Handel. Ihre Stämme führen untereinander Krieg ohne Technik, ohne Taktik. Die Ältesten lenken bei ihrer Art Versammlungen die jungen Männer zu dem, was sie selbst beabsichtigen und feuern sie zu Kriegen an, in denen sie einander grausam abschlachten. Und wen sie im Kriege gefangen nehmen, den behalten sie bei sich, freilich nicht um sein Leben zu schonen, sondern um ihn später zum Zwecke der eigenen Ernährung zu töten. Sie pflegen nämlich einander (und besonders die Sieger die Besiegten) aufzuessen und Menschenfleisch ist bei ihnen eine allgemein übliche Speise. […] Weiters war ich einmal 27 Tage in einer Stadt, wo ich in den Häusern das Menschenfleisch eingesalzen an den Balken hängen sah, genauso wie man bei uns den Speck aufhängt und das Schweinefleisch.

Zit. nach: Robert Wallisch, Der Mundus Novus des Amerigo Vespucci, Wien 2002, S. 19–21.

Fragen und Anregungen

1. Wenden Sie die methodischen Arbeitsschritte auf Q2 an, verwenden Sie dabei die Informationen aus D1 und D2.
2. Reiseberichte enthielten auch Skizzen oder wurden illustriert. Überprüfen Sie anhand von Q1 und S. 197, inwieweit sich die methodischen Arbeitsschritte auch auf Bilder anwenden lassen.

12. Kolonialisierung – die Europäisierung der Erde

1519–1521	Der Konquistador und Entdecker Hernán Cortés zerstört die Kultur der Azteken.
1521–1533	Der spanische Eroberer Francisco Pizarro zerstört die Kultur der Inkas.
17. Jahrhundert	Europäische Monopolgesellschaften für den Sklavenhandel werden gegründet.

Das portugiesische Modell

Zwischen 1500 und 1650 waren die Portugiesen die erfolgreichste Kolonialmacht Europas. Sie legten in der ersten Hälfte des 16. Jahrhunderts entlang der Küsten Afrikas, Indiens und Chinas eine Kette von Stützpunkten an, die einen direkten Handelsweg von Lissabon bis Japan ergaben. Mittels ihrer Handelsstützpunkte organisierten die Portugiesen den Gewürz- und Drogenhandel. Große Gebiete im Hinterland wurden nicht erobert, die bestehenden politischen und sozialen Systeme in den Kolonien nicht angetastet.

Das spanische Modell

Anders verhielten sich die Spanier. Auf dem Weg der „Conquista" („Eroberung") durchzogen sie die Inselwelt der Karibik und das riesige Landgebiet zwischen Neu-Mexiko im Norden und Chile im Süden und unterwarfen die dortigen Völker teilweise. In den Gebieten mit Bodenschätzen, vor allem mit reichen Edelmetallvorkommen, siedelten sie Einwanderer aus dem spanischen Mutterland an. Begünstigt durch das Zurückweichen der einheimischen Indianerbevölkerung, der Azteken und Inkas, wurden Mexiko und Peru schnell von einer spanischen Oberschicht beherrscht. Im Gegensatz zu den Portugiesen, die in der Mehrzahl nur vorübergehend in den Kolonien lebten, entstand aus den spanischen Einwanderern in Mittel- und Südamerika schnell eine auf Dauer sesshafte neu-spanische Bevölkerung – die „Kreolen".

Inkas wehren die Spanier ab Q1
Kupferstich von Theodore de Bry (1528–1589).

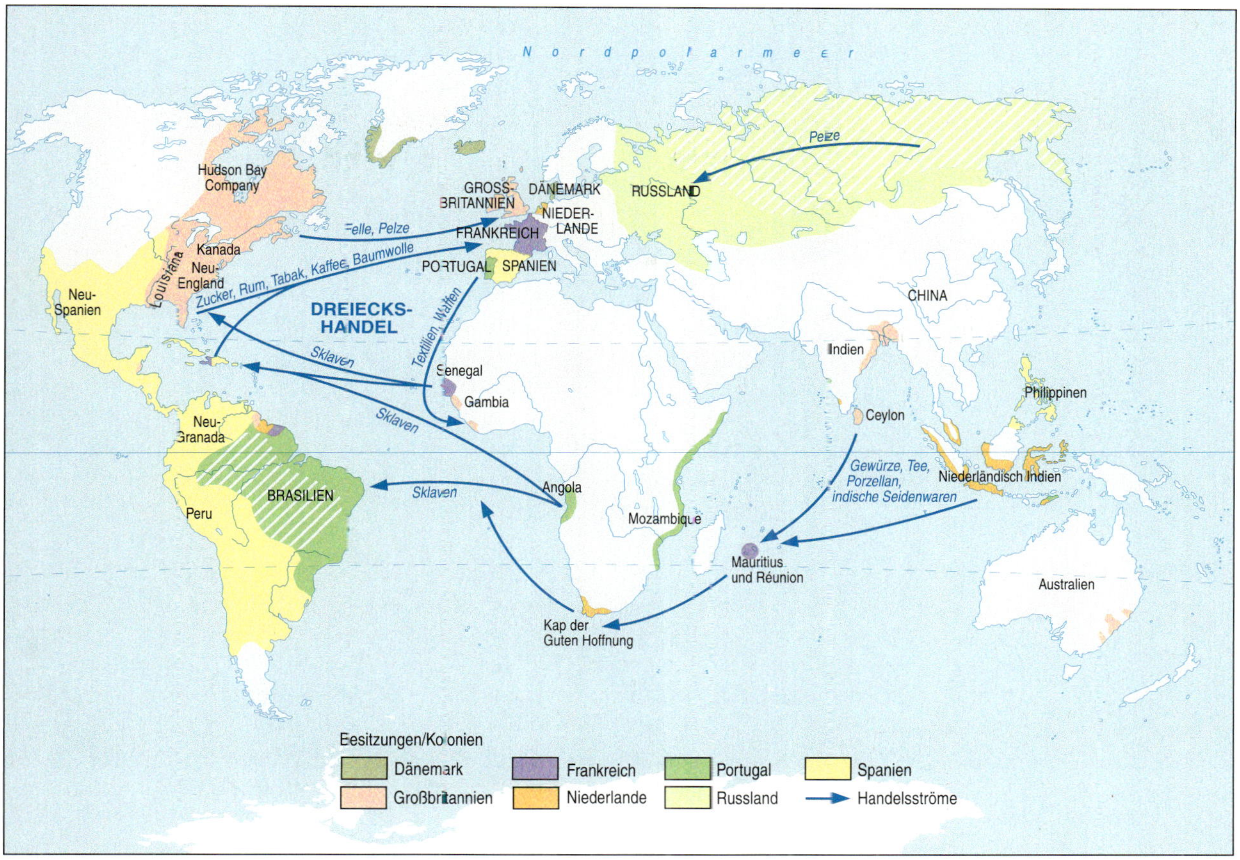

D1 **Europäische Kolonialreiche und internationaler Handel**

Die Eroberung des Aztekenreiches

Die frühneuzeitlichen Konquistadoren wie Hernán Cortés und Francisco Pizarro hinterließen dabei eine Blutspur, die bis heute das Bild Europas in Mittel- und Südamerika belastet. Cortés eroberte 1519 bis 1521 mit brutaler Grausamkeit das Reich der Azteken, einen politisch und kulturell hoch entwickelten Militärstaat. Obwohl die eingeborene Bevölkerung Cortés als Gott empfangen hatte, zerstörte er systematisch ihre Kultstätten und bekehrte sie zwangsweise zum christlichen Glauben. Das anfängliche Wohlwollen der Indianer schlug daraufhin in entschlossenen Widerstand gegen die Eindringlinge um, den die Europäer erst nach drei Jahren brachen. Auf den Trümmern der 100 000 Einwohner zählenden Hauptstadt Tenochtitlán errichteten die Spanier die Stadt Mexiko. Die Kolonie erhielt den Namen „Neu-Spanien", deren erster Gouverneur Cortés wurde. Die Azteken urteilten über die Spanier: „Wie hungrige Schweine waren sie gierig nach Gold."

Die Eroberung des Inkareiches

Ein Jahrzehnt später begann der spanische Eroberungszug gegen das Inkareich, das sich über einen großen Teil Südamerikas erstreckte und eine hoch entwickelte Verwaltung und Architektur aufwies. Pizarro eroberte 1532 die Hauptstadt Cuzco und ließ den Inkaherrscher nach einem Scheinprozess 1533 ermorden. In Peru und Chile leistete die Bevölkerung den Konquistadoren Widerstand. Nach dessen blutiger Niederschlagung wurde Peru unter dem Namen „Neu-Kastilien" spanische Kolonie.

Q2 **Ankunft von Sklaven aus Afrika in Brasilien**
Lithografie von Maurice Rugendas, 1833.

Sklavenhandel

Die Kolonialisierung Brasiliens durch Portugal leitete eine neue Phase der europäischen Expansion ein. Für den ertragreichen Anbau von Zuckerrohr auf den Plantagen standen zwar genügend Ländereien, nicht aber Arbeitskräfte zur Verfügung. Nach kurzen, leidvollen Experimenten mit den Indianern kamen die Kolonialherren zu der Auffassung, dass diese für regelmäßige landwirtschaftliche Arbeit nicht einsetzbar seien. So griffen die Portugiesen auf ihre bis dahin wenig profitablen afrikanischen Besitzungen zurück, führten in großem Umfang schwarze Arbeitskräfte nach Brasilien ein. Damit eröffneten sie die Ausbeutung Afrikas durch Sklavenarbeit, die noch Jahrhunderte fortwirken sollte.

Plantagenwirtschaft

Bald erkannten auch die Spanier, dass mit dem Plantagensystem große Gewinne zu erzielen waren, und führten es in ihren Kolonien ein. In den spanischen und portugiesischen Kolonien entstand damit eine völlig neue, hochmoderne Form industrieller Landwirtschaft.

Eine Plantage war (und ist bis heute) ein landwirtschaftlicher Großbetrieb, der sich auf die Erzeugung hochwertiger Agrarprodukte für den Export spezialisierte, häufig in Monokultur. Dazu ist ein hoher Kapitaleinsatz erforderlich, denn vielfach werden nicht nur große Landflächen und zahlreiche Arbeiter benötigt, sondern auch technische Anlagen zur Aufbereitung. Voraussetzung ist eine rational organisierte Betriebsführung. So entstand mit dem Plantagensystem eine Wirtschaftsform, die wesentlich moderner, aber auch grausamer war als der Handel oder der Bergbau.

Dreieckshandel

Mit dem Sklavenhandel wurde von Europa aus erstmals eine systematisch organisierte Zwangsmigration von Afrika nach Amerika in Gang gesetzt, die es in solchen Größenordnungen in der Weltgeschichte bislang nicht gegeben hatte. Aus Teilen Westafrikas sowie der Guineaküste und Angola wurden massenhaft Sklaven nach Amerika verschifft, so dass diese Länder gewissermaßen zu „Unterkolonien" (Subkolonien) der amerikanischen Kolonien wurden. Es entstand ein neuartiges Wirtschaftssystem, das auf der Arbeitsteilung zwischen den Kontinenten Europa, Amerika und Afrika beruhte. In diesem „Dreieckshandel" brachten europäische Schiffe Fertigwaren nach Afrika. Diese tauschten sie dort gegen Sklaven, die sie nach Amerika verschifften. Für die Sklaven erhielten sie aus den amerikanischen Kolonien Rohstoffe wie Zucker, Tabak und Kaffee, die sie in Europa verkauften. Der Dreieckshandel löste in Europa einen wirtschaftlichen Aufschwung aus, die Schifffahrt in Hafenstädten wie Nantes, Bordeaux oder Liverpool blühte auf. Das von Portugal kolonisierte Brasilien entwickelte sich zwischen 1580 und 1680 zum größten Zuckererzeuger und -exporteur der Welt mit einer Produktionskapazität von 20 000 Tonnen Zucker im Jahr.

Handelsgesellschaften

Die Profite, die die „alten" Seemächte Portugal und Spanien aus dem Dreieckshandel zogen, weckten schnell Missgunst und Begehrlichkeit anderer europäischer Staaten. So bekamen sie seit dem 17. Jahrhundert von den drei „jungen" westeuropäischen Seemächten Konkurrenz: von den Niederlanden, Frankreich und Großbritannien. Ihr Engagement in Übersee beruhte allerdings nicht, wie bei den Königreichen Spanien und Portugal, auf staatlichen Initiativen, sondern auf Aktivitäten von privaten Händlern und Siedlern sowie von großen Handelskompanien. Der Staat beschränkte sich darauf, diesen „chartered companies" ein Monopol für den Handel in Übersee zu verleihen, um den Wettbewerb zwischen den Kaufleuten des eigenen Mutterlandes zu beenden Im Vordergrund stand der Kapitalgewinn, am Landerwerb hatten die neuen Gesellschaften kein Interesse.

Kolonialismus des Kaufmanns

Der Dreieckshandel war für diese Handelsgesellschaften so attraktiv, dass im 17. Jahrhundert in verschiedenen europäischen Staaten vor allem für den damit verbundenen Sklavenhandel zahlreiche Monopolgesellschaften gegründet wurden, z.B. 1621 die niederländische „Westindische Kompanie", 1672 die englische „Royal African Company", 1673 die französische „Compagnie du Sénégal" und 1682 die deutsche „Brandenburgisch-Afrikanische Compagnie". Nicht nur der Schiffbau profitierte, sondern auch der Indienhandel und das Baumwollgewerbe, weil leichte Textilien die wichtigste Rolle unter den Waren spielten, gegen die Sklaven eingetauscht wurden. Dazu kamen unter anderem Schnaps, irisches Leinen und Metallwaren aus Birmingham, nicht zuletzt Gewehre, an denen die afrikanischen Häuptlinge besonderes Interesse hatten.

Europäisierung der Welt

Die privaten Handelsgesellschaften leiteten die zweite Phase der globalen Expansion Europas ein, die im 17. Jahrhundert begann. Moderne Historiker bezeichnen sie als die „nach-iberische" Phase.
Mit Hilfe der Handelsgesellschaften vergrößerten Holländer, Engländer und Franzosen ihre Marktanteile in der Weltwirtschaft, während Spanier und Portugiesen an Boden verloren. Auf den „Kolonialismus der Krone", verkörpert durch die beiden iberischen Staaten, folgte der „Kolonialismus des Kaufmanns", verkörpert durch die westeuropäischen Staaten. Dabei wuchs gleichzeitig die Konkurrenz zwischen den drei „jungen" Seemächten auf den internationalen Märkten, die in den folgenden Jahrzehnten immer wieder zu kriegerischen Konflikten führen sollten. Von nun an schritt die Europäisierung der Welt immer schneller voran.

Europäische und aztekische Quellen berichten

In diesem Schulbuch, das nach der Herausbildung einer „europäischen Identität" im Laufe der Jahrhunderte fragt, stehen notwendigerweise Quellen von Europäern im Mittelpunkt. Das ist aber problematisch, weil wir dadurch die historischen Vorgänge und Ereignisse durch die „europäische Brille" sehen. Außereuropäische Historiker kritisieren diese Perspektive als einseitig, als „eurozentrisch". Auf dieser Werkstattseite soll am Beispiel der Eroberung Tenochtitláns dem europäischen Blick die Sichtweise der „entdeckten" Völker entgegengestellt werden. Vergleichen Sie die europäischen und atztekischen Erfahrungsberichte über die Eroberung der Hauptstadt.

D2 **Tenochtitlán.** Moderne Rekonstruktion.

Q3 Altmexikanischer Bericht

über das Treffen von Abgesandten des Moctezuma mit spanischen Konquistadoren, 1519:

Sie schenkten den Spaniern Goldfahnen, Fahnen aus Quetzalfedern und goldene Halsketten. Nachdem sie ihnen das Geschenk überreicht hatten, wurde ihr [der Spanier] Gesicht heiter, sie freuten sich sehr und waren vergnügt. Wie Affen hoben sie das Gold auf. Es war, als ob sie zufrieden gestellt worden seien, als ob ihr Herz neu und erleuchtet würde. Wirklich! Sie dürsten mächtig nach Gold, ihr Körper streckt sich, sie werden wie wild vor Hunger danach. Wie hungrige Schweine waren sie gierig nach Gold. Sie entreißen die goldenen Fahnen, schwenken sie hin und her, betrachten sie auf der einen Seite und auf der anderen. Sie sind wie jemand, der eine wilde Sprache spricht. Alles, was sie sagen, ist ein Kauderwelsch.

E. Schmitt (Hg.), Dokumente zur Geschichte der europäischen Expansion, Band 2: Die großen Entdeckungen, München 1984, S. 323.

Q4 Die Eroberung aus europäischer Sicht

Aus einem Brief von Hernán Cortés an Kaiser Karl V., 1522:

Der Jammer und das Elend war ungeheuerlich. Es ist mir unmöglich zu ermessen, wie das Volk die Belagerung hat erleiden können. Eine große Menge von Weibern und Kindern lief auf uns zu und damit ein jedes das erste wäre, eilten sie dabei so, dass sie sich einander in das Wasser stießen und zwischen den ungezählten Toten darin umkamen. Fast alle waren sie todkrank vor Hunger und durch das Salzwasser, das sie aus Angst zu verdursten in den letzten Tagen getrunken hatten. Der Gestank um alle diese Menschen war unerträglich. Mehr denn 50 000 waren in der Stadt gestorben. Etliche der Leichen hatte man in den See geworfen, die meisten aber in den Häusern verborgen oder auf den Gassen liegen lassen, damit wir die Not der Belagerten nicht gewahr werden sollten. Als wir später durch die Gassen gingen, fanden wir so viele

Tote, dass wir den Fuß nicht auf den Erdboden zu setzen vermochten. […]
An diesem Tage sind über 15 000 Temixtitaner erwürgt oder geopfert worden. Unterdessen verteidigten die Edelleute und das Kriegsvolk den letzten Winkel ihrer Stadt, stehend auf den Tempeln, auf den Dächern, auf den Gassen und im Wasser. Immer noch leugneten sie ihre Not, so sehr sich uns ihre Ohnmacht und ihre Verzweiflung verriet.
Als ich sah, dass sie sich nicht ergaben und es schon spät war, da ließ ich die schweren Geschütze laden und wider sie richten. Noch erhoffte ich die Übergabe zu erzwingen. Hätte ich jetzo aber meine Indianer [übergelaufene Stämme, die als Hilfstruppen für die Spanier kämpften] wider die Feinde losgelassen, so wäre es ihnen noch schlimmer ergangen, wenngleich die Geschütze große Lücken in sie rissen. Als auch dies nichts half, ließ ich den Signalschuss abfeuern und der allgemeine Angriff meiner Truppen hub an.
Bald war der letzte kleine Teil der Stadt erstürmt. Die noch darinnen waren, wurden in den See gejagt. Etliche ergaben sich uns. Zu gleicher Zeit drangen unsere Rennschiffe von der Seeseite vor und griffen die mexikanischen Zillen und Kähne an, deren Besatzung kaum mehr zu kämpfen wagte. […]
Mit der Gefangennahme des Königs war der Kampf um die Hauptstadt und zugleich der ganze Krieg zu Ende. Es war am 13. August des Jahres 1521, am Tage des heiligen Hippolyt. Die Belagerung und Bestürmung der Stadt hatte begonnen am 30. Mai und also gedauert 75 Tage. Wie Eure Kaiserliche Majestät aus meinem Bericht ermessen kann, war sie reich an Gefahren, Mühsal und Anstrengung und mancher hat dabei in Allerhöchstdero Diensten Leib und Leben gelassen. […] Nachdem wir das Geld zusammengebracht hatten, ließ ich es einschmelzen. Wir hatten davon insgesamt 130 000 Pfund, von denen ich den fünften Teil Allhöchst dem Schatzmeister übergeben habe.

Eberhard Schmitt (Hg.), Dokumente zur Geschichte der europäischen Expansion, Band 2: Die großen Entdeckungen, München 1984, S. 340–342.

Q5 Die Eroberung aus aztekischer Sicht

Aus den „Cantares Mexicanos", 1523:

Unsere Klageschreie gellen auf
Unsere Tränen fallen herab
Tlatelolco ist verloren
Die Azteken fliehen über den See
Sie laufen davon wie Weiber.

Was bleibt noch zu tun, meine Freunde?
Die Azteken verlassen die Stadt
Rauch deckt das Grauen
Unsere Stadt steht in Flammen.

[…] Weint, meine Freunde, seht ein
Das Mexikanische Reich ist verloren
Das Wasser ist bitter geworden.

Die Nahrung ist bitter geworden
Das sind die Taten Ipalnemohuanis
Er gibt das Leben
Und nimmt es.

Ein unbekannter Autor schreibt 1528:

Zerbrochene Speere liegen auf allen Wegen
In unserem Gram haben wir uns das Haar zerrauft
Unsere Häuser verloren die schützenden Dächer
Sie haben jetzt rote Wände, vom Blut.

Würmer kriechen auf Straßen und Plätzen
Mit Kot und Blut sind die Mauern getüncht
Das Wasser ist rot wie Gerberlohe
Und wenn wir es trinken
Schmecken wir Tränen.

An den staubigen Ziegelmauern
Zerstoßen sich die leeren Hände
Wir haben unser Erbe verloren, unsere Stadt ist tot
Die Schilde unserer großen Krieger
Retteten nichts.

Miguel León/Renate Heuer (Hg.), Rückkehr der Götter. Die Aufzeichnungen der Azteken über den Untergang ihres Reiches, Köln/Opladen 1962, S. 102 f., 109 f.

Fragen und Anregungen

1. Rekonstruieren Sie den Verlauf der Eroberung Tenochtitláns durch die Spanier (D2, Q3–Q5, VT).
2. Teilen Sie Ihre Klasse in zwei Gruppen ein, von denen die eine die Sichtweise der Spanier, die andere die Sichtweise der Azteken auf die Kämpfe um Tenochtitlán erarbeitet (Q3–Q5).
3. Organisieren Sie eine Runde aus mexikanischen und spanischen Experten, die heute rückblickend über die Kämpfe und ihre Folgen diskutieren (D2, Q3–Q5, VT).

D3 Tributpflichtige Indianer und Bevölkerung im Hochland von Zentralmexiko 1519–1644

Jahr	Tributpflichtig	Bevölkerung
1519	500 000	1 500 000
1570	117 270	325 000
1644	22 659	70 000

Wolfgang Reinhard, Geschichte der europäischen Expansion, Band 2: Die neue Welt, Stuttgart 1985, S. 62.

D4 Menschenverluste Afrikas 16.–19. Jahrhundert

Von Europäern und Nordamerikanern verschleppte Afrikaner:	11 642 000
Von diesen Afrikanern kamen in Amerika an:	9 566 000
In den islamischen Raum verkaufte Afrikaner:	5 150 000
Menschenverluste Afrikas im gesamten Zeitraum:	16 792 000

Wolfgang Reinhard, Kleine Geschichte des Kolonialismus, Stuttgart 1996, S. 90.

D5 Bevölkerung des spanischen Amerika um 1500 und um 1800

Jahr	Bevölkerungszahl (geschätzt)
1492	35 500 000
1800	12 550 000

P. Bakewell, A History of Latin America, 2. Aufl., 2004, Malden, S. 274.

D6 Anteile an den Sklavenexporten aus Afrika nach Amerika (18. Jahrhundert)

Großbritannien	41 %
Portugal	29 %
Frankreich	19 %
Niederlande	6 %
USA	3 %

Wolfgang Reinhard, Kleine Geschichte des Kolonialismus, Stuttgart 1996, S. 90.

D7 Bevölkerungszahl und Sklavenimporte in der Karibik

	Bevölkerung	Sklavenimporte	Bevölkerung
Saint Dominigue	1680: 4 000	1680–1791: 864 000	1791: 480 000
Jamaica	1702: 45 000	1702–1808: 659 000	1808: 324 000

Wolfgang Reinhard, Kleine Geschichte des Kolonialismus, Stuttgart 1996, S. 89.

D8 Abstammung der Menschen in der Karibik in % (1985):

Land	Europäer	Afrikaner	Mulatten	Indios
Bahamas	15	40	40	–
Kuba	66	12	22	–
Jamaica	1	90	8	–
Haiti	–	95	4	–
Dominikanische Republik	28	12	60	–
Puerto Rico	80	15	2	2
Kleine Antillen	25	40	25	3

Geo-Spezial „Karibik", 5/1985, S. 134 ff.

D9 Anteil afrikanischer Arbeitskräfte in brasilianischen Plantagen (16./17. Jahrhundert)

1574	7 %
1591	37 %
1638	100 %

Wolfgang Reinhard, Kleine Geschichte des Kolonialismus, Stuttgart 1996, S. 81.

D10 Plantagen auf Barbados 1645/1667

	Landbesitzer	Sklaven	Durchschn. Betriebsfläche
1647	11 200	5 680	4 ha
1667	745	82 023	80–400 ha

Wolfgang Reinhard, Kleine Geschichte des Kolonialismus, Stuttgart 1996, S. 87.

Q6 Entschuldigung für den Sklavenhandel?

Aus einer juristischen Fachzeitschrift, 2006:

Tony Blair hat gegenüber einer Tageszeitung der schwarzen Gemeinschaft Großbritanniens, „New Nation", die Rolle Großbritanniens im transatlantischen Sklavenhandel als ein Verbrechen gegen die Menschlichkeit bezeichnet und sein tiefes Bedauern ausgedrückt, dass dies jemals geschehen konnte. Der britische Premierminister ist damit weiter gegangen als irgendein anderer politischer Führer vor ihm. Allerdings hat er vermieden, eine ausdrückliche Entschuldigung auszusprechen. […]

Nach unterschiedlichen Schätzungen sind vom Jahr 1450 bis zum Beginn des 19. Jahrhunderts zwischen 10 Millionen und 28 Millionen Afrikaner nach Amerika verschifft und dort als Sklaven verkauft worden. Großbritannien war die führende Handelsnation, Jahr für Jahr wurden mehr als 300.000 neue Sklaven über den Atlantik transportiert. Die Verluste waren hoch, bis zu 25 Prozent der Verschleppten erlebten nicht einmal die Landung in Amerika. […]

In den letzten Jahren haben mehrere westliche Regierungen darum gerungen, wie weit man mit einer Entschuldigung für den Sklavenhandel gehen solle. 2001 haben Großbritannien, die Niederlande, Spanien und Portugal Versuche der Europäischen Kommission blockiert, gegenüber afrikanischen Nationen eine gemeinsame Entschuldigung auszusprechen. Die früheren „Handelsnationen" befürchteten, Haftungsansprüchen ausgesetzt zu werden.

Im gleichen Jahr scheiterte eine Gruppe schwarzer Amerikaner mit einer Klage gegen drei US-Konzerne, denen Verbrechen gegen ihre Vorfahren angelastet wurden. Präsident George W. Bush beschrieb 2003 im Rahmen seiner Afrika-Reise Sklaverei als eines der größten Verbrechen der Geschichte, enttäuschte aber viele schwarze Amerikaner, weil auch er keine Entschuldigung aussprach. Der französische Staatspräsident Jacques Chirac hat schließlich erst heuer angeordnet, dass jährlich der Opfer des Sklavenhandels gedacht werden solle, hat aber ebenfalls keine Entschuldigung ausgesprochen.

Esther Stanford von der Pan-Afrikanischen Wiedergutmachungskoalition wurde von der BBC mit der Aufforderung zitiert, alle Länder, die sich am Sklavenhandel beteiligt hätten, sollten eine umfassende Entschuldigung abgeben. Das sei allerdings erst der Anfang, Worte würden nichts bedeuten. Es sei über eine substanzielle Entschuldigung zu sprechen, die verschiedene Wiedergutmachungsmaßnahmen, auch finanzielle Wiedergutmachung, einschließen müsste.

aus: Justitia, 29. November 2006.

Funktionsschema der Zuckerrohrplantage Sergipe do Conde in Bahia, um 1600

D11 Funktionsschema einer Zuckerrohrplantage in Bahia, um 1600

Q7 Ermordung des Inkaherrschers Atahualpa, 1533
Illustration von Poma de Ayala (1534–1615), einem Schriftsteller peruanischer Herkunft.

Q8 **Ermordung des Inkaherrschers Atahualpa 1533**
Kupferstich von Theodore de Bry (1528–1589).

Fragen und Anregungen

1. Vergleichen Sie Bewaffnung und Kampftechnik von Weißen und Eingeborenen (Q1).
2. Vergleichen Sie die Darstellungen des Atahualpa-Mords aus europäischer und peruanischer Sicht (Q7, Q8).
3. Erklären Sie, wie der Dreieckshandel funktionierte (VT, D1).
4. Bestimmen Sie die Station im System des Dreieckshandels, an der die dargestellte Szene (Q2) sich abspielt, sowie die Rollen der abgebildeten Personen.
5. Erklären Sie den Funktionsmechanismus in einer Zuckerrohrplantage (D11).
6. Stellen Sie die Veränderungen zusammen, die die europäische Expansion in Afrika und Amerika hervorgerufen hat (D3–D10).
7. Staaten der Dritten Welt fordern immer wieder Schadensersatzzahlungen von den europäischen Ländern, die an der Kolonialisierung seit dem 16. Jahrhundert beteiligt waren. Erörtern Sie, inwieweit solche Forderungen gerechtfertigt sind (Q6).

13. Ausdehnung nach Übersee – Rückwirkungen auf Europa

1494 Im Vertrag von Tordesillas werden die atlantischen Interessenssphären zwischen Spanien und Portugal abgegrenzt.

Ein neues Weltbild

Die Entdeckungen schufen in Europa buchstäblich ein neues Weltbild, denn innerhalb von 150 Jahren wurden die Ozeane, Afrika, Amerika, Australien und Sibirien entdeckt. Nur das Innere Afrikas und Australiens sowie die Polarregionen waren den Europäern noch unbekannt. Die seit langem vermutete Kugelgestalt der Erde wurde mit der ersten Weltumsegelung Magellans definitiv bewiesen, die Dimensionen der Kontinente und Meere zeichneten sich immer genauer ab.

Wirtschaftsaufschwung durch Ausbeutung

Auf wirtschaftlicher Ebene entstand ein reger Austausch zwischen Europa und der außereuropäischen Welt. Nutzpflanzen, Haustiere, Rohstoffe, Genussmittel, aber auch Krankheiten nahmen den Weg über die Meere: Aus Amerika kamen der Truthahn, die Kartoffel, Tabak, Tomaten, Kakao, Mais, aber auch Seuchen nach Europa. Umgekehrt gelangten Pferd, Rind, Hammel, Huhn und Schwein, Weizen, Zuckerrohr, Alkohol – sowie Infektionskrankheiten – nach Amerika. An die Stelle vorkolumbianischer Tempel traten in Amerika katholische Kirchen, in Afrika wurde plötzlich Maniok und Mais angebaut. Die Gewinne aus dem Waren- und Menschenhandel sowie aus der Plantagenwirtschaft, die geraubten Edelmetalle und Gewürze wurden für die europäische Wirtschaft zusehends unverzichtbar. Die sich entwickelnden wirtschaftlichen Beziehungen führten zur Entstehung eines weit verzweigten Weltmarkts. In Europa selbst hatte die Verlagerung der Handelswege auf die Weltmeere zur Folge, dass sich das wirtschaftliche Zentrum Europas von Mitteleuropa hin zu den am Atlantik gelegenen Staaten verschob. Manche Historiker vertreten in diesem Zusammenhang die These, dass die Gewinne des „Aufsteigers“ Großbritannien aus dem Kolonialhandel langfristig zum frühen Durchbruch der Industriellen Revolution auf der Insel beigetragen habe.

Beginnende Globalisierung mit Schattenseiten

Sicher ist, dass die enger werdenden Handelsverbindungen mit Amerika, Afrika und Asien einen wichtigen Beitrag zum Wohlstand Europas leisteten. Diese Kontinente boten den Europäern Märkte für ihre Waren und lieferten ihrerseits Rohstoffe, Nahrungsmittel und Luxusgegenstände, die Europa nicht hatte bzw. nicht herstellen konnte. Durch den Dreieckshandel entstand erstmals ein geschlossener Handelskreislauf, der große Teile der damals bekannten Welt miteinander verband. Er lenkte das in Südamerika geraubte Silber und Gold nach Westeuropa und führte zur Verschleppung von Millionen afrikanischer Sklaven, die in Nord- und Südamerika sowie der Karibik gegen Plantagenprodukte (Zucker, Tabak, Kaffee) und gegen Edelmetalle als Arbeitskräfte abgesetzt wurden. Mit brutalen Mitteln war der erste Schritt zur Globalisierung getan.

Konflikte und Regelungsmechanismus

Die wirtschaftlichen Interessen an den überseeischen Gebieten führten aber nicht nur zu intensiveren Kontakten, sondern auch zu einem immer hartnäckigeren Konkurrenzkampf zwischen den an der Expansion beteiligten Staaten. Die Formen der Austragung waren unterschiedlich: Sie reichten auf der einen Seite von staatlich organisierter Piraterie bis hin zu den ersten „Weltkriegen“, z. B. dem englisch-französischen Krieg in Amerika 1756–1763. Auf der anderen Seite versuchte man, durch ein Völkerrecht, an das grundsätzlich alle Staaten gebunden waren, Kriege zu verhindern oder wenigstens einzudämmen. Diese Idee brachte vielfältige Vereinbarungen etwa über die Abgrenzung der Einflussgebiete hervor, z. B. die Aufteilung Südamerikas zwischen Portugal und Spanien durch die Verträge von Alcácovas (1479), Tordesillas (1494) und Zaragoza (1529).

Wachsende Kritik

Die Begegnung der Europäer mit anderen Völkern und Kulturen bereicherte das Wissen über deren Gesellschafts- und Lebensformen und vermittelte auch europäischen Ländern Impulse für die Bewusstseinsbildung. Im Bereich der Mission wurde das Christentum mit Naturreligionen, aber auch mit Buddhismus und Islam konfrontiert. Und das brutale Vorgehen der Konquistadoren gegenüber den „Eingeborenen“ fand in Europa durchaus nicht nur Zustimmung, sondern löste heftige Diskussionen aus, nachdem Antón Montesinos, Bartolomé de Las Casas und Francisco de Vitoria die unmenschliche Behandlung der Indianer in den Kolonien öffentlich angeprangert hatten. So fand die Idee der universalen Geltung von Menschenrechten Eingang ins Bewusstsein der Europäer.

Europäischer Überlegenheitsanspruch

Andererseits entwickelte sich die europäische Identität seit dem 15. Jahrhundert zunehmend in Abgrenzung zu den außereuropäischen Kulturen und ließ die Europäer häufig aus einer Position der ethnischen und zivilisatorischen Überlegenheit heraus handeln. Der europäische Überlegenheitsanspruch beruhte auf dem missionarischen Sendungsbewusstsein, dem Wissen um die eigene technisch-militärische Überlegenheit und dem unhinterfragt in Anspruch genommenen Recht, die Kolonien wirtschaftlich (aus)nutzen zu dürfen. Die Arroganz der Europäer spiegelt sich in der geläufigen Unterscheidung zwischen „Zivilisierten“ und „Wilden“ wider.

„Europäische Identität“?

Die zunehmende Kenntnis und darauf folgende Beherrschung außereuropäischer Gebiete wirkte auch auf Europas Selbstsicht zurück. Die Entdeckung des Fremden in Amerika, Afrika und Asien schlug auf das europäische Bewusstsein zurück, so dass 1533 erstmals Gelehrte von „Europa nostra“ – „unserem Europa“ – schrieben. Im Vergleich mit anderen fremden Kulturen wurden die Eigenheiten der eigenen Kultur klarer gesehen als in den Jahrhunderten zuvor. Dabei war die Sicht auf die eigene und die fremde Kultur von Vorurteilen und stereotypen Zuschreibungen geprägt: Der Wilde ist nackt, wir Europäer sind bekleidet; der Wilde hat weder Vernunft noch Religion wie wir, er isst Menschen, wir nicht; die Wilden leben wie Tiere, wir leben in zivilisierter Weise. In der Konfrontation solcher Stereotypen über die alte und die neue Welt also ergab sich ein schärferes Europabewusstsein. Der Begriff „Europa“ tauchte im 16. Jahrhundert immer häufiger auf, ein Florentiner Gelehrter veröffentlichte 1566 die erste „Geschichte Europas“, die erste Karte für die Seefahrt rund um Europa erschien 1589 in Amsterdam. Aufgrund dieser Entwicklungen vertreten manche Historiker die Auffassung, dass sich eine europäische Identität erstmals im 16. Jahrhundert auf dem Hintergrund der bewussten Abgrenzung von den vermeintlich unterlegenen Nicht-Europäern entwickelte.

Eine zwiespältige Bilanz

Mit der Ausbreitung europäischer Staaten über alle Kontinente setzte die Vorherrschaft Europas in der Welt ein. Diese Prozesse förderten in Europa die Weltkenntnis sowie das eigene Selbstbewusstsein und sie intensivierten die Kontakte nach außen, befestigten aber auch über lange Zeit das Überlegenheitsgefühl sowie die politisch-wirtschaftliche Vorherrschaft Europas und seiner egoistischen Interessen. Insofern bleibt ein zwiespältiges Bild von der Rolle Europas im Verlauf des ersten Globalisierungsprozesses am Beginn der Neuzeit.

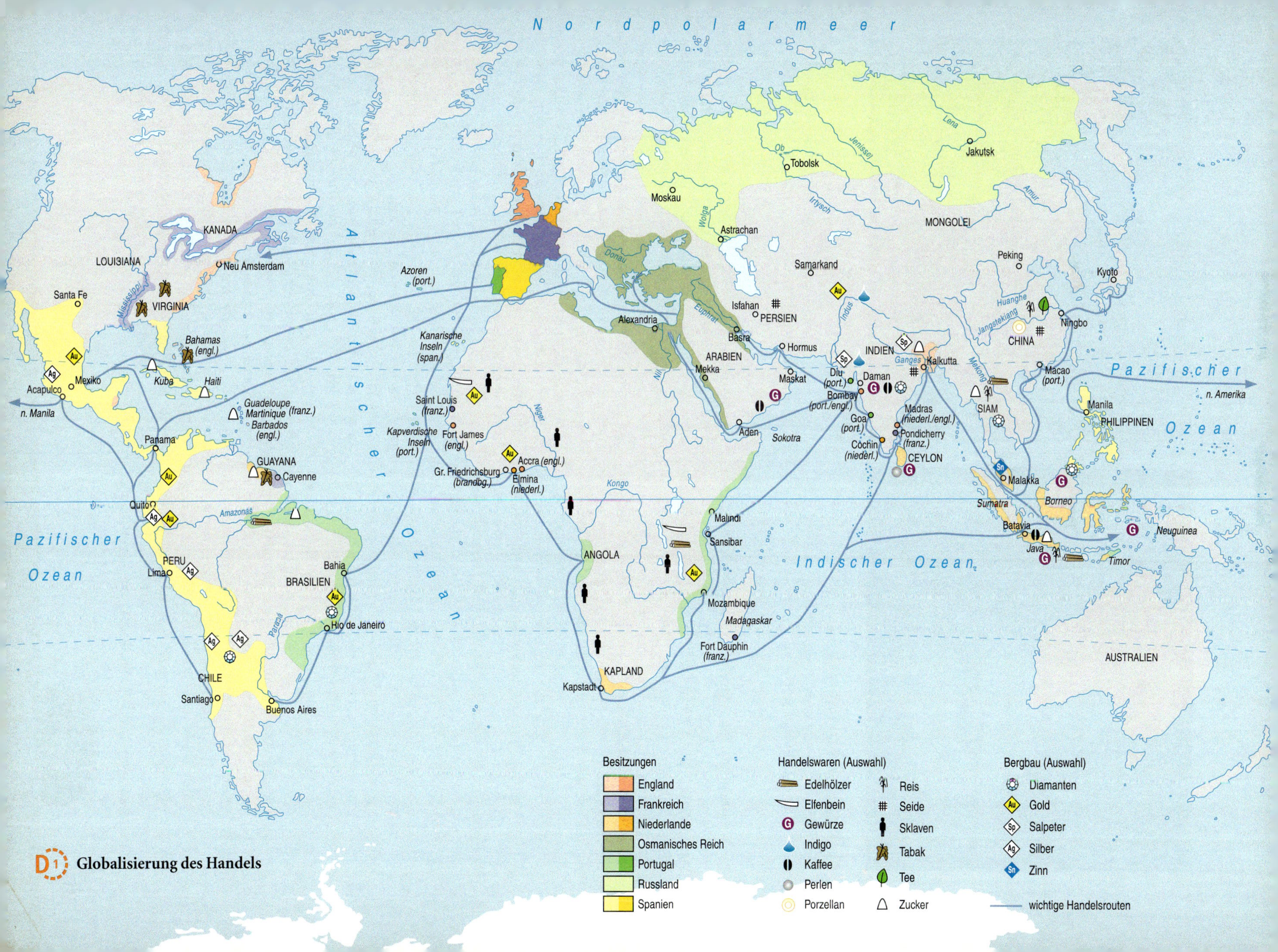

D1 Globalisierung des Handels

Q1 Gemischtwarenhändlerin in Glasgow
umgeben von ihren Waren: Zuckerhüten, grünem Tee, Stoffen, Zitronen und Kerzen, um 1790.

Q2 Eingeborene als Zwangsarbeiter
Illustration zu Bartolomé de Las Casas' Werk „Historia general de las Indias", 1516.

D2 Die „bedeutendsten Ereignisse in der Geschichte der Menschheit"

Adam Smith über die Rückwirkungen der überseeischen Expansion auf Europa, 1789:

Die Entdeckung Amerikas und des Seeweges nach Ostindien um das Kap der Guten Hoffnung sind die beiden größten und bedeutendsten Ereignisse in der Geschichte der Menschheit. Ihre Folgen sind zwar bereits recht beachtlich gewesen, doch ist es noch nicht möglich, in dem kurzen Zeitraum von zwei bis drei Jahrhunderten, die seither vergangen sind, die Auswirkungen in ihrer ganzen Tragweite erkennen zu können. […] Ganz allgemein dürften sie wohl in der Tendenz nützlich und förderlich sein, da sie die entlegensten Gebiete der Welt in gewissem Umfange zusammengeführt und es ihnen möglich gemacht hat, sich gegenseitig zu helfen, den Bedarf an Nötigem und Annehmlichem im Austausch zu decken und Gewerbe und Handel untereinander zu fördern. Für die Eingeborenen in Ost- und Westindien aber sind alle Handelsvorteile, die aus beiden Ereignissen hätten erwachsen können, zusammengeschrumpft, und sie haben in dem schrecklichen Unglück geendet, das sie erlitten haben, was aber wiederum mehr in einem Zufall als in der Natur der Sache selbst seine Wurzeln hat. Zu der Zeit, als man beide Entdeckungen gemacht hat, war das Übergewicht an Macht auf Seiten der Europäer so groß, dass sie sich jede Art Ungerechtigkeit in diesen fernen Gebieten erlauben konnten. Vielleicht können künftighin die Eingeborenen jener Länder stärker und machtvoller, die Macht der Europäer aber schwächer werden, so dass die Bewohner aller Regionen der Welt den gleichen Mut und die gleiche Stärke erlangen, wodurch es zu einem Gleichgewicht in der Abschreckung kommt, das allein die Ungerechtigkeit unabhängiger Nationen in eine Art Respekt vor den gegenseitigen Rechten umzuwandeln vermag. Nichts scheint indes dieses Gleichgewicht der Kräfte eher herstellen zu können als der gegenseitige Austausch von Wissen und technischen Kenntnissen aller Art, den ein umfassender Handel aller Länder untereinander ganz von selbst, ja zwangsläufig mit sich bringt.

Adam Smith, Wohlstand der Nationen, übers. und hg. von Horst Claus Recktenwald, München 1974, S. 526 f.

D3 Interessen der Bourgeoisie

Karl Marx und Friedrich Engels über die Rückwirkungen der überseeischen Expansion auf Europa, 1848:

Die Entdeckung Amerikas, die Umschiffung Afrikas schufen der aufkommenden Bourgeoisie ein neues Terrain. Der ostindische und chinesische Markt, die Kolonisierung von Amerika, der Austausch mit den Kolonien, die Vermehrung der Tauschmittel und der Waren überhaupt gaben dem Handel, der Schifffahrt, der Industrie einen nie gekannten Aufschwung und damit dem revolutionären Element in der zerfallenden feudalen Gesellschaft eine rasche Entwicklung.

Karl Marx/Friedrich Engels, Manifest der Kommunistischen Partei, 1848.

D4 Gewinne Europas

Die Historikerin Claudia Schnurmann über die Rückwirkungen der überseeischen Expansion auf Europa, 1998:

Der amerikanische Einfluss auf Europa erwies sich weniger spektakulär als die Aktionen, die Europäer in Amerika vollzogen hatten […]. Der Einfluss Amerikas auf Europa bediente sich europäischer Vermittlung, konzentrierte sich auf Naturstoffe und brauchte eine Weile, um sich durchzusetzen. Indigene amerikanische Nutzpflanzen wie Tabak, Mais oder Kartoffeln und in Amerika angebaute altweltliche Pflanzen wie Zuckerrohr, nach Europa gelieferte Waren wie Zucker, Reis und Kaffee veränderten Europa für immer. Der Anbau von Kartoffeln und Mais in Europa war von einschneidender Bedeutung für die Landwirtschaft. Derartige Güter bereicherten den Speiseplan und das Genussstoffangebot. Sie verbesserten nachhaltig die chronisch prekäre Ernährungslage in Europa und damit die Leistungsfähigkeit der europäischen Arbeiter und Bauern, wodurch wichtige Grundlagen zu den agrarischen und industriellen Entwicklungsschüben des späten 18. und frühen 19. Jahrhunderts geschaffen wurden. Produktion, Handel und Finanzierung der kolonialen Güter brachten Gewinne, die neue Eliten auf den Plan riefen und langfristig die gesellschaftlichen und politischen Strukturen in den europäischen Staaten veränderten.

C. Schnurmann, Europa trifft Amerika, Frankfurt/Main 1998, S. 225.

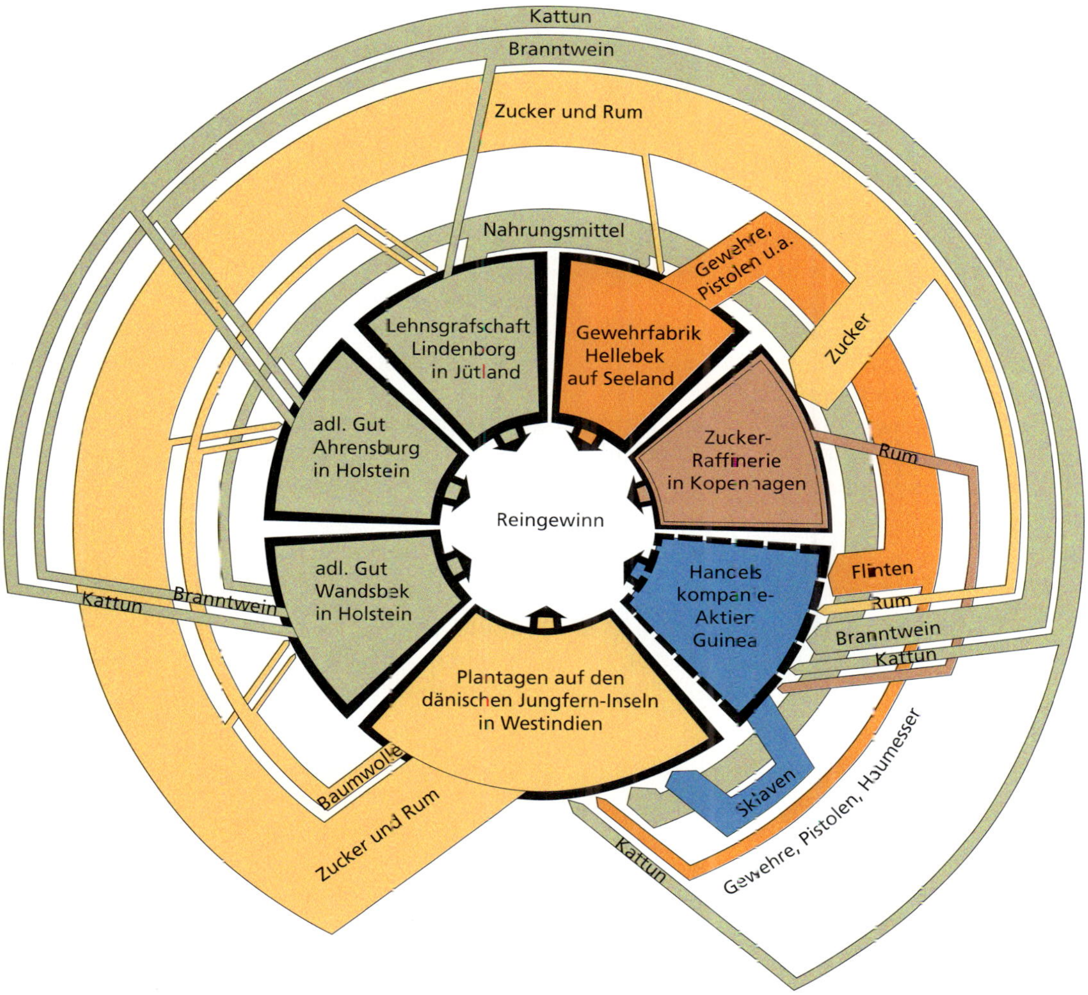

D5 Aufbau der im Atlantikhandel tätigen dänischen Firma Schimmelmann im 18. Jahrhundert

D6 Ökonomische Gewichtsverlagerung

Der Wirtschaftswissenschaftler David Landes über die Rückwirkungen der überseeischen Expansion auf Europa, 1998:

Die Wanderungen nach Übersee, die freiwilligen wie die unfreiwilligen (Sklavenhandel), brachten demnach viel Leid und Tod in die Welt. Aber sie schufen auch Reichtümer und Bereicherungschancen für die Europäer, für die Daheimgebliebenen ebenso wie für die Hinausgegangenen. In Marktgesellschaften ist das bei jeder Migration ein Gesetz: Menschen ziehen hinaus, um ihre Situation zu verbessern, und indem sie das tun, vergrößern sie zugleich die Wirtschaftskraft der Daheimgebliebenen; in ihrer neuen Heimat schaffen oder erbeuten sie Güter (Lebensmittel, Holz, Mineralien oder handwerkliche Produkte), die sie dann in die alte Heimat verschiffen oder mit denen sie dorthin zurückkehren.

Es dauerte lange, bis diese Vorteile voll zum Tragen kamen. [...] Das ökonomische und demographische Wachstum Europas im 18. und 19. Jahrhundert ging nicht ohne Qualen und Nöte vonstatten; aber kein Kontinent hat sich je leichter modernisiert. Das war zum großen Teil der Neuen Welt zu verdanken – und geschah auf dem Rücken von amerikanischen Eingeborenen, afrikanischen Sklaven und Kontraktarbeitern. [...]

Ironischerweise erwiesen sich die Nationen, mit denen alles angefangen hatte, Spanien und Portugal, am Ende als Verlierer. [...] Wo ging das Geld hin? [...] Einen großen Teil seines Reichtums verbrauchte Spanien auf den Schlachtfeldern Italiens und Flanderns. [...] Unterdes kam der Reichtum aus Westindien immer weniger den spanischen Handwerken und Gewerben zugute, weil die Spanier es immer weniger nötig hatten, Dinge selbst zu produzieren; sie konnten sie einfach kaufen. [...] Mit anderen Worten: Spanien wurde (bzw. blieb) arm, weil es zu viel Geld hatte. [...] Als Mitte des 17. Jahrhunderts der große Zufluss von Edelmetall vorbei war, steckte die spanische Krone bis über beide Ohren in Schulden; schon 1557, 1575 und 1597 war es zum Staatsbankrott gekommen. Das Land glitt in eine lange Periode des Niedergangs. [...]

[Die Nationen des nördlichen Europa] profitierten von der Erschließung der Welt. Sie fingen Fisch, gewannen und raffinierten Walfischtran, bauten Getreide an, kauften welches und verkauften es weiter, woben Tuch, gossen und schmiedeten Eisen, schlugen Holz und förderten Kohle. Während Gold- und Silberschätze ihnen zu ihrem Glück erspart blieben, schufen sie sich ihre eigenen Kolonialreiche. Auch wenn sie, soweit sich ihnen die Gelegenheit bot, raubten und plünderten, setzten sie doch nicht so sehr auf den Abbau von Bodenschätzen als vielmehr auf erneuerbare Ernten und eine kontinuierliche Industrie (einschließlich der Sklavenindustrie, aber die bildete die Schattenseite). Sie bauten auf Arbeit.

Die ökonomische Gewichtsverlagerung in den Norden Europas wird nicht nur durch das unrühmliche Fiasko Spaniens belegt. Auch die italienischen Stadtstaaten – Venedig, Florenz, Genua –, große alte Zentren des Handels und des Handwerks, zählten zu den Verlierern. [...] Italienische Schiffe traf man im Indischen Ozean oder auf den Atlantikrouten nicht an.

David Landes, Wohlstand und Armut der Nationen, Berlin 1998, S. 188–192. Übersetzung: Ulrich Enderwitz.

Fragen und Anregungen

1. Recherchieren Sie, welche Folgen der Verträge von Alcácovas und Tordesillas bis heute spürbar sind (VT).
2. Bewerten Sie die These, die Globalisierung habe um 1500 begonnen (D1, Q1).
3. Erläutern Sie den Zusammenhang zwischen folgenden Abteilungen der Firma Schimmelmann: Nahrungsmittelproduktion, Rohstoffproduktion, Rohstoffveredelung, Fertigwarenproduktion, Handel (D5).
4. Erarbeiten Sie eine Mindmap, in der Sie die Rückwirkungen der überseeischen Expansion auf Europa geordnet darstellen (D2–D4, D6).
5. Bartholomé de Las Casas gilt als Mitbegründer der europäischen Menschenrechtsidee. Stellen Sie Zusammenhänge zu der Illustration her, die seinem Werk beigegeben wurde (Q2).
6. Erörtern Sie, inwiefern die überseeische Expansion Europas die Entstehung einer europäischen Identität gefördert hat (VT).

Eine englische Debatte inszenieren

Die englische Debatte wird in britischen Schulen häufig genutzt, um kontroverse Standpunkte zu vertreten und eine Streitfrage am Ende zu lösen. Sie stammt ursprünglich aus dem englischen Unterhaus, daher stammt ihr Name. Die englische Debatte ist auch gut geeignet, um sich strittige Fragen aus der Geschichte vor Augen zu führen.

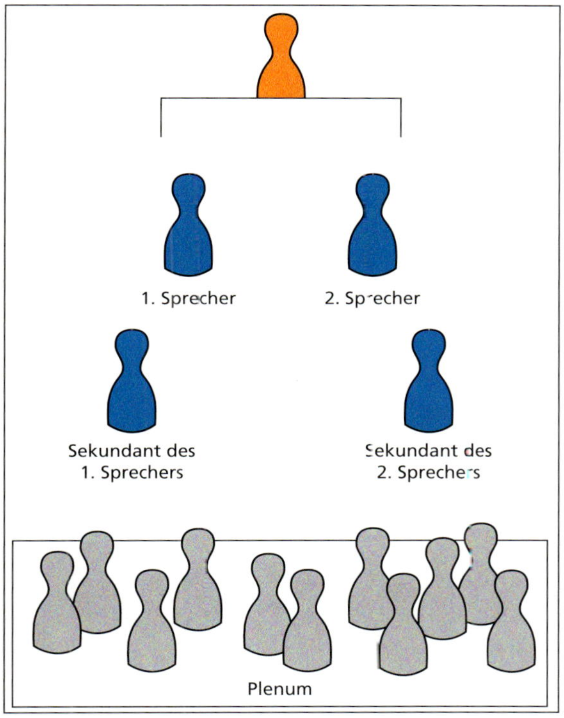

Bei der englischen Debatte wird großer Wert auf disziplinierte Regelbeachtung und Fairness gelegt. Um diese Ziele zu erreichen, sind die Rollen der einzelnen Sprecher genau festgelegt und sollten unbedingt eingehalten werden. Es gibt fünf zentrale Rollen: den Vorsitzenden, den ersten und zweiten Sprecher sowie den ersten und zweiten Sekundanten. Sie müssen vor Beginn der Debatte namentlich bestimmt werden. Die übrigen Schülerinnen und Schüler bilden das Plenum, das ebenfalls eine genau festgelegte Rolle zu übernehmen hat.

Sie können die englische Debatte auf beliebige Streitfragen aus der Geschichte anwenden. Anregungen für die Themenauswahl bieten Ihnen zum Beispiel die Kontrovers-Kästen in diesem Buch. In der Themeneinheit über die Frühe Neuzeit bietet sich der Monopol-Streit in Kapitel 2 für eine englische Debatte an (s. Arbeitsauftrag 5, S. 207).

So verläuft eine englische Debatte:

- Vorsitzender: sitzt erhöht, leitet die Debatte, wenn er/sie aufsteht, müssen alle anderen sitzen und der Redner sofort schweigen, neutrale Person, gibt ihre Meinung auf keinen Fall preis (kein Lächeln oder Stirnrunzeln), er/sie läutet eine Glocke, um Unruhe im Publikum zu unterbinden, achtet auf die Redezeiten, eröffnet die Debatte, nennt das Thema, schließt die Debatte, leitet die Abstimmung
- Erster Sprecher: vertritt eine These, untermauert sie durch Argumente, Redezeit: 5 Minuten
- Zweiter Sprecher: sitzt dem ersten Sprecher gegenüber, vertritt die Gegenthese, untermauert sie durch Gegenargumente, geht nicht direkt auf die Argumente des Vorredners ein, Redezeit: 5 Minuten
- Sekundant des ersten Sprechers: antwortet auf die Argumente des zweiten Sprechers, Redezeit: 5 Minuten
- Sekundant des zweiten Sprechers: antwortet auf den ersten Sprecher und auf den Sekundanten des ersten Sprechers, Redezeit: 5 Minuten
- Eröffnung der allgemeinen Debatte durch den Vorsitzenden: Alle Mitglieder des Plenums haben Rederecht, jeweilige Redezeit: maximal 2 Minuten, Fragen oder Einwände richtet das Plenum direkt an die Sprecher und Sekundanten, Angesprochene dürfen direkt antworten, Mitglieder des Plenums dürfen sich auch in allgemeiner Form zu dem strittigen Thema äußern.
- Beendigung der Debatte durch den/die Vorsitzende/n
- Der zweite Sprecher erhält Gelegenheit zu einem Schlusswort.
- Der erste Sprecher erhält Gelegenheit zu einem Schlusswort.
- Nun schreitet das Plenum zur Abstimmung über die Streitfrage, wobei jeder eine Stimme hat. Der/die Vorsitzende leitet die Abstimmung und gibt das Ergebnis bekannt.
- Er/sie dankt allen Anwesenden und schließt die Sitzung.

DIE AUFKLÄRUNG – THE ENLIGHTENMENT – LES LUMIÈRES

Die Aufklärung gilt als eine der wichtigsten Epochen nicht nur der europäischen, sondern der Menschheitsgeschichte insgesamt. Denn „Aufklärung ist der Ausgang des Menschen aus seiner selbst verschuldeten Unmündigkeit“ – so erklärte der deutsche Philosoph Immanuel Kant 1784. Er bezog sich auf politische und geistliche „Vormünder“. Doch die Aufklärung förderte auch Technik und Wissenschaft und verringerte so die „Unmündigkeit“ des Menschen gegenüber der Natur. Schon manche Zeitgenossen freilich teilten nicht uneingeschränkt den Optimismus der Aufklärer. Verschaffen Sie sich anhand der Materialien auf dieser Seite einen ersten Überblick über die Aufklärung.

Die Ausbreitung der Aufklärung

Experiment mit dem Vogel in der Luftpumpe
Ölgemälde von Joseph Wright of Derby, 1768.

Immanuel Kant (1724–1804)
lehrte in Königsberg als Professor für Philosophie, Geographie und Naturwissenschaften.

Erneuerung der Wissenschaft
Titelseite von Francis Bacons Werk „Instauratio magna", 1620.

Der Schlaf der Vernunft gebiert Ungeheuer
Zeichnung von Francisco Goya, 1797.

1. Was ist Aufklärung?

Ende 17. Jahrhundert	Die Aufklärung als größte geistige Bewegung seit der Renaissance beginnt im Westen Europas.
18. Jahrhundert	Die Aufklärung erfasst große Teile der wissenschaftlichen und kulturellen Elite Europas.

Die Vernunft als Maßstab

Frankreich, mitten im 18. Jahrhundert. Es war ein Fastentag. Dennoch briet sich ein bekannter Schriftsteller, wie eine Anekdote wissen will, zwei Spiegeleier. Ein Blitz fuhr aus dem gewittrigen Mittagshimmel und versengte die Mahlzeit auf dem Herd. „Mein Gott!“, schüttelte der Hungrige den Kopf, „warum so viel Aufwand wegen zweier Eier?“

Ein „Aufklärer“ – um einen solchen handelte es sich hier – sucht hinter Naturerscheinungen Gesetzmäßigkeiten. An spontane Eingriffe Gottes in das Weltgeschehen glaubt er nicht. Die Kirche betrachtet er als eine Einrichtung, welche die Menschen mit unsinnigen Verboten und Vorschriften bevormundet. Eine seiner Waffen ist der Spott. Die wichtigste aber ist die Vernunft. Sie sucht hinter dem Blitz eine natürliche, erklärbare Ursache und erblickt zwischen der Sünde am Herd und der angeblichen Himmelsstrafe ein krasses Missverhältnis zwischen Aufwand und Ertrag. Und die Vernunft verleiht dem Aufklärer ein Selbstbewusstsein, das ihn von Angst befreit.

Kein Lebensgebiet gab es, das die Aufklärung nicht dem Maßstab der Vernunft unterwarf. Das reichte von der Wissenschaft bis zur Religion, von der Politik über die Gesellschaft bis zur Wirtschaft, vom Alltagsleben bis zu Literatur, Bildender Kunst und Musik. All dies wurde der Kritik durch die Vernunft unterzogen.

Empirismus und Rationalismus

Zwei Denkrichtungen kann man unterscheiden: Die eine orientierte sich an der Erfahrung, der Empirie, aus der sie ihre vernünftigen, widerspruchsfreien Schlüsse zog. Die andere misstraute der Fähigkeit der menschlichen Sinne, die Wirklichkeit genau genug abzubilden, und ging daher rein vom Verstand, der ratio, aus. Ihr Feld war vor allem die Mathematik.

Kritik, Erziehung, Freiheit, Toleranz

Damit die Menschen ihren Verstand zu gebrauchen lernten, wurde ihre Erziehung besonders wichtig. Der deutsche Aufklärer Gotthold Ephraim Lessing gab einer seiner Schriften den Titel: „Die Erziehung des Menschengeschlechts“. Für Lessing hatte jeder Mensch Vernunft, er konnte selbstständig denken, beobachten, urteilen, über sich selbst und sein Leben bestimmen – nur musste er dazu angeleitet, musste zunächst sein Verstand gebildet werden.Für die Entfaltung ihrer erzieherischen und kritischen Tätigkeit benötigten die Aufklärer Freiheit – auch zur Äußerung unbequemer Ansichten. Eine ihrer wichtigsten Forderungen war daher Toleranz. Das Verfolgen vernünftiger und fortschrittlicher Ideen sollte nicht durch Verbote, durch staatliche oder kirchliche Bücherzensur, eingeschränkt werden.

Fortschrittsoptimismus

Die Aufklärung sollte das Leben der Menschen erleichtern, den „größten Nutzen für die größte Zahl“ bewirken, wie ein italienischer Aufklärer sagte. Denn nicht nur auf das Denken als solches kam es an, sondern auch auf die Anwendung der Gedanken und naturwissenschaftlicher Erkenntnisse. Die Aufklärer glaubten demnach an den Fortschritt, ihr Weltbild war optimistisch. In diesem Sinne stellte der

Q1 Erdbeben von Lissabon
Flugblatt von 1755, spätere Kolorierung.

deutsche Philosoph Immanuel Kant 1784 in seinem berühmten Aufsatz „Was ist Aufklärung?“ fest, dass man zwar gegenwärtig noch in keinem „aufgeklärten“, wohl aber in einem Zeitalter fortschreitender „Aufklärung“ lebe.

Hindernisse und Grenzen der Aufklärung

Es versteht sich von selbst, dass die Aufklärung auch auf Widerstand stieß. Viele der Autoritäten in Kirche, Staat und Gesellschaft behinderten sie, so gut sie konnten - oder bedienten sich ihrer nur so weit, wie sie ihnen nützte. Denn sie wollten die hergebrachten Begründungen für ihre Macht nicht in Frage stellen lassen. Aber es zeigte sich auch, dass sich gar nicht alle Menschen aufklären lassen wollten. Viele hingen an ihren alten Gewohnheiten, in denen sie Sicherheit fanden. Schließlich kam es auch vor, dass sich manche Aufklärer gegenseitig heftig widersprachen: Vernünftige Überlegungen, so erwies sich, führten manchmal zu unvereinbaren Ergebnissen.

Das Erdbeben von Lissabon

Ein äußeres Ereignis bewirkte in der zweiten Jahrhunderthälfte bei vielen Aufklärern einen Stimmungsumschwung: das gewaltige Erdbeben, das 1755 die reiche Großstadt Lissabon fast vollständig vernichtete. Einem allzu weit gehenden Optimismus wurde buchstäblich der Boden entzogen. Nach dem Erdbeben machte sich Voltaire, der berühmteste Aufklärer Europas, in seiner Erzählung „Candide“ in bitterem Spott über die verbreitete Meinung des deutschen Philosophen Leibniz lustig, die vorhandene Welt sei die beste aller denkbaren. Die Frage nach der Rolle des christlichen Gottes, nach seiner „Rechtfertigung“, wurde drängend. Zweifel wuchsen. Einzelne Aufklärer wurden auch deshalb zu Atheisten.

Aufklärung und Aufstieg des Bürgertums

Das alles war mit dem Aufkommen einer neuen, bürgerlichen Mentalität verbunden. Vor allem in England wurde das sichtbar: Der Bürger, der ehrbare Kaufmann kam in schmuckloser Aufmachung daher, trug Tuch statt Seide, Stock statt Degen, keine Perücke. Demonstrativ in bescheidener Aufmachung erschien Benjamin Franklin als amerikanischer Gesandter am hochzeremoniellen französischen Hof, um ein Militärbündnis abzuschließen. Er hatte den Blitzableiter erfunden, war Herausgeber einer aufgeklärten Wochenschrift und Mitverfasser der amerikanischen Unabhängigkeitserklärung, die in wesentlichen Teilen aus aufgeklärtem Gedankengut bestand: „Alle Menschen sind gleich geboren ...“.

Q2 Naturrecht

Aus Denis Diderots Enzyklopädie, 1751/72:

Natürliche Gleichheit (Naturrecht): Das ist die Gleichheit, die zwischen allen Menschen auf Grund der Beschaffenheit ihrer Natur besteht. Diese Gleichheit ist das Prinzip und die Grundlage der Freiheit. [...] Da die menschliche Natur sich bei allen Menschen als gleich erweist, ist es klar, dass jeder die anderen achten und behandeln muss wie ebensolche Wesen [...], die ebenso gut Menschen sind wie er. [...] (Jaucourt)

Toleranz: Die Toleranz ist im Allgemeinen die Tugend jenes schwachen Wesens, das dazu bestimmt ist, mit Wesen zusammenzuleben, die ihm gleichen. Dem Menschen, der durch seine Intelligenz so erhaben ist, sind zugleich durch seine Irrtümer und Leidenschaften so enge Grenzen gesetzt, dass man ihm den anderen gegenüber nicht genug von jener [...] Duldsamkeit einflößen kann, deren er selbst so sehr bedarf und ohne die man auf der Erde nur Unruhen und Streitigkeiten sehen würde. (Jean Edme Romilly)

Diderots Enzyklopädie, eine Auswahl, Leipzig 2001, Sn. 304, 271, 207, 272.

Q3 Der Baum der Wissenschaften

Abbildung aus Diderots Enzyklopädie. Enzyklopädien waren in der Zeit der Aufklärung ein typisches Medium und sind es seitdem geblieben – bis hin zu „Wikipedia“. Am berühmtesten wurde die von Diderot in den Jahren 1751 bis 1772 herausgegebene Enzyklopädie. Ihr Ziel war es, „die verstreuten Kenntnisse zu sammeln, das allgemeine System dieser Kenntnisse den Menschen darzulegen und es den nach uns kommenden Menschen zu überliefern, damit unsere Enkel nicht nur gebildeter, sondern gleichzeitig auch tugendhafter und glücklicher werden“.

Q4 Über den Fortschritt

J. B. Priestley war Mitglied der „Lunar society" in Birmingham, einer gelehrten Gesellschaft. Ihre Mitglieder trafen sich in Vollmondnächten, um den Heimweg leichter zu finden. Es standen mit ihr in Verbindung berühmte Persönlichkeiten wie James Watt, Richard Arkwright, Thomas Jefferson oder Benjamin Franklin. Priestley schrieb 1771:

Es bedarf nur weniger Jahre [im Leben eines Menschen], alle vorangegangenen Fortschritte irgendeiner Kunst oder Wissenschaft zu verstehen [...]. Da Wissen, wie Lord Bacon feststellt, Macht ist, wird die Macht des Menschen in der Tat vergrößert werden: Die Natur [...] wird mehr zu unserer Verfügung stehen, die Menschen werden sich ihr Dasein bequemer machen, sie werden ihre Existenz darin wahrscheinlich verlängern und werden täglich an Glück zunehmen und an Fähigkeiten, anderen den Weg zum Glück mitzuteilen. Daher wird, was auch immer der Anfang dieser Welt war, das Ende in paradiesischer Weise jenseits dessen liegen, was unser Vorstellungsvermögen jetzt zu fassen vermag.

J. B. Priestley, The First Principles of Government, 1771, zit. nach: Stephen F. Mason, Geschichte der Naturwissenschaft in der Entwicklung ihrer Denkweisen, Stuttgart 1974, S. 392.

Q5 Voltaire über das Erdbeben von Lissabon

a) Aus einem Brief an den Bankier Tronchin vom 24. November 1755:

Welch trauriges Glückspiel ist das menschliche Leben! Ich ziehe meine Genugtuung allein daraus, dass wenigstens die verehrungswürdigen Väter der Inquisition wie alle anderen zerschmettert worden sind. Das wird die Menschen lehren, nicht ihresgleichen zu verfolgen, denn während einige heilige Schurken einige Fanatiker verbrennen, verschlingt die Erde die einen wie die anderen.

Zit. und übers. nach: Voltaire, Lettres inédites aux Tronchin, Tome 1, Genève/Lille 1950, S. 134.

Q6 Inquisitionsgericht, Portugal 1664
Die portugiesische Inquisition, 1536 eingerichtet, hielt sich bis 1761. Juden, Protestanten und andere „Ketzer“ wurden öffentlich verbrannt. Opfer der letzten öffentlichen Verbrennung wurde der bisherige Inquisitor Maladraga, der das Erdbeben als Strafgericht Gottes gedeutet hatte.

b) Aus dem „Candide“:

Nach dem Erdbeben, das drei Viertel von Lissabon zerstörte, verfielen die Weisen des Landes auf kein wirksameres Mittel, um dessen vollständigen Untergang abzuwenden, als dem Volk ein schönes Autodafé zu bieten.

Zit. nach: Voltaire, Candid oder die Beste aller Welten, deutsche Übertragung und Nachwort von Ernst Sander, Stuttgart 1979, S. 17.

Q7 Schrankenlose Willkür der Natur

Der Dichter Johann Wolfgang von Goethe (1749–1832) in seiner Autobiografie über das Erdbeben von Lissabon:

Eine große prächtige Residenz, zugleich Handels- und Hafenstadt, wird ungewarnt von dem furchtbarsten Unglück betroffen. […] Sechzigtausend Menschen, einen Augenblick zuvor noch ruhig und behaglich, gehen miteinander zugrunde, und der Glücklichste darunter ist der zu nennen, dem keine Empfindung, keine Besinnung über das Unglück mehr gestattet ist. Die Flammen wüten fort, und mit ihnen wütet eine Schar verborgner, oder durch dieses Ereignis in Freiheit gesetzter Verbrecher. Die unglücklichen Übriggebliebenen sind dem Raube, dem Morde, allen Misshandlungen bloßgestellt; und so behauptet von allen Seiten die Natur ihre schrankenlose Willkür.

Schneller als die Nachrichten hatten schon Andeutungen von diesem Vorfall sich durch große Landstrecken verbreitet […]. Ja vielleicht hat der Dämon des Schreckens zu keiner Zeit so schnell und so mächtig seine Schauer über die Erde verbreitet.

Der Knabe [Goethe], der alles dies wiederholt vernehmen musste, war nicht wenig betroffen. Gott, der Schöpfer und Erhalter des Himmels und der Erden […], hatte sich, indem er die Gerechten mit den Ungerechten gleichem Verderben preisgab, keineswegs väterlich bewiesen.

J. W. Goethe, Aus meinem Leben, Dichtung und Wahrheit, Erster Teil, Erstes Buch, Hamburger Ausgabe, Bd. IX, S. 30 f.

Fragen und Anregungen

1. Informieren Sie sich über die genannten Personen und klären Sie, warum die „Lunar Society“ später als „Generalstab der Industriellen Revolution“ bezeichnet wurde (Q4).
2. Nehmen Sie Stellung zu den hier formulierten Grundsätzen der Aufklärung (Q2).
3. Erläutern Sie die Machart von Denis Diderots Enzyklopädie und vergleichen Sie diese mit der des Online-Lexikons Wikipedia (http://de.wikipedia.org/wiki/Hauptseite) (Q2, Q3).
4. Beschreiben Sie die Abbildungen, charakterisieren und vergleichen Sie die Kommentare Goethes und Voltaires zu dem Erdbeben (Q1, Q5–Q7).

2. Träger und Medien der Aufklärung

Der Weg der Aufklärung

Die Aufklärung begann im späten 17. Jahrhundert im europäischen Westen und ging von einer wissenschaftlichen Elite aus. Häufig lehrten aufgeklärte Wissenschaftler an „Akademien" – das waren Gelehrtenvereinigungen nach dem Vorbild von Platons „Schule von Athen" (s. S.53). Diese Wissenschaftler schrieben sich nicht nur Briefe, sondern reisten viel, besuchten sich, wechselten ihre Wirkungsstätten. Erleichtert wurde dies durch ein dichteres Straßennetz und schnellere Postverbindungen quer durch Europa, vor allem zwischen den wachsenden städtischen Zentren wie London, Paris, Berlin, Wien und dem neu gegründeten Petersburg. So festigte sich ein europaweites Netzwerk, das schon seit den Tagen von Renaissance und Humanismus „Gelehrtenrepublik" genannt wurde.

Nationalsprachen lösen Latein ab

Aber die Aufklärer wollten über die Welt der Gelehrsamkeit hinauswirken. Die europäische Sprache der Wissenschaft war das Latein. An den europäischen Höfen sprach man nach dem Vorbild von Versailles Französisch, was zunächst auch die Sprache vieler Aufklärer war. Doch allmählich drangen auch andere Landessprachen vor: In Deutschland kündigte 1687 als erster Professor Christian Thomasius seine Vorlesungen in deutscher Sprache an. Gotthold Ephraim Lessing plante für Hamburg eine „Deutsche Schaubühne" als Nationaltheater und wandte sich damit an eine gebildete bürgerliche Schicht, die sich als deutsch sprechende „Nation" verstand. So bekamen immer mehr Menschen Zugang zum Wissen.

Steigende Alphabetisierung

Voraussetzung und Begleiterscheinung, aber auch Folge des Vordringens der Aufklärung war europaweit im 18. Jahrhundert die fortschreitende Alphabetisierung. Es erschienen immer mehr Zeitschriften und Bücher, darunter viele Romane, die sich oft auch an Frauen wandten. Sie dienten zwar der Unterhaltung, waren aber auch lehrreich. Während Lesen heute im Gegensatz zu Computerspielen und übermäßigem Fernsehkonsum als vorbildlich gilt, warnten damals besorgte Stimmen vor den Gefahren der „Lesesucht".

Hollands Rolle

Besonders Holland zeigte sich offen für die neuen Gedanken, weil dort nach langen Konfessionskämpfen Gewissensfreiheit und Toleranz herrschten, also wichtige Forderungen der Aufklärung erfüllt waren. Vor allem Hollands kaufmännische Zentren Amsterdam und Antwerpen waren hier Vorreiter: Denn welcher gute Händler wollte schon seinen Kunden nach dem Taufschein fragen, bevor er ein Geschäft abschloss? Studenten aus ganz Europa besuchten die Universitäten in Leyden, Groningen oder Utrecht. In Holland erschienen die ersten Zeitschriften. In Frankreich oder anderswo verbotene Werke – wie Diderots Enzyklopädie – wurden hier gedruckt. Als junger Mann reiste Zar Peter der Große nach Holland, um sich Anregungen für Russlands Modernisierung zu holen.

Entstehung der „Öffentlichkeit"

Zu Umschlagplätzen der Aufklärung wurden besonders in den deutschen Territorien als private Gründungen „Lesegesellschaften", die gemeinsam Bücher und Zeitschriften ankauften und Leseräume betrieben. Die deutsche Hochsprache festigte sich weiter. Das lesende Bürgertum – Kaufleute, Akademiker – wuchs zu einer Gesellschaftsschicht zusammen, die sich vom „faulen" und vergnügungssüchtigen adligen Höfling abgrenzte.

In England traf man sich zum Meinungsaustausch im „Coffee-House", in Frankreich im „Salon" aufgeklärter adliger oder reicher bürgerlicher Damen. Grundsätzlich hatten zu solchen Treffen alle Stände, Angehörige aller christlichen Konfessionen und

Q1 **Soirée bei Madame Geoffrin**
Gemälde von Gabriel Lemonnier, 1812.

Juden Zugang. So entstand ein Raum, der unabhängig vom Staat war, in dem man offen für Neues war, Ideen, Informationen und Meinungen zu allen möglichen Lebensbereichen austauschte: Es bildete sich jene Sphäre, die wir bis heute „Öffentlichkeit" nennen. Geradezu als Macht wirkte die Öffentlichkeit in den großen Städten, namentlich in London, der größten Stadt Europas. Hier gab es die ersten Journalisten, und hier konnten erstmals Künstler wie der Komponist Georg Friedrich Händel allein von ihren Einkünften leben, weil sie ein zahlendes Publikum fanden.

Geheime Gesellschaften

Das Gegenteil von Öffentlichkeit stellten geheime Gesellschaften dar – Freimaurerlogen, in die nicht jedermann aufgenommen wurde, und wenn, dann erst nach strenger Prüfung. Sie waren beträchtlich verbreitet: In Deutschland gab es um die 300 Logen, denen zeitweilig bis zu 20 000 Personen angehörten. Der Widerspruch zum Prinzip der Öffentlichkeit löst sich, wenn man bedenkt, dass aufgeklärte Bestrebungen oft durch Zensur und andere Verbote behindert wurden. Die wohl bedeutendste geheime Gesellschaft war in Deutschland der 1785 verbotene „Illuminatenorden", der seine aufgeklärte Zielsetzung schon im Namen führte („Illuminaten": die Erleuchteten). Ihm gehörten viele hohe Beamte, Professoren, Ärzte oder Kaufleute an. Ob Salons, Lesegesellschaften oder Logen: Der Zugang zu ihnen setzte natürlich eine gewisse Bildung voraus und auch finanziellen Spielraum. Wer einer Lesegesellschaft angehörte, musste einen Mitgliedsbeitrag entrichten. So ergab sich nach unten eine Abgrenzung vom „großen Haufen", wie es damals hieß. Die Aufklärung wurde nicht zur Massenbewegung. Insbesondere Landbewohner, aber auch die städtischen Unterschichten blieben zurück.

Die Volksaufklärung

Gleichwohl sollte auch das „einfache Volk" aufgeklärt werden. Die Aufklärer bedienten sich dazu bestimmter Medien wie etwa Kalendern, die praktische Hinweise zur besseren Lebensführung enthielten: medizinische Ratschläge, Anleitungen zu besserem Wirtschaften auf den Bauernhöfen. Sogar mancher Geistliche hielt „Rossbollenpredigten", wie gespottet wurde: Er erläuterte auf der Kanzel den Bauern die Vorteile der Düngung mit Pferdemist.

Der Mann ohne Vorurtheil.

Wie ein gefärbtes Glas, wodurch die Sonne stralt,
Des Auges Urtheil täuscht, und sich in allem malt,
So thut das Vorurtheil, es zeigt uns alle Sachen,
Nicht, wie sie selber sind, nur so, wie wir sie machen.
Haller.

W I E N,
verlegt bey Joh. Thomas Edlen von Trattnern,
kaiserl. königl. Hofbuchdruckern und Buchhändlern.
1 7 6 5.

D1 Beispiele von Büchern und Zeitschriften in der Aufklärung

1772	Samuel Richardson, Pamela oder die belohnte Tugend eines Frauenzimmers
1786	Karl Philipp Moritz, Versuch einer kleinen praktischen Kinderlogik
1779	Johann Heinrich Campe, Robinson der Jüngere, Zur angenehmen und nützlichen Unterhaltung für Kinder
1762	Jean Jacques Rousseau, Emile oder über die Erziehung
1773	Johann Georg Krünitz, Oekonomisch-technologische Encyklopädie, oder allgemeines System der Staat- Stadt- Haus- und Land-Wirthschaft und der Kunst-Geschichte, in alphabetischer Ordnung

Impfung gegen Pocken Q2
Karikatur, 1802. Zuvor hatte der Arzt Edward Jenner (1749–1823) aus Kuhpocken-Erregern einen Impfstoff gegen Pocken entwickelt.

Q3 Aufklärerische Schrift, 1765
Auf dem Titelblatt des Werkes von Joseph Freiherr von Sonnenfels steht ein Lehrgedicht des Schweizer Naturforschers und Dichters Albrecht von Haller:

„Wie ein gefärbtes Glas, wodurch die Sonne stralt,
Des Auges Urtheil täuscht, und sich in allem malt,
So thut das Vorurtheil, es zeigt uns alle Sachen,
Nicht, wie sie selber sind, nur so, wie wir sie machen."

Q4 Lesen in Deutschland
Aus der aufklärerischen Zeitschrift „Der Weltbürger", Zürich 1791:
Vor Zeiten befasste sich niemand mit Lektüre als der eigentliche Gelehrte […]; der übrige Theil der Nation begnügte sich mit der Bibel und einigen Erbauungsbüchern. Nun aber verhält sich die Sache ganz anders. Die Wissenschaften haben nicht nur aufgehört, das Eigenthum eines gewissen Standes zu seyn, sondern es ist auch, wenigstens oberflächliche, Kentniß derselben, so gar Bedürniß aller gebildeten Menschenklassen geworden. Man findet jetzt die Werke guter oder schlechter Schriftsteller in den Cabineten der Fürsten, und hinter dem Werkstule, und um nicht roh zu erscheinen, dekorieren die Vornehmen der Nation ihre Zimmer mit Büchern statt der Tapeten. Ein Buch in der Hand eines Soldaten wäre im vorherigen Jahrhundert die Losung zum beißendsten Spott gewesen, in unserem würde ein Offizier ohne Belesenheit verächtlich […], unsere Töchter aber lesen in den Morgenstunden Gedichte und Zeitschriften und durchwandern abends das einsame Thal mit dem Romane in der Hand. Ja, schon lesen die Bauern einander in der Dorfschänke das Noth- und Hilfs-Büchlein vor.

Der Weltbürger, 1791, zit. nach: T.C.W. Blanning, Das Alte Europa 1660–1789, Darmstadt 2006, S. 132.

Q5 Aufklärung der Landbevölkerung

Das Noth- und Hilfsbüchlein (1788) war ein Bestseller der Aufklärung und enthielt eine Mischung aus Informationen und fesselnden Erzählungen:

Es überfallen die Menschen zuweilen Krankheiten [...], von denen man die Ursache nicht ergründen kann [...]. Auch machen sich manche Kranke allerhand Einbildungen: wie z. B. einer glaubt, er sey von Glas; ein anderer, er habe eine Katze, eine Maus [...] im Leibe [...]. In solchen Fällen meinen einfältige Leute: es werde dem kranken Menschen oder Vieh, von bösen Leuten oder Hexen oder Zauberern etwas angethan [...] Und dieser alberne Glauben an Hexen, Druden und wie die Dinger heißen, thut noch oft Schaden, dass ein Mensch den andern darüber verläumdet und dass schwere Feindschaften, ja wohl Mord und Todschlag daraus entstehen. Er stammet aber aus dem Heidenthum [...] her und beruht auf lauter Lug und Betrug. Es giebt nämlich gewisse Kräuter, welche den Menschen betäuben, dass er in einen tiefen Schlaf fällt und so lebhafte Träume hat, als ob alles wahr wäre. [...]

Erwachte [eine so Betrogene] nun wieder, so vermeinte sie, es sey alles wahr gewesen, erzählte dieser oder jener Bekanntin [...], wie alles zugegangen sey [...]. Die träumte dann auch solch albernes Zeug [...] und so gings fort [...]. Der Pabst, die Bischöfe und andere Geistliche, welche davon hörten, meinten endlich auch, es sey wahr [...] Sie reizten auch die weltliche Obrigkeit an [...]. Auf solche Art haben christliche Obrigkeiten und Priester [...] vor Zeiten viele Tausend unschuldige Menschen gequält und ums Leben gebracht. Und dieses grausame Unglück hat in Deutschland gedauert bis vor 30 Jahren, da in Würzburg die Äbtissin Renate als die letzte Hexe verbrannt worden ist.

Nun nehmen aber die Gerichte, Gott sey Lob und Dank!, gar keine Klage wegen Hexerey mehr an [...]. Denn man weiß ganz genau, dass es niemals eine wirkliche Hexe gegeben hat [...], ob es gleich allerhand natürliche Kunststücke giebt, Menschen und Vieh krank zu machen [...]. Dahin gehören z. E. allerhand Arten von gefährlichen Kräutern, von welchen oben S. 82 biß 100 dieses Büchleins gehandelt wird. Andere Gifte, die ein Hausvater, wenn er sie im Hause hat, wie das Feuer verwahren muss, sind Arsenik, Ratten- und Mäusepulver, Hüttenrauch, Fliegenstein, Quecksilber, Kobalt, Operment, Vitriol, Grünspan [...]. Wer solche Dinge nicht zu seiner Handtierung braucht und damit umzugehen weiß, muss sie gar nicht im Hause leiden.

R. Z. Becker, Noth- und Hilfsbüchlein für Bauersleute, hg. von R. Siegert, Dortmund 1980, S. 361 ff.

Q6 Hexenglaube heute

Der Historiker Wolfgang Behringer im Jahr 2000:

Bei einer 1973 durchgeführten Umfrage des Instituts für Demoskopie in Allensbach lag der Anteil der Hexengläubigen bei 11 Prozent (2 Prozent sicher, 9 Prozent vielleicht) der westdeutschen Bevölkerung (8 Prozent der Männer, 13 Prozent der Frauen). Anders sah das Ergebnis aus, wenn das Reizwort „Hexen" vermieden wurde. Das „Anwünschen" von Krankheiten hielten 23 Prozent der Bevölkerung für „möglich" (Männer 15 Prozent, Frauen 28 Prozent). In einer 1986 durchgeführten Befragung des Forsa-Instituts hielten 13 Prozent der Westdeutschen Hexerei, 21 Prozent Krankheitszauber für „möglich". Umfragen der demoskopischen Institute in Allensbach 1989 und des Wickert-Instituts 1991 ergaben Werte von 16 Prozent bzw. 14 Prozent. Insgesamt hat der Hexenglaube in Deutschland den repräsentativen Umfragen (jeweils ca. 2000 Befragte) zufolge innerhalb einer Generation leicht zugenommen, wenngleich 85–90 Prozent der Befragten den Hexenglauben jeweils entschieden ablehnten.

Wolfgang Behringer, Hexen – Glaube, Verfolgung, Vermarktung, München 2000, S. 16 f.

Fragen und Anregungen

1. Beschreiben Sie die Entwicklung von Buchmarkt, Lesepublikum und Selbstverständnis von Autoren im Deutschland der Aufklärung (Q1, Q3, Q4, D1).
2. Untersuchen Sie, auf welche Weise der Verfasser in diesem Textausschnitt den Hexenglauben bekämpft (Q5).
3. Suchen Sie nach Erklärungen für den Befund (Q6). Diskutieren Sie, wie weit wir in einem „aufgeklärten" Zeitalter leben.
4. Beschreiben Sie die Karikatur und erörtern Sie, ob der Karikaturist Gegner oder Befürworter der Pockenimpfung ist (Q2).
5. Beurteilen Sie Ziele, Mittel, gesellschaftliche Reichweite und Grenzen der Verbreitung der Aufklärung (Q1–Q5, D1).

Kriegerisches Europa

Jahrhunderte hindurch wurden in Europa blutige Kriege geführt, so dass – auch im Weltvergleich – manche Historiker die Geschichte und Zivilisation unseres Erdteils als eine „bellizistische" charakterisieren (lat. bellum, d.h. der Krieg). Europas vielleicht wichtigste Leistung ist es, mit dieser Tradition nach 1945 gebrochen zu haben.

Im Jahrhundert der Aufklärung entwarfen Philosophen erstmals vermehrt Projekte eines „Ewigen Friedens". Auf dieser Doppelseite können Sie solche Überlegungen über Krieg und Frieden kennen lernen und überprüfen, ob sie noch immer aktuell sind.

Q1 Wann dürfen Herrscher Krieg führen?

Der preußische König Friedrich der Große, 1739/40:

Von allen Kriegen die gerechtesten und unvermeidlichsten sind die Verteidigungskriege [...]. Nicht weniger wohlbegründet [...] sind solche, durch die ein Herrscher bestimmte Rechte oder bestimmte Ansprüche, die man ihm bestreiten will, behauptet. Über Könige gibt es keinen Gerichtshof, keine Obrigkeit hat über ihre Händel ein Urteil zu fällen, so muss denn das Schwert über ihre Rechte und die Stichhaltigkeit ihrer Beweismittel entscheiden [...]. So dienen denn solche Kriege der Erhaltung des Rechtszustandes in der Welt und der Verhütung der Völkerknechtung: Das heiligt ihre Anwendung [...].

Auch Angriffskriege gibt es, die ihre Rechtfertigung in sich tragen [...]: Es sind das die vorbeugenden Kriege [...]. Besser also zum Angriffskrieg schreiten, solange man noch zwischen Ölzweig und Lorbeer zu wählen hat [...]. Jedoch, die [...] Herren der Welt [...] können nicht sparsam genug mit dem Leben der Ihren geizen, [...] sie sollen ihresgleichen in ihnen sehen.

Gustav Berthold Volz (Hg.), Die Werke Friedrichs des Großen, Bd. II, Berlin 1918, S. 21 f. Übersetzung: F. v. Oppeln-Bronikowski.

D1 Die drei polnischen Teilungen

Die drei Teilungen ließen Polen bis 1917 von der Landkarte verschwinden.

Q2 Stichwort „Krieg"

Aus Voltaires „Philosophischem Wörterbuch", 1764:

Ein Genealoge [Ahnenforscher] beweist einem Fürsten, dass er in gerader Linie von einem Grafen abstamme, dessen Eltern vor drei- oder vierhundert Jahren mit einem Hause, von dem heute kein Mensch mehr etwas weiß, einen Familienvertrag abgeschlossen hatten. Dieses Haus hatte entfernte Ansprüche auf eine Provinz, deren letzter Besitzer an einem Schlaganfall gestorben ist. Der Fürst und seine Berater glauben sich also im Recht. Diese Provinz, die einige hundert Meilen entfernt liegt, erklärt vergeblich, dass sie ihn nicht kennte und nicht die geringste Lust hätte, sich von ihm regieren zu lassen, und dass man, wenn man den Leuten Gesetze geben will, zumindest ihr Einverständnis besitzen muss. Das alles kommt nicht nur dem Fürsten zu Ohren, dessen Recht unbestreitbar ist, sondern er findet auch sofort eine große Zahl von Leuten, die nichts zu verlieren haben. Er kleidet sie in grobes blaues Tuch für hundertzehn Sous die Elle, säumt ihre Hüte mit grobem, weißem Garn, lässt sie rechtsum und linksum machen und marschiert dem Ruhm entgegen. Andere Fürsten, die von diesem Streich hören, beteiligen sich [...] und überfluten einen kleinen Landstrich [...]

Das erstaunliche an diesem höllischen Unternehmen ist, dass jeder einzelne Führer der Mörder [...] sich feierlich auf Gott beruft, bevor er auszieht, um seine Mitmenschen umzubringen.

Zit. nach: Karlheinz Stierle (Hg.), Voltaire, Aus dem Philosophischen Wörterbuch, Frankfurt/M. 1967, S. 120 f.

Q3 Ewiger Frieden

Aus einem philosophischen Entwurf Immanuel Kants, 1795:

1. Es soll kein Friedensschluss für einen solchen gelten, der mit dem geheimen Vorbehalt des Stoffs zu einem neuen Kriege gemacht wurde.
2. Es soll kein für sich bestehender Staat (klein oder groß […]) von einem andern Staate durch Erbung, Tausch, Kauf oder Schenkung erworben werden können. […]
3. Stehende Heere sollen mit der Zeit ganz aufhören. […]
5. Kein Staat soll sich in die Verfassung und Regierung eines anderen Staats gewalttätig einmischen.

Erster Definitivartikel zum Ewigen Frieden:
Die bürgerliche Verfassung in jedem Staate soll republikanisch sein. [Der Begriff „Republik" schließt bei Kant einen Monarchen als Staatsoberhaupt nicht aus]. […] Wenn (wie es in dieser Verfassung nicht anders sein kann) die Beistimmung der Staatsbürger dazu erfordert wird, um zu beschließen, „ob Krieg sein solle oder nicht", als dass, da sie alle Drangsale des Krieges über sich selbst beschließen müssten (als da sind: selbst zu fechten; die Kosten des Krieges aus ihrer eigenen Habe herzugeben; die Verwüstung, die er hinter sich lässt, kümmerlich zu verbessern […]), sie sich sehr bedenken werden, ein so schlimmes Spiel anzufangen.

Immanuel Kant, Zum ewigen Frieden, ein philosophischer Entwurf, Werke XI, hg. von W. Weischedel, Frankfurt/M. 1964, S. 204–206.

Q4 Polnische Teilung von 1772
Katharina II. von Russland, Stanislaus II. August von Polen, Joseph II. von Österreich und Friedrich II. von Preußen über der Landkarte Polens. Kupferstich, 1773.

Fragen und Anregungen

1. Charakterisieren Sie die Ausführungen Friedrichs des Großen und nehmen Sie Stellung (Q1).
2. Beschreiben und beurteilen Sie die Abbildung Q4. Informieren Sie sich über die dargestellten aufgeklärten Monarchen und ihre Außenpolitik und dabei insbesondere über die polnischen Teilungen.
3. Untersuchen Sie, ob sich Friedrichs Beteiligung an der ersten polnischen Teilung mit seinen Ausführungen in Q1 in Übereinstimmung bringen lässt. Schreiben Sie dazu einen Zeitungskommentar (Q1, Q4).
4. Friedrich der Große und Voltaire waren lange befreundet. Voltaire lebte sogar einige Zeit an Friedrichs Hof. Entwerfen Sie ein Streitgespräch zwischen ihnen und tragen Sie es vor (Q1, Q2, Q4, D1).
5. Klären Sie, in welcher Weise Imanuel Kants Entwurf zum „Ewigen Frieden" (Q3) eine Antwort auf das Problem darstellte, wie es in Q1, Q2, Q4 und D 1 zum Ausdruck kommt.
6. Nehmen Sie aus heutiger Sicht und von Ihrer Kenntnis der Geschichte des 19. und 20. Jahrhunderts aus Stellung zu Kants Meinung, dass sich demokratisch verfasste Staaten eher friedlich verhalten als andere (Q3).

3. Umbrüche in Religion, Wissenschaft und europäischer Selbstwahrnehmung

1666 Isaac Newton formuliert das Gravitationsgesetz.

1695–1697 Pierre Bayle veröffentlicht sein „Dictionnaire", in dem er jeden religiösen Lehrzwang bekämpft.

Experimentelle Forschungen Q1

Pilâtre de Roziers (1757–1785) war Arzt, Wissenschaftler und Techniker. Er unternahm zusammen mit dem Marquis François d'Arlandes am 21. November 1783 die erste bemannte Ballonfahrt.

„Sapere aude!"

Im Zeitalter der Aufklärung standen – heute unvorstellbar – Philosophie und Religion im Zentrum des Interesses. Daneben aber entwickelten sich immer schneller die modernen Naturwissenschaften. Die Ablösung von den antiken Autoritäten, den „Alten", ergriff alle Bereiche und wurde, besonders in Frankreich, zum Programm. Wie in der Renaissance und im Humanismus war das aufklärerische Denken durch Rationalität geprägt. Der entscheidende Unterschied bestand darin, dass Renaissance und Humanismus – in Abgrenzung zum Mittelalter – auf die Antike zurückgriffen, während die Aufklärer sich ganz auf die eigenen Beine stellten. „Sapere aude!" hieß ihr Schlachtruf: Wage selbst zu denken!

Die Vernunft verändert das Denken

Die Aufklärer stellten abergläubische Sichtweisen in Frage, etwa die Angst vor Kometen, nach landläufiger Auffassung häuften sich nach einer solchen Himmelserscheinung Unfälle. Selbst eine tatsächliche Häufung von Unfällen beweise gar nichts, so der Philosoph Pierre Bayle, „es sei denn, man spräche auch einer Frau in der Rue Saint-Honoré [in Paris] das Recht zu, weil jedes Mal, wenn sie aus dem Fenster blickt, Karossen vorbeifahren, sich deshalb einzubilden, sie sei der Grund."

Auch die Bibel wurde mit der Vernunft konfrontiert. Biblische Wundergeschichten etwa waren für die Aufklärer mit den Naturgesetzen nicht zu vereinbaren. Gott als Schöpfer der Naturgesetze Wundertätigkeit zu unterstellen, sei eine Beleidigung. Das Argument, die Bibel dürfe, da heiliger Quelle entsprungen, nicht wie ein menschlicher Text kritisiert werden, ließen sie nicht gelten. Jedes kirchliche „Dogma" sei falsch, wenn es von klaren und deutlichen Erkenntnissen der Vernunft widerlegt werde. Der Gedanke lag nicht fern, die christliche Religion als ein rein historisches Phänomen aufzufassen, erklärbar aus den Umständen ihrer Entstehung. Der aufgeklärte Herrscher Friedrich der Große von Preußen war der Meinung, dass alle Religionen „auf einem mehr oder weniger widersinnigen System von Fabeln" gründeten – und dabei sei das Christentum die absurdeste von allen. Selbstverständlich wurde nicht nur die christliche Überlieferung überprüft. Die „Chronologie" brachte geschichtliche Ereignisse durch Quellenvergleiche in die richtige Reihenfolge. Damit begann die historische Quellenkritik.

Die Philosophie

Äußerst einflussreich wurde der englische Philosoph John Locke (1632–1704). Der menschliche Verstand, so lehrte er in Anlehnung an andere Denker, sei zunächst ein „unbeschriebenes Blatt", eine „tabula rasa". In ihn gelange nur hinein, „was

zuvor in den Sinnen war", also z. B. gehört, gesehen, ertastet werde. Der Mensch sei in der Lage, einfache Vorstellungen zu bilden, z. B. von der „Bewegung" oder der räumlichen „Ausdehnung". Durch die Fähigkeit, diese Vorstellungen miteinander zu verbinden, gelinge es ihm, die Welt um sich herum zu erkennen und durch die Sprache in Begriffe zu fassen. Locke beschäftigte sich also zunächst grundsätzlich mit Beschaffenheit und Reichweite des Verstands, des zentralen „Instruments" der Aufklärer. Dann konnte der Mensch in die ihn umgebende Natur vordringen.

Naturwissenschaft

Die Naturwissenschaften setzten auf die Mathematik und das Experiment. Wie sehr mathematisches Denken anerkannt war, sieht man an den geometrischen Mustern, die sich schon im 17. Jahrhundert in Garten- und Schlossanlagen und sogar in Tanzfiguren durchsetzten. In Paris soll, wie erzählt wurde, im 18. Jahrhundert eine adlige Dame einen Heiratsantrag abgelehnt haben, weil der Bewerber sich nicht ernsthaft mit dem Problem der Quadratur des Kreises beschäftigt hatte. Die Wissenschaft stellte Fragen an die Natur, die genaues Bebachten und Experimente erforderten. Lediglich einige gedanklicher Grundsätze waren zu beachten, zum Beispiel: „Ein Satz ist entweder wahr oder falsch", oder: „Nichts geschieht ohne zureichenden Grund" (Gottfried Wilhelm Leibniz, 1646–1716). Forschungen dieser Art gab es zuerst in Italien, dann auch in Holland, Frankreich und vor allem England. Dort wirkte an der Royal Society der Universalgelehrte Isaac Newton. Ihn soll ein herabfallender Apfel auf die Frage gebracht haben, die er mit der Lehre von der Gravitation beantwortete.
Basis der Welterfassung und der vielen technischen Erfindungen im 18. Jahrhundert war die Mechanik. Das entsprach dem Weltbild der Aufklärer und auch den technischen Möglichkeiten des Zeitalters: Sie sahen die Welt als Maschine, den Staat als Maschine, „den Mensch als Maschine" – mit diesem Titel überschrieb der französische Aufklärer Julien Offray de LaMettrie eines seiner Werke.

Theologie

Auch die religiösen Vorstellungen wurden „mechanisiert". Viele Aufklärer sahen sich als „Deisten". Trotz aller Kritik an Christentum und Kirche glaubten sie an einen Gott oder doch an ein „höchstes Wesen". Für sie hatte Gott die Welt geschaffen, von da an jedoch folgte diese den gottgegebenen, dem forschenden Menschen aber zugänglichen Naturgesetzen. Gott selbst griff nach ihrer Vorstellung nicht in das Weltgeschehen ein. Aufgeklärte Strömungen gab es auch innerhalb der Kirchen, vor allem im protestantischen Europa, wo es die Aufklärung besonders leicht hatte. Aber es gab auch aufgeklärte Katholiken, die Anstoß am Heiligen-, Reliquien- und Wallfahrtswesen nahmen. In manchen Klöstern wurden naturwissenschaftliche Studien betrieben.

Erweiterung des Blickwinkels: Reisen und Reiseberichte

„Seid Ihr wissbegierig, so geht auf Reisen" war ein gern befolgter Ratschlag. Die Aufklärer Voltaire, Rousseau und Montesquieu waren große Reisende, und teilweise führten die Fahrten aufgeklärter Abenteurer bis nach Amerika, Asien oder Afrika. Reisebeschreibungen wurden zur beliebten Lektüre (s. S. 256 f.). Dadurch wurde das Weltbild mancher Europäer infrage gestellt. Alle wichtigen europäischen Gedanken – Freiheit, Gerechtigkeit, Eigentum – wurden dem Vergleich mit fernen außereuropäischen Ländern unterworfen. So öffneten die Reiseberichte den Blick für die Relativität der europäischen Lebensverhältnisse. Dies kam dem Toleranzgedanken zugute, und es trug auch zur Infragestellung der politischen und gesellschaftlichen Machtverhältnisse bei. Montesquieu (1689–1755) erfand sogar einen Reisebericht: In seinen anonym erschienenen „Perserbriefen" (1721) ließ er einen Perser als Vertreter eines toleranten und klugen Volkes durch Europa reisen. Dieser war angesichts von Krieg und Inquisition entsetzt über das, was er dort vorfand. So veränderte Europa seinen Blick auf sich selbst.

D1 Bedeutende Erfindungen und Neuerungen im 18. Jahrhundert

1718	Der Niederländer Daniel Gabriel Fahrenheit verbessert das Thermometer durch Füllung mit Quecksilber. 1742 führt der Schwede Anders Celsius die nach ihm benannte und heute übliche Temperaturskala ein.
1728	Der Russe Vitus Bering durchfährt die nach ihm benannte „(Meeres-)Straße" zwischen Nordamerika und Asien.
1738	Der Niederländer Daniel Bernoulli entwickelt entscheidende Ansätze zu einer Theorie der Gase.
1745	Der Schweizer Charles Bonnet geht auf Grund seiner Forschungen davon aus, dass es eine Stufenfolge von der niedrigsten Pflanze bis zum höchsten Tier gibt.
1752	Der Amerikaner Benjamin Franklin erfindet den Blitzableiter.
1765	Der Engländer James Watt baut die erste direkt wirkende Niederdruckdampfmaschine.
1769	Der Engländer Richard Arkwright gründet dank der von ihm verbesserten Spinnmaschine die erste „Fabrik".
1771	Der Italiener Luigi Galvani entdeckt die Berührungselektrizität.
1774	Der Franzose Antoine Laurent de Lavoisier begründet mit seinem Nachweis der Erhaltung der Masse bei chemischen Prozessen die moderne Chemie. Schon 1756 war der Russe M. L. Lomonossow von dieser Gesetzmäßigkeit ausgegangen.
1799	Der Deutsche Alexander von Humboldt bricht zu seinen mehrjährigen Forschungsreisen nach Mittel- und Südamerika auf.

Q2 Aus den „Persischen Briefen", 1721

Der französische Aufklärer Montesquieu lässt im Stil der beim europäischen Lesepublikum sehr beliebten Reiseberichte aus exotischen Ländern (s. S. 250 f.) zwei vornehme Perser vor allem aus Paris berichten:

a) Die Frauen haben hier jede Zurückhaltung verloren: Ohne ihr Gesicht zu verbergen, bieten sie sich den Männern dar […]. Statt der edlen Natürlichkeit und der liebenswerten Schamhaftigkeit bei uns herrscht hier eine rohe Schamlosigkeit, an die man sich unmöglich gewöhnen kann. […]

b) Ein hoher adliger Herr ist ein Mann, der den König sieht, der mit den Ministern spricht, der Ahnen, Schulden und Pensionen besitzt. Wenn er dann noch sein Nichtstun hinter einem geschäftigen Aussehen […] zu verbergen versteht, dann hält er sich für den glücklichsten Menschen.
In Persien sind nur diejenigen hohe Herren, denen der Monarch irgendeinen Anteil an der Regierung gibt. Hier [in Europa] finden sich Leute, die groß sind durch ihre Geburt […].

c) Der Papst ist das Oberhaupt der Christenheit. Er ist ein alter Götze, den man aus Gewohnheit beweihräuchert […]. Er behauptet, Nachfolger eines der ersten Christen namens Heiliger Petrus zu sein, und es handelt sich offenbar um ein reiches Erbe, denn er besitzt unendliche Schätze und herrscht über ein großes Land […].
Es gibt eine Unzahl von Gelehrten […], die untereinander tausend neue Streitfragen über die Religion entwickeln.
[…] Ich kann Dir […] versichern, dass es in keinem Reich so viele Bürgerkriege gegeben hat wie in dem der Christen.

d) Eine milde Regierung trägt sehr viel bei zur Vermehrung der Gattung [der Einwohnerzahl eines Landes]. Ein ständiger Beweis dafür sind alle Republiken und vor allem anderen die Schweiz und Holland […].
Nichts zieht die Fremden stärker an als die Freiheit und der mit ihr verbundene Wohlstand. Die Freiheit wird um ihrer selbst willen gesucht, und unsere Bedürfnisse führen uns in die Länder, wo der Wohlstand herrscht. […]
Die Gleichheit der Bürger selbst, die im Allgemeinen auch zu gleichen Vermögensverhältnissen führt, bringt allen Teilen des politischen Körpers Wohlstand und Leben und verbreitet sie überall.
Ganz anders verhält es sich in den Ländern, die willkürlicher Macht unterworfen sind. Der Fürst, die Höflinge und einige Privatleute besitzen alle Reichtümer, während alle Übrigen unter äußerster Armut leiden.

Montesquieu, Persische Briefe, übers. und hg. von Peter Schunck, Stuttgart 2004, S. 55, 167, 61, 226.

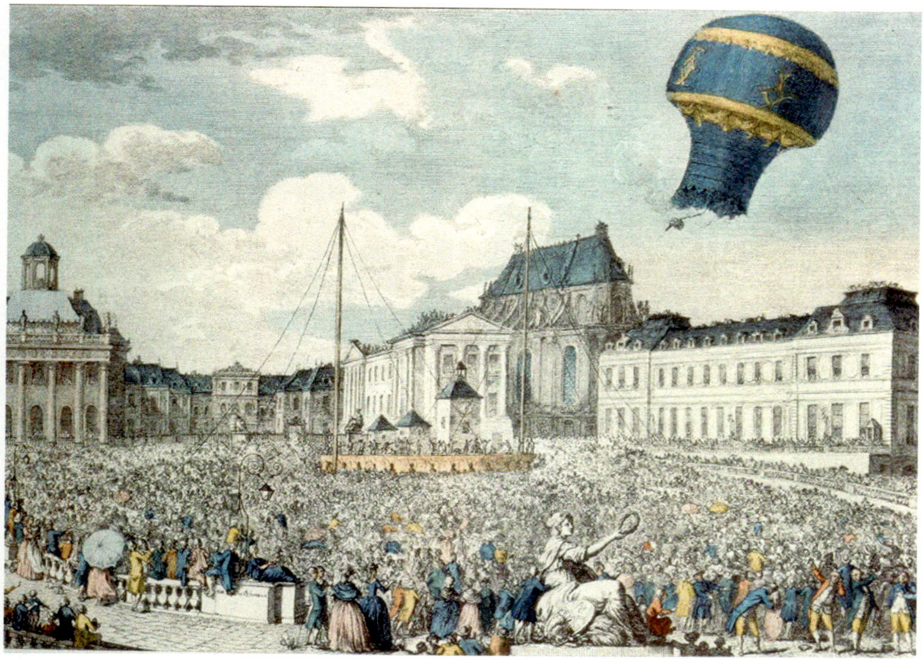

Q3 Heißluftballon über Versailles

Kuperstich, 1783. Dem Aufstieg des Montgolfière (benannt nach seinen Erfindern, den Gebrüdern Montgolfier) sollen am 19. September 1783 im Schlosshof von Versailles unter Trommelwirbel mindestens 100 000 Menschen beigewohnt haben. Im Ballonkorb befanden sich ein Schaf, eine Ente und ein Hahn. Trotz einer heftigen Bö, die einen Riss in der Ballonhülle verursachte, landeten diese ersten Aeronauten nach acht Minuten wohlbehalten in der Nähe.

Q4 Märtyrer der Wissenschaft

Der Kunsthistoriker Simon Schama schreibt im Jahr 1989 über Pilâtre des Roziers:

Eine der herausragenden Figuren unter all denen, die in Paris für eine wissbegierige Zuhörerschaft Nachmittagsvorlesungen über wissenschaftliche Themen abhielten, hatte er 1781 […] ein Musée des Sciences eröffnet, das speziell auf einen von der Königlichen Akademie ausgeschlossenen Interessentenkreis zugeschnitten war […]. Auch Frauen hatten Zutritt – allerdings nur auf Empfehlung von drei Mitgliedern des Musée. Über 700 Hörer aus allen Berufen und Ständen schrieben sich ein […]. Unter den im Musée vorgeführten Erfindungen befand sich ein Hut mit eingebautem Licht für nächtliche Rettungsaktionen; außerdem verlas Pilâtre Auszüge aus seinem Buch über Elektrizität und Liebe […].

Seine Laufbahn beschloss [Pilâtre] […] als „Märtyrer der Wissenschaft“. Bei dem im Juni 1785 gestarteten Versuch, von Boulogne aus den Kanal zu überfliegen, explodierte sein Ballon […]. Vor den Augen einer riesigen […] Menschenmenge stürzten Pilâtre und sein Kopilot aus 1500 Fuß Höhe dicht bei der Hafeneinfahrt auf die Klippen von Croy. Schreckensberichte schilderten grausige Einzelheiten.

Zit. nach: Simon Schama, Der zaudernde Citoyen, München 1989, S. 139.

Fragen und Anregungen

1. Informieren Sie sich bei Fachlehrern, in Lexika oder im Internet näher über einige der hier genannten Wissenschaftler und ihre Leistungen. Ergänzen Sie die Liste durch weitere Namen und Leistungen (D1).
2. Klären Sie, welche wissenschaftlichen und technischen Fortschritte für den Bau eines Wasserstoffballons Voraussetzung waren (Q3).
3. Erläutern Sie die Materialien und zeigen Sie, welche Rückschlüsse sie auf die Wirkung technischer und wissenschaftlicher Fortschritte beim Publikum bzw. in der Öffentlichkeit zulassen (Q1, Q3, Q4).
4. Charakterisieren und erläutern Sie das Bild, das von Europa und dem Frankreich des 18. Jahrhunderts entworfen wird (Q2).

4. Die Aufklärung in Staat, Wirtschaft und Gesellschaft

1740–1786	In Preußen regiert im Stil des aufgeklärten Absolutismus König Friedrich II. („der Große").
1765–1790	Im Habsburger Reich regiert als der radikalste aufgeklärte Reformer Joseph II.
26. August 1789	Die revolutionäre französische Nationalversammlung verabschiedet die Erklärung der Menschen- und Bürgerrechte.

Katharina II., Zarin von Russland (1762–1796) Q1
Die Zarin bemühte sich um eine Verbreitung der Aufklärung in Russland.

Aufgeklärter Absolutismus

Viele absolutistische Herrscher erkannten, dass sie mit aufgeklärten Methoden besser regieren konnten. Sie selbst verstanden sich als „erste Diener" ihrer Staaten. In der Beamtenschaft bekamen aufgeklärte Reformer Einfluss. Doch auch die aufgeklärten Monarchen schränkten ihre Macht zumeist nicht ein. Für Friedrich den Großen stand fest, dass politische Macht zum Wohle aller am besten in einer einzelnen Person konzentriert sein müsse. Andererseits plante der spätere Kaiser Leopold II. (1747–1792) für die Toskana, die er als Großherzog zunächst regiert hatte, eine Verfassung – sie trat allerdings nie in Kraft.

Zurückdrängen von Adel und Kirche

Der Ausbau staatlicher Macht unter Führung eines aufgeklärten Monarchen schwächte die Selbstständigkeit des Adels weiter und kam dem gebildeten und wirtschaftlich aktiven Bürgertum zugute. Auch die Macht der Kirche schwand. 1773 verbot Rom auf Drängen zahlreicher Herrscher den Jesuitenorden, der nur dem Papst unterstellt war und in allen katholischen Staaten über großen Einfluss verfügte. In seinem habsburgischen Herrschaftsbereich ließ Kaiser Joseph II. 1781 hunderte von Klöstern als „unnütz" aufheben, die hohe Zahl kirchlicher Feiertage reduzierte er deutlich – schon aus wirtschaftlichen Gründen. Aufgeklärte Kritiker stellten die Existenzberechtigung der geistlichen Staaten im Reich in Frage. Immer häufiger tolerierten aufgeklärte Herrscher in ihren bis dahin konfessionell einheitlichen Staaten Angehörige abweichender christlicher Bekenntnisse, und die Besserung der rechtlichen Lage von Juden wurde ein Thema. Friedrich der Große von Preußen sagte, ein jeder könne „nach seiner Fasson" selig werden.

Aufgeklärte Reformpolitik

Der aufgeklärte Staat bemühte sich auch um die Bildung seiner Untertanen: Er führte die Schulpflicht ein, und die Universitäten legten größeren Wert auf anwendungsbezogene Wissenschaften wie Medizin. Aufgeklärte Reformer gründeten Spitäler, Waisenhäuser und „Irrenanstalten" (heute: Psychiatrische Kliniken) – aus humanitären Erwägungen, aber auch, weil sie sich von Betreuung und Erziehung einen Nutzen versprachen. Im Rechtswesen zeigte sich dieser Grundzug aufgeklärter Politik darin, dass die Folter mancherorts abgeschafft und die Todesstrafe immer seltener praktiziert wurde – gegen beide sprach die Menschlichkeit, aber ein zu Zwangsarbeit verurteilter Krimineller nützte dem Staat auch mehr als ein

hingerichteter. Hexenprozesse hörten auf. Neue staatliche Gesetzbücher zeigten eine Tendenz zu „vernünftiger“ Vereinheitlichung des Rechts gegenüber der Buntscheckigkeit der bisherigen Rechtsbeziehungen zwischen Feudalherren und ihren Abhängigen. Dabei blieb freilich die Ständegesellschaft erhalten: noch fehlte die Gleichheit aller vor dem Gesetz. In der Wirtschaftspolitik machten sich als aufgeklärte Reformer gegenüber dem Merkantilismus die „Physiokraten“ bemerkbar, die nicht Handel und Gewerbe, sondern die Landwirtschaft als Basis allen Wirtschaftens ansahen. Anläufe zur Bauernbefreiung wurden in erster Linie ökonomisch begründet: Ein freier Bauer produziere mehr als ein abhängiger.

Aufholende Modernisierung

Besonders Preußen und Österreich nutzten den aufgeklärten Absolutismus als Mittel, um den wirtschaftlichen und machtpolitischen Vorsprungs der Westmächte, vor allem Großbritanniens, aufzuholen. Im besonders rückständigen Russland bemühte sich Zarin Katharina II. um Modernisierung. Sie korrespondierte mit Voltaire und Montesquieu, trat für eine Förderung von Handel, Gewerbe und Landwirtschaft sowie für den Auf- und Ausbau von Schulen und Universitäten ein. Freilich blieben die meisten dieser Reformen schon im Ansatz stecken.

Förderung und Verfolgung von Reformern

In Österreich rief die schnelle und rigorose Reformpolitik Josephs II., besonders sein Vorgehen gegen die Kirche, Widerspruch hervor. Zu tief war vor allem die einfache Landbevölkerung in ihren Traditionen verwurzelt. Um ihre Untertanen auf Neuerungen einzustimmen, bemühten sich Joseph II. und andere aufgeklärte Monarchen um die Verbreitung ihrer Reformideen im „Publikum“, wie man damals sagte, und förderten daher aufgeklärte Literatur. Doch war das eine Gratwanderung, denn schnell schossen die Reformgedanken aufgeklärter „Patrioten“ über die Ziele der Herrscher hinaus. In Preußen freilich formierte sich eine staatsnahe aufgeklärte Bildungselite in Beamtenschaft und Universitäten.
Am stärksten politisch opponierten die Aufklärer in Frankreich, dessen Monarchen sich Reformen beharrlich verweigerten. Gegen viele Aufklärer ging die Justiz vor, so mancher von ihnen lernte die Pariser Bastille, berüchtigtes Gefängnis und Symbol absolutistischer Willkür, von innen kennen. Die Zensur ging einerseits rigoros vor, war andererseits jedoch leicht zu umgehen: Verbotene Literatur wurde in Holland gedruckt und nach Frankreich hineingeschmuggelt.

Spanien als Feindbild, England als Beispiel

Das politische Feindbild der Aufklärer war die spanische Monarchie des konfessionellen Zeitalters, die als Bollwerk von Rückständigkeit, Despotie und fanatischer Frömmigkeit galt. Als Skandal galt die Inquisition. Wenn dem spanischen König in Schillers „Don Carlos“ (1787) donnernd ein „Sire, geben Sie Gedankenfreiheit!“ entgegengeschleudert wurde, ertönte ein Schlachtruf der Aufklärung. Das politische Leitbild der meisten Aufklärer war die englische Monarchie. Voltaire und Montesquieu studierten sie vor Ort. Das englische Parlament galt als Vorbild des politischen Interessenausgleichs, das politische System Englands insgesamt als gelungene Umsetzung aufgeklärten Staatsdenkens – oder als einer seiner Ausgangspunkte

Naturzustand und Gesellschaftsvertrag

Die Grundlagen aufgeklärter Staats- und Verfassungsentwürfe legten im 17. und 18. Jahrhundert hauptsächlich die westeuropäischen Denker Hobbes, Locke, Montesquieu und Rousseau. Die aufgeklärten Staatstheoretiker beriefen sich auf einen von Gott anfangs eingerichteten „Naturzustand“ (s. Q2). Zur Erleichterung ihres Zusammenlebens hätten die Menschen schließlich eine staatliche Gewalt aufgebaut. Dies geschah – so die Vorstellung der Aufklärer – mittels eines „Gesellschaftsvertrages“, in dem das Volk die staatliche Gewalt auf einen Herrscher übertrug. Allerdings waren sich die verschiedenen Aufklärer nicht darüber einig,

Q2 Friedrich II. überwacht die Kartoffelernte
Gemälde von R. Warthmüller, 1886. Gegen den Widerstand vieler Bauern förderte Friedrich II. den Anbau der nährstoffreichen Kartoffel.

wie denn der – gedachte – „Naturzustand" ausgesehen habe. Und auch der Inhalt des „Gesellschaftsvertrags" war strittig. Mit ihm ließen sich verschiedene politische Systeme begründen.

Gewaltenteilung und Volkssouveränität

Zumindest die Erbmonarchie und der uneingeschränkte Absolutismus, aber auch die Monarchie als solche konnten von hier aus in Frage gestellt werden. So entwickelten der Brite John Locke und der Franzose Montesquieu das in den Demokratien der Gegenwart selbstverständliche Prinzip der „Gewaltenteilung": Sie unterschieden zwischen gesetzgebender, ausführender und richterlicher Gewalt (Legislative, Exekutive, Judikative), die voneinander unabhängig sein und sich gegenseitig beschränken sollten: Absoluter Macht sollte ein Riegel vorgeschoben werden.
Jean Jaques Rousseau aus Genf führte in seinem „Gesellschaftsvertrag" (1762) den Gedanken der „Volkssouveränität" aus. Nicht beim absoluten Herrscher lag danach das Recht, über den Staat uneingeschränkt zu gebieten, sondern beim „Volk". Im Gegensatz zum Einzelwillen eines Alleinherrschers verfügte dieses über einen „allgemeinen Willen" („volonté générale").

Naturrecht und Menschenrechte

Hinter all dem stand das dem „Naturzustand" entsprechende „Naturrecht" – die Vorstellung, dass zwischen allen Menschen, gleich ob König oder Bettler, auf Grund ihrer gemeinsamen Menschennatur zunächst einmal Gleichheit herrsche. Daraus mochten sich „natürliche" Unterschiede zwischen den Einzelmenschen entwickeln – aber die im 18. Jahrhundert noch übliche Einteilung der Menschen in Geburtsstände widersprach diesem Grundgedanken. Die Menschen- und Grundrechtskataloge der Gegenwart, z. B. als Teil des Grundgesetzes der Bundesrepublik Deutschland, lassen sich alle auf das „Naturrecht" zurückführen. Das gilt auch schon für die „Erklärung der Menschen- und Bürgerrechte" in der Französischen Revolution 1789. Sie berief sich nach dem Vorbild der amerikanischen Unabhängigkeitserklärung auf „die natürlichen, unveräußerlichen und heiligen Rechte des Menschen", die „vergessen oder missachtet" worden seien. „Freiheit, Gleichheit, Brüderlichkeit!" – so hieß die politische Parole einer revolutionär gewordenen Aufklärung.

Volonté générale

Der volonté générale (Gemeinwille) setzt die Volkssouveränität voraus. Der Begriff ist 1762 von Rousseau in seinem „Gesellschaftsvertrag“ entwickelt worden. Der „Gemeinwille“ repräsentiert das objektive, durch Vernunft erfassbare Allgemeinwohl. Darin unterscheidet er sich vom „Gesamtwillen“ als der Summe aller Einzelinteressen. Der „Gemeinwille“ hat Anspruch auf absoluten Gehorsam. Sowohl Demokratien wie Diktaturen haben sich darauf berufen können, den „Gemeinwillen“ zu vollziehen, weil Rousseau auf eindeutige Sicherungen vor Machtmissbrauch wie z. B. das Prinzip der Gewaltenteilung verzichtet hat.

Volkssouveränität

Alle Staatgewalt, nach innen wie außen, geht vom Volke aus. Demokratien basieren auf der Idee der Volkssouveränität. Sie setzt den Gleichheitsgedanken des Naturrechts voraus, also sind ihr die Menschenrechte vorgeordnet. Der Gedanke der Volkssouveränität wandte sich gegen die absolute Monarchie in Amerika und Frankreich im 18. Jahrhundert, wo der Herrscher die Souveränität beanspruchte.

Q4 Der Staat als Leviathan

Titelblatt zum gleichnamigen Werk von Thomas Hobbes, London 1651. Der Titel der Schrift spielt auf das allmächtige Meeresungeheuer Leviathan an, wie es im Alten Testament der Bibel geschildert wird. Der Staat soll nach Hobbes' absolutistischem Politikverständnis die Rolle des Leviathans übernehmen, um den gesetzlosen Naturzustand – symbolisiert durch das Landungeheuer Behemoth – zu beenden. Hobbes schrieb sein Werk vor dem Hintergrund des englischen Bürgerkriegs 1642–1649, der zahllose Opfer forderte.

Q3 Die Menschen im Naturzustand

Der englische Staatstheoretiker Thomas Hobbes (1588–1679):

Die Menschen sind von Natur aus gleich, sowohl in ihren körperlichen als auch in ihren geistigen Anlagen [...]. Man nehme nur die Körperstärke: Selbst der Schwächste ist stark genug, auch den Stärksten zu vernichten; er braucht sich nur einer List zu bedienen [...]. Dieser Gleichheit entspringen die gleichen Hoffnungen, ein Ziel zu erreichen [...].

Das Zusammenleben ist den Menschen also kein Vergnügen, sondern schafft ihnen im Gegenteil viel Kummer [...]. So sehen wir drei Hauptursachen des Streits in der menschlichen Natur begründet: Wettstreben, Argwohn und Ruhmsucht. [...]

Und hieraus folgt, dass Krieg herrscht, solange die Menschen miteinander leben ohne eine oberste Gewalt, die in der Lage ist, die Ordnung zu bewahren. Und es ist ein Krieg, den jeder Einzelne gegen jeden Einzelnen führt [...].

Thomas Hobbes, Leviathan, hg. von Cornelius Meyer-Tasch, Reinbek 1965, Kap XIII, S. 58. Übersetzung: Dorothee Tidow.

Q5 Vernunft als Gesetz

Der englische Philosoph John Locke, 1689:

Im Naturzustand herrscht ein Gesetz, das für alle verbindlich ist: Die Vernunft – sie ist dieses Gesetz – lehrt alle Menschen [...], dass niemand einem anderen an seinem Leben, seiner Gesundheit, seiner Freiheit oder seinem Besitz Schaden zufügen soll. Denn alle Menschen sind das Werk eines einzigen allmächtigen und unendlich weisen Schöpfers [...].

J. Locke, Zwei Abhandlungen über die Regierung, zit. nach: Grundriss der Geschichte, Dokumente, Bd. 1, Stuttgart 1985, S. 127 f.

Q6 Weg zur Errichtung einer allgemeinen Gewalt

Thomas Hobbes, 1651:

Der alleinige Weg zur Errichtung einer […] allgemeinen Gewalt, die in der Lage ist, die Menschen vor dem Angriff Fremder und vor gegenseitigen Übergriffen zu schützen […] liegt in der Übertragung ihrer gesamten Macht und Stärke auf einen Menschen oder eine Versammlung von Menschen, die ihren Einzelwillen durch Stimmenmehrheit auf einen Willen reduzieren können. Das […] bedeutet, dass jedermann alles als eigen anerkennt, was derjenige […] tun oder veranlassen wird […]. Ist dies geschehen, so nennt man diese zu einer Person vereinigte Menge Staat.

Th. Hobbes, Leviathan, Kap.XVII, Reinbek bei Hamburg 1965, S.48. Übersetzung: Dorothee Tidow.

Q7 Gewaltenteilung

John Locke, 1689:

Das große Ziel der Menschen, die in eine Gemeinschaft eintreten, ist der Genuss ihres Eigentums in Frieden und Sicherheit und das große Instrument dazu sind die Gesetze, die in dieser Gesellschaft erlassen werden. […]

Die legislative Gewalt ist jene, die das Recht hat zu bestimmen, wie die Macht des Staates zur Erhaltung der Gemeinschaft und ihrer Glieder gebraucht werden soll […]. Bei der Schwäche der menschlichen Natur, die stets dazu neigt, nach der Macht zu greifen, dürfte es eine zu große Versuchung sein, wenn diejenigen, die die Macht besitzen, Gesetze zu erlassen, auch die Macht hätten, diese auszuführen. […] Die legislative und die exekutive Gewalt werden daher oftmals voneinander getrennt.

J. Locke, Zwei Abhandlungen über die Regierung (1689), zit. nach: Grundriss der Geschichte, Dokumente, Bd. 1, Stuttgart 1985, S. 127f.

Q8 Gesellschaftsvertrag

Jean Jaques Rousseau in seinem Werk „Du contrat social", 1762:

Aus Buch I, Kap. 6:

Wie findet man eine Gesellschaftsform, die mit der ganzen gemeinsamen Kraft die Person und das Vermögen jedes Gesellschaftsmitgliedes verteidigt und schützt und kraft deren jeder Einzelne, obgleich er sich mit allen vereint, gleichwohl nur sich selbst gehorcht und so frei bleibt wie vorher? […]

[…] indem [der Einzelne] sich ganz hingibt [an die Gesamtheit], so ist das Verhältnis zunächst für alle gleich, und […] so hat niemand ein Interesse daran, es den anderen drückend zu machen […]. Diese öffentliche Person, die sich auf solche Weise aus der Vereinigung aller Übrigen bildet, wurde ehemals Stadt genannt und heißt jetzt Republik oder Staatskörper. Im passiven Zustand wird er von seinen Mitgliedern Staat, im aktiven Zustand Oberhaupt, im Vergleich mit anderen seiner Art Macht genannt.

Aus Buch I, Kap.7:

Damit […] der Gesellschaftsvertrag keine leere Form sei, enthält er stillschweigend folgende Verpflichtung […], dass jeder, der dem allgemeinen Willen den Gehorsam verweigert, von dem ganzen Körper dazu gezwungen werden soll; das hat keine andere Bedeutung, als dass man ihn zwingen werde, frei zu sein.
Denn die persönliche Freiheit ist die Bedingung, die jedem Bürger dadurch, dass sie ihn dem Vaterland einverleibt, Schutz gegen jede persönliche Abhängigkeit verleiht, eine Bedingung, die […] den bürgerlichen Verpflichtungen, die ohne sie sinnlos, tyrannisch […] wären, Rechtmäßigkeit gibt.

Zit. n.: Politische Weltkunde I, 3, Stuttgart 1972, S. 58f.

Fragen und Anregungen

1. Beschreiben und erläutern Sie diese Titelseite. Informieren Sie sich dazu in der Bibel im Buch Hiob 40/41 über die Gestalt des „Leviathan" (Q4).
2. Vergleichen Sie die Auffassungen vom „Naturzustand" miteinander (Q3, Q5).
3. Im Jahr 1944 verfasste der Sozialdemokrat und Regimekritiker Franz Neumann eine Analyse über die Herrschaft des Nationalsozialismus unter dem Titel „Behemoth". Erklären Sie, warum Neumann diesen Titel wählte (Q3, Q4).
4. Vergleichen Sie die verschiedenen „Gesellschaftsverträge" miteinander und versuchen Sie, daraus die Grundzüge von Staatsverfassungen abzuleiten (Q5, Q8).
5. Informieren Sie sich in Nachschlagewerken oder im Internet über Rousseau, Locke und Hobbes. Untersuchen Sie, ob ihre jeweiligen politischen Vorschläge Antworten auf damals aktuelle politische Probleme darstellen (Q3–Q8).
6. Untersuchen Sie, welche politischen Grundsätze der Aufklärung in Staat und Gesellschaft der Bundesrepublik Deutschland wirksam sind.

Stundenprotokolle schreiben

Im Geschichtsunterricht höherer Klassen werden Sie vielfach – wie auch in anderen Fächern – Stundenprotokolle anfertigen. Meistens werden sie dann zu Beginn der folgenden Stunde vorgetragen, um den Stoff zu wiederholen und Mitschülern, die gefehlt haben, den Wiedereinstieg in den Unterricht zu erleichtern. Anhand der gesammelten Protokolle können Sie auch länger zurückliegende Stunden rekapitulieren.

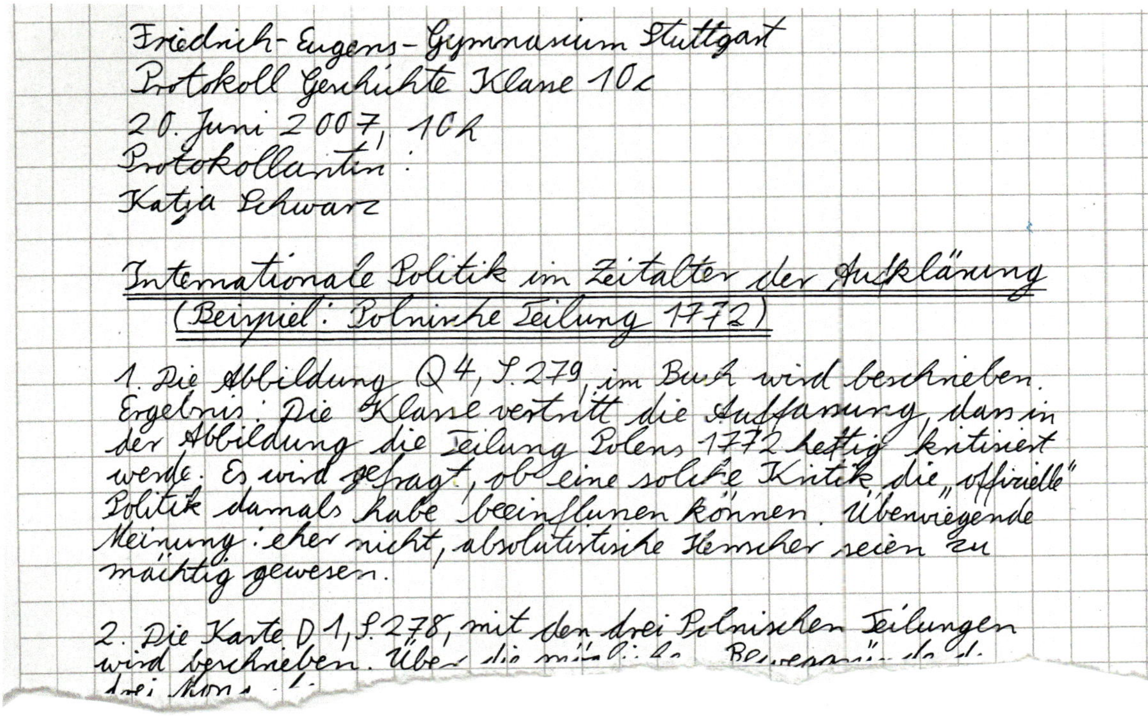

Friedrich-Eugens-Gymnasium Stuttgart
Protokoll Geschichte Klasse 10c
20. Juni 2007, 10h
Protokollantin:
Katja Schwarz

Internationale Politik im Zeitalter der Aufklärung
(Beispiel: Polnische Teilung 1772)

1. Die Abbildung Q4, S. 279, im Buch wird beschrieben. Ergebnis: Die Klasse vertritt die Auffassung, dass in der Abbildung die Teilung Polens 1772 heftig kritisiert werde. Es wird gefragt, ob eine solche Kritik die „offizielle" Politik damals habe beeinflussen können. Überwiegende Meinung: eher nicht, absolutistische Herrscher seien zu mächtig gewesen.

2. Die Karte Q1, S. 278, mit den drei Polnischen Teilungen wird beschrieben. Über …

Die meisten Stundenprotokolle werden auf eine Mischform zwischen Verlaufs- und Ergebnisprotokoll hinauslaufen. In einem Verlaufsprotokoll halten Sie den Ablauf der Stunde in der Reihenfolge der Unterrichtsschritte fest. Die Resultate der einzelnen Unterrichtsschritte – und der Stunde insgesamt – werden in einem Ergebnisprotokoll aufgeschrieben. Elemente eines wörtlichen Protokolls sind dann sinnvoll, wenn besonders treffende Äußerungen wörtlich festgehalten werden sollen.

Wie ein Protokoll zu einer Stunde aus dem Themenbereich „Aufklärung" aussehen könnte, sehen Sie in dem Ausschnitt oben. Versuchen Sie es in einer der nächsten Stunden doch einmal selbst.

Protokolle sollen knapp und in sachlichem Ton gehalten sein. Der Protokollant gibt keine persönlichen Wertungen ab. Er schreibt im Präsens und Indikativ, wechselt aber in den Konjunktiv, wenn er Beiträge zum Unterrichtsgespräch wiedergibt. Verwendete Unterrichtsmaterialien wie Arbeitsblätter, aber auch Tafelbilder, werden dem Protokoll als Anlagen beigegeben. Das Protokoll enthält in der Kopfzeile das Datum und die Uhrzeit der Unterrichtsstunde sowie deren Thema und eine Liste der Anlagen. Einem gelungenen Protokoll liegt stets eine Mitschrift der Stunde zugrunde, und dieser wiederum gutes und ununterbrochenes Zuhören. Einige Tipps: Schreiben Sie erst, wenn Ihnen der Zusammenhang des Gehörten klar ist – so können Sie das Wichtige besser erkennen. Notieren Sie sich nur Stichworte, und verwenden Sie Abkürzungen (am besten: Sie legen sich mit Blick auch auf andere Mitschriften ein eigenes Abkürzungssystem zu). Halten Sie wichtige Äußerungen und treffende Begriffe sofort im Wortlaut – d. h. auch in Anführungszeichen – fest.
Übrigens: Ein gutes Stundenprotokoll ist eine ideale Vorbereitung auf eine Klassenarbeit.

Chancen und Risiken der Erweiterung

Die Erweiterung der Europäischen Union zu Beginn des 21. Jahrhunderts hat den Weg der europäischen Einigung nicht leichter gemacht. Die EU-Erweiterung eröffnet Chancen – die neuen Länder dürfen auf wachsenden Wohlstand und politische Stabilität hoffen, die Altländer auf neue Absatzmärkte für ihre Produkte. Die EU steht aber auch vor neuen Problemen. In vielen Beitrittsländern ist die anfängliche Begeisterung für Europa geschwunden. Dort formiert sich Widerstand gegen das Vordringen der westlichen Ökonomie und Lebensformen. Gleichzeitig besteht ein starkes Bedürfnis nach nationaler Selbstvergewisserung. Länder mit sehr unterschiedlichen Prägungen sind beigetreten, so dass die europäische Vielfalt gewachsen und die Einheit schwieriger geworden ist. Die Befürchtung wächst, dass sich die Probleme bei weiteren Beitritten verschärfen könnten, denn dann würden orthodox geprägte Länder wie die Ukraine oder islamisch geprägte Länder wie die Türkei hinzukommen. Doch auch die Egoismen in den klassischen Staaten der Union belasten die „europäische Anstrengung". Erschöpft sich das europäische Projekt angesichts der vielfältigen Belastungen und Überdehnungen? Bleibt von der Idee eines zukunftsorientierten, einigen Europas am Ende nur noch eine bürokratisch verwaltete Freihandelszone übrig, in der allein die Wirtschaft dominiert?

Fragen an die Geschichte

Es ist verständlich, wenn in einer solchen Situation die Frage nach der europäischen Substanz, nach der unverwechselbaren Eigenheit Europas – seiner Identität also – wieder neu gestellt wird: Was macht Europa aus? Viele Menschen erhoffen sich durch den Rückgriff auf die europäische Geschichte, Antworten auf diese Frage zu bekommen. Doch bleibt es umstritten, ob die Geschichte Antworten geben kann. Liefert sie uns Argumente, welche Länder künftig in die EU aufgenommen werden sollen? Ist sie fähig und berechtigt, den Europäern ein Gemeinschaftsbewusstsein zu vermitteln? Kann sie gar Europa „eine Seele geben"? Viele Fragen bleiben offen, etwa auch die, ob es überhaupt eine gemeinsame europäische Geschichte gegeben hat, auf die das heutige und künftige Europa zurückblicken kann. Auf welches europäische Erbe sollen wir uns stützen? Auf welche Epochen sollen wir uns beziehen?

Mein Bild von Europa

Am Ende dieses Buches sollen Sie für sich persönlich eine Antwort auf die aufgeworfenen Fragen finden, indem Sie sich auf die Ergebnisse Ihrer Arbeit in diesem Schuljahr stützen. Sie haben gesehen, dass sich in der europäischen Geschichte viele gemeinsame Linien verfolgen lassen. Wie im Gründungsmythos gab es in allen Geschichtsepochen Vorstellungen, die sich mit dem Begriff Europa verbinden. Doch Europa hat sich beständig gewandelt, es ist nie „fertig" gewesen, es hat immer experimentellen Charakter gehabt – bis heute ist es das „europäische Experiment" geblieben.

Q1 **Karikatur, 2006**
Interpretieren Sie die Karikatur.

Q2 EU-Beitritt 2007
Kommissionspräsident Barroso (Mitte) begrüßt die neuen Kommissare aus Rumänien und Bulgarien.

D1 Begeisterung für Europa?

Der Journalist Matthias Greffrath, 2004:

Ein gefühltes Jahrzehnt scheint uns von jenem 15. Februar 2003 zu trennen, als Millionen in Paris und Rom, Madrid und Berlin mit UN-Fahnen gegen den imperialen Krieg und für eine multilaterale Weltordnung demonstrierten. Wenn die Bürger in Italien, Frankreich oder Deutschland heute auf die Straßen gehen, dann zur Verteidigung eines Sozialstaats, der unter der Weltmarktkonkurrenz zusammenbricht. Und wenn sie überhaupt zur Europawahl gehen, dann, um diese Regierungen abzustrafen, welche wiederum höchste Bedenken hegen, ihnen die neue Europäische Verfassung zur Abstimmung vorzulegen, weil die französischen Bauern und die deutschen Bandarbeiter unter der Konkurrenz ihrer polnischen oder litauischen Kollegen leiden, während die dortigen Konservativen gegen das Vordringen westliche Ökonomie und Lebensformen mobilisieren. Kein großer Gedanke, keine kollektive Begeisterung für ein kontinentales Projekt ist in Sicht, und schon gar keines, das über ihn hinausgreift.

Mathias Greffrath, in: Die Zeit, 19. August 2004.

D2 Europa bauen

Der französische Historiker Jacques Le Goff schreibt:

Europa wird gebaut. Getragen von großen Hoffnungen. Doch erfüllen werden sie sich nur, wenn sie der Geschichte Rechnung tragen. Ein geschichtsloses Europa wäre ohne Herkunft und Zukunft. Denn das Heute entstammt dem Gestern, und das Morgen entsteht aus dem Vergangenen. Dieses Vergangene soll die Gegenwart jedoch nicht lähmen, sondern sie befähigen, bei allem Bewahren eine andere und im Fortschritt eine neue Gestalt zu gewinnen. Unser zwischen Atlantik, Asien und Afrika gelegenes Europa besteht ja schon seit sehr langer Zeit, so wie die Geographie es gezeichnet, die Geschichte es modelliert hat, seit die Griechen ihm diesen Namen gaben, der stets beibehalten wurde. Auf dieses Erbgut, das seit der Antike, ja seit prähistorischer Zeit dieses Europa befähigt hat, gerade wegen seiner Einheit und Vielfalt einen solchen Reichtum an Kulturgut, eine solch außergewöhnliche Kreativität zu entfalten, muss sich die Zukunft stützen.

Hagen Schulze, Staat und Nation in der Europäischen Geschichte, München 1994, S. 5.

D3 Leitkultur für Europa?

Der Islamwissenschaftler Bassam Tibi, 2002:

Ich lehne es ab, […] die Aufgabe der Identität dieses Kontinents (zu fordern). Europa als Multi-Kulti-Sammelwohngebiet ohne eigene Identität ist ein potentieller Schauplatz für ethnische Konflikte und für religiös gefärbte, politisch-soziale Auseinandersetzungen zwischen Fundamentalisten. […]

Ein friedliches Zusammenleben der Menschen aus unterschiedlichen Kulturen erfordert die Verbindlichkeit einer Leitkultur.

Bassam Tibi, Europa ohne Identität. Leitkultur oder Wertebehäbigkeit, München 2002, S. 28.

D4 Die Seele Europas

Der Münchener Soziologe Ulrich Beck, 2006:

Überall wird die Frage diskutiert, was „ist" die europäische Union? Trotz endlosen Debatten über die EU ist diese ein weitgehend unbegriffenes Gebilde geblieben. Ihre Neuartigkeit unterscheidet sie von allen Konzepten von Staatlichkeit, die wir kennen. Die Europäer bilden kein Volk, keine Nation. Variable Mitgliedsländer, variable Grenzen, variable Machtgeographie dagegen kennzeichnen die EU. Direkt gesagt: Es gibt nicht Europa, sondern Europäisierung – einen historischen Lernprozess der Entdeckung und Entfaltung der europäischen Idee.

Der Versuch, die EU über gemeinsame kulturelle Herkunft, über christlich-abendländische Werte zu definieren, muss scheitern. Die Europäische Gemeinschaft ist als Antwort auf den Horror des 20. Jahrhunderts entstanden: auf die Selbstzerstörung des abendländischen Kontinents in zwei Weltkriegen, den Holocaust, den stalinistischen Terror. Der historische Lernprozess, das europäische Wunder: Wie aus Feinden Nachbarn werden, macht die Seele Europas aus.

Urich Beck, in: Süddeutsche Zeitung, 1. Dezember 2006, S. 13.

D5 „Das Wunder Europa"

Der Politologe Werner Weidenfeld, 2002:

Der europäische Weg weist [...] auch in der Neuzeit markante Differenzen zur Entwicklung der anderen Hochkulturen auf: (1) den demokratischen Verfassungsstaat als politische Ordnungsform; (2) die Nationalstaaten als territoriale Ordnungssysteme; (3) die autonome Wissenschaft [...] ; (4) den Kapitalismus als zentrale Schubkraft der industriellen Entwicklung, ursprünglich verbunden mit einer religiös bedingten Erfolgsmotivation [...]

Dass diese gemeinsamen Elemente gerade im europäischen geographischen Raum ein so dauerhaftes Gebilde hervorbringen konnten, kann zu Recht als „das Wunder Europa" bezeichnet werden. [...]

Die Geschichte Europas stellt sich letztlich als ein tiefgreifender dialektischer Konflikt zwischen zwei Grundtendenzen dar: dem Gegeneinander der Nationen, Interessen, Weltanschauungen und ihrem Zusammenhang, der Differenzierung und der Vereinheitlichung. In diesem dialektischen Konflikt ist alles verwoben, was Last und Leiden europäischer Geschichte, Leistungen und Abgründe europäischer Politik ausmacht. Die europäischen Völker spüren, dass sie aufeinander angewiesen sind; sie können sich der Beschäftigung mit ihren Nachbarn nicht entziehen – und sie suchen dennoch in der Unterscheidung von ihnen die eigene Identität. Erst in dieser dialektischen Auseinandersetzung entsteht das spezifisch „Europäische" der europäischen Identität: „Nur auf dem Umweg über das Vorhergegangene und das Fremde hat der Europäer Zugang zum Eigenen."

Werner Weidenfeld, Europa – wo liegt es? www.cap.uni-muenchen.de/download/2002/2002_ehb_weidenfeld.pdf (Stand: 31.1.2007).

D6 Europa – eine Konstruktion

Der Historiker Wolfgang Reinhard, 2004:

Europa ist eine Konstruktion des Menschen, ein Produkt der Geschichte. Von Natur aus ist es nichts anderes als die westliche Halbinsel Asiens, die geographisch ziemlich vielgestaltig ist und keine natürliche Grenze gegen das übrige Asien aufzuweisen hat. Vielgestalt und fehlende Eindeutigkeit der Ostgrenze sind, wie wir alle wissen, bis heute Probleme Europas geblieben, seine Schwächen und zugleich seine Stärken. Die übliche Grenze Ural wurde im 18. Jahrhundert vom russischen Kaiser Peter dem Großen aus politischen Gründen festgesetzt. [...] Der Mythos von der Entführung der phönizischen Königstochter enthält aber einen wichtigen symbolischen Hinweis auf die Kulturgeschichte Europas. Diese beginnt nämlich nicht mit den Griechen und Römern, sondern beruht in wichtigen Teilen auf dem kulturellen Erbe des Vorderen Orients, das von jenen übernommen und an uns weitergegeben wurde. Ich nenne nur die babylonische Siebentagewoche und das phönizische Alphabet, vor allem aber das Judentum und das Christentum. [...]

Denn der eigentümliche Charakter dieses Europa besteht ein für alle Mal in der Verbindung von relativer Einheit mit relativer Vielfalt.

Das hat nicht nur mörderische Konflikte, sondern auch unglaubliche Kreativität ausgelöst. Denn dieses Europa war nicht nur missionarisch, sondern auch wirtschaftlich und politisch expansiv. Zunächst hat es seine kulturellen Grenzen von Mitteldeutschland bis zu einer Linie vorgeschoben, die in etwa Finnland, die baltischen Ländern, Polen, Ungarn und Kroatien einschließt. Diese Ostgrenze des lateinischen Europa entspricht nicht zufällig der Ostgrenze der Europäischen Union nach der jüngsten Erweiterung. Dazu kam die europäische Expansion über See, zunächst in den Kreuzzügen ins östliche Mittelmeer, dann seit dem 15. Jahrhundert nach Amerika, Süd- und Ostasien, schließlich nach Afrika südlich der Sahara. Neue Europas entstanden in Übersee, vor allem in Amerika, und die europäische Kultur wurde zur Weltkultur. Aber diese weltweit verbreitete Kultur europäischen Ursprungs ist längst nicht mehr christlich, sondern überwiegend säkular. Damit hat die alte Ostgrenze des lateinischen Europa an Bedeutung verloren. Bereits im 17. Jahrhundert hat Russland Anschluss an diese weltlich-universale europäische Kultur gesucht und sich als Teil Europas betrachtet. Allerdings ist Sibirien kulturell der russischste Teil Russlands, so dass Europa mit Russland bis zum Pazifik reichen würde, was absurd ist. Daher die Erfindung einer künstlichen Grenze am Ural. Auch die orthodoxen Länder des Südostens – Griechenland, Bulgarien, Serbien, Rumänien – haben längst den Weg zur säkularen europäischen Kultur gefunden. Es gibt zwar zwischen den Ländern lateinischer Tradition und denjenigen mit orthodoxer relativ größere kulturelle Unterschiede als heutzutage zwischen Deutschland und Frankreich oder Dänemark bestehen. Aber die Betonung liegt auf „relativ", denn im Rahmen der säkularen europäischen Kultur der Gegenwart sind diese historischen Unterschiede nicht an und für sich brisant, sondern sie werden erst durch politische Interessen dazu gemacht. Die historischen Gegensätze sind zwar vorhanden, aber sie schlummern gewissermaßen unter der Decke der gemeinsamen Kultur, bis sie von interessierter Seite geweckt und scharf gemacht werden.

Problematischer liegen die Dinge im Falle der Türkei. Das Osmanische Reich, ihr historischer Vorläufer, hatte auf die kriegerischen Elemente des Islam gesetzt und war auf diese Weise bis ins 17. Jahrhundert von den Europäern zu Recht oder Unrecht als Erbfeind und ständige Bedrohung ihrer christlichen Kultur empfunden worden. Gegner eines EU-Beitritts der Türkei wissen diese Geschichte geschickt hochzuspielen, um Ängste zu schüren. Doch nach dem Ersten Weltkrieg ist aus dem islamischen Osmanischen Reich ein streng säkularer türkischer Nationalstaat geworden, der sich ebenfalls an der europäischen Kultur orientiert und dessen Bürger zu Millionen nach Deutschland geholt wurden. Also sind weder die Türkei noch der Islam als solche das Problem, sondern die inneren Schwierigkeiten dieses Landes und die Gefahr, dass dort islamische Richtungen überhand nehmen.
Geographie und Geschichte können zur Erklärung der Sachlage beitragen, aber keine verbindliche Antwort geben, wer zu Europa gehört. Die Antwort auf die Frage nach den Grenzen Europas kann nur eine politische sein, wobei die aktuelle Zweckmäßigkeit wichtiger ist als die Geschichte. Zu Europa gehört, wer dazu gehören will – und wen die übrigen Europäer als solchen akzeptieren.

Wolfgang Reinhard, in: Die Welt, 4. Mai 2004.

Q3 Gemeinsam für Europa

In einer offiziellen Verlautbarung vom 15. Juli 2005 von sieben europäischen Präsidenten heißt es:

Die Politik der „offenen Tür" der EU hat sich als erfolgreich erwiesen. Die Aufnahme neuer Mitglieder in die Europäische Union hat Europa neuen Schwung und neue Möglichkeiten gegeben.
Jetzt müssen wir uns die Zeit nehmen zu lernen, in einer Union der Fünfundzwanzig zu leben und eine neue europäische Identität zu erfahren, die auf gemeinsamer Geschichte, gemeinsamer Kultur und den gemeinsamen Werten basiert, die unser tägliches Leben bestimmen und die unseren gemeinsamen europäischen Raum definieren. Was künftige Erweiterungsschritte anbelangt, gilt das Prinzip „pacta sunt servanda". Vereinbarungen müssen eingehalten und potentiellen Beitrittskandidaten realistische Perspektiven gegeben werden, die zusätzliche Anreize für durchgreifende innere Reformen und die Annahme europäischer Standards geben. Die Kriterien der Mitgliedschaft wie Demokratie, die Wahrung der Menschenrechte und Rechtssicherheit müssen für alle Bewerber gleichermaßen gelten.

Gemeinsam für Europa – Sieben europäische Präsidenten plädieren für Europa. www.bundespraesident.de/Reden-und-Interviews (Stand: 31.1.2007).

Fragen und Anregungen

1. In der Einführung dieses Buches wird vom „europäischen Experiment" gesprochen. Arbeiten Sie aus den Texten (D1–D6, Q1) heraus, welche anderen Charakterisierungen des Begriffs „Europa" verwendet werden.
2. Zeigen Sie den Beitrag von Geographie, Geschichte, Kultur für die europäische Identität auf (D1–D6).
3. Erläutern Sie, wie der Journalist 2004 die Stimmung in Europa beschrieb (D1).
4. Arbeiten Sie heraus, welche Rolle Jacques Le Goff der europäischen Geschichte für das heutige Europa beimisst und wie er diese „sehr lange Zeit" europäischer Geschichte bewertet (D2).
5. Zeigen Sie, warum nach Ansicht des Autors eine eigene Identität für Europa wichtig ist (D3).
6. Geben Sie wieder, wie Ulrich Beck das gegenwärtige Europa deutet. Setzen Sie sich mit seiner Behauptung auseinander, Europa sei nicht über eine „gemeinsame kulturelle Herkunft" zu definieren. Beschreiben Sie das Konzept, das er dagegen setzt (D4).
7. Nennen Sie die Merkmale, mit deren Hilfe Weidenfeld Europa gegenüber anderen Kulturen abgrenzt. Erklären Sie, was er unter einem „dialektischen Konflikt" versteht (D5).
8. Arbeiten Sie heraus, wie der Autor mit Hilfe der Geschichte aufzeigt, was Europa ausmacht (D6). Vergleichen Sie seine Argumente mit denen aus D2. Worin besteht der Unterschied?
9. Erörtern Sie Reinhards Argumente hinsichtlich einer europäischen Mitgliedschaft der Türkei (D6).
10. Zeigen Sie, welcher Zusammenhang zwischen EU-Erweiterung und europäischer Identität hergestellt wird (Q3).
11. Nehmen Sie zu der Forderung nach einer „neuen europäischen Identität" Stellung (Q3). Berücksichtigen Sie dabei auch die Aussagen der übrigen Materialien zur Notwendigkeit einer europäischen Identität.

800 v. Chr.
Erste griechische Stadtstaaten **(Poleis)** entstehen.

594 v. Chr.
Der Aristokrat **Solon** schafft die Schuldsklaverei ab und teilt die griechischen Bürger in vier Steuerklassen ein. Sie erhalten abgestufte Rechte.

508 v. Chr.
Unter Kleisthenes werden die Bürger an der Politik beteiligt. In Griechenland herrscht noch keine Demokratie, aber **Isonomie**.

um 460 v. Chr.
Anfänge der Demokratie in Griechenland: Das Volk erhält die Aufsicht über die Beamten, rund zehn Jahre später trifft die Volksversammlung alle Entscheidungen und kontrolliert die Amtsträger.

451 v. Chr.
Die Zwölftafel-Gesetze – Grundlage des **Römischen Rechts** – werden aufgeschrieben.

431–404 v. Chr.
Athen und Sparta kämpfen im **Peloponnesischen Krieg** um die Vorherrschaft in Griechenland, wobei Sparta schließlich siegt.

395
Das Römische Reich teilt sich in das lateinische Westrom und das griechische Ostrom.

5. Jahrhundert
Das **Christentum** hat sich in weiten Teilen Europas ausgebreitet.

476
Das weströmische Kaisertum bricht zusammen.

529
Benedikt von Nursia gründet auf dem Berg Monte Cassino in Italien ein Kloster und stellt die Mönchsregel „ora et labora" auf.

533/534
Das Rechtsbuch **Corpus Iuris Civilis** entsteht.

500 v. Chr. • • • • • • • **1** • • **500** • • • • **1100**

um 509 v. Chr.–27 v. Chr.
Römische Republik: Sie ist gekennzeichnet durch eine stabile Staatsform mit einer Mischung von Elementen aus Monarchie, Aristokratie und Demokratie.

490–479 v. Chr.
In den **Perserkriegen** siegen die Griechen. Danach beginnt die Blütezeit von Demokratie und Kultur.

264–146 v. Chr.
Die Römer siegen über Karthago in drei **Punischen Kriegen**.

27 v. Chr.
Mit dem **Prinzipat** des Augustus beginnt die römische Kaiserzeit.

um 600
Der Prediger **Mohammed** begründet auf der arabischen Halbinsel eine neue Religion.

800
Papst Leo III. krönt **Karl** zum Kaiser.

1077
Auf dem Höhepunkt des **Investiturstreits** tritt König Heinrich IV. seinen „Gang nach Canossa" zu Papst Gregor VII. an, um vom Kirchenbann gelöst zu werden.

1095
Papst Urban II. ruft zum **Kreuzzug** gegen die muslimischen Seldschuken auf, die Jerusalem erobert hatten.

12. Jahrhundert
In Italien setzen sich die ersten **Kommunen** durch und ziehen nach und nach die öffentliche Gewalt an sich.

13. Jahrhundert
Die Gründungswelle von **Städten** erreicht ihren Höhepunkt.

ZEITTAFEL

GESCHICHTE GESCHEHEN

Reformen Solons – Isonomie – Imperium/ Imperialismus – Corpus Iuris Civilis – Gemeines Recht

Benediktinerregel – König/Kaiser – Aufruf Urbans zum Kreuzzug – Kommune – Stadtregiment – Zunftkämpfe

1350
In ganz Europa wütet die **Pest**.

14./15. Jahrhundert
Das städtische Gewerbe erlebt nach der Pest ein „Goldenes Zeitalter".

1453
Die Türken erobern Konstantinopel, das Byzantinische Reich geht unter. Griechische Gelehrte fliehen nach Europa und bringen ihr Wissen mit. Die **Renaissance** beginnt.

um 1450
Gutenberg erfindet den **Buchdruck**. Dadurch verbreiten sich die Ideen von Humanismus, Reformation und Renaissance.

16. Jahrhundert
In der Landwirtschaft, im Handel und im Gewerbe (Verlagssystem) setzt sich der **Frühkapitalismus** durch.

1517
Mit den 95 Thesen Martin Luthers gegen den Ablasshandel beginnt die **Reformation**.

um 1600
England, Frankreich und die Niederlande gründen **Kolonien** und Handelsstützpunkte in der ganzen Welt.

1950
Der französische Außenminister **Schuman** schlägt einen gemeinsamen Markt für Kohle und Stahl (Montanunion) vor.

1951
Die **Montanunion** wird zwischen Belgien, der Bundesrepublik, Frankreich, Italien, Luxemburg und den Niederlanden begründet.

1500 • **1750** • **2000**

1492
Kolumbus entdeckt Amerika, die europäische Expansion beginnt. Durch die Begegnung mit fremden Kulturen bildet sich eine **europäische Identität** heraus.

um 1500
Die **Fugger** dominieren den europäischen Handel.

18. Jahrhundert
Die Ideen der **Aufklärung** verbreiten sich in Westeuropa. John Locke und Montesquieu formulieren ihre Gedanken zur **Gewaltenteilung** als einem Grundprinzip von Verfassungen. Die Aufklärer gehen davon aus, dass zwischen den Menschen auf Grund ihrer Natur Gleichheit herrscht **(Naturrecht)**.

1762
Der Aufklärer J.J. Rousseau entwickelt seine Theorie von **Volkssouveränität** und **volonté générale**.

1740–1786
Friedrich II. von Preußen regiert als **„aufgeklärter Herrscher"**.

25.3.1957
Die Länder der Europäischen Wirtschaftsgemeinschaft (EWG) gründen in den **Römischen Verträgen** eine Europäische Wirtschaftsgemeinschaft. Die Rechtsgrundlage für die heutige EU ist gelegt.

1.11.1993
Mit dem **„Maastricht-Vertrag"** wird ein gemeinsamer europäischer Binnenmarkt geschaffen.

1.1.2002
Der **Euro** löst in den meisten EU-Mitgliedsstaaten die nationalen Währungen als Zahlungsmittel ab.

2004–2007
Der EU treten schrittweise vorwiegend mittel- und osteuropäische Länder bei **(EU-Osterweiterung)**.

Verlagssystem – Frühkapitalismus – volonté générale – Naturrecht – Volkssouveränität – Gewaltenteilung

Mythen – Europäische Identität – Grenzen Europas – Vielfalt und Einheit – Europäische Union

Griechenland

Griechische Wurzeln Europas

In Europa wird die griechische Antike als gemeinsames Erbe betrachtet. Griechische Philosophen fanden als Erste einen rationalen Zugang zur Welt, darauf geht alle moderne Wissenschaft zurück. Auch sind viele Fragen und Antworten griechischer Philosophen heute noch aktuell. Griechische Kunst und griechisches Theater und mit ihnen die griechische Mythologie sind heute noch selbstverständlicher Bildungsinhalt. Darüber hinaus war die attische Demokratie des 5. und 4. Jahrhunderts v. Chr. die erste Demokratie der Weltgeschichte. Alle demokratisch verfassten Staaten der Gegenwart haben also im antiken Griechenland eine gemeinsame Wurzel.

Von der Adelsherrschaft zur Isonomie

Die Griechen hatten kulturelle Gemeinsamkeiten (Sprache, Schrift, Religion), jedoch keinen Zentralstaat. Ihr Leben spielte sich in Stadtstaaten, den Poleis, ab. In der „Archaischen Zeit" dominierten Adlige, die stark miteinander rivalisierten. Sie stützten sich auf Großgrundbesitz und Gefolgschaften. Um 750 v. Chr. setzte die „Griechische Kolonisation" ein: Von griechischen Poleis aus wurden im Mittelmeerraum und am Schwarzen Meer zahlreiche Tochterstädte gegründet. Krasse Besitzunterschiede innerhalb der Poleis verursachten Krisen. In Athen wurde ein solcher Konflikt durch Reformen entschärft: Zu Beginn des 6. Jahrhunderts verbot der Politiker Solon die Schuldknechtschaft abhängiger Kleinbauern. Er erweiterte, abgestuft nach Vermögen, den Kreis der Mitbestimmenden in der Polis.

Trotzdem folgte eine Phase der Herrschaft von adligen „Tyrannen", die sich erneut auf den armen Teil der Bevölkerung stützten. Wiederum in Athen gelang es dem adligen Politiker Kleisthenes, um 510 v. Chr. die Tyrannei auszuschalten: Er wertete die Volksversammlung auf und führte das Scherbengericht als Waffe gegen zu starke Machtansammlung bei Einzelnen ein. Von nun an herrschte in Athen **Isonomie** – d. h. es gab gleiche politische Beteiligungsrechte für alle (männlichen) Bürger.

Demokratie in Athen

Die Herausbildung von Isonomie und dann der Demokratie in Athen hängt auch zusammen mit Veränderungen in der Waffentechnik. Schwer bewaffnete Hopliten, die in einer Phalanx kämpften, waren in den Poleis an die Stelle der wenigen adligen Einzelkämpfer getreten. Ihrer zunehmenden Bedeutung entsprach die Aufwertung der Volksversammlung. In den siegreich bestandenen Perserkriegen (Seeschlacht bei Salamis, 480 v. Chr.) und während der Zeit des attischen Seebundes (478 – 404 v. Chr) spielten Angehörige niederer Bevölkerungsschichten Athens als Ruderer eine entscheidende Rolle. Vor diesem Hintergrund entwickelte sich aus der Isonomie Mitte des 5. Jahrhunderts in Athen die Demokratie, die politische Herrschaft des „Demos", des Volks. Sie stabilisierte sich auch durch den Wohlstand, den Athen aus seiner beherrschenden Rolle im Seebund zog. Athens direkte Demokratie mit den zentralen Organen Volksversammlung, Rat der Fünfhundert und den Volksgerichten sollte die Gleichheit der Bürger sichern und den machtpolitischen Ehrgeiz einzelner Politiker verhindern. Gleichwohl standen Adlige in hohem Ansehen. Der Politiker Perikles erreichte innerhalb der Demokratie in der zweiten Hälfte des 5. Jahrhunderts eine Stellung, die eine Art demokratisch verschleierte Alleinherrschaft war. Zu einer starken Belastung für die Demokratie wurde der „Peloponnesische Krieg" (431 – 404). Athen kämpfte darin um die Vormachtstellung in Griechenland gegen den oligarchisch verfassten Konkurrenten Sparta mit seinen Verbündeten. Die Demokratie in Athen regte das systematische Nachdenken über Politik an. Aristoteles war der Erste, der Verfassungen nach der Frage „Wer herrscht?" einteilte und zwischen Demokratie, Oligarchie, Monarchie unterschied.

Römisches Reich

Rom – Maßstab der Geschichte?

Die römische Antike ist neben dem griechischen Erbe und dem Judentum eine der historischen Wurzeln Europas. Seine stabile und doch flexible Innenpolitik und die außenpolitische Ausdehnung zu einem romanisierten Weltreich wirkten nachhaltig auf Europa. Roms Rechtsentwicklung und seine städtische Kultur und Sprache prägen Europa bis heute – wie auch das zunächst erbittert bekämpfte Christentum, das dann aber zur Staatsreligion aufstieg. Zu den Schattenseiten des römischen Erbes gehören die teilweise grausame Unterdrückung oder Ausrottung besiegter Völker, die Machtstellung einer auf wenige Personen eingeschworenen Militärmaschinerie und eine auf Ausbeutung von Sklaven und Kriegsgefangenen beruhende Wirtschaft.

Aufstieg zur Weltmacht

Roms Aufstieg vollzog sich in Etappen. Zunächst errang es im 4./3. Jahrhundert v. Chr. die Vorherrschaft in Italien. Dann erreichte Rom durch die Ausschaltung der konkurrierenden Seemacht Karthago in den drei Punischen Kriegen eine Hegemonialstellung im Mittelmeerraum. Die größte Ausdehnung des Römischen Reiches war durch die Eroberung weiter Teile Mittel- und Nordeuropas sowie des Vorderen Orients um 117 n. Chr. erreicht. Das riesige Reichsgebiet stellte die Römer aber vor Probleme der Absicherung und der Verwaltung. Im 4. Jahrhundert trennte sich das Römische Reich in einen weströmischen Teil mit der Hauptstadt Rom und in einen oströmischen mit der Hauptstadt Konstantinopel. Im Westen sprach man Latein, im Osten vor allem Griechisch.

Republik und Kaisertum

Die herrschenden „Patrizier“ errichteten eine stabile Gesellschaftsordnung mit einer Mischverfassung aus monarchischen, aristokratischen und demokratischen Elementen. Zur Stabilisierung der Verfassung gab es eine feste Ämterlaufbahn, die Magistrate waren ehrenamtlich tätig und wurden nach einem Jahr abgelöst. Durch die doppelte Besetzung kontrollierten sich die Amtsinhaber gegenseitig. Die „Plebejer“, die ständig für Rom in Kriege zogen, erreichten in den „Ständekämpfen“ eine rechtliche Besserstellung und die schrittweise Aufwertung ihrer Volkstribunen. Trotzdem führte die außenpolitische Expansion zu jahrzehntelangen Bürgerkriegen, die immer stärker durch einzelne Armeeführer geprägt wurden. Während Caesar 44. v. Chr. für sein Streben nach Alleinherrschaft noch ermordet wurde, konnte sein Nachfolger Augustus eine Monarchie errichten – auch wenn er die Senatsherrschaft formal beibehielt (Prinzipat). Seine Regierungszeit war der Auftakt der römischen Kaiserzeit, die in Westrom erst 476 und in Ostrom 1453 endete. Um 800 stellte sich Karl der Große in die Nachfolge der römischen Imperatoren, bis 1806 führten seine Nachfolger den Titel eines Römischen Kaisers deutscher Nation.

Kultur und Recht

Die römische Sprache wurde der Ausgangspunkt für die Entwicklung der romanischen Sprachen. Darüber hinaus haben die Römer durch die Vermittlung und Weiterentwicklung der griechischen Philosophie, Literatur und Geschichtsschreibung für das Abendland unschätzbare Grundlagen geschaffen. Ihre Leistungen im handwerklich-technischen Bereich sowie in der Architektur, Landwirtschaft und im Ingeneurswesen wurden prägend für die spätere Zeit.
Als besonders wichtiges Erbe gilt die **Rechtsentwicklung**, die mit den Zwölftafel-Gesetzen im 6. Jahrhundert v. Chr. ihren Anfang nahm. Dass es heute eine Rechtswissenschaft mit dem Berufsstand der Juristen gibt, verdanken wir den Römern – ebenso wichtige Rechtsgrundsätze und die Einteilung der Rechtsgebiete in Öffentliches Recht und Privatrecht, Strafrecht und Zivilrecht. Die bedeutendste antike Rechtssammlung ist das **Corpus Iuris Civilis** von Kaiser Justinian aus dem 6. Jahrhundert. Nachdem dieses Werk im Mittelalter in Vergessenheit geraten war und nur im Kirchenrecht weiterwirkte, stieß seine Wiederentdeckung und Verbreitung in den Rechtsuniversitäten Italiens vom 13./14. Jahrhundert die neuzeitliche Rechtsentwicklung in Europa an. Das noch im Mittelalter gebräuchliche **Gemeine Recht** setzte sich aus dem Römischen Recht, dem Kanonischen Recht und aus germanischen Rechtsgrundsätzen zusammen. Die großen modernen Gesetzbücher wie der Code Civil oder das um 1900 entstandenen deutschen **BGB** zeigen noch deutliche Spuren des Römischen Rechts.

Christentum

Die wichtigste geistige und kulturelle Grundlage des mittelalterlichen Europa war das Christentum. Es hatte sich nach dem Verfall der spätantiken Kirche in Gallien, Britannien und Germanien in den Kriegen der Völkerwanderungszeit durch Missionierung allmählich wieder ausgebreitet, zunächst auf den Britischen Inseln; von dort kamen irische und angelsächsische Missionare auch auf den Kontinent. Eine entscheidende Voraussetzung war der Übertritt des ersten fränkischen Großkönigs Chlodwig zum katholischen Glauben um 500.

Kultur

Mit der Ausbreitung des Christentums und der lateinischen Kirche im Westen breitete sich das Latein und mit den lateinischen Schriften der Antike auch ihr kulturelles Wissen wieder aus. Die Klöster des frühen Mittelalters waren die ersten und wichtigsten Stätten der Bildung. Um die lateinische Bibel besser verstehen zu können, wurde Latein gelernt, die Mönche schrieben antike Texte ab. Seit sich mit Hilfe der fränkischen Könige im 9. Jahrhundert die Benediktusregel durchgesetzt hatte, bezeichnen wir die Mönche und Nonnen als Benediktiner bzw. Benediktinerinnen. Nach einer Phase der Verweltlichung kehrte der Reformorden der Zisterzienser um 1100 zur reinen Benediktusregel zurück.

Karl der Große

Der politische Rahmen der christlichen Kultur war zuerst das Reich Karls. In seiner 46-jährigen Regierungszeit erweiterte er es in fast jährlichen Kriegszügen um Sachsen, das italische Langobardenreich, Bayern, awarische und slawische Marken. Es umfasste schließlich fast alle Gebiete des Kontinents, die der römischen Kirche unterstanden. Die Übernahme des westlichen Kaisertitels im Jahr 800 war eine Folge dieser Tatsache; denn der byzantinische Kaiser konnte trotz nomineller Oberhoheit den Papst nicht mehr schützen. Karl wurde für Frankreich und das deutsche Reich, aber auch für andere Länder zum Vorbild eines Herrschers als Gesetzgeber, Feldherr und Kämpfer für das Christentum.

Gesellschaft und Mitbestimmung

Auch die Grundherrschaft und das Lehnswesen entstanden im Frankenreich und breiteten sich auf andere Teile Europas aus. Die Masse der Bauern und Handwerker war in Grundherrschaften organisiert; sie ermöglichte mit ihren Abgaben und Frondiensten der Oberschicht adlige Lebensformen und die Herrschaft, den Bischöfen, Klerikern und Mönchen die Freiräume, um Gott zu dienen und kulturell tätig zu sein. Das Lehnswesen betraf dagegen nur die Oberschicht. Es hatte größte Bedeutung für den militärischen Bereich: Die Vasallen der Frankenkönige waren die neuen kriegsentscheidenden Panzerreiter, die für ihren Dienst mit Lehen ausgestattet wurden.

Die Könige des Mittelalters waren keine Alleinherrscher; ohne den Adel war eine erfolgreiche Herrschaft unmöglich. Die Adligen waren also als Vasallen in unterschiedlichem Ausmaß bei der Regierung eines Königs mitbeteiligt. Sie beanspruchten eine eigene autonome Herrschaftsposition in ihren Grundherrschaften und oft das Recht, bei Konflikten gewaltsame Selbsthilfe (in Fehden) ausüben zu können. Aus der Mitbestimmung der weltlichen und kirchlichen Vasallen entwickelten sich die Stände des Spätmittelalters.

Vielfalt der Völker

Mit dem Zerfall des Frankenreiches, aber auch durch die Wanderungen und Eroberungen der Normannen, der Slawen und der Ungarn entwickelte sich bis in das 11. Jahrhundert allmählich die Europa bis heute kennzeichnende Vielfalt der Völker und Reiche. Als einzige Gemeinsamkeit sahen die romanisch-, germanisch-, slawisch – und anderssprachigen Völkerschaften ihre Zugehörigkeit zum Christentum an; das hinderte sie aber nicht an zahlreichen inneren kriegerischen Auseinandersetzungen.

Das Byzantinische Reich, Nachfolger des Oströmischen Reiches, wurde für Ost- und Südosteuropa der wichtigste Ausgangspunkt für Mission und Kirche, Schrift und Kultur, obwohl es durch die Angriffe der muslimischen Araber oder der Bulgaren immer wieder selbst in große Gefahr geriet. Die allmähliche Entfremdung vom Westen führte im 11. Jahrhundert zur kirchlichen Trennung und zur Entstehung der orthodoxen und der römischen Kirche.

Hoch- und Spätmittelalter

Modernisierung

Im 9. und 10. Jahrhundert förderten Bevölkerungswachstum und technischer Fortschritt eine Modernisierung von Staat, Wirtschaft und Gesellschaft. Durch den Ausbau der Geldwirtschaft wurden immer mehr Abgaben und Frondienste von Geldleistungen abgelöst. Mit dem Burgenbau sowie durch Landesausbau und Kolonisation entstanden neue Siedlungen. Beide Entwicklungen führten zur allmählichen Auflösung des karolingischen Villikationssystems. Der Handel wuchs an und zahlreiche Märkte wurden gegründet. Der wirtschaftliche Aufschwung förderte auch das Geistesleben. Aus Schulen entwickelten sich zunächst in Italien und Frankreich Universitäten, an denen mit der Scholastik Logik und systematische Wissenschaftsmethoden entwickelt wurden. Außerdem nutzten Könige und Fürsten die Universitäten, um Fachpersonal für die Verwaltung ihrer Territorien ausbilden zu lassen oder zum Ausbau ihrer weltlichen Herrschaftsrechte (Römisches Recht, Lehenshoheit).

Staat und Kirche

Obwohl die Könige durch das Gottesgnadentum auf die Legitimierung ihrer Herrschaft durch die Kirche angewiesen waren, wollten sie weiterhin ihre traditionelle Vorherrschaft über die Kirche wahren. Dagegen forderten Reformbestrebungen in der römisch-katholischen Kirche seit dem 11. Jahrhundert die Freiheit der Kirche von weltlichen Einflüssen, insbesondere sollte die Investitur durch Laien abgeschafft werden. 1076 exkommunizierte Papst Gregor VII. König Heinrich IV. wegen seiner Investitur des Erzbischofs von Mailand. Durch den Bußgang nach Canossa wurde die Exkommunizierung zwar aufgehoben (1077), Heinrich IV. beschädigte dadurch aber die königliche Autorität, weil er sich der geistlichen Gewalt des Papstes untergeordnet hatte. Der Konflikt zwischen **Staat und Kirche** endete mit der Unterscheidung zwischen geistlichen und weltlichen Rechten und Gütern, die den Bischöfen separat von König und Kirche verliehen wurden.

Die Kreuzzüge

Die muslimische Bedrohung des Byzantinischen Reiches veranlasste **Papst Urban II. 1095** in Clermont zum **Kreuzzugsaufruf**. Als bewaffnete Pilgerfahrt zur Unterstützung der griechischen Christen und Befreiung der heiligen Stadt Jerusalem stellte der Kreuzzug allen Christen die Vergebung ihrer Sündenstrafen in Aussicht. Der Armenkreuzzug führte 1096 zu den ersten großen Judenpogromen in Europa. 1099 eroberte das erste reguläre Kreuzfahrerheer Jerusalem. Um ihre Erfolge abzusichern, gründeten die Kreuzfahrer eigene Staaten. Militärische Rückschläge und die islamische Rückeroberung Jerusalems (1187, 1244) führten bis 1290 zu weiteren Kreuzzügen, die sich schließlich auch gegen das christliche Byzanz richteten. Auch innerhalb Europas wurden gegen vermeintliche Ketzer oder Heiden Kreuzzüge geführt.

Die Stadt

In Süd- und Westeuropa bestanden viele römische Städte fort. In Mittel- und Osteuropa entstanden neue dauerhafte städtische Siedlungen erst ab dem 11. Jahrhundert. Städte waren Mittelpunkte von Verwaltung, Handel und Handwerk sowie militärisch bedeutsam. Stadtherren waren Könige, Fürsten oder in den alten Städten zunehmend die Bischöfe. Als in den italienischen Städten Unruhen und Rivalitäten um die Stadtherrschaft Frieden und Ordnung bedrohten, schlossen sich seit dem 11. Jahrhundert die Bürger durch Eid zur Kommune zusammen und wählten eigene Amtsträger. Zur Zeit des Investiturstreits erhoben sich auch die ersten deutschen und französischen Bürgerschaften gegen die Bischöfe. Seit ungefähr 1200 bildeten die städtischen Führungsschichten das **Stadtregiment**. Im 13. und 14. Jahrhundert erkämpften die Handwerker in den **Zunftkämpfen** eine Beteiligung an der Stadtregierung. In Italien beendete die Errichtung von Alleinherrschaften seit dem 13. Jahrhundert (Signorie) die immer neuen Auseinandersetzungen um die Macht, in Mitteleuropa wurden die Zunftverfassungen später ausgehöhlt oder im 16. Jahrhundert ganz aufgehoben.

Die europäische Pest – Krise und Neubeginn

Im Herbst 1347 brach in Europa die Pest aus. Sie war mit 25 Millionen Toten die größte Katastrophe, die Europa je heimgesucht hatte. Die Pest unterbrach eine lange wirtschaftliche Aufschwungphase, die den Europäern Wohlstand und eine sprunghaft wachsende durchschnittliche Lebenserwartung gebracht hatte: von 25 Jahren im antiken Rom auf 35 Jahre vor dem Ausbruch der Pest. In den folgenden 120 Jahren verringerte sich die europäische Bevölkerung um ein Drittel, womit eine demographische und ökonomische Krise bislang ungekannten Ausmaßes begann. In ihrer Folge kam es zu grundlegenden Umwälzungen in der wirtschaftlichen und sozialen Ordnung Europas.

Die Landwirtschaft litt unter einer tiefen Depression, die sich in Wüstungen und Preisverfall für Agrargüter niederschlug. Demgegenüber erlebten die Städte ein „goldenes Zeitalter“, weil dort die Nachfrage nach Arbeitskräften die Löhne hochschnellen ließ, während die Lebensmittelpreise sanken. Dadurch entstand ein **frühkapitalistischer Modernisierungsprozess**, von dem vor allem die Städte und in ihnen das neu entstehende Bürgertum profitierten. Aber auch auf dem Land begann mit **Verlagssystem** und Protoindustrialisierung der Aufbruch in eine neue Zeit, die Licht- und Schattenseiten hatte. Moderne Historiker sprechen vom „langen, bürgerlichen 16. Jahrhundert“.

Die Europäisierung der Erde

Auch geographisch brachen die Europäer zu neuen Ufern auf. Mit der **überseeischen Expansion** zunächst Portugals und Spaniens, wandelte sich das geozentrische zum heliozentrischen Weltbild. Die Kugelgestalt der Erde, von Kolumbus auf seiner Suche nach einem maritimen Handelsweg nach Indien nur vermutet, wurde schließlich durch Magellans Weltumsegelung nachgewiesen. Die Entdeckung Amerikas und die Erforschung weiterer bislang „weißer Flecken“ auf der Landkarte führte zu vielfältigen Formen der Kulturbegegnung zwischen Europa und außereuropäischen Völkern, aber auch zu massenhafter Zwangsmigration (vor allem in Afrika), wirtschaftlicher Ausbeutung (vor allem in Mittel- und Südamerika) und dem weltweiten Aufbau von Kolonialreichen.

Die europäische Missionierungsidee bedrohte die Identität der hochkulturell organisierten Azteken- und Inkareiche, gleichzeitig schärfte sich das Zusammengehörigkeitsbewusstsein der Europäer. In der Begegnung mit den außereuropäischen Fremden wuchs eine „europäische Identität“, die sich rasch durch Abgrenzung und Überlegenheitsgefühle äußerte.

Ein neues Welt- und Menschenbild

Der Entdeckung und Eroberung der außereuropäischen Welt entsprach in Europa selbst die Befreiung von einem überlieferten, auf das Jenseits orientierten Weltbild. Die Hinwendung zum Diesseits rückte den Menschen in den Mittelpunkt des wissenschaftlichen und künstlerischen Interesses. Ausgehend vom antiken Denken wurde der Mensch seit der Renaissance nicht mehr nur als Teil eines übernatürlichen Ganzen gesehen, sondern als Wesen, das seinen Zweck in sich selbst trägt. Der **Humanismus** griff diesen Gedanken auf: Er forderte die umfassende Bildung als Voraussetzung für den Prozess der menschlichen Selbstvervollkommnung. Damit beschleunigte sich einerseits der Ausbau des europäischen Bildungswesens, andererseits zerbrach damit aber auch die Einheit der christlichen Kirche in Europa. Denn auch die Reformatoren rückten den Menschen in den Mittelpunkt: Er brauchte nicht mehr die Kirche als vermittelnde Instanz, sondern war mit seinem Gewissen selbst vor Gott verantwortlich.

Aufklärung

Die Vernunft als Richtschnur

Die Aufklärung unterwarf jedes Lebensgebiet dem Urteil der Vernunft. Was nicht standhielt, stürzten die Aufklärer um – jedenfalls in Gedanken. Und andererseits planten sie mit Hilfe der Vernunft eine neue Welt. Sie glaubten an den Fortschritt, an die Fähigkeit des Einzelnen, vernünftig über sich selbst zu bestimmen. Allerdings musste er zum Gebrauch der Vernunft erzogen werden und auch zur Toleranz: Abweichende Ansichten sollten geduldet, nicht bekämpft, verboten und ausgerottet werden. Die „helle" Aufklärung richtete sich daher nicht nur gegen das „finstere" Mittelalter und gegen allen „Aberglauben", sondern mehr noch gegen den Fanatismus der Konfessionskriege in Europa während der vorangehenden beiden Jahrhunderte.

Reichweite der Aufklärung

Die Aufklärung verbreitete sich in Europa als eine geistige Bewegung von West nach Ost, von England bis ins Zarenreich. Sie bewirkte die bis heute anhaltende Entfaltung der exakten und experimentellen Wissenschaften und begünstigte so auch die Entstehung der „Industriellen Revolution" und aller modernen Technik. Sie trieb aber auch die Geisteswissenschaften sowie die Theologie voran. Vor allem in den entwickelten städtischen Regionen des protestantischen Europas traf die Aufklärung auf günstige Bedingungen. Zunächst hier – in London, in niederländischen Städten – entstand eine kritische und lesehungrige „Öffentlichkeit". Die Buch- und Zeitschriftenproduktion nahm in ganz Europa zu. Immer mehr Menschen lernten lesen und schreiben – wobei freilich viele ländliche Regionen noch weit zurückblieben, am auffälligsten in Ost- und Südeuropa. Die „Volksaufklärung" setzte es sich zum Ziel, „vernünftige" Ratschläge zu besserer Lebensgestaltung auch bei einfachen Leuten zu verbreiten. Dieser Vorgang erreichte seinen Höhepunkt erst im 19. Jahrhundert.

Die Aufklärung in Staat und Politik

Das Gottesgnadentum wurde von den Aufklärern abgelehnt. Das hieß aber nicht, dass sie mehrheitlich den Absolutismus verwarfen. Aber die Monarchie musste „vernünftig" begründet werden, am besten aus einem ursprünglichen „Vertrag" zwischen Herrscher und „Volk". Der Monarch war nach seiner Leistung für den Staat zu beurteilen. Eine vernünftige, immer weiter ausgreifende Organisation des Staates lag im Interesse der meisten Herrscher des 18. Jahrhunderts, daher nahmen sie oft Aufklärer in ihre Dienste („aufgeklärter Absolutismus").

Das politische Denken der Aufklärer ging von der „naturrechtlichen" Gleichheit aller Menschen aus, die ursprünglich einmal einen „Gesellschaftsvertrag" zur friedlichen und einfacheren Gestaltung ihres Lebens geschlossen hatten. Danach waren konstitutionelle Monarchien denkbar, in denen der Herrscher an eine Verfassung gebunden war, und Republiken, die ganz ohne Monarchen auskamen. Auch lehnten die Aufklärer Geburtsstände ab. Vielfach trennten sie die drei Staatsgewalten („Legislative", Exekutive", „Judikative") zur gegenseitigen Kontrolle voneinander, um Machtmissbrauch vorzubeugen. Die Französische Revolution von 1789 orientierte sich am aufgeklärten politischen Denken.

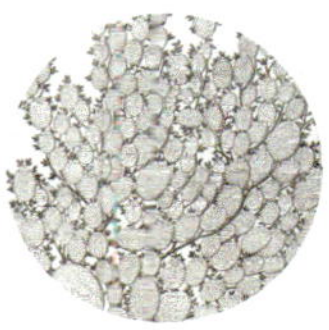

Wirkungen der Aufklärung

Die Aufklärung prägt nach wie vor unsere Gegenwart. Heute wird sie als Errungenschaft – auch von der katholischen Kirche, die sie früher bekämpft hatte – gegenüber Gesellschaften verteidigt und hervorgehoben, in deren Geschichte sie fehlt. Ja, europäische Identität wird von manchen Denkern und Politikern geradezu durch die gemeinsame Teilhabe an der Aufklärung definiert – und dadurch nach außen abgegrenzt. Freilich ist der begeisterte Fortschrittsglaube, der die Aufklärung im 18. Jahrhundert begleitete, brüchig geworden. Moderne wissenschaftliche Erkenntnisse und technischer Fortschritt – man denke nur an die Atombombe – haben manchmal mehr Probleme geschaffen als gelöst. Gerade auch darum gibt es viel Skepsis im Hinblick auf die „Vernunft" des über sich selbst bestimmenden einzelnen Menschen.

Die Bedeutung des Rechts

Selbst Jahrhunderte nach dem Zusammenbruch des Römischen Reiches wurde die Rechtssammlung des Kaisers Justinian, das Corpus Iuris Civilis, als besondere Leistung für die Menschheitsgeschichte angesehen. Das abgebildete Historiengemälde aus der deutschen Provinzstadt Würzburg um 1750 erinnert daran. Aber auch Justinian selbst und seine Rechtsgelehrten waren sich der außergewöhnlichen Leistung des Corpus Iuris Civilis bewusst. Fassen Sie Ihr Wissen über die Rechtsentwicklung von ihren römischen Anfängen bis zur Neuzeit zusammen und vergegenwärtigen Sie sich die Motive der jeweiligen Auftraggeber.

Q1 Kaiser Justinian als Gesetzgeber
Historienbild (Öl auf Leinwand) von Giovanni Domenico Tiepolo, 1751.

Q2 Die Arbeit an einer epochalen Gesetzessammlung

Kaiser Justinian über sein Reformwerk, ca. 533 n. Chr.:

So groß ist die Vorsorge der göttlichen Güte Uns gegenüber, dass sie Uns immer der Unterstützung durch ewige Schenkungen für würdig erachtet. […] [Sie ließ] Uns zuteil werden, dass auch die alten Gesetze, die schon entkräftet darniederlagen, durch Unsere unermüdliche Sorge in einer besonnenen Zusammenfassung zu neuer Schönheit erstanden: Was vor Unserer Regierung nie einer zu hoffen gewagt und ganz und gar für menschlichen Geiste unmöglich gehalten hätte. War es doch eine an ein Wunder grenzende Leistung, das, was bei den Römern von der Gründung der Stadt bis zu den Zeiten unserer Regierung – in einem Zeitraume von nahezu 1400 Jahren – gesetzlich festgelegt war, was ständig gegeneinander rang und schwankte und seine Widersprüche noch auf die kaiserlichen Verordnungen ausdehnte, in eine einzige Harmonie zu überführen, so dass nichts sich Widersprechendes, nicht gleich oder ähnlich Lautendes sich darin findet, dass nirgends doppelte Gesetze für ein und denselben Rechtsverhalt in Erscheinung treten.

[…] Zwar haben Wir die Verordnungen des Kaisers [constitutiones] verteilt auf zwölf Bücher, schon früher im „codex", dem Unser Name voranleuchtet, zusammengestellt […], als wir aber danach das Hauptwerk in Angriff nahmen, haben wir die mit höchstem Streben erarbeiteten Werke der alten Zeit […], die schon nahezu in Verwirrung und Auflösung geraten waren, demselben erhabenen Manne [dem Leiter der Hofverwaltung und Juristen Tribonianus] in die Hand gegeben, sie zu sammeln wie in eine klare Ordnung zu bringen. Indem Wir nun alles durchforschten, wurde uns von der erwähnten Exzellenz vorgetragen, dass fast 2000 Bücher von den alten Juristen geschrieben und mehr als 3 Millionen Zeilen veröffentlicht waren, die man sämtlich durchlesen und überprüfen musste, um jeweils das Beste auszuwählen. […] [Dies] ist in 50 Büchern gesammelt worden, […] denen wir den Namen „Digesten" oder „Pandekten" beigelegt haben. […]

Da Wir aber voraussahen, dass ungeübte Leute, die in den ersten Vorhöfen der Gesetze stehen und zu ihrem Innersten erst vordringen wollen, nicht geeignet sind, eine solche Last der Weisheit auf ihre Schultern zu nehmen, waren Wir der Ansicht, es müsse ein weiterer, einfacherer Weg zur Unterweisung geschaffen werden. […] Darum haben Wir […] den Auftrag gegeben, die Bücher der alten Juristen, die die Anfangsgründe der Gesetze enthielten und Einführungen [institutiones] gesondert zu sammeln […] und in vier Büchern niederzulegen.

Kaiser Justinian I. (533 n. Chr.), Constitutio Tanta (Codex 1,17,2), zit. nach: Geschichte in Quellen, Bd. 1 Altertum, hg. v. Wolfgang Lautemann und Manfred Schlenke, München 1961, S. 842 f.

KLICK INS INTERNET

www.tiepolo-wuerzburg.net

Unter dieser Adresse finden Sie Informationen über die Künstlerfamilie Tiepolo.

So kommen Sie zum Ziel

1. Beschreiben Sie das Historienbild. Gehen Sie dabei auch auf die ausgewählten Gegenstände, Haltungen und Gesichtsausdrücke der dargestellten Personen ein.
2. Informieren Sie sich über die Künstlerfamilie Tiepolo und ihre Auftragsarbeit an der Würzburger Residenz (s. Internettipp).
3. Versuchen Sie zu klären, aus welchen Beweggründen der Würzburger Fürstbischof C. Ph. v. Greiffenclau um 1751 eine Darstellung dieses Ereignisses in Auftrag gibt, das mehr als 1200 Jahre zurückliegt.
4. Interpretieren Sie die vorliegende Textquelle. Gehen Sie dabei v. a. auf die Zielsetzung des Corpus Iuris Civilis und den verwendeten Sprachstil ein.
5. Stellen Sie die weitere Rechtsentwicklung Europas in einem selbst verfassten Lexikonartikel zusammen. Greifen Sie dazu auf Ihr Wissen aus diesem Schuljahr zurück, z. B. aus den Themeneinheiten Rom (S. 79–83), Mittelalter (S. 150–153, 186–194), Aufbruch in die Moderne (S. 200, 239–242, 261) und Aufklärung (S. 284–288).
6. Recherchieren Sie weitere bedeutende Rechtskodifikationen und stellen Sie diese in einem Kurzreferat Ihrer Klasse vor.
7. Diskutieren Sie in der Klasse darüber, ob man das Römische Recht als das bedeutendste antike Erbe für das heutige Europa bezeichnen kann.

Die Bedeutung von Religion gestern und heute

Die Frage nach der Religion gehört zur Natur des Menschen. Im Mittelalter und in der frühen Neuzeit dominierten Religion und Kirche die Geschichte und das Leben der Menschen viel stärker als heute. Doch auch im heutigen Europa spielen Religionen noch eine große Rolle: Zwar sind in den meisten europäischen Staaten weite Teile des öffentlichen Lebens säkularisiert (verweltlicht), doch seit einigen Jahren spricht man von einer „Wiederkehr der Religionen". Untersuchen Sie die Bedeutung von Religion für Politik und Gesellschaft in verschiedenen Epochen bis heute.

Q1 Die Kirchenreformer John Wyclif und Johannes Hus

Der Chronist und Pfarrer Sigmund Meisterlin schreibt in seiner Nürnberger Chronik 1488 über die hussitische Reformation:

Als nun Johannes Hus sie (die Deutschen aus der Universität Prag) vertrieben hatte und ohne jeden Widerspruch die Schul allein regierte, da hielten ihn die Böhmen für einen gar gelehrten Laien und, da er den Schein eines ehrbaren Lebens führte, für einen heiligen Mann. Da ließ er aus seinem Munde fallen das Gift falscher Lehre, die er lange im Herzen getragen und ausgebreitet hatte; er erhielt auch ein treffliches Predigtamt in der Kirche zu Prag, die man Bethlehem nennt, da fing er an zu sagen von dem Wiclef, wie er so trefflich und wohl geschrieben habe. Dem hingen bald etliche Pfaffen an und lobten ihn dem Volk gegenüber, besonders die, die eine große Schuld begangen oder die solches begangen, dass sie sich nicht trauten, vor ihrem Bischof zu bestehen. Die hatten eine Hoffnung: Nehme diese Lehre überhand, so wollten sie sich wohl behaupten. […] Es verblendete auch der Neid viele Geistliche und die Habgier viele Weltliche, dass sie mit sehenden Augen nicht sahen und wollten nicht verstehen und verfielen in Worte, mit denen sie Gott schändeten. […]

Die Artikel, die da predigen und halten die Hussiten wider die heilige Christenheit (in Auswahl):

1. Der Papst ist ein Bischof wie ein anderer Bischof über sein Bistum und nit weiter.
2. Ein Priester ist in aller Gewalt wie der andere und ist unter ihnen kein Unterschied. Welcher Priester besser ist als der andere, das liegt nit an der Prälatur (dem Amt), sondern an der Heiligkeit des Lebens.
3. Wenn eine Seele scheidet von dieser Welt, so hat sie allein zwei Wege, sie fährt sofort gen Himmel oder schnell zur Hölle, was man aber sagt von dem Fegfeuer (nach katholischer Lehre) so erklären die Hussiten, es sei kein Fegfeuer, sondern die Habgier der Pfaffen hab es erdacht, und es sei ein verloren Ding, dass man für die Toten bitte. […]

Q2 Wiederkehr der Religionen

Karikatur, 2001.

5. Dass man Kerzen, Asche, Palmen, Weihwasser und auch die Taufe und ander Ding segne, sei ein lächerlicher Spott.
6. Die Bettelorden und Mönche habe der Teufel erdacht und gefunden.
7. Es sollen alle Priester arm sein und nichts haben denn das Almosen.
8. Wer predigen will, dem sei es erlaubt, er sei Laie oder Priester. […]

10. Wer in Todsünden ist, mag weder geistlicher noch weltlicher Richter sein und aller Freiheit beraubt, und niemand soll ihm gehorsam sein. […]

13. Es sei genug, dass ein jeglicher Mensch in seinem Herzen Gott bekenne. […]

21. Es soll niemend weder die Jungfrau Maria, noch Engel, noch irgendwelche Heiligen anrufen, denn sie können niemand helfen. […]

24. Wer an den Tagen faste, die die Kirche angesetzt hat, der erwerbe keine Verdienste.

Zit. nach: Geschichte in Quellen. Bd. 2. Mittelalter, hg. von Wolfgang Lautemann, München 1970, S. 800–802.

Q3 Ein neues Bild der Religion?

Der Philosoph und Aufklärer F. M. A. Voltaire schreibt 1770 über den Aberglauben in den Religionen:

Heute glaubt die eine Hälfte Europas, dass die andere lange dem Aberglauben verfallen war und es immer noch ist. Die Protestanten betrachten die Reliquien, den Ablass, die Kasteiungen, die Gebete für die Toten, das Weihwasser und fast alle Riten der Römischen Kirche als abergläubischen Wahnwitz. Der Aberglaube besteht ihrer Ansicht nach darin, dass sinnlose Gebräuche als notwendig angesehen werden. Die römischen Katholiken sind teilweise aufgeklärter als ihre Vorfahren und haben auf viele dieser ehemaligen heiligen Gebräuche verzichtet. Dass sie andere beibehalten haben, verteidigen sie mit der Behauptung, diese seien indifferent, und was indifferent sei, könne nichts Schlechtes sein.

Die Grenzen des Aberglaubens sind schwer abzustecken. Ein Franzose, der durch Italien reist, findet, dass dort fast alles vom Aberglauben geprägt ist, und er irrt sich da wohl kaum. Der Erzbischof von Canterbury behauptet, der Erzbischof von Paris sei abergläubisch. Die Presbyterianer erheben denselben Vorwurf gegen den Erzbischof von Canterbury, und diese werden wiederum von den Quäkern abergläubisch genannt, die doch in den Augen der anderen Christen die abergläubischsten von allen sind. […]

Die Mohammedaner bezichtigen alle christlichen Gemeinschaften des Aberglaubens und werden selbst des Aberglaubens bezichtigt. Wer wird diesen großen Streit entscheiden? Die Vernunft? Aber jede Sekte behauptet ja, die Vernunft auf ihrer Seite zu haben. Also wird die Gewalt entscheiden, bis die Vernunft so viele Köpfe erleuchtet, dass die Gewalt entwaffnet wird. […]

Gibt es ein Volk ohne abergläubische Vorurteile? – Gibt es ein Volk von Philosophen? Das wäre die gleiche Frage. Bei den chinesischen Behörden gibt es angeblich keinerlei Aberglauben. Wahrscheinlich wird die Verwaltung einiger europäischer Städte bald von jedem Aberglauben gesäubert sein. Dann werden diese Stadtverwaltungen verhindern, dass der Aberglaube des Volkes gefährlich wird. Das Vorbild dieser Behörden wird auf den Pöbel nicht aufklärend wirken, aber die maßgeblichen Bürger werden ihn in Schranken halten. Es gab vielleicht früher keinen Aufruhr, kein religiöses Attentat, an dem die Bürger nicht beteiligt gewesen wären, weil sie ja damals zum Pöbel gehörten; aber die Vernunft und die Zeit haben sie wohl verändert. […]

Kurz, je weniger Aberglaube, desto weniger Fanatismus, und je weniger Fanatismus, desto weniger Unheil. […] Der Fanatismus ist das Ergebnis eines falschen Bewusstseins, das die Religion den Launen der Phantasie und den unberechenbaren Leidenschaften dienstbar macht.

Zit. nach: Hagen Schulze/Ina U. Paul (Hg.), Europäische Geschichte. Quellen u. Materialien, München 1994, S. 853 f.

So kommen Sie zum Ziel

1. Arbeiten Sie heraus, welche Einstellung Sigmund Meisterlin zu den Hussiten hat (Q1).
2. Verfassen Sie mit Hilfe von Lexikonartikeln einen kurzen Lebenslauf von John Wyclif und Johannes Hus und berücksichtigen Sie vor allem ihr Ende. Erklären Sie, warum gerade zwei Universitätslehrer eine große Wirkung haben konnten.
3. Beschreiben Sie die Hierarchie der mittelalterlichen römischen Kirche und ihre Vorstellungen zu Religion, Herrschaft und Gewalt (s. zum Beispiel S. 162 ff. und S. 172 ff.). Diskutieren Sie, welche der hussitischen Artikel sich besonders gegen das Selbstverständnis der Kirche wandten bzw. sie bedrohten.
4. Hundert Jahre nach Hus begann die deutsche Reformation. Vergleichen Sie ihre Forderungen mit denen der Hussiten. Untersuchen Sie, ob mit den Ergebnissen der Reformation hussitische Forderungen erfüllt wurden – und wenn ja, welche dies waren.
5. Erläutern Sie im Rahmen der Aufklärung die Sicht Voltaires auf die Religionen seiner Zeit (Q3).
6. Erläutern Sie, welche Befürchtungen und Hoffnungen Voltaire über den Streit der Religionen äußert.
7. Erörtern Sie, ob Voltaires Ansichten auch heute noch gültig sind.
8. Beschreiben Sie, wie in der Karikatur die „Wiederkehr der Religionen“ dargestellt wird. Diskutieren Sie die These, dass in der Geschichte nicht die Religion, sondern machtpolitische oder wirtschaftliche Gründe zur gewaltsamen Konfrontation führen (Q2).

Europas Erbe der Vergangenheit

Die EU versteht sich als eine Friedensgemeinschaft. Seit dem Ende des Zweiten Weltkrieges hat sich in Westeuropa eine Friedenszone herausgebildet, die sich nach dem Ende des Kalten Krieges immer weiter nach Ost- und Südosteuropa ausdehnt. Im November 1990 erklärten die Regierungs- und Staatschefs der KSZE-Staaten: „Das Zeitalter der Konfrontation und der Teilung Europas ist zu Ende gegangen. Wir erklären, dass sich unsere Beziehungen künftig auf Achtung und Zusammenarbeit gründen werden. Europa befreit sich vom Erbe seiner Vergangenheit." In der Geschichte Europas war jedoch eher der Krieg als der Friede die Regel. Wie in vielen Teilen der heutigen Welt bestimmten Kriege, Bürgerkriege und andere Gewaltmaßnahmen den Alltag.

Q1 Aus dem Friedensplan des Abbé de Saint-Pierre, 1756

Fügen Sie hinzu, dass Europa besondere Vorzüge gegenüber den anderen Kontinenten hat: Es ist gleichmäßiger bevölkert, ebenso fruchtbarer; alle seine Länder sind besser verbunden. Die ständige Vermischung der Interessen, die die Bande des Blutes, die Obliegenheiten des Handels, der Künste, der Siedlungen unter den Herrschern hat entstehen lassen; die große Anzahl der Flüsse und die Verzweigtheit der Bewohner, die sie zu ständigen Reisen und zu häufigen gegenseitigen Besuchen veranlasst; die Erfindung der Buchdruckerei, die Vorliebe für die Literatur, welche ihnen einen gemeinsamen Grundstock der Studien und Kenntnisse verleiht; endlich die große Zahl und die Kleinheit der Staaten, die, Hand in Hand mit dem Verlangen nach verfeinerter Lebensweise und der Verschiedenheit des Klimas, die einen stets auf die anderen angewiesen sein lässt: Alle diese Gründe machen aus Europa nicht wie aus Asien und Afrika eine willkürliche Sammlung von Völkern, die nichts weiter gemein haben als den Namen, sondern eine echte Gemeinschaft, die ihre Religion, ihre Sitten und Bräuche und sogar ihre Gesetze hat, aus der sich keines der Völker, aus denen sie besteht, loslösen kann, ohne sogleich Verwirrungen hervorzurufen.

Zit nach: Kurt von Raumer, Ewiger Friede, Freiburg 1953, S. 346 f.

D1 Kultur und Gewalt

Der Soziologe Wolfgang Sofsky äußerte sich 1996 zum Zusammenhang von Kultur und Gewalt:

Die Gewalt bleibt allgegenwärtig. Sie durchherrscht die Geschichte des Gattungswesens von Anfang bis Ende. (...) Durch und durch ist sie von Tod und Gewalt geprägt. Der Grund, auf dem sie gebaut ist, ist mit dem Blut der Menschen getränkt. Sie wird mit Gewalt durchgesetzt und aufrechterhalten und sie stellt den Menschen die Mittel der Zerstörung zur Verfügung. Fern davon, das Gattungswesen in einem moralischen Fortschritt umzuformen, vervielfacht die Kultur das Potential der Gewalt (...) Was machbar ist, wird auch gemacht. Deshalb trägt der Fortschritt der Technik direkt zum Fortschritt der Gewalt bei. Die Mechanisierung der Welt erstreckt sich auch auf die Mechanisierung des Tötens. Je entwickelter die materielle Kultur einer Gesellschaft, desto effektiver die Gewalt. So bedingen sich Kultur und Gewalt gegenseitig. (...)

Die Beteuerung, in einem Zeitalter sittlichen Fortschritts zu leben, zeugt nicht nur von Vermessenheit, sondern auch von historischer Verblendung. Sie gehört zur Mythologie der modernen Zivilisation. Die Chronik der Kriege und Massenverbrechen hat diesen Irrglauben längst dementiert. Was seine Moral anlangt, ist der Mensch von Anbeginn komplett. (...)

Menschen in großer Zahl abzuschlachten, ist kein Vorrecht früherer Zeitepochen. Die Gewalt ist das Schicksal der Gattung. Was sich ändert sind ihre Formen, ihre Orte und Zeiten, die technische Effizienz, der institutionelle Rahmen, der legitimatorische Sinn.(...)

Weil er (= der Mensch) nicht von Instinkten gelenkt wird, weil er ein geistiges Wesen ist, kann er sich schlimmer aufführen als die ärgste Bestie. Weil er ein Kulturwesen ist, das sich seine Gewalt selbst schafft, kann er seine Destruktivkräfte ins Unermessliche steigern. Weil er nicht festgestellt ist, ist er zu jeder Untat in der Lage. Weil die kulturellen Formen seine Freiheit einzwängen, ist er immerzu darauf aus, sie zu zerstören. Dass die Menschen zwischendurch das Zerstören und Töten unterbrechen, liegt nicht an einem plötzlichen Ausbruch von Menschenfreundlichkeit oder moralischer Mäßigung, sondern weil es sich mit Gewalt auf Dauer nicht leben lässt. Sie haben genug, bis der Hunger wiederkehrt. Die Zwischenzeiten der Friedfertigkeit sind nur Episoden, die goldenen Zeitalter währen nur ein paar Jahre, ein paar Jahrzehnte bestenfalls. (...)

Trotz aller sittlichen Anstrengungen, trotz aller Bemühungen, die Brutalität zu zähmen – das Böse ist unvergänglich. (...) Mitnichten ist Kultur pazifistisch.

In: Wolfgang Sofsky, Traktat über die Gewalt (1996), S. 10–226.

Q2 Krieg und Zivilisation
Postkarte aus dem Ersten Weltkrieg (Künstler unbekannt).

Q3 Völkerbund als Friedensinstrument

Immanuel Kant (1724–1804) verteidigte in seinen Schriften die Idee eines Völkerbundes:

Die Natur hat also die Unvertragsamkeit der Menschen, selbst der großen Gesellschaften und Staatskörper dieser Art Geschöpfe, wieder zu einem Mittel gebraucht, um in dem unvermeidlichen Antagonism (= Gegensatz) derselben einen Zustand der Ruhe und Sicherheit auszufinden; d. i. sie treibt, durch die Kriege, durch die überspannte und niemals nachlassende Zurüstung zu denselben, durch die Not, die dadurch endlich ein jeder Staat, selbst mitten im Frieden, innerlich fühlen muss, zu anfänglich unvollkommenen Versuchen, endlich aber, nach vielen Verwüstungen, Umkippungen, und selbst durchgängiger innerer Erschöpfung ihrer Kräfte, zu dem, was ihnen die Vernunft auch ohne so viel traurige Erfahrung hätte sagen können, nämlich: aus dem gesetzlosen Zustande der Wilden hinauszugehen, und in einen Völkerbund zu treten; wo jeder, auch der kleinste Staat seine Sicherheit und Rechte, nicht von eigener Macht, oder eigener rechtlichen Beurteilung, sondern allein von diesem großen Völkerbunde, von seiner vereinigten Macht, und von der Entscheidung nach Gesetzen des vereinigten Willens, erwarten könnte.

Idee zu einer allgemeinen Geschichte in weltbürgerlicher Absicht (1784), in: I. Kant, Schriften zur Anthropologie, Geschichtsphilosophie, Politik und Pädagogik, Darmstadt 1968, S. 42.

So kommen Sie zum Ziel

1. Nennen Sie die Voraussetzungen, die der Abbé de Saint-Pierre für das Gelingen eines Friedens in Europa anführt (Q1).
2. Untersuchen Sie in Gruppen die Häufigkeit von Kriegen in den im Buch vorgestellten Epochen der europäischen Geschichte (Griechenland, Rom, Mittelalter und Frühe Neuzeit).
3. Beschreiben Sie die Formen der Konfliktregulierung am Beispiel des Mittelalters und beurteilen Sie ihre Wirksamkeit.
4. Bewerten Sie auf der Grundlage Ihrer Beschäftigung mit der europäischen Geschichte die Grundannahmen des Autors (Q1).
5. Stellen Sie das Verhältnis von Gewalt und Kultur aus der Sicht Wolfgang Sofskys dar (D1).
6. Zeigen Sie, wie Imanuel Kant sich in Q3 die Konfliktregelung vorstellt und vergleichen Sie seine Vorstellungen mit dem Ansatz von Sofsky (D1).
7. Setzen Sie sich mit der Behauptung auseinander, Kriegesneigung und Kriegsbereitschaft seien wesentliche Merkmale der europäischen Geschichte.
8. Diskutieren Sie abschließend die These, dass Europa sich vom Erbe seiner Vergangenheit befreit habe.

Europäer im Umgang mit Fremden

Europäer sind in ihrer Geschichte immer wieder mit Fremden zusammengetroffen: in der Antike z.B. mit den Persern, im Mittelalter mit Arabern und Mongolen, in der Frühen Neuzeit mit Schwarzen und Indianern. In der Auseinandersetzung mit dem „Anderen“, dem „Fremden“, schärfte sich bei den Europäern im Laufe der Jahrhunderte zusehends das Bewusstsein, dass es trotz aller Unterschiede von Sprachen und Mentalitäten in Europa eine gemeinsame Kultur gibt. Es entwickelte sich aber auch ein Abgrenzungsbedürfnis und ein Überlegenheitsgefühl gegenüber außereuropäischen Kulturen. Überprüfen Sie, inwieweit der Umgang mit Fremden die europäische Geschichte geprägt hat bzw. bis heute prägt.

Q1 Edle Wilde

Holzschnitt von Theodor de Bry, um 1600.

Q2 Fremdwahrnehmung in der Frühen Neuzeit

Der französische Philosoph Michel de Montaigne über die Indianer in Brasilien, 1580:

Es ist eine Nation, […] unter der es keine Hoffnung zum Handelsgewinn gibt, keine Bekanntschaft mit der Gelehrsamkeit; keine Lehre von den Zahlen; keinen Namen für bürgerliche Obrigkeit oder für Häupter des Staats; keine eingeführte Knechtschaft; keinen Reichtum und keine Armut; keine Kontrakte; keine Erbfolge; keine Teilung; keine andere Beschäftigung als der Muße; kein Verhältnis der Verwandtschaft als der allgemeinen; keine Kleider; keinen Ackerbau; kein Metall; keinen Gebrauch des Weins oder des Korns. Selbst solche Worte, welche Lügen andeuten, oder Verrat, Falschheit, Geiz, Missgunst, Verleumdung, Verzeihung sind bei ihnen unerhört. […]

Übrigens leben sie in einer sehr angenehmen Gegend des Landes unter einem sehr gemäßigten Himmelsstriche, so dass, wie mir meine Zeugen gesagt haben, es sehr selten ist, bei ihnen einen kranken Menschen zu sehen; und haben sie mich versichert, keinen vor Alter zitternden, triefäugigen, zahnlosen oder gebückt gehenden Menschen gesehen zu haben. […]

Der ganze Tag wird mit Tanzen zugebracht. Die Jüngsten gehen mit Pfeil und Bogen auf die Jagd. Ein Teil der Weiber macht sich damit zu schaffen, das Getränk zu erwärmen, worin ihre Hauptpflicht besteht. […]

Man erstaunt über die Hartnäckigkeit in ihren Gefechten, die sich niemals ohne Blut und Mord endigen. Denn von Furcht und Flucht haben sie keinen Begriff. Ein jeder trägt zum Siegeszeichen den Kopf des Feindes, den er getötet hat, und befestigt solchen am Eingange seiner Wohnung. Nachdem sie eine ziemliche Zeit lang ihren Gefangenen sehr gut behandelt und ihm alle Bequemlichkeit verschafft haben, die sie nur ersinnen können, beruft derjenige, in dessen Gewalt er ist, eine große Versammlung von seinen Bekannten zusammen. Er bindet an den einen Arm des Gefangenen einen Strick, an dessen anderem Ende er ihn festhält, aber so weit von sich entfernt, dass er von ihm nichts befürchten dürfe, und gibt dem Liebsten unter seinen Freunden den andern Arm auf dieselbige Art zu halten: und diese beiden richten ihn in Gegenwart der ganzen Versammlung mit ihren Schwertern hin. Ist das geschehen, so rösten sie ihn und essen ihn in Gemeinschaft und schicken ihren abwesenden Freunden davon ihre Portionen. […]

Sie führen keine Kriege, um neue Länder zu erobern, denn sie genießen noch der natürlichen Fruchtbarkeit des Landes, welche ihnen, ohne Arbeit, alles in solchem Überfluss darreicht, dass ihnen an Erweiterung ihrer Grenzen gar nichts gelegen ist. Sie stehen auf dem glücklichen Punkte, wo sie nichts weiter begehren als was die Natur unumgänglich erfordert; alles, was darüber hinausgeht, halten sie für unnütz. Unter sich nennen sich alle, die ungefähr von gleichem Alter sind, Brüder. Kinder heißt man die jüngern und die ältesten sind Väter aller übrigen. Diese hinterlassen ihre freien Besitzungen der ganzen Gemeinde zur Erbschaft, ohne andern Rechtsanspruch als den, welchen die Natur ihren Geschöpfen erteilt, indem sie solche zur Welt bringt.

Zit. nach: Gerd Stein (Hg.), Die edlen Wilden. Frankfurt/Main 1984, S. 39–42.

Q3 Umgang mit Fremden heute

Karikatur, 2006. Immer wieder landeten in den vergangenen Jahren Bootsflüchtlinge aus Afrika an den europäischen Küsten – unter anderem auf Teneriffa.

Q4 Selbst- und Fremdwahrnehmung in der Antike

Aus der Schrift „Politik" des griechischen Philosophen Aristoteles, ca. 340 v. Chr.:

Die Völker in den kalten Strichen und in Europa sind zwar mutvoll, haben aber wenig geistige und künstlerische Anlage und behaupten deshalb zwar leichter ihre Freiheit, sind aber zur Bildung stattlicher Verbände untüchtig und ihre Nachbarn zu beherrschen unfähig. Die asiatischen Völker haben einen hellen und kunstbegabten, dabei aber furchtsamen Geist und deshalb befinden sie sich in beständiger Dienstbarkeit und Sklaverei. Das Geschlecht der Griechen aber hat, wie es örtlich die Mitte hält, so auch an den Vorzügen beider Teil und ist mutig und intelligent zugleich. Deshalb behauptet es sich immerfort im Besitz der Freiheit und der besten staatlichen Einrichtungen und würde alle Nationen beherrschen können, wenn es zu einem Staate verbunden wäre. […] Man sieht also, dass diejenigen, die der Gesetzgeber leicht zur Tugend soll leiten können, von Natur intelligent und mutig sein müssen.

Zit. nach: Hagen Schulze/Ina Ulrike Paul (Hg.), Europäische Geschichte. Quellen und Materialien. München 1994, S. 30.

Fragen und Anregungen

1. Arbeiten Sie die Unterschiede zwischen Europäern und Nichteuropäern heraus, wie sie der Künstler Theodor de Bry darstellt (Q1). Legen Sie zu diesem Zweck eine Tabelle mit Gegensatzbegriffen an.

Europäer	Nichteuropäer
bekleidet	nackt
…	…
…	…

2. Ergänzen Sie die Tabelle durch die Gegensätze, wie sie in Q4 beschrieben werden.
3. Nehmen Sie zu den Aussagen über Europäer und Nichteuropäer, wie sie in Q1, Q2 und Q4 gemacht werden, Stellung.
4. Stellen Sie positive und negative Seiten des europäischen Umgangs mit außereuropäischen Kulturen gegenüber. Greifen Sie dazu auf Beispiele aus den verschiedenen Kapiteln des Buches zurück: Perserkriege (S. 39), Handel in der Spätantike (D3, S. 85), Kreuzzüge (S. 172–177), überseeische Expansion (S. 244–267).
5. Interpretieren Sie Q3 und erörtern Sie ausgehend von der Karikatur, inwieweit Europa heute durch den Umgang mit Fremden bestimmt wird.

Gesellschaft in Europa: Festgefügte Ständeordnung?

Gesellschaftliche Unterschiede führen wir heute in der Regel auf unterschiedliche Besitzverhältnisse zurück. Dahinter stecken aber häufig weitere Unterschiede: der Zugang zu Bildung, die soziale Stellung durch die Geburt, das Geschlecht. Je nach Lebensbedingungen und Mentalität prägten sich zu verschiedenen Zeiten und je nach Ort unterschiedliche Gesellschaftssysteme aus. Gibt es bestimmte Merkmale und Entwicklungen, die es erlauben, von einer europäischen Gesellschaftsordnung zu sprechen?

Q1 Gesellschaft im Mittelalter
Abbildung aus einer französischen Handschrift, um 1120.

Q2 Die Ständegesellschaft

Der bedeutendste franziskanische Volksprediger war Berthold v. Regensburg (1210–1272). Seine Zuhörer waren vor allem die städtischen Mittel- und Unterschichten sowie die Landbevölkerung. Aus einer Predigt:

Denn unser Herr hat jedem Menschen einen Beruf zugeteilt, er hat keinen zum Nichtstun erschaffen, wir müssen alle etwas tun, um zu leben. [...] Denn unser Herr hat alles klug geordnet, deshalb hat er auch dem Menschen sein Leben so zugeteilt, wie er es will und nicht wie wir es wollen. Denn mancher wäre gern ein Graf und muss doch ein Schuster sein; und du wärst gerne Ritter und musst doch ein Schuster sein; und du wärst gerne Ritter und musst doch Bauer sein und musst uns Getreide und Wein anbauen. Wer sollte für uns den Acker bestellen, wenn ihr alle Herren wärt? Oder wer sollte uns Schuhe machen, wenn du wärst, was du wolltest? Du musst das sein, was Gott will. [...] Wenn du einen niedrigen Beruf hast, sollst du weder in Gedanken noch in Worten dagegen aufbegehren: „Ach Herr Gott, warum hast du mir so ein mühevolles Leben gegeben und vielen so großes Ansehen und Besitz?" Das sollst du nicht tun. Du sollst sagen: „Herr sei gelobt für deine Wohltaten, die du mir erwiesen hast und noch erweisen wirst." Denn wenn er dir eine höhere Stellung hätte geben wollen, er hätte es getan. Da er dir nun eine niedere gegeben hat, so sollst du dich auch erniedrigen und demütig sein mit deinem Beruf, er wird dir wohl oben im Himmel eine hohe Stellung geben.

Zit. nach: Helmut Brackert/Hannelore Christ/Horst Holzschuh (Hg.), Literatur in der Schule, Bd. 1, Mittelalterliche Texte im Unterricht. München 1972 und 1976. S. 153 f.

Q3 Die Gesellschaft zur Zeit Ludwigs XIV.

Der bürgerliche Schriftsteller Jean de la Bruyère, 1669:

Während die Großen verabsäumen, sich mit den Interessen der Fürsten und des Staates, ja selbst mir ihren persönlichen vertraut zu machen; während sie nichts vom Wirtschaften und Sorgen eines Familienvaters wissen und sich ihrer Unkenntnis sogar rühmen; während sie sich von ihren Verwandten ausbeuten und beherrschen lassen; während sie sich damit begnügen, Feinschmecker und Weinkenner zu sein [...], zu erzählen, wie oft die Post von Paris nach Besançon oder Philippsburg fährt, unterrichten sich die Bürger über die inneren und äußeren Angelegenheiten eines Reiches, machen sich mit der Regierungskunst vertraut, gewinnen Einsicht und politischen Sinn, lernen die Stärke und Schwäche eines Staates kennen, trachten danach, ihre Stellung zu verbessern, verbessern sie, steigen immer weiter empor, werden mächtig und entheben den Fürsten der Sorge um einen Teil der Staatsgeschäfte. Die Großen, die vordem auf sie herabsahen, erweisen ihnen Achtung: glücklich, wenn sie ihre Schwiegersöhne werden.

Zit. nach: J. de la Bruyère, Die Charaktere oder die Sitten des Jahrhunderts, hg. von G. Hess, Leipzig 1940, S. 193 f. und 272 f.

Q4 Der Marktplatz von Augsburg um 1500
Gemälde, 16. Jahrhundert. In der Stadtrechtsurkunde Kaiser Friedrichs I. Barbarossa wurde nicht nur die bischöfliche Stadtherrschaft bestätigt, sondern auch erstmals die Bürgergemeinde als eigene Rechtsgemeinschaft erwähnt. Ab 1257 ist die Ratsverfassung urkundlich belegt. Nach den Zunftaufständen 1368 bekam Augsburg eine Zunftverfassung.

Fragen und Anregungen

1. Charakterisieren Sie die in Q1 und Q2 beschriebenen Stände und benennen Sie die Grundlagen dieser Gesellschaftsordnung.
2. Stellen Sie Thesen zusammen, wie und warum sich die im Frankenreich ausgeprägte Gesellschaftsstruktur ab dem Hochmittelalter veränderte (Q3, Q4).
3. Stellen Sie in einer Mindmap Merkmale des bürgerlichen Standes vom Hochmittelalter bis zur Aufklärung dar (S. 182–191, 194; S. 216–219; S. 271, 274 f., S. 284–286).
4. Interpretieren Sie den Kupferstich „Die Bäuerin in der Fron“ (S. 10) aus dem Jahr 1789. Überlegen Sie, welchem Stand der Künstler angehört haben könnte, und charakterisieren Sie kurz die Gesellschaftsordnung in Frankreich am Ende des 18. Jahrhunderts.
5. Vergleichen Sie den Kupferstich „Die Bäuerin in der Fron“ mit Q1. Erörtern Sie, inwiefern sich die Gesellschaftsordnungen in Europa von der Antike bis zur Aufklärung verändert haben. Begründen Sie.
6. Diskutieren Sie, welche gesellschaftlichen Merkmale und Entwicklungen Ihrer Meinung nach typisch europäisch sein könnten. Welche dieser Merkmale erkennen Sie in der gegenwärtigen Gesellschaftsordnung europäischer Staaten?

Partizipation und demokratische Idee

Wir halten heute Demokratie und Partizipation (Teilhabe an der politischen Macht) für selbstverständlich. Die Demokratie wurde in Europa, im antiken Griechenland, erfunden. Allerdings verstanden die Griechen unter Demokratie nicht das Gleiche wie wir. Teilweise lehnten sie sie sogar ab. Auch später wurden andere Formen der politischen Ordnung wie Monarchie, Aristokratie oder die Ständeordnung als besser für das Gemeinwohl angesehen. Die Konkurrenz um die Macht, Unfrieden oder Ungerechtigkeiten führten aber immer wieder zu Konflikten, in deren Verlauf die Macht Einzelner durch mehr Partizipation beschränkt wurde. Diese Entwicklungen können als Ursprung unserer westlichen Demokratie gelten.

Q1 War Solons Verfassung demokratisch?

Der Philosoph Aristoteles:

Von Solon meinen einige, er sei ein bedeutender Gesetzgeber gewesen: Er habe die Oligarchie beseitigt, die allzu extrem gewesen war, habe das Volk von der Sklaverei befreit und die überlieferte Demokratie geschaffen, indem er die Verfassung geschickt mischte. Denn der Rat auf dem Areopag sei oligarchisch, die Wählbarkeit der Beamten aristokratisch, die Gerichte demokratisch. Solon scheint allerdings einiges schon vorgefunden und nicht beseitigt zu haben, den Rat und die Wahl der Beamten, dagegen hat er die Demokratie geschaffen, indem er die Gerichte aus dem ganzen Volke rekrutierte. Darum tadeln ihn auch einige: Er habe die eine Hälfte der Verfassung aufgehoben, indem er die wählbaren Gerichte zu Herren über alles machte. Denn als diese zur Macht kamen, schmeichelte man dem Volke wie einem Tyrannen und verwandelte die Verfassung in die jetzt bestehende Demokratie. Den Rat auf dem Areopag schränkten Ephialtes und Perikles ein, bei den Gerichten führte Perikles die Entlöhnung ein und auf diese Weise trieb es jeder der Volksführer weiter bis zur jetzigen Demokratie. Das scheint freilich nicht der Absicht des Solon entsprochen zu haben, sondern eher von den Umständen zu kommen: Denn nachdem in den Perserkriegen das Volk die Selbstherrschaft begründet hatte, wurde es selbstbewusst und nahm sich schlechte Führer, die gegen die Anständigen Politik trieben. Solon hingegen scheint dem Volk nur die notwendigste Macht gegeben zu haben, die Beamten zu wählen und sie zur Verantwortung zu ziehen (denn wenn das Volk nicht einmal darüber Gewalt hätte, wäre es ein Sklave und ein Feind des Staates), die Beamten holte er aber alle aus den Angesehenen und Reichen, den Fünfhundertschefflern [1. Steuerklasse], den Zeugiten [2. Steuerklasse] und aus der dritten Steuerklasse der so genannten Ritter. Die Vierten waren die Theten, die von allen Ämtern ausgeschlossen waren.

Aristoteles, Politik, 2. Buch, 1273b 27–1274a 15, in: Aristoteles, Politik und Staat der Athener, eingeleitet und übertragen von O. Gigon, Zürich 1958, S. 121–122.

Q2 Die Freiheitsliebe der Italiener

Otto von Freising, Onkel und Vertrauter König Friedrich Barbarossas, Bischof und weit gereister Gelehrter beschreibt Italien, 1154/55:

Die [germanischen] Langobarden legten [in Italien im frühen Mittelalter] ihre rohe barbarische Wildheit ab und vielleicht deshalb, weil sie sich mit den Eingeborenen [in Italien] verheirateten und Söhne zeugten, die vom mütterlichen Blut und der Eigenart des Landes und des Klimas etwas von römischer Gesittung und Gedankenschärfe annahmen, bewahren sie die Eleganz der lateinischen Sprache und die verfeinerte Lebensart. Auch in der Verwaltung der Städte und in der Bewahrung der Staatsform ist ihr Vorbild noch heute die Klugheit der alten Römer. Schließlich lieben sie die Freiheit so stark, das sie sich jedem Übergriff der Gewalt entziehen und lieber von Konsuln als von Herrschern regieren lassen. Da es bekanntlich bei ihnen drei Stände gibt, nämlich Kapitane, Valvassoren (= Adelsstände) und das Volk, werden, um keinen Hochmut aufkommen zu lassen, diese Konsuln nicht aus einem, sondern aus allen Ständen gewählt, und damit sie sich nicht zur Herrschsucht verleiten lassen, werden sie fast jedes Jahr ausgetauscht. So kommt es, dass das Land fast vollständig unter Stadtstaaten aufgeteilt ist und dass jeder derselben die Bewohner seines Gebietes mit ihnen zusammenzuleben zwingt, dass man ferner kaum einen Edlen oder Großen von noch so großem Ehrgeiz findet, der sich nicht trotzdem der Herrschaft seiner Stadt beugte. […] Damit sie nicht der Mittel entbehrten, auch die Nachbarn zu unterdrücken, halten sie es nicht unter ihrer Würde, junge Leute der unteren Stände und auch Handwerker, die irgendein verachtetes mechanisches Gewerbe betreiben, zum Rittergürtel und zu höheren Würden zuzulassen, während die übrigen Völker solche wie die Pest von den ehrenvolleren und freieren Beschäftigungen ausschließen. So kommt es, dass sie an Reichtum und Macht die übrigen Städte der Welt übertreffen.

Otto von Freising, Gesta Friderici seu rectius Cronica/Die Taten Friedrichs oder richtiger Cronica, hg. von F.-J. Schmale, übers. v. A. Schmidt, Darmstadt 1974, S. 308–311.

Q3 Die Notwendigkeit der Monarchie

Der als Dichter bekannte Dante Alighieri, um 1317:

Ist die zeitliche Monarchie für das Wohl der Welt notwendig? […]

[In seiner „Politik"] erklärt nämlich der verehrungswürdige Meister [Aristoteles], dass, wenn mehrere auf Eines hingeordnet sind, es erforderlich ist, dass einer von diesen die Vorschriften erlässt oder herrscht, während die andern die Vorschriften empfangen oder beherrscht werden. […] Betrachten wir eine Stadt, deren Ziel im guten und unabhängigen Leben besteht, so muss es eine einzige Regierung geben; und dies ist nicht bloß bei einer gerechten Staatsverfassung der Fall, sondern auch bei einer ungerechten. Sonst geht nicht nur das Ziel des bürgerlichen Lebens verloren, sondern die Stadt hört auf zu sein, was sie war.

Dante Alighieri, Monarchia, übers. und hg. von Ruedi Imbach und C. Flüeler, Stuttgart 1989, S. 72–77 (libr. I, V, 2–3, 7–8, 10).

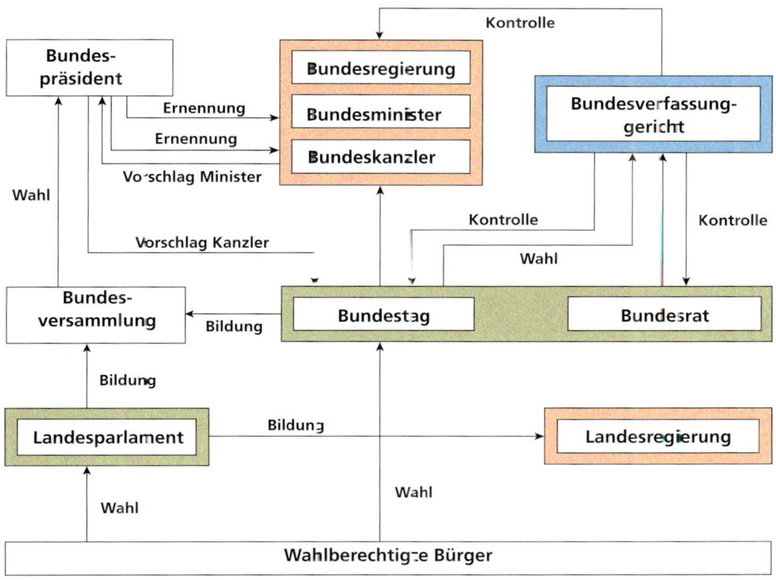

D1 Der Staatsaufbau der Bundesrepublik beruht auf der Gewaltenteilung und besteht aus einem komplexen System von Institutionen, die sich gegenseitig kontrollieren. Regelmäßig wählen alle volljährigen Bürger nach Mehrheits- und Verhältniswahlrecht die Volksvertreter, die die Regierung bestimmen. Kandidieren können alle erwachsenen Bürger.

Fragen und Anregungen

1 Erarbeiten Sie folgende Aufgaben arbeitsteilig in Gruppen. Stellen Sie Ihre Ergebnisse in einer Kurzpräsentation mit Hilfe eines Plakats dar:

a) Erläutern Sie Solons Verfassung (S. 38 f.) sowie Aristoteles' Beurteilung von Solons Verfassung (Q1). Stellen Sie dar, wie sich die Verfassung Athens weiterentwickelte (S. 38–45) und überprüfen Sie, wie die Zeitgenossen die unterschiedlichen Möglichkeiten der politischen Mitbestimmung bezeichneten und beurteilten.

b) Erläutern Sie, wie Otto von Freising die Verfassungen der italienischen Stadtstaaten im 11. Jahrhundert beurteilt (Q2). Vergleichen Sie die Verfassung der italienischen Kommunen (S. 182–189, 194) mit der Verfassung der Römischen Republik und des Prinzipats (S. 70–73). Erklären Sie, inwiefern „die Klugheit der alten Römer" (Q2) den Kommunen als Vorbild gedient haben könnte.

c) Erläutern Sie die Haltung Dantes zur Monarchie (Q3). Vergleichen Sie Dantes Haltung mit a) antiken Meinungen zur Monarchie (S. 50–52) und b) der Haltung der Aufklärer zur Monarchie (S. 284–288). Erklären Sie die unterschiedlichen Haltungen aus dem jeweils zeitgenössischen Kontext heraus.

d) Wiederholen Sie Ihr Wissen über das deutsche Grundgesetz (D1). Untersuchen Sie, welcher Zusammenhang zwischen dem Grundgesetz und den antiken Vorbildern (S. 38–45, S. 70–73) bzw. den Ideen der Aufklärung (S. 284–288) besteht.

2 Stellen Sie Ihre Plakate vor. Diskutieren Sie, welche Ereignisse Einfluss auf die Verteilung der politischen Macht hatten und ob die Verfassungswirklichkeit den Verfassungsmodellen entsprochen hat.

3 Erörtern Sie, ob politische Partizipation für Sie ein Merkmal europäischer Identität ist.

Die Laokoon-Sage

Viele Themen der europäischen Kunst- und Literaturgeschichte stammen aus der griechischen Antike. Bis heute ein klassischer Stoff ist der Tod des trojanischen Priesters Laokoon. Auf dieser Seite können Sie nachvollziehen, wie die Sage über die Jahrhunderte hinweg die Kunst und Literatur beschäftigt hat und – je nach Zeitumständen verschieden gedeutet wurde.

D1 Wer war Laokoon?

Er wurde – wie der griechische Mythos schildert – zusammen mit seinen Söhnen von Seeschlangen erwürgt, nachdem er seine Landsleute vor dem „Trojanischen Pferd" gewarnt hatte. Die Trojaner erkannten die griechische List nicht und deuteten Laokoons Tod als göttliche Strafe für den Lanzenwurf, mit dem er das vermeintliche hölzerne Weihegeschenk der Griechen beschädigt hatte (s. Q2). Doch bekanntlich sollte Laokoon mit seiner Warnung vor dem „Trojanischen Pferd" Recht behalten; die Stadt Troja wurde von den Griechen erobert und zerstört.

Zusammenstellung d. Verfassers

Q1 „Laokoon-Gruppe"

Skulptur aus Marmor, ca. 1. Jahrhundert v. Chr. Die Skulptur wurde zum Grundstock der vatikanischen Sammlungen und stand bei deren 500-jährigem Jubiläum 2006 im Mittelpunkt einer Ausstellung im Vatikan.

Q2 Troja und die Gründung Roms

Vergil (70–19 v. Chr.), der römische „Nationaldichter", greift in seiner „Aeneis" auf Homer zurück und stellt die Gründung der Weltmacht Rom als Folge der erfolgreichen Flucht des trojanischen Helden Aeneas nach Italien dar. Vorangegangen war der Fall Trojas durch die List des Odysseus mit dem „Trojanischen Pferd":

Da nun rennt […]/ Glühend Laokoon her […]/ „Elende", ruft er von fern, welch tolle Verblendung, ihr Bürger!/ […] wähnt ihr, von Danaern [Bezeichnung für Griechen] komme/Je ein ehrlich Geschenk? […]/Sprach's und stieß mit kräftiger Hand die gewaltige Lanze/In die Seite des Tiers.

Und nachdem die Trojaner beschlossen hatten, das „heilige" Pferd in ihre Stadt zu holen, und der Priester Laokoon am Strande sich anschickt, ein Stieropfer darzubringen:

Siehe, da ziehen […] durch stilles Gewässer/ […] zwei Schlangen, mit grässlichen Rücken […] die funkelnden Augen mit Feuer und Blut unterlaufen,/ […] sie schießen/ Zielbewusst auf Laokoon los, und zuerst um die Söhne/ Legt sich das Schlangenpaar […]/ Ihn dann ergreifen sie selbst […] Schlingen um ihn ihre Leiber/ […], laut ruft man, Laokoon büße […] eigene Schuld; er war's, der das heilige Holz mit dem Wurfspieß/ Hätte verletzt.

Vergil, Aeneis, unter Verwendung der Übertragung Ludwig Neuffers übers. und hg. von Wilhelm Plankl unter Mitwirkung von Karl Vretska, Zweiter Gesang, Verse 40–51; 203–231, Stuttgart 1962.

Q3 Bedeutendes Meisterwerk

Der römische Schriftsteller Plinius d. Ältere (23–79 n. Chr.) in seiner „Naturgeschichte", die 1469 erstmals gedruckt wurde:

Laokoon, im Palast des Imperators Titus […], ein Werk, dem vor allen Meisterwerken der Maler- und Bildnerkunst der Rang gebührt. Er ist nebst seinen Kindern und den wunderbar geschlungenen Schlangen von Agesander, Polydorus und Athenodorus, alle Rhodier, aus einem Block gemeinschaftlich gefertigt.

Zit. nach: Christoph Schmälzle (Hg.), Marmor in Bewegung, Ansichten der Laokoon-Gruppe, Frankfurt/M. u. Basel 2006, S. 25.

Q4 Antiker Fund

Aus einer Städtechronik von 1506:

Die Thermen des Titus sind hinter S. Martin [in Rom und neben dem Titus-Palast]. Bei diesen hat der Bürger Felix, in diesem Jahr 1506, [...] den Vergil'schen Laokoon mit beiden Söhnen gefunden, den Plinius [...] erwähnt. Unsere Leute [darunter als Sachverständiger Michelangelo] sahen, dass das Werk seinem Ruhm entspricht, weshalb es auf Befehl des Papstes [Julius II.] in den vatikanischen Palast gebracht wurde.

Zit. nach: Christoph Schmälzle (Hg.), Marmor in Bewegung, Ansichten der Laokoon-Gruppe, Frankfurt/M. u. Basel 2006, S. 79.

Q5 Vorbild Antike

Der Kunsttheoretiker Giovanni Paolo Lomazzo in einer Abhandlung über die Bildende Kunst, 1584:

Die erste Leidenschaft also ist der Schmerz [...]. Ihn drückten die drei antiken Meister aus Rhodos hervorragend aus [...] in jenem so berühmten Laokoon mit den Söhnen, bei dem man eine Figur leiden, die andere sterben und die dritte mitleiden sieht [...].

Wenig verschieden von diesen Bewegungen sollen die des heiligen Sebastian sein, während er von Pfeilen durchbohrt wird, und wenig anders [...] haben jene des heiligen Stephanus zu sein, während er gesteinigt wird, und allgemein der anderen Märtyrer.

Zit. nach: Christoph Schmälzle (Hg.), Marmor in Bewegung, Ansichten der Laokoon-Gruppe, Frankfurt/M. u. Basel 2006, S. 27 f.

Q6 Zeichen der Leidenschaft

Der aufklärerische Philosoph Moses Mendelssohn, 1785:

Alle Täuschungen der schönen Wissenschaften und Künste fließen aus derselben Quelle. Sie gründen sich alle auf die Verbindung zwischen dem Zeichen und dem Bezeichneten, und auf den Schluss, den wir [...] zu ziehen pflegen [...]. Wir wissen es, dass dieser marmorne Laocoon die Schlangenbisse nicht fühlet, deren Wirkung der Künstler bis in den äußersten Zähen der Füße hat zu bemerken gegeben; bringen wir nur den Vorsatz mit, uns [...] täuschen zu lassen, so treibt die sinnliche Erkenntniß ihr gewohntes Spiel; sie lässt uns von Zeichen der Leidenschaft auf Leidenschaft [...] schließen. Wir nehmen Antheil an nicht wirklichen Empfindungen und Handlungen.

Zit. nach: Christoph Schmälzle (Hg.): Marmor in Bewegung, Ansichten der Laokoon-Gruppe, Frankfurt/M. u. Basel 2006, S. 69 f.

Comics und klassische Bildung Q7
Lucky Luke, Western-Comic, 1984.

Fragen und Anregungen

1. Schildern Sie die Laokoon-Sage in eigenen Worten (D1, Q1).
2. Beschreiben Sie die Skulptur und arbeiten Sie die Merkmale heraus, die sie als Werk aus der Antike kennzeichnen.
3. Erläutern Sie die unterschiedliche Sicht auf die Laokoon-Gruppe in verschiedenen Jahrhunderten und erklären Sie dies mit den jeweiligen Zeitumständen (Q2–Q6). Legen Sie dazu eine Tabelle mit drei Spalten an: 1) Verfasser der Quelle 2) Entstehungsjahr/Epoche 3) Aussagen über die Skulptur.
4. Die Skulptur galt von der Renaissance bis weit ins 18. Jahrhundert hinein als Muster für den Ausdruck höchsten Schmerzes (s. auch Q5). Für den Archäologen Johann J. Winckelmann im 18. Jahrhundert stellte sie dann das klassische Beispiel für höchste Kontrolle der Gefühle dar. Viele spätere Betrachter folgten ihm darin.
   a) Erläutern Sie die Auffassung Winckelmanns aus Ihrer Kenntnis seines Zugangs zur Kunst der Griechen (s. S. 30).
   b) Arbeiten Sie heraus, welche Antwort auf das Problem Moses Mendelssohn nahe legt (Q6).
   c) Welcher Ansicht neigen Sie zu? Begründen Sie.
5. Beschreiben und charakterisieren Sie den Ausschnitt aus dem Comic und zeigen Sie, mit welchem Vorwissen des Lesers der Zeichner rechnet (Q7).
6. Suchen Sie eine Erklärung für die noch andauernde Berühmtheit der Laokoon-Gruppe.

Die Entstehung einer europäischen Wirtschaft

Der Wirtschaft als Fundament jeglicher Gesellschaft kommt eine überragende Bedeutung zu. Nicht zuletzt war die Schaffung eines gemeinsamen Marktes die Basis für die Gründung der EU. Hierbei konnte man sich bereits auf eine gesamteuropäische Prägung beziehen. Gerade die historisch gewachsene europäische Kultur des Wirtschaftens hat den Raum der heutigen EU entscheidend geprägt. Wie aber war es möglich, dass diese Kultur, entstanden v.a. im neuzeitlichen Europa, aus dem traditionellen Muster der agrarischen Zivilisationen ausscheren konnte und dabei einen Weg beschritt, der andere agrarische Zivilisationen (islamischer Raum, China, Japan, Indien) veranlasst hat, sich nach und nach diesem – kapitalistischen – Muster anzuschließen?

D1 Kapitalismus

Aus Geschichtslexikon, 2003:

Wirtschafts- und Gesellschaftsordnung der Neuzeit, in der die wirtschaftlichen, sozialen und politischen Verhaltensweisen und Beziehungen der Menschen sowie deren Organisationen und Institutionen wesentlich von den Interessen derjenigen bestimmt werden, die über das Kapital verfügen.

Folgende Merkmale charakterisieren den K.: 1) Privateigentum an Produktionsmitteln (Maschinen, Kapital); 2) Ausrichtung aller wirtschaftlichen Vorgänge am Prinzip der Gewinnmaximierung (z.B. mittels rationeller Planung und Arbeitsteilung); 3) Produktion für einen Markt, wobei das Spiel von Angebot und Nachfrage den Verkaufspreis bestimmt; 4) Gegensatz von Kapital und Arbeit (einer Minderheit von Eigentümern an Produktionsmitteln steht eine Mehrheit von abhängigen Lohnarbeitern gegenüber), der auch in den politischen und sozialen Bereich (Herrschafts- und Machtverhältnisse) hineinwirkt. […]

Entwicklungsphasen: […] 1) Der Frühkapitalismus (etwa ab 1500) wies nur ansatzweise und vereinzelt (z.B. im Handel) kapitalistische Merkmale auf, und die ständisch gebundenen Produktionsweisen wurden nur punktuell durchbrochen. Der Staat war zum Teil Initiator und Förderer dieser Entwicklung. 2) Erst mit dem Hochkapitalismus (ab Ende des 18. Jh.) traten die Elemente des K. deutlich hervor: Es vollzog sich die Industrialisierung, die merkantilistische Bevormundung durch den Staat wich der Handels- und Gewerbefreiheit. 3) Im Spätkapitalismus (ab Ende des 19. Jh.) vollzog sich die Ausweitung zur Weltwirtschaft, indem der K. über Europa hinausgriff. Gezwungen durch die sozialen Folgen der Industriealisierung, griff der Staat zunehmend korrigierend in Wirtschaft und Gesellschaft ein, um den Lebensstandard und die soziale Sicherheit breiter Bevölkerungsschichten zu garantieren.

Schülerduden Geschichte, 4., neu bearbeitete Aufl., Mannheim u.a. 2003, S. 254 f.

D2 Kapitalismus – warum zuerst in Westeuropa?

Der Soziologe Erich Weedl, 1992:

Die geographische Kleinflächigkeit europäischer Landschaften mit ihren unterschiedlichen Produktionsbedingungen verschiedener Standorte [schaffte] einen Anreiz zum Tausch. Kleine Staaten waren gezwungen, miteinander zu konkurrieren […], so dass Innovationen zwar von einem Staat unterbunden werden konnten (in China etwa war es im 15. Jahrhundert verboten, Hochseeschiffe zu bauen), die Denker dann aber relativ einfach in einem anderen Staat weiterpraktizieren konnten.

Zudem war der Handel in Europa relativ sicher: Während ein Monarch einer großen Region leicht alle Handlungsreisenden mitsamt ihren Waren konfiszieren konnten, so konnten in Europa Territorien all zu raubgieriger Herrscher umfahren werden. […]

Die politische Fragmentierung [Aufteilung in kleine Einheiten] hat nicht nur Kaufleuten genutzt, sondern auch Bauern, die ihren Herren entlaufen konnten, und Handwerkern, die aus einem Gebiet in ein anderes (z.B. die Stadt) abwandern konnten. Durch Rivalität und Zersplitterung haben die Machthaber Europas gegenseitig zur Einschränkung ihrer Macht beigetragen und so für das Volk Eigentums- und Verfügungsrechte geschaffen, die Handlungsanreize zu Innovationen und zur wirtschaftlichen Tätigkeiten gaben. […] Die Existenz eines Systems rivalisierender politischer Einheiten und einer regionalen Arbeitsteilung bei der Produktion von Massengütern sowie die aus der politischen Zersplitterung resultierenden Innovationsmöglichkeiten und die aus dem Staatensystem und dem Handel mit Massengütern resultierenden relativ sicheren Eigentums- und Verfügungsrechte [sind] die bedeutsamsten Variablen [im] Erklärungsansatz für das europäische Wunder der Überwindung des Massenelends durch den Kapitalismus.

http://infosoc.uni-koeln.de/fs-soziologie/texte/Weede2.doc, Stand: 9. Oktober 2007.

Q1 Jakob Fugger, Ölgemälde, 1538.

D3 Ein schwäbischer Frühkapitalist

Aus einer Radiosendung über Jakob Fugger, 2005:
Jakob Fugger, 1459 geboren, ist der jüngste von sieben Brüdern und soll eigentlich Priester werden. Dass er der Firmenlenker wird, verdankt er seinem Können. Er wird in Venedig ausgebildet. Jahrelang führt er dort das Firmenkontor, gründet später eines in Rom. In Italien lernt er die Kunst des Kapitalismus: Leihe Geld an die Mächtigen und erwirb dafür Monopole. So kommen die Fugger an die Silberminen Tirols und bestimmen bald auch, wer dort regiert: der Habsburger Maximilian. Bald dominiert der Fugger-Clan den Silber- und Kupferhandel Europas. In Lissabon gründet Jakob ein Kontor, um am neuen Indienhandel zu profitieren. Als Maximilians Enkel Karl deutscher Kaiser werden will, schlägt Jakobs große Stunde: Er treibt 850 000 Gulden Schmiergeld für die wählenden Kurfürsten auf. Der neue Kaiser ist abhängig vom Augsburger Bankier. Das ist wichtig, denn dem neuen Kapitalismus weht die öffentliche Meinung ins Gesicht. „Fuckerei" ist ein Schimpfwort für Wucher, und ein gewisser Martin Luther schreibt 1517 in seinen Thesen gegen den Ablasshandel: „Die armen irregeleiteten Seelen werfen ihr Scherflein in die Truhe und wissen nicht, dass daneben schon die Diener des Herrn Fugger stehen und darauf achten, dass seinem Herrn nicht der Anteil entgeht." Tatsächlich kassieren die Fugger für die Organisation des Ablasshandelns Provision.
Als ein Reichstag in Nürnberg das Kapital von Handelsgesellschaften gesetzlich auf 50 000 Gulden beschränken will, verhindert die Familie das durch den Einfluss auf Kaiser Karl. Bei Jakobs Tod wird das Firmenvermögen auf rund zwei Millionen Gulden geschätzt. Die „Pflege der politischen Landschaft" hat dem neuen bürgerlichen Kapitalismus den Weg geebnet.

http://www.wdr.de/themen/kultur/stichtag/2005/12/30.jhtml

Fragen und Anregungen

1. Arbeiten Sie heraus, inwieweit Jakob Fugger laut D3 „kapitalistisch" handelte.
2. Versuchen Sie daraufhin, eine eigene Definition für den Begriff „Kapitalismus" zu erstellen.
3. Ergänzen Sie Ihr Ergebnis mit Hilfe des Lexikonartikels (D1).
4. Fugger wurde u. a. in Vendig (Oberitalien) ausgebildet und führte dort das Firmenkontor. In Italien erlernte er die „Kunst des Kapitalismus" (D3, Z. 4). Charakterisieren Sie, worin diese „Kunst des Kapitalismus" bestand (VT S. 212, Q1 S. 213, D2 S. 215).
5. Ein wichtiger Eckpfeiler des Fugger'schen Imperiums waren die Silber- und Kupferminen. Stellen Sie die wachsende Bedeutung dieser Edelmetalle im mittelalterlichen Wirtschaftsleben dar (S. 138–141: D1, D2, Q1, Q4) und erläutern Sie die Folgen der Monetarisierung für die Entwicklung des Kapitalismus.
6. Fugger gelang es, ein mächtiges und auch politisch einflussreiches Wirtschaftsimperium aufzubauen. Arbeiten Sie heraus, welche geistige Haltung hinter seinem kapitalistischen Handeln stand (VT S. 212, D2 S. 215).
7. Laut D1 hat Fuggers Wirken dem „neuen bürgerlichen Kapitalismus" den Weg geebnet. Zeigen Sie, welche gesellschaftlichen Veränderungen und Entwicklungen diese Wirtschaftsweise mit sich gebracht hat (VT S. 216/217).
8. Listen Sie die Faktoren auf, die zur Entstehung des Kapitalismus in Europa wesentlich beigetragen haben (D2).

In den einzelnen Kapiteln dieses Buches werden Ihnen wie schon in den Bänden 1 bis 4 von „Geschichte und Geschehen" Methoden vorgestellt, die Ihnen helfen, in Geschichte selbstständig und erfolgreich zu arbeiten.
Die methodischen Arbeitsschritte aus allen Bänden sind auf den nächsten Seiten noch einmal zusammengestellt, damit Sie sie übersichtlich und auf einen Blick jederzeit nachschlagen können.

Eine Textquelle auswerten
(Band 1, S. 80/81)

Texte, die die Menschen im Lauf der Geschichte hinterlassen haben, sind wichtige Quellen, aus denen Sie viel über die Geschichte erfahren können.

1. Lesen Sie den Text sehr genau, am besten auch einmal laut, und stellen Sie fest, worum es überhaupt geht. Beachten Sie, welche Orte, Personen oder Gruppen genannt werden.
2. Klären Sie alle Ihnen unbekannten oder nicht verständlichen Wörter und Wendungen. Benutzen Sie dafür ein Wörterbuch oder fragen Sie Ihre Lehrerin/Ihren Lehrer.
3. Unterteilen Sie den Text in Sinnabschnitte, die jeweils einen einzelnen Gedanken ausdrücken. Schreiben Sie für jeden Abschnitt eine kurze Überschrift.
4. Fassen Sie mit Ihren eigenen Worten zusammen, was in dem Text mitgeteilt wird.
5. Stellen Sie fest, wer den Text verfasst hat (Autor), an wen er sich damit wandte (Publikum) und mit welchem Ziel der Text geschrieben wurde.
6. Klären Sie, mit welchem zeitlichen Abstand vom Geschehen der Autor schrieb und woher er seine Kenntnisse darüber hatte.
7. Suchen Sie im Text nach Hinweisen dafür, ob der Autor Stellung zum Sachverhalt bezieht oder persönliche Wertungen deutlich zur Geltung bringt. Hilfreich ist es, den Text mit anderen Quellen zu vergleichen.
8. Ordnen Sie die Aussagen der Textquelle in Ihr bisheriges Wissen ein und stellen Sie fest, welche Fragen der Text aufwirft. Informieren Sie sich in anderen Darstellungen über diese offenen Fragen.

Textquellen vergleichen
(Band 2, S. 22/23)

Beim Vergleich verschiedener Textquellen zu einem Thema lernen Sie verschiedene Sichtweisen (Perspektiven) auf ein historisches Ereignis kennen und können sich am Ende eine eigene Meinung bilden.

Bevor Sie die Quellen miteinander vergleichen können, müssen Sie jede Quelle für sich untersuchen (eine Textquelle auswerten). Dann erst kommt der eigentliche Vergleich:
1. Finden Sie Aspekte des Vergleichs. Listen Sie alle Fragen auf, die Sie an die Quellen stellen können.
2. Legen Sie eine Tabelle an. Tragen Sie in die mittlere Spalte Ihre Fragen des Quellenvergleichs ein.
3. Sammen Sie Informationen. Finden Sie heraus, welche Antworten die Quellen auf die Fragen geben und tragen Sie sie in die entsprechenden Spalten ein.
4. Ordnen Sie die Informationen. Halten Sie fest, welche Gemeinsamkeiten, vor allem aber welche Unterschiede Sie zwischen den Informationen zu ein und demselben Gesichtspunkt erkennen. Markieren Sie mit einem Fragezeichen, wenn eine Quelle einen Aspekt einer historischen Erscheinung übergeht.
5. Lesen Sie die Quellen gegeneinander. Berücksichtigen Sie die verschiedenen Positionen und Sichtweisen der Quellen bei Ihrer „Rekonstruktion von Geschichte". Zu einer solchen „Multiperspektivität" sind Geschichtswissenschaftler verpflichtet.

Textquellen ideologiekritisch untersuchen
(Band 4, S. 58/59)

Manche Texte sind sprachlich und inhaltlich einer Ideologie verpflichtet. Sie werden so stark von bestimmten Vorstellungen, Denkweisen und Interessen geprägt, dass sie die Wirklichkeit durch bewusstes Vereinfachen, Verschweigen oder Verdrehen der Tatsachen verfälscht darstellen. Dies zu erkennen und offen zu legen, dient die ideologiekritische Auswertung von Texten.

1. Lesen Sie den Text genau durch und halten Sie ihren ersten Eindruck fest.
2. Formulieren Sie in 2–3 Sätzen die Kernaussagen des Textes.

3. Untersuchen Sie, welche Textaussagen nur Wertungen, Meinungen und Behauptungen des Autors darstellen.
4. Erarbeiten Sie die Aussagen, die man als „Tatsache" bezeichnen könnte.
5. Erklären Sie die Schlussfolgerungen, die der Autor aus seinen Darstellungen zieht.
6. Erläutern Sie, welche Schlussfolgerungen Ihnen plausibel, d.h. glaubwürdig erscheinen, und welche nicht.
7. Erklären Sie, welche Interessen und Absichten der Autor mit seinen Schlussfolgerungen verfolgt.
8. Überlegen Sie, welche Wirkung er beim Leser mit seinen Aussagen erreichen möchte.
9. Setzen Sie sich kritisch mit seinen Kernaussagen auseinander.

Öffentliche Aufrufe interpretieren
(Band 2, S. 138/139)

In manchen Texten, zum Beispiel öffentlichen Aufrufen oder politische Reden, vertreten die Verfasser sehr einseitige Ansichten. Darum sollten Sie diese Textquellen sehr kritisch hinterfragen und die Absichten des Verfassers klären.

1. Machen Sie sich klar, was im Text steht (Arbeitsschritte 1–4, eine Textquelle auswerten).
2. Zeigen Sie auf, inwiefern es sich bei dem Text um einen öffentlichen Aufruf oder eine politische Rede handelt. Stellen Sie dazu fest, wer der Autor ist, an wen er sich wendet und in welchem Rahmen und warum er das tut.
3. Gibt der Autor Tatsachen wieder, die jeder anerkennen kann, oder Meinungen, die mit seinen Überzeugungen zusammenhängen?
4. Welche Absichten verfolgt der Autor mit seinen Aussagen? Ordnen Sie jede Aussage einem oder mehreren der folgenden Begriffe zu: „etwas rechtfertigen", „unerwünschte Ansichten/Verhaltensweisen tadeln", „erwünschte Ansichten/Verhaltensweisen loben", „Ängste/Hoffnungen/Wünsche wecken".
5. Welche Gedanken und Gefühle könnten die Aussagen bei einem Anhänger ausgelöst haben?
6. An welchen Stellen würde ein Gegner wohl protestiert haben?
7. Welche Aussagen würden Sie als zweifelhaft, übertrieben oder Schwarz-Weiß-Malerei bezeichnen? Wenn möglich, sollten Sie zur Lösung Vergleichsmaterialien heranziehen.

Feldpost auswerten
(Band 3, S. 250/251)

Zunächst müssen Sie wie bei jeder Quelle den Inhalt erfassen (s. Arbeitsschritte 1–4, Textquellen auswerten). Bei der Untersuchung und Deutung (Arbeitsschritte 5–8, Textquellen auswerten) von Feldpost ist Folgendes besonders zu beachten:

1. Die Entstehungsbedingungen: Enthält der Brief Informationen zu Entstehungszeit und -ort, zur Situation, in der er geschrieben wurde oder zur Zensur? Informieren Sie sich unabhängig vom Brief über die genannte Zeit und den Ort sowie über die Zensur.
2. Der Adressat des Briefes: An wen ist der Brief gerichtet? In welchem Verhältnis stehen Schreiber und Empfänger zueinander?
3. Der Verfasser: Enthält der Brief Informationen zu politischer Überzeugung, Bildungsgrad oder bereits gemachten Erfahrungen im Krieg? Geben Sprache und Wortwahl Hinweise auf die oben genannten Punkte? In welcher Gefühlslage wurde der Brief geschrieben?
4. Zur Deutung: Mit welcher Absicht wurde der Brief geschrieben? Werden Inhalte bewusst verschwiegen, betont oder nur versteckt angesprochen? Wie bewertet der Schreiber selbst die geschilderten Ereignisse? Wie bewerten Sie die Informationen des Briefes? Was zeigt der Brief darüber, wie der Verfasser seine Kriegserlebnisse bewältigt?

Reiseberichte auswerten
(Band 5, S. 250/251)

In Reiseberichten schildern Geistliche, Ärzte und Naturforscher die außereuropäische Welt aus ihrer Wahrnehmung. Sie fuhren in die Fremde, um Mission zu betreiben, Kranke zu versorgen oder die neu entdeckten Gebiete wissenschaftlich zu erforschen. Reiseberichte müssen entschlüsselt werden, um Informationen über die frühe Begegnung von Kulturen zu erhalten.

Der Verfasser
1. Aus welchem Grund verlässt er Europa?
2. Welchen Beruf hat er?
3. Wo hat er sich aufgehalten?
4. Woher bezieht er seine Informationen?
5. Wie zuverlässig erscheinen seine Informationen?

Die Adressaten

6. Für welches Publikum schreibt der Autor?
7. Wird sein Bericht gedruckt? Wenn ja, bei welchem Verlag?
8. Wird sein Bericht übersetzt? Wenn ja, in welche Sprachen?
9. Welche Erwartungen könnten bei seinem Publikum vorhanden sein?

Der Inhalt

10. Welches Bild zeichnet der Autor von den außereuropäischen Völkern?
11. Welche Unterschiede zu den Europäern hält er fest?
12. Wie bewertet er die Lebensformen der außereuropäischen Völker?
13. Hat er mit seinen Inhalten die vermutlichen Erwartungen seines Publikums erfüllt?
14. Welche Absichten des Autors lassen sich seine Darstellung entnehmen?

Amtliche Dokumente auswerten

(Band 4, S. 130/131)

Amtliche Dokumente enthalten offizielle Positionen eines Staates bzw. von dessen Regierung. Damit unterscheiden sie sich von Äußerungen einer Privatperson, privater Unternehmen oder auch Gruppierungen und Parteien. Sie sind von großer Bedeutung, da aus ihnen zuverlässige Aussagen über die Politik eines Staates zu entnehmen sind – im Unterschied zu persönlichen Urteilen von Beteiligten. Zu den amtlichen Dokumenten gehören beispielsweise Regierungserklärungen, offizielle Pressemitteilungen, Gesetzblätter oder Konferenzprotokolle.

1. Nennen Sie Urheber und Adressat des Dokuments und klären Sie, welchen rechtlichen Status es hatte.
2. Arbeiten Sie die zentralen Aussagen heraus.
3. Untersuchen Sie die Aussagen des Dokuments (z. B.: Welche Inhalte wurden ausgeklammert? Für wen war das Dokument vorteilhaft?). Notieren Sie, zu welchen Fragen Sie zusätzliche Informationen benötigen, die nicht aus dem Dokument hervorgehen, und suchen Sie diese Informationen.
4. Interpretieren Sie das Dokument als Ganzes und äußern Sie ihre Meinung dazu.

Eine Urkunde entschlüsseln

(Band 2, S. 36/37)

Urkunden sind eine spezielle Form von amtlichen Dokumenten, die in der Regel rechtlichen Charakter besitzen. Mit ihrer Ausstellung wurden in den meisten Fällen Regelungen in Kraft gesetzt. Daher liefern sie uns wahrheitsgetreue Darstellungen beispielsweise über Herrschafts-, Rechts- und Besitzverhältnisse.

Aufbau einer Urkunde

Eine Urkunde ist in drei Teile gegliedert: In der Einleitung findet man meist die Anrufung Gottes, den Aussteller und den Adressaten. Eine allgemeine Begründung des Rechtsakts leitet über zum Hauptteil, der in der Regel aus der Vorgeschichte, dem Rechtsakt selber und Strafandrohungen bei Zuwiderhandlung besteht. Der Schlussteil umfasst die Ankündigung des Siegels, die Unterschriftszeile mit Monogramm, die Beglaubigung durch den Notar oder Zeugen, das Beglaubigungszeichen des Notars, das Datum und den Schlusswunsch.

Text und Schriftbild untersuchen

1. Markieren Sie die einzelnen Bestandteile der Urkunde. Gliedern Sie die Urkunde in die drei Hauptteile: Einleitung, Hauptteil, Schlussteil.
2. Untersuchen Sie, wie der Schreiber die Gliederung und die einzelnen Elemente gestaltet hat. Erläutern Sie, warum er das so gemacht hat.
3. Stellen Sie die Informationen zusammen, die Sie der Quelle entnehmen können: über den Aussteller der Urkunde und den Schreiber, über den Adressaten und die ihm verliehenen Rechte und über die praktischen Umstände der Rechtshandlung.
4. Fassen Sie die Gesamtaussage der Quelle zusammen und äußern Sie sich zu deren Bedeutung.

Chroniken lesen und verstehen

(Band 5, S. 148/149)

In Chroniken werden historische Ereignisse in chronologischer Reihenfolge erzählt. Sie vermitteln dem Leser ein scheinbar vollständiges Bild von einzelnen Abschnitten der Vergangenheit. Dieses Bild muss aber nicht den tatsächlichen Geschehnissen entsprechen. Chroniken überliefern ein zeitlich und subjektiv geprägtes Geschichtsbild, das immer wieder überprüft werden muss.

1. **Autor:**
   Wer hat die Chronik geschrieben?
   Woher bezog er seine Informationen?
   Welche Beziehungen hatte er zu Personen, über die er berichtete?
   Welchem Stand gehörte der Autor an? Welchen Bildungsgrad besaß er?
   Äußert der Autor selbst eine bestimmte Erzählabsicht?
2. **Leserschaft:**
   Enthält die Chronik ein Vorwort oder eine Widmung?
   Ist sie eine Auftragsarbeit oder eine Gefälligkeit?
3. **Gesamtkonzeption:**
   Um welche Art von Chronik handelt es sich?
   Beinhaltet die Art der Chronik bereits Deutungen der Geschichte?
   Lassen sich aus dem Inhaltsverzeichnis Schwerpunkte oder Lücken der Darstellung erkennen?
4. **Sprache:**
   Enthält die Darstellung abwertende oder aufwertende Formulierungen?
   Lassen sich deutliche Wiederholungen bestimmter Schlüsselbegriffe erkennen?
5. **Einordnung:**
   Wie prägte die gesellschaftliche oder persönliche Stellung des Autors die Haltung zu den geschilderten Ereignissen?
   Deckt sich der Inhalt der Chronik mit anderen Quellen?
   Wie zuverlässig ist die Chronik?

Lieder als historische Quelle auswerten

(Band 3, S. 166/167)

Lieder sind zum einen Textquellen, denn der Liedtext spricht genau so zu uns wie andere Texte. Zum anderen bringt auch die Melodie viel über die Zeit oder das Ereignis, in der sie entstand, zum Ausdruck.

1. Fassen Sie die zentrale Aussage jeder Strophe zusammen.
2. Ordnen Sie die Informationen in den historischen Zusammenhang ein.
3. Stellen Sie fest, wer das Lied getextet und komponiert hat.
4. Überlegen Sie, welchen Standpunkt der Textdichter zu den besungenen Ereignissen hatte.
5. Charakterisieren Sie die Sprache des Liedtextes.
6. Überlegen Sie, wer das Lied gesungen haben mag und welche politische Einstellung man mit dem Singen des Liedes zeigen wollte.
7. Hören Sie sich das Lied an und ermittln Sie die Wirkung des Liedes. Benennen Sie die Merkmale, die die Stimmung des Liedes beschreiben. Beantworten Sie dabei solche Fragen wie: Ist das Lied eher traurig, schwungvoll, vergnügt, düster usw.?
8. Achten Sie darauf, ob die Stimmung des Liedes von der ersten bis zur letzten Strophe gleich bleibt oder sich ändert.
9. Legen Sie dar, wie Text und Melodie zusammenpassen. Charakterisieren Sie die musikalischen Mittel, die dazu dienen sollen, die Aussage des Textes zu unterstreichen.

Bilder zum Sprechen bringen

(Band 1, S. 66/67; Band 2, S. 78/79)

Bilder liefern wertvolle Informationen über historische Ereignisse, Sachverhalte oder Personen. Sie können auch Hinweise darüber erhalten, wie die Schöpfer der Bilder gedacht und was sie mit ihren Werken beabsichtigt haben.

1. Erfassen Sie das Bild als Ganzes: Welches Thema, welches Ereignis, welcher Gegenstand usw. ist dargestellt? Welche Wirkung hat das Bild auf Sie?
2. Beschreiben Sie die Einzelheiten des Bildes, z. B.: Welche Personen, Tiere, Gegenstände usw. sind zu sehen? Was machen die dargestellten Figuren gerade? Wie sind die Personen dargestellt (Kleidung, Körperhaltung, Gesichtsausdruck, Gesten usw.)?
3. Untersuchen Sie den Bildaufbau: Was steht im Mittelpunkt? Gibt es besonders wichtige Szenen? Welche Verbindungen gibt es zwischen den dargestellten Personen?
4. Finden Sie heraus, welche Gestaltungsmittel der Künstler oder die Künstlerin eingesetzt hat: Welche Perspektive wurde gewählt? Welche Originalgröße hat das Bild? Wie sind Größenverhältnisse auf dem Bild genutzt? Welche Farben wurden verwendet? Welche Bildelemente sind symbolisch gemeint?
5. Untersuchen Sie die Entstehungsgeschichte des Bildes: Wer hat das Bild gemalt? Wann und zu welcher Gelegenheit ist es entstanden? Für wen wurde das Bild gemalt? Wer hat es in Auftrag gegeben? Wo wurde bzw. wird es ausgestellt? Bei der Beantwortung dieser Fragen können Ihnen in vielen Fällen die Bildunterschrift oder ein Ausstellungskatalog weiterhelfen.

6. Deuten Sie die Aussage des Bildes: Was sollte damit erreicht werden? Was erzählt es Ihnen über die dargestellten historischen Sachverhalte?

Herrscherbilder interpretieren
(Band 2, S. 238/239)

Herrscherbilder entstehen in der Regel im Auftrag des Herrschers selbst und geben so einen Einblick in dessen Vorstellung von Herrschaftsausübung.

Bei der Beschreibung, Untersuchung und Deutung (vgl. Arbeitsschritte 1–6, ein Bild zum Sprechen bringen) eines Herrscherbildes sollten Sie folgendermaßen vorgehen:
1. Notieren Sie erste Eindrücke vom Bild.
2. Stellen Sie Fragen an das Bild und notieren Sie sie ebenfalls.
3. Stellen Sie eine Liste mit Bilddetails (Einzelheiten) zusammen. Denken Sie an:
   - Mimik des Herrschers
   - Gesten des Herrschers
   - Körperhaltung und Position des Herrschers
   - Kleidung und Schmuck des Herrschers
   - das Gleiche für weitere Personen im Bild
   - Umgebung
   - Gegenstände
   - Farben
   - Perspektive (Blickwinkel)
   - Bildkomposition (Aufbau des Bildes)
4. Informieren Sie sich über Maler, Entstehung, Größe, Format, Material und Verwendung des Bildes.
5. Notieren Sie, wie die Bilddetails auf den Betrachter wirken. Entschlüsseln Sie dann ihre Bedeutung. Dabei können das Geschichtsbuch, Lexika oder das Internet weiterhelfen.
6. Formulieren Sie zusammenfassend die Aussagen, die das Bild des Herrschers für den Betrachter haben sollte.
7. Vergleichen Sie Ihre Ergebnisse mit Ihren ursprünglichen Eindrücken und Fragen.

Karikaturen verstehen und deuten
(Band 3, S. 142/143)

Karikaturen oder Spottbilder sind für uns wichtige Quellen, weil sie sich immer mit bestimmten Ereignissen oder Erscheinungen in der jeweiligen Entstehungszeit kritisch auseinandersetzen.

1. Beschreiben Sie die gezeichneten Personen, Tiere und Gegenstände sorgfältig. Achten Sie dabei auch auf die Größendarstellungen und verbindende Elemente.
2. Wenn eine Beschreibung oder Beschriftung vorhanden ist, stellen Sie eine Beziehung zwischen dem Abgebildeten und dem Text her.
3. Oft ist es schwierig, die Dinge zu verstehen, die für die Menschen zur Entstehungszeit der Karikatur selbstverständlich waren. Finden Sie daher so viel wie möglich über den geschichtlichen Hintergrund, über die abgebildeten Personen oder wichtige Gegenstände, über das Entstehungsjahr, den Ort der Veröffentlichung (bei einer Zeitung oder Zeitschrift auch, wer diese gelesen hat) heraus.
4. Entschlüsseln Sie die dargestellten Personen und Gegenstände und versuchen Sie zu klären, auf welche Ereignisse oder Zustände sich der Karikaturist bezogen hat. Welche persönliche Meinung wollte der Zeichner mit der Karikatur verbreiten?
5. Fassen Sie zusammen, was die Karikatur aussagt. Beziehen Sie Stellung zu dieser Aussage.

Historienbilder untersuchen
(Band 3, S. 186/187)

Historienbilder stellen Ereignisse und Situationen aus der Geschichte dar. Allerdings geht es den Künstlern meist nicht darum, die Ereignisse möglichst objektiv festzuhalten, sondern ihre Sicht der Dinge darzustellen. So erfährt man meist wenig über die dargestellte Vergangenheit selbst, dafür viel über die Zeit, in der das Bild entstand.

1. Der Künstler und sein Thema: Aus welchem Grund hat der Künstler gerade dieses Thema gewählt? Hat der Künstler einen Auftrag für sein Werk erhalten und wie lautet dieser? Wie groß ist der zeitliche Abstand zwischen dem dargestellten Ereignis und der Entstehungszeit des Werks? Was wusste der Künstler über das historische Ereignis? Was hat er bei seiner Darstellung dazuerfunden, weggelassen oder verändert?
2. Die Art der Darstellung: Welche Personen stehen im Mittelpunkt? Wie sind diese Personen dargestellt? Wie ist das Umfeld dieser Personen dargestellt? Welche Aspekte betont der Maler bei seiner Darstellung des Ereignisses besonders?

3. Vergangenheit und Gegenwart: Wie deutet der Maler durch seine Darstellung das historische Ereignis? Welche Botschaft oder Lehre für die Gegenwart und Zukunft soll der Betrachter dem Bild entnehmen?

Fotografien als historische Quelle auswerten

(Band 3, S. 278/279)

Fotos gelten im Allgemeinen als objektive historische Bildquelle, geben sie doch scheinbar die Wirklichkeit zum Zeitpunkt des Auslösens der Kamera wieder. Doch die Wahl des Motivs, des Bildausschnitts und die Perspektive beeinflussen den Betrachter, und die Möglichkeiten der Bildbearbeitung können ein Foto als objektive Quelle entwerten.

1. Wer hat das Foto gemacht? Wer hat den Auftrag gegeben?
2. Ist es ein Pressefoto, eine Amateuraufnahme oder ein bestelltes Foto?
3. Wer und was ist abgebildet?
4. Wo und wann wurde es aufgenommen?
5. Was kam absichtlich und was unabsichtlich ins Bild? Gibt es Hinweise auf eine Bearbeitung des Bildes?
6. Welche Perspektive und welchen Ausschnitt hat der Fotograf gewählt?
7. Welchen Zweck soll das Foto erfüllen? Welche Aussage entnehmen Sie ihm?

Politische Plakate als Quelle nutzen

(Band 4, S. 26/27)

Politische Plakate stellen wichtige Informationsquellen dar, denn sie geben Einblicke in politische Zielsetzungen und Denkweisen von Personen, politischen Gruppierungen und Parteien. Um Plakate auszuwerten, können Sie ähnliche Schritte gehen wie bei anderen Bildquellen:

1. Sammeln Sie erste Eindrücke: Wie wirkt das Plakat auf den ersten Blick? Was fällt spontan auf?
2. Analysieren Sie das Plakat: Welche Details sind abgebildet? Welche Textaussagen enthält das Plakat, welche Bilder? Welche Rolle spielen die Farben, die Größenverhältnisse und die Anordnung von Text und Bild? Welche Symbole und bildhaften Elemente werden eingesetzt – mit welcher Absicht? Werden Feindbilder geweckt?
3. Ermitteln Sie die Adressaten: Wer wird angesprochen? Warum ist diese Zielgruppe von Bedeutung?
4. Klären Sie die Absichten des Auftraggebers: Wann ist das Plakat entstanden? Welche Interessen verfolgt der Auftraggeber? Worin besteht der Appell?
5. Stellen Sie das Plakat in den historischen Zusammenhang: Welches aktuelle politische Thema greift das Plakat auf? Welche Rückschlüsse lassen sich ziehen auf das Programm der jeweiligen Gruppierung oder Partei, welche auf die Einstellung zur jeweiligen politischen Situation?

Sachquellen untersuchen

(Band 1, S. 34/35)

Überreste wie Münzen, Werkzeuge oder Kleidung verraten viel über den Alltag oder die technischen Fertigkeiten von Menschen in der Vergangenheit.

1. Schauen Sie sich zuerst den Gegenstand genau an: Aus welchem Material ist er? Sind Gebrauchsspuren oder Zerstörungen zu erkennen? Notieren Sie alles, was Ihnen auffällt – auch Fragen.
2. Sachquellen sind unmittelbare Überreste aus der Vergangenheit. Sie müssen zeitlich eingeordnet werden. Mit Hilfe von Lexika, Sachbüchern und dem Internet können Sie zusätzliche Kenntnisse und Informationen erhalten.
3. Versuchen Sie herauszubekommen, wie die Menschen die Gegenstände damals benutzt haben, welche Bedeutung sie für das tägliche Leben der Menschen hatten. Waren sie im Alltag wichtig oder spielten sie bei einem konkreten Ereignis eine besondere Rolle? Welchen Wert wird der Gegenstand wohl für die Menschen besessen haben?
4. Überlegen Sie, welche heutigen Gegenstände die Funktionen dieser Funde übernommen haben könnten.
5. Fassen Sie zusammen, was der Gegenstand über Leben und Arbeit der Menschen zur Entstehungs- und Nutzungszeit aussagt.

Münzen entschlüsseln

(Band 5, S. 74/75)

Münzen sind nicht nur Zahlungsmittel, sonder dienen seit der Antike auch als Propagandainstrument der jeweiligen Regierung. Wegen ihres offiziellen

Charakters sind sie wertvolle Quellen für politische Entwicklungen. Sie sollten an Ereignisse, Götter oder berühmte Familien erinnern. Da die bildlichen oder sprachlichen Informationen auf Münzen meist verkürzt sind, erfordern sie eine genaue Untersuchung.

Beschreibung:
1. Wie groß und schwer ist die Münze (falls bekannt)? Aus welchem Material besteht sie?
2. Welche Abbildungen und Inschriften sind zu erkennen?
3. Lässt sich das Alter erkennen?

Untersuchung:
4. Wie lauten die vollständigen Inschriften und welchen Sinn ergeben sie?
5. Welche Bedeutung haben die Bildsymbole?

Interpretation:
6. In welchen Zeitumständen entstand die Münze und wodurch lassen sich Rückschlüsse darauf ziehen?
7. Sind propagandistische Absichten der Münze zu erkennen?
8. Fehlen bestimmte Titel oder Ereignisse und warum?
9. Welche Motive liegen dem Auftraggeber zugrunde?

Ein Bauwerk untersuchen
(Band 2, S. 124/125)

Aus der Anlage und dem Baustil von Gebäuden wie Kirchen, Burgen oder Rathäusern können Sie mehr über das Leben in früheren Zeiten erfahren.

Aussehen und Erscheinungsbild
1. Bestimmen Sie die Länge, Breite und Höhe des Gebäudes. Stellen Sie fest, aus welchen Materialien es erbaut wurde.
2. Untersuchen Sie die Lage des Bauwerks in der Stadt und das Größenverhältnis zu anderen Gebäuden. Suchen Sie eine Erklärung für die Lage bzw. Platzwahl.
3. Beschreiben Sie die einzelnen Teile des Bauwerks und stellen Sie anhand einzelner Merkmale fest, in welchem Baustil es erbaut wurde.
4. Finden Sie heraus, ob das Bauwerk in späteren Zeiten erweitert, umgebaut oder renoviert wurde.

Verwendung und Funktion
5. Stellen Sie die Daten zur Bauzeit und -dauer zusammen.
6. Informieren Sie sich, wer das Bauwerk errichten ließ und ob es einen bestimmten Anlass dazu gab.
7. Erkundigen Sie sich, wer die Bauarbeiten bezahlte und wie sie organisiert waren.
8. Bestimmen Sie die Funktion (Aufgabe, Zweck) des Bauwerkes, evtl. mit Hilfe eines Grundrisses.
9. Finden Sie heraus, ob sich die Verwendung und Nutzung des Bauwerks geändert hat.
10. Diente das Bauwerk über die reine Nutzung hinaus anderen Absichten der Erbauer?

Historische Karten untersuchen
(Band 2, S. 190/191)

Historische Karten geben Auskunft darüber, wie die Menschen in vergangenen Zeiten die Welt gesehen haben, was sie von ihr wussten und welche Vorstellungen sie von der Gestalt der Erde besaßen.

1. Welches Thema behandelt die Karte und wann entstand sie?
2. Welcher Raum und welche Zeit sind dargestellt?
3. Welche geographischen Kenntnisse enthält die Karte?
4. Was wird hervorgehoben bzw. weggelassen? Vergleiche mit einem heutigen Atlas.
5. Welche religiösen, kulturellen oder politischen Vorstellungen lassen sich aus der Karte ablesen?
6. In welcher Absicht, zu welchem Zweck ist die Karte angefertigt?
7. Welches Weltbild wird in der Karte deutlich?
8. Welche Bedeutung hat der Raum/die räumliche Darstellung für den Kartenhersteller besessen?

Einen Grundriss auswerten
(Band 2, S. 56/57)

Grundrisse sind stark vereinfachte Pläne von Bauwerken oder Parks und Gärten. Aus einem Grundriss lässt sich ablesen, wie Gebäude und Anlagen ursprünglich aussahen und wie sie genutzt wurden.

1. Klären Sie, was auf dem Grundriss dargestellt ist. Handelt es sich um ein einzelnes Gebäude oder eine große Anlage mit verschiedenen Teilen?

2. Informieren Sie sich, aus welcher Zeit der Grundriss stammt und evtl. wer ihn angefertigt hat. Handelt es sich um einen Entwurf oder wurde die Anlage tatsächlich nach diesem Plan erbaut? Oder handelt es sich um die Nachzeichnung eines bestehenden Gebäudes?
3. Um sich orientieren zu können, müssen Sie die „Sprache" der Grundrisszeichnung entziffern: Wie sind Mauern dargestellt, woran erkennen Sie, wo sich Eingänge oder Türen befinden? Wie werden verschiedene Stockwerke markiert, wie Türme usw.?
4. Nun kommt die Auswertung: Welche Gebäude oder -teile können Sie auf Anhieb erkennen? Welche Teile erscheinen besonders wichtig? Unterscheiden Sie z. B. Haupt- und Nebengebäude, Wege.
5. Beschriften Sie auf einer Nachzeichnung des Grundrisses die verschiedenen Bestandteile.
6. Untersuchen Sie, ob der Grundriss Auskunft über die Größe der Anlage oder die Abmessungen einzelner Teile gibt.
7. Nun können Sie die Bedeutung der Anlage erschließen: Wie wurden die einzelnen Teile des Gebäudes genutzt? Welche Funktion erfüllte die Gesamtanlage? Erklären Sie, welche Bedeutung die Anlage für die Menschen in der damaligen Zeit hatte.

Zeitzeugen befragen

(Band 4, S. 224/225, vgl. auch Band 1, S. 14/15)

Zeitzeugen erzählen ihre Geschichte, ihre ganz persönlichen Eindrücke und Erinnerungen. Mit der Befragung von Zeitzeugen können wichtige Aspekte eines Themas erforscht werden, aber der historischen Wahrheit wird man sich nur annähern, wenn die Aussagen der Zeitzeugen überprüft werden. Das kann durch Befragung weiterer Zeitzeugen geschehen oder durch Abgleichen mit Texten aus Fachbüchern oder mit Dokumenten.

1. Überlegen Sie, zu welchen Fragen und mit welchem Zweck Sie welche Zeitzeugen interviewen können. Um eine Ereignisfolge zu rekonstruieren, benutzen Sie besser ein Geschichtsbuch. In Erinnerung bleiben längerfristige Entwicklungen, Zusammenhänge, Gefühle.
2. Informieren Sie sich schon vor dem Interview über die Zeit, zu der Sie Ihren Gesprächspartner befragen wollen. Er wird sich freuen, wenn er merkt, dass Sie ihn ernst nehmen und gut vorbereitet sind.
3. Überlegen Sie und notieren Sie vorher, was Sie wissen wollen. Aber hören Sie dem Zeitzeugen erst einmal in Ruhe zu und fallen Sie ihm nicht sofort ins Wort, wenn er nach Ihrer Meinung vom Thema abweicht. Geben Sie durch Ihre Fragen nur „Stichworte". Ein Interview ist kein Verhör!
4. Vorsicht beim Einsatz von Rekordern. Besser ist, Sie hören aufmerksam zu und machen sich während des Gesprächs oder danach Notizen.
5. Das Wichtigste überhaupt ist: Vorrang hat immer das menschliche Verhältnis zum Zeitzeugen. Schließlich hat er sich bereit erklärt, seine Erinnerungen preiszugeben. Rechtzeitiges Anmelden, eine Erklärung, wofür Sie forschen, persönliche Worte am Anfang und Ende des Gesprächs, ein freundliches Dankeschön – das Einmaleins des guten Umgangs mit Menschen sollten Sie beherrschen.
6. Präsentieren Sie die Ergebnisse des Interviews in geeigneter Form.

Jugendbücher kritisch lesen

(Band 1, S. 40/41)

Historische Romane vermitteln lebendige Vorstellungen über das Leben der Menschen früher. Beim Lesen ist aber wichtig, die ausgedachte Handlung und historische Informationen auseinanderzuhalten.

1. Wer sind die Hauptfiguren? Charakterisieren Sie sie mit passenden Adjektiven. Lassen sie sich bestimmten gesellschaftlichen Gruppen zuordnen?
2. Aus wessen Sicht wird die Handlung geschildert? Warum hat der Autor diese Figur(en) gewählt?
3. Welche Konflikte stehen im Mittelpunkt der Handlung? Was scheinen die Ursachen dieser Konflikte zu sein? Liegen sie eher im Charakter der Figuren begründet oder in den unterschiedlichen Lebensweisen?
4. Wird die Geschichte zeitlich genau eingeordnet? Welche Informationen geben Hinweise auf die historische Zeit, in der sie spielt?
5. Woher hat der Autor seine Informationen über die Epoche? Belegt er seine historischen Kenntnisse? Dazu finden Sie häufig auch Informationen in den Texten auf dem Umschlag, im Vorwort, Nachwort oder der Einleitung.
6. Was sagt die Erzählung über die Zeit aus, in der sie spielt? Was für ein Bild will der Autor von dieser Zeit vermitteln?

Fachliteratur auswerten

(Band 3, S. 66/67)

Wenn man sich über Geschichte informieren will, kann man nicht immer alle Quellen aus der betreffenden Zeit studieren. In der Regel greift man zu Darstellungen, d. h. zu Büchern oder Aufsätzen, die von Historikern über eine zurückliegenden Epoche geschrieben wurden. Dort findet man Fakten, Erläuterungen über Zusammenhänge und auch Beurteilungen. Vor allem diese Beurteilungen sind aber oft strittig, so dass man häufig mehrere Darstellungen lesen und miteinander vergleichen muss.

1. Geben Sie mit Ihren Worten wieder, welche Position der Autor oder die Autorin vertritt.
2. Erläutern Sie, wie die Auffassungen begründet werden. Finden Sie heraus, ob dabei Pro- und Kontra-Argumente abgewogen werden.
3. Beachten Sie, wie die Wertung stilistisch dargelegt wird. Schreibt er/sie sachlich oder polemisch?
4. Überprüfen Sie, welche Interessen, Standpunkte oder Überzeugungen des Autors/der Autorin in die Beurteilung mit einfließen.
5. Legen Sie dar, ob der Autor/die Autorin Sie überzeugen kann bzw. nennen Sie Gründe, warum Sie seine/ihre Auffassung nicht teilen.
6. Formulieren Sie nun, welche Position Sie selbst vertreten.

Ein Schaubild erklären

(Band 1, S. 56/57)

Schaubilder stellen geschichtliche Informationen übersichtlich und auf einen Blick dar.

1. Stellen Sie fest, welches Thema das Schaubild behandelt. Die Legende gibt dazu Informationen.
2. Untersuchen Sie, warum einzelne Teile des Schaubildes in verschiedenen Farben bzw. größer oder kleiner dargestellt werden.
3. Arbeiten Sie heraus, an welchen Stellen Pfeile/Linien verwendet werden. Was sagen sie über die Beziehungen zwischen Personen und Gruppen aus?
4. Welche Form wurde gewählt? Überlegen Sie, welchen Zusammenhang es zwischen dem Thema und der Form des Schaubildes gibt.

Verfassungsschaubilder auswerten

(Band 3, S. 28/29)

Um einen schnellen Überblick über den Aufbau von Staaten zu vermitteln, wird deren Verfassung häufig in Schaubildern dargestellt.

1. Stellen Sie fest, wer wählen und wer gewählt werden darf und wie oft Wahlen erfolgen.
2. Finden Sie heraus, wie die drei staatlichen Teilgewalten jeweils aufgebaut sind.
3. Beschreiben Sie, welche Beziehungen zwischen dem Volk und den Teilgewalten sowie unter den Teilgewalten selber bestehen. Pfeile helfen Ihnen dabei.
4. Erfassen Sie, worüber das Schema keine Auskunft gibt und informieren Sie sich darüber in weiterführender Literatur.

Statistiken analysieren

(Band 3, S. 96/97)

Manche historischen Zusammenhänge, z. B. Wirtschaftsdaten oder Wahlergebnisse, lassen sich in Zahlen ausdrücken, die in Tabellen oder Diagrammen präsentiert werden. Obwohl diese Darstellungsform sehr sachlich und objektiv wirkt, muss sie wie jede andere Darstellung hinterfragt werden.

1. Überprüfen Sie nach Möglichkeit, wer die Statistik erstellt hat und wie die Daten erhoben und verrechnet wurden.
2. Notieren Sie, welche Fragen und Probleme sich im Umgang mit der Statistik in Bezug auf historische Ereignisse oder Erkenntnisse ergeben könnten.
3. Beschreiben Sie die Statistik möglichst genau: Auf welche Frage will die Statistik antworten? Welche Darstellungsform wurde gewählt? Fallen bei der Darstellung Unregelmäßigkeiten auf? Welche Zahlenwerte, Mengen- oder Zeitangaben sind miteinander in Beziehung gesetzt? Wie umfassend sind die gemachten Angaben?
4. Interpretieren Sie die Statistik: Welche Aussagen lassen sich der Statistik entnehmen? Können Sie Auffälligkeiten, Schwerpunkte, regelhafte Verläufe oder Entsprechungen feststellen? Welche Rolle spielen die von Ihnen in Schritt 2 festgehaltenen Fragen bei der Bewertung der Aussagen? Vergleichen Sie die Statistik mit anderen Statistiken, Quellen- oder Informationsmaterial.

Geschichtskarten verstehen

(Band 1, S. 96/97)

Eine besondere Form der Darstellung ist die Geschichtskarte. Aus ihr können Sie schnell Informationen darüber bekommen, wann und wo sich historische Ereignisse, Entwicklungen und Beziehungen abspielten.

1. Über welches Thema informiert die Karte? Beachten Sie dabei die Unterschrift und die Kartenlegende.
2. Welcher Raum wird dargestellt? Welche Orte werden hervorgehoben? Vergleichen Sie mit dem Geographie-Atlas, um welches heutige Gebiet es sich handelt.
3. Stellen Sie fest, welchen Zeitraum die Karte umfasst. Beziehen sie sich auf einen bestimmten Zeitpunkt oder auf einen Zeitabschnitt?
4. Machen Sie sich mit der Legende vertraut. Welche Bedeutung haben die Farben, Zeichen und Beschriftungen?
5. Suchen Sie die Zeichen oder farbig markierten Räume auf der Karte und stellen Sie fest, welche Informationen zur Geschichte Sie damit erhalten.

Spielfilme auswerten

(Band 4, S. 168/169)

Spielfilme ermöglichen es, die Vergangenheit anschaulich zu machen und das Lebensgefühl einer Zeit zu vermitteln. Der Zuschauer bekommt den Eindruck, in die Filmhandlung „einzutauchen" und den handelnden Personen nahe zu kommen. Aber historische Spielfilme entstehen normalerweise nicht in der Zeit, in der sie spielen, und die Handlung ist in den Einzelheiten häufig frei erfunden. So wird ein Bild erzeugt, das zum Beispiel vom Drehbuchschreiber, vom Regisseur und auch vom Kameramann bestimmt wird. So können Filme etwas Falsches vermitteln, emotional überwältigen, Zuneigung oder Abneigung zu Personen oder Ereignissen erzeugen. Deswegen muss ein Spielfilm mit historischem Inhalt sehr kritisch hinterfragt werden.

1. Wann ist der Film entstanden und welches Thema behandelt er? Versuchen Sie so viel wie möglich über die Zeit der Entstehung und über das Thema des Filmes in Erfahrung zu bringen.
2. Schauen Sie sich den Film an, notieren Sie ihren Gesamteindruck und Ihre Meinung zu Bild, Ton und Inhalt: Wie bewegt sich die Kamera? Wo gibt es auffällige Kamerapositionen, Großeinstellungen, Übergänge und Schnitte? Wie werden Dialoge, Geräusche und Musik eingesetzt? Was wird damit beim Zuschauer ausgelöst?
3. Überlegen Sie sich, welche Ergebnisse, auch Besonderheiten, sich feststellen lassen. Suchen Sie nach konkreten Belegstellen, indem Sie sich den Film oder einzelne Szenen mehrfach anschauen.
4. Werten Sie ihre Beobachtungen aus. Formulieren Sie Gesamtergebnisse und wählen Sie ein bis zwei Szenen aus, an denen sich Ihre Ergebnisse belegen lassen.

Ein historischer Vergleich

(Band 1, S. 162/163)

Sie können einen Vergleich anstellen, wenn Sie Gemeinsamkeiten und Unterschiede historischer Ereignisse, Personen oder Prozesse (z. B. Revolutionen, Kaiser oder Wirtschaftsweisen) herausarbeiten wollen.

1. Legen sie fest, welche historischen Ereignisse, Personen oder Prozesse Sie vergleichen wollen.
2. Finden Sie Aspekte des Vergleichs. Überlegen Sie, mit welchen Fragen sich Gemeinsamkeiten und Unterschiede der zu vergleichenden historischen Erscheinungen aufzeigen lassen.
3. Legen Sie eine Tabelle an. Tragen Sie in die mittlere Spalte Ihre Fragen des Vergleichs ein.
4. Sammeln Sie Informationen. Finden Sie die Antworten zu den einzelnen Fragen und tragen Sie sie in die entsprechenden Spalten ein.
5. Ordnen Sie die Informationen. Jetzt können Sie festhalten, welche Gemeinsamkeiten, vor allem aber welche Unterschiede Sie zwischen den jeweiligen Informationen zu einem Aspekt erkennen.
6. Schälen Sie den Kern der Sache heraus. Um das Wesentliche einer historischen Erscheinung zu erfassen, ist es wichtig, aus dem Vergleich den wichtigsten Unterschied zu benennen. In dieser Gewichtung muss man nicht einig sein. Sie besitzen aber damit die Grundlage, um darüber mit anderen zu diskutieren. Geschichtswissenschaftler machen das auch so.

Verzeichnis der Namen, Sachen und Begriffe

Wichtige verwendete Abkürzungen:
Abb. = Abbildung; ägypt. = ägyptisch; amerik. = amerikanisch; arab. = arabisch; athen. = athenisch; burg. = burgundisch; byzant. = byzantinisch; chin. = chinesisch; christl. = christlich; dän. = dänisch; dt. = deutsch; engl. = englisch; etrusk. = etruskisch; europ. = europäisch; fläm. = flämisch; fränk. = fränkisch; frz. = französisch; got. = gotisch; griech. = griechisch; islam. = islamisch; ital. = italienisch; Jh. = Jahrhundert; jüd. = jüdisch; karth. = karthagisch; kathol. = katholisch; latein. = lateinisch; luxemb. = luxemburgisch; makedon. = makedonisch; muslim. = muslimisch; niederl. = niederländisch; normann. = normannisch; otton. = ottonisch; polit. = politisch; poln. = polnisch; port. = portugiesisch; preuß. = preußisch; relig. = religiös; röm. = römisch; russ. = russisch; sächs. = sächsisch; schott. = schottisch; schwed. = schwedisch; schweiz. = schweizerisch; span. = spanisch; stauff. = stauffisch; techn. = technisch; tschech. = tschechisch

→ Verweis auf ein anderes Stichwort
Halbfett gesetzt sind historische Grundbegriffe, die im Buch in einem Kasten erläutert werden. Die **halbfette** Seitenzahl gibt den Fundort an. Bei Herrschern und kirchlichen Amtsträgern werden soweit möglich die Regierungs-/Amtsdaten, bei allen anderen Personen die Lebensdaten angegeben.

Bildnachweis

Umschlag: DHM, Berlin
3.1: Großer Historischer Weltatlas, Erster Teil: Vorgeschichte und Altertum (c) 1978 by Bayerischer Schulbuch Verlag, München; **3.2:** AKG, Berlin; **3.3:** Picture-Alliance, Frankfurt; **3.4:** BPK (Karin März), Berlin; **3.5:** Stadtarchiv, Speyer; **3.6** und **3.7:** AKG, Berlin
4.1: Bundesverband Deutscher Banken (Scholz& Friends), Berlin; **4.2:** BPK, Berlin; **4.3:** Großer Historischer Weltatlas, Erster Teil: Vorgeschichte und Altertum (c) 1978 by Bayerischer Schulbuch Verlag, München; **4.4:** AKG, Berlin
5.1: Picture-Alliance, Frankfurt; **5.2:** BPK (Karin März), Berlin; **5.3:** Hirmer Verlag, München; **5.4:** Domkapitel Aachen (Ann Münchow)
6.1: ullstein bild (Granger Collection), Berlin; **6.2:** Germanisches Nationalmuseum, Nürnberg; **6.3:** Stadtarchiv, Speyer
7 alle: AKG, Berlin;
10.1: Großer Historischer Weltatlas, Erster Teil: Vorgeschichte und Altertum (c) 1978 by Bayerischer Schulbuch Verlag, München; **10.2:** AKG, Berlin; **10.3:** RMN (Bulloz), Paris; **10.4:** Interfoto, München; **10.5:** Picture-Alliance, Frankfurt
11.1-3: AKG, Berlin; **11.4:** Scala, Antella (Firenze)
12.Q1: AKG (A. Held), Berlin; Q2: ÖNB, Wien
13.Q3: Dieter Zehentmayer; Q4: Bundesverband Deutscher Banken (Scholz& Friends), Berlin
15.Q7: Germanisches Nationalmuseum, Nürnberg; Q8: Werner Otto, Oberhausen
16.Q1: ullstein bild (Roger Viollet), Berlin
17.Q2: CCC,www.c5.net (Mohr/www.c5.net), Pfaffenhofen a.d. Ilm
18.D1: GLOBUS Infografik, Hamburg
19.Q3: CCC,www.c5.net (Haitzinger/www.c5.net), Pfaffenhofen a.d. Ilm
20.D1: Großer Historischer Weltatlas, Erster Teil: Vorgeschichte und Altertum (c) 1978 by Bayerischer Schulbuch Verlag, München
22.Q1: DHM, Berlin
24.Q2: BPK, Berlin
25.Q5: CCC,www.c5.net (Mester/www.c5.net), Pfaffenhofen a.d. Ilm
28: AKG, Berlin
29: Europäische Zentralbank, Frankfurt
30.Q1: Museum City of Stoke-on-Trent, Stoke-on-Trent, ST1 3DW; Q2: SPIEGEL-Verlag, Hamburg
31.Q3: BPK, Berlin, Kinder- und Jugendbuchabteilung, Staatsbibliothek zu Berlin - Preußischer Kulturbesitz, Carola Seifert
35.Q1: BPK (Hermann Buresch), Berlin
36.Q2: Hirmer Verlag, München
38 Q1: AKG, Berlin
42 D1: AKG, Berlin
43.Q1: Hans-Werner Thunig, Winterbach; Q2: ddp (Michael Kappeler), Berlin
44.D3: Klett-Archiv (Christian Müncheberg), Stuttgart; Q4: American School of Classical Studie, Athen
47.D1: AKG (Peter Connolly), Berlin; Q1: BPK, Berlin
50.Q1: AKG, Berlin
53.Q3: Artothek (Joseph S. Martin), Weilheim
55.Q1: ullstein bild (KPA), Berlin; Q2: AKG (John Hios), Berlin; Q3: Bridgeman Art Library, Berlin
56.Q4: BPK, Berlin
57.Q7: AKG, Berlin
60.1: Picture-Alliance, Frankfurt; **60.2:** BPK (Antikensammlung/Jürgen Liepe), Berlin; **60.3:** BPK (Kartenabteilung, Staatsbibliothek Berlin), Berlin
61.1: Kunsthistorisches Museum, Wien; **61.2:** Lotos Film, Kaufbeuren
62.Q1: AKG (Pirozzi), Berlin
63.D1: AKG, Berlin
64.Q2: AKG (Erich Lessing), Berlin
68.Q1 links: AKG (A. Lorenzini), Berlin; Q1 rechts: Bridgeman Art Library, Berlin; Q2: Klaus Enslin, Stuttgart
69.Q4: ullstein bild (Roger Viollet), Berlin
70.Q1: Staatliche Antikensammlung und Glyptothek, München
71.Q2: Scala, Antella (Firenze)
74 alle: Hirmer Verlag, München
76.Q1: Interfoto, München
77.Q4: AKG (Erich Lessing), Berlin
78.Q5: AKG, Berlin
79.Q1: Archivio Fotografico Musei Civico Medievale (Foto Berardi), Bologna
81.Q2: AKG, Berlin
82.Q3: aus: Peter G. Stein, Römisches Recht und Europa, Fischer Taschenbuch Verlag, Frankfurt a.M. 1996, Abb.6
83.Q8: Biblioteca de Catalunya, Barcelona
87.Q1: Scala, Antella (Firenze)
89.Q2: BPK (Lutz Braun), Berlin
92.D3: Cinetext,Frankfurt/Main; AP,Frankfurt/Main; Stuttgarter Zeitung, Stuttgart
93.D4: Action Press (ZUMA PRESS INC.), Hamburg
94.Q4: Mauritius (Hetz), Mittenwald
96.1: BPK (Karin März), Berlin; 96.2: Picture-Alliance (Oliver Berg), Frankfurt; 96.3: AKG (Erich Lessing), Berlin
97: ullstein bild (ddp), Berlin
98.Q1: Archäologische Staatssammlung (Manfred Eberlein), München
100.Q2: aus: 1000 Jahre Benediktiner in den Klöstern Brevnov, Braunau und Rohr, EOS-Verlag, St. Ottilien 1993, S.208, Abb.XI
101.Q3: AKG, Berlin
102.Q6: AKG (British Library), Berlin
103.Q1: Stiftsbibliothek, St. Gallen
106.D2: Joachim Feist, Pliezhausen; D3: aus: P.Dinzelbacher, Bernhard von Clairvaux, Wissenschaftliche Buchgesellschaft, Darmstadt 1998, Abb.11
107.Q3: Landesmedienzentrum Baden-Württemberg, Stuttgart
108.Q1: Domkapitel Aachen, Ann Münchow
110.Q2: BPK, Berlin (Lutz Braun / Nürnberg, Germanisches Nationalmuseum Gm **167**); Q3: Anne-Lise Desmas
112.Q6 beide: BPK (Karin März), Berlin
113.Q1: Stiftsbibliothek, St. Gallen
114.Q2: Musée de la Tapisserie, Bayeux, France, With special authorisation of the city of Bayeux /The Bridgeman Art Library, London
115.Q3: Universitätskasse/Unibibliothek, Heidelberg
116.Q6: Universitätskasse/Unibibliothek, Heidelberg
118.Q1: AKG, Berlin
119.Q4 beide: Bridgeman Art Library (Corpus Christi College, Oxford), Berlin; Q5: AKG, Berlin
120.Q1: AKG (British Library), Berlin
121.Q2: ullstein bild (Granger Collection), Berlin
123.D3: (c) Landesamt für Denkmalpflege Hessen, Wiesbaden 2007, Zeichnung: D. Tormählen-Roth, Frankfurt am Main
129.Q3: aus: J.M.Laboa, Mönchtum in Ost und West. Historischer Atlas, Schnell und Steiner, Regensburg 2003, S.100
132.Q1: Bibliothèque nationale de France, Paris
133.Q6: RMN, Paris
134.Q7: Interfoto (Kurt F. Scholz), München
136.1: Stadtarchiv, Speyer; 136.2: Diözesan- und Dombibliothek, Köln
137 alle: AKG, Berlin
138.Q1: Fitzwilliam Museum, Cambridge CB2 1RB
141.Q4: Corbis (Oswald Eckstein), Düsseldorf
143.Q1: AKG, Berlin; Q2: AKG (Jerome da Cunha), Berlin
145.Q3: AKG (Bildarchiv Monheim), Berlin
146.Q6: AKG, Berlin; 146.Q7: BPK, Berlin
149.Q1: AKG, Berlin
150.Q1 links: Bridgeman Art Library, Berlin; Q1 rechts: Fitzwilliam Museum, Cambridge CB2 1RB
151.Q2 links: AKG, Berlin; Q2 rechts: Europäische Zentralbank, Frankfurt
156.Q1: BPK (Jörg P. Anders), Berlin
157.Q5: AKG (Rabatti - Domingie), Berlin
159.Q1: AKG, Berlin

161.Q4: ullstein bild (Granger Collection), Berlin; Q6: Kloster Ebstorf
163.Q1: AKG (Erich Lessing), Berlin
164.Q2: Bridgeman Art Library, Berlin
166.D1: ullstein bild (Granger Collection), Berlin
167.Q3: ullstein bild (AP), Berlin
168.Q1: AKG, Berlin
169.Q2: AKG, Berlin
170.Q3 beide: Corpus Vitrearum Deutschland, Freiburg
172.Q1: Koninklijke Bibliotheek, Den Haag
175.Q4: ullstein bild (DIAGENTUR), Berlin
178.Q1 beide: Fitzwilliam Museum, Cambridge CB2 1RB
179.D1: Wikinger Museum Haithabu, Schleswig
183.Q1: ullstein bild (Rufenach), Berlin
184.Q4: ullstein bild (KPA), Berlin
185.Q5: Städtisches Museum Braunschweig, Museumsfoto Monika Heidemann; Q6: Stadtarchiv, Speyer 187. Q1: BPK (Dietmar Katz), Berlin
189.Q2: AKG, Berlin
190.Q4: AKG, Berlin
193.D3: AKG, Berlin
194.Q9: AKG (KPA), Berlin
196.1 und 3: AKG, Berlin; 196.2: AKG (akg-images / Erich Lessing), Berlin; 196.4: Bildarchiv Monheim GmbH (Paul M. R. Maeyaert), Krefeld
197.1: AKG, Berlin; 197.2: BPK (SBB), Berlin; 197.3: Zentralbibliothek, Zürich
199.Q1: IFA (TPC), Ottobrunn
200.Q2: AKG, Berlin
201.Q4: Artothek (Bay. Gemäldesammlungen), Weilheim
202.Q5: aus: Euan Cameron (Hrsg.), Early Modern Europe. An Oxford History. Oxford (University Press) 2001; Q6: BPK (Kupferstichkabinett, SMB, Anders), Berlin
203.Q9: BPK (Castello del Buonconsiglio), Berlin
205.Q1: Aarchivo Oronoz, Madrid
206.Q2: ÖNB Bildarchiv, Wien: Cod.15.501, fol. 1v
207.Q7: AKG (Erich Lessing), Berlin
210.Q1: AKG, Berlin
211.Q2: RIJKSMUSEUM, Amsterdam; Q3: BPK (Jörg P. Anders), Berlin
213.Q1: AKG (British Library), Berlin
215.Q6: Joker (Hartwig Lohmeyer), Bonn
216.Q1: AKG, Berlin
217.Q2: Amsterdams Historisch Museum, Amsterdam
218.Q3: AKG, Berlin
219.Q8: AKG (Erich Lessing), Berlin
220.Q1: AKG (Erich Lessing), Berlin
221.Q2: Bridgeman Art Library (The Stapleton Collection), Berlin
222.Q3: AKG, Berlin
223.Q5: AKG, Berlin
225.Q1: BPK (Scala), Berlin; Q2: AKG (Erich Lessing), Berlin
226.Q3: AKG, Berlin
227.Q6: AKG, Berlin
228.Q1: AKG, Berlin
231.Q5: AKG (Rijksmuseum Amsterdam), Berlin
232.Q6: Picture-Alliance (Keystone/Bally), Frankfurt
233.Q7: BPK (SBB), Berlin
234.Q1: AKG (akg-images), Berlin
235.Q2: AKG, Berlin
236.Q3: Interfoto, München
237.Q7: ullstein bild (Roger Viollet), Berlin
238.Q9: AKG, Berlin
239.Q1: ullstein bild (Roger Viollet), Berlin
241.Q2: aus: Siedler Geschichte Europas, Heinz Schilling: Die neue Zeit, Siedler Verlag, Berlin 1999
243.Q7: Germanisches Nationalmuseum, Nürnberg
244.D1: Germanisches Nationalmuseum, Nürnberg
245.D2: Süddeutscher Verlag, München
246.Q1: Interfoto, München
247.Q2: The British Library, London
249.Q6: (c)The Trustees of The British Museum, London
251.Q1: AKG, Berlin
252.Q1: BPK (Kunstbibliothek, SMB), Berlin
254.Q2: Corbis (Historical Picture Archive), Düsseldorf
256.D2: Bridgeman Art Library (Sean Sprague/Mexicolore), Berlin
259.D11: nach: Bibliographisches Institut & F.A. B, Mannheim; Q7: ullstein bild (Roger Viollet), Berlin
260.Q8: BPK (Kunstbibliothek/SMB/ Knud Petersen), Berlin
264.Q1: Glasgow City Council (Museums), Artist unknown, Titel: A Glasgow Shopkeeper of the 1790s; Q2: BPK (Kunstbibliothek/SMB/Knud Petersen), Berlin
265.D5: nach: Christian Degn: Die Schimmelmanns im atlantischen Dreieckshandel. Gewinn und Gewissen. Wachholtz Verlag, Neumünster 1984, S.91
268.1 und 2: AKG, Berlin; 269.3: Burstein Collection / Corbis
271.Q1: AKG, Berlin
272.Q3: Interfoto, München
273.Q6: AKG, Berlin
275.Q1: Bridgeman Giraudon, Paris
276.Q2: BPK (Dietmar Katz), Berlin; 276.Q3: ÖNB, Wien
279.Q4: AKG, Berlin
280.Q1: ullstein bild (histopics), Berlin
283.Q3: BPK, Berlin
284.Q1: BPK, Berlin
286.Q2: BPK, Berlin
287.Q4: AKG, Berlin
290.Q1: CCC,www.c5.net (Stuttmann), Pfaffenhofen a.d. Ilm
291.Q2: Picture-Alliance (dpa/epa/Yves Herman/ Pool), Frankfurt
294.1: BPK, Berlin; 294.2: Staatliche Antikensammlung und Glyptothek, München; 294.3: DHM, Berlin; 294.4: Domkapitel Aachen, Ann Münchow
295.1: AKG (akg-images / Erich Lessing), Berlin; 295.2: AKG, Berlin; 295.3: ullstein bild (Rufenach), Berlin;
295.4: AKG, Berlin; 295.5: Europäische Zentralbank, Frankfurt; 295.6: DHM, Berlin
296.1: Europäische Zentralbank, Frankfurt; 296.2: AKG, Berlin; 296.3: American School of Classical Studie, Athen
297.1: Klaus Enslin, Stuttgart; 297.2: Kunsthistorisches Museum, Wien; 297.3: Staatliche Antikensammlung und Glyptothek, München; 297.4: Picture-Alliance, Frankfurt
298.1: Archäologische Staatssammlung (Manfred Eberlein), München; 298.2: Picture-Alliance (Oliver Berg), Frankfurt; 298.3: BPK (Karin März), Berlin; 298.4: Universitätskasse/Unibibliothek, Heidelberg
299.1: Fitzwilliam Museum, Cambridge CB2 1RB; 299.2: Diözesan- und Dombibliothek, Köln; 299.3: AKG (Erich Lessing), Berlin; 299.4: ullstein bild (Rufenach), Berlin
300.1: AKG (British Library), Berlin; 300.2: AKG, Berlin; 300.3: Corbis (Historical Picture Archive), Düsseldorf
301.1 und 2: AKG, Berlin; 301.3: BPK, Berlin; 301.4: Interfoto, München
302.Q1: AKG, Berlin
308.Q1: Stadsarchief, Amsterdam
309.Q3: CCC,www.c5.net (Stuttmann/ CCC,www.c5.net), Pfaffenhofen a.d. Ilm
310.Q1: Biblioteca Medicea Laurenziana, Florenz
311.Q4: AKG, Berlin
314.Q1: AKG, Berlin
315.Q7: aus: Lucky Luke, Nr.41, Fingers, Delta Verlag GmbH
317.Q1: AKG, Berlin

Nicht in allen Fällen war es uns möglich, den Rechteinhaber der Abbildungen ausfindig zu machen. Berechtigte Ansprüche werden selbstverständlich im Rahmen der üblichen Vereinbarungen abgegolten.